AF130367

Kontaktadresse nach EU-Produktsicherheitsverordnung:
produktsicherheit@fischerverlage.de

## Zu diesem Buch

Band 10 der *Gesammelten Schriften* enthält zunächst zwei von Horkheimer selbst ausgearbeitete Vorlesungen aus den Jahren 1925/26: *Geschichte der deutschen idealistischen Philosophie von Kant bis Hegel* und *Einführung in die Philosophie der Gegenwart*.

Die erste Vorlesung gibt einen instruktiven Überblick über die Hauptwerke von Kant, Fichte und Schelling sowie eine Einführung in Hegels *Phänomenologie des Geistes*. Wie es für Horkheimers Lehrtätigkeit von Anbeginn kennzeichnend ist, wird der Zeithintergrund stets mit berücksichtigt und zur Ideengeschichte in Beziehung gesetzt. – Die zweite Vorlesung behandelt die um und nach 1900 einflußreichen Strömungen, insbesondere die Anfänge wissenschaftlicher Psychologie, lebensphilosophische Tendenzen sowie die Versuche einer Neubelebung des Kantschen Kritizismus. Hier entfaltet sich ein lebendiges Panorama des philosophischen Geistes der zwanziger Jahre.

Diese Vorlesung wurde von Horkheimer nachträglich erweitert und thematisch fortgeführt. Geplant war eine Publikation unter dem Titel *Zur Emanzipation der Philosophie von der Wissenschaft*, wobei Horkheimer das zentrale Problem aller modernen Philosophie umfassend darstellen wollte: die Tatsache, daß mit dem Vordringen der Naturwissenschaften das philosophische Denken im Wortsinne »gegenstandslos« zu werden droht. Schriftlich fixiert wurden Kapitel über Mach, Cohen, Husserl und Bergson; sie werden hier erstmals aus dem Nachlaß veröffentlicht.

## Der Autor

Max Horkheimer, geboren am 14. 2. 1895 in Zuffenhausen bei Stuttgart, wurde 1930 Ordinarius der Sozialphilosophie und Direktor des Instituts für Sozialforschung in Frankfurt am Main. 1933 emigrierte er und errichtete Zweigstellen des Instituts zunächst in Genf, später an der École Normale Supérieure in Paris, schließlich an der Columbia Universität in New York, wohin ihm seine Frankfurter Mitarbeiter folgten. In der von ihm herausgegebenen *Zeitschrift für Sozialforschung* setzte Horkheimer die Veröffentlichung seiner theoretischen Arbeiten fort. 1936 publizierte er die unter seiner Leitung entstandenen *Studien über Autorität und Familie*, 1949 bis 1950 die von ihm entwickelten *Studies in Prejudice*, 1947 erschienen *Eclipse of Reason* und die gemeinsam mit Theodor W. Adorno verfaßte *Dialektik der Aufklärung*.

Nach seiner Rückkehr nach Frankfurt errichtete Horkheimer im Jahre 1950 wieder das Institut. Von 1951 an war er für zwei Jahre Rektor der Johann-Wolfgang-Goethe-Universität. Am 7. 7. 1973 ist Max Horkheimer gestorben.

# Max Horkheimer

# Gesammelte Schriften

Herausgegeben von Alfred Schmidt und
Gunzelin Schmid Noerr

Fischer Taschenbuch Verlag

# Max Horkheimer

# Gesammelte Schriften
### Band 10:
### Nachgelassene Schriften
### 1914–1931

2. Vorlesung über die Geschichte der deutschen
idealistischen Philosophie

3. Einführung in die Philosophie der Gegenwart
(Vorlesung und Publikationstext)

Herausgegeben von
Alfred Schmidt

Fischer Taschenbuch Verlag

2. Auflage
Ungekürzte Ausgabe
© 2024 S. Fischer Verlag GmbH,
Hedderichstr. 114, 60596 Frankfurt am Main
Die Nutzung unserer Werke für Text- und
Data-Mining im Sinne von § 44b UrhG
behalten wir uns explizit vor.
Printed in Germany
ISBN 978-3-596-27384-3

# Inhalt

Editorischer Anhang

# 2. Vorlesung über die Geschichte der deutschen idealistischen Philosophie

# Geschichte der deutschen idealistischen Philosophie von Kant bis Hegel

## (1925 / 26)

### Editorische Vorbemerkung

Ts. m. e. Korr. und Erg./Datierung des Vorlesungskonzepts: ›WS 1925/26‹ / Aufschriften des Konvoluts: ›Geschichte der deutschen idealistischen Philosophie‹ und ›Deutsche idealistische Philosophie (von Kant bis Hegel)‹ / MHA: VIII 1.1.

Band 10 der *Gesammelten Schriften* Horkheimers enthält – als zweiten und dritten Teil der in sieben Teile untergliederten *Nachgelassenen Schriften 1914–1931* – zwei detailliert ausgearbeitete Vorlesungen sowie einen ursprünglich offenbar zur Publikation vorgesehenen Text, dessen Wortlaut sich streckenweise anlehnt an den der zweiten Vorlesung.

Die den Band eröffnenden Vorlesungen über den deutschen Idealismus wurden – einstündig - im Wintersemester 1925/26 an der Frankfurter Universität gehalten. Das von Horkheimer im Kolleg verwendete Typoskript bot der Erstellung einer Druckvorlage erhebliche Schwierigkeiten. Es ist durchsetzt von Streichungen, Einschüben, Ergänzungen, Rück- und Querverweisen. Soweit irgend möglich, wurden jedoch Horkheimers handschriftliche Vermerke, auch solche auf der Rückseite der Blätter, teils in den Haupttext, teils in den Anmerkungsapparat des Druckmanuskripts aufgenommen. Fortzulassen waren Eintragungen rein didaktischer Art oder solche, die dem Vortragenden lediglich als Gedächtnisstütze dienten. Stillschweigend korrigiert wurden grammatikalische Verstöße, orthographische Fehler und archaische Schreibweisen, soweit sie nicht in Buchtiteln oder Zitaten auftreten. Eingriffe in die eigenwillige Zeichensetzung waren des öfteren aus Gründen der Verständlichkeit unerläßlich. Überlange Sätze wurden zerlegt, rhetorisch bedingte Füllsel und Wiederholungen gestrichen. Soweit erforderlich, hat der Herausgeber, dessen sachlich oder syntaktisch gebotene Einschübe in eckigen Klammern stehen, fehlende Namen und Jahresdaten in den Text aufgenommen. Sämtliche Zitate und deren im – neu erstellten – Anmerkungsapparat genannte Quellen wurden überprüft. Eingefügte Zwischentitel sollen dem Leser die Übersicht erleichtern.

*[Einleitung: Verhältnis des deutschen Idealismus zur
Französischen Revolution]*

Wenn Sie die *Meditationes* von Descartes oder die *Principles of Human Knowledge* von Berkeley zur Hand nehmen, dann vermögen Sie – vorausgesetzt, daß Sie gelernt haben, Lateinisch oder Englisch zu lesen – mit einer verständigen Lektüre zu beginnen. Freilich bedarf es, um diese oder ähnliche für die Geschichte der neueren Philosophie wichtigen Untersuchungen aufzunehmen, einer gewissen Anstrengung, die dem Erfassen echt wissenschaftlicher Untersuchungen überhaupt eigentümlich ist. Denn es handelt sich dabei um Gegenständlichkeiten, die wir im alltäglichen Leben mindestens nicht in der Art und Weise, wie sie vom Autor gemeint sind, anzusehen pflegen. Weder das Wie noch das Was der Rede, weder die Methode noch der Gegenstand pflegen völlig den Gewohnheiten des sonst geübten Denkens zu entsprechen. Es handelt sich da um die Differenz zwischen der Wissenschaft als einer abgegrenzten, in bewußter Methode geführten intellektuellen Tätigkeit und unserem alltäglichen geistigen Verhalten.

Abgesehen von dieser Anstrengung, die in entsprechend modifizierter Weise den Zugang und die Arbeit bei jeder Einzelwissenschaft charakterisiert, können Sie unbekümmert geradeaus marschieren. Man pflegt etwa zu sagen, die vorliegende Materie sei mehr oder minder schwierig, es handle sich da um höchst abstrakte Untersuchungen, es bedürfe des Fleißes, um hineinzukommen und so weiter. Aber dies gilt ebenso wie für das Verständnis der erwähnten philosophischen Untersuchungen für die Mathematik, für die Physik, die Biologie, ja sogar in gewissem Sinn für einzelne Probleme des Alltags, von deren Behandlung die wissenschaftliche Tätigkeit sich nur durch Konsequenz, durch Bewußtheit, durch Ausschließlichkeit des theoretischen Interesses unterscheidet.

Die geistige Situation, in der wir selbst zu leben, oder sagen wir
vorsichtiger: Wissenschaft zu treiben gewohnt sind und von der die
genannten Philosophen ausgehen, um übrigens in ihr zu verharren,
ist dem Wesen nach dieselbe. Darum können Sie neben Ihrer sonstigen Tätigkeit, neben der Beschäftigung mit Ihrer Einzelwissenschaft Descartes, Berkeley, aber auch Malebranche, Locke, Hume
zur Hand nehmen und ohne weiteres mit diesen Denkern philosophieren, darum kann eine Vorlesung über Geschichte der Philosophie, die es mit diesen Philosophen zu tun hat, getrost mit der
Erörterung ihrer Lehren beginnen.
Bei den Philosophen, die man als diejenigen des nachkantischen
deutschen Idealismus zu bezeichnen pflegt, verhält es sich anders.
Die Philosophie des deutschen Idealismus verläuft nicht parallel den
Fachwissenschaften der uns gewohnten Sphäre. Indem wir ihr zu
folgen versuchen, werden wir vielmehr gewahr, daß wir uns damit
in ein geistiges Abenteuer eingelassen haben, das uns aus dem ehrwürdigen, von den gesichertsten und heute allgemein anerkannten
Prinzipien umfriedeten Gehege unserer sonstigen wissenschaftlichen Bestrebungen herausführt und uns mit wichtigen gedanklichen Gewohnheiten in Widerspruch setzt. Die einzelnen Werke
sind Stationen auf diesem Weg, der den Teilnehmenden aus den
Grenzen dessen herausführt, was wir heute als wissenschaftliche
Sachlichkeit ansehen: in die Atmosphäre der windigsten Schein-
gebilde, sagen die einen, zum Reiche unbedingter Wahrheit, die
anderen; jedenfalls aber in ein Gebiet, dessen Zugang von unserer
Position aus nicht zu gewinnen ist durch eine bloße Steigerung der
Aufmerksamkeit, durch eine gleichsam quantitative Anstrengung,
wie sie jede Fachwissenschaft verlangt. Fichtes *Wissenschaftslehre*
von 1794 oder Hegels *Phänomenologie* kann man ohne spezielle
philosophische Vorbereitung nicht in die Hand nehmen und zu lesen beginnen wie Descartes' *Meditationen*.
Die Geschichte des deutschen Idealismus stellt daher eine besondere
Aufgabe, die wir in diesen Stunden zu erfüllen trachten werden. Ich
habe mir nicht vorgenommen, diese Geschichte explizite darzustellen; dazu würde ein fünfstündiges Kolleg knapp ausreichen; sondern eben das wollen wir gemeinsam leisten, was bei der Lektüre der
vorher erwähnten englischen und französischen Philosophen gar
keine notwendige eigene Aufgabe darstellt: Nämlich die Vorbedin-

gungen schaffen für eine verständige Lektüre der einzelnen Werke der Epoche. Wenn wir dieses Ziel erreichen, dann werden Sie am Ende dieses Semesters die Idee der großen Gedankenbewegung, die man deutschen Idealismus nennt, als eines Ganzen, wenigstens in dem Grade besitzen, daß im einzelnen nur noch technische Schwierigkeiten vor der Lektüre stehen.

Dies heißt gar nicht, daß wir uns in bloß propädeutischen, formalen Erörterungen *über* die Sache verlieren werden, anstatt zu ihr selbst zu kommen. Gerade die Sache selbst, also die Philosophie des deutschen Idealismus, wollen wir kennenlernen. Nur kommt es uns dabei nicht auf eine ausführliche, die Einzelheiten aufhellende, eingehende Untersuchung an, sondern auf eine gewisse Konzeption der großen geistigen Bewegung als einer Einheit, ohne die allerdings das Verständnis ihrer Teile, die Aufnahme der einzelnen Werke und ihrer Details, wenn nicht unmöglich, so doch ungeheuer erschwert ist.

Bei den Werken der neueren Franzosen und insbesondere der Engländer bedürfen Sie der Erarbeitung einer solchen Konzeption aus dem Grunde nicht, weil Sie diese schon besitzen. Da handelt es sich um wissenschaftliche Bestrebungen, deren Woher und Wohin, deren Motive und Ziele, deren Voraussetzungen und deren Bestimmung dem gebildeten Glied unserer Form der Gesellschaft durch seine Erziehung in hohem Grade vertraut sind und die aus Gründen, die wir hier nicht erörtern wollen, bei jedem tüchtigen Chemiker und Physiker sich finden müssen. Hier aber ist aus einer eigentümlichen historischen Situation eine geistige Bewegung hervorgebrochen, die ihre Eigengesetze hat und deren Intentionen und Methoden ihr eigentümlich zugehören. Hier hat sich etwas ereignet, was so sehr den Rahmen dessen, was wir Wissenschaft nennen, durchbricht, daß es sozusagen ein Kinderspiel geworden ist, einzelne dieser Werke herzunehmen und ihnen von dem eigenen allgemeinen Standpunkt aus die ärgsten logischen und sachlichen Schnitzer nachzuweisen. Wozu freilich andererseits gehört, daß sich Menschen finden, die – obwohl sie in der ganzen Breite ihres Seins notwendig in der gleichen allgemeinen Situation verharren – zu eben diesen Schnitzern sich bekennen und es gescheit finden, sie zu verteidigen. – Wir wollen versuchen, uns in den Sinn dieser Bewegung zu vertiefen, um eine Idee von ihr zu bekommen, die uns in den Stand setzt, an die einzelnen Werke selbständig heranzugehen.

Eine wichtige Eigentümlichkeit unserer Arbeit liegt in der Notwendigkeit, ausführlich über Kant zu sprechen. Der Name deutscher Idealismus pflegt mit dem Zusatz »nachkantischer« aufzutreten. Man denkt an Fichte, Schelling, Hegel, weniger an Kant. Er fungiert als eigenes Kapitel in der Geschichte der Philosophie oder vielmehr als Schlußkapitel der Entwicklung seit Descartes. So wird auch der Inhalt seiner Philosophie als abschließende Behandlung der alten Problematik dargestellt. Für uns aber ist er zwar nicht die einzige, aber doch die unmittelbare Hauptquelle der Problematik der Zukunft, das heißt der nachfolgenden idealistischen Philosophie. Ohne eingehende Kenntnis Kants, gerade im Hinblick auf die Nachfolger, bleibt deren Philosophie ein Buch mit sieben Siegeln. Haben wir erst den Ursprung der idealistischen Probleme in der Kantischen Philosophie aufgezeigt, dann werden die Systeme Fichtes und Schellings Ihnen im großen ebensowenig dunkel erscheinen wie den gebildeten Zeitgenossen dieser Denker. Freilich verhehle ich schon jetzt nicht: Kant in dieser Absicht zu verstehen ist eine gar nicht einfache Sache. Um so weniger, als wir zu unserem Zwecke das, was bei Kant tiefer ist als klar, mehr angedeutet als bestimmt ausgeführt, keineswegs mit Gewalt vereinfachen dürfen. Insbesondere werden daher die ersten Stunden sehr große Anforderungen an Ihre Aufmerksamkeit stellen.

Doch bevor wir zu Kants Philosophie übergehen, sind noch einige unumgängliche Vorbemerkungen notwendig. Der deutsche Idealismus ist der Name für eine Epoche der Geschichte der Philosophie. Will man diese Epoche durch Zahlen umgrenzen, so wüßte ich keine prägnanteren anzugeben als das Jahr 1789, in dem Reinholds *Neue Theorie des Vorstellungsvermögens* erschien, und 1831, das Jahr, in dem der Tod Hegels Wirksamkeit in Berlin ein Ende setzte. Freilich beginnt die Vorbereitung schon 1781, und die Auflösung reicht noch bis in die vierziger Jahre des neunzehnten Jahrhunderts hinein. Doch bezeichnen die zuerst genannten Zahlen tatsächlich die eigentlichen Grenzen des echten Lebens dieser Philosophie.

Als ich diese beiden Jahre erwähnte, haben die meisten unter Ihnen, sicher aber die Historiker, unwillkürlich daran gedacht, daß dieselben Daten mit einer leichten Abänderung (anstatt 1831 wäre 1830 zu setzen) auch in der politischen Geschichte entscheidende Stationen bezeichnen: nämlich den Beginn der großen Revolution und die Julirevolution in Frankreich. An die Wahrnehmung dieser Koinzidenz wollen wir einige allgemeine Betrachtungen knüpfen.

Mit der Selbständigkeit der Geschichte der Philosophie hat es nämlich eine eigene Bewandtnis. Philosophie nennen wir gewisse geistige Bestrebungen realer historischer Menschen. Der Ausdruck dieses Strebens liegt uns in den Schriften dieser Menschen vor. Nun können wir diese Schriften sozusagen beim Wort nehmen, das heißt, wir können, ohne nach rechts oder links zu blicken, die philosophischen Dokumente, die vergangene Zeiten uns überlassen haben, so aufnehmen, daß wir sowohl die einzelnen Worte als auch den gesamten Habitus der betreffenden Schrift genau ebenso verstehen wie wir es tun würden, wenn die Arbeit etwa von einem akademischen Kollegen stammte – selbstverständlich auf Grund entsprechender philologischer Aufhellung. Wir verbinden mit den entsprechenden Zeichen die uns geläufigen Begriffe und nehmen nun von unserer eigenen Theorie aus Stellung zu der mehr oder minder großen Richtigkeit der beurteilten Schrift. So vermögen wir, lediglich auf Grund der philosophischen Schriften selbst, eine relativ selbständige Geschichte der Philosophie zu geben, in der es im großen [und] ganzen immer in der uns vertrauten Weise um uns vertraute echte oder scheinhafte Probleme geht.

Wo es einzig um Philosophie zu tun ist, hat eine solche Auffassung die unzweideutigsten Vorzüge. Wo jedoch gleichzeitig nach der historischen Wahrheit die Frage geht, müssen wir antworten, daß die Philosophie einer bestimmten Epoche so sehr in die Gesamtheit ihrer Kultur verwoben ist, so sehr den Eigengesetzen dieser Kultur unterliegt, daß sie ohne deren allgemeine Analyse schlechterdings nicht adäquat zu verstehen ist. Nun bin ich nicht der Meinung, die heute von höchst verdienstvollen Forschern und, wenn ich recht verstehe, auch an dieser Universität vertreten wird, daß man Kulturen gleichsam als diskrete, fixe, einmalige Wesenheiten zu erschauen vermöchte und auf Grund dieser Schau dann die einzelnen Komponenten, also in unserem Falle die Philosophie, zu beurteilen hätte. Eine solche Auffassung scheint mir die Gefahr einer theoretischen Vergewaltigung der Einzelphänomene ebensosehr zu bedingen wie alle anderen geschichtsphilosophisch zu sehr gebundenen Darstellungen. Vielmehr ist hier wie überall die übergreifende Erkenntnis dort aufzunehmen, wo sie auf Grund eingehender und reicher Erfahrung, vor allem auf Grund der Berücksichtigung des Eigenanspruchs der Einzelheiten, ohne deren voreilige theoretische Deutung, sich uns darbietet.

Indem ich aussprach, daß kein Abschnitt aus der Geschichte der Philosophie ohne das Studium der geistigen Gesamtsituation jenes Zeitraums zu verstehen sei, wollte ich hinweisen auf die Unerläßlichkeit des unvoreingenommenen Studiums der politischen, wirtschaftlichen, Literatur-, Kunst-, Geistesgeschichte jener Epoche. Was so über die geistige Gesamtstruktur einleuchtet, wird dann umgekehrt für die Erkenntnis des Einzelnen wieder fruchtbar zu machen sein. Bevor wir daher damit beginnen, einen Überblick über den rein gedanklichen, bloß philosophischen Ausdruck der geistigen Bewegung des deutschen Idealismus zu geben, müssen wir wenigstens einige konkrete historische Reflexionen anstellen, die den Zusammenhang der abstrakten philosophischen Bewegung mit der allgemeinen Geschichte des Zeitabschnitts betreffen. Der Unzulänglichkeit, die sie in diesem Rahmen notwendig an sich tragen müssen, bin ich mir wohl bewußt.

Die große Französische Revolution ist der praktische Sieg des Bürgertums über die traditionellen Mächte des Adels und des Klerus. Eine der mächtigsten Kräfte, die diesen Sieg vorbereitet hatten, ist die Philosophie der Aufklärung. Schon vor dem praktischen Sturze dieser Gewalten hatte *sie* deren Ausdruck in der Idee: die kirchliche und feudale Autorität kritisch aufgelöst, indem sie als höchste und einzige Instanz in schlechthin allen Angelegenheiten des individuellen und gemeinen Lebens die Vernunft auf den Thron hob. Man kann geradezu sagen, daß die realen Ereignisse der Revolution als das Umschlagen der aufklärerischen Philosophie in die politische Wirklichkeit erscheinen. Albert Sorel, der bedeutende Historiker dieses Zeitabschnitts, erklärt: »Die Nachfolge ist so ausgeprägt, daß die Jünger sich fast in derselben Reihenfolge aus der Macht verdrängen und sich darin ablösen wie die Lehrmeister im Reiche der Wissenschaft einander gefolgt waren. Zuerst kommt Montesquieu mit den Anhängern einer gemäßigten Monarchie nach englischem Muster: eine kleine Gruppe von hohem inneren Wert, aber mit geringem Einfluß und rasch beseitigt. Dann Voltaire mit der Verfassungspartei, Rousseau in der ersten Form der *Héloise* und des *Emile* mit einem Teil der Gironde, die *Enzyklopädie* mit Condorcet, und der

endgültige Rousseau, der Rousseau des *Contrat* und der *Dialoge*
mit Robespierre.«[1]

Die Vernunft, im Sinn der allen Menschen innewohnenden Fähigkeit die Wahrheit zu erkennen, im Sinn der Fähigkeit, richtig zu
denken, war zuerst theoretisch als eigentliche, rechtmäßige und unwidersprechliche Führerin auf allen Gebieten statuiert worden. Ihr
wurde die Macht zugeschrieben, nicht allein ein anderweitig gegebenes Material in bestimmter, systematischer Form zu verarbeiten,
sondern die höchsten Prinzipien aller Wissenschaften ebensowohl
wie des Rechtes, der Moral, der Politik in einer allen Menschen gemeinsamen Form zu besitzen. Man hatte den traditionellen Glau-
benswahrheiten andere Artikel gegenüberzustellen, man hatte mit
einer ehrwürdigen Autorität, die das Individuum band, zu brechen
und dieses von den Fesseln der feudalen Ordnung zu befreien. So
appellierte man an diejenige Macht, die jedem Individuum selbst
innewohnte, die Vernunft, und zwar in jener Allgemeinheit, in der
sie jedem Individuum gehörte.

Man verstand auf diese Weise unter »richtig« denken nicht allein,
entsprechend den logischen Axiomen denken, sondern – eben damit
– entsprechend jenen höchsten, sogenannten metaphysischen Sätzen: solchen moralischer, juristischer, politischer Natur. Diese
*vérités éternelles* sollten wie nur irgendein fundamentaler mathematischer Satz durch eine unausweichbare, für jeden Menschen zwin-
gende Evidenz ausgezeichnet sein, und der Philosoph meinte nur
Erkenntnisse auszusprechen, die jedes Individuum kraft seiner bloßen Zugehörigkeit zur Gattung Mensch jeden Augenblick mußte
einsehen können.

Von den beiden charakteristischsten dieser Sätze, nämlich von dem,
daß alle Menschen als gleiche Wesen geboren seien, und dem, daß sie
ursprünglich frei seien – von diesen Sätzen kann man denn auch
sagen, sie seien rapide mindestens Gemeingut derjenigen Schichten
des Volkes geworden, die ein Interesse daran hatten, die flagrante
Ungleichheit und Unfreiheit, in der sie lebten, als ein Produkt un-
gleicher Entwicklungsbedingungen, als eine Schuld der augenblicklichen Ordnung der Gesellschaft zu begreifen und nicht etwa als

---

1 [Albert Sorel, *L'Europe et le Révolution Française*, Première Partie: *Les mœurs
politiques et les traditions*, Paris ²1887, S. 237; übersetzt von M. H.]

gottgegeben. Mit dem geistigen Rüstzeug der Aufklärung trat man in die Revolution ein. Jene beiden Sätze erscheinen im Artikel 1 der *Droits de l'homme* und in der Konstitution von 1791. Man ging daran, aus reiner Vernunft oder daraus, was man dafür hielt, die Wirklichkeit zu gestalten. Gemäß den Grundsätzen der Aufklärungsphilosophie, insbesondere gemäß den höchsten Prinzipien der Freiheit und der Gleichheit, sollte eine neue Gesellschaftsform an die Stelle der alten gesetzt werden, aus der schlechten Wirklichkeit eine bessere erstehen.

Die Revolution begann – und ihr Verlauf enthüllte in steigendem Maße ebensosehr die Unzulänglichkeit wie das Utopistische dieser Philosophie. Als Ausdruck der Lage des im Feudalstaat gebundenen Individuums ist sie wesentlich ein Produkt des Kampfes und der Sehnsucht. Abgelöst von den traditionellen Gehalten, rein auf sich selbst gestellt, nach seinem Wesen befragt, weist das Individuum freilich den logischen und mathematischen Apparat, ferner seine Freiheit und Gleichheit als Gattungsmerkmale auf, aber der Sinn dieser Freiheit erschien bloß als die ursprüngliche Freiheit von feudal-gesellschaftlichen Bindungen, die Gleichheit als der ursprünglich gleiche rechtliche Anspruch schlechthin.

Mit diesen Prinzipien konnte man die alte Gesellschaft stürzen, Platz machen für eine neue Form, die Elemente des Inhalts dieser Form freisetzen, aber die weitere und eigentliche Gestaltung hing von tieferen und ursprünglicheren Gewalten ab. Was die Französische Revolution an Entwürfen positiver Gesellschafts- und Staatsorganisation geschaffen hat, war zu ihrer Zeit Utopie, schoß über alles in unmittelbarer Wirklichkeit Erreichbare weit hinaus. Die historische Faktizität gebot und erlaubte die Befreiung. Der Verlauf der Revolution, das Kaiserreich, die Restauration erscheinen gleichsam als Korrekturen der sich naiv übernehmenden Aufklärung. In Frankreich ergriff mit dem Beginn des neuen Jahrhunderts eine reaktionäre Philosophie die intellektuelle Führung: Bonald, de Maistre, schon Madame de Staël.

In Deutschland brauchte die aufklärerische Philosophie nicht erst durch die Franzosen erweckt zu werden. Vielmehr ist der Mann, dessen Schriften nicht nur auf das intellektuelle Deutschland, sondern insbesondere auf die französischen Aufklärer selbst einen gar nicht zu überschätzenden Einfluß ausgeübt haben, der Mann, dessen Wirkung auf die kulturelle Entwicklung längst nicht im eigentlichen Ausmaß überschaut wird, selbst ein Deutscher, nämlich Christian Wolff. Die Ideen der Aufklärung waren durch seine Macht in der ursprünglichsten, originalsten Gestalt in Deutschland lebendig. Um so bereitwilliger wurden später die französischen Philosophen, insbesondere Rousseau, rezipiert.

Aber während in Frankreich die gesellschaftlichen Verhältnisse rasch und zwingend eine Anwendung der philosophischen Gedanken auf die Wirklichkeit bedingten, während dort das theoretische Vertrauen in die Vernunft unmittelbar als Versuch einer rationalen Konstruktion neuer gesellschaftlicher Formen sich zu bewähren hatte, lagen in Deutschland die Verhältnisse anders. Wer die sozialen und politischen Verhältnisse in den vielen deutschen Staaten und Städchen um jene Zeit studiert, wer den Stand der gesellschaftlichen Entwicklung in Deutschland mit der Situation in Frankreich vergleicht, wird ohne weiteres verstehen, warum in Deutschland die Bewegung notwendig einen viel mehr nach innen gewandten, ideellen, theoretischen Charakter tragen mußte. Doch auch hier bestanden parallele Tendenzen [zu] Frankreich, auch hier schuf sich das Bedürfnis nach Lösung des Individuums aus veralteten sozialen Formen einen mächtigen Ausdruck in der geistigen, insbesondere der philosophischen Sphäre, und mit unerhörter Spannung verfolgten die führenden Geister den Gang der revolutionären Ereignisse in Frankreich.

Während aber in Frankreich die Aufklärung von vornherein aus den differentesten Ursachen nach außen, auf die Veränderung der Wirklichkeit gerichtet war, hat in Deutschland die unendliche Enttäuschung der Träger der geistigen Entwicklung über den Verlauf der Revolution (die schließlich in Preußen in Gestalt der napoleonischen Heere auftrat), das heißt die Erfahrung von der Unzulänglichkeit und Unselbständigkeit jener metaphysischen *vérités éternelles* die geistigen Energien von der Wirklichkeit ab- [und] nach dem Reich der Ideen [hin]geleitet. Der deutsche Idealismus ist gleichsam die Fortführung der rationalistischen Aufklärung, insofern sie aus den mannigfachsten inneren und äußeren, ideellen, sozialen, politischen Ursachen nicht in gesellschaftliche Praxis umschlägt, sondern – unter Aufnahme der praktischen Erfahrungen – theoretisch alle Konsequenzen aus der philosophischen Grundüberzeugung zieht: Der Kern der Persönlichkeit, die höchste Instanz in allen praktischen Fragen, der Quell aller Wahrheit sei die reine Vernunft, wie sie jedem Individuum abgesehen von allem besonderen Erfahrungsinhalt einwohne.

Eingeleitet und sachlich ermöglicht wird diese Bewegung schon vor dem Ausbruch der Revolution durch die kritische Philosophie Kants. [Ihr] Grundcharakter [ist es], die *vérités éternelles*, die metaphysischen Sätze, die von Wolff und der Aufklärung ohne viel Besinnen als im Wesen der Vernunft gegründet dargestellt wurden, nicht einfach hinzunehmen, sondern dieses Vermögen erst einmal gründlich zu durchforschen, um zu erfahren, ob denn die bloße *ratio* so unabhängig von aller spezifischen Erfahrung zu so eminent sachhaltigen Sätzen legitimerweise imstande sei. Kant wollte wissenschaftlich erweisen, welche Arten von *vérités éternelles* denn wirklich aus der Organisation der Vernunft zu begründen seien. Er hatte die Skepsis Humes gekostet, die dem weit fortgeschrittenen Stadium der bürgerlichen Gesellschaft in England entsprach, und mißtraute daher jenen freien metaphysischen Behauptungen, die im Namen der Vernunft verkündet wurden. Er analysierte, er kritisierte die Vernunft, und zwar selbst durchaus in aufklärerischer Intention.

Auf Grund seiner Ergebnisse setzt dann jene Bewegung ein, die schließlich damit endet, daß im Gegensatz zu dem wider alle Autorität anderer Mächte unternommenen Versuch einer Veränderung der Wirklichkeit aus bloßer Vernunft die gesamte gegebene Wirklichkeit begriffen wird als ein ohne alle Autorität anderer Mächte aus bloßer Vernunft hervorgegangenes Reich (Hegel). Der Verlauf dieser Bewegung, auf ihr rein ideelles Moment hin betrachtet, ist unser Thema. Während sie sich in Deutschland vollzieht, gelangt über Kaisertum und Restauration unter fortwährenden politischen Kämpfen jenseits der Grenze die bürgerliche Gesellschaft zu derjenigen Form, die aus reiner Vernunft keineswegs zu dekretieren gewesen war, aber zu der sie als der ihr adäquaten unablässig tendiert hatte. Das Jahr 1830, die Julirevolution, vollendet, was 1789 begonnen wurde, den Sieg des Bürgertums in Frankreich.

Bei uns aber hatte um diese Zeit die idealistische Philosophie ihre Hauptwerke vollendet. Sie war weit über diejenigen gesellschaftlichen Mächte, die ihr den Anstoß gegeben hatten, hinausgewachsen. Von der aufklärerischen Apologisierung sozialer Forderungen des Bürgertums als ewiger Vernunftwahrheiten war sie bis zum Begriff der historischen Entstehung und wandelbaren Geltung nicht nur dieser Wahrheiten, sondern der gesamten Ideale der Aufklärung, vor allem der absoluten Bedeutung des Individuums, fortgeschritten. Das Individuum als Motiv und Ziel, der höchste Wert im gesamten Emanzipationskampf der Aufklärung, hat in Hegels Philosophie nur noch eine relative Wirklichkeit, eine Wirklichkeit mit einem sehr gewichtigen Insofern. Diese Philosophie also war ihrem Kerne nach, schlecht oder gut, weit über die Realität in Deutschland hinausgeschossen; denn die Realität war im Gegensatz dazu noch mit den Anfangsproblemen der Emanzipation von jenen traditionellen Mächten beschäftigt, deren stärkster Statthalter in Deutschland das Haus Österreich gewesen ist. In der unumschränkten Geltung und dem mächtigen Ansehen der Hegelschen Philosophie mitten unter sehr dunklen politischen Zuständen erfüllte sich die Prophezeiung des Freiherrn vom Stein, daß als notwendige Folge der politischen Unfreiheit die spekulativen Wissenschaften einen usurpierten Wert erlangen würden.

Die Julirevolution in Frankreich aber wirkte in Deutschland wie ein Aufruf zur Rückkehr aus jenen Höhenflügen des Gedankens, und dieser Aufruf hatte eine um so tiefere Wirkung, als die idealistische Philosophie in ihrer Entfremdung von den Intentionen des bürgerlichen Geistes schließlich als mit dem Absolutismus verbündet erschien. Die Naturwissenschaften erhielten (allein durch die Bedürfnisse der heranwachsenden Industrie) das entscheidende Gewicht und begannen die Philosophie, wenn auch erst ganz allmählich, zu bestimmen. Der Materialist Feuerbach habilitiert sich im Jahre 1828. Freilich gelangt er erst in den vierziger Jahren zur eigentlichen Wirkung. So weit reicht auch das Verklingen der idealistischen Philosophie, doch sind die Julirevolution und der Tod Hegels die entscheidenden Daten. Das erstere bezeichnet den Zeitpunkt, [zu] dem die gesellschaftlichen Mächte, die dieser Philosophie den Anstoß gegeben hatten, repräsentiert durch das sich emanzipierende Bürgertum, wieder größere Nähe an ihre eigenen aktuellen Probleme bedingten. Keine Philosophie, die sich von der historischen Situation und ihren spezifischen Problemen allzuweit entfernt, vermag auf die Dauer die herrschende zu sein.

Wir haben uns nunmehr dem Studium des ideellen Gehaltes der Bewegung des deutschen Idealismus zuzuwenden und müssen, wie ich schon gesagt habe, mit einer Explikation der allgemeinsten Züge von Kants kritischer Philosophie beginnen. Es wird uns um den Gesamtcharakter dieser Philosophie zu tun sein und nicht um die Aufhellung von irgendwelchen Details, mögen diese im übrigen sachlich auch noch so relevant sein. Um den Gesamtcharakter zu begreifen, bedürfen wir aber wiederum in gewisser Hinsicht der Details, und zwar der Details nicht allein aus Kants theoretischer Philosophie, sondern aus allen Teilen des kritischen Gesamtwerkes. Wir werden zur Erfüllung unserer eigentümlichen Aufgabe zunächst in sehr abstrakte und schwierige Untersuchungen eintreten, um so schwieriger, als ich nicht gesonnen bin, auf Kosten der Wahrheit irgend etwas zu vereinfachen. Abgesehen davon, daß ich nicht glaube, man könne das Entscheidende am Werk Kants auf diese Weise verstehen, würde es in unserem Falle ganz sicher unzweckmäßig sein; denn an die innere Problematik, an die Widersprüche, an die Kants Werk notwendig anhaftenden Schwierigkeiten haben die Nachfolger angeknüpft. Wenn wir aber einmal das, was uns von Kant zu wissen not tut, erarbeitet haben, dann ist schon der schwierigste Teil des Anstiegs zurückgelegt, was freilich nicht heißen soll, daß wir dann auf einer breiten Landstraße uns befänden. Trotzdem gilt für uns besonders: ἡ ἀρχὴ ἥμισυ παντός, der Anfang ist die Hälfte des Ganzen.

Indem wir mit Kant beginnen, lassen wir ausdrücklich eine Erörterung aller weiteren geistigen Wurzeln des nachkantischen deutschen Idealismus beiseite, die eine gründliche geistesgeschichtliche Darstellung notwendig zu berücksichtigen hätte. Insbesondere kämen dabei in Betracht die teleologisch gewandte, mächtig nachwirkende Philosophie des Leibniz und die eminent wichtigen, spezifisch religiösen Bildungsmächte vor allem des Pietismus, beides historische Momente, die in Deutschland neben und in Abhängigkeit von allen politischen Sonderumständen eine andere Fortsetzung der Aufklärungsphilosophie bedingten als in Frankreich und England.

## [Kant: Wissenschaftliche Begründung der Metaphysik]

Der ideelle Grundzug der kritischen Philosophie, das Motiv, das jeder, der Kant liest, fortwährend im Auge haben muß, wenn er im Labyrinth nicht den Faden verlieren will, ist die Absicht einer wissenschaftlichen Begründung der Metaphysik. Wir haben schon gesehen, daß zu jener Zeit eine ganze Reihe von sogenannten metaphysischen Wahrheiten verkündet wurde, Sätze, mit denen man versuchte, aus reiner Vernunft eine einheitliche Weltanschauung zu konstruieren, aus welcher sich die Gesamtheit aller Erscheinungen des Weltganzen begreifen ließe. Es war dabei die Grundüberzeugung, daß wir wenigstens potentiell im ursprünglichen Besitz von reinen Vernunftbegriffen uns befänden, aus denen anhand strenger Deduktion die prinzipiellen Sätze über alle Seinsgebiete, über Gott, Seele und Welt herzuleiten seien. Darüber nun, daß Metaphysik möglich sei, daß wir also, um mit eigenen Worten Kants zu reden, »ein System reiner, von aller Anschauungsbedingung unabhängiger Vernunftbegriffe«[2] aufstellen können, ein System, in dem wir den Grundriß alles Seins ein für allemal in bündiger Form besitzen, darüber gibt es in der kritischen Philosophie von vornherein gar keinen Zweifel. Nicht nur gibt es außerhalb des Individuums keine Autorität, die als Quelle absoluter Wahrheit in Frage käme, sondern das Individuum selbst, die Einzelpersönlichkeit, trägt in sich die Bedingungen, auf Grund deren sie in den Besitz der Lösung aller im Laufe der jahrtausendealten Geschichte der Philosophie gestellten Fragen gelangen kann, soweit sie diese Fragen nicht als Scheinprobleme abzutun vermag.

Freilich gibt es für die empirischen Wissenschaften einen nie abschließbaren Fortschritt in der Lösung ihrer Aufgaben, aber so weit es sich nicht um empirisch gegebene Einzelgegenstände, sondern um echt philosophische Probleme handelt, soll von ihnen der Satz gelten, »daß kein Vorschützen einer unvermeidlichen Unwissenheit und unergründlichen Tiefe der Aufgabe von der Verbindlichkeit frei sprechen könne, sie gründlich und vollständig zu beantworten, weil eben derselbe Begriff, der uns in den Stand setzt zu fragen, durchaus

---

2  [Kant, *Die Metaphysik der Sitten*, Zweiter Theil, in: *Kant's gesammelte Schriften*, Akademieausgabe, Band VI, Berlin 1907, S. 375.]

uns auch tüchtig machen muß, auf diese Frage zu antworten«[3]. Zuversichtlicher hat kein von der Allmacht der Vernunft überzeugter Aufklärer gesprochen, stärker kein Rationalist die absolute Kompetenz der jeder Persönlichkeit einwohnenden *ratio* in schlechthin allen entscheidenden Fragen verkündet.

Unserer Vernunft gehören nach Kant ihrem eigenen Wesen nach ursprüngliche Begriffe [an], aus denen mit dem Charakter der Denknotwendigkeit ausgestattete Wahrheiten folgen. Diese Wahrheiten machen den Bestand der Metaphysik aus, das heißt ein System für ewig und für alle Menschen in gleichem Maße gültigen Sätzen, in denen wir in bündiger und adäquater Weise die Lösung der metaphysischen Probleme besitzen. »Alles Interesse meiner Vernunft (das spekulative sowohl als das praktische)«, heißt es in der *Kritik der reinen Vernunft*, »vereinigt sich in folgenden drei Fragen: *1. Was kann ich wissen? 2. Was soll ich tun? 3. Was darf ich hoffen?*«[4] Auf alle diese Fragen hält Kant allgemeingültige Antworten für möglich.

Man darf sich nicht dadurch täuschen lassen, daß Kant immer wieder betont, auf moralisch-religiösem Gebiete gebe es keine theoretische Erkenntnis, sondern nur praktische Gewißheit, Glauben. Was es mit dieser praktischen Gewißheit für eine Bewandtnis hat, werden wir noch ausführlich erörtern, für jetzt wollen wir festhalten, daß diese Gewißheit sich aussprechen läßt in einer für alle Vernunftwesen verbindlichen Form. Die »Moralität« kann nach Kants Worten »völlig a priori, aus Principien, abgeleitet werden«[5], ebenso wie die allgemeinsten Naturgesetze, und wenn man die Wahrheit über Gott und Unsterblichkeit nicht direkt mitteilen, sondern nur »*nach der Analogie*«, in der Weise des Als Ob, auszusprechen vermag, so handelt es sich dabei ausdrücklich um »einen *symbolischen* Anthropomorphism, der in der That nur die Sprache und nicht das Object angeht«[6].

Kant ist also mit der rationalistischen Aufklärung völlig darüber einig, daß es ewige, sachhaltige, metaphysische Wahrheit gibt, daß

---

3 [Kant, *Kritik der reinen Vernunft*, B 505.]
4 [Ibid., B 832 f.]
5 [Ibid., B 869.]
6 [Kant, *Prolegomena zu einer jeden künftigen Metaphysik, die als Wissenschaft wird auftreten können*, in: *Kant's gesammelte Schriften*, Band IV, Berlin 1903, S. 357.]

diese Wahrheit mit dem Charakter der Denknotwendigkeit ausgestattet und jedem vernünftigen Wesen als solchem ohne Rekurs auf irgendeine außer ihm liegende Instanz zugänglich ist. Mit anderen Worten: Alle Lebensgebiete sind von der Vernunft durchwaltet, und wir vermögen daher die sie alle beherrschenden Normen aufzufinden und systematisch darzustellen. Darin unterscheidet sich Kant von seinen Vorgängern *nicht*. Die bedeutende und für die Geschichte der Philosophie entscheidende Tat Kants liegt vielmehr in der Begründung des Rechtsanspruches, mit dem die ewigen Wahrheiten auf dem theoretischen wie auf dem praktischen Gebiet auftreten, in der Schaffung eines philosophischen Systems, an dem die Skepsis, die sich gegen die Möglichkeit allgemeingültiger Wahrheit überhaupt zu richten begann, zuschanden werden sollte.

Die Aufgabe, die Kant vor sich sah, war die folgende: Einerseits gab es Wahrheiten, die von den Philosophen im Namen der reinen Vernunft und als bloß aus dieser geschöpft vorgetragen wurden. Diese Wahrheiten über religiöse, moralische, politische Gegenstände waren, wenn anders eine feste Weltanschauung unentbehrlich war, lebensnotwendig; denn die Autorität der Kirche, wie der feudalen Tradition überhaupt, ging in die Brüche. Insofern die werdende bürgerliche Gesellschaft eigene Ansprüche besaß, insofern sie die Grundzüge ihrer eigenen kommenden Ordnung als einer natürlichen, im Wesen des Menschen begründeten ewigen Ordnung erfassen mußte, insofern die Religion in ihr eine Stätte haben sollte und so fort, durften diese Wahrheiten im Prinzip nicht preisgegeben werden. Es gab aber keine andere Autorität, von der sie ihre Würde beziehen konnten, als die Vernunft der Einzelpersönlichkeit. In der Erfahrung war nichts von dieser Wahrheit zu spüren; diese widerstritt ihr in jedem Punkt und sollte erst entsprechend gestaltet werden. – Das war die eine Bedingung von Kants philosophischer Aufgabe: der Anspruch auf Fundierung der *vérités éternelles*.

Die andere bestand in der Existenz der neuen exakten, auf Erfahrung gegründeten Naturwissenschaft, die insbesondere in der Gestalt, die Newton ihr kurz zuvor gegeben hatte, Kant gegenübertrat. Aus der berühmten Stelle von Newtons *Naturalis philosophiae principia mathematica* heißt es: »Alles nämlich, was nicht aus den Erscheinungen folgt, ist eine *Hypothese*, und Hypothesen, seien sie nun metaphysische oder physische, mechanische oder diejenigen

der verborgenen Eigenschaften, dürfen nicht in die Experimental-
physik aufgenommen werden. In dieser leitet man die Sätze aus den
Erscheinungen ab und verallgemeinert sie durch Induction.«[7] Eine
so geartete Wissenschaft war wenig geneigt, mit den metaphysischen Wahrheiten des Wolffianismus zu paktieren, und dessen Anhänger haben sich auch in Deutschland weidlich mit ihr herumge-
stritten.

Die Eigentümlichkeit der kritischen Philosophie liegt nun darin,
unter prinzipieller und unwiderleglicher Begründung der neuen
Naturwissenschaft die philosophische Basis für eine religiöse und
ethische Weltanschauung nicht nur nicht preiszugeben, sondern
aufs neue und, wie Kant meint, für alle Ewigkeit gefestigt zu haben.
Das Wesen dieser Philosophie ist die Versöhnung des notwendig der
Situation in Deutschland zugeordneten metaphysischen Anspruches mit der Newtonschen Physik.

Die theoretische Position, durch die Kant diese Absicht zu verwirklichen vermochte, hat in der Geschichte nach einem seiner eigenen
Worte den Namen der kopernikanischen Wendung erhalten. Indem
wir nunmehr näher zu bezeichnen versuchen, was durch diesen
Ausdruck getroffen werden soll, treten wir in die Charakteristik des
transzendentalen Idealismus Kants ein, derjenigen Weltanschauung, durch deren Struktur der nachfolgende deutsche Idealismus
ganz entscheidend bestimmt ist.

Auf die Frage, worin die kopernikanische Wendung bestehe, pflegt
man zu antworten: in der Lehre, daß nicht die Erkenntnis sich nach
dem Gegenstande, sondern der Gegenstand [sich] nach der Erkenntnis richte. Diese wissenschaftliche Grundanschauung soll an
Bedeutsamkeit nicht hinter der einst umwälzenden Wirkung des
Satzes zurückstehen, daß nicht die Sonne sich um die Erde, sondern
die Erde sich um die Sonne bewege. Will man sich vergegenwärtigen, worin denn die Kühnheit des philosophischen Satzes eigentlich
liegt, so muß man diejenige Anschauung möglichst klar vor Augen
bekommen, die im Gleichnis dem alten geozentrischen Weltbild
entspricht. Diese Anschauung ist uns allen ursprünglich geläufig.

---

7 [Isaac Newton, *Mathematische Prinzipien der Naturlehre*. Mit Bemerkungen und
Erläuterungen hrsg. von G. Ph. Wolters, Darmstadt 1963 (Nachdruck der Ausgabe
Berlin 1872), S. 511.]

Im Raume und in der Zeit breitet sich eine Welt von Dingen aus, die völlig selbständig da sind, ohne notwendig irgendeine Beziehung zu irgendeinem erkennenden Bewußtsein zu haben. In dieser Welt von Dingen herrschen eigene Gesetze, ebenso unabhängig und ohne Beziehung auf irgendein erkennendes Wesen wie die Dinge, deren Veränderungen sie regeln. Das ist die substanzielle Welt, die Welt *an sich*, das heißt die Welt, insofern sie radikal unabhängig von unserem individuellen Dasein ewig gleichgültig gegen Menschensinn und Menschenwissen ihren eigenen Sinn in sich trägt und ihren eigenen, ewigen Gesetzen folgt.

Soweit auch wir Natur, materielle Wesen sind, unterliegen wir selbst unweigerlich diesen Gesetzen, sind wir eingeordnet in den (von uns als geistigen Wesen total unabhängigen) großen Mechanismus des Weltgeschehens. Als erkennende Geister aber gleichen wir dem Spiegel, der das getreue Abbild in mehr oder minder klarer Weise wiedergibt, noch einmal im Bilde darstellt, was auch unabhängig und ohne jede Beziehung zu ihm da wäre und sein eigenes Sein hätte.

Die Probleme, wie es denn zugehe, daß in der Erkenntnis die Welt sich gleichsam wiederhole, wie denn das menschliche Bewußtsein dazu komme, etwas von dem außerhalb seiner und ursprünglich ohne jede Beziehung zu ihm existierenden Reich der Dinge zu wissen, diese Probleme hat die vorkantische Philosophie auf die mannigfachste Weise zu lösen versucht. Ausgehend von der ursprünglichen Getrenntheit beider Reiche hatte sie gelehrt, daß die räumlich ausgedehnte Dingwelt und die Welt des Bewußtseins, sei es durch physische Einwirkung, sei es durch Vermittlung Gottes zueinander in Beziehung treten, daß die Welt des Bewußtseins tatsächlich in gewisser Weise dem wirklichen Lauf der Dinge korrespondiere. Immer war die Grundstruktur der Auffassung aber diejenige, daß auf der einen Seite eine an sich seiende, der Beziehung auf das Bewußtsein nicht bedürftige Welt der Dinge sich befinde und auf der anderen Seite ihr gegenüberstehe ein Ich, eine Seele, eine *substantia cogitans* oder wie man sich sonst ausdrücken mochte. Die Beziehung zwischen beiden blieb dabei Problem, göttliche oder natürliche Einwirkung das theoretische Auskunftsmittel zu seiner Lösung.

Diese Anschauung etwa ist es, die in dem Vergleich der geozentrischen Weltansicht entspricht: eine wirkliche Welt unabhängiger Dinge, die auf unsere Persönlichkeit einwirkt und so allgemeingültige Erkenntnis, wahre Erkenntnis möglich macht. – Nun aber denke man sich einen skeptischen Angriff auf diese Konzeption. Er hat es leicht. Ist einmal die einheitliche Welt auseinandergefallen in die Welt des Gegenstandes als solchen und [in] die des vergegenständlichten individuellen Bewußtseins, so muß schließlich die Ansicht tagen, dieses isolierte, von der wahren Welt der Dinge geschiedene Bewußtsein sei im Grunde die ohnmächtigste Sache der Welt. Was ihm in Wahrheit gegeben sei, erschöpfe sich in dem ewig wechselvollen Ablauf der eigenen Vorstellungen, und dieser Ablauf, das individuelle Auf und Ab der Vorstellungen, sei unsere ganze Wahrheit. Alle Begriffe, insbesondere aber jene drei, auf denen, wie wir soeben sahen, die Hypothesen der dogmatischen Philosophie ruhten: Die von unserem Bewußtsein unabhängige Dingwelt, unsere empfangende Persönlichkeit und die Kausalität, die zwischen beiden statthabe, seien doch letztlich auch nichts weiter als Vorstellungen unseres Bewußtseins, und allgemeine, über den Augenblick hinausreichende Wahrheit lasse sich auf sie nicht gründen.

Wie sollten wir von ewig gültigen Naturgesetzen reden dürfen, da noch die wahre Ordnung der Dinge, auf die unsere Erkenntnis sich beziehe, in einem jenseitigen, uns ursprünglich fremden Reiche herrsche, vom dem wir nichts, aber auch gar nichts wissen könnten. Gegeben sei eine Menge ununterbrochen auftauchender und wieder verschwindender Vorstellungen, Schauspielern vergleichbar, die aufträten und abgingen in endloser Folge, ohne daß doch eine Bühne existierte als Identisches in diesem Wechsel. Das ganze Leben erschien dieser Skepsis schließlich als ein unsinniger Spuk ohne Sinn und Substanz, und sie ist das verzweiflungsvolle, letzte Schlußglied in der konsequenten Fortführung einer Philosophie, die mit der Thesis anhebt, eine fixe, spiegelgleich rezipierende Seele stehe einer an sich seienden Dingwelt äußerlich gegenüber. Diese Thesis aber ist die des naiven Weltbildes ebenso wie der dogmatischen Philosophie, und sie entspricht dem geozentrischen Weltbild in unserem Vergleich.

Nun habe ich bereits gesagt, daß für Kant dies Eine noch von Leibniz her feststand: Die menschliche Vernunft sei keinem bloßen Gefäß oder einem Spiegel vergleichbar, sondern sie berge echte, eigene, ursprüngliche Gehalte als ewiges Erbteil: die Vernunftbegriffe von Gott, einer unsterblichen Seele und so fort, aus denen notwendig die großen metaphysischen Wahrheiten von einem übersinnlichen Reiche, einer ewigen moralischen Ordnung der Geister folgen. Auf Grund dieser Leibnizschen Position erfolgte die kopernikanische Wendung: Auch die Ordnung der sinnlichen, wahrnehmbaren Natur, die höchsten Gesetze stammen aus unserer Vernunft. Natur, Ding, natürliche Wirklichkeit, alle gültigen Gesetze der allgemeinen Physik ebenso wie alle logischen und mathematischen Wahrheiten entstammen unserer Vernunft – deshalb allein sind sie möglich. Hätte die Natur ein Dasein an sich und ohne Beziehung auf unser Bewußtsein, wie das naiv-realistische Weltbild es voraussetzt, dann gäbe es keine allgemeingültige Wahrheit über sie, und die Skepsis behielte das letzte Wort. An Kants kopernikanischem Standpunkte aber soll sie scheitern.

Darüber haben wir jetzt Näheres auszusagen. Wir fragen, was es heiße, daß unsere Vernunft der Natur ihre Gesetze vorschreibt; was es heiße, daß der Gegenstand sich nach der Erkenntnis richtet. Indem wir die Beantwortung dieser Fragen versuchen, das heißt die Grundauffassung der Transzendentalphilosophie zu erfassen trachten, ist der erste Schritt, daß Sie sich gänzlich frei machen von der dogmatischen Voraussetzung, ein Bewußtsein hier stehe gegenüber einer Welt von Dingen drüben, als deren Spiegel. Sie müssen vielmehr die gesamte Welt unserer Erfahrung, vor allem die zeiträumliche Natur mit Kant begreifen als ein ununterbrochen in unserem Bewußtsein sich konstituierendes Ganzes. Solange das Problem so gestellt wird: Hier erkennender Geist, dort der Kosmos der erkennbaren, wirklichen Gegenstände – wie kommt der letztere in den ersteren hinein? – so lange findet man nicht den Zugang zu den Analysen der *Kritik der reinen Vernunft*.

Vielmehr ist die Grundsituation diese: Was wir zeiträumliche Dingwelt, Natur heißen, ist eine nie abgeschlossene, fortwährend sich differenzierende, korrigierende, ausbreitende begriffliche Ordnung, ein lebendiges Ganzes der Erkenntnis, das nur Bestand hat und wächst, sofern wir das Gewonnene denkend festhalten und erkennend weiterführen. Nicht Natur als Effekt der Abbildung eines fixen Gegenstandes in einer Seele, sondern Natur als ewig unvollendetes begriffliches Produkt der Vernunft ist das Problem. Diese, die Vernunft, ist ihrem Wesen nach ununterbrochen tätig, die bunte Mannigfaltigkeit des durch die Sinne gegebenen Eindrucksmaterials begrifflich zu ordnen und so in fortwährender Vereinheitlichung, bestimmend und ordnend, das begriffliche System zu entwerfen, das wir Natur nennen.

Was die Sinne als Materie der Erkenntnis empfangen, das ist nach Kant ein total chaotischer, völlig unstrukturierter, jeder Bestimmung barer Rohstoff der Erkenntnis. Es ist das Material, auf das wir alle die Faktoren unserer intellektuellen Vermögen anwenden, um es zu scheiden, zu klassifizieren, unter Begriffe zu bringen, kurz, um diejenige Ordnung daraus hervorzubringen oder vielmehr in es hineinzutragen, die wir die einheitliche Welt unserer Erfahrung nennen. Alles, was der Gegenstand der Erkenntnis an Bestimmungen aufweist, alles, was wir von irgendeinem Naturding als einem bestimmten aussagen können, ist hervorgebracht durch die ordnenden Funktionen unseres Erkenntnisvermögens, bezieht sich auf die Form, die der Gegenstand in dem Bearbeitungsprozeß durch die intellektuellen Faktoren unseres Erkenntnisvermögens erhalten hat.

Alle Bestimmtheit, alle Ordnung, alle Struktur ist Form. Alle Form ist nur insofern, als der Gegenstand eingeordnet ist in den Gesamtzusammenhang unserer Erfahrung. Nur insofern kann etwas Gegenstand unserer Erkenntnis sein, als es in diese Formen eingeht, von ihnen gefaßt wird, sich nach ihnen richtet. Der Satz, nicht die Erkenntnis richte sich nach dem Gegenstand, sondern der Gegenstand nach der Erkenntnis, wird auf diese Weise verständlich. Das Gegenteil erscheint überhaupt nur so lange denkbar, als das Verhältnis Gegenstand–Bewußtsein als ein rein äußerliches, mechanisches gefaßt ist und man nicht daran denkt, Erfahrung als denkende Bearbeitung eines amorphen Stoffes, als die fortwährende Ordnung von Ungeordnetem, Mannigfaltigem in die Formen unseres begrifflichen Denkens zu begreifen. Auch daß der Verstand nicht nur der Natur Gesetze vorschreibt, sondern diese ganze Ordnung, die wir Natur nennen, überhaupt schafft, versteht sich jetzt ohne weiteres.

Es kann hier nicht unsere Aufgabe sein, Kants Philosophie im einzelnen darzulegen. Es kommt uns einzig darauf an, die Grundeigen-

tümlichkeiten dieses Weltbildes zu erfassen, ohne die die Probleme
der Nachfolger unverständlich bleiben. Zu diesem Zweck müssen
wir aber das Gesagte noch etwas näher ausführen.

Kant erklärte, wenn es wirklich so wäre, wie man vor ihm gedacht
hatte: daß nämlich eine zum Bewußtsein ursprünglich beziehungslose Welt von Dingen an sich einem bloß rezipierenden, passiven
Bewußtsein gegenüberstünde, wären die Skeptiker im Recht; denn
es wäre eine ewig nur durch bloßen Glauben zu beantwortende
Frage, die wir uns der Gewißheit von Erkenntnissen, die sich auf
jene transzendente Ordnung bezögen, versichert halten sollten.
Nur wenn diese ganze Ordnung, über die wir in der Naturwissenschaft allgemeingültige Urteile fällen, von unserem eigenen Bewußtsein gestiftet ist, oder mit Kantischen Ausdrücken: Wenn diese
Urteile sich nicht auf bewußtseinstranszendente, jenseitige Dinge
*an sich* beziehen, sondern auf die Dinge, insofern sie durch die Faktoren unseres eigenen Erkenntnisvermögens, durch die »transzendentalen« Faktoren zustande gebracht sind, das heißt auf Erscheinungen unseres Bewußtseins, nur insofern ist das Zustandekommen
allgemeingültiger Erkenntnis kein Rätsel. Die Vernunft erkennt in
den Gegenständen dann diejenige Ordnung wieder, die sie selbst in
sie hineingetragen hat.

Die Kritik der reinen Vernunft und überhaupt der theoretische Teil
der Transzendentalphilosophie besteht wesentlich darin, diejenigen
formalen Bestandteile der Erfahrung herauszustellen, die notwendig durch die Zugehörigkeit eines Erkenntnisinhaltes zu unserem
Bewußtsein bedingt sind. Mit anderen Worten: Sie sucht alle Formen unseres Bewußtseins namhaft zu machen, in die jeder Gegenstand eingehen muß, sofern er überhaupt Gegenstand der Erkenntnis sein soll. Diejenigen Urteile, die mit Notwendigkeit aus diesen
Formen abzuleiten sind, machen dann in ihrer Gesamtheit die reine
Naturwissenschaft aus. Sie sind durch keine zukünftige Erfahrung
widerlegbar; denn daß etwas zu unserer Erfahrung gehört und daß
es jenen Formen unterworfen ist, heißt ein und dasselbe.

Dabei ist immer festzuhalten, daß der Stoff aller Erfahrung, das
Mannigfaltige darin, das, was stets wechselt und auf das wir die Faktoren unseres Intellekts anwenden, nicht aus reiner Vernunft
stammt, sondern uns gegeben wird. An ihm hat das Subjekt seine
Grenze, die Gegebenheit unserer Empfindungen ist eine letzte Tat-

sache, über die wir nicht hinausfragen können. Hier, im Faktum der wechselnden Empfindungen, stoßen wir auf etwas vom Subjekt radikal Unabhängiges, und Kant drückt dies dadurch aus, daß unser »Gemüt«, das heißt hier speziell unsere Sinnlichkeit, durch den Gegenstand, durch das Ding, sofern es nicht Erscheinung, nicht bewußtseinsabhängig ist, durch das Ding *an sich* »affiziert« werde. – Diejenigen Vermögen des erkennenden Subjektes nun, in die der Stoff im Prozesse der Erkenntnis eingeht, sollen namhaft gemacht und auf alle Elemente hin untersucht werden, durch die er notwendig seine Bestimmung erhält. Soweit wir Urteile zu fällen vermögen, die sich auf diese Form und deren Anwendung auf den Stoff beziehen, kann uns künftige Erfahrung unmöglich widersprechen. So weit können wir sichere und für alle Zukunft gültige Urteile, die nicht bloß Begriffserklärungen sind, sondern unser Erkenntnismaterial weiterführen, das heißt nach Kant »synthetische Urteile a priori« fällen.

Diese »synthetischen Urteile a priori« sind zugleich notwendig die höchsten Gesetze der Natur; denn Natureinheit und einheitliche Erfahrung sind zwei Ausdrücke für dieselbe Sache. Auf diese Weise muß es gelingen, die höchsten Sätze der allgemeinen Naturwissenschaft Newtons zu deduzieren, und so, aber auch nur so, ist deren Gültigkeit für alle Zukunft gegen die Skepsis dargetan: Aus demselben Prinzip, [aus dem] die alten dogmatischen Metaphysiker ihre ewigen metaphysischen Wahrheiten deduziert hatten: aus reiner Vernunft. Freilich besteht ein großer Unterschied. Indem wir versuchen, diesen Unterschied klar zu machen, müssen wir uns noch weiter in die Gänge der Kantischen Philosophie, und zwar in höchst abstrakte Gedankengänge einlassen. Aber ohne daß wir diesen Unterschied zwischen Kant und seinen dogmatischen Vorgängern einmal richtig eingesehen haben, kann uns die historische Bedeutung seines Systems nicht lebendig werden.

Zwei Vermögen sind nach Kant vornehmlich in der Erkenntnis der Wirklichkeit begriffen: Sinnlichkeit und Verstand. Sinnlichkeit ist rezeptiv, sie empfängt den Stoff der Erkenntnis, sie schaut an, nach Kants Ausdruck, im Gegensatz zum Denken. Ihre Formen sind Raum und Zeit. Machen wir uns einen Augenblick eine ungefähre Vorstellung von dem bloß in die Anschauungsformen von Raum und Zeit geordneten Stoffe, so bliebe, wie Schopenhauer meint, ein

Phänomen »ähnlich dem Anblick einer Palette, mit vielerlei bunten Farbenklecksen: und nicht mehr als Dies ist es«, fährt er fort, »was im Bewußtseyn übrig bleiben würde, wenn man Dem, der vor einer ausgebreiteten, reichen Aussicht steht, ...plötzlich den Verstand ganz entziehn, jedoch die Empfindung übrig lassen könnte: denn Dies war der rohe Stoff, aus welchem vorhin sein Verstand jene Anschauung schuf«[8].

Die Sinnlichkeit liefert ein Chaos von Eindrücken neben- und nacheinander. Die Aufgabe des *Verstandes* ist es, diese Eindrücke zu scheiden, zusammenzufassen, begriffliche Ordnung herzustellen. Der Verstand ist nicht rezeptiv, sondern spontan, selbsttätig. Es gilt nun, diejenigen begrifflichen Formen herauszufinden, in denen der Verstand seine Funktion ausübt, das heißt, diejenigen Grundbegriffe namhaft zu machen, in die sicher alles Sinnenmaterial gefaßt sein muß, wenn es überhaupt Gegenstand unserer Erkenntnis sein soll. Diese allgemeinsten begrifflichen Formen sind die Kategorien, die reinen Verstandesbegriffe. Das Prinzip ihrer Auffindung, das Kant in dem Hauptstück der *Kritik der reinen Vernunft*, der Deduktion der reinen Verstandesbegriffe, angibt, läßt sich mit wenigen Worten bezeichnen: Diejenigen Begriffsformen, ohne die eine Vereinheitlichung der chaotischen Sinnenmannigfaltigkeit zu einheitlicher Erfahrung nicht denkbar ist, sind notwendig und müssen als ursprüngliche Verstandesformen in aller Erkenntnis enthalten sein. Einheitliche Erfahrung ist nicht denkbar ohne Einheit des Selbstbewußtseins. Es könnte niemals von einer einheitlichen Welt, von einem Zusammenhange unserer früheren Erfahrungen mit den gegenwärtigen die Rede sein, wenn wir nicht in jedem Augenblick Kenntnis hätten vom einheitlichen Zusammenhange unserer Persönlichkeit selbst; denn jede Verknüpfung irgendwelcher Gegenstände unseres Bewußtseins setzt voraus, daß wir diese Gegenstände eben als solche *unseres* Bewußtseins haben, und eben dieses »unser« bedeutet nichts anderes als daß sie dem Zusammenhang unseres persönlichen Bewußtseins angehören. Mit anderen Worten: Jeder sinnliche Gegenstand ist, sofern er unserem Bewußtsein angehört, mit den übrigen Sinnengegenständen zum einheitlichen Zu-

---

8 [*Arthur Schopenhauers sämtliche Werke*, hrsg. von Paul Deussen, Dritter Band, München 1912, S. 166.]

sammenhang dieses Bewußtseins verbunden, sonst wäre er nicht *unsere* Empfindung, *unsere* Vorstellung. Wenn es uns nun gelingt, diejenigen Momente aufzuweisen, ohne die jene letzte Einheit, die Einheit unserer Persönlichkeit, nicht bestehen könnte, und weiter diejenigen Begriffsformen zu bezeichnen, die notwendig aus den besagten Faktoren hervorgehen, dann haben wir die reinen Verstandesbegriffe gewonnen. Denn wir können von diesen Begriffsformen mit Bestimmtheit aussagen, daß unter sie schlechthin alles Erkenntnismaterial befaßt werden muß, da sie ja notwendig aus der Einheit unserer Persönlichkeit, ohne die Erfahrung überhaupt nicht denkbar wäre, herfließen.

Diese Einheit, aus der in der *Kritik der reinen Vernunft* als dem letzten Grund aller Erkenntnis überhaupt argumentiert wird, heißt bei Kant die ursprünglich-synthetische Einheit der Apperzeption. Sie ist nach seinen eigenen Worten »der höchste Punkt, an dem man allen Verstandesgebrauch, selbst die ganze Logik und nach ihr die Transcendentalphilosophie heften muß«[9]. Da dieser Begriff in der Geschichte des deutschen Idealismus eine ganz entscheidende Rolle spielt, so weise ich hier schon ganz ausdrücklich auf seine Bedeutung hin. Es ist darunter zu verstehen die Einheit unserer Persönlichkeit, insofern wir in jedem Augenblick ein Wissen von ihr haben. Die Kategorien sind nichts anderes als die Arten, wie diese Einheit sich überall herstellt. Sie ist daher als spontan, als stets tätig zu begreifen, und zwar haben wir sie zu denken als fortwährend damit beschäftigt, die Vielheit unserer Erlebnisse dadurch zu vereinfachen, daß sie diese Erlebnisse der begrifflichen Ordnung des erkennenden Subjektes, das heißt in Wahrheit sich selbst unterwirft. Dadurch bringt sie Gesetze in das ursprünglich total beziehungslose Empfindungsmaterial, dadurch ist sie nach Kants Worten »der transzendentale Grund der nothwendigen Gesetzmäßigkeit aller Erscheinungen in einer Erfahrung«[10]. Fichte wird diesen Begriff wieder aufnehmen unter dem Titel des Selbstbewußtseins, das bei ihm freilich nirgends als realisiert, sondern zunächst als Aufgabe angesehen wird. Doch davon mehr an seiner Stelle.

---

9 [Kant, *Kritik der reinen Vernunft*, B 135.]
10 [Ibid, A 127.]

Wenn ich auch nicht annehme, daß Sie jetzt schon diesen schwierigsten Punkt der Kantischen Philosophie erfassen, da er sich nur der angestrengtesten Lektüre der Kantischen Werke wirklich enthüllt, so dürfen wir doch jetzt einige Konsequenzen ziehen, die Ihnen vermutlich ohne Schwierigkeiten einleuchten. – Erkenntnis natürlicher Wirklichkeit kommt nach Kant dadurch zustande, daß sinnliches Material unter die Kategorien befaßt wird. Einen Gegenstand erkennen, heißt, ihn durch kategoriale Bestimmung in die Gesamtheit unserer Erfahrung, in die Naturwirklichkeit einordnen. Als zur Natur gehörig erkennen und sinnliches Material kategorial bestimmen (Kategorien der Relation) sind zwei Ausdrücke für ein und dieselbe Sache. Daß Kategorien ohne sinnliches Material für sich allein Erkenntnis eines Wirklichen zu geben vermöchten, ist also der Wahrheit zuwider. Unser Wissen vom Wirklichen ist vielmehr überall identisch mit der Befassung eines durch die Sinnlichkeit Gegebenen unter Kategorien, also eines Durchdrungenseins beider Momente, sowohl des empirischen Materials als [auch] kategorialer Bestimmung. Anschauung ohne Begriffe ist blind, Begriffe ohne Anschauung sind leer.

Die Bedeutung der exakten Naturwissenschaft ist damit für Kant klar umrissen. Naturwissenschaft ist die Anwendung der Kategorien auf die Fülle des sinnlichen Erfahrungsmaterials. Ihre synthetischen Sätze sind rein und für alle Zukunft gültig, soweit sie ganz ohne Rücksicht auf den jeweils wechselnden Inhalt aus den Kategorien abgeleitet sind, wie etwa aus der Kategorie der Kausalität der Satz hervorgeht, daß alles, was geschieht, etwas voraussetzt, woraus es nach einer Regel folgt. Die allgemeinsten dieser Sätze, die sogenannten Grundsätze des reinen Verstandes, sind zugleich die höchsten Naturgesetze. Sie müssen für alle Zukunft gültig sein und können von keiner künftigen Einzelerfahrung widerlegt werden; denn so wahr einheitliche Erfahrung nur im einheitlichen Zusammenhange eines persönlichen Bewußtseins stattfinden kann, ja mit diesem identisch ist, so wahr der Inbegriff aller diese Einheit bildenden Formen, das heißt nach Kant »reine Vernunft« nicht wechseln kann, sondern ewig identisch bleibt, so wahr haben auch diese allgemeinsten naturwissenschaftlichen Sätze ihre Gültigkeit.

Ebenso sicher ist es aber, daß die Anwendung dieser Sätze einzig

sich bezieht auf Gegenstände, so wie sie von unseren Sinnen, eingeordnet in die Anschauungsformen der Sinnlichkeit, uns dargeboten
werden, keineswegs also auf Gegenstände, sofern sie ohne Beziehung zu einem erkennenden Bewußtsein: sofern sie *an sich* sind. Die
Naturwissenschaft hat es nicht mit den bloß gedachten Objekten
der alten Metaphysik, sondern überall mit letztlich sinnlich gegebenen, in die Anschauungsformen von Raum und Zeit [ein]geordne-
ten, also bereits subjektiv bestimmten Gegenständen zu tun, wie
Kant sich ausdrückt: mit bloßen Erscheinungen. Damit ist auch –
wie nur nebenbei erwähnt sei – die Gültigkeit der reinen Mathematik erwiesen; denn deren Sätze sind nichts anderes als diejenigen
Konsequenzen, die sich, wie die Grundsätze des reinen Verstandes
aus den Kategorien hergeleitet wurden, aus den Anschauungsformen des Raumes und der Zeit, in die alles Sinnenmaterial gefaßt sein
muß, ergeben.

Die Probleme der alten Metaphysik sind mit alldem *nicht* erledigt.
Es ist dargetan, daß von der Newtonschen Physik her der Metaphysik keine Gefahren drohen; denn jene leitet ihre allgemeinsten, *a
priori* gültigen Sätze aus der gleichen Quelle her wie diese: nämlich
aus reiner Vernunft. Aber, wie ich schon sagte, besteht zwischen der
Begründung der Naturwissenschaft durch Kant aus reiner Vernunft
und der Begründung der metaphysischen Wahrheit aus demselben
Prinzip durch die dogmatische Philosophie ein großer Unterschied.
Diesen Unterschied vermögen Sie jetzt einzusehen: In der alten Metaphysik sollte die Vernunft durch die ihr einwohnenden Begriffe
sich beziehen auf das Absolute, das Übersinnliche, das heißt auf die
Dinge an sich in dem transzendenten, bewußtseinsjenseitigen Sinn;
in der Naturwissenschaft dagegen bezieht sich nach Kant die Vernunft erkennend auf Sinnenerscheinungen. Jene, die alte Metaphysik, hatte zum Objekt die Welt an sich, ihr absolutes und nicht be-
wußtseinsrelatives Sein inklusive des Seins dieses Bewußtseins
selbst, das unter dem Namen der Seele in der rationalen Psychologie
behandelt wurde. Die Deduktionen der Dogmatiker intendierten
alle darauf, das Sein ihrer Gegenstände: Gottes, einer unsterblichen
Seele, einer unendlichen Welt und ihrer Beziehungen als wirklich
darzutun, wirklich und erkennbar in demselben Sinn, wie die Naturwissenschaft und die gemeine Erfahrung von der Wirklichkeit
ihrer Gegenstände zu sprechen pflegt. Ja, sie hatte die Erkenntnisse

der letzteren, die Erkenntnisse sinnlicher Gegenstände, die Wahrnehmung erfahrbarer Naturdinge als minderwertige und verworrene
Erkenntnisse gegen diejenigen der metaphysischen Wirklichkeit
dargestellt. Und nun hatte Kant gezeigt, daß theoretische Erkenntnis und eben damit Wirklichkeit im eigentlichen Sinn einzig Gegenstand der exakten mechanischen Naturwissenschaft sei, aber eben
damit auf die Objekte der Sinnlichkeit, auf die erfahrbaren Gegenstände, auf *Erscheinungen* notwendig beschränkt. Das hieß also:
Von den übersinnlichen, intelligiblen, nicht in die Sinnenerfahrung
eingehenden Objekten, von den Dingen an sich: von Gott und der
unsterblichen Seele, von der vollendeten Totalität der Welt (den
Hauptideen der vorkantischen Metaphysik), kurz von allen selbständigen, ohne Beziehung auf ein erkennendes Bewußtsein bestehenden Wesenheiten sei kein Erkennen, kein Zuerkennen irgendeiner Wirklichkeit prinzipiell möglich. In der Befassung sinnlicher
Empfindungen unter Kategorien, in der Bestimmung bloßer Erscheinungen durch die Begriffe des Verstandes besteht unser gesamtes Erkennen oder, wie sich Kant ausdrückt, die Tätigkeit der bestimmenden Urteilskraft. Von allem, was nicht Erscheinung, also
nicht ursprünglich durch die Sinne gegeben ist, vom An-sich gibt es
keine Erkenntnis, weder im positiven noch im negativen Sinn. Indem die alte Metaphysik die Wirklichkeit des Transzendenten zu
erkennen vermeinte, hat sie vergessen, daß Kategorien nur in Verbindung mit sinnlichem Material Wirklichkeit konstituieren können, und ist in Gebiete ausgeschweift, die der theoretischen
Erkenntnis unzugänglich sind, in denen die Urteilskraft nichts zu
bestimmen vermag.
Entscheidende Kritiker haben in dieser Begrenzung der Erkenntnis
nicht allein die eigentliche Leistung Kants, sondern auch den ersten
wesentlichen Gehalt seiner Lehre gesehen. Die *Kritik der reinen
Vernunft* war als das erste der epochemachenden Werke Kants
erschienen, und die ersten Teile dieser Schrift stehen ganz im unmittelbaren Dienst dieser Aufgabe. In ihrem ersten Teil, der transzendentalen Ästhetik, werden die Formen der Anschauung nach Elementen für synthetische Urteile *a priori* untersucht [, wodurch] die
reine Mathematik begründet [wird]. In der ersten Abteilung des
zweiten Teiles folgt die Untersuchung der Formen des reinen Verstandes, der Kategorien, und die Begründung der reinen Naturwis-

senschaft – immer in ausdrücklicher Betonung der grenzsetzenden Intention. So verschiedenartige Beurteiler wie Schopenhauer und Heinrich Heine haben diese Position für den maßgebenden Standpunkt Kants gehalten und seine philosophische Leistung mit der Zertrümmerung nicht allein der alten, sondern überhaupt jeder positiven Metaphysik identifiziert. Zieht man dann noch in Erwägung, daß in der transzendentalen Dialektik, der an Umfang weitaus stärksten Abteilung der *Kritik der reinen Vernunft*, in der von der Metaphysik unmittelbar die Rede war, vornehmlich von den Fehlern und Mängeln der alten Metaphysik gesprochen wird, so begreift man, daß so scharfsinnige Beurteiler wie die genannten – und nicht nur sie – jede positive metaphysische Äußerung in der transzendentalen Dialektik sowohl wie in den späteren Werken für eine bedauerliche Inkonsequenz, ja für eine Konzession an herrschende Vorurteile gehalten haben.

Wir wollen uns einmal deutlich machen, welchen Gesamtcharakter Kants Philosophie gewönne, wenn diese Auffassung zu Recht bestünde, wenn also jener vorwiegend erkenntniskritische Teil für Kant wirklich allein entscheidend wäre: Als eigentümlicher moderner Positivist hätte Kant dann unser gesamtes bewußtes Leben zur total sinnlosen Funktion eines mechanischen Apparates gemacht. Die mathematische exakte Naturwissenschaft von ihrer unvollkommensten, dilettantischsten Form in der alltäglichen Erfahrung bis zur methodisch betriebenen Erkenntnis, das fortwährende Klassifizieren und Registrieren von Sinnentatsachen wäre da und funktionierte gleichsam als das ewig unbegreifliche Klappern einer Maschine, die exakt arbeitet, ohne daß jemand einzusehen vermöchte, weshalb, wozu, für wen. Geht man aber sogar so weit, die gesamte Persönlichkeit mit der Vernunft zu identifizieren und läßt dann das Wesen der Vernunft in der ordnenden, klassifikatorischen Funktion des Verstandes aufgehen, dann wäre das Weltbild, das die Philosophie uns als Resultat darböte, in wenige Worte zusammenzufassen: Eine Anzahl von Ordnungsapparaten für total amorphen sinnlichen Stoff, ausgestattet mit den subtilsten Präzisions- und Kalkulationsmechanismen existieren als das eigentliche Sein. Was letzten Endes diese Apparate, sofern sie doch *Erkenntnis*apparate sind, für alle Zukunft als gültige Erkenntnis festzustellen vermögen, bezieht sich schließlich immer auf sie selbst: auf das, was durch ihre Ordnungsmethoden in den Stoff hineinkommen muß. Der Stoff selbst ist an sich, wie schon wiederholt gesagt, total chaotisch und unbestimmt, nur sofern er »in unserem Bewußtsein« gegeben und also mindestens durch die Anschauungsform der Zeit geordnet erscheint, *ist* er für uns. An sich vermögen wir nichts als Negationen über ihn auszusagen, an sich ist er eben nichts als das Material für den Apparat: »das aller Bestimmung Bare und bloß Bestimm-bare«, wie es einmal heißt. Die gesamte Natur, alles und jedes, insofern es überhaupt Gegenstand für uns sein kann, ist eben durch jenen Apparat konstituiert, und er selbst, diese ganze theoretische Anlage, bleibt ein bloßes und unerklärliches Faktum.

Diese Position, die das Wesen der Kantischen Philosophie in der Einschränkung der Erkenntnis auf die mathematische Naturwissenschaft, in der Ablehnung jeder Art von Metaphysik sehen zu müssen glaubt, diese Position habe ich nicht nur zur Verdeutlichung des schon Gesagten so breit ausgeführt. Wer die erkenntnistheoretische Philosophie der Gegenwart, insbesondere den sogenannten Neukantianismus kennt, weiß, daß die moderne Zustimmung zu Kant vielfach Zustimmung zu einem so verstandenen Kant bedeutet. Was in Kants Werk dieser Auffassung widerspricht, wird entweder hinweginterpretiert oder als bloße Inkonsequenz und zeitbedingtes Vorurteil verstanden. Leider können wir die allgemein historischen Gründe für diese moderne Einstellung zu Kant hier nicht erörtern, aber sie existieren. Das Aufgehen der modernen Philosophie in der Erkenntnistheorie oder wenigstens das entscheidende Gewicht, das dieser Teil der Philosophie heute zu haben pflegt, hat seine tiefe Notwendigkeit. Die Enttäuschung des metaphysikbedürftigen einzelnen an unserer wissenschaftlichen Philosophie, die Zuwendung des nach einem Halt verlangenden Individuums zu Charlatanen, Mystikern und traditionellen Religionen gehören als Reaktion dazu. Aber sie sind eben bloße Reaktion, ihnen gegenüber behält jene trockenste Art der Erkenntniskritik recht.

Aber Kantisch ist sie darum nicht. Mag nun sachlich jener Teil von Kants Philosophie der einzig haltbare sein oder nicht (wir müssen dies hier unausgemacht lassen), historisch liegen die Verhältnisse radikal anders. Historisch ist die Begründung der Newtonschen Naturwissenschaft durch die Ableitung ihrer obersten Sätze aus dem

reinen Erkenntnisvermögen und die Einschränkung der Anwendbarkeit dieser Sätze auf sinnlich Gegebenes nur die eine Seite von
Kants Philosophie. Die andere Seite, die freilich von der ersten un-
ablösbar ist und zu ihr wenigstens historisch fraglos in einem motivierenden Verhältnis steht, bleibt die Begründung der Metaphysik,
das heißt die Begründung der Wissenschaft vom An-sich, von den
Gegenständen, sofern sie nicht bloß durch die Beziehung auf ein
erkennendes Bewußtsein existieren, sofern sie nicht bloß aus Sinnenmaterial vom Bewußtsein konstituiert sind: die Begründung
der Wissenschaft vom Übersinnlichen, Intelligiblen, derjenigen,
die es mit dem absoluten Weltsinn, mit der letzten, unbedingten
Wahrheit zu tun hat. Im Hinblick auf diesen Zweck bedeutet die
Begründung der Naturwissenschaft in der angegebenen Weise zugleich mit ihrer Rechtfertigung die Begrenzung ihres Anwen-
dungsbereiches auf die natürliche Wirklichkeit. Durch diese Begründung war festgelegt, daß die Methoden der Naturwissenschaft
auf die echt metaphysischen Probleme nicht anwendbar seien und
weder im positiven noch im negativen Sinn etwas darüber auszumachen vermochten. Eben daß sie zwischen ihrem eigenen Verfahren und dem Verfahren echter Wissenschaft überhaupt nicht
unterschieden hatte, daß sie vermeinte, es mit derselben Art Wirklichkeit zu tun zu haben, wenn sie von der unsterblichen Seele und
wenn sie von den Naturdingen sprach – das ist es im Grunde, was
Kant der alten Metaphysik vorwirft. Die Naturwissenschaft aber
besteht überall darin, daß die allgemeinsten, aus den Kategorien
des Verstandes abgeleiteten Sätze auf die Erscheinungen angewandt
werden. Die Metaphysik hat es dagegen nirgends mit Erscheinungen zu tun und kann daher auch nicht in derselben Weise Erkenntnisse liefern wie die Naturwissenschaft. Das ist es, was die alte
Metaphysik übersehen hatte und deshalb bedarf es nach der Begründung der Naturwissenschaft einer neuen Begründung der Metaphysik. Ohne diese zweite Leistung hätte Kant seine erste ganz
sicher nicht hoch eingeschätzt; denn um Metaphysik, um die Wissenschaft vom Intelligiblen war es ihm auch in den ersten Teilen
der Vernunftkritik in Wahrheit schon zu tun. Gerade in jenen Erkenntnissen, heißt es schon in der Einleitung zur *Kritik der reinen
Vernunft*, »welche über die Sinnenwelt hinausgehen, wo Erfahrung gar keinen Leitfaden, noch Berichtigung geben kann, liegen

die Nachforschungen unserer Vernunft, die wir der Wichtigkeit nach für weit vorzüglicher und ihre Endabsicht für viel erhabener halten als alles, was der Verstand im Felde der Erscheinungen lernen kann, wobei wir sogar auf die Gefahr zu irren eher alles wagen, als daß wir so angelegene Untersuchungen aus irgend einem Grunde der Bedenklichkeit, oder aus Geringschätzung und Gleichgültigkeit aufgeben sollten. Diese unvermeidlichen Aufgaben der reinen Vernunft selbst sind *Gott, Freiheit und Unsterblichkeit*. Die Wissenschaft aber, deren Endabsicht mit allen ihren Zurüstungen eigentlich nur auf die Auflösung derselben gerichtet ist, heißt Metaphysik, deren Verfahren im Anfange *dogmatisch* ist, d. i. ohne vorhergehende Prüfung des Vermögens oder Unvermögens der Vernunft zu einer so großen Unternehmung zuversichtlich die Ausführung übernimmt.«[11]

Kant unternimmt die Auflösung nicht mehr dogmatisch, sondern nach vorhergehender Prüfung des Vermögens der Vernunft. Wir haben nunmehr zuzusehen, wie er die Möglichkeit der Metaphysik in der Organisation der Vernunft selbst aufweist, ebenso wie er die Möglichkeit der Naturwissenschaft vorher aufgewiesen hatte. – Dazu bedürfen wir wiederum eingehender Analysen.

Ich habe bisher die Wörter Verstand, Erkenntnisvermögen und so fort ohne besondere Erklärung in ziemlich willkürlichem Durcheinander gebraucht. Bis zu einem gewissen Grad ist das durch den Kantischen Gebrauch dieser Wörter zu rechtfertigen, aber jetzt müssen wir darin prägnanter werden. Vernunft hat bei Kant verschiedene Bedeutungen, unter denen eine engere und eine weitere Bedeutung vornehmlich festzuhalten sind. In der weiteren umfaßt der Titel Vernunft alle gesetzgebenden Vermögen der Persönlichkeit überhaupt und bezeichnet deren eigentliches Wesen gegenüber allem Stofflichen, das uns zur Bewältigung, sei es auf theoretischem, praktischem oder ästhetischem Gebiete aufgegeben ist. Die Gesetzmäßigkeit, die wir auf allen Gebieten am Stoffe wahrzunehmen vermeinen: in der exakten Wissenschaft als Naturgesetze, an den schönen Gegenständen als ästhetische Form, im wertvollen Handeln als die Beherrschung der Triebe durch vernünftige Maximen – all dies entstammt nicht dem Stoffe, gehört nicht den Dingen zu, sondern

---

11 [Kant, *Kritik der reinen Vernunft*, B 7f.]

der Selbstgesetzgebung der Vernunft, die als eine und dieselbe alle
Gebiete durchherrscht. Ihrem Wesen nach ist sie dabei überall praktisch, das heißt, sie ist tätig, aktiv, spontan; denn ein Tun, ein Handeln ist unser Verhalten in letzter Linie auch auf theoretischem Gebiet, in der Wissenschaft ebenso wie in der Beurteilung ästhetischer
Gegenstände, in der ästhetischen Schau. Insofern hat, wie Kant sich
ausdrückt, die praktische Vernunft das Primat über die theoretische,
insofern ist das theoretische Verhalten, Wissenschaft, nur ein Spezialfall des praktischen. Das ist die weitere Bedeutung des Wortes
Vernunft: sie geht unmittelbar aus den Grundzügen der Kantischen
Weltanschauung als der Vollendung der Aufklärung hervor, nach
der die menschliche Vernunft auf allen Gebieten oberste und ausschließliche Instanz und zugleich das Wesen der menschlichen Persönlichkeit ist. In dieser Bedeutung ist auch der Titel *Kritik der reinen Vernunft* aufzufassen. Ursprünglich meinte Kant, mit diesem
Werke schon das kritische Geschäft beendigen zu können und setzte
daher reine, das heißt den ihr selbst einwohnenden Elementen nach
betrachtete Vernunft auf das Titelblatt. Da er aber später der Vernunft auf den beiden anderen Hauptgebieten, dem speziell praktischen und dem ästhetischen besondere Werke gewidmet hat, dürfen
wir heute den Titel des ersten Hauptwerkes interpretieren als »Kritik der reinen Vernunft, insbesondere soweit sie auf theoretischem
Gebiete gesetzgebend ist«.

Der Umstand, daß Kant in der *Kritik der reinen Vernunft* die Ausdrücke Verstand und Vernunft häufig äquivalent gebraucht, kann
uns nun bei der Lektüre nicht mehr verwirren. Da nämlich auf theoretischem Gebiete, in der exakten Naturwissenschaft, die Vernunft
unter dem Titel des Verstandes die Quelle der Gesetzgebung ist, so
kann es nicht wundernehmen, und es ist völlig berechtigt, wenn
einmal dort, wo wir das Wort Verstand erwarten, das allgemeinere
Wort Vernunft auftritt. Es handelt sich dabei um den weiteren Vernunftbegriff, und wir können überall in diesem Fall hinzusetzen:
Vernunft »in ihrer Betätigung als Verstand«.

Vom Verstand unterscheidet Kant nun aber ausdrücklich eine spezielle, engere Bedeutung von Vernunft, und in dieser Bedeutung
dürfen wir sie mit dem Verstande keineswegs verwechseln. Indem
wir den Sinn dieses engeren Begriffes feststellen, werden wir unver-
sehens in den positiv-metaphysischen Teil der Kantischen Philo-

sophie eintreten. Von dem negativen wollen wir hier aus Zeitmangel
möglichst wenig reden.

Der Verstand, so haben wir gehört, ist der Inbegriff derjenigen Formen, in die das mannigfaltige Sinnesmaterial notwendig eingehen
muß, wenn es überhaupt als zur Natur gehörig erscheinen soll. Das
prägnanteste Beispiel hierfür ist die Einheit des natürlichen Dinges,
das als kategoriale Formung aus einer Vielheit sinnlicher Eindrücke
zu begreifen ist. Anhand dieser und anderer Formen konstituiert
sich die Natur aus den Sinnesempfindungen zunächst als eine unübersehbare Vielheit von materiellen Dingen, die sich in Raum und
Zeit ausbreiten. Nun finden wir, nachdem der Verstand ohne unser
bewußtes Zutun seine Leistung geübt hat, die anschauliche Welt der
Dinge, so wie sie jeder unbefangene Betrachter wahrnimmt, vor.
Aber nun setzte eigentlich die vom Willen geleitete theoretische Arbeit der Naturwissenschaft erst ein. Zunächst erfahren wir, so ist
Kants Überzeugung, die Welt als eine unübersehbare Vielheit und
Mannigfaltigkeit von Dingen. Der Verstand ist immerfort beschäftigt, sinnliches Material mittels der Kategorien zu einzelnen Dingen
zu verknüpfen und zwischen diesen einzelnen Dingen gemäß seinen
Grundsätzen kausale Beziehungen herzustellen. Aber diese unwill-
kürliche Ordnungsarbeit, in der sich die Dinge für uns überhaupt
erst als solche konstituieren, findet ihre Fortsetzung in der bewußten und der methodisch disziplinierten Erkenntnisarbeit und deren
intensivster Form: der Wissenschaft.

An dieser Stelle trennt sich Kants Auffassung radikal von dem vorher von uns entworfenen positivistischen Weltbild, von dem Weltbild der naturwissenschaftlichen Automaten. Wissenschaft als methodisch angestellter Erkenntnisprozeß ist *zielgerichtet*; in ihr, wie
in allem menschlichen Verhalten, betätigt sich in Wahrheit die
praktische Vernunft, die zwar in dieser Richtung theoretisch heißt,
aber nichtsdestoweniger als ein Streben, als ein Verhalten des *Zieles*
bedarf. Solange wir in dem theoretischen Handeln einzig den Verstand als spontanes Vermögen betrachten, bleibt uns das Wesen
nicht nur der Wissenschaft selbst, sondern eben damit der Erkenntnis überhaupt (als deren prägnanteste Form diese nur anzusehen ist) verborgen. Jene aber, die Wissenschaft, ist keineswegs das
bloße Funktionieren des kategorialen Mechanismus, bei dem wir
selbst gleichsam als bloße Zuschauer beteiligt sind. Verhielte es sich

so, dann wäre das Zustandekommen einheitlicher wissenschaftlicher Systeme schlechthin ein Wunder, wie in der alten Metaphysik die Erkenntnis jedes einzelnen Naturdinges ein Wunder war. Hier wie dort begreift Kant das Wunder als unser eigenstes Produkt. Der Verstand in seiner gleichsam mechanischen Funktion brächte nichts zustande als eine Unsumme diskreter Erkenntnisse, eine unübersehbare Vielheit der Dinge, wie sie das naive Bewußtsein – und nicht einmal dieses – wahrzunehmen glaubt. Aber der Verstand ist beherrscht und geleitet durch Ideen der Vernunft, nach deren planmäßiger Weisung er erst von den einzelnen, bruchstückhaften Erkenntnissen zur Bildung eigentlicher systematischer Wissenschaft fortzuschreiten vermag. Dazu, daß der Verstand es nicht bei einem Aggregat von gewußten Einzelgesetzen und Daten bewenden läßt, daß wir vielmehr als anerkennende Wesen überall und unaufhörlich dabei sind, ein systematisches Ganzes zustande zu bringen, wie es die Wissenschaft darstellt – dazu bedarf es der leitenden Idee, des Vernunftbegriffes, der die Verstandesarbeit organisiert und sich dienstbar macht.

Das Merkmal der Idee auf theoretischem Gebiet ist nach dem Gesagten überall, daß sie Vorstellung systematischer Totalität von Erkenntnissen sei, der Gedanke einer nach bestimmter Hinsicht vollendeten Wissenschaft, ein Gedanke, dessen Realisierung zwar nach den Prinzipien der Transzendentalphilosophie selbst nie tatsächlich möglich ist, der aber überall die Funktion des Verstandes beherrscht und in gewisser Weise erst möglich macht. – Nun ist eine Totalität als solche dadurch ausgezeichnet, daß sie ihr Gesetz in sich selbst trägt und nicht durch ein äußeres Gesetz bedingt erscheint. Jede einzelne Leistung des Verstandes aber – objektiv gesprochen: jedes einzelne Faktum innerhalb der Natur – erscheint als bedingt. Immer können wir oder vielmehr müssen wir nach der nächsten Bedingung fragen und dann wieder nach der nächsten und so fort. So erscheint die Idee im theoretischen Gebrauche dem Verstand gegenüber als die Konzeption eines Systems, das die vollendete Gesamtheit aller Bedingungen einschließt und selbst unbedingt ist. Dadurch enthält sie zugleich die Regel, nach der wir die einzelnen Erkenntnisse des Verstandes fortwährend zu verknüpfen im Begriffe sind.

Die Kategorien verhalten sich daher zu den Vernunftbegriffen wie die chaotische Sinnenmannigfaltigkeit zu der Mannigfaltigkeit der einzelnen Verstandeserkenntnisse. Und dem Verstande, als dem Inbegriff der Kategorien, wird hier die Vernunft als Inbegriff der Ideen, der Vernunftbegriffe, in der engeren Bedeutung gegenübergestellt.

Daß sie dabei gleichzeitig als Vermögen des Schließens bezeichnet wird, weil der Schluß die Methode ist, Urteile synthetisch zu verbinden, und daß Kant demzufolge die verschiedenen logischen Schlußprinzipien als Leitfaden benutzt, um die verschiedenen Vernunftbegriffe zu entdecken, dürfen wir hier ebenso unbesprochen lassen, wie wir an ihrer Stelle die Herleitung der Kategorien aus den logischen Arten der Urteile übergangen haben. – Wichtig ist für uns, daß es nach Kant drei Grundrichtungen gibt, vom Bedingten zum Unbedingten aufzusteigen, drei Ideen, die uns in diese Richtungen weisen, drei verschiedene Vernunftbegriffe vom Unbedingten: Nämlich erstens die Idee der vollendeten Totalität aller *psychischen* Bestimmungen, das heißt die Idee einer unsterblichen Seele; zweitens die absolute Einheit der Reihe der Bedingungen der Erscheinung, der Vernunftbegriff der vollendeten Bestimmungen der *physischen* Welt, sofern sie selbst unbedingt, also frei ist, das heißt die Idee der Freiheit – und drittens die Idee der absoluten Einheit der Bedingung aller Gegenstände des Denkens überhaupt, der Inbegriff aller möglichen Realität, die Idee Gottes.

Diese Ideen bekunden sich rein theoretisch nur in der Richtung unseres Verstandesgebrauchs als regulative Prinzipien: Wir *sollen* die Erkenntnis einzelner psychischer Tatsachen in der Richtung auf die vollendete Erkenntnis einer einheitlichen Seele fortsetzen. Wir *sollen* in der Erforschung der Naturgesetze so fortfahren, als ob es nirgends eine Grenze der Bedingungen gäbe und doch die Welt selbst alle ihre Bedingungen und Gesetze einschlösse und daher selbst frei und nicht bloße Erscheinung sei. Endlich *sollen* wir in der Wissenschaft überhaupt so verfahren, als ob wir einmal in den Besitz der Erkenntnis aller Realität und des obersten Grundes aller Erscheinungen gelangen könnten, ohne doch je eine Erscheinung, je etwas *innerhalb* der Welt für diesen obersten Grund zu nehmen, von dem alles andere als bedingt gedacht wird.

Die Ideen sind ebenso transzendental wie die Kategorien; denn wie die Kategorien, wenn geordnete Erfahrung möglich sein soll, denk-

notwendig aufgenommen werden müssen, ist ohne das richtung-
weisende Regulativ der Idee geordnete Erfahrung undenkbar:
ohne richtunggebende Prinzipien käme der Verstand über ein Aggregat mannigfaltiger Urteile nie hinaus. Aber während durch
Anwendung der Kategorien auf sinnliche Erlebnisse Wirkliches
konstituiert und erkannt wird, geht der Vernunftbegriff immer
bloß auf den Verstandesgebrauch, so daß wir durch ihn niemals
einen einzelnen wirklichen Gegenstand bestimmen und erkennen
können. Wirkliches heißt immer, wie wir nun wissen, kategorial
bearbeitete Erfahrung. Der Vernunftbegriff ist nur das richtung-
weisende Prinzip beim Aufbau des Ganzen. Durch ihn weist die
Vernunft aus sich selbst in die Unendlichkeit; denn die Vollendung
unseres Wissens als einheitliches, rationales System ist eine unab-
schließbare Aufgabe. – Jetzt vermögen wir deutlich das Unzutref-
fende jener Auffassung einzusehen, die Kants Philosophie wesentlich in der Begründung der exakten Naturwissenschaft und der
Einschränkung der Erkenntnis auf eben diesen Bezirk sehen zu
müssen glaubt. Für Kant ist die exakte Naturwissenschaft ein
Zweig menschlichen Verhaltens neben anderen. Es handelt sich
ebensowenig bei der gemeinen wie bei der wissenschaftlichen Na-
turerfahrung um das sinnlose Funktionieren des Verstandesappara-
tes ohne einsichtigen Zweck. Denn die Ideen, die Kant ebenso
sicher wie die Kategorien deduziert zu haben glaubt, sind in Wahrheit Zielgedanken, Zwecke. Die Vernunft ist im letzten Grunde
immer praktisch, ihre eigentlichen Begriffe, die Ideen, sind Richt-
linien unseres Handelns. Um sie zu verwirklichen, [treiben] wir
letztlich auch Wissenschaft.
Dies Eine freilich steht fest: In der natürlichen Wirklichkeit, innerhalb des Bereiches der exakten Naturwissenschaft können wir nie
etwas als der Idee kongruent erweisen. Wir können mit den Methoden der Naturwissenschaft nie über Gegenstände der Ideen,
über Gott, Freiheit und Unsterblichkeit, das heißt über die Gegenstände der Metaphysik, etwas ausmachen. Naturwissenschaft hat
es immer nur mit Erscheinungen, das heißt mit Produkten [aus]
Sinnlichkeit und Verstand zu tun; von den genannten Gegenständen gibt es keine ›Erkenntnis‹ im Sinne der Naturwissenschaft. –
Dies zu meinen, das heißt die Hypostasierung der metaphysischen
Objekte (als besäßen sie natürliche Wirklichkeit, als könnte man

sie, im genannten Sinn, ›erkennen‹), war der Irrtum der alten Metaphysik, der ›Verstandesmetaphysik‹.

Aber daß wir von den metaphysischen Gegenständen, weil sie naturwissenschaftlich nicht erkennbar sind, auch nichts *wissen* könnten, das hat Kant ganz und gar *nicht* gelehrt. Ohne den Unterschied zwischen ›erkennen‹ im Sinn der Naturwissenschaft und ›denken‹, ›einsehen‹, ›um etwas wissen‹, ohne diesen Unterschied festzuhalten, ist Kants Philosophie nicht zu verstehen. Vielmehr ist gerade die Lehre, daß den Gegenständen der alten Metaphysik eine andere Funktion der Vernunft entspreche als die der naturwissenschaftlichen Erkenntnis, Kants eigentümlichste Leistung. Wir vermögen in der theoretischen Philosophie zwar keineswegs, wie die dogmatische Philosophie geglaubt hatte, die Wirklichkeit der metaphysischen Gegenstände, wohl aber deren Denknotwendigkeit zu erweisen. Die Ideen von Gott, Freiheit und Unsterblichkeit sind unserer Vernunft inhärierende, nicht aus der Erfahrung abgezogene Begriffe. Sie sind in der transzendentalen Analyse der Erfahrung nachweisbar als unentbehrliche Leitmotive, als unendliche Aufgaben, als Ziele der Vernunft, um systematische Einheit der Wissenschaft herzustellen. Sie konstituieren keine Wirklichkeit, es entspricht ihnen kein natürliches Objekt. Wir erkennen nichts ihnen Entsprechendes in der Natur, sondern sie leiten uns bei deren Erkenntnis. Es hat also gar keinen Sinn, nach ihrer Wirklichkeit zu fragen; denn alle Wirklichkeit ist kategoriale Formung sinnlichen Materials, die Ideen aber weisen über alles sinnlich Erfahrbare hinaus.

Stehen wir nun hier, am Ende der theoretischen Philosophie, am Ende der *Kritik der reinen Vernunft* in Beziehung auf die metaphysischen Fragen nicht noch auf dem gleichen Punkte wie am Ende der transzendentalen Analytik? Behält nicht noch immer jene positivistische Auffassung recht, die behauptet, daß wir über Dinge an sich, über Gegenstände, sofern sie auch unabhängig von einem erkennenden Bewußtsein ihr Sein haben, prinzipiell nichts ausmachen könnten? Gewiß sind wir bei der Analyse der Erfahrung auf die Begriffe solcher Gegenstände gestoßen, und wir haben diese Begriffe als notwendig für den Aufbau der Erfahrung erkannt. Aber ist damit etwas über das Sein dieser Gegenstände ausgemacht? Handelt es sich dabei nicht vielleicht um bloße Vorstellungen, um Fiktionen, wie es ja eine moderne Lehre im Ernste behauptet? Dann freilich wäre die alte Metaphysik nicht bloß insoweit unrichtig, als ihre *Begründung* des Seins der intelligiblen Gegenstände unrichtig ist, nicht bloß ihr Verfahren wäre widerlegt, sondern auch ihr Inhalt abgelehnt. Dann gäbe es zwar den Nachweis für die transzendentale Geltung der metaphysischen Begriffe, aber dies hieße ja nur, daß wir sie brauchen beim Aufbau der Erfahrung oder, korrekter ausgedrückt, daß wir bei der transzendentalen Analyse auf sie stoßen, daß wir sie denken müssen – keineswegs aber, daß sie auf ein wahres Sein hindeuten.

Das Eine steht jedenfalls fest, die Erkenntnis der Wirklichkeit eines Gegenstandes der Idee ist unmöglich. So wie ein Ding in der Natur kann weder ein freies noch ein unsterbliches noch ein göttliches Wesen gedacht werden. In der Natur, in der Wirklichkeit ist alles voneinander abhängig. Hätten die Ideen wirkliche Existenz, das heißt fänden wir ihre Gegenstände in der Natur vor, dann wären sie unweigerlich bloße Erscheinungen und widersprächen ihrem eigenen Begriff. In der theoretischen Erkenntnis vermögen wir nicht an das An-sich, an die absolute Wahrheit zu rühren. Die theoretische Philosophie, deren Aufgabe in nichts anderem besteht als darin, die theoretische Erkenntnis zu analysieren, vermag uns also keinen letzten Aufschluß über die metaphysischen Fragen zu gewähren. Sie kommt bis zu dem Punkte, auf dem wir die transzendentale Gültigkeit der metaphysischen Begriffe einsehen. Hiermit aber schließt sie notwendig ab, und die Frage nach der Berechtigung des *Inhaltes* der alten Metaphysik, prägnanter: die Frage nach der Unsterblichkeit, nach der Freiheit und nach Gott als einem Seienden bleibt offen.

Kant hat diese Frage bewußt und mit großem Pathos positiv beantwortet. Es ist um so notwendiger, daß wir dies hier festhalten, als wir nur sehr kurz bei den entsprechenden Teilen der Kantischen Philosophie noch verweilen können. Mit dem *Inhalte* der traditionellen Metaphysik ist Kant im großen und ganzen durchaus einverstanden gewesen. Er hat bis in die letzten Jahre seiner akademischen Tätigkeit in den Vorlesungen Baumgartens Handbuch der Metaphysik* in einer wesentlich zustimmenden Weise benutzt und seinen eigenen

[* Gemeint ist wohl Gottlieb Alexander Baumgartens Werk *Metaphysica*, Halle 1779.]

Erörterungen zugrunde gelegt. Nur in der Begründung liegt der wesentliche Unterschied. Nach Kant vermögen wir mittels der theoretischen Erkenntnis nichts über das Sein der intelligiblen Welt auszumachen, sondern wir gründen unser Wissen davon, unser Wissen also, daß wir die intelligible Welt nicht bloß *denken*, sondern daß sie *ist*, auf das sittliche Bewußtsein.

In der theoretischen Erkenntnis erfassen wir uns selbst als Objekt unter Objekten. Jede unserer Handlungen erscheint als bedingt durch irgendwelche in der Sinnenwelt liegenden Motive. Wir finden uns eingeordnet in den gesetzmäßigen Zusammenhang der Welt wie irgendein anderes Objekt. Die vorgegebene Reizkonstellation und unsere physiologische Beschaffenheit mit ihrem Korrelat, unseren Gefühlen und Trieben, bedingen mit derselben mechanischen Gesetzmäßigkeit unser Tun ebenso wie andere Geschehnisse in der Welt der Dinge bedingt sind. Da sind wir ein Stück Natur, wie alles andere: »Sinnenwesen«, wie Kant sich ausdrückt – aus Kategorien und stofflichem Material konstituierte Erscheinungen, wie wir erklärend hinzufügen. Dabei bleibt jede wesentlich erkenntniskritische Philosophie.

Aber indem wir handeln, offenbart sich in uns etwas, das mit unserem Sein als Sinnenwesen schlechterdings nicht zusammenfällt, etwas, wodurch wir uns radikal von aller bloßen Natur unterscheiden: Nämlich das Wissen von einer ethischen Bedeutsamkeit des eigenen Tuns. Die Forderung, nicht bloß von den Dingen uns bestimmen zu lassen, nicht bloß in Gemäßheit unserer Konstitution diese oder jene Zwecke zu verfolgen, nicht unseren Neigungen zu gehorchen, sondern – pflichtgemäß zu handeln, das ist eine letzte und aus keiner theoretischen Erkenntnis zu begründende Einsicht, die in der Tatsache des Gewissens sich ausdrückt.

Sie alle kennen die Fassungen des kategorischen Imperativs (kategorisch im Gegensatz zu den hypothetischen, der Realisierung einzelner Zwecke in der Dingwelt geltenden Imperativen). Alle diese Fassungen haben die gleiche Grundtendenz: Handle rein als vernünftiges Wesen. Der Sinn ist: Letzter Bestimmungsgrund deines Handelns sei nicht dieser oder jener bestimmte Zweck in der natürlichen Welt. Solange du so handelst und immer nur bestimmte Situationen in der Natur, die deinen Neigungen genehm sind, als letzte Ziele verfolgst, bist du nichts als ein Sinnenwesen und deine

Handlungen sind ebenso kausal bedingt wie andere zufällige Naturgegebenheiten. Aber du bist nicht bloß ein Sinnenwesen, dem der Stoff sowohl für seine Erkenntnis als auch für seine Handlungen ohne sein Zutun gegeben wird, sondern so, wie du dem Stoffe das Gesetz deines Verstandes aufprägst, so vermagst du unabhängig von allem Stofflichen als *freies* Wesen dir selbst das Gesetz deines Handelns vorzuschreiben. Wie die Kategorien ohne Anschauungsmaterial leere Gedanken ohne Inhalt sind und erst in ihrer Anwendung auf Erfahrung Erfüllung finden, so bezieht sich die oberste Maxime für die Handlungen an sich selbst nicht auf bestimmte zu realisierende Zwecke, sie bezeichnet keineswegs dieses oder jenes Ziel in der Dingwelt als ein schlechthin zu erreichendes. Dann wäre ja auch sie abhängig vom Sein der Erscheinungswelt und ein bloß hypothetischer Imperativ; sondern sie vermag nur im lebendigen Handeln auf bestimmte Ziele bezogen zu werden, und zwar so, daß die Realisierung keines unter ihnen ihr jemals prinzipiell und für sich allein zu genügen vermag. Wollen wir daher diese Maxime in Worte fassen, so bleibt nur die gesetzmäßige, vernunftbedingte *Form* unseres Handelns als solche im Gegensatz zum direktionslosen, chaotischen, triebmäßig bedingten Leben. Sie ist ausdrücklich gefordert, ohne daß ein bestimmtes Ziel als allgemeinverbindlich genannt werden könnte. Handle aus Achtung vor dem Gesetz, handle pflichtgemäß, handle als reines Vernunftwesen, also so, daß die Maxime deines Handelns zu einer allgemeinen Gesetzgebung tauge, das heißt für alle Vernunftwesen gelte (denn die Vernunft ist in allen dieselbe).

Die Konsequenz aus der Tatsache des kategorischen Imperativs ist entscheidend nicht allein für Kants Metaphysik, sondern sie bildet auch die als selbstverständlich gesetzte Voraussetzung des Systems Fichtes, dem wir hier ganz nahe sind. Diese Konsequenz besagt, daß wir uns selbst nicht bloß als sinnliche, in den Gang der Natur eingeordnete Objekte wissen, nicht bloß als Gegenstände der *Science*, sondern als praktische Vernunftwesen. Als solche schreiben wir uns selbst das Gesetz vor und finden uns vermögend, nicht bestimmt durch Naturursachen, sondern rein aus Vernunft, das heißt frei zu handeln.

Wir wollen hier nicht untersuchen, ob die Vernunftgemäßheit, das Gesetzmäßige auf praktischem Gebiet bei Kant in der bloßen Widerspruchslosigkeit der Handlungen untereinander zu suchen sei oder nicht. Jedenfalls hat durch den kategorischen Imperativ – dies geht uns hier vornehmlich an – die Metaphysik Kants und seine Philosophie überhaupt einen Halt. Praktische Vernunft, Wille, Freiheit ist durch die Tatsache des kategorischen Imperativs als unser eigentliches Wesen erwiesen, und wir haben somit das Recht, nicht nur die Wissenschaft und die gesamte Gesetzgebung des Verstandes als ideengeleitetes theoretisches Verhalten an die praktische Vernunft zu heften, sondern es ist gleichzeitig damit die eine der theoretisch leitenden Ideen, nämlich die der Freiheit, nicht mehr bloß als notwendiges Regulativ, sondern positiv als praktisch geltend nachgewiesen. Durch die Existenz des Gewissens, durch das unwidersprechliche Zeugnis des kategorischen Imperativs wissen wir uns als freie Wesen im Gegensatze zu unserer Verflechtung in die Sinnenwelt.

Es gibt also etwas, das *auch* Natur, aber nicht *bloß* Natur ist, das nicht bloß Erscheinung ist und als solche den vom Verstand gegebenen Gesetzen unterliegt; etwas, das nicht bloß *bedingt* ist, sondern frei sich selbst bestimmt, etwas *an sich*, das heißt, wie wir von Anfang an erklärten, in seinem Bestehen auf die Konstitution durch die Formen des Verstandes nicht angewiesen; etwas, das zu seinem Sein der Beziehung auf die Erkenntnisfunktionen nicht bedarf, sondern, wie wir nun sehen, diese Erkenntnisfunktionen selbst trägt und in seinen Dienst stellt. Ein solches Wesen an sich ist der Mensch als vernünftige Persönlichkeit. Mit der einen Seite seines Wesens gehört er der Sinnenwelt an. Er erscheint in dieser *äußerlich* als wirklicher Gegenstand unter anderen Gegenständen in der Natur; *in der empirischen Selbstwahrnehmung* als ein Zusammenhang von Bedürfnissen, Trieben, Dispositionen. Mit der anderen Seite aber gehört er einer nicht sinnlichen, nicht wahrnehmbaren intelligiblen Welt *an sich* an.

Aber vergessen wir es nicht, dieses freie Wesen ist nicht erkennbar wie ein Ding in der natürlichen Welt, seine Existenz läßt sich mit den Mitteln der exakten Wissenschaft nicht nachweisen; das Resultat der *Kritik*, daß Dinge an sich nicht erkennbar seien, bleibt durchaus in Kraft. Lediglich indem wir *handeln*, werden wir gewahr, daß wir unsere Handlungen nicht allein nach ihrer Angemessenheit zur Erreichung bestimmter Zwecke, nicht nur nach ihrer Nützlichkeit beurteilen, sondern notwendig auch nach ihrer Angemessenheit an jenes Gesetz, den kategorischen Imperativ, den wir als notwendig unserer Vernunft einwohnend in deren unbestechlichem Urteil vorfinden. In diesem Anspruch, in dem Urteil des kategorischen Imperativs, erfassen wir uns als Glieder einer intelligiblen Welt, als freie Wesen. Aber eben, da diese Gewißheit lediglich insofern wir handeln gegeben ist, in der Form einer Maxime für unsere Handlung, und keineswegs eine theoretische Erkenntnis darstellt; eben da diese Gewißheit sich auf nichts Wirkliches in der Welt bezieht, sondern lediglich ihrem Sinne als einem Sollen gemäß darauf hindeutet, daß wir nicht bloß Bürger der natürlichen Welt, sondern Glieder einer intelligiblen sind, eben weil wir gar nichts Wirkliches aufzeigen können, das der Idee eines solchen Wesens entspricht, sondern sie immer nur als Wollende, das heißt im Handeln erfassen – eben deshalb nennt Kant das Wissen um das Sein der Freiheit bloß praktische, nicht theoretische Gewißheit. Vor dem Forum des Verstandes, das heißt der exakten Wissenschaft bleibt das Sein der Freiheit unerweislich und unbegreiflich; denn [der Verstand] hat es immer nur mit bedingtem, äußerlich bedingtem Geschehen zu tun. In seinem Reich ist er unumschränkter Herrscher, aber darüber hinaus vermag er weder positiv noch negativ etwas auszumachen. Als praktische, als lebendige und handelnde Wesen jedoch haben wir die Gewißheit, daß Freiheit ist, daß wir selbst frei sind.

So vermögen wir das wahrhafte Sein einer der drei Ideen zu erfassen, die wir innerhalb der theoretischen Philosophie bloß als theoretische Leitmotive deduzieren konnten. Damit ist nach Kant aber auch das Sein der beiden anderen Ideen über ihre bloß theoretisch-methodologische Bedeutung hinaus garantiert. Zunächst kann die als solche nicht den Schranken der Erscheinungswelt unterworfene vernünftige Persönlichkeit nicht als sterblich, sondern muß als unsterblich gedacht werden. Nicht allein darum, weil der Tod ein bedingtes und nur in der Erscheinungswelt denkbares Ereignis ist, sondern weil der Sinn des praktischen Gebotes, das Ziel, [das zu erreichen] wir in der Sinnenwelt streben sollen, prinzipiell nicht in dieser selbst liegen kann. Unsere Bestimmung als freie Wesen kann nicht gedacht werden als sich erfüllend in der natürlichen Welt, sondern wir müssen notwendig annehmen, daß diese Erfüllung, das Ideal des »höchsten Gutes«, wie Kant es nennt, in dem das reinste

ethische Wesen zu einem intelligiblen Ziele kommt oder der
»Glückseligkeit« teilhaftig wird – wir müssen notwendig annehmen, sage ich, daß diese Erfüllung in einer intelligiblen Welt liegt.
Die Möglichkeit aber, diese intelligible Welt zu denken als so beschaffen, daß in Wahrheit das Ideal des höchsten Gutes in sie falle,
das wirklich [in ihr] die höchste Würde zur höchsten Seligkeit gelange oder die transzendente Bestimmung des Menschen sich adäquat erfülle, diese Möglichkeit fordert den Gedanken des Seins
einer letzten sinnvollen Ordnung, eines höchsten sinngebenden
Wesens in der intelligiblen Welt: eines Gottes.
So ist durch die transzendente Realität der Freiheit diejenige der
Unsterblichkeit und eines Gottes gewiß. Noch einmal wiederhole
ich: praktisch gewiß. Kant formuliert: »Der Glaube an einen Gott
und eine andere Welt ist mit meiner moralischen Gesinnung so verwebt, daß, so wenig ich Gefahr laufe, die erstere einzubüßen, eben
so wenig besorge ich, daß mir der zweite jemals entrissen werde.«[12] –
Nehmen wir an, ein Mensch leugne die metaphysischen Einsichten,
so vermögen wir kein anderes Kriterium beizubringen, als den Appell an die Aufmerksamkeit auf den Sinngehalt seines eigenen moralischen Bewußtseins. Darum werden diese Einsichten freilich um
nichts weniger gewiß, und Kant hat, insbesondere in seinen späteren Werken, der theoretischen Erkenntnis die praktische Erkenntnis gegenübergestellt. Freilich unterscheidet sich die letztere von
der ersteren dadurch, daß wir ihre Gegenstände nicht bestimmt erkennen, sondern lediglich in der Weise des Als-ob, in Analogien von
ihnen zu reden vermögen. In der Erfahrung kommt kein intelligibles Wesen vor. Was wir von ihm Bestimmtes aussagen, hat alles
indirekten, gleichnishaften Sinn.
Wir haben zu Beginn der Erörterung der Kantischen Philosophie
gesagt, Kant habe positive Antworten versprochen auf die Frage:
Was kann ich wissen? Was soll ich tun? Was darf ich hoffen? – Ich
habe versucht, Ihnen die Art anzudeuten, wie Kant diese Antwort
gegeben hat. Wir haben nun lediglich noch zuzusehen, wie diese
Weltanschauung sich abschließt, wir haben das Fazit zu ziehen.
Daß wir in der exakten Wissenschaft nur Erscheinungen, nicht
Dinge an sich erkennen, war der erste Schritt: die Begründung und

---

12  [Kant, *Kritik der reinen Vernunft*, B 856f.]

Einschränkung der Newtonschen Wissenschaft. Die Begründung lag darin, daß uns zwar der Rohstoff der Erkenntnis gegeben werde, alle Bestimmung aber von uns selbst herrühre. Nun aber hat sich das An-sich entschleiert. Die Ideen und ihre Ordnung in der intelligiblen Welt sind das wahre An-sich, bilden die intelligible Welt im Gegensatz zur sinnlichen Welt, der Welt der Erscheinungen. Aber als unendlich zu realisierendes An-sich. Nicht als fertiges Sein, sondern (für uns) als [Reich der] Zwecke. Es erhebt sich nunmehr die Frage: Wie ist die Beziehung der intelligiblen Welt zur Welt der Erscheinungen zu begreifen? Wie gehören das Reich der Natur und das der Freiheit zueinander, wie kommt Vernunft dazu, sich in Verstand und praktisches Vermögen zu entzweien, wie schließen theoretische und praktische Philosophie sich zusammen zur Einheit eines philosophischen Systems?* Diese Fragen, das wissen wir bereits, lassen sich nicht beantworten durch Akte bestimmender Erkenntnis oder, wie Kant sich ausdrückt, mittels der »bestimmenden Urteilskraft«. Doch halten wir die Möglichkeit zur indirekten Beantwortung schon in Händen, da wir die Ideen nicht bloß als Aufgaben, sondern auch im *bestimmten* Sinn als Aufgabe, systematische Totalität in der Wissenschaft herzustellen, kennengelernt haben. Indem die Wissenschaft als Forschung weitergeht und mit dem Aufsuchen neuer Gesetze beschäftigt ist (sie trägt dabei den Titel der »reflektierenden Urteilskraft«), muß sie voraussetzen, daß die Herstellung solcher Einheit möglich sei, ja sie muß das Bild des Systems, wie wir bereits früher gehört haben, als leitende Maxime sich vor Augen halten. Sie muß, mit anderen Worten, nicht bloß voraussetzen, daß die einzelnen Erfahrungen in aller Zukunft der Einheit der ursprünglich-synthetischen Apperzeption durch die Kategorien unterworfen werden können, denn dies allein – so haben wir schon gesehen – würde noch nicht genügen, um systematische Wissenschaft zustandezubringen. Sondern sie muß auch annehmen, daß die einzelnen Erfahrungen so ausfallen, daß die Errichtung des einheitlichen Systems, das durch die Ideen postuliert wird, möglich sei, das heißt, daß der uns gelieferte Stoff zweckmäßig sei im Sinne der Möglichkeit der Erfüllung unserer theoretischen Aufgabe.

[* M. H. verweist hier auf die ersten Abschnitte der Einleitung von Kants *Kritik der Urteilskraft*, in: *Kant's gesammelte Schriften*, Band V, Berlin 1908, S. 171 f.]

Diese Tatsache aber, die konkrete Möglichkeit der Erfahrung, also der Umstand, daß wir nicht bloß im Sinne der Kategorien einheitliche Erfahrungen haben, welche Einheit immer noch eine chaotische sein würde, sondern daß darüber hinaus überall eine Begriffsbildung möglich ist, die nicht jeden Tag wieder umgeworfen wird, sondern sich zu einer relativ dauernden und außerdem systematischen wissenschaftlichen Ordnung fügt, dieser Umstand bliebe nach der Deduktion der Kategorien immer noch ein Wunder. Nun besteht aber die transzendentale Methode gerade darin, daß keine Eigenschaft des Stoffes, also auch nicht seine Eignung zu einem wissenschaftlichen System, als bloß tatsächlich hingenommen wird, sondern daß vielmehr alles, was an ihm sich nachträglich als vorhanden ausweist, auf intellektuelle Faktoren zurückgeführt wird. Die Funktion, um die es sich hier handelt, nämlich die Eignung des Stoffes nicht bloß zur kategorialen Einheit, sondern zur konkreten wissenschaftlichen Ordnung, vermag nach Kant jedoch nicht aus Funktionen *unseres* Verstandes begründet zu werden. Denn wir vermögen zwar diejenige Ordnung, die in aller Erkenntnis, soweit solche überhaupt soll gedacht werden können, vorliegen muß, auf transzendentale Prinzipien unseres Verstandes zu gründen, keinesfalls aber die Möglichkeit der Vollendung aller Erkenntnis in einem geschlossenen, logisch einheitlichen System, wie es die Ideen postulieren. Wenn also die Eignung des Stoffes zur Erfüllung unserer unendlichen Aufgabe kein bloßes Wunder sein soll, dann müssen wir auch die speziellere Ordnung der Erfahrung, diejenige also, die nicht aus der bloßen formalen Einheit des Selbstbewußtseins, aus den Kategorien, zu begründen ist, auf ein transzendentales Prinzip zurückführen. Dieses Prinzip kann nach Kants Worten »kein anderes sein als: daß, da allgemeine Naturgesetze ihren Grund in unserem Verstande haben, der sie der Natur... vorschreibt, die besondern empirischen Gesetze in Ansehung dessen, was in ihnen durch jene unbestimmt gelassen ist, nach einer solchen Einheit betrachtet werden müssen, als ob gleichfalls ein Verstand (wenn gleich nicht der unsrige) sie zum Behuf unserer Erkenntnißvermögen, um ein System der Erfahrung nach besonderen Naturgesetzen möglich zu machen, gegeben hätte«[13].

13  [Kant, *Kritik der Urteilskraft*, l. c., S. 180.]

Dieser Gedanke eines Verstandes, der auch den besonderen Erfahrungsgehalt nicht durch die sinnliche Anschauung empfängt, sondern selbst produziert, der Gedanke eines »intellectus archetypus«, der hier als transzendentales Prinzip auftritt, hat in der Geschichte des deutschen Idealismus eine nicht unbeträchtliche Rolle gespielt. Wir werden wahrscheinlich später noch einmal auf diesen Begriff zurückkommen müssen. Hier wollen wir nur kurz den Unterschied dieses »intellectus archetypus« von unserem eigenen Verstand, dem »intellectus ectypus« erwähnen. Er besteht wesentlich darin, daß jener von der eigentümlichen Beschränktheit des menschlichen Verstandes, der immer erst warten muß, welche Erfahrungen ihm durch die Sinnlichkeit gegeben werden, frei ist, da er ja seinem Begriffe nach auch den besonderen Erfahrungsinhalt selbst produziert. Während für uns nur die allgemeinsten Begriffe, die Kategorien als unserem Verstande einwohnend gelten können und aller Inhalt der Kategorien von außen, durch die Sinnlichkeit uns gegeben werden muß, so daß wir in stetiger Erkenntnisarbeit bestrebt sind, diesen besonderen Erfahrungsinhalt in unseren Verstand aufzunehmen, ohne doch jemals diese Aufgabe endgültig erfüllen zu können, das heißt ohne jemals die Welt ganz zu *verstehen*, ist jener Verstand nach dem Kantischen Ausdrucke »intuitiv« und »unendlich«. Das heißt, er steht nicht einem äußerlich Gegebenen gleichsam apparathaft gegenüber, aus dem er die Wirklichkeit erst zu konstituieren hätte, sondern alle seine Gedanken sind schon die Wirklichkeit. Er reiht nicht Empfindungen in endloser Arbeit aneinander, sondern umfaßt gleichsam mit einem intellektuellen Blick die Totalität aller Bestimmungen des Seienden, er übt intellektuelle Anschauung. Für ihn ist die Welt radikal verständlich, es gibt nicht wie bei uns, die wir auf *sinnliche* Anschauung angewiesen sind, immer einen unaufgelösten, erst noch zu erkennenden, bloß stofflichen Bestandteil der Erfahrung. Denn das ist ja gerade der Grund, aus dem Kant diesen Begriff als transzendental notwendig erweist, daß auch das, was uns noch als gesetzlos und zufällig erscheinen muß, nämlich, daß wir diese und keine anderen speziellen Erfahrungen machen, daß auch das noch durch die Gesetze jenes Verstandes bestimmt ist.
Dies und nichts anderes ist gemeint, wenn Kant und die spätere idealistische Philosophie von der Endlichkeit des diskursiven, na-

turwissenschaftlichen Verstandes und der Unendlichkeit des intuitiven Verstandes sprechen. Bei Kant ist der Gedanke des »intellectus
archetypus« die notwendige transzendentale Voraussetzung für die
Zweckmäßigkeit der Einzelerfahrungen zur Realisierung des von
den Ideen geforderten wissenschaftlichen Systems.

Aus dem Gesagten geht hervor, daß der »intellectus archetypus«
identisch ist mit dem Inbegriff aller denkbaren Realität, da ja die
gesamte Wirklichkeit, soweit wir sie schon erkannt haben und soweit wir sie noch zu erkennen vermögen, als von ihm produziert
gedacht wird. Er fällt daher zusammen mit der Idee Gottes, der so
als notwendige Bedingung des uns gegebenen mannigfaltigen Stoffes zum letzten Grunde unserer Erfahrung wird. Der Kreis beginnt
sich zu schließen: Was durch praktische Erkenntnis als letzte und
höchste Wesenheit im Reiche der Ideen erkannt ist, erweist sich nun
als letzte Bedingung auch der konkreten sinnlichen Erfahrung, als
Grund der Sinnenwelt. Bestimmter ausgedrückt: Der sinnliche
Stoff, der uns gegeben wird, ist so beschaffen, daß es möglich
werde, die Aufgaben zu realisieren, die durch die Ideen postuliert
sind. Die Sinnenwelt ist auf die intelligible bezogen als auf ihren
Zweck. Der letzte Zweck in der intelligiblen Welt ist gefaßt als Ideal
des höchsten Gutes. Die Realisierung [dieses] höchsten Gutes durch
die Verwirklichung des ethischen Gesetzes in der sinnlichen Welt ist
der letzte Grund der Existenz der letzteren. Beide Reiche, das intelligible Reich der Freiheit und die Natur sind so durch den transzendental notwendigen Begriff des Zweckes aufeinander bezogen.

Das ist die Brücke, die Kant über die unübersehbare Kluft, die beide
Reiche trennt, durch die *Kritik der Urteilskraft* zu schlagen versucht
hat, ein Werk, ohne dessen eingehendes Studium Kants Philosophie
und diejenige seiner Nachfolger schlechterdings nicht zu verstehen
ist. Dieses unermeßlich tiefe Werk, in dem wie in keinem anderen
die Macht und Breite von Kants Denken sich einen unvergleich-
lichen Ausdruck geschaffen hat, soll das kritische Geschäft nach
dem Zeugnis seines Urhebers beendigen und krönen. Ich habe jetzt
ganz allgemein angedeutet, wie dieses Ziel durch Verbindung des
Reiches der Freiheit mit der Natur mittels des der Urteilskraft als
transzendentales Prinzip einwohnenden Zweckbegriffs geleistet
werden soll. Aber ich habe dabei unterlassen zu sagen, daß in der

*Kritik der Urteilskraft,* so wie in der *Kritik der reinen Vernunft,* die exakte, mechanische Naturwissenschaft, die Kunst und die Biologie als zwei andere Sphären der Kultur, zwei besondere Betätigungsweisen der reinen Vernunft ihre kritische Analyse finden.

Wir brauchen für unsere Zwecke um so weniger auf Einzelheiten einzugehen, als ich hoffe, daß wir später noch Gelegenheit haben werden, auf einiges davon zurückzukommen. Es wird genügen, wenn Sie jetzt nur erfahren, daß der innerste Rechtsgrund der Zusammenfassung zweier scheinbar so auseinanderliegender Kulturgebiete wie der Kunst und der Biologie nach Kant auf einer entscheidenden Übereinstimmung ihrer Gegenstände beruht, die beiden Arten von Gegenständen eine Mittelstellung zwischen den Gebieten der Freiheit und der Natur verschafft: Die schönen Gegenstände sowohl wie die organischen Wesen tragen als einzige Gegenstände innerhalb der Wirklichkeit das Wesensmerkmal der Idee an sich. Die Idee nämlich ist Totalität, einheitliches System, das alle seine Bedingungen einschließt. In der theoretischen Erkenntnis vermögen wir uns der Erfüllung der Idee nur in stetiger unendlicher Arbeit anzunähern. Die schönen Gegenstände aber, ebenso wie die organischen Wesen, geben uns Beispiele solcher Systeme: In ihnen scheint sich alles durch jedes, die Teile durch das Ganze, das Ganze durch die Teile zu bedingen. Nicht nur die ästhetischen, sondern auch die organischen Gegenstände stellen sich dar als durchaus sinnvoll, zweckmäßig durchgestaltet, als seien beide, trotz des stofflichen Elementes, reine Inkarnationen vernünftiger, das heißt zweckvoller Systematik. Sie sind Totalitäten, die ihr eigenes Gesetz in sich tragen und so zum Symbol der ihren Zweck sich selbst setzenden und [in] sich tragenden Vernunft werden, zum Symbol des Vernunftbegriffs im Reiche der Erscheinungen, im Reiche des Verstandes.

Freilich nur *als* organische, *als* ästhetische Gegenstände. Als Naturobjekte gehören beide der exakten Naturwissenschaft, der Physik im weitesten Sinne an. Physik hat alle wissenschaftlichen Erklärungen abzugeben, auch innerhalb der organischen Welt. Abgesehen vom Thema unterscheidet sich der Biologe nur als *Forscher* vom Chemiker, insofern er zur Auffindung rein kausaler, mechanischer Erklärung des Leitprinzips bedarf, daß alles innerhalb des organischen Geschehens zweckmäßig geordnet sei, das Auge zum Zwecke des Sehens entstanden, der Organismus selbst letzter Grund und Zweck aller seiner Funktionen. Die reale Gültigkeit einer solchen Maxime vermögen wir nicht nachzuweisen, ja wir müssen sie ablehnen; denn in der Realität gelten als oberste Gesetze einzig die aus den Kategorien herfließenden Grundsätze des Verstandes, Zweckmäßigkeit und Totalität aber sind keine Kategorien. Doch in Verbindung mit allem in der praktischen und theoretischen Philosophie Gesagten dürfen wir nach Kant aussprechen, daß dasjenige, was innerhalb der Natur, im Reiche der Erscheinung nicht möglich ist, nämlich die Vereinigung der mechanischen Gesetze mit der Erklärung aus Zweckursachen, seinen Grund hat in der intelligiblen Welt oder, wie Kant sich an dieser Stelle ausdrückt, im »übersinnlichen Substrat der Natur«[14].

Wir werden somit (unter Einbeziehung dessen, was über den »intellectus archetypus« zu sagen war) genötigt, die Natur nicht nur im allgemeinen, sondern (ausgehend von der Betrachtung des organischen Reiches) auch im einzelnen als ein System von Zwecken zu betrachten, die hingeordnet sind auf das, was wir als einzigen, letzten, unbedingten Zweck begriffen haben: die Verwirklichung des sittlichen Gebotes durch den Menschen, die in der Kulturarbeit, in der menschlichen Geschichte sich vollzieht.

Die organischen Gegenstände sind Produkte der Natur, die auf diese Weise ihren letzten intelligiblen Grund für unsere Sinne darstellt. Das einzige Symbol hingegen, das *wir selbst* – oder vielmehr wenige unter uns – vom Ewigen, Absoluten vor Augen zu stellen vermögen, ist das Kunstwerk. Der Genius, der seine ästhetischen Ideen im Kunstwerk vor uns hinstellt, tut somit dasselbe, was die Natur leistet, wenn sie ihr letztes Geheimnis, Zweckordnung zu sein, der der Mechanismus nur als Mittel dient, in den organischen Gebilden offenbart. Das Genie erscheint so gleichsam als schöpferische Natur, als die Natur selbst, die nach eigenen, unerkannten Regeln aus dem künstlerischen Individuum heraus produziert. Es ist nach Kant so, als ob »die Natur im Subjecte (und durch die Stimmung der Vermögen desselben) der Kunst die Regel«[15] gebe.

14  [Ibid., S. 422.]
15  [Ibid., S. 307.]

Eben diese »Stimmung« unserer Vermögen beim Anblicke des Kunstwerks hat ihre tiefe Bedeutung; denn die Lust, die wir in der ästhetischen Kontemplation empfinden, gründet sich letztlich überall darauf, daß durch das Kunstwerk ein Gefühl von der Zusammenstimmung aller unserer Gemütskräfte zur Realisierung unserer ewigen Aufgaben in uns entsteht. Im Anblick des Erhabenen erscheint dieses Gefühl eigentümlich vertieft durch das unmittelbare Erlebnis der Unendlichkeit des Weges, der Differenz zwischen unserer Bedingtheit als sinnliche Wesen und unserer ewigen Bestimmung. In jedem Falle aber handelt es sich darum, daß im Kunstwerk die einzige Möglichkeit einer subjektiven, freilich nur symbolischen Darstellung des Ewigen besteht. Denn vollendete Totalität der Bedingungen ist Unbedingtheit, ist Freiheit, und diese Freiheit ist in Wahrheit nur durch fortschreitende Tätigkeit in unserer konkreten sittlichen Arbeit im unendlichen Prozesse realisierbar; sie ist Aufgabe. In der Kunst aber erscheint sie als vollendet am Sinnlichen, am Bedingten, am Material. – So haben Sie hier einen Hinweis auf diejenige Philosophie, in der die Kunst als Organon der Philosophie erscheint, die romantische Philosophie Schellings. Hier ist der Ansatzpunkt. Aber wir haben dem zeitlichen Gange der idealistischen Philosophie zu folgen und wenden uns daher zunächst von diesen Problemen ab.

Kant hat die Aufgabe gelöst, die der Philosophie von der allgemeinen geistigen Situation in Deutschland gestellt war: Die neue Begründung einer geschlossenen, den Grundanschauungen der Aufklärung entsprechenden Metaphysik zugleich mit einer theoretischen Fundierung der modernen Naturwissenschaft. Was wir am Anfang unserer Betrachtung der Kantischen Philosophie festgestellt haben, daß nämlich nur die Begründung und nicht eigentlich der Gehalt der Metaphysik von Kant radikal verändert worden sei, hat sich nun ausführlich gezeigt. Diejenige Weise, wie die Begründung notwendig auch auf den Sinn des Begründeten hinübergreift, erscheint wesentlich darin, daß den Ideen, da sie nicht in theoretischer Erkenntnis, wie bei Wolff, sondern in praktischer Erkenntnis erfaßt werden, nicht ein fix und fertiges in sich ruhendes, in sich abgeschlossenes Sein zugesprochen wird, sondern ein ewig sich vollendendes, bewegtes, prozeßhaftes Sein, dessen Medium die sittliche Tätigkeit des Menschen ist.

Der eigentlich metaphysische Gehalt und die für Politik und Rechtsphilosophie aus ihm fließenden Konsequenzen sind also der Aufklärung durchaus verwandt. Freilich erfahren auch die letzteren Disziplinen durch Kant bedeutsame Erweiterungen vor allem dadurch, daß die menschliche Geschichte im Rahmen der Teleologie eine sinnvolle Rolle erhält. Da nämlich die freie, autonome Tätigkeit jedes einzelnen schlechthin unbedingter Zweck ist, erscheint die politische Geschichte als ein stetiger Fortschritt in der Richtung auf die Bildung desjenigen Staates, in dem die Bedingungen für die freie Betätigung jedes einzelnen am vollkommensten erfüllt und für die Zukunft garantiert sind. Das Ziel ist, so formuliert Kant in der *Kritik der reinen Vernunft*, »eine Verfassung von der *größten menschlichen Freiheit* nach Gesetzen, welche machen, *daß jedes Freiheit mit der andern ihrer zusammen bestehen kann*«[16]. Und wie die Menschen ihren Naturstand aufgegeben haben, um die ungebundene und ebendaher von allen gegen alle immer und überall bedrohte Freiheit zu sichern, [so] werden auch die Einzelstaaten ihre gesetzlose Freiheit einmal aufgeben müssen, um eine übernationale Einheit zu bilden.

Das sind Erweiterungen des aufklärerischen Gedankenkreises, die zugleich eine Verknüpfung herstellen mit den welthistorischen Idealen, deren Ausdruck über Dante bis hinauf zur Stoa zu verfolgen ist. In ihrem Wesen gehört auch die Staatsphilosophie Kants durchaus der Aufklärung an. Daß ursprünglich freie Wesen auf Grund von Motiven, die aus der Notwendigkeit ihres Zusammenlebens hervorgehen, selbständig einen Teil ihrer Freiheit aufgeben und sich zu einem Staatswesen zusammenschließen, daß also der Staat, wenn nicht seine Existenz, so doch seinen Rechtsgrund einzig auf der freien Tat der in ihm sich zusammenschließenden Individuen herzuleiten vermag, alle diese Momente hat die Kantische Staatsphilosophie wie die des jungen Fichte durchaus mit der Aufklärung gemein. Staatenbildung ist ihrem Wesen nach eine durchaus rationale Angelegenheit, die Sache guter Überlegung, planmäßigen Handelns. Die einzelnen konstruieren einen im beschriebenen Sinne möglichst vernünftigen Staat, und die Freiheit der einzelnen, ihre Betätigung aus freier Selbstbestimmung ist dessen letzter Zweck.

16  [Kant, *Kritik der reinen Vernunft*, B 373.]

Damit sprechen die Philosophen aus, was in der gegebenen allgemeinen Situation notwendig dem Bewußtsein aller im Feudalstaat gebundenen Kräfte entsprach.

Aber diese Gemeinsamkeit mit der Aufklärung ist nur der Ausdruck oder die Folge einer viel tieferen, in der Epoche begründeten, identischen Auffassung von der Allmacht der Vernunft. Daß das wahre Wesen des Menschen Vernunft sei und daß wir daher der Essenz nach alle gleich, nämlich handelnde, zwecksetzende Vernunftwesen seien, das ist ebenso Kants wie der Aufklärung Grundüberzeugung. Nicht etwa machen Triebe, Leidenschaften, Irrationales den Kern des Menschen aus, es gibt keine an sich unintellektuelle Seele, die ihr eigenes, vernunftunabhängiges Sein, ihr eigenes Schicksal hätte, sondern das persönliche Bewußtsein, die selbstbewußte Vernunft ist unser wahres Wesen und zugleich das Wesen der Welt. Eben deshalb läßt sich auch die Ethik in Prinzipien fassen. Man kann in einer für alle Menschen verbindlichen Form aussprechen, wie sie handeln sollen, das geschlossene philosophische System vermag die Welt mit seinen Formeln zu umgreifen.

Bei Kant ist dieser Rationalismus noch gebrochen durch die Spaltung der Vernunft in einen theoretischen und einen praktischen Zweig, durch die Trennung Vernunft–Verstand, durch die Gebundenheit des Vernunftwesens an die Sinnlichkeit des gegebenen Stoffes [, dessen] die Erkenntnis [so bedarf wie] der Triebe für das praktische Handeln. Wohl ist allgemein die Verwirklichung des sittlichen Zweckes als rationaler Grund für diese Trennungen, ebenso wie für ihre Aufhebung, angegeben. Aber konkret läßt sich dadurch doch nicht begreifen, daß gerade diese und keine anderen Spaltungen gesetzt sind, daß die Vernunft sich in diese und keine anderen Funktionen trennt, und vor allem bleibt die Tatsache, daß gerade dieser und kein anderer Stoff uns gegeben werde, also das unauflösliche Moment der sinnlichen Erfahrung, ein irrationaler Rest in Kants Philosophie, die deshalb eigentlich einen Dualismus vorstellt. Erst Hegel nimmt hier Kant ganz beim Wort, indem er fordert, daß, wenn alles Wirkliche in Wahrheit Vernunft sei, die Vernunft, deren Wesen Selbsterkenntnis ist, auch imstande sein müsse, alles Wirkliche zu begreifen. Erst Hegel wird ganz ernst damit machen, auch das Besondere, die spezielle Erfahrung, auch die Kantischen Dualismen vernunftgemäß zu begreifen, das heißt das gesamte Sein als System in seinem eigenen System einzufangen. Zunächst aber wird dieser dualistische Charakter der Philosophie Kants das sachlich treibende Moment für die philosophische Entwicklung.

Es ist hier die Stelle, an der wir uns noch einmal deutlich machen müssen, daß die Art, wie im Anschluß an das Erscheinen der kritischen Hauptwerke nicht etwa die politischen Konsequenzen der Kantischen Philosophie, sondern wesentlich abstrakt-theoretische Probleme in den Vordergrund der Diskussion getreten sind, in der allgemein-historischen Situation in Deutschland begründet war. Nicht die praktische Anwendbarkeit, sondern die theoretische Folgerichtigkeit stand zur Debatte.

Bis zu der Zeit, als die Französische Revolution in der veränderten Gestalt des absoluten napoleonischen Kaisertums in Preußen einzog und nahezu alle Sympathien, die sie bei den Gebildeten dort besaß, vernichtete, also etwa bis zur Mitte des ersten Jahrzehnts des neuen Jahrhunderts, kann die Hauptlinie der idealistischen Philosophie angesehen werden als eine rein aus dem theoretischen Gehalt von Kants Werken folgende, konsequente Weiterbildung. Der große Umschwung in Fichtes Philosophie, von dem wir noch zu sprechen haben werden, bezeichnet dann den Bruch mit der Aufklärung. Er erfolgt offenbar im Zusammenhang mit einer positiven Einstellung zu den nationalen preußischen und überhaupt deutschen Kräften, im Zusammenhang mit einer Abkehr von dem Grunddogma der Aufklärung, daß das Bestehende auf Grund eines von einzelnen konzipierten, für alle und überall gültigen und anwendbaren Planes willkürlich abgeändert werden könne. Doch davon mehr an seiner Stelle, wo wir auch diejenigen Mächte, die schon zu Kants Lebzeiten in dieser der Aufklärung feindlichen Richtung gewirkt hatten, wenigstens erwähnen wollen.

### *[Reinhold: Theorie des Vorstellungsvermögens]*

Indem wir nunmehr sehr rasch den Hauptzügen der Entwicklung folgen, die von Kant zu Fichte führt, stoßen wir auf einen Mann, dessen äußeres Schicksal das Gegenteil der Hinwendung zu traditionellen Mächten anzeigt: Karl Leonhard Reinhold (1758–1823). Von Haus aus dazu bestimmt, Priester zu werden, anfänglich inbrünstig dem Orden Jesu ergeben, wird er von den Gedanken der Aufklärung ergriffen, entzieht sich dem religiösen Leben und den aus ihm für die Freiheit des Gedankens sich ergebenden Konsequenzen durch die fluchtartige Abreise aus dem Wiener Barnabiten-Kollegium nach Leipzig. Der Mittelpunkt des deutschen Geisteslebens, Weimar, nimmt ihn auf. Er wird Protestant und Schwiegersohn des liebenswürdigsten Dichters der deutschen Aufklärung, Wielands.

Wo biographische Daten unserer Darstellung äußerlich bleiben, wollen wir sie weglassen. Ich erwähnte diesen Ausschnitt aus Reinholds Leben, weil er für ihn charakteristisch ist. Zeitlebens war es diesem Mann ehrlich um die Wahrheit und die moralische Hebung der Menschheit zu tun. Ein tiefer Denker ist er freilich nicht gewesen. Seine Bedeutsamkeit für die Geschichte des deutschen Idealismus beruht auf zwei Leistungen, die weit mehr durch ihre Wirkung als durch ihren sachlichen Wert Anspruch auf unser Studium haben. Die erste ist die Popularisierung Kants in den 1786/87 erschienenen *Briefen über die Kantsche Philosophie*. Die zweite besteht im ersten Schritt zu einer Fortbildung eben dieser Philosophie im Sinne des nachkantischen deutschen Idealismus, dessen Beginn daher eigentlich mit dem Erscheinen des ersten der betreffenden Werke Reinholds zusammenfällt. Es ist der 1789 erschienene *Versuch einer neuen Theorie des Vorstellungsvermögens*.

Auf den Inhalt der *Briefe* brauchen wir kaum einzugehen. Sie enthalten die begeisterte Darstellung der Kantischen Philosophie, namentlich im Sinne einer liberalen Theologie. Die exakte Wissenschaft ist auf die Verstandeserkenntnis reduziert und diese selbst auf das Gebiet der erfahrbaren Natur eingestellt. Damit ist ihre Anmaßung, in Sachen des Glaubens positiv oder negativ entscheiden zu wollen, vernichtet. Daß der Glaube, Religiosität überhaupt, von allen theoretischen Gottesbeweisen der alten Schule befreit und aus praktischen Gründen als unumgänglich dargetan wird, die Begründung der Unsterblichkeits- und Gotteslehre aus einem notwendigen Vernunftglauben im Gegensatz zur exakten Naturerkenntnis, das sind diejenigen Momente, auf die Reinholds Darstellung der Kantischen Philosophie wesentlich abzielt.

Für uns ist es wichtig, denjenigen Punkt deutlich zu bezeichnen, der Reinhold zur Fortbildung der Kantischen Lehre, das heißt zur Ausbildung der von ihm selbst als »Elementarphilosophie« bezeichneten Lehre veranlaßt hat. Das Motiv ist kein anderes als dasjenige, das auch Fichte von Anbeginn an als das seinige bezeichnet hat: Kants Lehre ist wahr, es kann sich keineswegs darum handeln, sie zu korrigieren oder gar zu widerlegen. Aber sie, die Kritik, ist nur Propädeutik zu dem philosophischen System, das erst noch zu liefern ist. Kant hat die Erfahrung auf ihre allgemeinsten Elemente, auf ihre Elemente *a priori* hin untersucht und so den Beitrag der einzelnen Erkenntnisvermögen, den sie zur Erfahrung liefern, festgestellt. Dabei hat er die Sinnlichkeit, den Verstand und die Vernunft im engeren Sinn mitsamt ihren einzelnen Formen als die Vermögen des erkennenden Subjektes dargetan und daneben noch die praktische Vernunft in ihrer eigentlichen und umfassenden Funktion als Wille gestellt. Er ist dabei vom Dasein und von der Gültigkeit der Wissenschaft und von dem Faktum des ethischen Verhaltens ausgegangen und hat diejenigen Formen, ohne die das Sein der theoretischen und praktischen Erfahrung nicht gedacht werden kann, als die dem Subjekt inhärierenden Elemente *a priori* festgestellt.

Aber damit sind eben diese Elemente bloß als vorhanden aufgezeigt. Wir haben auf der einen Seite den Stoff der Erkenntnis, das Ding an sich, auf der anderen die verschiedenen Formen der Sinnlichkeit, die Kategorien, die Ideen. Das alles ist durch die Analyse der erfahrbaren Welt aufgewiesen. Kant hat uns, wie Reinhold sich ausdrückt, den »Erkenntnisgrund« dafür gezeigt. Aber die innere Notwendigkeit, nach der alle diese Elemente und gerade diese miteinander in Verbindung stehen, der Grund, warum unsere Vernunft sich gerade in Verstand und Sinnlichkeit, in einen theoretischen und einen praktischen Zweig spezialisiert, das Gegeneinander [des] Ding[es] an sich und der Vermögen des Subjekts: Das alles findet bei Kant keine Klärung.

Der dualistische Grundcharakter der Kantischen Philosophie, das irrationale Moment, das mit oder ohne Kants Wissen in seinen Werken steckt, wird von Reinhold ohne weiteres als [deren] Mangel genommen. Die letzten Fragen nach dem Grunde der Organisation der Vernunft, in Beziehung auf die bei Kant eher tiefsinnige Unklarheit als klipp und klare Antworten zu finden sind, werden bei ihm nicht wissenschaftlich aufgelöst. Wir kennen zwar die einzelnen Zweige der vernünftigen Persönlichkeit, die kritische Analyse hat alle Konstituentien der Erfahrung aufgewiesen, aber wir vermögen die Notwendigkeit nicht einzusehen, daß es gerade diese und keine anderen sind. Gewiß, *wenn* Erfahrung, *wenn* eine Welt möglich sein soll, dann müssen die betreffenden Elemente notwendig angenommen werden, dann müssen wir Empfindungen haben, Formen der Anschauung, wir müssen sie in diese Kategorien fassen und werden dabei von Ideen geleitet. Aber so ist die Erfahrung, die Naturwissenschaft, als bloßes Faktum vorausgesetzt, und alles hängt an einer Tatsache und bleibt im letzten Grunde zufällig.

Wenn es dabei sein Bewenden haben müßte, hätte Philosophie nicht den Charakter einer Wissenschaft im rationalen Sinn; denn in dieser wird gefordert, daß die Notwendigkeit jedes Gliedes aus letzten, unbezweifelbaren Sätzen dargetan werden kann. Philosophie wäre im letzten Grunde uneinsichtig: alles *könnte* auch anders sein, wenn nur das vorausgesetzte Faktum, die Naturwissenschaft, anders wäre. Kant selbst hat zu gewissen Zeiten seiner Entwicklung sicher die Idee einer rationalen Wissenschaft vor Augen gehabt: Reinhold und die Nachfolger können sich auf Kants Wort berufen, nach dem Wissenschaft gleich System ist, System aber überall den Zusammenhang der Erkenntnisse *aus einem Prinzip* verlangt und daher keineswegs auf die Existenz von Tatsachen zu begründen ist. Da aber Kant selbst erklärt hat, »*mögliche Erfahrung*«, also der letzte Beweisgrund, aus dem die Gültigkeit aller Erkenntnisformen von ihm hergeleitet wird, sei »etwas ganz Zufälliges«[17], so erscheint Reinholds Vorhaben als ein Unternehmen, das durchaus im Geiste der Kantischen Philosophie selbst ist und dessen sie zu ihrer Vollendung als einer rationalen Wissenschaft unumgänglich bedarf.

Dieses Unternehmen besteht darin, der Explikation aller aus der Analyse der Erfahrung gewonnenen transzendentalen Elemente, wie die Kritik sie enthält, ein philosophisches Fundament zu geben dadurch, daß alle diese Elemente aus einem einzigen höchsten Prinzip denknotwendig abgeleitet werden. Reinholds sogenannte Ele-

---

17 [Kant, *Kritik der reinen Vernunft*, B 765.]

mentarphilosophie soll nicht, wie die Kritik, bloß vom Erkenntnis-
grunde, also dem Faktum allgemeingültiger Erfahrung ausgehen,
sondern soll, wie Reinhold sich ausdrückt, den »Realgrund« liefern.
Sie soll mit einem ersten und als solchem schlechthin unbezweifelbaren, an sich selbst evidenten Grundsatze beginnen, aus dem notwendig alle von Kant aufgezählten Elemente folgen. Erst wenn das
geleistet ist, lehrt Reinhold, wird die kritische Philosophie zum ver-
nunftgemäßen System erhoben sein, erst dann steht alles in einsich-
tigem Zusammenhang, ist über jeden Zweifel erhaben, erst dann ist
nichts mehr ungeklärt, und wir dürfen für bewiesen halten, was
schon die zweite Vorrede zur *Kritik der reinen Vernunft* von der
Transzendentalphilosophie aussagt: Der »Versuch, auch nur den
kleinsten Theil abzuändern«, führe »sofort Widersprüche nicht
bloß des Systems, sondern der allgemeinen Menschenvernunft«[18]
herbei.
Wohlverstanden, nicht etwa irgendwelche besonderen Erfahrungstatsachen, nichts vom stofflichen Inhalt, soll hier systematisch abgeleitet werden. Davon ist bis zu Schelling in der Geschichte des
deutschen Idealismus noch nicht die Rede, sondern lediglich die Bestimmungen der Kantischen Philosophie: das Ding an sich, das
stoffliche Material (bloß als solches) und die Vermögen des erkennenden und handelnden Subjektes mit ihren einzelnen Formen.
Nachdem ich diese Reinholdsche Intention bezeichnet habe, könnten wir eigentlich schon weitergehen; denn nur diese Absicht, die
Richtung auf Ausbildung eines in sich zusammenhängenden Systems, in dem alle Glieder denknotwendig aus einem höchsten Prinzip abzuleiten sind, – diese Intention ist für das Fortschreiten von
Kant zu Fichte von entscheidender Wichtigkeit. Doch um das Gesagte zu verdeutlichen, um lebendig zu machen, was die Elementarphilosophie will, müssen wir ihr selbst wenigstens auf eine kurze
Strecke folgen. Wir müssen zusehen, wie denn ein solches erstes,
durch sich selbst einleuchtendes Prinzip aussehen mag und wie man
dann notwendig zu den anderen, schon bekannten Sätzen der Transzendentalphilosophie kommen soll. Dies ist um so notwendiger,
als Fichtes Verfahren gerade in diesen Punkten entscheidend durch
Reinhold beeinflußt ist.

18 [Ibid., B XXXVIII.]

Die erste Aufgabe für Reinhold besteht nach dem Gesagten darin, den absolut evidenten, obersten Satz zu finden, aus dem alle übrigen Sätze seiner beziehungsweise der kritischen Philosophie folgen sollen. Indem Reinhold sich bemüht, einen solchen durch sich selbst gewissen ersten Satz der Philosophie aufzustellen, befindet er sich auf demselben Wege wie der Philosoph, den man als den Vater der neueren Philosophie überhaupt zu bezeichnen pflegt: Descartes. Auch Descartes hatte einst, wenn auch nicht in derselben Intention wie Reinhold, nach einem solchen festen Ausgangspunkt gesucht und ihn in dem berühmten *Cogito, ergo sum* gefunden. Wir können nicht daran zweifeln, daß wir Vorstellungen haben, als Vorstellende sind wir uns unseres Seins gewiß. Damit hatte er die Region des Bewußtseins als des Inbegriffes aller Vorstellungen aufgeschlossen. Und dieser Begriff der Vorstellung als der obersten Gattung aller überhaupt möglichen Erlebnisse wird auch für Reinholds Elementarphilosophie der entscheidende Begriff. Anschauungen, Begriffe, Ideen, alle transzendentalen Elemente in Kants Philosophie gehören letztlich dem Bewußtsein an und gehören insofern zur Gattung der Vorstellungen im allgemeinsten Sinn. Der oberste Satz, aus dem alle diese spezifischen Elemente abzuleiten sind, kann nur dasjenige aussprechen, was in dem Wesen der Vorstellung als solcher notwendig enthalten ist, also dasjenige, ohne das eine Vorstellung überhaupt nicht denkbar wäre. Wenn sich dann zeigt, daß dieser Satz, der nichts anderes enthalten darf als das, was jedes erkennende Wesen als solches, abgesehen von allen Unterschieden der Individuen, jeden Augenblick einsehen muß – wenn dieser Satz selbst den Grund für die Spezifikation der Gattung Vorstellung in ihre verschiedenen Arten enthält – dann ist der gesuchte systematische Ansatz gefunden.

Der Satz, den Reinhold als »Satz des Bewußtseins« bezeichnet, lautet: »Im Bewußtsein wird die Vorstellung vom Vorstellenden und Vorgestellten unterschieden und auf beide bezogen.«[19] Dieser Satz gilt nach Reinhold von jedem Inhalt des Bewußtseins, gleichviel, um welche Arten von Vorstellungen es sich auch immer handeln mag, und er sagt nichts aus als das, was im Wesen jeder Vorstellung

---

19 [Karl Leonhard Reinhold, *Versuch einer neuen Theorie des menschlichen Vorstellungsvermögens*, Prag/Jena 1789, S. 235.]

notwendig enthalten sein muß. Sofern wir Vorstellungen haben
(und daran, *daß* wir sie haben, können wir nicht zweifeln), müssen wir diesen Satz als den Ausdruck der Grundtatsache unseres
Bewußtseins ansehen. Ich kann weder daran zweifeln, daß ich ein
Bewußtsein habe noch daß dieses Bewußtsein aus Vorstellungen besteht noch daß diese Vorstellungen ihrem Wesen nach immer und
notwendig Beziehung auf ein Vorstellendes und ein Vorgestelltes
haben, von denen sie sich daher unterscheiden.
Indem Reinhold das Wesen der Vorstellung auf diese Weise ausdrückt und so als die an ihr selbst vorfindliche Grundeigentümlichkeit jene doppelte Beziehung bezeichnet, hat er eine ganz moderne
Theorie des Bewußtseins vorweggenommen: nämlich Husserls
phänomenologische Lehre, nach der die Intentionalität Wesenszug
des Bewußtseins ist. Auch nach dieser modernen Lehre lassen sich
an jeder Vorstellung prinzipiell zwei Momente unterscheiden, ein
sogenanntes noetisches und ein noematisches Moment, von denen
das erstere dem Subjekt und das letztere dem Gegenstand entspricht.
Eben diese Feststellung bedeutet den nächsten Schritt in Reinholds
Philosophie. Indem er den Satz des Bewußtseins expliziert, führt er
aus, daß eine Beziehung der Vorstellung zum Vorstellenden und zum
Vorgestellten nur dann denkbar ist, wenn die Vorstellung selbst an
sich zwei verschiedene Momente aufweist, von denen das eine nach
der gegenständlichen, das andere nach der subjektiven Seite hin
weist. Dasjenige an der Vorstellung, was dem Gegenstand entspricht,
heißt ihr Stoff, was dem Subjekt entspricht, ihre Form. Unter der
Form versteht Reinhold diejenigen Momente an den Vorstellungen,
die unabhängig von allem Wechsel überall den Zusammenhang des
Bewußtseins ausmachen, kurz die transzendentalen Momente; unter
dem Stoff alles spezifisch Sinnliche.
Damit ist die von Kant an die Spitze seiner eigenen Philosophie gestellte Unterscheidung von Stoff und Form systematisch aus dem
Wesen der Vorstellung abgeleitet. Die nächsten Schritte werden alle
von dem Prinzip geleitet, diejenigen Bedingungen aufzuweisen,
ohne die das im Satz des Bewußtseins Ausgesagte nicht zu denken ist.
Wir haben bereits festgestellt, daß in der Vorstellung zwei Bestandteile, nämlich Stoff und Form, zu unterscheiden sind. Da die Form als
das dem Subjekt Zugehörige charakterisiert ist und der Stoff im Ge-

gensatz dazu dem Subjekt bloß gegeben ist, so sind im letzteren zwei Vermögen zu unterscheiden, nämlich Spontaneität und Rezeptivität. Der Stoff wird uns von den Dingen an sich geliefert, die Form wird selbsttätig von uns erzeugt. Um von den Dingen an sich affiziert werden zu können, bedürfen wir eines empfangenden Vermögens, und um aus dem stofflichen Rohmaterial einheitliche Vorstellungen zu formen, muß das Bewußtsein tätig sein.

Auf diese Weise sucht Reinhold das Ding an sich aus seinem Prinzip zu begründen. Er schärft ausdrücklich ein, daß es total falsch sei zu behaupten, wir besäßen vom Ding an sich eine Vorstellung. Jede Vorstellung ist ein Produkt, das vom Subjekte auf Grund des ihm gelieferten Stoffes erzeugt wird, und daher sind alle unsere Vorstellungen subjektiv und nicht unabhängig vom erkennenden Bewußtsein. Das Ding an sich als der allgemeine Grund dafür, daß uns überhaupt etwas gegeben wird, ist zwar ein notwendiger Begriff; der qualitativ wechselnde Inhalt unserer Vorstellungen geht darauf zurück. Aber ebenso notwendig wie aus dem Satze des Bewußtseins der *Begriff* eines Dinges hervorgeht, ebenso sicher ist es, daß dieses Ding an sich selbst niemals vorgestellt werden kann; denn alle Vorstellungen sind subjektiv geformter Stoff. Wir können das Ding an sich als den allgemeinen Grund des uns gelieferten Stoffes denken, ja wir *müssen* es sogar denken, aber eben *nur* denken.

Ebenso verhält es sich mit dem Subjekt an sich. Alle Vorstellungen haben ein stoffliches Element und sind nicht bloß Form. Vorstellung ist immer ein Produkt aus beidem, und auch wenn, wie es möglich ist, einmal die Form selbst zum Stoff einer Vorstellung wird, wenn, wie es in allen sogenannten »reinen« Vorstellungen der Fall ist, eine Vorstellung ein formales Element unseres Bewußtseins zum *Gegenstande* hat, so durchdringen sich in dieser Vorstellung objektive und subjektive Momente, und wir können nicht sagen, daß das Subjekt an sich selbst von uns vorgestellt würde. Vielmehr bleibt auch dieses ein aus dem Satze des Bewußtseins, das heißt aus dem immanenten Sinn jeder Vorstellung hervorgehender Begriff, den wir zwar denken müssen, ohne ihm jedoch einen bestimmten Inhalt geben zu können.

Nachdem Reinhold systematisch dargetan hat, wie das Vorstellungsvermögen, welches bei ihm mit dem Bewußtsein zusammenfällt, sich in ein spontanes und ein rezeptives Vermögen teilt, geht er daran, die Sinnlichkeit und den Verstand, so wie sie in der *Kritik* ohne nähere Begründung eingeführt werden, abzuleiten. Dabei müssen wir uns zunächst einmal vor dem Mißverständnis hüten, als ob Rezeptivität mit Sinnlichkeit und Spontaneität mit Verstand zusammenfiele. Vielmehr ist es gerade eines der Verdienste Reinholds um die Entwicklung des deutschen Idealismus, daß er immer wieder einschärft, in jeder Art von Vorstellungen, also sowohl in den sinnlichen Anschauungen [als auch] in den Begriffen durchdrängen sich beide. Freilich in einem verschiedenen Grade, so daß in der Anschauung die Rezeptivität überwiege und wir darin »relativ gezwungen« sind, im Begriff aber die Spontaneität, da es dieser mit Anschauungen, also bereits mit vom Subjekte geformten Vorstellungen, zu tun hat.

Daß jede Vorstellung sich notwendig auf ein Objekt bezieht, ist in dem Satz des Bewußtseins dadurch ausgedrückt, daß sie vom Vorgestellten unterschieden wird. Nun kann sich die Vorstellung entweder direkt auf das Objekt beziehen oder mittelbar. Im ersten Fall heißt sie Anschauung. Hier ist das gegenständliche Moment unmittelbar der uns, sei es durch äußere, sei es durch innere Affektion gegebene Stoff. Es kann sich aber auch so verhalten, daß das gegenständliche Moment selbst wiederum eine Vorstellung ist, zum Beispiel eine Anschauung. In einer solchen Vorstellung höherer Stufe, die nicht unmittelbar auf den uns gelieferten Stoff, sondern zunächst auf die Anschauung geht, haben wir also ein Wissen von dem Gegenständlichen nicht bloß als von einem Gegebenen, sondern selbst wiederum als von einem Vorgestellten. Diese Vorstellungen, die sich also nur mittelbar auf den uns ursprünglich gegebenen Stoff beziehen und deren unmittelbare Gegenstände Anschauungen sind, heißen Begriffe. In ihnen allein besitzen wir, was man Erkenntnis heißt. Das Vermögen der Anschauungen heißt Sinnlichkeit, das Vermögen der Begriffe Verstand.

Alle Vermögen des Subjekts haben bei Kant die Funktion, in einem Mannigfaltigen Einheit zu stiften. Die Formen der Sinnlichkeit ordnen den uns gegebenen chaotischen Sinnenstoff in Raum und Zeit, die Begriffe bringen die Mannigfaltigkeit der Sinnenanschauungen unter die Einheit der Gattung. Auch diese Bestimmung der Kantischen Philosophie leitet Reinhold aus seinem Satze des Bewußtseins ab, auch bei ihm erscheint es wie bei Kant als Grundeigentümlichkeit des erkennenden Subjekts, Einheit zu stiften in der Vielheit der Erscheinungen. Der Satz des Bewußtseins sagt aus, die Vorstellung werde *im* Bewußtsein vom Subjekt und Objekt unterschieden und auf beide bezogen. Die Unterscheidung fällt ins Bewußtsein, also auf die subjektive Seite, [und] das objektive Moment wird als das zu Unterscheidende im Gegensatz zum formalen, einheitsstiftenden Moment charakterisiert. Damit ist auch dieser für die kritische Lehre wichtige Punkt in der Reinholdschen Elementarphilosophie deduziert.

Weiter brauchen wir uns in die Ausführungen der Reinholdschen Philosophie nicht einzulassen. Er unternimmt es nicht allein, wie wir gesehen haben, den Verstand im allgemeinen abzuleiten, sondern er versucht auch die Kategorien im einzelnen zu deduzieren. Die Ideen verhalten sich dann zu den Begriffen wie die Begriffe zu den Anschauungen, so daß Vorstellungen dreier verschiedener Grade zu unterscheiden sind: die Anschauungen als solche des ersten, die Begriffe als solche des zweiten und die Ideen als solche dritten Grades. Der Gegenstand der Ideen ist das in die Kategorien befaßte, in Raum und Zeit geordnete Mannigfaltige. Doch ist in dieser Synthesis das Subjekt relativ frei und nicht wie in der Sinnlichkeit durch den Stoff und im Verstand durch die Anschauungen gebunden. So wird die Vernunft im engeren Sinn als Vermögen des Schließens im selben Sinn wie bei Kant bei Reinhold eingeführt. Die Vernunft im allgemeinen Sinne, als praktische Vernunft, soll dadurch als das umgreifende und das Ganze tragende Vermögen erwiesen werden, daß wir einsehen lernen, der Satz des Bewußtseins vermöge einzig die Natur des Vorstellungsvermögens auszusprechen, aber nicht dessen Wirklichkeit zu begründen. Um diese Wirklichkeit als notwendig zu erfassen, seien wir gezwungen, ein aus eigener Kraft tätiges, das heißt praktisches Vermögen anzunehmen, das erst das Vorstellungsvermögen in Bewegung bringe. Dieses Vermögen, die praktische Vernunft oder das »Begehrungsvermögen«, wie Reinhold es nennt, zerfällt entsprechend dem Wesen des Vorstellungsvermögens, das es in Bewegung setzen soll, in einen Form- und einen Stofftrieb, eine Unterscheidung, die ich nur erwähne, weil sie für die Schillersche Auffassung der Kantischen Philosophie so entscheidend wichtig geworden ist. Die praktische Vernunft ist nicht wie die Vernunft im engeren Sinne, welche noch durch ihren Gegenstand, die Kategorien, bestimmt ist, nur *relativ* frei, sondern *absolut* frei und selbsttätig. Die praktische Vernunft ist der letzte Grund aller Vorstellungs- und Erkenntnistätigkeit und als solchen erkennt das Subjekt an sich sich selbst.

Reinholds Elementarphilosphie sollte nach dem Zeugnis ihres Urhebers lediglich das Fundament und eine systematisch-wissenschaftliche Darstellung der kritischen Philosophie sein. Kant selbst hatte Reinholds *Briefe über die Kantsche Philosophie* mit voller Zustimmung gelesen, fand aber die Elementarphilosophie »hyperkritisch«. Das große Publikum nahm die Elementarphilosophie durchaus wie sie gemeint war, nämlich als System der kritischen. Man hat offenbar zu jener Zeit, um Kant kennenzulernen, mehr Reinhold studiert als Kant selbst, und der Name einer Kant-Reinholdschen Philosophie schien eine durchaus in sich geschlossene und einheitliche Weltanschauung zu bezeichnen. Wie man in Deutschland auf Grund der eigenen Aussprüche Christian Wolffs von einer Leibniz-Wolffischen Philosophie gesprochen hatte und gewohnt war, vornehmlich die Werke Wolffs als deren Zeugnisse aufzunehmen, so geschah es nun auch mit der Elementarphilosophie. Aber in beiden Fällen machte sich geltend, daß jede Popularisierung, ja jede veränderte Formulierung notwendig eine Veränderung des ursprünglichen Sinnes bedingt. So bedeutend Wolffs Entwicklung und Fortführung Leibnizscher Gedankengänge immer sein mag, sehr viel Wesentliches, was zu Leibniz gehört, ist dabei verlorengegangen. Und ebenso hat man noch lange nicht Kant verstanden, wenn man Reinholds viel populärere und vor allem an entscheidenden Stellen viel klarere und terminologisch eindeutigere elementarphilosophische Schriften gelesen hat. An besonders wichtigen Punkten ist übrigens auch Reinhold keineswegs klar, insbesondere nicht über die Methode, durch die er vom Satz des Bewußtseins zu den übrigen Bestimmungen der kritischen Philosophie gelangt. Jedenfalls müssen wir festhalten, daß die unmittelbar anschließende Entwicklung, insbesondere, sofern sie sich kritisch zu Kant verhält, sehr oft seine Philosophie in derjenigen Gestalt vor Augen hat, die sie durch Reinhold empfing. Vor allem ist der Begriff des Dinges an sich, das bei Reinhold kurzerhand als die Ursache des uns gelieferten Stoffes auftritt, bei Kant zwar viel dunkler, aber auch mit ungleich größerer Subtilität behandelt. Gerade an diesem Begriff aber hat sich im Anschluß an Reinhold die fruchtbarste Diskussion entzündet.

## [Schulze: Kritik der Kant-Reinholdschen Philosophie]

Gottlob Ernst Schulze (1761–1833) veröffentlichte 1792 unter dem Titel *Aenesidemus oder über die Fundamente der von dem Herrn Professor Reinhold in Jena gelieferten Elementar-Philosophie* eine Kritik an der Kant-Reinholdschen Philosophie, die aus den verschiedenartigsten Gründen bedeutsam ist. Vor allem deshalb, weil hier, also noch zu Kants Lebzeiten, in polemischer Haltung gegen Kant diejenige Philosophie als die allein mögliche verteidigt wird, die in der Gegenwart, freilich unter den verschiedenartigsten Formen, nicht selten aber unter dem Titel Kants, das heißt als kritische Philosophie auftritt. Schulze aber hat sie im Namen Humes verkündet, und wir dürfen, ohne uns einer voreiligen historischen Deutung schuldig zu machen, aussprechen, daß seine Philosophie, deren wesentliche Züge aus einem wirtschaftlich und politisch damals weit fortgeschritteneren Lande stammten, in der zweiten Hälfte des neunzehnten Jahrhunderts und zum großen Teil heute noch, freilich unter anderen Titeln, in Deutschland die herrschende geworden ist. Wenigstens in ihren Grundzügen und unter Aufnahme eines großen Teiles dessen, was Kant erkenntnistheoretisch über die Humeschen Theorien hinaus geleistet hat.

Ich sage »erkenntnistheoretisch«, und damit ist das entscheidende Wort gefallen. Alles was bei Kant über die rein erkenntnistheoretische Leistung, das heißt über die Zergliederung der Erfahrung bis auf ihre sogenannten Elemente hinausgeht, wird von Schulze als eine den kritischen Prinzipien selbst zuwiderlaufende Überschreitung der Kompetenzen unserer Vernunft behauptet. Hier tritt zum ersten Male diejenige Auffassung hervor, die wir früher bereits erwähnt hatten, und nach der alles bei Kant, was jenseits der transzendentalen Ästhetik, der transzendentalen Analytik und den rein negativen Partien der transzendentalen Dialektik liegt, entweder [auf] bloße Mißverständnisse, Konsequenzlosigkeiten, Erschleichungen oder gar [auf] bewußte Konzessionen an reale Mächte [hinausläuft].

Rein historisch können wir feststellen, daß Kants Einstellung ganz
wesentlich auf eine Fundierung der Metaphysik, auf eine unabhängig von traditionellen Mächten gestellte metaphysische Wahrheit
gerichtet war und daß diese Wahrheit materiell den Forderungen
der damals noch gebundenen bürgerlichen Kräfte entsprach. Seine
Erkenntniskritik sollte ausgesprochenermaßen dazu dienen, die
Anmaßungen der exakten Naturwissenschaft in ethischen, religiösen, metaphysischen Fragen ein für allemal zunichtezumachen und
gleichzeitig die Naturwissenschaft selbst auf ihrem eigenen Gebiet
sicher zu begründen. Ihm kam es gerade darauf an (und dies entsprach durchaus der allgemeinen deutschen Situation, wie es auch
der Situation in Frankreich entsprochen hatte), daß es eine ewige
Wahrheit gab und die Philosophie sachlich das Recht hatte, sie festzustellen und zu verkünden. In England aber hatte um diese Zeit
die bürgerliche Gesellschaft längst die ihr gemäße Ordnung erreicht, und niemand brauchte etwa einer der neuen Ordnung ent-
gegenstehenden Kirche gegenüber die Wahrheit und Endgültigkeit
dieser Ordnung zu verteidigen. Vielmehr konnte man dies der Kirche in England selbst überlassen. Sie war dort zu einer Haupt-
stütze der bürgerlichen Gesellschaft geworden, so daß Diderot
verwundert schreibt, für die Engländer seien Atheisten und Ver-
brecher fast Wechselbegriffe. Er berichtet im Anschluß daran eine
sehr charakteristische Anekdote. Hume ist während seines Pariser
Aufenthaltes in einem Kreis französischer Aufklärer zu Tisch gela-
den. Im Lauf des Gespräches erklärt er, daß er nicht an die Existenz von Atheisten glaube; niemals seien ihm welche vorgekommen. »Zählen Sie, wieviel Leute hier am Tische sitzen«, erwidert
der Baron Holbach. »Achtzehn«, sagt Hume. »Nun«, fährt Holbach fort, »fünfzehn Atheisten kann ich Ihnen darunter auf einen
Schlag aufzählen, die drei andern wissen nicht, was sie von der Sache denken sollen.«[20] Ein solcher Unterschied im Verhältnis der
Philosophie zur Kirche zwischen den beiden Ländern, in deren
einem die erstere als ideologische Vorkämpferin des Bürgertums
noch im Kampfe mit den herrschenden Mächten stand, ist überaus
kennzeichnend. Dabei kommt es nicht darauf an, *was* die Philo-

20  [*Œuvres complètes de Diderot*, Tome dix-neuvième, Paris 1876, p. 185; übersetzt
von M. H.]

sophie über die religiösen Gegenstände lehrte, ob sie atheistisch oder deistisch sich verhielt; entscheidend ist nur, daß sie sich in Frankreich im Gegensatz zur Kirche als die höchste, einzige Instanz in religiösen Dingen proklamierte, während man in England die Befriedigung des metaphysischen Bedürfnisses ruhig der Kirche überließ. Daß man daneben einige Versuche über natürliche Religion veröffentlichte, konnte im Grunde das Einverständnis niemals trüben. Das Hauptgebiet der Philosophie war in England die psychologische Zergliederung des Bewußtseins, seine Durchforschung nach Elementen und ihren Regelmäßigkeiten durchaus in Analogie zu dem, was die Physik in der Körperwelt unternahm: Auffindung der Elemente und Feststellung der Regelmäßigkeiten. Alles, was darüber hinausging, wurde aus ganz entsprechenden Gründen als dogmatische Philosophie verworfen, wie bei Kant die Ausdehnung der Erkenntnis über das Gebiet der Bewußtseinserscheinungen hinaus für scheinhaft erklärt worden war. Während aber bei Kant das praktische Bewußtsein über die Erscheinungswelt hinaus uns die Gewißheit vom Sein einer intelligiblen Sphäre verschafft hatte, gibt es bei Hume keine entsprechende Transzendierung des Reiches sinnlicher Erfahrung. Die Tatsache des Bewußtseins, das Funktionieren des Apparates, der keiner ist, weil alles Dasein nur in ihm selbst möglich ist, das ist der letzte Schluß dieser skeptischen Philosophie. Der früher schon erwähnte Vergleich der Bewußtseinserlebnisse mit Schauspielern, die auftreten und abgehen, ohne daß doch eine Bühne vorhanden wäre, stammt von Hume.

Schulzes Kritik an Kant richtet sich gegen den metaphysischen Gehalt seiner Philosophie, vor allem gegen das Ding an sich, da dieses, insbesondere in der Reinholdschen Darstellung, den metaphysischen Grund der Erfahrung bezeichnet hatte. Der Sinn aller Ausführungen Schulzes ist um folgenden Gedankengang zentriert: Die Welt der Erfahrung baut sich in unserem Bewußtsein als dessen Phänomen stetig auf. Darin hat Kant zweifellos recht. Wir können diese Bewußtseinswelt analysieren und stoßen dabei auf letzte, nicht weiter auflösbare Elemente, wie zum Beispiel [auf] Empfindungen und deren Reproduktionen: Erinnerungen, Vorstellungen und so fort. Wir können, nachdem derartige Elemente aufgewiesen sind, auch diejenigen Faktoren angeben, die wir notwendig zu den betreffenden Elementen hinzudenken müssen, wenn wir begreifen sollen, daß aus den Elementen eine geordnete Erfahrung soll zustandekommen können. Solange wir so verfahren, und stets festhalten, daß die entsprechenden Faktoren, also alles, was Kant als transzendentale Formen gefaßt hat, von uns angenommen werden, um zu verstehen, wie sich die Elemente zum Ganzen des Bewußtseins verbinden, solange haben wir uns durchaus korrekt verhalten. Sobald wir aber von diesem Gedankenexperiment weitergehen und zum Beispiel die von uns gedachten transzendentalen Faktoren als Vermögen des Subjekts hypostasieren; sobald wir von *der* Sinnlichkeit, *dem* Verstande, *der* Vernunft reden und diese gleichsam als Grund der entsprechenden Verbindungen im Bewußtsein angeben, haben wir unsere Kompetenzen schon überschritten. Indem wir von der reinen Beschreibung der Bewußtseinstatsachen abgehen und irgendwelche vorgefundenen Formen zurückführen auf ein formgebendes Subjekt, haben wir die Kategorie der Kausalität nicht, wie es Kant in seiner Kritik selbst vorgeschrieben hat, auf das Gebiet der Erscheinungen beschränkt. Denn das, was die Erfahrung, also die Erscheinungswelt erst möglich machen soll, also in diesem Fall das Subjekt mit seinen verschiedenen Vermögen, das kann doch nicht selbst wiederum Erfahrung sein, und wenn Kant zwischen ihm und der Erfahrung ein Begründungsverhältnis behauptet, so [handelt] er seinen eigenen Vorschriften zuwider. So verhält es sich mit dem Subjekt an sich.

Mit dem Ding an sich, in seiner ursprünglichen Bedeutung als dem Grund dafür, daß uns der Stoff für die Anschauung gegeben wird, ist es natürlich ebenso. Es handelt sich einfach um eine unerlaubte Anwendung des Kausalbegriffes. Übrigens hat Reinhold mit seiner Behauptung, daß aus der Tatsache, die Vorstellung werde vom Objekt und vom Subjekt unterschieden, folge, sie enthalte zwei getrennte Bestandteile, nämlich ein stoffliches und ein formales, total unrecht; denn der Umstand, daß etwas nicht nur von einem, sondern von mehreren anderen Gegenständen unterschieden wird, besagt noch nicht, daß es zwei verschiedenartige Bestandteile enthalten müsse. Übrigens: Was würde Reinhold sagen, wenn man anstatt der Form dem Subjekte den Stoff und umgekehrt dem Ding an sich die Form zuschreiben wollte? In seiner Philosophie findet sich jedenfalls kein einsichtiger Grund dagegen. Alles derartige Zuschreiben, jede Behauptung, die über die bloße Analyse hinausgeht und an ein An-sich der Dinge rühren möchte, ist nichts als dogmatische Philosophie.

Mit dieser Haltung Schulzes sind nicht allein für die Metaphysik, sondern auch für die exakte Naturwissenschaft die bedeutendsten Konsequenzen gesetzt. Kant hatte gefragt: Wie sind synthetische Urteile *a priori* möglich, und gemeint war die Frage, wie es möglich sei, daß wir, abgesehen von den analytischen Begriffserklärungen, Urteile zu fällen vermöchten, die nicht bloß für das sie aussprechende Subjekt und für den gegebenen Augenblick, sondern für jedes erkennende Subjekt und für alle Zukunft Geltung hätten. Seine Antwort, zu der ihn die kopernikanische Wendung befähigte, die wir hier nochmals anführen wollen, lautete: Deshalb können wir synthetische Urteile *a priori* fällen, weil jeder Erfahrungsinhalt als solcher, da er *unser* Erfahrungsinhalt ist, in die Formen unseres Erkenntnisvermögens eingehen muß. Alles, was wir daher über diese Formen aussagen können, kann von keiner zukünftigen Erfahrung widerlegt werden; denn als solche muß sie sich selbst diesen Formen fügen und daher den notwendig aus ihnen hervorgehenden Urteilen adäquat sein. Aufgefunden aber hatte Kant diese Formen dadurch, daß er die Erfahrung selbst in der Form, in der sie in der exakten Naturwissenschaft vorliegt, nach ihren allgemeinsten Sätzen durchsucht hatte. Daraus hatte er dann geschlossen: Die Wahrheit dieser Sätze für alle Zukunft kann nur garantiert werden, wenn sie aus der Organisation der in allen Individuen gleichen Vernunft hervorgehen. Diese Sätze *sind* wahr, daher müssen sie aus dem einzigen Prinzip abgeleitet werden, aus dem alle Wahrheit letztlich herfließt, aus der Einheit des erkennenden Subjekts. Diese ganze in Wirklichkeit sehr komplizierte Fundierung der Rechtsgültigkeit allgemeiner naturwissenschaftlicher Sätze ist gegründet auf die Voraussetzung ihrer Allgemeingültigkeit einerseits und der Identität der überall sich selbst gleichen Menschenvernunft als Grund der einheitlichen Form der Erfahrung andererseits. – Bei Schulze werden beide Momente bestritten. Nach ihm hat Kant zunächst den Fehler gemacht, daß er nur gefragt hat, *wie* und nicht *ob* synthetische Urteile *a priori* möglich seien und somit von der Allgemeingültigkeit wissenschaftlicher

Sätze ausgegangen ist; und zweitens hat er dadurch, daß er den Grund dieser Allgemeingültigkeit an etwas außerhalb der Erfahrung, nämlich an das die Erfahrung konstituierende Subjekt geheftet hat, seine eigenen Prinzipien verletzt. Mit der Geltung *a priori* der allgemeinsten naturwissenschaftlichen Urteile, die Kant aus den Kategorien begründen zu können glaubt, ist es daher nichts. Sie haben bloße, wenn auch dem Grade nach außerordentlich hohe Wahrscheinlichkeit.

Im Anschluß an Hume zeigt Schulze dies vornehmlich am Kausalgesetz. Kant hatte die Kausalität unter die Kategorien aufgenommen und damit ausgesprochen, daß ohne die gesetzmäßige Verknüpfung einzelner Erfahrungsgegenstände durch die Beziehung gesetzmäßiger Abfolge einheitliche Erfahrung nicht denkbar sei. Eben dadurch aber, daß die Kausalität als eine Erkenntnisform des erkennenden Subjektes festgestellt war, sollte nach den transzendentalphilosophischen Prinzipien ihre Gültigkeit *a priori*, das heißt für alle Zukunft und für alle nur denkbaren erkennenden Wesen garantiert sein. Darauf ist im Sinne Schulzes geltend zu machen, daß zunächst einmal die Feststellung, ohne Kausalität sei einheitliche Erfahrung nicht möglich, ein synthetisches Urteil *a priori* darstellt, das der Kritik vorausgeht und bei Kant selbst keine Begründung findet. Weiter wäre aber der Umstand, daß wir ohne Kausalität einheitliche Erfahrung uns nicht denken können, noch lange kein Grund, das Kausalgesetz als einen objektiven und *a priori* gültigen Satz auszusprechen. Die echt philosophische Frage lautet vielmehr gerade dahin, ob solche Urteile überhaupt möglich sind, das heißt, ob wir in den Besitz einer für alle Zukunft und alle erkennenden Wesen gültigen Wahrheit gelangen können. Und diese Frage hat nach Schulze die Kant-Reinholdsche Philosophie *nicht* gelöst. Es bleibt vielmehr bei dem skeptischen Ergebnis Humes, das eine solche Möglichkeit verneint. In Beziehung auf das Kausalgesetz behält Hume recht, wenn er behauptet, daß wir zwar gewohnt seien, diejenigen Erfahrungsinhalte, die regelmäßig [aufeinander] gefolgt sind, so zu verknüpfen, daß wir schließlich glauben, sie seien für alle Zukunft und notwendig miteinander verknüpft, aber wir haben kein Recht, vom Kausalgesetz anders als von einer rein psychologischen Gewohnheit zu sprechen. Es gibt nirgendwo einen festen Punkt außerhalb der Erfahrung, kein Subjekt an sich, kein »Gemüt«, dem man die Kategorie der Kausalität als transzendentale Form zuschreiben könnte und dessen Existenz eine Sicherheit für ihre Geltung *a priori* böte. Es gibt relativ allgemeine psychologische Fakta, es gibt Denkgewohnheiten im Reiche der psychischen Tatsachen, wie es Regelmäßigkeiten im Reiche der physischen gibt. Allgemeingültige, das heißt endgültige, über die Gegebenheit des Augenblicks hinausreichende Wahrheit aber besitzen wir nicht. – Das ist englischer Sensualismus.

*[Maimon: Unhaltbarkeit der Annahme eines Dinges an sich]*

Mit *einer* Ausnahme! Von [ihr] hat Schulze selbst im *Aenesidemus* nicht mit großem Nachdruck geredet. [Sie ist] aber für denjenigen Denker, zu dem wir nunmehr überzugehen haben und durch diesen für Fichte höchst bedeutsam geworden. Diesen Mann, mit dessen Einfluß auf die Entwicklung des deutschen Idealismus wir uns in diesem Rahmen lange nicht genügend werden beschäftigen können, war bettelarm und zerlumpt aus Litauen nach Deutschland gewandert und hatte nicht nur eine große Sehnsucht nach deutscher Wissenschaft mitgebracht, sondern auch ein philosophisches Talent, das ihm schließlich nicht allein die hervorragende Schätzung Kants, sondern auch die grenzenlose Achtung Fichtes und Schellings eintrug. Von den für uns hauptsächlich wichtigen Werken Salomon Maimons (1753–1800) nenne ich den 1790 erschienenen *Versuch über die Transscendentalphilosophie*, die 1793 erschienene Schrift *Über die Progressen der Philosophie*, ferner den *Versuch einer neuen Logik oder Theorie des Denkens*, der freilich erst nach dem Erscheinen des ersten Fichteschen Hauptwerkes herausgekommen ist. Es ist kein reines Vergnügen, Maimon zu lesen; denn es fehlt den meisten seiner Schriften ein durchsichtiger Plan, der Gedankenzug hat im Ausdrucke etwas Sprunghaftes, so daß es höchst ermüdend ist, ihm zu folgen. Ich werde hier auch nur auf die für uns wichtigen Grundanschauungen eingehen, ganz unbekümmert um an sich noch so interessante Details und um den Gang der Maimonschen Darstellung selbst.

Die Ausnahme, die wir soeben erwähnten, diejenige Wissenschaft, deren Urteile selbst Hume nicht bezweifelt hat, ist die Mathematik. Man mag Kant immerhin vorwerfen, sein Ausgehen von der Existenz exakter Naturwissenschaft sei bedenklich, da wir als Philosophen gerade an der Gültigkeit der Urteile einer solchen Wissenschaft zu zweifeln hätten. Daß er aber die Existenz gültiger *mathematischer* Wahrheit als unbestreitbar angenommen hatte, daraus wird ihm niemand einen Vorwurf machen können. Diese Grundüberzeugung, die Überzeugung von der Unbestreitbarkeit mathematischer Wahrheit liegt allen Überlegungen Maimons zu Grunde. Sie ist für ihn, wie für die Rationalisten des siebzehnten Jahrhunderts, wie für Descartes und Leibniz, der Prototyp aller echten Wahrheit; und indem wir von ihr ausgehen und aufzeigen, wie sie zustandekommt, dürfen wir sicher sein, nicht nur ihre eigene Natur charakterisiert zu haben, sondern auch die Natur der philosophischen Wahrheit, welche einzig neben der Mathematik als eine echte Wissenschaft, als eine Wissenschaft im allein berechtigten rationalen Sinn gelten kann. Maimon ist also mit Schulze einig darüber, daß Naturwissenschaft niemals a priori gültige Wahrheit enthalten kann, und mit Reinhold darüber, daß Philosophie, um Wissenschaft zu sein, rationale Wissenschaft sein muß, und zwar speziell Wissenschaft nach dem Vorbilde der Mathematik.

Aber es sind ganz andere Probleme, um die sich das Denken Maimons zentriert, als die Probleme Reinholds und Schulzes. Die Frage, die im Mittelpunkt des Interesses der beiden gestanden hatte, das Problem des von der Existenz eines erkennenden Bewußtseins unabhängigen Dinges an sich, erledigt er gleichsam im Vorhofe seiner Philosophie. In Beziehung auf ein so verstandenes Ding hat Schulze freilich recht und Reinhold unrecht. Die Behauptung des letzteren, wir vermöchten das Ding an sich zwar nicht vorzustellen, aber wir müßten es denken, ist leerer Schein; denn insofern es total unbestimmt ist, insofern wir ihm nicht ein einziges Merkmal beilegen dürfen, kann es auch nicht gedacht werden; denn Denken ist immer und überall ein Bestimmen. Übrigens hatte Reinhold selbst sehr wohl, entgegen seiner Versicherung, einiges sehr Bestimmte von ihm ausgesagt, zum Beispiel, daß es der Grund des uns gelieferten Stoffes, der Grund der Affizierung, des rezeptiven Vermögens, des erkennenden Subjektes sei. Alles aber, was wir von irgendeinem Gegenstand aussagen, können wir nur insofern von ihm aussagen, als er Gegenstand unseres Bewußtseins ist. Das von unserem Bewußtsein total unabhängige Ding an sich ist ein »Unding«; es ist imaginären Zahlen in der Mathematik [wie] $\sqrt{-1}$ vergleichbar.

Der Grundirrtum aller derjenigen, die glauben, in der Philosophie auf ein bewußtseinsunabhängiges, transzendentes Ding an sich rekurrieren zu müssen, beruht letztlich auf der verkappten sogenannten Abbildtheorie. Sie meinen, zu den Erscheinungen unseres Bewußtseins müßte jenseits unseres Bewußtseins ein Gegenstand angenommen werden, dem sie, wenn nicht gleichen, so doch wenigstens in irgendeiner Weise entsprechen. Aber dabei ist vergessen, daß sowohl ein direktes Abbildverhältnis, eine partielle Gleichheit, ebenso wie ein bloßes, wie immer geartetes Entsprechen, nur zwischen *Inhalten* unseres Bewußtseins statthaben kann. Nur wo uns beide Beziehungspunkte gegeben sind, kann der eine von ihnen als Original, der andere als Abbild oder Vertreter erscheinen. Dieses Verhältnis aber kommt in unserem Bewußtsein nur bei Vorstellungen im engeren Sinn, das heißt bei solchen Erlebnissen vor, die sich auf andere Bewußtseinsinhalte [als auf] ihre Gegenstände beziehen, also zum Beispiel Erinnerungen, Phantasievorstellungen und so fort. Soweit es sich um Empfindungen handelt, in denen wir [kein] mittelbares Wissen, sondern ein Wissen von Gegenwärtigem haben, kann nach Maimon die Meinung, als fielen hier ebenso wie bei den Vorstellungen im engeren Sinn, bei den reproduktiven Vorstellungen, Wissen und Gegenstand auseinander, nur auf einer »Illusion der Einbildungskraft«[21] beruhen.

Die falsche Lehre von einem transzendenten und unerkennbaren Ding an sich, das die Ursache der Bewußtseinserscheinungen sein soll, kann aber nach Maimon auch auf Grund eines anderen Tatbestandes zustande kommen. Es ist dies der Umstand, daß in unserem Bewußtsein ein fortwährender Wechsel der Erscheinungen statthat, daß jeden Augenblick Eindrücke auftauchen und wieder verschwinden in ununterbrochener, rastloser Folge und wir dabei trotzdem ein Wissen von Bleibendem haben, ein Wissen von Objekten, die

---

21 [Salomon Maimon, *Versuch einer neuen Logik oder Theorie des Denkens*, besorgt von Bernhard Carl Engel, Berlin 1912, S. 177.]

selbst nicht fortwährend auftreten und verschwinden, die nicht wie unsere ephemeren Erlebnisse dem Flusse des Bewußtseins unterworfen sind. Soweit diese Tatsache, dieser Unterschied zwischen den flüchtigen Inhalten des Bewußtseins und unserem Wissen von beharrlichen Gegenständen dadurch erklärt werden soll, daß das letztere nicht selbst wieder auf Bewußtseinsinhalte, sondern auf etwas außerhalb des Bewußtseins Stehendes, auf Dinge an sich, von denen die einzelnen Bewußtseinsinhalte nur die Erscheinungen wären, sich beziehen müsse – soweit entspringt die Lehre von den unerkennbaren Dingen an sich einem wirklichen Problem. Daß dieses Problem unrichtig gelöst ist, daß der Begriff eines unerkennbaren Dinges an sich im Reinholdschen und vielleicht auch Kantischen Sinn widerspruchsvoll ist, das steht für Maimon unweigerlich von Anfang an fest. Aber dieses Problem, daß wir von einer beharrlichen Welt von Dingen wissen, während uns doch immer nur flüchtige Erscheinungen gegenwärtig sind, das muß jetzt neu und ohne Zuhilfenahme des widerspruchsvollen transzendenten Dinges an sich seine Lösung finden.

Maimon hat diese Lösung, soweit ich sehen kann, nirgends in voller Breite durchgeführt. Aber die Elemente und Hinweise, die er zu einer Lösung uns an die Hand gibt, liegen so sehr in der Richtung auf die moderne und aktuelle Erkenntnistheorie, daß ich nicht glaube, den Maimonschen Ausführungen im mindesten Gewalt anzutun, wenn ich sie im Sinne der letzteren expliziere. – Ein transzendentes Ding an sich, das steht für Maimon fest, kommt nicht in Frage. Nun ist es aber doch gewiß, daß die Wahrnehmung eines Dinges, also der Bewußtseinsinhalt, das Erlebnis, die Erscheinung, die wir von ihm im Bewußtsein haben, nicht identisch ist mit dem Dinge selbst. Die Erscheinungen wechseln, das Ding beharrt, von den Erscheinungen ist nirgendwo eine Spur, wenn sie nicht gerade im Bewußtsein gegeben sind, vom Dinge aber sagen wir, daß es besteht, auch wenn wir es nicht wahrnehmen und auch wenn nicht ein einziges erkennendes Wesen sie gerade wahrnimmt. Als was haben wir die Beziehung zwischen Erscheinung und Ding zu fassen, da sie nicht die Beziehung der Kausalität zwischen einem unerkennbaren, transzendenten Gegenstand und dem Bewußtseinsinhalt sein kann? Maimons Antwort lautet: Es handelt sich um die Beziehung zwischen Anschauung und Begriff. Im Begriffe fassen wir eine Mannigfaltigkeit von Einzelinhalten des Bewußtseins zusammen, und zwar mittels derjenigen Faktoren, die in der kritischen Untersuchung als die transzendentalen Formen des Subjekts aufgewiesen worden sind. Diese Formen sind selbst dem Wechsel nicht unterworfen, vielmehr überall, wo Bewußtsein, Erfahrung, Wechsel stattfinden soll, sind sie bereits vorausgesetzt und bezeichnen nichts anderes als diejenigen Beziehungen, durch die sich überall und notwendig der einheitliche Zusammenhang eines Bewußtseins, das heißt geordnete Erfahrung von einem Chaos von sinnlichen Eindrücken unterscheidet. Die Begriffe selbst sind nichts anderes als Beziehungen zwischen Einzelinhalten, die als solche von dem Auftreten und Verschwinden der betreffenden Inhalte selbst nicht betroffen werden können. Diejenige Beziehung aber, die zwischen den einzelnen Erscheinungen eines Dinges und dem Dinge selbst besteht, ist diejenige zwischen den Einzelfällen des Gesetzes und dem Gesetz selbst.* Daß diese gegenwärtige Wahrnehmung die Wahrnehmung *dieses* bestimmten Dinges ist, heißt in Wahrheit nichts anderes als daß bei Erfüllung gewisser Bedingungen diese bestimmten anderen Erscheinungen eintreten werden und bei Erfüllung anderer bestimmter Bedingungen andere bestimmte Erscheinungen. Die Beziehung, die ein bestimmtes Einzelerlebnis dadurch gewinnt, daß es als Erscheinung eines Bleibenden, Beharrlichen, von unserer Wahrnehmung Unabhängigen aufgefaßt wird, ist nicht die Beziehung der Wirkung auf eine außerhalb des Bewußtseins liegende Ursache, sondern die Einordnung des betreffenden Erlebnisses in den einheitlichen Zusammenhang eines Gesetzes. Das Gesetz freilich besteht auch, wenn keine Bedingung, unter der eine bestimmte, von ihm begriffene Erscheinung gegeben sein muß, gerade erfüllt ist. Das Gesetz ist nicht betroffen vom Wandel der Einzelinhalte; es ist vielmehr der Begriff, in dem wir die gesamte Mannigfaltigkeit aller unter ihm befaßten Fälle jederzeit besitzen, ganz gleichgültig, ob einer dieser Fälle realisiert ist oder nicht.

Soweit das Problem des Dinges an sich zusammenfällt mit der Frage nach Erklärung des Unterschiedes zwischen der Flüchtigkeit der Erscheinung und der Beharrlichkeit des Objekts, ist es durch den

[* Einschub von M. H.: »Ding: Regel, nach der dieses einzelne Gegebene auftritt.«]

Aufweis derjenigen transzendentalen Faktoren zu lösen, durch die überall in unserem Bewußtsein die Einordnung der Einzelinhalte in Gesetzesbegriffe bedingt ist. Im Gegensatz zu der Lehre vom transzendenten Ding an sich wird so das Ding an sich durchaus zum erkennbaren Gegenstand. Für Maimon aber taucht nun eine neue Frage auf, und diese ist als das eigentliche Zentralproblem seines Denkens anzusehen. In unserem Bewußtsein baut sich die Erfahrung, das heißt eine gegenständliche Welt von Dingen in einem stetigen Prozesse auf. Die Naturwissenschaft ist fortwährend damit beschäftigt, neue dingliche Zusammenhänge, neue Gesetze aufzufinden und damit alle Erscheinungen, alle Erlebnisse des Bewußtseins weiterzubestimmen und einzuordnen in die einheitliche und verständliche Begriffs-Ordnung unserer Erfahrung. Aber, so fragt nun Maimon, wird uns denn dadurch die Erfahrung *wirklich* verständlich? – Sehen wir einmal an einem konkreten Beispiel der Leistung der Naturwissenschaft zu.

Das allgemeine Newtonsche Gravitationsgesetz sagt bekanntlich aus, daß je zwei schwere Körper sich in ihren Bewegungen gegenseitig so beeinflussen, als ob zwischen ihnen eine Anziehungskraft wirksam sei, die umgekehrt proportional dem Quadrat ihrer Entfernung voneinander und direkt proportional dem Produkt ihrer beiderseitigen Massen sich äußere. Damit ist der Begriff des gravitierenden Körpers definiert. Es ist damit ausgedrückt: Diejenigen Eindrücke, die wir als Eindrücke von den am Firmament sich bewegenden Körpern ebenso wie von irgendwelchen auf der Erde zu Boden fallenden oder geschleuderten Gegenständen bezeichnen, sind Wahrnehmungen, sind Erscheinungen von gravitierenden Körpern; denn wir können jederzeit feststellen, daß die betreffenden Erscheinungen den Bedingungen des Gravitationsgesetzes entsprechen. – Oder ein anderes, einfacheres Beispiel. Wir wissen, daß es Gegenstände gibt, die eine durchsichtige, flüssige Gestalt tragen, bei null Grad Celsius gefrieren und bei hundert Grad verdampfen und außerdem eine weitere Anzahl bestimmter und von der Wissenschaft festgestellter Eigenschaften aufweisen. Alle Gegenstände, die diese Merkmale haben, nennen wir gemäß der entsprechenden Definition Wasser. Wir haben damit die Gewißheit, daß überall, wo jemals Wasser auftreten wird, es sich dieser Definition gemäß verhalten wird; denn nur dann, wenn ein Gegenstand den Merkmalen der

Definition entspricht, werden wir ihn unter diesen Begriff befassen. Ebenso sind wir sicher, daß überall, wo gravitierende Körper auftreten, sie sich entsprechend dem Gravitationsgesetze verhalten werden; denn nur dort, wo wirklich alle Merkmale des gravitierenden Körpers vorhanden sind, werden wir die Wahrnehmung irgendeines Körpers als diejenige eines gravitierenden bezeichnen dürfen. Sonst müssen wir die entsprechende Erscheinung einem anderen, eventuell bisher unbekannten gesetzmäßigen Zusammenhange einordnen, und mit solchen Einordnungen in alte, schon bekannte und der Auffindung neuer Gesetze ist die Naturwissenforschung überall beschäftigt.

Nun lautet Maimons Frage: Ist diese Art von Wissen, das uns die Naturwissenschaft vermittelt, »reelles« Wissen? Ist es diejenige Form des Wissens über ein Seiendes, die uns eine für alle Zukunft gültige sachhaltige Wahrheit gibt über ein Wirkliches? Maimon zögert nicht, diese Frage zu verneinen. Aus doppeltem Grund: Von allen Definitionen, die uns die Naturwissenschaft an die Hand gibt, wissen wir nicht, ob sich morgen noch irgendein Gegenstand findet, der ihnen entspricht. Wir können sehr wohl Gesetze aussprechen und die uns vorkommenden Einzelgegenstände als Fälle dieser Gesetze begreifen, aber wir haben nicht die leiseste Sicherheit dafür, daß uns im nächsten Augenblick dies noch bei irgendeinem Gegenstande gelingen wird. Das Gravitationsgesetz sagt aus, daß die gravitierenden Körper sich ihm entsprechend überall verhalten müssen. Aber wer sagt uns, daß es morgen noch gravitierende Körper geben wird? Wohlverstanden (dies füge ich als Erläuterung hinzu), die Sicherheit der Naturgesetze kann nur dadurch garantiert werden, daß wir entschlossen sind, nur solche Gegenstände als diejenigen gelten zu lassen, auf die das Gesetz zutrifft, von denen wir wirklich wissen, daß sie den Bestimmungen der betreffenden Definition in allen Punkten genügen. Sobald wir nicht mehr nur dasjenige als Wasser bezeichnen, was wirklich bei null Grad gefriert und bei hundert Grad verdampft und so fort, sondern auch andere Gegenstände, die nicht diese, sondern andere Merkmale aufweisen, dann ist das Wissen, das uns die Naturwissenschaft vermittelt, nicht nur kein reelles Wissen, sondern überhaupt kein Wissen mehr; dann kann von der allgemeinen Geltung der Naturgesetze keine Rede mehr sein. Aber eben aus diesem

Grunde, der die Anwendung der Naturgesetze von der Erfüllung
einer Bedingung abhängig macht, die keineswegs in unserer Macht
liegt: daß sich nämlich dem Gesetz entsprechende Gegenstände
auch in Zukunft finden mögen, das stempelt nach Maimon die Naturwissenschaft zu einem Wissen niederen Grades. Freilich können wir allgemein sagen, daß die transzendentalen Faktoren überall die Einordnung des Gegebenen in dingliche Zusammenhänge
bedingen müssen, aber ob dieselben Zusammenhänge, die wir bereits kennen, morgen noch anwendbar sein werden, ja ob überhaupt das Gegebene so beschaffen sein wird, daß die besonderen
Gesetze sich unter schon bekannte allgemeine ordnen lassen, so
daß wir nicht in der Vielheit stets neuer Gesetzmäßigkeiten uns
verirren, sondern schließlich zu einer wenigstens relativ beständigen Ordnung gelangen – das alles ist unbestimmt, hängt nicht von
uns ab. Wir können überhaupt nicht auf Grund der Kenntnis der
transzendentalen Faktoren ausmachen, *daß* geordnete Erfahrung
möglich sei, wir können lediglich urteilen, daß sie, *wenn* sie möglich sein soll, den Formen des Subjekts entsprechen muß.
Der Grund, warum wir nur von der Möglichkeit der Erfahrung
sprechen können, liegt letzten Endes darin, daß die Einzelinhalte
unseres Bewußtseins bloß gegeben sind und nicht etwa spontan
von uns erzeugt werden wie die Begriffe, die wir selbst zu bilden
imstande sind. Würden wir das Gegebene selbst produzieren und
hätten nicht immer erst zuzuwarten, wie es ausfällt, dann freilich
würde uns das Studium derjenigen Gesetze des Bewußtseins,
durch die alle Gegebenheit zustande käme, es möglich machen,
auch in der Naturwissenschaft für alle Zukunft gültiges und an-
wendbares sachhaltiges Wissen zu produzieren. Daß wir die Regeln nicht kennen, nach denen die besonderen Erfahrungsinhalte
in unserem Bewußtsein gegeben werden, das ist nach Maimon der
Grund für den Mangel der Naturwissenschaft, und das stempelt
ihn – freilich aus ganz [anderem] Anlaß als Schulze – zum Skeptiker. Auf eine Ursache *außerhalb* des Bewußtseins dürfen wir das
Gegebene aber nicht zurückführen; das hat die Kritik des Ding-
an-sich-Begriffes dargetan. So müssen wir auch das Zustandekommen der besonderen Einzelinhalte ins Bewußtsein verlegen, und
es läßt sich nunmehr der Unterschied zwischen Gegebenem und
Subjektivem, zwischen einheitlichem Begriff und sinnlichem

Mannigfaltigen geradezu dahin definieren, daß das Gegebene überall dasjenige ist, dessen Entstehungsregeln wir nicht kennen, im
Gegensatz zu allem Begrifflichen, dessen Zustandekommen aus
den transzendentalen Faktoren wir anzugeben imstande sind.
Der Mangel an Bewußtheit des Zustandekommens, die Unkennt-
nis der Entstehungsregeln oder, wie Maimon sich ausdrückt, der
»Differentiale«, das unterscheidet letztlich alles bloß Gegebene
vom begrifflich Gefaßten. Auch die Anschauung, sagt Maimon,
also das Gegebensein von sinnlichen Inhalten, ist regelmäßig, aber
sie ist nicht regel*verständig* und das unterscheidet sie von allem
Denken.
Dieser Unterschied ist aber kein qualitativer, sondern nach Maimon
bloß ein quantitativer. Überall tritt uns nämlich das sinnliche Material schon in einer – wenn auch noch höchst unbestimmten – begrifflichen Fassung entgegen. Es gibt keine Erscheinung, die wir nicht
ohne weiteres und notwendig bereits im Augenblick ihres Gege-
benseins als die Erscheinung eines Dinges auffassen, mag es im übrigen noch so sehr offen bleiben, um welche spezielle Art von Dingen
es sich in diesem Falle handelt. Damit aber haben wir bereits irgendein wenn auch noch so vages Wissen von einer Regel, der diese
Erscheinung untersteht. Denken wir uns dieses Wissen radikal ver-
vollständigt, so daß wir nicht etwa nur eine mehr oder weniger
bestimmte Bedingung angeben können, nach der die vorliegende
Erscheinung notwendig eintreten muß, sondern schlechthin alle Bedingungen, durch die sie mit allen übrigen Inhalten der Erfahrung
zusammenhängt. Mit andern Worten, denken wir uns die gesamte
Erfahrung für einen Augenblick als vollendet, dann freilich würden
wir auch die Entstehungsregel dieses besonderen Inhaltes, das heißt
sein »Differential« besitzen. Wir könnten nicht mehr sagen, er sei
uns bloß *gegeben*; denn er wäre mit Bewußtheit von uns selbst zustandegebracht.
Damit wird der Unterschied zwischen Sinnlichkeit und Verstand
zu einem gleitenden, quantitativen. Nichts ist radikal unbestimmt
und nichts vollständig bestimmt, nichts ist bloßer Begriff und mit
voller Bewußtheit zustandegekommen, und nichts ist bloß sinnlich
und ohne gesetzmäßigen Zusammenhang mit allem Übrigen. Die
Differenz zwischen Empfindung und Begriff ist eine Differenz in
der Kenntnis der Entstehungsregeln, es handelt sich letztlich um

Deutlichkeitsgrade des Bewußtseins. Damit ist in die nachkanti-
sche Philosophie ein Motiv des Leibnizschen Denkens wiedereinge-
geführt. Auch bei Leibniz unterschied sich die Empfindung vom
Begriff durch den Mangel an Deutlichkeit, auch bei ihm war sie das
relativ Unbestimmte im Gegensatz zum relativ Bestimmten. Bei
Maimon aber wird damit das *bloß* Gegebene zur Idee; denn es ist
in Wahrheit nirgends in unserem Bewußtsein vorhanden. Ebenso
wird das radikal Bestimmte, die totale Vollendung der Erfahrung
in einer absoluten begrifflichen Einheit, in die alle Mannigfaltigkeit
aufgegangen ist, zur Idee der vollendeten Aufgabe unserer Erkenntnis. Beides sind Grenzbegriffe und auf sie wendet nun Maimon die Ausdrücke an, deren falschen Gebrauch in der Reinholdschen Philosophie er selbst im Anschluß an Schulze entlarvt hat.
Die Idee des bloß Gegebenen, der Grenzbegriff des radikal Unbestimmten heißt bei Maimon Ding an sich, und die vollkommene
Einheit aller Bestimmungen in einer vollendeten Erfahrung, also
das totale Aufgehen alles Gegebenen in den Formen des Subjekts,
die letzte denkbare Einheit, ist bei ihm das Subjekt an sich. Damit
ist auch das Grundmotiv für seine Ethik gegeben, die darauf hin-
ausläuft, unsere Aufgabe, alles Regellose gesetzlich zu machen,
Einheit zu stiften in der Mannigfaltigkeit, immer mehr Subjekt an
sich, das heißt für ihn gleichzeitig einfachere und vollendetere Persönlichkeit zu werden.

Im Anfange unserer Darstellung von Maimons Philosophie, den wir
nunmehr in Beziehung auf allgemeine naturwissenschaftliche Erkenntnis als Skeptiker kennengelernt haben, statuierten wir von
vornherein eine Ausnahme von der allgemeinen Skepsis. Wir haben
erklärt, daß für Maimon die Existenz gültiger mathematischer
Wahrheit von vornherein unbestreitbar gewesen und [ihm] als Prototyp der Wahrheit überhaupt erschienen ist. Sie allein, abgesehen
von der Transzendentalphilosophie selbst, stellt nach Maimon
»reelles« Wissen dar. Bevor wir weitergehen, haben wir diesen
Punkt seiner Lehre noch zu erläutern; denn er ist für Fichtes Philosophie bestimmend geworden und enthält gleichzeitig eine von
Kant zwar ausgesprochene, aber lange nicht genügend in der Geschichte der Philosophie herausgestellte Grundtendenz. Wir werden den Sinn dieser Lehre nach dem, was wir nun über Maimon
erfahren haben, leicht verstehen.

Nach Maimon gibt es drei Arten von Verhältnissen, in denen die
zwei in einem Urteil als Subjekt und Prädikat auftretenden Gegenstände zueinander stehen können. Auf Grund dieser drei Arten unterscheidet er drei Arten möglichen Wissens, besser des Denkens
überhaupt. Als Beispiel der ersten Art führt er gewöhnlich den Satz
an, daß zu jeder Wirkung eine Ursache gehört. Dieses Urteil ist ein
Beispiel für bloß »formelles« Wissen. Die beiden darin verknüpften
Gegenstände sind Glieder einer Korrelation, eines Ganzen, das als
solches schon vorher in unserem Bewußtsein gegeben gewesen sein
mußte; denn das Wissen um jedes der beiden Glieder setzt das Wissen um das andere und um das Verhältnis, in dem sie zueinander
stehen, notwendig voraus. Die Verknüpfung in dem betreffenden
Urteil ist daher eine bloß formelle. Die zweite Art des Denkens ist
das von Maimon so genannte »willkürliche« Wissen. Während beim
formellen Denken über die Ordnung wirklicher Gegenstände überhaupt nichts ausgemacht war, weil etwa auf Grund unserer allgemeinen Kenntnis des Ursache-Wirkungs-Verhältnisses prinzipiell
nichts darüber ausgesagt ist, welche Arten wirklicher Gegenstände
Ursache und welche Wirkung sein können, so findet in dieser zweiten Art der Verknüpfung zwar eine solche wirklicher Gegenstände
statt, es wird zum Beispiel ausgesagt, daß es Gegenstände gibt, die –
um an unser früheres Beispiel anzuknüpfen – flüssige Form haben
und bei null Grad Celsius gefrieren. Derartige Urteile, auf welchen
die Naturwissenschaft überall beruht, sind nach Maimon deshalb
bloß willkürlich, weil wir keine Notwendigkeit einsehen können,
daß diese und keine anderen Merkmale zusammengehören. Es besteht kein vernünftiger Grund dafür, daß die flüssige Gestalt, das
Gefrieren bei null Grad, das Verdampfen bei hundert Grad, wie es
beim Wasser stattfindet, zusammengehören. [Der eine] Sachverhalt
fordert keineswegs notwenig [den anderen], und daher entsprechen
die betreffenden Urteile auch keineswegs derjenigen Form des Wissens, das die Vernunft als das eigentlich vernünftige Wissen fordert.

Die Struktur dieses sinnvollen, des »reellen« Denkens spricht Maimon in dem »Satz der Bestimmbarkeit« aus. Dieser zerfällt in zwei
Sätze, die folgendermaßen lauten: »Ein jedes Subjekt muß nicht
nur als Subjekt, sondern auch an sich, ein möglicher Gegenstand
des Bewußtseyns seyn.« Ferner: »Ein jedes Prädikat muß nicht nur

an sich, sondern als Prädikat (in Verbindung mit dem Subjekt) ein
möglicher Gegenstand des Bewußtseyns seyn.«[22] Die Bedeutung
dieser beiden Sätze, die zusammen den Satz der Bestimmbarkeit
ausmachen, wird Ihnen sofort klar werden, wenn wir ein Urteil
formulieren, das diesem Satze genügt: Es gibt Linien, die gerade
sind. Oder: Es gibt Flächen, die dreieckig sind. Beide Urteile erfüllen die Forderung des Satzes der Bestimmbarkeit (wobei wir
sie freilich, um logisch ganz exakt zu sein, überführen müßten in
die Form: Linien können gerade sein, Flächen können dreieckig
sein). Sowohl eine Linie als auch eine Fläche können wir zum
Gegenstande unseres Denkens machen, ohne daß sie diejenigen Eigenschaften besitzen, die ihnen durch die angeführten Urteile zugesprochen werden; dagegen setzen die Prädikate, wenn sie Gegenstand unseres Denkens sein sollen, notwendig die betreffenden
Subjekte voraus. Hier ist das Verhältnis also nicht umkehrbar (wie
beim formellen Denken), sondern eindeutig in den Sachen selbst
begründet; aber auch nicht so begründet wie im willkürlichen
Denken, wo das Prädikat nicht notwendig sinngemäß dieses und
kein anderes Subjekt fordert, sondern das Verhältnis kann hier
durchaus nicht anders gedacht werden als es in dem Urteile ausgedrückt ist.
Damit haben wir beschrieben, was Maimon unter »reellem« Denken versteht, und dieses Denken ist nach ihm das einzig wirklich
systembildende, vernunftgemäße Denken. Die einzige Fachwissenschaft, in der es zu Hause ist, ist die Mathematik. Die Mathematik bildet ein System, dessen oberste Begriffe für sich selbst und
ohne weitere Bestimmungen Gegenstand unseres Denkens sein
können, und im Fortgange des Systems kommen wir durch stets
neue Bestimmung dieser Begriffe, durch eine Reihe von Urteilen,
die alle dem Satze der Bestimmbarkeit genügen, zu den speziellsten
mathematischen Objekten. Ein solches System, in dem alle Begriffe so wie die beiden Begriffe Linie und gerade Linie voneinander abhängen, kann nur – und das ist der wichtige Punkt, um des-
sentwillen die Philosophie Maimons für das Verständnis Fichtes so
unerläßlich ist – durch Konstruktion der einzelnen in ihm vorkom-

---

22 [Salomon Maimon, *Versuch einer neuen Logik oder Theorie des Denkens*, l. c.,
S. 17.]

menden Begriffe zustandekommen. Nur dort, wo eine Reihe von Begriffen so strukturiert ist, daß immer der nächstfolgende auf Grund eines dem Satze der Bestimmbarkeit genügenden Urteils, das heißt durch Hinzufügung eines entsprechenden unselbständigen Prädikates zum vorhergehenden zustandegekommen ist, also nur dort, wo wir ein solches System, abgesehen vom Anfang, entsprechend den Anforderungen unserer Vernunft selbst zustandebringen – nur dort liegt Wissenschaft im eigentlichen, apodiktischen Sinne vor.

Maimon läßt außer der Mathematik nur noch die Transzendentalphilosophie als eine solche Wissenschaft gelten. Während nach ihm der oberste Begriff, durch dessen Bestimmung alle übrigen zustandekommen, in der Mathematik der Raum ist, erscheint als oberster Begriff der Transzendentalphilosophie das Bewußtsein überhaupt als der höchste, oberste, abstrakteste Gattungsbegriff aller Formen möglichen Wissens. Alle in der *Kritik* vorkommenden Formen, Kategorien, Anschauungsformen und so fort sollen dann genau wie in der Mathematik durch immer weitere Bestimmung jenes höchsten Begriffes von uns gewonnen werden. Daraus ergibt sich, daß die Struktur des Verfahrens in der Transzendentalphilosophie durchaus verschieden von derjenigen in der Naturwissenschaft ist, und zwar in genau derselben Weise, wie sich die Methode der Mathematik von der naturwissenschaftlichen Methode unterscheidet. In der Naturwissenschaft kommen die Begriffe dadurch zustande, daß wir die Eigenschaften dessen, was uns wirklich gegeben wird, zusammenfassen, in der Mathematik gelangen wir zu den Begriffen dadurch, daß wir sie konstruieren. Konsequenterweise besteht die Darstellung der letzteren in lauter Postulaten: Denke Dir ein Dreieck! Mache den einen Winkel gleich 90 Grad! Mache darin zwei Seiten einander gleich und so fort! Ebenso hat die Philosophie mit einem Postulate zu beginnen und entsprechend fortzufahren. Wir verstehen nur dasjenige ganz, was wir selbst zustandegebracht haben. Dieser Satz liegt bereits der Philosophie Kants zu Grunde. Maimon hat ihn ausführlich zum Thema gemacht, und Fichte wird aus dieser Grundüberzeugung heraus das erste der großen Systeme des nachkantischen Idealismus errichten.

## [Beck: Übergang zu Fichte]

Wir sind nunmehr genügend vorbereitet, zu ihm selbst überzugehen. Zwischen Maimon und Fichte pflegt freilich noch ein Denker
behandelt zu werden, der um die Reinigung der Kantischen Lehre
von den Reinholdschen Mißverständnissen große Verdienste besitzt. Nachdem wir jedoch die theoretische Philosophie des Maimon so ausführlich behandelt haben, bedürfen wir der Darlegungen
der Beckschen Lehren zum Verständnis des folgenden nicht mehr.
Soweit eben diese Reinigung in Frage steht, ist Jacob Sigismund
Beck (1761–1840) über Maimon jedenfalls nicht hinausgegangen.
Im Gegensatz zu Maimon aber kann die Lektüre Becks auch für
weniger Geschulte eine vorzügliche Einführung bieten in diejenige
Art Kant zu verstehen, die für den nachkantischen deutschen Idealismus als positive entscheidend geworden ist. Das Werk, um das es
sich dabei handelt, heißt *Einzig möglicher Standpunkt, aus welchem
die kritische Philosophie beurteilt werden muß*. Dieser »einzig mögliche Standpunkt« besteht wesentlich darin, daß man nicht wie
Reinhold meinen darf, der Gegenstand, auf den sich unsere Erlebnisse jeweils beziehen – sagen wir besser: das Ding, das wir wahrnehmen –, habe ein Sein an sich ohne Beziehung auf ein erkennendes
Bewußtsein. Die Transzendentalphilosophie besteht vielmehr gerade darin zu zeigen, wie sich alle Gegenstände auf Grund der transzendentalen Funktionen des Subjektes in unserem Bewußtsein
konstituieren. Auch die Dinge sind also begriffliche Produkte der
transzendentalen Faktoren und nicht von einem transzendenten
Etwas verursacht. Das ist der »einzig mögliche Standpunkt«, von
dem die Becksche Lehre als »Standpunktsphilosophie« ihren Namen erhalten hat. Fichte hat Becks Werk als »beste Vorbereitung«
für die, »welche aus meinen Schriften die Wissenschaftslehre studieren wollen«, bezeichnet. Er hat erklärt, sie führe zwar »nicht auf
den Weg dieses Systems«; aber sie zerstöre »das mächtigste Hinder-
niß, das denselben so vielen verschließt«[23]. Wenn wir uns fragen,
worin denn die »beste Vorbereitung« besteht, so finden wir, abgesehen von der Kritik an der Lehre vom transzendenten Ding an sich,
eben den Hinweis der Philosophie auf das Verfahren der Konstruk-

---

23  [*Fichtes Werke*, hrsg. von Fritz Medicus, Dritter Band, Leipzig o. J., S. 28.]

tion, das wir auch bei Maimon kennengelernt haben. Dem Unterschiede an Klarheit des Ausdrucks, der zwischen Beck und Maimon besteht, entsprechend findet sich dieser Punkt bei Beck noch viel prägnanter ausgesprochen als bei Maimon. Ebenso, heißt es bei ihm, wie den »Geometer ein Lächeln anwandeln (würde), wenn man ihm zumuthen wollte, vor seiner Wissenschaft einen Begriff von seinem Objecte, dem Raume, zu geben«[24], ebenso sinnlos wäre es, irgendwelche Begriffe von den Formen des Wissens vor der Philosophie selbst vorauszusetzen. Diese hat vielmehr nach Beck mit einem Postulat oder, wie er sich ausdrückt, mit einer »Anmuthung«[25] zu beginnen. Wir werden aufgefordert, irgendeinen realen Wissensakt zu vollziehen und auf das, was darin an formalen Elementen enthalten ist, zu achten. – Wir wollen auf diese Dinge hier nicht weiter eingehen; denn was für die Geschichte des deutschen Idealismus entscheidend an ihnen ist, habe ich bereits bei der Erörterung des Maimon herausgestellt.

Alles, was wir bisher von den Philosophen zwischen Kant und Fichte kennengelernt haben, ist gleichsam nur als eine theoretische Vorbereitung auf die Philosophie Fichtes geäußert worden. Wir haben die Lehren dieser Männer nicht um ihrer selbst willen dargestellt, und eben deshalb ausschließlich auf theoretische [und] methodologische Momente geachtet. Dies bedeutet ihnen selbst gegenüber eine schwere Ungerechtigkeit; denn sie alle haben ihrem Werte nach durchaus ein Recht auf eigenes, ihnen selbst geltendes Studium. Dilthey hat mit Nachdruck ausgesprochen, daß in dieser Unterlassung ein Mangel der Geschichtsschreibung der Philosophie zutage tritt. Gerade in Beziehung auf die bisher von uns behandelten Philosophen hat er erklärt, daß sie uns nicht bloß in Beziehung auf den Weg, der »von Kant zu Fichte hinführt«[26] interessieren, sondern daß von den Hauptpersonen dieser Bewegung jede für sich aus sachlichen Gründen für die Forschung wertvoll ist. Das gilt insbesondere für Maimon und Beck, aber auch für zwei andere Den-

---

24 [Jacob Sigismund Beck, *Erläuternder Auszug aus den critischen Schriften des Herrn Prof. Kant auf Anrathen desselben*, Dritter Band, welcher den Standpunct darstellt, aus welchem die critische Philosophie zu beurtheilen ist, Nachdruck Frankfurt am Main 1975, S. 197 f.]
25 [Ibid., S. 124.]
26 [Wilhelm Dilthey, *Gesammelte Schriften*, IV. Band, Stuttgart 1959, S. 310.]

ker, die ich absichtlich unerwähnt gelassen habe, da es mir total unmöglich scheint, sie lediglich in Beziehung auf den Fortschritt von Kant zu Fichte hin abstrakt zu betrachten: Friedrich Heinrich Jacobi (1743–1819) und Christoph Gottlieb Bardili (1761–1808).

## [Fichte: Wissenschaftslehre]

Johann Gottlieb Fichte (1762–1814) aber geht uns hier um seiner selbst willen an. Der Gesamtcharakter seiner Philosophie steht in Frage. Wir brauchen uns vor allem nicht zu sehr auf theoretische Details einzulassen, da wir die Elemente für seine theoretische Philosophie durch unsere bisherige Vorbereitung zum großen Teil besitzen. Dem Gesamtcharakter der Philosophie ist aber das Leben Fichtes nicht äußerlich, und deshalb müssen wir wenigstens einiges Allgemeine über seine Persönlichkeit erfahren.

Er entstammt den elendesten sozialen Verhältnissen. Sein Vater war Leinweber in Ramenau, einem Städtchen der Oberlausitz, und hatte noch das Unglück, eine offenbar sehr unverträgliche Frau geheiratet zu haben. Kleinlichkeit, Armut, Unfrieden haben wahrscheinlich in seinem Elternhause geherrscht. Fichte selbst entbehrt überall der Heiterkeit. Er ist auf seinem ganzen Lebensweg von eisernem Willen zu dem beseelt, was er für gut hält. Er steht immer ganz und leidenschaftlich zu seiner Überzeugung. Will man sich eine Vorstellung Fichtes aus seinem Gegenteil machen, will man sich etwas ausdenken, das allem Fichteschen Lebensgefühl total zuwiderläuft, dann ist es die Idee, daß dieser Mensch einmal, auch nur einen ganz kleinen Augenblick lang, über die Wichtigkeit seines eigenen und allen menschlichen Tuns überhaupt inclusive all unserer Philosophie ein leises ironisches Lächeln gehabt hätte. Den elenden häuslichen Verhältnissen entriß ihn die Protektion eines Freiherrn von Miltitz. Er studierte in Jena und Leipzig, indem er die Mittel durch Privatunterricht gewann, wurde Hauslehrer in Zürich und lernte schließlich Kants Schriften kennen, die sogleich in ihm helle Begeisterung erweckten. Nach weiteren, zum Teil höchst unerquicklichen Schicksalen beschließt er, Kant persönlich kennenzulernen und wandert nach Königsberg.

Seine Berühmtheit geschah mit einem Schlage und auf die merkwürdigste Weise von der Welt. Um Kant für sich einzunehmen, [verfaßte] er sehr rasch und durchaus im Geiste der Kantischen Philosophie die Schrift *Versuch einer Kritik aller Offenbarung* (1792). Kant verschaffte dieser Schrift die Möglichkeit der Drucklegung und durch einen bis heute unaufgeklärten Umstand wurde auf dem Titelblatt der Name des Verfassers weggelassen. Alle Welt glaubte, es handle sich um ein Werk Kants; denn man erwartete zu dieser Zeit mit Spannung eine religionsphilosophische Abhandlung aus der Feder des berühmten Mannes. Die Kritik war überall begeistert, und erst nachdem das Lob über die Arbeit allgemein ausgesprochen war, veröffentlichte Kant den wahren Namen des Verfassers. Fichte aber war damit berühmt.

Er erhielt nicht lange darauf den Lehrstuhl Reinholds in Jena und hier hat er fünf Jahre von 1794 bis 1799 gewirkt. Er ist mit den Studenten gar nicht gut ausgekommen. Er versuchte den Übelständen, die zum großen Teil aus sehr alten Mißbräuchen des Verbindungswesens bestanden, zu steuern und geriet dabei in die unangenehmsten Konflikte. Schon hier, wie im ganzen Leben Fichtes, zeigte sich der Grundzug seiner Natur, die nicht nur auf eine theoretische, sondern durchaus auf praktische Wirksamkeit gerichtet war. Hier ist ein Mann in der deutschen Philosophie, in dem als in einem einzelnen zum Ausdruck kommt, was in Frankreich der gesamten Aufklärungsphilosophie den Stempel gegeben hatte: daß nämlich Philosophie notwendig auf eine ihr entsprechende Umgestaltung der Wirklichkeit gerichtet sein müsse. Noch peinlicher als der Konflikt mit den Studenten, bei dem es für Fichte nur zerbrochene Fensterscheiben gab, endete die Episode, die unter dem Namen des »Atheismusstreites« berühmt geworden ist. Fichte hatte in seiner Zeitschrift einen Aufsatz aus der Feder eines Rektors Forberg veröffentlicht und in der Einleitung Gott mit der moralischen Weltordnung identifiziert. Obwohl Fichte selbst mit Forbergs Abhandlung nicht einmal ganz einig war, nahm doch die kursächsische Regierung Anstand an der Sache, und es stand zu erwarten, daß die Vorstellungen, die sich hierüber in Weimar erhoben, zu einem Verweise an Fichte von seiten seiner Regierung führen würden. In Weimar versuchte Goethe, jede Unternehmung gegen Fichte zu unterdrücken, und es wäre wahrscheinlich auch gar nichts gegen ihn erfolgt, hätte er nicht selbst im vorhinein schon mit seinem und einiger Kollegen Abgang von der Universität im Falle eines Verweises gedroht. Durch sein rigoroses Auftreten hat er alles verdorben, und es blieb ihm nichts anderes übrig, als schließlich wirklich zu gehen. Er wandte sich 1799 nach Berlin, und die Beziehungen, die er dort zu dem romantischen Kreis [der] Schlegel, Tieck [und] Schleiermacher gewann, haben den Umschwung vorbereitet, den seine Philosophie späterhin genommen hat. Während Fichte bis zu dieser Zeit wesentlich aufklärerische Grundideen gehegt hatte, die in einer durchaus auf die Befreiung des Individuums gerichteten politischen Stellungnahme ihren Ausdruck fanden, beginnt seit dem Abgang aus Jena in Fichtes Denken eine davon prinzipiell verschiedene Stimmung Platz zu greifen. Wir werden an seiner Stelle noch ausführlicher über diese Sinnesänderung zu reden haben, weshalb wir hier nicht weiter von Fichtes Leben reden wollen. Vielmehr gehen wir nunmehr zu seiner Philosophie über, und zwar zu derjenigen Form dieser Philosophie, die sie in ihrer ersten und für die Entwicklung des deutschen Idealismus entscheidenden Periode erhalten hat. Das grundlegende Werk für diese Gestalt seiner Philosophie ist die *Wissenschaftslehre* von 1794.

Kant hat seine Hauptschriften als Kritiken bezeichnet. Fichte nennt seine Philosophie Wissenschaftslehre. Doch hat Fichte ausdrücklich seine Philosophie der ersten Periode nicht als Gegensatz, sondern als eine notwendige Ausgestaltung der kritischen Lehre bezeichnet. Seine Absicht ist hier durchaus mit der Reinholdschen identisch. Die kritische Philosophie hat nur eine Propädeutik der Philosophie gegeben, die Wissenschaftslehre soll das System errichten. Ganz wie Reinhold erklärt Fichte, daß bei Kant die Formen des Subjektes nur durch eine Analyse der Erfahrung auf ihre allgemeinsten Elemente hin aufgefunden worden sind. Ihre Notwendigkeit aber könne erst begriffen werden, wenn sie aus einem höchsten, durch sich selbst einleuchtenden Prinzip denknotwendig abgeleitet würden. Philosophie muß nach einem eigenen Ausdruck Fichtes »evidente Wissenschaft« sein, und dies ist nur möglich in der Form des aus einem obersten evidenten Prinzip folgenden, denknotwendigen Systems. Wissenschaftslehre heißt die Philosophie, weil sie es nicht mit irgendeinem speziellen Gegenstande des menschlichen

Wissens, sondern mit den Formen und dem Gehalt dieses Wissens selbst zu tun hat, soweit beide notwendig sind. Die Art, wie Fichte an die Ausführung dieses Systems geht, ist aber radikal von der Reinholdschen verschieden. Während Reinhold aus der theoretischen Philosophie Kants die höchsten Begriffe – Vorstellungen und Bewußtsein – abstrahierte und sie zu seinem obersten Grundsatze verband, nimmt Fichte die kritische Philosophie als ein Ganzes, und indem er ihr höchstes Prinzip aufzufinden sucht, eröffnet sich ihm gleichzeitig ihr innerster und konsequentester Sinn. Das Fichtesche System ist Kant gegenüber tatsächlich viel folgerichtiger; die Brüche, die die kritische Philosophie allenthalben durchziehen und sie zu einer in Wahrheit dualistischen Weltanschauung stempeln, sind bei Fichte total beseitigt. Ob diese ungeheure Konsequenz im Denken Fichtes der philosophischen Wahrheit tatsächlich zugute kam, ob er damit nicht trotz allem als der Naivere sich erwies, können wir hier nicht erörtern.

Um die Grunddifferenz zwischen Kant und Fichte und gleichzeitig ihre Übereinstimmung zu erfassen, stellen wir folgende Betrachtung an: Kant hatte gegenüber der naiven Weltansicht festgestellt, daß das Bewußtsein nicht einer Welt von Dingen gegenüberstehe wie ein Spiegel und sie, gleichsam unbewegt, noch einmal im Bild festhalte. Nach ihm wird uns zwar der Erkenntnisstoff gegeben, doch ist die Vernunft mit allen ihren Formen fortwährend tätig, aus diesem Stoff die wirkliche Welt der Erfahrung erstehen zu lassen. [Diese Tätigkeit] ist ein stetiges Durchdringen des total ungeordneten Empfindungsmaterials, ein Verarbeiten dieses Materials durch die Formen des erkennenden Subjekts. Dabei ist aber immer schon die Organisation der Vernunft vorausgesetzt. Während alles Sein erst durch die Faktoren des erkennenden Subjekts zustande kommt, ist das Bewußt-Sein selbst doch bereits als ein Sein, mitsamt seinen Faktoren, vor aller Erkenntnis vorausgesetzt. Alles Daseiende konstituiert sich im Bewußtsein, nur dieses selbst nicht. Hier liegt nun der sachliche Differenzpunkt zwischen Kant und Fichte oder vielmehr der Punkt, an dem Fichte nach seinen eigenen Worten Kant besser versteht als er sich selbst. Eine Weltanschauung, die alles Seiende als durch die Erkenntnistätigkeit konstituiert begreift, darf nicht irgendein Sein, auch nicht dasjenige des Bewußtseins, nicht als konstituiert und vor aller Erkenntnistätigkeit

bestehend voraussetzen, sonst verfällt auch sie dem von ihr bekämpften und widerlegten Dogmatismus. Was Aenesidemus-
Schulze und Maimon vom transzendenten Ding an sich bewiesen
hatten, das gilt für Fichte ebenso vom Bewußtsein, von der Vernunft. Somit ist ein ganz neues Problem gegeben, nämlich die
Frage, wie wir die Konstitution der Welt uns zu denken haben,
wenn nicht einmal das Sein des erkennenden Subjektes als an sich
feststehend vorauszusetzen ist.

Kant hat, nach Fichte, auch hier den Weg gewiesen, indem er die
praktische Vernunft als übergreifendes und fundamentalstes Vermögen auch noch der theoretischen Vernunft übergeordnet hatte.
Kants Lehre vom Primat der praktischen Vernunft ist der Schlüssel
zur Lösung des Problems. Denn nach dieser Lehre ist auch die Erkenntnis oder sagen wir besser: die Konstitution der erfahrbaren
Welt letzlich ein praktisches Verhalten, ein Streben. Wenn nun
alles Sein erst durch dieses Streben, durch eine Tätigkeit zustandekommen soll, ohne daß doch irgendein Träger dieses Strebens vorausgesetzt werden dürfte, dann bleibt nichts übrig, als alles Wissen, alle »notwendigen Vorstellungen«, das heißt alle Erkenntnis
dieser Welt und damit [deren] Existenz zu begründen nicht auf
[dem] Handeln irgendeines vor der Tätigkeit schon seienden Subjekts, sondern auf einem absolut freien, nicht an eine Substanz gebundenen, bloßen Handeln, auf einer Tätigkeit schlechthin. Wenn
wir den obersten Grund aller Erkenntnis in einem Satz aussprechen wollen, so darf dieser Satz nicht wie bei Reinhold ein festste-
hendes Sein, feststehende Beziehungen ausdrücken, sondern er
muß nach Fichtes Wort der Ausdruck einer freien »Tathandlung«
sein. Er muß denjenigen Akt bezeichnen, auf dem alle speziellen
Wissensakte sich begründen. Die Philosophie hat damit zu beginnen, daß sie ihren Jünger auffordert, denjenigen Aktus zu vollziehen, der alle übrigen intellektuellen Handlungen zur notwendigen
Folge hat. Dabei ist es selbstverständlich, daß dieser Akt, da er
überall und immer die anderen speziellen Wissensakte erst möglich
machen soll, von jedem erkennenden Subjekt als solchem notwendig ausgeführt wird. Die Philosophie hat nicht die ursprüngliche
Tathandlung als solche zu bedingen. Das würde gerade der Behauptung zuwiderlaufen, daß diese Tathandlung überall dem Wissen zu Grunde liegt. Sondern sie hat lediglich dafür zu sorgen, daß

diese Handlung mit Bewußtsein vollzogen wird, das heißt, daß wir auf sie achten lernen.

Was aber, so müssen wir nun fragen, ist denn nun diese ursprüngliche Tathandlung? Was kann als diejenige Vernunftfunktion angesehen werden, die aller Realität, die allem Wissen vorausgeht und aus der sich daher alle übrigen Funktionen ableiten lassen? Fichte knüpft hier an Kants Lehre von der ursprünglichen Apperzeption an, die dieser in der Deduktion der reinen Verstandesbegriffe vorgetragen hatte. Als höchstes Prinzip, an das aller Verstandesgebrauch, ja die ganze Transzendentalphilosophie geheftet werden müsse, hatte Kant dort das Bewußtsein von der Einheit unserer Persönlichkeit bezeichnet. Daß wir trotz aller verschiedenen Inhalte der Erfahrung, trotz der wechselnden Erlebnisse uns stets als die eine und selbe Persönlichkeit wissen, daß wir nicht in der Vielheit dieser Erlebnisse aufgehen, sondern vielmehr diese Vielheit fortwährend dadurch vereinheitlichen, daß wir sie in den Gesamtzusammenhang der Einheit unserer Persönlichkeit einordnen, das war auch für Kant das Grundphänomen alles Bewußtseins. Fichte greift diese Lehre auf, aber nicht unter dem Titel der ursprünglichen synthetischen Apperzeption, sondern unter demjenigen des Selbstbewußtseins. Die Grundtatsache unseres gesamten geistigen Lebens, diejenige Tatsache, die all unser Wissen trägt und ihm überall zu Grunde liegt, ist das Bewußtsein von der Einheit unserer Persönlichkeit, unser Selbstbewußtsein. Nur so weit kann unser Wissen *unser* Wissen sein, als wir es in die Einheit unseres Selbstbewußtseins einbeziehen. Aber nun habe ich mich schlecht ausgedrückt: Ich habe davon gesprochen, daß unser Selbstbewußtsein als Tatsache jede Form des Wissens überhaupt begründet. Wir haben aber bereits gehört, daß es nach dem konsequenten Idealismus Fichtes keine Sache geben kann, die von vornherein gegeben wäre. Eine Tatsache also kann nicht den Ausgangspunkt für das System bilden. Daher ist auch nicht das Selbstbewußtsein als Faktum bei Fichte vorausgesetzt, wie dies in der transzendentalen Deduktion bei Kant der Fall ist, wo alle übrigen Formen des Subjekts als diejenigen Faktoren, die dieses Faktum möglich machen, abgeleitet werden. Vielmehr hat das System Fichtes folgende Struktur: Das Selbstbewußtsein ist nicht Faktum, sondern Tathandlung, die in jedem Wissensakte steckt.* Die Philosophie hat daher damit zu beginnen, daß sie jeden auffordert, diese Tathandlung mit Bewußtsein zu vollziehen. Diejenigen Schritte, die wir notwendig vollziehen müssen, um der Aufforderung nachzukommen, oder, mit anderen Worten, diejenigen Bedingungen, von denen wir bei der Erfüllung jener Forderung erkennen, daß sie überall das Selbstbewußtsein erst möglich machen – sie sind das Fundament, auf [dem] alle speziellen Deduktionen der Philosophie zu begründen sind. Fichte selbst hat in seinen verschiedenen Werken die mannigfachsten Wege beschritten, um den Sinn dieser ersten Forderung der Philosophie deutlich zu machen. Wir wollen uns hier mit der Differenz dieser Formulierungen nicht aufhalten, sondern gleich zum Kern der Sache kommen. Wir werden aufgefordert, uns selbst zu denken, nicht in unserer individuellen Verschiedenheit, das ist wohl zu merken, sondern in derjenigen Form, in der das Ich schlechthin in allen Wissensakten aller erkennenden Individuen überhaupt vorkommen muß. Es soll abgesehen werden von *allen* individuellen Unterschieden: »Was du nur dir zuschreibst, nicht aber mir, und ebenso ich von meiner Seite, bleibt ausgeschlossen: außer daß überhaupt du dir etwas zuschreibst, was keinem andern zukommen soll; ebenso ich, und wir alle.«[27]

Dieses Selbstbewußtsein, das nirgends ein Faktum ist, sondern diejenige Tathandlung darstellt, aus der sich alle übrigen Handlungen des erkennenden Subjekts herleiten, darf selbst keinen weiteren Grund voraussetzen und erst recht keinen Gegenstand, da es ja vor diesem Aktus prinzipiell keinen Gegenstand geben kann. Der Ausdruck der Tathandlung kann nur Ausdruck einer freien Schöpfung sein, und er lautet bei Fichte: »Das Ich *setzt sich selbst.*«[28] Aber auch dieser Ausdruck ist eigentlich nicht adäquat; denn er könnte so verstanden werden, als ob vor [dem Vollzug] der Tathandlung ein Ich unabhängig von ihr vorhanden wäre. Vielmehr haben wir Fichte so zu verstehen, daß durch diesen Akt, durch diese Setzung des, wie gesagt, nicht individuellen, sondern »reinen Ichs« dieses selbst erst

[*  Handschriftlicher Einschub von M. H.: »Stetige Produktion. Handlungen ohne die Produktion einer Welt (notwendige Vorstellungen) undenkbar.«]
27  [*Fichtes Werke,* Dritter Band, l. c., S. 585 f.]
28  [*Fichtes Werke,* Erster Band, l. c. S. 290.]

zustande kommt. Damit haben wir den ersten Grundsatz der Fichteschen Wissenschaftslehre gewonnen. Die Setzung des Ich, das ist der erste Akt der Weltzeugung, der allem übrigen Wissen von einer Welt immer und überall zu Grunde liegt.

Der zweite Akt ergibt sich daraus, daß das Ich, sofern es um sich selbst wissen soll, sich unterscheiden muß von anderem, was nicht es selbst ist. Wissen ist überall Unterscheidung. Damit ist als notwendige Bedingung für die Realisierung der im ersten Satz enthaltenen Forderung das Setzen von etwas gefordert, das nicht mit dem Ich zusammenfällt, das Setzen eines Nicht-Ich. Der zweite Grundsatz lautet daher: »Das Ich setzt ein Nicht-Ich.«[29] Hier ist der Grund oder vielmehr die Bedingung dafür, daß uns etwas gegeben werde, das wir als einen von uns selbst verschiedenen Gegenstand erkennen, das heißt [, es wird] der Grund für eine erkennbare Welt der Erfahrung aufgewiesen im Gegensatz zur Lehre von den Dingen an sich als eine notwendige Bedingung des Selbstbewußtseins.

Nach den beiden bisher erwähnten Grundsätzen bestünde nun freilich ein Widerspruch; denn das System war ja gerade davon ausgegangen, daß das Ich das einzige Prinzip sei, aus dem die Welt zu erklären ist, und nun soll neben dem Ich doch noch ein Nicht-Ich angenommen werden. Die Antwort hierauf scheint zunächst sehr einfach. Das Ich hat sich selbst gesetzt und es hat das Nicht-Ich gesetzt. Beide fallen daher in die subjektive Sphäre, ins Ich, in das Bewußtsein. Aber ebendies würde einen Widerspruch bedeuten; denn so, wie die beiden Sätze dastehen, würde das Ich im Bewußtsein zugleich sich selbst als Ich und als Nicht-Ich setzen. Der Widerspruch ist nur dadurch zu überwinden, daß wir die beiden ersten Sätze durch einen dritten näher bestimmen, dessen Inhalt es sein muß, daß die beiden [Setzungen] sich gegenseitig nicht aufheben, sondern nebeneinander bestehen können. Dieser Satz lautet: »Das Ich setzt im Ich dem teilbaren Ich ein teilbares Nicht-Ich entgegen.«[30] Wenn wir [uns] diesen dritten Grundsatz des Systems der Wissenschaftslehre verdeutlichen und in unsere gewohnte Sprache übersetzen wollen, so dürfen wir sagen: In allem Wissen gibt es ein

29 [Vgl. ibid., S. 295 ff.]
30 [Vgl. ibid., S. 305.]

Wissen von Subjekt und Objekt. Dieser Gegensatz ist in der Welt für uns der grundlegendste, den wir kennen. Wir finden uns sowohl erkennend als handelnd in unserem Bewußtsein als ein Subjekt, das Objekten gegenübersteht. Teilweise bestimmen wir die Objekte, teilweise bestimmen die Objekte uns. Weder vermögen wir ein Subjekt ohne Objekt noch ein Objekt ohne Subjekt zu denken. Beide aber werden im Ich, im Bewußtsein gedacht, und zwar so, daß sie sich wechselseitig bestimmen.

Damit haben wir die drei fundamentalen Grundsätze der Fichteschen Philosophie kennengelernt. Auf den letzten, den dritten Grundsatz begründet sich die Spaltung der Wissenschaftslehre in einen theoretischen und einen praktischen Teil. Soweit die Funktionen des Ich, die notwendigen »Vernunfthandlungen«, wie sich Fichte ausdrückt, die Bestimmung des Ich durch das Nicht-Ich begründen, gehören sie zur theoretischen Wissenschaftslehre. Die Erörterung der Bestimmung des Nicht-Ich durch das Ich gehört zur praktischen Philosophie.

Wir werden diese beiden Zweige der Wissenschaftslehre nicht im einzelnen behandeln. Wer sich für die Ausführung interessiert, mag sich in die *Wissenschaftslehre* von 1794 vertiefen. Wir geben hier nur das allgemeine Prinzip von Fichtes Deduktionen an. Indem wir die Art, wie Fichte hier verfährt, kennenlernen, stoßen wir auf die dialektische Methode, die im deutschen Idealismus bei Hegel eine so entscheidende Rolle spielen sollte.

Die Form, unter der das Nicht-Ich im Bewußtsein uns entgegentritt, ist die Empfindung. Die Empfindung – das steht für Fichte von Maimon und Beck her fest – hat den Charakter des Gegebenen dadurch, daß sie nicht mit Bewußtsein von uns produziert worden ist. Aber da sie nicht, wie Reinhold noch angenommen hatte, von Dingen an sich stammt, sondern im Ich gesetzt ist, ohne daß wir doch im empirischen Bewußtsein angeben könnten, wie sie zustandegekommen wäre, so kann dieses empirische Bewußtsein das Ich nicht erschöpfen, sondern wir sind gezwungen, eine Funktion anzunehmen, durch die (bewußtlos) die Empfindung zustandekommt. Diese Funktion ist die produktive Einbildungskraft, [die] uns durch eine unbewußte Vorstellungstätigkeit die Empfindungen [liefert]. Sie ist es eigentlich, in der die Beschränkung des Ich durch das Nicht-Ich, von der in den drei Grundsätzen die Rede war, sich vollzieht. Es ist notwendig, daß wir einen Augenblick bei dieser Lehre von der produktiven Einbildungskraft verweilen, um [ihre Leistung] ganz zu verstehen.

Was Fichte hier bewußtlos, unbewußtes Vorstellen und so fort nennt, bezeichnet zunächst nichts anderes als das, was auch Maimon mit diesen Ausdrücken gemeint hatte: Wir kennen die Entstehungsregel der Empfindungen nicht; da sie aber in unserem Selbst ihren Ursprung haben müssen, so sind wir gezwungen, dieses Zustandekommen als ein bewußtloses zu bezeichnen. Fichte aber geht über Maimon insofern hinaus, als er positiv hinzusetzt, daß diese Beschränkung des Ich durch ein Nicht-Ich auf Grund völlig freier Akte eines besonderen Vermögens, das heißt der produktiven Einbildungskraft zustandekommt. Während Maimon über dieser Tatsache zum Skeptiker geworden war, kann bei Fichte hiervon gar keine Rede sein. Könnte man den Grund dafür angeben, warum die produktive Einbildungskraft uns diese und keine anderen Empfindungen gibt, dann wäre ja das Ich in seiner Selbstbeschränkung durch etwas außer ihm bestimmt und nicht mehr frei, während doch diese Selbstbeschränkung – das notwendig zur Selbsterkenntnis gehörige Setzen eines Nicht-Ich – völlig frei sein soll. Durch diese Lehre von der produktiven Einbildungskraft unterscheidet sich der Idealismus Fichtes noch einmal deutlich von allen übrigen Arten des Idealismus. Während er sich bisher dadurch von jeder Art des Idealismus abhob, daß er nicht ein Ich als Seiendes unabhängig von jeder Bewußtseinstätigkeit voraussetzte, sondern das Ich selbst erst durch eine freie Tathandlung entstehen ließ, wird nunmehr eine neue Unterscheidung getroffen. Sie besteht darin – und dies hat Fichte wiederholt als seine eigentliche Leistung angesehen –, daß bei ihm nicht, wie etwa in der Lehre Berkeleys, die Gegebenheiten im Bewußtsein durch eine völlig grundlose, philosophisch keineswegs zu fundierende Funktion zustandekommen soll, sondern daß auch die Tatsache der Rezeptivität des Subjekts, das heißt die Tatsache, daß uns Empfindungen gegeben werden, eine philosophische Begründung aus dem Selbstbewußtsein erfährt. Ich habe versucht, diese Begründung, die in der Lehre von der produktiven Einbildungskraft vorliegt, wenigstens zu skizzieren. In Wirklichkeit gehört sie zu den kompliziertesten Stücken der Wissenschaftslehre.

Nach dem, was wir nunmehr erfahren haben, läßt sich auch dem weitverbreiteten Irrtum entgegentreten, daß Fichte nicht nur die Empfindung im allgemeinen, sondern auch das Besondere des jeweiligen Empfindungsinhalts zu deduzieren unternommen habe. In Wahrheit hat Fichte nur dargetan, daß aus der Begrenzung des Ich durch ein Nicht-Ich die Notwendigkeit einer Funktion hervorgehe, die ohne unser Bewußtsein, aber innerhalb des Ich dasjenige produziere, was wir nachträglich in der Empfindung als Gegebenes vorfinden. Mit Heftigkeit hat er sich jedoch in den späteren Jahren gegen diejenige Philosophie gewandt, die auch den besonderen Inhalt der Empfindungsmannigfaltigkeit noch philosophisch konstruieren zu können glaubte. Hierin unterscheidet sich Fichte ganz bewußt von seinen Nachfolgern, zunächst von dem »schrankenlosen« Idealismus Schellings. Was die Lehre von der produktiven Einbildungskraft philosophisch leisten soll, ist – um es noch einmal mit wenigen Worten auszusprechen – das Folgende. Wir finden in unserem Bewußtsein Inhalte vor, die wir nicht willkürlich erzeugt haben. Diese Inhalte sind, im Gegensatz zu allen von uns selbst zustandegebrachten Erlebnissen wie willkürlichen Denkoperationen, Erinnerungen und so fort, nach Fichtes Ausdruck mit dem Charakter der »Notwendigkeit« ausgestattet. Die erste Kantische Schule mit Reinhold an der Spitze hatte den Charakter dieser Notwendigkeit auf das Gegebensein der Empfindungen durch die Dinge an sich zurückgeführt. Fichte löst das Problem durch die Lehre von der produktiven Einbildungskraft, das heißt dadurch, daß er zeigt und aus seinem Prinzip des Selbstbewußtseins begründet, es müsse freie, wenn auch unbewußte Handlungen des Ich geben, in denen dieses sich etwas gegenübersetzt, was zwar auch dem Ich angehört (außerhalb des Ichs gibt es schlechterdings nichts), aber doch im empirischen Bewußtsein als ein mit dem Ich nicht Zusammenfallendes erscheint. Der Inbegriff aller dieser Handlungen, in denen das Ich sich, wie Fichte sagt, durch ein Nicht-Ich beschränkt oder bestimmt, also der Inbegriff aller Handlungen, in denen der Sinnengehalt produziert wird, heißt produktive Einbildungskraft im Gegensatz zu der empirischen Einbildungskraft, auf der man in der Terminologie jener Zeit die Tätigkeit der freien Phantasie und Ähnliches begründet.
Wenn die Empfindung dasjenige ist, in dem das individuelle Subjekt

ein ihm Fremdes vorfindet, emp-findet, so ist damit bereits der erste Schritt gemacht, [seine] Bewußtlosigkeit über das Zustandekommen des Sinnenmaterials wiederaufzuheben. Als Empfindendes hat es freilich noch keine Ahnung davon, daß diese Begebenheit durch eine subjektive Handlung, durch die produktive Einbildungskraft von ihm selbst zustandegebracht worden ist. Doch ist dadurch, daß die Empfindung als ein dem Bewußtsein Zugehöriges gegeben ist, bereits ein Wissen von etwas Subjektivem, das heißt dem Subjekt selbst Angehörigem gegeben, wenn auch im übrigen die Empfindung als ein Etwas charakterisiert ist, das dem Bewußtsein von etwas ihm total Heterogenem aufgenötigt ist.

Bereits in diesem Wissen, das heißt darin, daß wir die Empfindung als ein Gegebenes wahrnehmen, ist eine höhere Stufe des Bewußtseins als das bloße Aufgehen in der ersteren erreicht. Solange wir bloß in der Empfindung leben, erscheint die Empfindung eigentlich noch nicht als ein uns Fremdes, bloß Gegebenes, aber eben deshalb wissen wir hier auch nicht von uns als von einem Subjekt [, nicht einmal] in der unvollkommensten Weise. Der Zustand, in dem wir die Empfindung als ein gleichsam von außen uns aufgezwungenes Element erleben, ist in Wahrheit bereits eine Reflexion auf die Empfindung und wird von Fichte »Anschauung« genannt. In der Anschauung liegt bereits eine Unterscheidung des gegenständlichen Momentes vom Ich; wir haben ein Wissen von uns, wenn auch noch keineswegs ein Wissen von uns als dem Grunde auch des Gegenstandes. Aber das ist das Ziel, zu dem das theoretische Ich hinstrebt, und Fichte sucht alle subjektiven Formen, die in der *Kritik der reinen Vernunft* vorkommen, dadurch abzuleiten, daß er jede höhere Form als Reflexion auf die vorhergehende dartut.

Diese Ableitung ist nicht leicht zu verstehen, aber wir müssen notwendig ihr Grundprinzip erfassen. Wir versuchen also, so klar wie möglich den Fichteschen Gedanken bei dieser Ableitung auszusprechen: Das Ich beschränkt sich selbst. Die Handlung dieser Beschränkung erfolgt durch die produktive Einbildungskraft und geschieht unbewußt. Das Ich findet zunächst in der Empfindung das Resultat der Handlung der produktiven Einbildungskraft vor als ein ihm Fremdes, an das es ganz hingegeben ist. Das Ich ist hier gleichsam Ich und Gegenstand zugleich. Trotzdem es in Wahrheit unendlich ist, trotzdem es in Wirklichkeit, wie wir früher gesehen haben, absolut freie Tathandlung ist und seinem Wesen nach Selbsterkenntnis, erscheint es hier als total im Gegenstand aufgehend, als das Gegenteil von Selbsterkenntnis. Dies ist ein Widerspruch. Die Lösung des Widerspruches kann nur dadurch geschehen, daß das Ich die Empfindung von sich unterscheidet und so zunächst zu einem Wissen von sich selbst gelangt. Unter der Anschauung haben wir bei Fichte ungefähr einen Zustand zu verstehen, der sich bei einem Träumenden oder, besser noch, bei einem halbwachen Menschen findet, der zwar nicht total an die Folge seiner Erlebnisse hingegeben ist, an dem sie vielmehr vorbeiziehen, so daß er sie zwar als *seine* Erlebnisse, aber doch auch als ein von ihm Unabhängiges, nicht von ihm Produziertes weiß. Auch diese Stufe des Bewußtseins enthält einen Widerspruch; denn auch auf ihr weiß ja das Ich von den Erlebnissen als einem Fremden, es findet sich von etwas außer ihm, von etwas Bewußtseinsunabhängigem beschränkt, während es doch in Wahrheit auch die Erlebnisse selbst produziert hat. Oder, wie Fichte das ausdrückt, es erscheint sich als endlich, während es in Wahrheit unendlich und seinem Wesen nach Selbsterkenntnis ist. Dieser Widerspruch kann seine Lösung nur finden dadurch, daß es sich zur nächsthöheren Stufe erhebt, in der es sich in höherem Maße als frei erkennt, als [dies] auf der vorhergehenden Stufe der Fall war. [Das] geschieht, indem der Gehalt der Anschauung von uns als Bild zusammengefaßt wird. Diese synthetische Funktion, die auch bei Kant in der transzendentalen Deduktion und in seinen übrigen Werken eine große Rolle spielt, wird von Fichte als »Einbildungskraft« bezeichnet, darf aber mit der produktiven Einbildungskraft nicht verwechselt werden. Gemeint ist dabei, daß das Anschauungsmaterial, das uns ursprünglich als bloßes Chaos gegeben war, erst durch eine synthetische Form des Bewußtseins zu Bildern zusammengefaßt und geordnet wird. Diese Stufe, die das Bewußtsein nunmehr erreicht hat, entspricht nach Fichte der dogmatischen Weltansicht, die da behauptet, daß wir zwar das Anschauungsmaterial, das uns von außen geliefert werde, mittels intellektueller Faktoren zu Bildern zusammen[fassen], daß jedoch diese Bilder in Wirklichkeit nur Nachzeichnungen, Nach-Bilder der außer uns existierenden wirklichen Dinge seien. Das Ich hat also hier schon in erhöhtem Maße Kenntnis von seiner Selbsttätigkeit, es handelt sich bereits um eine höhere Stufe des Selbstbewußtseins, die freilich insofern immer noch den Widerspruch einschließt, als die Produkte der Einbildungskraft als Reproduktionen von bewußtseinstranszendenten »Vorbildern« genommen werden. Aus ihr leitet Fichte auch die Kategorien ab, unter denen die Kategorie der Kausalität bei ihm die Hauptrolle spielt, da das Bewußtsein auf dieser Stufe das Anschauungsmaterial als Wirkung der Originale zu seinen Nachbildern erfaßt.

Die Überwindung des Widerspruchs, das heißt die Erhebung zur nächsthöheren Bewußtseinsstufe, geschieht in der analogen Weise wie der bisherige Fortschritt: Indem das Bewußtsein auf die vorhergehende Stufe reflektiert, erkennt es, daß auch dasjenige, was ihm bisher als total Bewußtseinsfremdes erschienen war, nämlich das dingliche Vorbild für seine Nachbilder, die Ursache der Wahrnehmungen, nichts anderes ist als eine von ihm selbst getroffene begriffliche Fixierung, das von ihm selbst gedachte Objekt (Maimon). Damit ist die Stufe des Verstandes erreicht.

Nun schildere ich nicht mehr, wie Fichte vom Verstande zur Urteilskraft und schließlich zur Vernunft zu gelangen sucht. Alle diese Übergänge von einer niedereren zu einer höheren Bewußtseinsform werden dadurch als notwendig erwiesen, daß [auf] der [jeweils] vorhergehenden insofern ein Widerspruch im Ich besteht, als dieses, das doch in Wahrheit die einzig weltschöpfende und gleichzeitig sich selbst erkennende Macht ist, sich insofern als beschränkt vermeint, daß ein außer ihm liegendes Etwas seine Bedingung sei. Erst auf der Stufe der Vernunft erfaßt es, daß alle diese vermeintlich selbständigen Sachen aus seiner eigenen freien Tathandlung hervorgehen; es findet sich vermögend, von allen Objekten zu abstrahieren und sich selbst in seiner überindividuellen Reinheit zu erfassen, als den eigentlichen Grund der Welt.

Indem wir diesen Prozeß, der freilich keineswegs als ein zeitliches, sondern als logisches Auseinanderhervorgehen der Bewußtseinsformen aufzufassen ist, skizziert haben, ist dasjenige bezeichnet worden, was Fichte einen dialektischen Prozeß nennt. Die Methode, die darin bestand zu zeigen, daß jede Bewußtseinsstufe einen Widerspruch enthält und die nächsthöhere immer die Lösung des Widerspruchs darstellt, ist die dialektische Methode. Auf jeder Stufe steht dem Bewußtsein etwas gegenüber, das zwar in Wahrheit

auch dem Ich angehört, aber noch nicht als solches erkannt ist, und
diesem Gegenstand steht gegenüber ein Ich, das sich als ein durch
ihn Begrenztes und keineswegs als seinen Schöpfer weiß. In bezug
auf den Gegenstand ist daher das Ich noch nicht »für sich« geworden. Der Gegenstand ist nur »an sich« subjektiv. Was das Bewußtsein auf dieser Stufe »für sich« ist, ist aber eben deshalb widerspruchsvoll, weil es sich dem Gegenstande als ein Fremdes und
daher Beschränktes gegenüberstellt. Es ist noch nicht alles, während
es in Wahrheit alles ist oder vielmehr alles *macht*.

Thesis: Das Ich ist unendlich und Schöpfer aller gegenständlichen
Welt. Antithesis: Dem Ich tritt hier ein Gegenstand A gegenüber,
der ihm radikal fremd ist: Das Ich ist endlich. Synthesis: Nächsthöhere Stufe des Bewußtseins, die Antithesis, die Negation, wird
selbst negiert dadurch, daß der begrenzende Gegenstand als in gewisser Weise ichgesetzter, vom Bewußtsein selbst produzierter erfaßt wird und so nicht mehr nur »an sich« zum Ich gehört, sondern
auch »für« dieses zu einem solchen geworden ist. In der Terminologie des deutschen Idealismus ausgedrückt, heißt es, daß auf jeder
Stufe die Vernunft in ein »an sich« und »für sich« auseinanderfällt,
bis schließlich die Vernunft in allem sich selbst erkennt, bis alles als
Vernunft »an und für sich« begriffen ist. Damit erst ist vollendete
Selbsterkenntnis erreicht. Was Fichte, teilweise in mangelnder
Klarheit, auf diese Weise in der *Wissenschaftslehre* geleistet hat, genau das gab Hegel in der *Phänomenologie des Geistes*. Auch Fichte
hatte schon die Beschreibung der verschiedenen Bewußtseinsstufen eine »Geschichte des Bewußtseins« genannt, und, wie wir gesehen haben, einzelner dieser Stufen philosophische Doktrinen
zugeordnet. Diese erschienen so gleichzeitig charakterisiert als
Theorien, die noch nicht zur vollen Selbsterkenntnis durchgedrun-
gen waren. In Hegels *Phänomenologie* wird diese Methode in unbeschreiblicher Vollendung geübt. Es erscheinen im Rahmen dieses
Werkes nicht allein fast alle bedeutenden Philosophien als gebunden an notwendige Stufen des Bewußtseins, sondern auch andere
welthistorische Gebilde. Durch diese Einordnung empfangen sie
sowohl eine Begründung ihrer relativen Berechtigung wie eine
Kritik ihres absoluten Anspruchs. Doch wir sind noch nicht bei
Hegel.

Was wir nunmehr in grobem Umriß kennengelernt haben, ist der

Inhalt der *theoretischen* Wissenschaftslehre. Alle diejenigen Vernunftfunktionen, die von dem dumpfen Zustande der Empfindung bis zur höchsten Stufe der Vernunft auseinander hervorgingen und in allem bewußten Leben ewig auseinander hervorgehen, heißen bei Fichte zusammengenommen das theoretische Ich, die »Intelligenz«. Das Wesen des theoretischen Ichs ist die Reflexion, die immer darin besteht, daß von einer höheren Bewußtseinsstufe aus die vorhergehende zum Gegenstand wird und ein Teil desjenigen Ich-Bewußtseins, das auf dieser [Stufe] noch als von einem fremden Gegenstand bestimmt und daher an ihn gebunden erschien, aus dieser Gebundenheit gelöst wird. Das Ich weiß sich auf jeder nächsthöheren Stufe unabhängiger, spontaner, freier von aller Bestimmung durch Gegenstände, da ihm immer mehr vom Gegenstand als durch das Ich selbst hervorgebracht erscheint, bis es auf der höchsten Stufe erkennt, daß es selbst der Schöpfer aller Gegenständlichkeit ist, oder, wie Fichte das ausdrückt, daß es selbst fähig ist, von allen Gegenständen überhaupt zu abstrahieren, ohne doch dabei zu nichts zu werden. Aber für alldies, für das ganze theoretische Ich gibt es eine Bedingung: die Produktion des Empfindungsgehaltes durch die unbewußte Vorstellungstätigkeit, die Funktion der produktiven Einbildungskraft. Erst dadurch, daß uns durch diese wunderbare und bewußtlose Aktivität in unserem Ich Empfindungen gegeben werden, erst an der Empfindung entzündet sich der ununterbrochene Prozeß unserer Erkenntnis bis [hin] zu den höchsten Bewußtseinsstufen. Erst dadurch gibt es Bewußtsein, gibt es ein theoretisches Ich, gibt es eine wahrnehmbare Welt. Die theoretische Wissenschaftslehre beginnt erst nach der Aufstellung jener drei ersten Grundsätze. Voraussetzung für sie ist die Tathandlung, durch die das Ich sich selbst ein Nicht-Ich entgegensetzt, eine Tathandlung, die sich ursprünglich in den Funktionen der produktiven Einbildungskraft, das heißt im Produzieren notwendiger Vorstellungen, das heißt von Empfindungen auswirkt. Diese Beschränkung des Ichs durch das Nicht-Ich ist notwendig, wenn das Ich sich selbst erkennen soll, aber – diese Frage erhebt sich am Ende der theoretischen Wissenschaftslehre – worin liegt die Notwendigkeit dieser Selbsterkenntnis? Dieses Eine ist uns gewiß: Keine Selbsterkenntnis ohne Selbstbeschränkung, ohne Selbstbeschränkung, ohne Setzen eines Nicht-Ich kein theore-

tisches Ich, kein individuelles Bewußtsein. Die Beantwortung der
Frage ist innerhalb der theoretischen Wissenschaftslehre nicht
mehr möglich; denn diese setzt gerade voraus, wonach hier gefragt
ist: Das Gegebensein von Empfindungen, also die Schranke im
Ich, das Nicht-Ich. Ihre Lösung ist das Thema der *praktischen*
Wissenschaftslehre, die sich somit zur theoretischen in einem begründenden und übergreifenden Verhältnis befindet, ganz wie die
Kritik der praktischen Vernunft zu derjenigen der reinen.
Bevor wir in kurzen Zügen den Inhalt der praktischen Philosophie
Fichtes skizzieren, müssen wir einige Begriffe exakt bestimmen, die
wir bis hierher in etwas laxem Sprachgebrauch und ohne nähere Unterscheidung angeführt haben. Ich meine dabei insbesondere die verschiedenen Bedeutungen des Wortes Ich. Abgesehen vom theoretischen Ich habe ich wiederholt gesprochen vom absoluten Ich, vom
reinen Ich, vom überindividuellen Ich, vom empirischen Ich und
vom Ich ohne jeden weiteren Zusatz. Es ist nicht leicht, bei Fichte
diese verschiedenen Begriffe immer deutlich zu sondern. Die Sonde-
rung wird um so schwerer, als mit diesen Begriffen des Ich teilweise
sich deckend verschiedene Bedeutungen des Wortes Bewußtsein
durcheinanderlaufen: empirisches, individuelles, überindividuelles
Bewußtsein, Bewußtsein überhaupt und so fort. Ich bin der Meinung, daß man eine exakte Bestimmung dieser Begriffe bei Fichte
durchaus leisten kann, doch sind dazu eingehende Analysen Fichte-
scher Theorien notwendig, die uns hier viel zu weit führen würden.
Ich gebe daher nur diejenigen Bedeutungen und Unterschiede an, die
[hier] für uns unentbehrlich sind. Wir selbst dürfen die Worte überindividuelles, reines, absolutes Ich ruhig äquivok gebrauchen. Es
handelt sich dabei um das Ich des ersten Grundsatzes, das Ich der
Tathandlung, das sich selbst setzt und der Grund auch für das
Nicht-Ich ist. Dieses Ich heißt rein, überindividuell, auch absolutes
Subjekt, weil es die Voraussetzung für allen Einzelinhalt bildet. Wir
haben uns darunter nichts anderes zu denken als das, was schlechthin jedes erkennende Subjekt in der Reflexion auf sein eigenes Selbst
vorfinden muß, was aber gerade deshalb nicht individuell ist, weil
wir darin absehen von allem, was uns voneinander trennt, von allem
Einzelinhalt der Erfahrung sowohl im psychischen als auch im physischen Sinne.
Man muß diesen Begriff des reinen Ich, des absoluten Subjektes ein-

mal wirklich erfaßt haben, wenn man Fichte und die nachfolgende
Philosophie verstehen will. Auch der Begriff unserer Einzelpersönlichkeit, den wir uns nicht allein durch Unterscheidung unseres
Körpers von anderen Körpern, sondern auch durch Konzeption
unserer eigenen Psyche im Gegensatz zu allen übrigen geistigen Wesen bilden, kann nur dadurch zustandekommen, daß wir ihn auf
Grund einzelner Erfahrungstatsachen bilden. Diese einzelnen Erfahrungstatsachen aber gehen letztlich alle auf das Gegebensein von
Empfindungen zurück. Voraussetzung für diesen Begriff des individuellen Ichs ist also die Funktion der produktiven Einbildungskraft, das Setzen eines Nicht-Ich im überindividuellen, absoluten
Ich.[31] Das Unbedingte, das Ich der Tathandlung, von dem im ersten
Grundsatze die Rede ist, ist also nicht das individuelle, sondern das
reine, absolute Ich.

Das individuelle Ich, das wir hier gleichsetzen dürfen mit dem empirischen Ich und, soweit wir einmal vom Leibe absehen wollen, mit
der individuellen Person, ist natürlich letztlich mit dem überindividuellen Ich insofern identisch, als wir alle jenes reine Ich als unser
eigenstes Wesen erkennen. Oder, wie Fichte sich umgekehrt ausdrücken würde, als jenes absolute Subjekt [, das] sich in allen Individuen – sofern sie bis zur Stufe der Vernunft, zur Philosophie sich
erheben – wiederkennt. Zu unterscheiden ist das individuelle Ich
[insofern] vom absoluten, als die produktive Einbildungskraft nicht
identische, sondern verschiedene Inhalte setzt und dadurch verschiedene empirische Bewußtseine zustande bringt.

Nach diesem terminologischen Exkurs kehren wir zur vorhin gestellten Frage zurück, die uns nunmehr ihrer Bedeutung nach noch
vertrauter geworden ist. Warum spaltet sich das absolute Ich?
Warum setzt es sich Schranken und will sich wiedererkennen in den
zahllosen Einzelsubjekten? Weshalb bleibt es nicht bei sich selbst,
sondern produziert ewig Empfindungsgehalte, die es dann in den
einzelnen Ichen stufenweise durch den gesamten Erkenntnisprozeß
hindurch dadurch wieder zu überwinden strebt, daß es auch das
Nicht-Ich schließlich als von ihm selbst produziert erkennt?

Das theoretische Ich (diesen Ausdruck können wir nun einfach als
den theoretischen Zweig des individuellen Ich, als das individuelle

---

31 [*Fichtes Werke*, Dritter Band, l. c., vgl. S. 587 ff.]

Bewußtsein, das sich jedoch in der höchsten Stufe der Vernunft zum allgemeinen Bewußtsein erhebt, bezeichnen) kann den Grund für die Weltschöpfung nicht enthalten. Es ist selbst bedingt durch den Aktus der Selbstbeschränkung des absoluten Ich, dessen Sinn wir verstehen wollen. Wir müssen daher über es hinausgehen, wenn wir auf unsere Fragen Antwort haben wollen.

Ich habe bereits erklärt, daß diese Antwort durchaus im Kantischen Geist erfolgte. Streben, praktische Vernunft, Wille war bei Kant letztlich unser Wesen und damit der Grund auch für die Konstitution der erfahrbaren Welt. Aber während bei Kant die Lösung dieser Frage durch das Hereinspielen des Begriffs eines Dinges an sich sehr viel dunkler und schwieriger gestaltet war, erfolgt bei Fichte die Lösung viel einfacher und gleichsam selbstverständlich. Auch bei ihm ist ja die theoretische Vernunft oder, sagen wir besser, das theoretische Ich, nachdem, was wir gesehen haben, Streben und damit nur ein Zweig des praktischen Ich. Das praktische Ich ist dem theoretischen bei ihm aber auch insofern übergeordnet, als es gleichsam tiefer ins absolute Ich hineinragt als das theoretische. Theoretisch wird das Ich erst durch den Akt der produktiven Einbildungskraft, der eine Empfindung setzt. Praktisch aber ist es schon insofern, als das absolute Ich sich beschränkt, als es produktive Einbildungskraft ist. Die Antwort auf unsere Fragen aber kann, wenn wir einmal den Begriff des praktischen Ich erfaßt haben, nicht mehr zweifelhaft sein. Wenn das Wesen des Ich nicht theoretisch, sondern eigentlich praktisch ist, dann können wir, sofern wir jenen Akt der Selbstbeschränkung verstehen wollen, nicht nach einem Grund oder einer Ursache fragen, sondern einzig nach dem Zweck dieser Tathandlung. Würden wir eine Ursache erfahren wollen, dann wäre vor der Philosophie notwendig eine »Sache« vorausgesetzt, der Aktus wäre nicht mehr frei, und es ergäbe sich ein unidealistischer Standpunkt. Nur nach dem Zweck dürfen wir fragen, wenn wir erfassen wollen, warum das unendliche, das absolute Ich sich durch das Setzen eines Nicht-Ich verendlicht, und so die Intelligenz, die Vielheit der Gegenstände, die Vielheit der Individuen produziert. Der Zweck aber kann nur darin liegen, daß das theoretische Verhalten, die Intelligenz, die Konstitution der gegenständlichen Welt Mittel ist für das praktische Ich, für das Streben. Das Streben ist nur möglich und kann sich nur entfalten an einem Widerstand. Nur in einer

Welt von Gegenständen, von Naturdingen und Individuen kann das Ich als praktisches, strebendes sich bewähren. Fichtes Antwort auf die Frage, warum das unendliche Ich sich verendlicht, warum es in sich selbst die gegenständliche Welt aufbaut, lautet dahin, daß das Ich einen zu überwindenden Widerstand schafft, ewig einen ewig zu überwindenden Widerstand schafft, um ewig Streben sein zu können.

Damit stehen wir im Zentrum der Fichteschen Lehre, die bisweilen auch aus eben dem Grunde, den wir nun erkennen gelernt haben, ethischer Idealismus heißt. In ewig neuen Tathandlungen werden Empfindungen gesetzt[, womit] dem intellektuellen Prozeß, in dem sich die Welt aufbaut, der Anstoß gegeben [wird], weil nur in einer endlichen Welt unendliches Streben möglich ist. Unendliches Streben: Darunter ist nichts [anderes] zu verstehen als ein fortwährendes Überwinden von Hindernissen. Das kann nur dort stattfinden, wo Hindernisse gesetzt sind. Und deshalb setzt das Ich sich etwas gegenüber, was unserem Streben als Widerstand erscheint, was uns gegenüberzustehen scheint als ein Fremdes, obwohl es von uns selbst (freilich nicht als endliches Wesen) produziert ist: die Welt. Das ist eine ungeheure philosophische Konzeption, damit vollendet sich ein System von einer Konsequenz und Geschlossenheit, wie es vor Fichte nur einmal in der Geschichte der neueren Philosophie aufgetreten war: bei demjenigen Denker, den Fichte als seinen genauen Antipoden betrachtet hat, [bei] Spinoza. Auf dem Grunde des Fichteschen Systems erhebt sich eine eigentümliche und großartige Ethik, eine besondere Einstellung zu den religiösen und vor allem den politischen Problemen.

Wir werden sogleich auf diese Probleme, deren Lösung sich an diesem Punkte anzuschließen hat, eingehen. Vorher jedoch müssen wir noch einiges über die Durcharbeitung der eigentlichen praktischen *Wissenschaftslehre* aussagen, damit Sie ein geschlossenes Bild von diesem Grundwerk Fichtes, das sein eigentliches System ausmacht, erhalten. Wie das theoretische Ich als eine Stufenordnung des Bewußtseins in der theoretischen Wissenschaftslehre konstruiert wird, so stellt die praktische Wissenschaftslehre für das praktische Ich, den Willen, eine Stufenordnung von Trieben auf. Die erstere, die Stufenordnung des theoretischen Ichs, haben wir trotz der beträchtlichen Schwierigkeiten, die ihr Verständnis bietet, und trotzdem die einzelnen Lehrstücke in verschiedenen Werken Fichtes zerstreut sind, skizziert, weil sie das erste Beispiel dialektischer Methode im deutschen Idealismus bietet. Bei der praktischen Reihe wollen wir nicht auf einzelnes eingehen. Von dem Vorstellungstriebe, der überall dem theoretischen Bewußtsein zu Grunde liegt und zunächst einmal abgesehen von jeder eigentlichen Aktivität nur das theoretische Tun, den Aufbau der wahrnehmbaren Welt bedingt, wird fortgeschritten über die Stufe des bloßen Sehnens in dieser Welt zum Produktionstriebe, der zu einer tätigen Einwirkung der Persönlichkeit auf die gegenständliche Welt führt. Zunächst wird diese Betätigung, das willkürliche Gestalten im Reiche der Dinge, lediglich der eigenen individuellen Befriedigung wegen geübt. Es entspricht ihm eine eudämonistische Haltung, ein bloßes Streben nach individueller Glückseligkeit. Diese ist notwendig überall abhängig von der Lage in der Dingwelt, die Befriedigung alles Glückseligkeitsstrebens hängt nur zum allergeringsten Teile vom Subjekt ab, das somit dem Sinn seines Tuns nach abhängig bleibt von einem Fremdartigen außer ihm und noch nicht zur Selbständigkeit gelangt ist. Über weitere und höhere Stufen des Wollens muß dieses endlich zu einer Stufe gelangen, wo es völlig frei wird von Zielsetzungen, deren Erreichung von Gegenständlichem abhängt. Auf dieser Stufe wird es sittlicher Trieb, der nicht mehr strebt, um eines außer ihm liegenden Zieles willen, sondern um seiner selbst willen. Erst auf dieser Stufe ist das praktische Ich zu sich selbst gekommen, wie das theoretische Ich als Vernunft zu sich selbst gekommen war. Erst auf dieser Stufe entspricht der Wille der höchsten Einsicht, die darin besteht, daß alles Gegenständliche nirgends um seiner selbst willen, sondern um der Möglichkeit freier Betätigung willen gesetzt ist; daß also kein Zustand in der natürlichen Welt, und sei er an sich noch so wünschenswert in absolutem Sinn, als letztes Ziel erstrebt werden darf. Vielmehr erstrebt der sittliche Wille jedes Ziel einzig um der auf dieses Ziel gerichteten Tätigkeit willen. Er überwindet den Widerstand einzig deshalb, um sich an einem neuen zu versuchen, und er ist daher schlechterdings durch keine irgendwie geartete Konstellation in der Welt der Dinge zu enttäuschen, weil sie ihm nirgends um ihrer selbst willen ein Ziel gewesen ist. Er ist schlechterdings frei: Die einzige Bedingung dafür, daß er ist, was er ist, nämlich auf das Unendliche gerichtetes

Streben, ist das Dasein eines Widerstandes überhaupt, das Dasein einer Schranke im absoluten Ich – und deshalb ist sie gesetzt, zu keinem anderen Zweck als damit das unendliche Streben sich als ein solches bewähren könne: Deshalb hat es sich verendlicht, deshalb ist die Welt. Die einzelnen Positionen dieses Stufenganges unserer Triebe sind für uns hier irrelevant, an sich selbst aber haben sie das größte Interesse; denn ebenso wie einzelnen Stufen des theoretischen Ich einzelne Philosophien entsprachen, so entsprechen den einzelnen Stufen des Willens ewige praktische Grundeinstellungen verschiedener Menschentypen. Wie es immer und überall im naiven Bewußtsein dogmatische Weltanschauung geben wird, wird es immer und überall eudämonistisch gerichtete Menschen geben. Das heißt Menschen, die prinzipiell über die Stufe des Glückseligkeitstriebes sich nicht zu erheben vermögen und damit in ihrem ganzen Sein gekettet bleiben an die zufälligen Situationen der natürlichen Umwelt.

Die natürliche Welt ist da als Schranke für den Willen, der sie überwinden soll. Warum sind die verschiedenen Individuen? Warum setzt das absolute Ich, indem es sich beschränkt, nicht nur eine einzige Intelligenz, warum baut es sich nicht nur in einem einzigen Bewußtsein die gegenständliche Welt und gibt sie einem einzigen individuellen Willen ewig zu überwinden auf? Auch diese Frage beantwortet die praktische Wissenschaftslehre, und zwar in einer dem bisher Gesagten durchaus adäquaten Weise. Das einzige Individuum in einer natürlichen, von fremden Individuen nicht belebten Umwelt könnte unmöglich seine Bestimmung erfüllen, die darin besteht, jede im absoluten Ich gesetzte Schranke zu überwinden. Erst dadurch kann ich auch praktisch über mich als Einzelwesen hinausgehen, daß ich nicht nur meine eigenen, sondern auch fremde Zwecke um ihrer selbst willen achte. Erst dadurch erhebe ich mich zur vollen Freiheit gegenüber allem Dinglichen, daß ich selbst meiner Willkür um der Freiheit anderer willen Schranken setze. Gerade dies aber läßt sich in einer bloß dinglichen Umwelt nicht mehr erfüllen, und so deduziert Fichte nicht nur die Notwendigkeit einer natürlichen Umwelt aus dem Wesen des praktischen Ich, sondern auch die Notwendigkeit der Existenz einer Mitwelt, die Notwendigkeit fremder Individuen. Wenn Sie einmal diese Deduktion des fremden Ich, diesen Grund für unseren Glauben an fremdes Bewußtsein mit

dem vergleichen, was man heutzutage unter diesem Titel uns anzu-
bieten pflegt, dann können Sie den Niveauunterschied des Philosophierens zwischen beiden Epochen deutlich erkennen. Die theoretische Grundposition ist insofern die gleiche, als auch heutzutage
die Meinung [herrscht], wir seien ursprünglich eingeschlossen in
unser eigenes individuelles Bewußtsein, und die Wahrnehmung der
Körper unserer Mitmenschen unterscheide sich nicht prinzipiell
von der Wahrnehmung anderer Dinge in der Natur, diese wie jene
konstituiere sich vielmehr durch die Faktoren unseres Subjekts. Ob
diese Grundposition überhaupt haltbar ist oder nicht, haben wir
hier nicht zu entscheiden, jedenfalls ist es – wenn man von ihr aus-
geht – ein Problem, wie wir dazu kommen, den einen Teil der Körperwelt nachträglich als beseelt zu denken und den anderen Teil
nicht. Es ist ein Problem, wie man von dem idealistischen Standpunkt, daß alle Gegenstände vom Subjekt konstituiert seien, dazu
komme, diese wesentliche Ausnahme zu machen. Fichte steht hier
seinen Vorgängern Descartes und Spinoza ebenso wie den nachhe-
gelianischen Idealisten gegenüber unvergleichlich hoch. Er hat den
Mut zu betonen, daß die idealistische Philosophie in ihrem theoretischen Teil keinen legitimen Grund aufzubringen vermöchte für die
Annahme eines beseelten Wesens außer mir. Er hat den Mut einzu-
gestehen, daß die idealistische Philosophie, solange sie Erkenntnistheorie bleibt, notwendig Solipsismus sein muß. Heute aber pflegt
man, wie es schon Descartes getan hatte, sich aus der Verlegenheit
durch die Lehre vom Analogieschluß oder gar durch die sogenannte
Einfühlungstheorie zu retten. Alle diese Lehren suchen zu beweisen, daß wir theoretische Gründe dafür hätten, auf Grund unserer
Erfahrungen in der Dingwelt fremde Iche anzunehmen. [Daher]
besagt die Analogieschlußtheorie ihrem Kern nach nichts anderes
als das Folgende: Ein Teil der Dinge unserer Erfahrung macht ähnliche Bewegungen wie wir selbst. Da wir selbst aber bei den entsprechenden Bewegungen [ein] bestimmt geartetes Bewußtsein haben, so sei auch den so bewegten Gegenständen ein entsprechendes
Bewußtsein zuzuschreiben. Dabei merken diese Theoretiker im
allgemeinen nicht einmal, daß – wenn es so stünde – der Wahr-
scheinlichkeitsgrad für die Annahme fremder Iche geringer wäre
als für jedes Naturgesetz, ja, [man] darf nicht einmal sagen: der
Wahrscheinlichkeits*grad*; denn Naturgesetze sind gewiß und nicht

bloß wahrscheinlich, während dieser Schluß selbst nach Aussage jener Theoretiker bloße Wahrscheinlichkeit und nicht Gewißheit begründet.

Nach dieser Abschweifung kehren wir wieder zu unserem Thema zurück. Der Inhalt der Wissenschaftslehre ist Ihnen nun in seinen gröbsten Umrissen bekannt. Die Darstellung war nicht nur grob und daher total unvollständig, sondern auch insofern keineswegs exakt, als Fichte keine von ihm selbst als endgültig bezeichnete Darstellung gegeben hat, sondern sein ganzes Leben lang bemüht war, die Grundgedanken der Wissenschaftslehre in immer neuen Darstellungen und Entwürfen umzuarbeiten und zu verbessern. Wir versuchen nunmehr, in wenigen Zügen die konkreteren ethischen und politischen Lehren zu zeichnen, die Fichte auf dem Fundament der Wissenschaftslehre begründet hat. Daher ist wohl zu beachten, daß ich unter »Wissenschaftslehre« zunächst einzig diejenigen Darstellungen verstehe, die Fichte in seiner ersten Periode, also bis kurz nach seinem Abgang aus Jena, von seinem System gegeben hat. Ebenso interessieren uns zunächst nur seine ethischen und politischen Anschauungen aus der Zeit vor dem großen Umschwung. Die späteren Anschauungen werden wir hier nur sehr oberflächlich zu berühren haben, da sie für die Geschichte des Idealismus von geringerer Bedeutung sind.

Das absolute Ich ist für das endliche Ich unendliche Aufgabe, Idee. Sowohl im theoretischen wie im eigentlich praktischen Leben finden wir als empirische Welt überall Schranken vor, die wir überwinden sollen. Der Sinn dieser Schranken ist es, überwunden zu werden, sonst sind sie nichts. Die Welt ist das Material unserer Pflichterfüllung. Fichte drückt sich schließlich sogar so aus, daß er sagt, das An-sich der Welt, also das, was ihr in Wahrheit zugrunde liege, sei unsere Pflicht. Er hat zeitlebens die größte Abneigung davor gehabt, der Natur irgendeinen eigenen Sinn zu geben. Gerade das, was Fichtes großer Nachfolger Schelling, wie wir noch sehen werden, als seine eigentümlichste Leistung angesehen hat: die Naturphilosophie, war ein Gebiet, dem Fichtes ganzes Wesen und, wie ich glaube, auch seine ganze Bildung völlig zuwiderliefen. Die Natur hat keinen anderen Sinn, kann keinen anderen haben und soll keinen anderen haben, als den, die sittliche Tätigkeit immer aufs neue zu entzünden. Tätigkeit um der Tätigkeit willen, Streben, das nirgendwo auf seine Befriedigung als letzten Endzweck, sondern immer nur auf sich selbst, auf weiteres Streben sich richtet, das ist Fichtes Grundkonzeption des ethischen Verhaltens. Also ist für ihn das Unmoralische, die Sünde schlechthin: die Trägheit. Nur nirgends verweilen und ausruhen, soweit es nicht um einer neuen Aufgabe willen notwendig ist. Nur nicht in der Befriedigung über ein Vollbrachtes verharren; denn wir haben keinen Grund über ein Vollbrachtes um seinetwillen stolz zu sein. Fichte hat einmal in einer Einleitung zur *Wissenschaftslehre* den Satz ausgesprochen, was für eine Philosophie man wähle, hänge davon ab, was für ein Mensch man sei. In der Ethik wird am deutlichsten offenbar, wie sehr Fichtes Philosophie ihm selbst adäquat ist. Und nicht nur ihm selbst, sondern jenem Typus Mensch überhaupt, der in Deutschland in den reformatorischen Schriften einen prägnanten Ausdruck gefunden hatte und über den Pietismus bis in die Ideologie der modernen deutschen Großindustrie hinein sein Leben führt.

Auf die Frage, woher denn die sittliche Tätigkeit die Richtung gewinne, inwiefern denn die sittlichen Zielstrebungen sich von anderen unterscheiden, auch abgesehen davon, daß sie nur die Basis für neue Zielsetzungen abgeben sollen, scheint zunächst eine Antwort nicht möglich zu sein. Bei etwas tieferem Eindringen in die Fichteschen Gedankengänge ergibt sich jedoch sehr rasch die Lösung. In der *Grundlage des Naturrechts* von 1796 unternimmt Fichte den Versuch, nicht nur – wie uns bereits bekannt ist – die Existenz einer natürlichen Umwelt, sondern auch die Existenz einer Mitwelt, das heißt die Existenz fremder Individuen als zur Erfüllung unserer sittlichen Bestimmung notwendig zu deduzieren. Der Grundgedanke dieser Deduktion ist der, daß ich erst dann zur vollen Freiheit der Vernunft gelange und auch die Schranke meines Individuums noch überwinde, wenn ich meiner individuellen Willkür selbst aus Freiheit Schranken setze. Dies aber ist nur dadurch möglich, daß ich aus Achtung vor der Tätigkeit anderer meiner individuellen Wirkungssphäre Grenzen setze. Die Deduktion ist sehr schwierig und auch nicht in allen Darstellungen, die Fichte ihr gegeben hat, übereinstimmend. Jedenfalls entspringt aus ihr, also aus dem Gedanken der Notwendigkeit, mit der sich das absolute Ich in die Einzel-Iche spaltet, der Gedanke eines allgemeinen Planes, nach dem im Zusammenwirken der Individuen jedem eine eigene Bestimmung zufällt. Das Allgemeinste an dieser Bestimmung läßt sich freilich ohne weiteres dahin aussprechen, daß jedes Einzel-Ich streben solle, absolutes Ich zu werden, dadurch daß es jede Schranke, die es ja zum Einzel-Ich erst macht, zu überwinden strebt. Diese allgemeine Bestimmung aber läßt sich nach dem Vorhergehenden nunmehr dahin bestimmen, daß jedes endliche Ich, da es ja nicht um seiner selbst willen, sondern um des unendlichen Strebens willen handelt, auch die sittliche Tätigkeit der anderen endlichen Iche ebenso will und fördert wie seine eigene.

Daraus ergibt sich schon eine ganze Reihe konkreter Forderungen; so das Postulat, die Freiheit anderer ebenso zu schützen wie die eigene, weiter [das Postulat,] den eigenen Leib und nicht nur den eigenen, sondern auch den fremden Leib ebenso wie das eigene und fremde Eigentum, insofern sie Bedingungen, Organe der Pflichterfüllung sind, zu verteidigen. Im einzelnen aber ist das Medium, durch das wir jeweils die spezielle, unserer Bestimmung entsprechende Handlung erkennen, das Gewissen. Das Gewissen erstreckt sich nach Fichte selbst auf die scheinbar unbedeutendsten Handlungen. Da auch die einzelnen Empfindungen nicht, wie bei Kant, durch ein Ding an sich, sondern aus praktischen, wenn auch unbewußten Gründen vom absoluten Ich gesetzt sind, so gibt es in allen, auch den untersten Lebenssphären ein unserer Bestimmung entsprechendes und ein fehlerhaftes, das heißt unsittliches Handeln. Nichts ist gleichgültig, alles ist entweder sittlich wertvoll oder Verbrechen, eine ungeheure Wachsamkeit muß unser ganzes Leben durchziehen.

Das Problem, wie rein äußerlich die Wirkungssphären der einzelnen Individuen gegeneinander abzugrenzen sind, löst der Staat. Nur in bezug auf diese rein äußerliche Regelung hat der Staat in dieser ersten Periode Fichtes sittliche Relevanz. Hier ist Fichte ebenso wie Kant reiner Aufklärer. Der Staat gründet, wie Rousseau es gelehrt hat, sein Recht auf ursprünglichen Vertrag, den die Individuen eingehen, um durch Verzicht auf einen Teil ihrer Freiheitssphäre den übrigen Teil sicherzustellen. Einen Selbstzweck, eine Eigenberechtigung hat der Staat auf keinen Fall; er ist für das Individuum da, das heißt für die Möglichkeit der Freiheit des Individuums, und nicht das Individuum für ihn. Während in den späteren

Phasen des deutschen Idealismus dem Staat eigener Wert zugesprochen wird, während er bei Hegel einen höheren Grad von Wirklichkeit darstellt als das Individuum selbst, das im Staate geradezu aufzugehen hat, ist bei Fichte von alldem keine Rede. In der *Grundlage des Naturrechts* heißt es: »Was der Einzelne nicht zum Staatszweck beigetragen, in Absicht dessen ist er völlig frei; ist in dieser Rücksicht nicht in das Ganze des Staatskörpers verwebt, sondern bleibt Individuum; freie nur von sich selbst abhängige Person, und diese Freiheit eben ist es, die ihm durch die Staatsgewalt gesichert wird, und um deren willen allein er den Vertrag einging.«[32] Das ist durchaus im Geiste der Aufklärung gesprochen. Der Staat erscheint hier lediglich als eine Rechtsinstitution und seine Funktionen erschöpfen sich darin, daß die private Freiheitssphäre eines jeden Staatsbürgers durch keinen anderen Staatsbürger und durch nichts außerhalb dem Staate Befindliches verletzt werde. Es sind wesentlich überwachende, polizeimäßige Aufgaben, die dem Staate zufallen sollen. Auch in bezug auf die Volkssouveränität und die Verfassung des Staates äußert Fichte Gedanken, die der Aufklärung und insbesondere Rousseau nahe verwandt sind.

Doch ist Fichte ein zu konsequenter Denker gewesen, um sich bei einer solchen Auffassung vom Wesen des Staates zu beruhigen. Fichte hat sehr bald erkannt, daß alle politischen Institutionen, daß die schönsten Verfassungen und die besten Staatsformen die Freiheit des einzelnen aus sich heraus zwar auf dem Papier garantieren können, daß aber diese Freiheit ein bloß abstraktes, inhaltsleeres Wort ist, solange nicht gewisse andere, keineswegs in der politischen Sphäre liegenden Bedingungen erfüllt sind, um diese Freiheit zu realisieren. Wenn dem Individuum in der Verfassung seine Freiheit garantiert ist, wenn es als Staatsbürger das Recht besitzt, frei sich zu betätigen und von seiner Tätigkeit zu leben, so ist mit dieser Freiheit und mit diesem Rechte zwar eine Möglichkeit, aber noch keine Wirklichkeit gesetzt. Alle liberalen Verfassungen vertragen sich mit einer höchst unliberalen Wirklichkeit; denn sie haben als solche keinen Einfluß auf diejenigen gesellschaftlichen Mächte, durch die in Wirklichkeit das konkrete Leben der Staatsbürger beherrscht wird. Diese Mächte sind ganz vornehmlich wirtschaftlicher Natur. Wenn

---

32 [*Fichtes Werke*, Zweiter Band, l. c., S. 210.]

ein Mitglied des Staates sich aus wirtschaftlichen Gründen in reale Abhängigkeit von einem anderen Mitglied desselben Staates begeben muß und gezwungen ist, die geistloseste und demütigendste Arbeit zu verrichten, dann nützen ihm alle in den Verfassungen garantierten Freiheiten wenig; denn sie laufen auf die Freiheit hinaus, entweder zu verhungern oder jenes wirtschaftliche Abhängigkeitsverhältnis einzugehen. Wenn es der Sinn des Staates sein soll, jedem seiner Bürger die Möglichkeit zu freier Tätigkeit zu gewähren, dann darf es bei einer bloß politisch-rechtlichen Garantie nicht sein Bewenden haben. Eine solche Garantie setzt immer einen bereits durch andere Mächte gegebenen Zustand, insbesondere des Eigentums, voraus. Und dieser Zustand, dessen Aufrechterhaltung dann durch das Gesetz geschützt ist, kann unter Umständen der Verwirklichung realer Freiheit völlig entgegengesetzt sein. Daher schlägt für Fichte die Lehre von den bloß polizeilichen Funktionen des Staates sehr rasch in die Forderung weitgehendster Regelung der wirtschaftlichen Verhältnisse durch den Staat um. Fichte hat gelehrt, daß bloßes Recht ohnmächtig ist, wenn die Gesellschaft, die dieses Recht zu dem ihrigen macht, nicht auch gleichzeitig die Regelung derjenigen Verhältnisse in die Hand nimmt, auf die das Recht angewandt werden soll. Wenn es, wie Fichte meint, bei der freien Tätigkeit und bei dem Schutze der Sphäre dieser Freiheit vornehmlich auf den Schutz des einem jeden gegebenen Eigentums ankommt, dann darf die ursprüngliche Verteilung des Eigentums ebenso wenig hingenommen werden, wie irgendeine nachträgliche, dem Rechte zuwiderlaufende Veränderung. Die Verteilung des Eigentums wird also zur Aufgabe des Staates, und damit wird der Staat nicht mehr bloß ein rechtliches, sondern gleichzeitig ein wirtschaftliches Institut, die Trennung von Recht und Wirtschaft wird aufgehoben. Ich lese Ihnen eine entscheidende Stelle aus dem *Geschlossenen Handelsstaat* [vor]:

»Setze man eine bestimmte Summe möglicher Tätigkeit in einer gewissen Wirkungssphäre, als die Eine Größe. Die aus dieser Tätigkeit erfolgende Annehmlichkeit des Lebens ist der Wert dieser Größe. Setze man eine bestimmte Anzahl Individuen, als die zweite Größe. Teilet den Wert der ersteren Größe zu gleichen Teilen unter die Individuen; und ihr findet, was *unter den gegebenen Umständen* jeder bekommen solle. Wäre die erste Summe größer, oder die

zweite kleiner, so bekäme freilich jeder einen größern Teil: aber hierin könnt ihr nichts ändern; eure Sache ist lediglich, daß das *Vorhandene* unter Alle gleich verteilt werde.«[33]
Der Staat soll garantieren, daß jeder Staatsbürger von seiner eigenen Arbeit menschenwürdig leben kann. Das ist unmöglich, wenn der Staat nicht die Regelung der Produktion und insbesondere den Handel mit dem Ausland selbst in die Hand nimmt, so daß er jeweils in der Lage ist, diejenige Struktur der Wirtschaft aufrechtzuerhalten, die zur Erreichung des genannten Zieles überall notwendig ist. So gelangt Fichte zur Konzeption des sogenannten geschlossenen Handelsstaates, den er als Utopie des Vernunftstaates der Zukunft allen Völkern als Ideal vorgestellt hat.
Ich sage »allen Völkern« und stehe hiermit am Schlusse der ersten, aufklärerischen Periode Fichtes und des deutschen Idealismus überhaupt; denn diese *Idee*, daß für alle Völker ebenso wie für alle Individuen nicht allein die gleiche Aufgabe, sondern auch die gleiche Eignung für diese Aufgabe gesetzt sei, weil sie ihrem Wesen nach voneinander gar nicht verschieden seien, diese Ansicht, daß alles, was Menschenantlitz trägt, in gleichem Maße zur Realisierung der höchsten Ideale berufen sei, ist der Grundzug der Aufklärung. Alle Verschiedenheiten zwischen Individuen, Völkern und Rassen erscheinen der Aufklärung als bloß akzidentell; denn das wahre Wesen des Menschen ist die in allen gleiche Vernunft, und wenn nur alle sich gehörig auf dieses, ihr eigenes Wesen besinnen und ihm entsprechend handeln, dann erfüllen sie auch ihre Bestimmung. Es läßt sich so, freilich in sehr grober Weise, als eine Grundansicht der Aufklärung der Satz aussprechen: Jeder soll nach seiner Façon selig werden. Soweit es sich um die entscheidenden Dinge handelt, wird diese Seligkeit hier auf Erden für alle nach dem gleichen Rezepte möglich sein. Gerade dort, wo die Hauptlinie des deutschen Idealismus mit dieser Auffassung bricht, wo sie insbesondere die historischen Varietäten der Menschheit, der Völker, nicht mehr [für] bloß belanglos differente Ausgaben desselben Originals hält, sondern in der Eigenart der historisch gewordenen Entitäten ursprünglich ver-

33 [*Fichtes Werke*, Dritter Band, l. c., S. 432f. – Die angeführte Stelle aus dem *Geschlossenen Handelsstaat* fehlt im Ts. Daß sie einzufügen ist, geht aus dem Kontext mit hoher Wahrscheinlichkeit hervor.]

schiedene Ausprägungen des Menschlichen zu erfassen meint – dort ist die Herrschaft der Aufklärung im deutschen Idealismus zu Ende und andere Traditionen beginnen sich zu entfalten. Wir sprechen zunächst vom Umschwung bei Fichte selbst.

Er vollzieht sich durch den Begriff der Nation. Alle Aufklärung in Deutschland hatte ihren Blick nach dem Westen gewandt. Die Französische Revolution, so haben wir bereits in den ersten Stunden ausgeführt, war die Probe aufs Exempel der aufklärerischen Philosophie. Hier sollte nach einem rationalen Plan, der nicht allein für Frankreich, sondern für alle Völker gelten sollte, die Wirklichkeit umgestaltet werden. Fichte selbst hatte in den neunziger Jahren begeisterte Schriften zur Verteidigung der Französischen Revolution verfaßt und veröffentlicht. Um die Mitte des ersten Jahrzehnts des neunzehnten Jahrhunderts hatte sich das Blatt gewandt. Frankreich bot nicht mehr das Bild einer sich von unvernünftiger Tyrannis befreienden Nation, sondern dieses selbe Volk stand in Waffen unter dem Befehl eines diktatorischen Eroberers selbst gegen Preußen, dessen freiheitliche Geister ihm eben noch zugejubelt hatten. Dieses Eine stand nun für Fichte fest: Mochten die Ideen der Revolution an sich selbst gut oder schlecht sein, ein Volk, das seine Erhebung schließlich damit beendigte, daß es sich unter den autokratischen Willen eines Usurpators beugte und andere Völker wider ihren Willen zu bestimmen unternahm, besaß nicht die Kraft, das Vernunftreich herbeizuführen.

Man hat Fichte später vorzuwerfen versucht, daß Napoleon gegenüber dem politischen Zustande Preußens wichtige Verbesserungen den überwundenen Völkern gebracht hätte. Aber gerade gegen Fichte ist dies kein Einwand; denn dieser hatte viel früher schon und in einem ganz anderen Zusammenhang den Satz ausgesprochen, daß man keinen Menschen zwingen dürfe, sei es zu seinem Unglück oder sei es auch zu seinem Glück, da eben die Freiheit selbst dadurch vernichtet werde. Fichte selbst hat immer alle Reformen niedrig eingeschätzt, soweit sie nicht Produkt des freien Willens der von ihnen Betroffenen waren. Die Französische Revolution war ihm geradezu ein Beweis dafür, daß Reformen an sich selbst nichts nützten, wenn die Gesinnung der Nation nicht auf der ihnen entsprechenden Höhe stand. Alle äußeren Veranstaltungen sind für sich allein machtlos und vermögen nicht die entsprechende sittliche

Höhe der Menschen herbeizuführen. Vielmehr haben alle Institutionen nur insoweit Wert, als sie Ausdruck der sittlichen Höhe derjenigen Menschen sind, die sie schaffen. Es gibt also keinen andern Weg als die Umwälzung der Gesinnung selbst, als den Appell an die Vernunft zur Besinnung auf ihr eigenes Wesen, wie die Wissenschaftslehre ihn enthält. Es gibt, mit anderen Worten, keinen Weg zum politischen Aufstieg als die Erziehung zur Sittlichkeit.

Die berühmten *Reden an die deutsche Nation*, die Fichte unter persönlicher Gefahr in dem von den Franzosen besetzten Berlin hielt, haben insofern den Gedanken der Nation zu ihrer Grundlage, als nunmehr Fichte davon überzeugt ist, daß nicht jedes beliebige Volk das große Werk einer sittlichen Erneuerung der Welt ins Werk zu setzen vermöchte, sondern daß die historisch gegebenen Unterschiede der Völker das eine mehr als das andere zu dieser höchsten Aufgabe prädestinierten, ja daß so, wie die Situation in der Gegenwart einmal gelagert war, keine andere Nation als die deutsche dieses Werk zu vollbringen vermöchte. Auf die Begründung, die Fichte in den *Reden* selbst für diese Überzeugung gibt und die er wesentlich in der Tatsache sieht, daß das deutsche Volk als einziges sich seine Ursprache bewahrt habe, brauchen wir nicht einzugehen. Jedenfalls hat die grenzenlose Enttäuschung Fichtes über den Ausgang der Französischen Revolution und das große Vertrauen, das er in die allenthalben sich regenden geistigen deutschen Kräfte setzte, die *Reden* überall inspiriert. Fichte war tief davon überzeugt, daß wenn die deutsche Erhebung, durch die der fremde Eroberer bezwungen werden sollte, verrausche, ohne daß in einem geeinten Deutschland die *Erziehung** zu allseitiger Entwicklung der sittlichen Kräfte im Menschen als eine nationale Angelegenheit und als vornehmste Aufgabe in die Hand genommen werde, daß dann – sage ich – eine Rettung der Menschheit aus geistiger und materieller Versklavung für absehbare Zeit, wenn nicht für immer, verloren sei. Denn dies ist Fichtes Grundgedanke, und deshalb konnten die *Reden an die deutsche Nation* die ungeheure Begeisterung wecken, die sie tatsächlich bei den Gebildeten damals hervorriefen [, insbeson-

[* Handschriftlicher Vermerk von M.H.: »Fichte, *Einige Vorlesungen über die Bestimmung des Gelehrten*, Jena / Leipzig 1794.«]

dere der Gedanke], daß die deutsche Nation zur Führerin der Völker berufen sei, nicht weil sie die deutsche, sondern weil sie die beste war, ja, eigentlich nicht einmal weil sie die beste *war*, sondern weil sie die Möglichkeit in sich barg, die beste zu *werden*. Wenn sie diese Möglichkeit in sich verkommen ließ, dann war auch sie für Fichte nicht mehr wert als jede andere. Es ist in diesem Zusammenhang wesentlich, was Fichte denn tatsächlich unter »deutsch« im Gegensatz insbesondere zu allem Romanischen verstanden hat. Im Unterschied zu seinen Nachfolgern, von denen wir in Bälde zu reden haben werden, [denkt er keineswegs] einfach [an] das historisch Gewordene. Vor ihm als solchem hatte Fichte nicht die leiseste Achtung. Es ist wichtig, daß wir dies festhalten; denn ich wüßte kein charakteristischeres Merkmal für die nach Fichte einsetzende zweite Periode des deutschen Idealismus zu [nennen], das sie gegenüber der Aufklärung abhob, als die positive Stellung zu allem historisch Gewachsenen, eben *weil* es historisch gewachsen war. Daß [eine solche Stellung] bei Fichte auch in seiner späteren Periode nicht [vorliegt], ergibt sich klar aus den *Reden* selbst.[34] Abgesehen davon, daß nach dieser Bestimmung die Trennung zwischen deutsch und undeutsch keineswegs mit den Landesgrenzen zusammenfällt, glaube ich, daß Fichte hier tatsächlich etwas ganz Entscheidendes getroffen hat.*

Während also in bezug auf Politik und Staatsphilosophie Fichte in seinen späteren Jahren nur einen scheinbaren Bruch in seinen Anschauungen vollzog, hat er in seiner späteren theoretischen Philosophie tatsächlich einen Wandel vollzogen, von dem es zweifelhaft ist, ob er mehr die Terminologie oder entscheidende Anschauungen betrifft. Mit der Abwendung von der Französischen Revolution und dem Besinnen auf die konkreten Entwicklungsmöglichkeiten in Deutschland war bereits um die Jahrhundertwende diesseits der Grenzen ein ungeheurer Widerwille gegen alles, was Aufklärung hieß, groß geworden. Die Erfahrung, daß es mit dem Verbessern der Wirklichkeit aus reiner Vernunft eine eigentümliche

---

[* Vermerk von M. H.: »Hinweis auf Rivière«. – Gemeint ist das Buch von Jacques Rivière, *L'Allemand. Souvenirs et réflexions d'un prisonnier de guerre*, Paris 1919, dessen zweiter Teil (S. 151 ff.) die »originalité allemande« erörtert.]
34 [M. H. verweist hier im Ts. auf *Fichtes Werke*, Fünfter Band, l. c., S. 485 f.]

Sache sei, die Einsicht in die Überspanntheit oder zumindest das Unzeitgemäße der französischen Utopien hatte jenen geistigen Strömungen die Bahn geebnet, die schon seit der Gegnerschaft Herders gegen Kant der rationalistischen Aufklärung und damit auch der Transzendentalphilosophie feind gewesen waren. Der Grundzug all dieser Strömungen war christlich-religiös, irrational, antirevolutionär, wie alles, was prinzipiell der Aufklärung entgegengesetzt ist, immer und überall irrational und antirevolutionär sein muß. Wir werden sogleich, wenn wir unsere Erörterung der Fichteschen Philosophie vollends beschlossen haben, von diesen Strömungen, die bereits zu seinen Lebzeiten und unter seinen eigenen Schülern Macht gewonnen hatten, zu reden haben. Was wir über Fichte selbst noch wissen müssen, ist die Tatsache, daß für seine zweite Periode neben dem Begriff der Nation eine der traditionellen Religion weitgehend entgegenkommende Ausdrucksweise charakteristisch ist.

Für die Geschichte des deutschen Idealismus ist diese letztere Wandlung aus zwei Gründen nicht sachlich bedeutsam. Erstens hat Fichte diese Wendung zum Religiösen zweifellos (zum Teil von eigenen Schülern) rezipiert, so daß die originäre Inhaltlichkeit erst bei Erörterung der nachfolgenden Systeme aufzunehmen ist. Zweitens ist rein sachlich in den späteren Schriften Fichtes in Beziehung auf den in Rede stehenden Punkt nichts wesentlich anderes zu konstatieren als eben eine Umbildung von Grundbegriffen der Wissenschaftslehre nach religiösen Kategorien hin und der damit Hand in Hand gehende Versuch, den Sinn der christlichen Religion der Fichteschen Philosophie gemäß zu interpretieren. So werden die Tathandlungen des absoluten Ich, das Setzen des Ich und des Nicht-Ich im Ich, durch die für das individuelle Ich die Welt zustande kommt, als »Sein Gottes« bezeichnet. Die eigentliche Selbsterkenntnis, zu der uns die Philosophie emporführt, das Wissen unserer Einheit mit dem absoluten Ich, erscheint als wahres Leben und schließlich als seliges Leben. Natürlich hat man Fichte des flagranten Widerspruchs mit den Prinzipien der Wissenschaftslehre bezichtigt. Wie kann das absolute Ich als ein »Sein Gottes« gefaßt werden, da doch gerade die Unmöglichkeit, der Widerspruch gegen die Voraussetzung irgendeines Seienden den Anstoß zur Wissenschaftslehre gegeben hatte? Diese Konsequenzlosigkeit darf man freilich einem

Denker von der Natur Fichtes nicht vorwerfen. Das Sein Gottes ist auch in den spätesten Schriften als Inbegriff von Tätigkeiten zu verstehen, wenn auch vielleicht weniger als früher in einer dem menschlichen Willen ähnlichen Weise. Es scheint sich hier vielmehr um ein ruhiges, nichts außerhalb seiner bedürfendes Walten zu handeln. – Wie dem auch sei; wir dürfen hierbei nicht länger verweilen. Wir haben überzugehen zur Philosophie von Fichtes großem Nachfolger im Entwicklungszuge der deutschen idealistischen Philosophie: Schelling!

## [Schelling: Naturphilosophie]

Man pflegt Schelling (1775–1854) als den Philosophen der Romantik zu bezeichnen, und dieser Ausdruck »Romantik« muß uns hier einen Augenblick lang beschäftigen. Er gehört dem Bestande derjenigen Begriffe zu, in deren Schicksal sich die intellektuelle Situation der Gegenwart besonders prägnant ausdrückt. Sie alle sind auf irgendeinem Wissensgebiete von der Fachwissenschaft entweder aus dem konkreten Leben rezipiert oder selbst erst geprägt worden. Jedenfalls haben sie in der wissenschaftlichen Arbeit eine spezielle Funktion gewonnen, die nur derjenige wirklich ganz zu erfassen vermag, dem die Probleme, aus denen diese Funktion entsprang, selbst vertraut sind. Aber ebenderselbe weiß auch, daß in der betreffenden Wissenschaft die Funktion und damit die exakte Bedeutung des Wortes keineswegs unbestritten feststeht und allgemein anerkannt ist. Überall handelt es sich vielmehr gerade um Begriffe, die sich auf Problemkreise beziehen, in denen die krisenhafte, allgemeinwissenschaftliche Situation gerade in der bestimmten Einzelwissenschaft akut wird. Es sind immer solche Begriffsbildungen, die charakteristisch sind, für die ersten Versuche neuer Forschungsrichtungen; und mögen die betreffenden Worte selbst auch noch so alt, ja mögen sie auch in der betreffenden Einzelwissenschaft selbst schon seit urdenklichen Zeiten heimisch sein, so stehen sie eben gerade jetzt in einem eigentümlichen Bezug zu solchen Bestrebungen innerhalb der Einzelwissenschaft, die auf eine Umwälzung, auf eine Reformierung, auf einen Bruch mit dem Alten hintendieren. Aus Gründen, die

nur durch eine soziologische Analyse klarzulegen wären, werden
diese Begriffe dann von der außerwissenschaftlichen Öffentlichkeit
herübergenommen und erhalten in einer Sphäre, in der von der
Kenntnis des empirischen Materials, an dem die Begriffe erwachsen
sind, nichts mehr zu spüren ist, eine viel allgemeinere, vagere, aber
eben deshalb umfassendere und scheinbar gewichtigere Bedeutung.
Sie werden dann in einem meist höchst armen und verwaschenen
Sinn auf alles und jedes angewandt, das mit ihrem Ursprungsort
kaum mehr etwas zu tun hat, und wirken so wieder auf die Forschung selbst zurück, die dann nicht allzuselten glaubt, daß sie
ihrem Kind, das in der großen Welt eine so bedeutende Karriere
gemacht, nun auch eine würdige Position zu geben habe. Dann erleben wir, daß gerade solche Begriffsbildungen, die ursprünglich
charakteristisch für eine kleine und meist ziemlich isolierte For-
schergruppe gewesen sind, nun in der gesamten Produktion des betreffenden Wissenszweiges eine Hauptrolle spielen, freilich in der
Mehrzahl der Fälle in einem viel weniger lebendigen und eigentümlichen Sinn als vor dem Eintritt in die Welt.

Wenn ich beim Begriff der Romantik an diesen Tatbestand erinnert
habe, so geschah dies nicht deshalb, weil ich glaube, daß sein ursprüngliches Auftreten in der Literarhistorie schon mit dieser aktuellen wissenschaftlichen Krisis zusammenhinge, vielmehr ist es hier
die Art, wie ein bereits mit älteren Problemen behafteter Begriff von
bestimmten modernen Richtungen gefaßt wurde, die seine Aktualität ebenso wie seine Ausglättung und Formalisierung zur Folge
hatte.[35] Hier wollen wir unter Romantik nichts anderes verstehen
als was Dilthey unter diesem Titel zuließ, nämlich eine bestimmte
Weltansicht, »welche in der auf Goethe, Kant und Fichte folgenden
Generation«[36] hervortrat. Diese Weltansicht ist nicht sowohl von
Philosophen als von Dichtern, Künstlern, Einzelwissenschaftlern
getragen worden, und sie wird somit zu einem Kapitel der deutschen Geistesgeschichte und nicht speziell zu einem Kapitel der

---

35  Über die wirkliche Entstehung des Begriffs siehe Franz Schultz, ›»Romantik«
und »romantisch« als literarhistorische Terminologien und Begriffsbildungen‹, in:
*Deutsche Vierteljahresschrift für Literaturwissenschaft und Geistesgeschichte*, 2. Jg.,
Heft III, Halle 1924, S. 349 ff.
36  [Wilhelm Dilthey, *Das Erlebnis und die Dichtung*, Leipzig und Berlin 1922,
S. 299.]

engeren Geschichte der Philosophie. Die Romantik in diesem Sinne
etwa als Teil der Geschichte des deutschen Idealismus behandeln zu
wollen, wäre schon deshalb völlig verfehlt, weil nicht nur die Wurzeln jener Weltansicht keineswegs vornehmlich in der deutschen
idealistischen Philosophie zu suchen sind, sondern weil sie auch in
wesentlichen Punkten die Grundeigentümlichkeiten dieser Philosophie gar nicht an sich trägt.

Es ist daher seit jeher eine Streitfrage gewesen, inwieweit Schelling
in der speziellen Geschichte des deutschen Idealismus überhaupt zu
behandeln sei. Sie werden dies sofort verstehen, wenn ich Ihnen den
Kernpunkt dieses Streites in einem Satze bezeichne. Zugleich wird
Ihnen hierdurch das Wesen der Schellingschen Philosophie im Gegensatz zu all den Philosophen, die wir bisher behandelt haben, aufgehen. Die eigentlichen Philosophen des deutschen Idealismus legen alle das Wesen der Welt in das erkennende Subjekt, in das Ich, in
das Bewußtsein. Schelling dagegen kommt im Laufe seiner Entwicklung, insbesondere in seinen späteren Perioden, dazu, das
wahrhaft Seiende nicht in der Subjektivität, sondern in einer Wesenheit zu sehen, die gegenüber dem Gegensatz Subjekt–Objekt sich
neutral verhält und jedenfalls nicht als Subjekt, nicht als erkennendes Ich bezeichnet werden darf. Damit wird Ihnen deutlich geworden sein, worum es in dem Streite geht und inwiefern Schelling eine
Sonderstellung in der Geschichte des deutschen Idealismus einnimmt.

Wir werden hier von Schelling nur diejenigen Perioden seiner Philosophie in nähere Betrachtung ziehen, in denen er noch als Idealist
erscheinen kann, und dies sind insbesondere die früheren Abschnitte, hauptsächlich diejenigen der Naturphilosophie. Über den
ferneren Verlauf seiner Anschauungen wollen wir dann nur einen
ganz kurzen Überblick geben.

Wir bleiben unserer Gewohnheit treu und geben nur spärliche Angaben über Persönliches. Das Leben Schellings können Sie aus jedem guten Lehrbuch der Literar- oder Philosophiehistorie entnehmen. Gegenüber Fichte erscheint Schelling von vornherein als der
Reichere, Künstlerischere, Genialere, umfassender Gebildete.
Fichte ist der rücksichtslos konsequente, der scharfsinnige Denker,
der sein ganzes Leben lang im wesentlichen an *einer* Grundidee festhält und sich nicht allein bemüht, sie ganz zu Ende zu denken, son-

dern auch wagt, die aus ihr fließenden Konsequenzen mit allen Kräften in die Tat umzusetzen. Fichte ist der Verkünder des Evangeliums vom reinen, absoluten Ich, von der unendlichen Tätigkeit, die deshalb und nur deshalb sittlich ist, weil sie um keines einzelnen Zieles willen da ist, weil sie nirgends ausruht, weil sie nirgends sich bescheidet und verweilt. Fichte hat selbst als den größten Gegensatz zu seinem eigenen System die Philosophie Spinozas bezeichnet, weil in ihr das Absolute nicht als Tätigkeit des rastlosen Ich, sondern als die in sich ruhende, alles umfassende göttliche Allmacht gefaßt ist und in der die höchste Seligkeit im Schauen, in der Einsicht in das göttliche Gefüge der Welt liegt, das alle Iche umschließt und in dem jedes von ihnen seine Stelle hat. Es ist kein Zufall, daß die Philosophie Spinozas, die im Deutschland des ausgehenden achtzehnten Jahrhunderts ihre Auferstehung feierte, ebenso heftig wie sie von Fichte abgelehnt wurde, von den künstlerischen Naturen der Zeit anerkannt und bewundert worden ist.

Schelling war eine solche Natur. Gleichviel, ob er nun in seinen allerersten philosophischen Schriften noch ganz im Banne von Fichtes Philosophie dessen Lehren in glänzendem Vortrage verkündet oder ob er nach seiner Emanzipation von der Wissenschaftslehre originale Gedanken vorträgt – immer geht ein kontemplativer, ich möchte sagen, unprotestantischer Zug durch seine Schriften. Dabei ist er als Sohn eines protestantischen Geistlichen in Württemberg zur Welt gekommen. Seine Jugend, das heißt sein Aufstieg zum Ruhme, hat etwas unbeschreiblich Glänzendes an sich und zeigt eine eigentümliche Verwandtschaft mit dem Aufstiege besonders frühreifer Musiker oder bildender Künstler. Mit fünfzehn Jahren beherrschte er nicht allein die klassische Literatur und verfaßte spielerisch lateinische und griechische Verse, sondern verstand auch Hebräisch und Arabisch. Mit siebzehn Jahren, das heißt im Jahre 1792, schrieb er seine Magisterdissertation, eine lateinische Abhandlung über die [älteste] Theorie des [ersten] Ursprungs der menschlichen Übel, und kurz darauf folgte noch eine deutsche Arbeit *Ueber Mythen, historische Sagen und Philosopheme der ältesten Welt*. Im Tübinger Stift, wo er seine Studienzeit verbracht hatte, ist es auch gewesen, wo er Freundschaft geschlossen hatte mit Hegel und Hölderlin. Diese beiden, die etwas älter waren als er selbst, haben zweifellos anregend auf ihn gewirkt, wenn es auch feststeht, daß insbesondere Hegel trotz seiner größeren Reife an Jahren die Überlegenheit des frühreifen, genialen Jugendgenossen anerkannt hat. Sie erinnern sich, daß Fichtes *Wissenschaftslehre* in ihrer ersten Gestalt 1794 erschienen war. Der junge Schelling lernt sie kennen und veröffentlicht bereits 1795 zwei Abhandlungen, in denen die Gedanken der *Wissenschaftslehre* in einer viel glänzenderen Form als in derjenigen ihres Urhebers vorgetragen und weitergesponnen werden. Nehmen Sie selbst einmal die *Wissenschaftslehre* von 1794 zur Hand und Sie werden finden, was diese Tatsache für einen neunzehnjährigen jungen Menschen bedeutet. Die eigentliche Fortbildung der deutschen idealistischen Philosophie, die Schelling über Fichte hinaus unternahm, beginnt mit den 1797 erschienenen *Ideen zu einer Philosophie der Natur*. Diese Schrift des zweiundzwanzigjährigen Schelling leitet diejenige seiner Schaffensperioden ein, die man als naturphilosophische zu bezeichnen pflegt und durch die er im wahrsten Sinn des Wortes das deutsche Geistesleben: Philosophie, Kunst und nicht zuletzt die Einzelwissenschaften befruchtet hat. Die genannte und eine im Jahre darauf erschienene Schrift *Von der Weltseele* erregten in hohem Maße Goethes Bewunderung, und gleichzeitig gewann Fichte ein Interesse für den jungen genialen Philosophen. Beide als Persönlichkeiten so grundverschiedenen Männer fanden sich in der Beurteilung des jugendlichen Philosophen so einig, daß sie diesem im Jahr 1798 die Stelle eines Extraordinarius in Jena verschafften, und es ist fast ein Symbol für das Eigentümliche der Schellingschen Philosophie, daß er unter den Auspizien dieser beiden seine Wirksamkeit begann; denn die Vereinigung, die Einheit von künstlerischer Weltanschauung mit den aktuellen Lehren der deutschen idealistischen Philosophie ist es, was [ihren] Grundzug ausmacht. Man hat sich daran gewöhnt, nach der sogenannten Periode der Naturphilosophie im Leben Schellings noch diejenige der Identitätsphilosophie, der Freiheitsphilosophie und endlich diejenige der »positiven« Religionsphilosophie des späten Schelling zu unterscheiden. Wir wollen uns hier damit begnügen, die Grundgedanken der Naturphilosophie darzulegen und dann noch kurz auf diejenige Eigentümlichkeit des Schellingschen Denkens hinzuweisen, die unter dem Titel der Identitätsphilosophie getroffen wird. Über den Einfluß dieser Lehren auf die romantische Weltansicht und umgekehrt den Einfluß der romantischen

Dichter auf Schellings Entwicklung [können] wir bei der Kürze der uns zu Gebote stehenden Zeit kaum etwas sagen.

Unser Thema ist die Geschichte des deutschen Idealismus. Wir haben also jetzt präzise zu fragen: Worin liegt das Hinausgehen der Naturphilosophie über Fichtes Wissenschaftslehre? Nicht um Einzelheiten, sondern um Einsicht in diesen Sachverhalt ist es uns zu tun. – Zu diesem Zwecke müssen wir uns zuvörderst daran erinnern, welche Rolle in der Wissenschaftslehre die Natur spielt, welchen Platz sie in Fichtes System einnimmt. Dabei fällt uns gleich das entscheidende Schlagwort ein: Die Natur ist das Material unserer Pflichterfüllung. Fichte war davon ausgegangen, daß im individuellen Bewußtsein Vorstellungen auftreten, die im Gegensatz zum Beispiel zu den Phantasievorstellungen den Charakter der Notwendigkeit an sich tragen. Diese Vorstellungen oder vielmehr Empfindungen erweisen sich als diejenigen, die wir als Erscheinungen von Naturdingen bezeichnen. Sie sind nicht im individuellen Ich mit Bewußtsein produziert, sondern durch die produktive Einbildungskraft vom reinen Ich gesetzt. Daher besitzen sie für uns auch den Charakter des Unwillkürlichen, der Notwendigkeit. Der Grund oder vielmehr der Zweck, warum im absoluten Ich ein Nicht-Ich gesetzt wird oder, mit andern Worten, warum durch den Anstoß der produktiven Einbildungskraft ein individuelles Bewußtsein, individuelle Welterfahrung zustandekommt, dieser Grund, der nicht in der theoretischen, sondern in der praktischen Wissenschaftslehre angegeben wird, ist, wie Sie wissen, kein anderer als das sittliche Gefordertsein der Tätigkeit, die als solche nur durch das fortwährende Überwinden von Schranken denkbar ist. Die Natur ist dazu da, daß wir uns in ihr betätigen können. Der Sinn dieser Betätigung, der im Unendlichen liegt, ist die restlose Überwindung aller Schranken, die dadurch zum Ausdruck kommen soll, daß das individuelle Ich nicht nur theoretisch, sondern auch praktisch sich zum absoluten Ich erhebt. Aber dieser Prozeß ist eben deshalb unabschließbar und *soll* unabschließbar sein, weil damit die eigentliche Tätigkeit erlöschen müßte. Darin liegt die Notwendigkeit einer Dauer der Natur und zugleich auch deren ganzer Sinn. Wir haben gehört, daß Fichte es im Anschluß an Kant ausdrücklich ablehnt, auch die einzelnen Inhalte des Bewußtseins, das heißt die empirischen Fakta zu deduzieren. Warum durch die produktive Einbildungskraft diese

und keine anderen Empfindungen gegeben werden, warum inhaltlich gerade diese und keine andere Natur im individuellen Bewußtsein ersteht, das können wir nach Fichte nicht angeben. Aber es
hätte auch gar keinen Sinn, es anzugeben, wir wären dadurch in
keiner Weise gefördert; denn es kann nur für die Natur überhaupt,
als Ganzes, ein Zweck angegeben werden, und für diesen Zweck ist
es ausdrücklich und prinzipiell gleichgültig, wie im einzelnen diese
Natur beschaffen ist. Es ist nicht nur so, daß *wir* keine sinnvolle
Antwort dafür geben können, daß die Natur so und nicht anders ist,
sondern gerade dies *hat* gar keinen Sinn, sie könnte, philosophisch
betrachtet, ebensogut auch anders sein. Der Philosoph der *Wissenschaftslehre* hätte auf die Frage nach dem konkreten Gehalte der
Natur zu antworten: Ich kann Dir zwar zeigen, wieso es überhaupt
eine Natur geben muß, ich kann Dir auch sinnvoll begründen,
warum sie diese und keine anderen allgemeinen Ordnungszüge aufweist, aber dafür, daß gerade diese und keine anderen *Inhalte* von
diesen Ordnungszügen umschlossen werden, *weiß* ich nicht nur
keinen Grund, sondern ich kann mir auch gar nicht denken, daß es
einen solchen gebe.

Man könnte nun erwidern, daß Fichte, insbesondere im *Naturrecht*
von 1796, einige Ansätze zur Deduktion dieses oder jenes Inhaltes
der Natur tatsächlich gemacht habe. Er hat zum Beispiel dort versucht, die Notwendigkeit des Organismus als eines artikulierten,
mit Sinnen begabten Naturproduktes, das beweglich sein müsse,
und ebenso [die] des Lichtes und der Luft als Medium zwischen den
menschlichen Individuen zu konstruieren. Aber derartige Versuche, die bei Fichte in den Anfängen vereinzelt auftreten, tragen
durchaus den Stempel des Auswuchses am System, dessen, worin es
sich übernimmt, was seinen Prinzipien widerspricht. Fichte hat späterhin diese Unternehmungen nicht nur unterlassen, sondern auch
entschieden abgelehnt – wie ich glaube, nicht ohne bewußten Gegensatz gegen Schelling.

Die wesentliche Leistung Schellings in Beziehung auf den Fortschritt der deutschen nachkantischen Philosophie besteht darin, daß
die Natur nicht mehr bloß im allgemeinen und als Ganzes eine Stelle
im System gewinnt, sondern auch im einzelnen, in ihrer konkreten
Struktur, in ihrem Sosein und nicht mehr in ihrem bloßen Dasein
durch philosophische Prinzipien begriffen werden soll. Nicht [nur]

in der ersten Periode Schellings, sondern solange als er überhaupt in die Geschichte des deutschen Idealismus richtungweisend eingegriffen hat, ist die Naturphilosophie als seine eigentümlichste Leistung anzusehen. Durch die Naturphilosophie hat er ungeheuer mächtig schon als Jüngling auf seine bedeutendsten Zeitgenossen gewirkt, und diese Wirkung ist – von den anderweitigen Komponenten der historischen Situation ganz abgesehen – aus dem, was wir vom Gange der idealistischen Philosophie bis hierher kennengelernt haben, ohne weiteres zu verstehen. Bis zu Schelling war die idealistische Philosophie wesentlich Transzendentalphilosophie. Dies bedeutet, daß die Philosophie ihre Hauptaufgabe darin erblickt hatte, alle diejenigen Bedingungen des Bewußtseins aufzuweisen, ohne die der Aufbau einer gegenständlichen Welt nicht denkbar wäre. Diese Bedingungen für das Zustandekommen der Welt waren – dies ist das Eigentümliche der Transzendentalphilosophie als einer *idealistischen* – identisch mit den Bedingungen der *Erkennbarkeit* der Welt. So war das Resultat der Philosophie – oder sagen wir vorsichtiger, der theoretischen Philosophie – ein Grundriß des menschlichen Geistes, ein Grundriß, der bei Kant aus einer feststehenden, ein für allemal gegebenen Organisation, bei Fichte aus einem ewig sich erneuernden System von Tathandlungen bestand. Die Ethik ergab sich dann aus mehr oder minder zwingenden logischen Folgerungen aus jenem Grundriß. Von konkreten ethischen Problemen vermochte die Philosophie vornehmlich politische und rechtliche Fragen anzupacken. Aber wir haben bereits in den einleitenden Vorlesungen darauf hingewiesen, warum diese Lösungen ohne wesentlichen praktischen Einfluß bleiben mußten, wenn auch speziell Fichtes eigenes Leben durchaus von ihnen beherrscht ist. – So stand denn der einzelne, nachdem er diese transzendental-idealistische Philosophie in sich aufgenommen hatte, vor der Natur in ihrer besonderen Beschaffenheit nach wie vor als vor einem schlechthin Unbegreiflichen. Gewiß hatte sie im Ganzen einen Sinn, sie war »Material zur Pflichterfüllung«, und diese Pflichterfüllung war selbst wieder Pflichterfüllung um der Pflichterfüllung, Tätigkeit um der Tätigkeit willen, und somit war die Natur selbst an sich gar nichts, gewissermaßen ein bloßer Schein, der uns dazu anregen sollte, ihn als Schein zu entlarven. Aber in Beziehung auf das in seiner Besonderheit vorhandene Einmalige, in Be-

ziehung auf alles, [wo]zu wir in der Natur als Individuen selbst ein
Verhältnis haben, hatte diese Kant-Fichtesche Philosophie ihre Jünger schlechthin im Stich gelassen. Sie hatte dazu nichts zu sagen, dies
gehörte gewissermaßen in ein anderes Ressort, in die Naturwissenschaft von Fach. Philosophisch war darüber gar nichts auszumachen. Man muß einmal gelesen haben, wie Fichte mit einer wahren
Wut gegen alle Versuche loszog, in der Natur als solcher ein eignes
Wesen, einen immanenten Sinn zu [er]schauen. Um recht deutlich
zu sein, will ich in einer groben Analogie sprechen; denn wenn Sie
einmal erkannt haben, worum es sich hier handelt, dann wird Ihnen
die Motivation der Schellingschen Philosophie ein für allemal deutlich geworden sein: Nach der Kant-Fichteschen Philosophie, ja
nach der Transzendentalphilosophie überhaupt, könnte die Welt,
abgesehen von einigen allerallgemeinsten Zügen, geradesogut ganz
anders beschaffen sein als sie es tatsächlich ist. Es gibt zwar für jedes
bestimmte Ereignis in der Natur bestimmte andere Ereignisse, die
ihm als Ursachen vorhergehen und aus denen es erklärt wird. Derartige Erklärungen liefert die auf Beobachtung gegründete empirische
Naturwissenschaft, aber sie bestehen überall bloß in der Angabe
von Ereignissen, die dem zu erklärenden regelmäßig vorhergehen.
Würden anstelle der tatsächlich eintretenden Ereignisse andere Ereignisse eintreten, so hätte die Naturwissenschaft eben andere Erklärungen, das heißt andere Regelmäßigkeiten aufzufinden. Es gibt
nach dieser Ansicht schlechterdings keinen Grund, warum der Naturwissenschaft diese und keine anderen Ereignisse zur Erklärung
aufgegeben sind. Wäre also die Natur total anders organisiert, gäbe
es zum Beispiel nicht diese, sondern eine prinzipiell verschiedene
und anders strukturierte Gattungsreihe von Wesen oder auch gar
keine Gattungsreihe und verhielten sich alle Wesen und alle Stoffe
auf der Welt durchaus anders als wir es gewohnt sind und so fort –
man kann hier die tollsten Phantasien wagen –, dann hätte eben die
Naturwissenschaft, die in ihrem Wesen dieselbe bliebe, da dieses ihr
Wesen das einzige Apriori ist, nach anderen Erklärungen zu suchen,
und diese könnten aus dem gleichen Grunde nicht einsichtiger, nicht
sinnvoller, nicht philosophischer sein als die gegenwärtigen. Mit
dem Wesen der Natur hätten sie ebensowenig etwas zu tun wie
diese, aus dem einfachen Grunde, weil die Natur selbst gar kein
Wesen hat, wenn man nicht die Organisation des Bewußtseins[, das

heißt] die formalen Züge der Wissenschaft als ein solches ansehen will.

Daß die Natur selbst ein eigenes Wesen habe, daß es möglich sein müsse, in dieses Wesen Einsicht zu gewinnen, daß aus dieser Einsicht auch das Besondere in der Natur müsse begriffen werden können, das ist der Grundgedanke der Schellingschen Naturphilosophie. In den ersten Schriften, ja bis in seine produktivsten Jahre hinein, fühlt sich Schelling durchaus einig mit den Hauptlehren Fichtes. Er akzeptiert die *Wissenschaftslehre* und gibt ihr – wie bereits erwähnt – sogar eine glänzendere Darstellung als deren Urheber selbst. Nur über die Rolle der Natur im System stimmen seine Schriften, eingestandenermaßen oder nicht, mit denen Fichtes keineswegs überein. Er empfindet es sofort als die wichtigste aktuelle Aufgabe der Philosophie, die Fichteschen Lehren für die Naturerkenntnis selbst fruchtbar zu machen, und er ist tief davon überzeugt, daß mit diesen Lehren eine neue, epochemachende Philosophie der Natur gegeben werden kann. Durch Anwendung Kant-Fichtescher Prinzipien auf die Natur soll erfüllt werden, was die Menschheit seit den ionischen Naturphilosophen vergeblich gesucht und was Kant in den *Metaphysischen Anfangsgründen der Naturwissenschaft* mit der zögerndsten Vorsicht angebahnt hatte: Die notwendige Ableitung – jetzt nicht mehr bloß der allgemeinsten, sondern auch – der speziellen Verfassung der Natur aus gesicherten und *a priori* feststehenden philosophischen Sätzen. Grob gesprochen bedeutet dies nicht mehr und nicht weniger als das Unternehmen, den Sinn der Natur als eines Ganzen sowohl wie im besonderen aufzuweisen. Es steckt darin, daß die Natur nicht nur als allgemeines Faktum, sondern auch im einzelnen einen Sinn habe und daß *wir* diesen Sinn zu erfassen und zu explizieren vermöchten. Es bedeutet, daß die Kant-Fichteschen Prinzipien vermögend seien, die Naturordnung nicht nur im formalen, sondern im einzelnen zu begründen. Die gedankliche Konstruktion der wirklichen Welt aus den Grundsätzen der Transzendentalphilosophie, deren beide große Urheber ein solches Unternehmen, wenn nicht abgelehnt, so doch mindestens nicht ausgeführt hatten, das ist die Aufgabe, die sich Schelling schon am Beginn seines philosophischen Lebens stellt, und die Versuche zu ihrer Lösung, zusammen mit den Fortbildungen der idealistischen Grundposition, zu denen er im Laufe der Ausführung sich gedrängt sieht, machen seine Bedeutung für deren Geschichte aus.

Wir müssen nun die allgemeinsten Grundzüge der Naturphilosophie erörtern. – Dem Beschauer der Natur sind gegeben eine Menge von Dingen und Ereignissen. Der Naturforscher hat sich dieser Dinge beschreibend zu bemächtigen, sein Thema sind, wie Schelling sich ausdrückt, die »Produkte« der Natur, wie sie eine exakte und eingehende Beobachtung uns darbietet. Der Transzendentalphilosoph hatte zum Thema nicht die Produkte als fertig Gegebenes, wie sie der Naturforscher vorfindet und beschreibt, sondern die Bedingungen ihrer Erkennbarkeit, die Bedingungen ihres Zustandekommens im und für das Bewußtsein und damit ihrer selbst. Aber gerade in [letzterer Beziehung], also darin, daß die transzendentalen Bedingungen der Erkenntnis der Naturprodukte mit ihren realen Bedingungen ohne weiteres und unmittelbar zusammenfielen, steht Schelling zuerst unbewußt, dann bewußt im Gegensatz zu seinen Vorgängern. Ihm ist eben die Natur nicht gleichbedeutend mit der Naturerkenntnis, sie ist kein bloßes Phänomen, sondern hat ihr eigenes vom Bestande des erkennenden Bewußtseins unabhängiges Wesen. So ergibt sich neben der Aufgabe des Naturforschers und des Transzendentalphilosophen eine dritte Aufgabe zur Erklärung der Naturprodukte: diejenige des Naturphilosophen. Sein Thema ist weder die *natura naturata*, die Natur als Inbegriff von Dingen und Gesetzen, noch deren Korrelat, das erkennende Bewußtsein, sondern die Natur als *natura naturans*, als die Naturprodukte selbst produzierendes Subjekt, als zeugende Macht. Das Resultat, das dem Naturphilosophen als Ziel seiner Leistung vorschwebt, ist nicht eine Sammlung von Tatsachen und Gesetzen, wie der Naturforscher sie liefert, sondern die Aufdeckung der inneren realen Mächte selbst, die in Wahrheit unbedingt sind und selbst die realen Bedingungen dafür darstellen, daß dem Naturforscher nicht andere, sondern diese Arten von Naturprodukten als Objekte dargeboten werden. Wir werden besser als durch theoretische Erläuterungen der Aufgabe sehen, was Schellings Naturphilosophie ist, wenn wir den Grundgedanken nun möglichst prägnant aussprechen.

In den Deduktionen der Wissenschaftslehre hatte Fichte gezeigt, daß das vollendet realisierte Selbstbewußtsein des absoluten Ich Ziel und Zweck aller Tathandlungen des Geistes und damit auch des Zustandekommens einer Welt sei. Die produktive Einbildungskraft setzt unbewußt im Ich die Empfindung und gibt so den ersten Anstoß zur Erkenntnis der Natur, auf die eine Reflexion in immer höheren Stufen uns dem unendlichen Ziel anzunähern hat. Sehen wir nun vom Bewußtsein ab und wenden uns mit der Frage des Naturphilosophen nach dem Wesen der Natur an diese selbst, so kann es für den Jünger Fichtes und Kants keine andere Antwort geben als diese: Wenn die Natur nicht bloßes Gebilde des Bewußtseins, nicht ein bloßer Inbegriff von Bewußtseinsphänomenen oder, wie Schelling sich ausdrückt, nicht eine bloße »Welt«, sondern wirklich Natur, also selbstzeugend, ihre Produkte aus sich selbst hervorbringend sein soll, dann muß sie wesensgleich sein mit dem Ich. Ihr Kern muß selbst geistiger Art sein, es muß dasselbe Absolute, dasselbe Ich sein, das real in der Natur sich äußert, wie dasjenige, das im Bewußtsein über alle Stufen der Erkenntnis hinweg ewig zur vollendeten Selbsterkenntnis strebt. Schon bei Fichte war, wie wir gelernt haben, das individuelle Bewußtsein nichts Letztes, Ursprüngliches, Absolutes. Vielmehr war es das überindividuelle Ich, das durch die bewußtlos schaffende produktive Einbildungskraft die Bedingungen für das individuelle Bewußtsein enthielt, das ihm selbst wiederum nur als Mittel und Durchgangspunkt für seine unendliche Tätigkeit, für die Realisierung des Zweckes seines Selbstbewußtseins dienen sollte. Also auch bei Fichte war das letzte geistige Prinzip, das Absolute, nicht mit dem Bewußtsein identisch, aber doch als *im* erkennenden Bewußtsein tätig gesetzt. Bei Schelling nun sind diese absoluten Bedingungen des Bewußtseins nicht nur insofern gleichzeitig Bedingungen der erfahrbaren Welt, als sie deren Erkennbarkeit möglich machen, sondern auch dadurch, daß sie außerhalb des Bewußtseins real vorhanden sind und als wirkliche Mächte in der Natur ebenso walten und deren Produktionen bedingen, wie sie im individuellen Bewußtsein dessen einzelne Gestaltungen ermöglichen. Die Natur ist selbst Subjekt, sie bringt ihre Produkte aus sich selbst hervor und ist dabei keineswegs auf die Existenz eines erkennenden Bewußtseins angewiesen. Aber dieses ihr Wesen, das allen Naturproduktionen zu Grunde liegt, die *natura naturans* im Gegensatz zur *natura naturata*, ist in Wahrheit dasselbe wie das, was dem erkennenden Bewußtsein zu Grunde liegt und es ermöglicht: Das absolute, überindividuelle Ich oder wie ich nun, um eine Verwechslung mit dem individuellen Bewußtsein unmöglich zu machen, mit Schelling sagen werde: das Absolute oder der Geist.

Wenn diese Position einmal erarbeitet ist, ergibt sich die Beantwortung der großen naturphilosophischen Fragen mit Notwendigkeit. Die Natur als schöpferisches Subjekt ist nicht, wie sie dem ehrlichen und exakten Naturforscher erscheinen muß, ein Inbegriff von Dingen und Gesetzmäßigkeiten, die nebeneinanderstehen und deren Beziehungen immer erst noch aufgegeben sind; sondern sie bildet ein einheitliches System, das ewig neu hervorgeht und ewig zusammengehalten ist durch einen einzigen klar zu bestimmenden Zweck, aus dem alles Einzelne in ihr seinen Sinn empfängt und daher auch notwendig begründet werden kann. Dieser Zweck ist die Produktion desjenigen ihrer Glieder, in dem der Geist, der in unbewußter Produktivität ihr ganzes Stufenreich entworfen hat, restlos aufzuwachen, auf sein Tun zu reflektieren und sich selbst zu erkennen vermag. Dieses Naturglied, der Mensch, rein physisch betrachtet, scheinbar eines der schwächsten, erweist sich darum als das höchste, weil alle übrigen als Versuche des Geistes sich erweisen dasselbe Ziel zu realisieren. Durch das mehr oder minder gute Gelingen, durch [die] Nähe [zu] diesem Naturprodukt, das Mensch heißt, durch den kleineren oder größeren Abstand von diesem Zweck ergibt sich die Möglichkeit einer Einteilung der Natur im Sinne einer Stufenordnung, wie man (nicht ganz mit Recht) gesagt hat, der frühe Entwurf einer Deszendenztheorie. Durch die unzähligen Formen der anorganischen oder der organischen Natur sucht der Geist zunächst bewußtlos, dann mit dumpfem und mehr und mehr sich aufhellendem Bewußtsein seinen Weg zu derjenigen Form, in der er sich selbst wieder findet und durch bewußte, freie Tätigkeit seine ewige Bestimmung zu erfüllen vermag.

Die einzelnen Stationen auf diesem Wege sind bezeichnet durch die echten Gattungen. Schelling versucht das Naturreich selbst in einem System von sogenannten »Potenzen« und »Kategorien« der Natur darzustellen, das durchaus von der Situation der Naturwissenschaft seiner Zeit abhängig war. Diese Potenzen und Kategorien, die in Wahrheit nichts anderes darstellen sollen als eine Reihe von Grundgattungen, die von den niedersten anorganischen Gebilden bis zum

Menschen hinführt, sind also Objektivationen des Geistes auf seinem Wege von der Bewußtlosigkeit zur Intelligenz, und hier ist der Punkt, an dem Schelling eine tiefe Verwandtschaft seiner Lehre mit der Philosophie Platons empfunden hat. Die Potenzen der Natur sind für Schelling »Ideen des Absoluten«, in ihrer Gesamtheit durchaus analog den Ideen Platons, von denen die einzelnen Naturexemplare nur Erscheinungsweisen, nur besondere Verkörperungen sind. Wer es vermag, diese Ideen zu erfassen und zu durchschauen, wie der unbewußte Geist über alle diese ewigen Stufen hinweg zum Lichte des Bewußtseins drängt, wer also nicht bloß bei der Betrachtung der Natur*produkte* stehen bleibt, sondern zum sie vereinigenden Band, zur produzierenden Natur fortzuschreiten vermag, der erblickt das Absolute unmittelbar selbst; der erfaßt den Geist in seinem rastlosen Streben, wie er in allen Gestaltungen der uns umgebenden Natur seinen Ausdruck findet, der hat ihren Sinn erfaßt, der ist nicht mehr bloß ein Natur*forscher*, sondern ein Natur*philosoph*.

Damit haben wir im großen die Intention von Schellings Naturphilosophie umrissen. Die Ausführung im einzelnen besteht, wie sich ohne weiteres nun ergibt, in der Darstellung des Systems der einzelnen Naturstufen, die als Potenzen und Kategorien benannt sind. Wie ich bereits gesagt habe, ist diese Ausführung durchaus abhängig vom damaligen Stande der Naturwissenschaft. Diese war so lebendig, so unternehmend, so zukunftsfroh wie ganz selten in der Geschichte. Bedeutsamste Entdeckungen auf biologischem, chemischem, physikalischem Gebiet waren damals bekannt geworden, und im Mittelpunkte der Diskussion standen Auseinandersetzungen über das Wesen der Elektrizität und des Magnetismus, deren Beziehungen eben erst zum Problem geworden waren und über die man die kühnsten Theorien entwarf. Wer sich in das spezielle Studium der Schellingschen Naturphilosophie zu vertiefen gedenkt, wird eine Übersicht über die Lage der Naturwissenschaft in jenen Jahren als gute und zugleich unentbehrliche Vorbereitung für das Verständnis Schellings benutzen müssen. 1790 hatte Galvani die Entdeckung einer scheinbar ganz neuen tierischen Elektrizität gemacht. Wer sich auch nur ein wenig mit dem auf diese Entdeckung folgenden naturwissenschaftlichen Schrifttum beschäftigt, wird erfahren, daß diese Entdeckung nicht bloß bei Schelling, sondern in der ganzen wissenschaftlich erregten Welt, insbesondere in Deutschland, zu den weittragendsten philosophischen Spekulationen den Anstoß gab. Denn dadurch, daß die Elektrizität, wie man glaubte, nunmehr auch als Agens im tierischen Organismus erkannt war, und zwar als ein unmittelbar mit den Lebensphänomenen im Zusammenhang stehendes Agens, schien die Wesenseinheit der anorganischen und der organischen Natur garantiert zu sein. Vergleichende Anatomie und Physiologie brachen sich eben damals Bahn, und alle neuen Entdeckungen und Theorien schienen denselben Gedanken zu präludieren, dem die Naturphilosophie Schellings systematischen Ausdruck verlieh: Daß in allen Gestaltungen und Erscheinungsweisen der Natur eine und dieselbe schöpferische Kraft zum Ausdruck komme, daß zwischen dem anorganischen und dem organischen Reiche ebenso wenig wie zwischen anderen Gebieten der Natur radikale Heterogeneität bestehe, daß vielmehr die gesamte Natur als ein einziges sinnvolles System, als ein großer, allumfassender Organismus zu betrachten sei. Diese Atmosphäre in der wissenschaftlichen Welt muß man kennen, um den Jubel zu begreifen, mit dem die Naturphilosophie, also der erste Versuch, das System der Natur in seinen großen Zügen nun auch wirklich zu zeichnen, begrüßt worden ist. Dann wird auch ohne weiteres einleuchten, warum Schelling gerade bei den sogenannten romantischen Dichtern als *der* Philosoph empfangen wurde. Sie alle suchen – der eben skizzierten Situation in den Wissenschaften durchaus gemäß – hinter dem bunten Wechselspiele der Welt nach dem Einen und Einzigen, nach der ewigen geistigen Bedeutung, die hinter aller Wirklichkeit verborgen ist. Sie alle wollen über den mehr oder minder geordneten Haufen von Tatsachen der Wirklichkeit, dem nur der unpoetische und geistlose Mensch die berühmte Achtung und Würde zuspricht, hinwegsehen und einen anderen, jenseitigen Sinn entwerfen. In ihren Dichtungen wird wohl das Material der Wirklichkeit benutzt, aber es ist vielleicht – wenn ich einmal eine solche Vermutung aussprechen darf – gerade das Charakteristische der romantischen Kunst, daß die der Wirklichkeit entnommenen Einzelinhalte im romantischen Kunstwerk in Beziehungen wiederkehren, die einerseits Ausdruck eines frei erfundenen oder traditionell übernommenen Sinngehaltes darstellen, andererseits aber eine tiefe Respektlosigkeit vor den wirklichen Verhältnissen beweisen. (Auch die bekannte »Flucht« einzelner Romantiker, sei es ins Mittelalter, in die Antike oder in den Naturzustand, ist nie echte Vorliebe für eine vergangene oder zukünftige Wirklichkeit, sondern immer Flucht aus der gegebenen Wirklichkeit in die von einem konstruierten Sinn durchherrschte Sphäre.)

Nun wollen wir nicht behaupten, daß Schelling ebenso frei mit den Tatsachen schaltete wie jene Dichter. Aber es gibt vielleicht kein treffenderes Bild für die Ausführung der Naturphilosophie, als daß sie eine gedankliche Nachdichtung der Natur, als eines in sich abgeschlossenen, einheitlichen Organismus mit dem Zweck der Geburt der Intelligenz zu geben sich bemühe. Der geheime Sinn der Natur, ihr Geheimnis, das der Naturphilosoph durch seine Nachdichtung entschleiert, ist das bewußtlos schaffende Absolute, dasselbe Absolute, das auch in unserem eigenen Ich lebendig und Geist ist wie wir selbst.

In der Natur ringt es sich durch alle Gestaltung hindurch, bewußtlos strebend bis zur Produktion des individuellen Ich in der Schöpfung des Menschen. In dessen Bewußtsein aber geht es den umgekehrten Weg vom individuellen Ich bis zur Produktion der vielgestalteten Natur im Bewußtsein. Und wie schon in der Wissenschaftslehre das absolute Ich der Inbegriff zweier [einander] entgegengesetzter Tätigkeiten gewesen war: Nämlich der endlichen, schrankensetzenden und der unendlichen, alle diese Schranken ewig überwindenden Tätigkeit (eine Lehre, die Schelling durchaus übernimmt), ebenso enthält das Absolute als Subjekt der Natur überall zwei einander entgegengesetzte Tätigkeiten. Die eine strebt, analog der unendlichen Tätigkeit im Ich, nach unendlicher rastloser, hemmungsloser Produktion; sie ist die expansive repulsive Kraft, die andere ist die hemmende, schrankensetzende, aufhaltende, negative oder attrahierende Kraft. Nur durch das Zueinander dieser beiden Kräfte, nur infolge dieses antagonistischen Wesens der Natur kommt es überhaupt zu Produkten. Die eine allein brächte es zu keinem konkreten Gegenstand, die andere hielte sich nicht bei ihm auf. Erst dadurch, daß der Widerstreit beider Tätigkeiten des Absoluten an einer Stelle zum Stillstand kommt, ist jedes Naturprodukt möglich. Schelling gelangt so zu einer realen Dialektik, in der jedes Naturprodukt als die Vereinigung von Gegensätzen erscheint. Die Verschiedenheit der Produkte rührt her von dem verschiedenen

Verhältnis der in ihm gebundenen Kräfte. Das dritte, den Widerstreit in jedem Einzelgegenstand zum Stillstand bringende, das in Wahrheit konkretisierende Prinzip heißt die Kopula. Als Beispiel, ja als Symbol dieser Auffassung hält uns Schelling den Magneten vor. Im Magneten sind als in einem einzigen Gegenstande zwei sich widerstrebende Kräfte gebunden, und so verhält es sich eigentlich mit jedem Naturding, nur daß bei anderen Dinggattungen die beiden entgegengesetzten Tätigkeiten nicht als positive und negative Elektrizität und ihre Vereinigung nicht als eine magnetische erscheint.

Schelling unternimmt es, die gesamte Naturordnung anhand dieser Auffassung zu konstruieren. Am Anfang steht die Materie, deren Theorie Schelling begeistert von Kant übernimmt. Kant hatte ja bereits gelehrt (wir sind auf diese Theorie der *Metaphysischen Anfangsgründe der Naturwissenschaft* damals nicht eingegangen), daß die Materie als eine Vereinigung von Repulsiv- und Attraktionskraft anzusehen sei. Im Anschluß an Kant sucht Schelling aus dem Verhältnis dieser beiden Kräfte Schwere, Kohäsion und Elastizität der Materie zu begründen. Von der, wie er sich ausdrückt, »ponderablen« Materie steigt er dann auf zur Konstruktion der sogenannten imponderablen oder des Äthers, dann zu Licht, Wärme und Elektrizität. Diese letztere vermittelt den Übergang zum organischen Reich. Alle Lebewesen werden begriffen im Anschluß an damals herrschende Theorien, zunächst als Synthesen von Reproduktionsfähigkeit und Irritabilität, dann als solche dieser beiden und einer dritten: der Sensibilität. Gemeint ist, daß die niedersten Lebewesen im wesentlichen in ihrer Gattungsfunktion (der »Reproduktion«) aufgehen, daß in der aufsteigenden Reihe ihr gegenüber die Reizbarkeit, Reaktionsfähigkeit (die »Irritabilität«) immer mehr zunimmt und schließlich diesen beiden Funktionen gegenüber die Empfindung, die Sinnestätigkeit (die »Sensibilität«) überwiegt. Diese ganze Naturreihe wird durchaus dialektisch konstruiert. Jede höhere Stufe erscheint als Synthese der niederen, und das Auftreten neuer entgegengesetzter Kräfte auf einer Stufe macht jedesmal neue, höhere Naturformen, in denen diese Gegensätze gebunden erscheinen, notwendig. Man braucht sich nur vorzustellen, wie der tierische Organismus nicht allein eine Synthese der eben besprochenen spezifisch organischen Kräfte darstellt, sondern zugleich eine reale Vereinigung mechanischer und chemischer Potenzen enthält, um zu wissen, was unter diesen immer höheren Synthesen gemeint ist.

Wir könnten nun noch weiter in das einzelne der Schellingschen Konstruktionen eindringen, wir könnten vor allem erfahren, wie Schelling ganz im Gegensatz zu einer heute vielverbreiteten Auffassung keineswegs die anorganische Natur der organischen gegenüber als das Ursprünglichere betrachtet hat, sondern umgekehrt zeit seines Lebens die anorganische Natur gewissermaßen als Zerfallsprodukt, Erstarrungsprodukt der ersteren nahm. Wir könnten uns darüber unterhalten, wie in der Naturphilosophie von vornherein nicht das Organische, sondern das Unorganische als das zu Erklärende erscheint, wie es gemäß dem Zwecke des Weltorganismus zunächst rätselhaft bleibt, warum gerade die Unruhe, die alles Leben charakterisiert, es zuläßt, daß jene Formen der relativen Starrheit, die das Anorganische kennzeichnen, Bestand gewinnen. Wir könnten vor allem darlegen, was Schelling in seiner Schrift *Von der Weltseele* ausgeführt hat und was insbesondere auf Goethe einen so großen Eindruck machte: Daß das ganze Universum selbst als ein einziger großer Organismus aufzufassen sei und daher als beseelt gedacht werden müsse. Aber wir dürfen bei der Naturphilosophie nun nicht länger verweilen, sondern haben wenigstens noch eine kurze Charakteristik derjenigen Lehren von Schellings weiterem Entwicklungsgang zu geben, die auf Hegel bestimmend eingewirkt haben.

Zunächst schließt sich bei Schelling systematisch an die Naturphilosophie die Ausführung der Transzendentalphilosophie an. Wir wissen, daß die Naturphilosophie ursprünglich durchaus in Übereinstimmung mit der Fichteschen Wissenschaftslehre entstanden ist und nach Schellings eigenem Zeugnis keine andere Funktion haben sollte, als einem Mangel abzuhelfen, der in der Philosophie von der Wissenschaftslehre noch vorhanden war. Die Naturphilosophie sollte gewissermaßen nichts anderes vorstellen als die Ausfüllung einer Lücke im System. Während der Ausführung aber, während Schelling in einer Reihe von Schriften und in seiner akademischen Lehrtätigkeit die Naturphilosophie immer weiter entwickelte, verwandelte sich schließlich deren Verhältnis zur Wissenschaftslehre, das heißt zur Transzendentalphilosophie in dem Sinne, daß Schelling beide Teile innerhalb des Gesamtgebiets der Philosophie als gleichberechtigt und gleichbedeutsam nebeneinanderstellte. In diesem Sinne hat er selbst dann neben den naturphilosophischen Schriften im Jahre 1800 sein *System des transscendentalen Idealismus* veröffentlicht.

Die Ausführung dieses Systems enthält im einzelnen viele Abweichungen von der Fichteschen Wissenschaftslehre. Hier, wo wir nur das Allgemeinste betrachten, dürfen wir diese Abweichungen unerörtert lassen; denn in der Hauptsache besteht Übereinstimmung mit der Wissenschaftslehre: Erkenntnis der Natur im individuellen Ich besteht darin, daß das absolute Ich sich selbst beschränkt, und das erstere erhebt sich dadurch zu immer höheren Stufen der Selbsterkenntnis, daß es jeweils auf die vorhergehende reflektiert. Nur in einem wesentlichen Punkte weicht Schelling von Fichte ab, und diesen Punkt müssen wir hier zur Sprache bringen. Die höchste Stufe nämlich, zu der bei Schelling das individuelle Ich sich zu erheben vermag, ist weder die theoretische Erkenntnis noch die sittliche Tätigkeit, sondern die Kunst. Um diese abschließende und systematisch höchste Funktion der Kunst bei Schelling zu verstehen, müssen wir uns an eine wesentliche Lehre des deutschen Idealismus, die ihm seit Kant her eigen ist, erinnern. Sie besagt, in kurzen Worten ausgedrückt, daß die Bestimmung des Menschen nur in der Unendlichkeit realisierbar sei. Wir haben schon bei der Erörterung der Lehre Kants ausgeführt, was wir bei Fichte eben deswegen nicht mehr ausdrücklich zu betonen hatten, trotzdem es aus dessen Lehre fast noch radikaler hervorgeht als aus derjenigen seines Lehrers: Daß nämlich ebenso wenig die Vollendung der Erkenntnis durch den Menschen denkbar ist, wie ein absolut sittliches Handeln. Beide Aufgaben sind unendlich, ihre vollendete Lösung würde die Wirklichkeit der Idee in der Endlichkeit, das Gegebensein des Unendlichen im Endlichen vorstellen, was undenkbar ist. Nun hatte aber schon Kant, wie Sie sich erinnern werden, in der *Kritik der Urteilskraft* ausgeführt, daß die Kunst die einzige Art sei, durch die ein Sinnenwesen sich vermögend finden könne, zwar nicht *die* Idee selbst, aber doch etwas, was der Idee entspreche, was sie »symbolisiere«, wirklich zu produzieren. Diese Lehre aus der *Kritik der Urteilskraft* nimmt Schelling auf und stellt sie, freilich in einer viel bedeutsameren Form, an den höchsten Punkt der Philo-

sophie. Nur unter Berücksichtigung des Inhalts der Naturphilosophie wird die Rolle verständlich, die die Ästhetik auf diese Weise
im System des Idealismus und auch in der Romantik zu spielen berufen war. Die dazu erforderliche Überlegung ist zwar kurz, prägnant, aber doch nicht einfach, weil man dazu das Fazit der Lehre
Kants, der Wissenschaftslehre ebenso wie der Naturphilosophie
gegenwärtig haben muß.

In der theoretischen Erkenntnis vermag bei Kant das individuelle
Bewußtsein seine Aufgabe nicht zu vollenden, weil der Verstand
das unabhängig von ihm Gegebene prinzipiell niemals völlig zu
durchdringen vermag, weil immer ein sinnlicher Rest, ein irrationaler Bestandteil in der Welt bleibt; bei Fichte, weil die produktive
Einbildungskraft, die ja in seinem System diesen sinnlichen Gehalt
produziert, immer und ewig bewußtlos neue Empfindungen setzt,
die wir durch immer neue Erkenntnisarbeit zu bewältigen haben.
Ebensowenig wie in der theoretischen Erkenntnis vermag aber das
individuelle Ich in der praktischen Tätigkeit jemals seine Bestimmung ganz zu vollenden: Bei Kant, weil bei jedem Sinnenwesen
notwendig immer neue Triebe, Leidenschaften, [kurz] Böses überwunden werden muß; bei Fichte, weil jedes erreichte Ziel nur immer ein Antrieb zu neuer sittlicher Tätigkeit sein kann und sein
soll. Die Erfüllung dieser Bestimmung selbst liegt immer erst in
einer prinzipiell unerreichbaren Zukunft, die lediglich abstrakt als
Postulat, als Idee vom Philosophen vorweggenommen werden
kann. Bei Schelling selbst, in dessen Philosophie diese Gegensätze
des Endlichen und Unendlichen im gleichen Sinne wie bei seinen
Vorgängern auftreten, kehren sie außerdem noch wieder in einer
besonderen Form, nämlich der des bewußtlosen und des bewußten
Geistes. In der Natur, so hat die Naturphilosophie gelehrt,
herrscht das Absolute als bewußtlos und real hervorbringendes
Prinzip. Entsprechend dazu kommt die Natur im individuellen
Bewußtsein, ganz im Einklang mit Fichtes Lehren, durch bewußtlose Setzungen und die Reflexion auf sie erkenntnismäßig zustande. Die betreffenden, das heißt die theoretischen Teile in der
Schellingschen Darstellung des transzendentalen Idealismus geben
sich nicht einmal bloß als Korrelat der Naturphilosophie, sondern
geradezu als deren Darstellung von einem anderen, nämlich dem
subjektiven Gesichtspunkte. Im bewußten praktischen Handeln

(das im zweiten Teil des Systems, der als Ethik auftritt, behandelt wird) erscheint das Ich freilich nicht mehr als ein bewußtlos, sondern durchaus als bewußt Produzierendes tätig. Schelling behandelt die Formen der Tätigkeit in der Transzendentalphilosophie gerade als Gegensatz zur theoretischen Philosophie, in deren Aspekt das Ich als bewußtlos tätiges, als die Natur ohne Bewußtsein hervorbringendes Prinzip gefaßt wird. Er gibt dabei eine eigenartige Geschichtstheorie, die auf Hegel zweifellos anregend gewirkt hat, die wir aber hier unerörtert lassen müssen. Im praktischen Handeln erscheint sich das Ich oder das Absolute durchaus als ein bewußt zweckmäßig Hervorbringendes. Auch die Natur, die theoretische Erkenntnis ist zweckmäßig hervorgebracht, aber eben ohne bewußte Intention, ohne Zielvorstellung, nicht willensmäßig, ohne Freiheit. Das Geschäft des Transzendentalphilosophen ist es aufzuzeigen, daß sowohl das in der Natur, als auch das in der bewußten Zwecktätigkeit sich offenbarende Absolute wesensmäßig Geist sei; er hat zu zeigen, wie es sich in Natur und eigentlichem Geist nur um verschiedene Stufen eines und desselben ewigen Wesens handle, er hat die Identität des in beiden Reichen erscheinenden Gehaltes, oder, wie Schelling sich jetzt auch ausdrückt, der absoluten Vernunft, die in beiden sich enthüllt, aufzuweisen. Und eben das nun, was der Philosoph abstrakt behauptet, was er in der Form des Begriffes anzudeuten versucht, eben dieses Eins-Sein des bewußtlosen und des bewußten Prinzips, in dem wir das unbedingte Sein, das Absolute erkennen, dieses Eins-Sein beider Prinzipien erfahren wir *in concreto* weder in der theoretischen Erkenntnis noch in der sittlichen Tätigkeit, sondern einzig in der Produktion und Kontemplation des Schönen, in der Kunst. So wird die Ästhetik der theoretischen Philosophie (Schelling sagt, der Physik) und der Ethik als dritter und höchster, abschließender Teil übergeordnet. Die Kunst ist das Organon der Philosophie; denn es gibt für die Einheit, die Schelling behauptet, auf der ganzen Welt keine anschauliche Grundlage, es gibt keinen Gegenstand und keine Weise des Bewußtseins, in der uns diese Einheit als gegenwärtige wirklich gegeben wäre, als das Kunstwerk. »Die Kunst ist«, so sagt Schelling, »dem Philosophen das Höchste, weil sie ihm das Allerheiligste gleichsam öffnet, wo in ewiger und ursprünglicher Vereinigung gleichsam in Einer Flamme brennt, was in der Natur und

Geschichte gesondert ist, und was im Leben und Handeln, ebenso wie im Denken, ewig sich fliehen muß.«[37]

Wir wollen uns noch einmal ganz klar machen, warum der Kunst hier diese überragende philosophische Funktion zugewiesen wird. Das Kunstwerk ist sowohl Naturgegenstand, das heißt, es ist ein Ding in der Natur ebenso wie Produkt motivierter, zweckbewußter Tätigkeit. Würde es diese beiden Eigenschaften nur besitzen ohne ein weiteres Moment, das notwendig zu seinem Wesen gehört, dann hätte es gegenüber irgendeinem handwerklich für besondere, nützliche Zwecke produzierten Mittel keinen philosophischen Vorzug. Dieses weitere Moment, das, wie Sie sich erinnern, Kant in der *Kritik der Urteilskraft* schon dargestellt hatte, ist seine systematische Beschaffenheit, seine dem Organismus in der Natur verwandte Harmonie. Schon bei Kant ist das Kunstwerk, ebenso wie die biologischen Organismen, Darstellung der Idee in der Wirklichkeit, des Unendlichen im Endlichen, weil es als Phänomen die Totalität aller seiner Bedingungen in sich selbst enthält, ohne daß wir doch diese Bedingungen erkenntnismäßig bestimmen [könnten]. Während wir in der Erkenntnis der Natur nur fortzuschreiten vermögen, indem wir eine Bedingung nach der anderen in unendlichem Progressus aufzufinden trachten und vollendete Erkenntnis aller Bedingungen oder deren Einheit bloße Aufgabe, Idee ist, zeichnen sich die ästhetischen Gegenstände wie die organischen gerade dadurch aus, daß sie alle ihre Bedingungen in sich selbst zu tragen scheinen, daß sie zu ihrem Verständnis nichts außerhalb ihrer selbst vorauszusetzen scheinen, daß sie »Systeme« sind. Nun haben wir bereits in der Naturphilosophie erfahren, daß für Schelling *echte* Naturprodukte stets Organismen sind; alles sogenannte Anorganische ist als Grenzfall [oder] Derivat des Organischen anzusehen. Jedenfalls aber ist der eigentliche Sinn alles Schaffens der Natur die Produktion von organischen Gegenständen. So wird es verständlich, daß bei Schelling in noch höherem Maße als bei Kant das künstlerische Genie gleichsam als die aus dem individuellen Ich heraus produzierende Natur erscheint, daß bei dem ersteren die Anschauung Kants, nach der »die Natur im Subjecte (und durch die Stimmung der Vermögen

---

37 [*System des transscendentalen Idealismus*, in: *Schellings Werke*, hrsg. von Manfred Schröter, Zweiter Hauptband, München 1927, S. 628.]

desselben) der Kunst die Regel«[38] gebe, eine ganz besondere Bedeutung erhält. Denn auf Grund dieser Lehre wird tatsächlich die ästhetische Produktion zum einzigen Fall, in dem bewußte Zwecktätigkeit zusammenfällt mit der sonst überall bewußtlosen Produktion innerhalb der Natur. Das künstlerische Schaffen ist diejenige Stelle, in der das sonst in undurchdringlicher, bewußtloser Stille sich vollziehende Walten der Natur im individuellen Ich und unter dem Lichte des Bewußtseins sich vollzieht und das Kunstwerk strahlt diese Einheit, wie Schelling sagt, in seiner »Ruhe und der stillen Größe«[39], die es auszeichnet, auf den Beschauer zurück.

Das Genie und seine Produkte sind gewissermaßen das Dokument dafür, daß die in der Natur wirksame Schöpferkraft ihrem Wesen nach identisch ist mit dem, was auch das Wesen des bewußten und individuellen Ich ausmacht; denn sonst wäre es undenkbar, daß jenes eben als individuelles Ich Produkte willensmäßig hervorbrächte, die jene ohne bewußte Motivation in ihrem unendlichen Wirken zustandebringt. Freilich darf man auch nach Schelling nicht glauben, daß im Genie nunmehr die Natur vollständig mit Bewußtsein durchdrungen sei, oder, gröber ausgedrückt, auch nach Schelling gibt es selbst für das Genie keine vollendete Erkenntnis derjenigen Bedingungen, aus denen heraus irgendein Naturprodukt entsteht. Auch bei der Produktion eines Kunstwerks handelt das Genie nicht auf Grund einer vollständigen intellektuellen Durchdringung aller Bedingungen eben dieser Produktion. Es würde unvermögend sein, diese Bedingungen uns erschöpfend anzugeben, es besitzt keinesfalls in begrifflich faßbarer Weise das Rezept für sein Werk und damit das Rezept für die Schöpferkraft der Natur, die ja wesensmäßig mit seiner eigenen identisch ist. Vielmehr liegt jeder künstlerischen Tätigkeit eben jene Durchdringung von bewußtem, vorstellenden Willen und bewußtloser Schöpfungskraft zu Grunde, die sich im vollendeten ästhetischen Gegenstand widerspiegelt und durch ihn das Geheimnis des Absoluten in eigentümlicher Weise entschleiert.

38 [Kant, *Kritik der Urteilskraft*, l. c., S. 307.]
39 [*System des transscendentalen Idealismus*, l. c., S. 620.]

## [Hegel: Die dialektische Methode]

Von den Dichtern, die man als romantische zu bezeichnen sich gewöhnt hat, haben wir am Schluß der letzten Stunde gesprochen.
Daß unser Blick auf die Dichtung jener Zeit geführt wurde, [war]
notwendig; denn die Behauptung, Schelling sei vorzüglich der Philosoph der Romantik gewesen, geht nicht an dem Wesen seiner
Philosophie vorbei, sondern trifft einen entscheidenden Charak-
terzug. Es gibt kein treffenderes Bild für die Ausführung der
Naturphilosophie als daß sie eine gedankliche Nachdichtung der
Natur als eines einheitlichen sinnvollen Organismus sei, der als
Zweck die Geburt der Intelligenz habe. Der geheime Sinn der Natur, ihr Geheimnis, das der Naturphilosoph durch seine Nachdich-
tung entschleiert, ist das bewußtlos schaffende Absolute, dasselbe
Absolute, das auch in uns selbst als bewußt handelnden Wesen
lebendig ist und Geist ist, wie wir selbst. In der Natur ringt es sich
durch alle Gestaltungen hindurch, bewußtlos strebend bis zur Produktion des individuellen Ichs in der Schöpfung des Menschen.
Die ewigen Stufen aber, in denen dieser Prozeß sich vollzieht, die
Kategorien und Potenzen als Ideen des Absoluten, die in allem
Wechsel der erscheinenden Individuen ewig dieselben sind und die
der Philosoph durch das buntwechselnde empirische Geschehen
hindurch stets im Blick hat und in all seinen begrifflichen Formeln
darzustellen strebt – diese Ideen sind keineswegs auf empirischem
Wege, etwa mit den Mitteln der exakten Naturwissenschaft, nachweisbar. Keine noch so eingehende Zergliederung der Wirklichkeit, kein systematischer Aufbau aus den Elementen unserer Erlebnisse wird vermögend sein, die Einsicht in die objektive geistige
Ordnung der Natur, in die Natur als einen ewig sich selbst erneuernden Organismus zu geben, dessen Sinn und Ziel es ist, in einem
seiner Glieder sich selbst anzuschauen und damit auch *für sich* zu
werden, was er ohne dies nur *an sich* wäre. Alle Zergliederung des
Bewußtseins, wie Kant sie in der *Kritik der reinen Vernunft* gegeben hatte, alle Reflexion auf die notwendigen Akte des Wissens,
die Fichte zum Prinzip der Philosophie erhob, mußte ewig in der
subjektiven Sphäre eingeschlossen bleiben, konnte nie vordringen
bis zu einem schlechthin Unbedingten, bis zum Absoluten selbst,
das seinem Wesen nach in der Existenz unabhängig ist vom Sein

des Subjekts. Die Transzendentalphilosophie konnte prinzipiell keine Aussage machen über etwas, das da unbedingte Selbständigkeit besäße. Nach Schelling war es ein Wahn zu glauben, man könne *zum Absoluten hin* philosophieren, das heißt die Analyse könnte irgendwo einmal, gleichsam als Restbestand in der Retorte, das Absolute antreffen. Dieses kommt als solches im Subjekt vielmehr nirgends in seiner Reinheit vor, es ist – nach Schellings Ausdruck – »indifferent« gegenüber dem Unterschied von Subjekt–Objekt, es ist dasselbe als total bewußtlos Zeugendes in der Natur und als mit bewußtem Willen Handelndes im Menschen. In Wahrheit sind alle Unterschiede sowohl innerhalb des Realen (das heißt der Natur) als [auch] innerhalb des Ideellen (das heißt der geistigen Gebilde) nur Unterschiede der Betrachtungsweise, der Reflexion. Alle Vielheit, alle Mannigfaltigkeit der Dinge, alle Trennung von Natur und Geist überhaupt, ist nur Schein, der einer empirischen, analytischen Auffassung anhaftet. Der Philosoph hat eben diese Unterschiede aufzuheben, er hat zu entschleiern, wie alle Wesen im Grunde identisch sind, wie alle Differenz nur relative – oder wie Schelling sich ausdrückt – »quantitative« Differenz bedeutet, wie der Weltgrund in aller Vielheit absolut einer ist, gleichgültig gegen den Gegensatz reell–ideell, vielmehr ihn einschließend. In jedem einzelnen Ding auch sind beide Momente vorfindlich, das ideelle sowohl wie das reelle; nur überwiegt in der Reihe der Naturwesen das letztere, in der Reihe der Bewußtseinsformen das erstere Moment. Der Philosoph vermag also in jedem einzelnen Ding oder, sagen wir besser, durch jedes einzelne Ding hindurch die Struktur der ganzen Schöpfung zu erschauen, und es ist seine Aufgabe, die Dinge *so* darzustellen, daß diese Einheit des Absoluten, die sich durch das ganze Universum hindurch, nur mit gradweise verschiedenem Überwiegen des ideellen oder reellen Poles, sichtbar werde. »*Sub specie aeternitatis*« alle Dinge sehen, nicht in ihrer zufälligen Isoliertheit, das ist das von Spinoza her übernommene Motto der Identitätsphilosophie Schellings.

Und hierin liegt nun die neue und von der vorher im deutschen Idealismus geübten wesentlich abweichende Funktion der Philosophie. Es wird nicht mehr von Bewußtseinstatsachen aus zur unbedingten Wahrheit zum Absoluten *hin*, sondern, wie Schelling sich ausdrückt, aus dem Standpunkt im Absoluten selbst heraus philosophiert. Das heißt, das Absolute als die Identität des Ideellen und Reellen, von Natur und Geist muß schlechterdings vorausgesetzt werden. Mit ihr hat die Philosophie zu beginnen, und unter diesem Gesichtspunkt, als eine Darstellung dieser Identität, hat sie jedes einzelne zu begreifen. Die Philosophie ist damit spekulativ geworden, sie [erhebt] den Anspruch, frei die absolute Wahrheit zu erfassen und darzustellen. Eben damit hat sie in Schelling die innigste Verwandtschaft mit der Kunst der Romantiker erreicht, und hiervon haben wir anläßlich der Erörterung der Naturphilosophie bereits gesprochen.

Doch Schellings Lehre besitzt noch eine andere und systematisch bedeutsamere Beziehung zur Kunst. Nämlich dasjenige, dessen Identität der Philosoph nur behauptet, die Einheit von Subjektivem und Objektivem, von Natur und Geist, tritt uns konkret im echten Kunstwerk gegenüber. Dies will ich wenigstens mit ein paar Worten erläutern. Das eigentliche Ziel, der Sinn aller Produktivität der Natur, die ganze Anstrengung der *natura naturans* geht auf die Produktion von Organismen und letztlich desjenigen Organismus, in dem die Intelligenz erwacht. Alle Naturdinge, die wir anorganisch nennen, sind in Wahrheit sekundär, Erstarrungsprodukte, Derivate. Die Natur als Ganzes, ebenso wie ihre eigentlichen Produkte, sind organisch. Die einzige Stelle aber, an der die Wesensgleichheit der zeugenden Macht in der Natur mit dem, was in uns selbst als intelligent wollendes Wesen sich äußert, die einzige Stelle, an der die Identität des Weltgrundes offenbar wird und sich konkret objektiviert, ist das Kunstwerk: Hier ist ein aus bewußter Vorstellung hervorgegangener Gegenstand, der doch die charakteristische Beschaffenheit des Naturproduktes, die organische, an sich trägt. Die Lehre von der inneren Verwandtschaft des Kunstwerks mit den biologischen Gegenständen, die Kant in der *Kritik der Urteilskraft* systematisch formulierte und die Goethe schon damals begeistert hatte, nimmt Schelling auf, aber in einer für seine Philosophie unendlich weitertragenden Bedeutung. Denn bei ihm ist es nun in Wahrheit so, daß jedes Kunstwerk dem Verstehenden dasselbe offenbaren muß, was die Philosophie ihrem Schüler mit Hilfe ihres ganzen begrifflichen Apparates einzig zu enthüllen im Sinne hat: die Identität von Natur und Geist, von Bewußtem und Bewußtlosem. Es ist nicht so, als ob nun der Künstler in seinem Schaffen selbst in begrifflicher Klarheit das Geheimnis der Natur besäße. Nein, das Beste seiner Schöpfung geschieht gerade bewußtlos, das heißt so, wie wenn die Natur, gleichsam als Dämon, dem Genie die Hände führte. Eben darum strahlt die Einheit des Ideellen und Reellen, des Bewußten und Bewußtlosen aus dem harmonischen Kunstwerk zu dem Beschauer zurück.

Man kann sich denken, wie eine solche Philosophie von der Generation der romantischen Dichter empfangen werden mußte. Sie selbst aber, deren höchster Anspruch schließlich logischerweise selbst ein ästhetischer, jedenfalls nicht mehr im exakten Sinn erkenntnismäßiger sein konnte, verlor sich immer tiefer in Mystik und Theosophie. In Schelling enthüllt sich in besonders deutlicher Form, daß die Philosophie nicht eine abgelöste, von den allgemeinen, kulturbildenden gesellschaftlichen Mächten unabhängige Geistesinsel darstellt, sondern aufs engste in die Totalität des gesellschaftlichen Geschehens eingeflochten ist. Das Resignieren derjenigen Kräfte, die dem deutschen Idealismus ursprünglich seine ethischen Energien und die praktische Spitze verliehen hatten, die allgemeine Depression des Bürgertums jener Jahre machten sich auf den geistigen Gebieten und im persönlichen Schicksal Schellings geltend. Die Naturphilosophie besaß noch die Schärfe der begrifflichen Erkenntnis und in entscheidenden Punkten Einigkeit mit Fichte und Kant, der Ästhetizismus der Identitätsphilosophie und gar die Mystik von Schellings späteren Perioden sind als rein rückläufige Gedankenbewegungen aufzufassen – wie Ästhetizismus und Mystik überhaupt.

Und doch habe ich Ihnen von der Identitätsphilosophie berichten müssen; denn das Wenige, das ich Ihnen zur Charakteristik des großen Denkers noch sagen kann, der nun die Philosophie des deutschen Idealismus aufnimmt und in einem unerhört großartigen Systembau zum Abschluß bringt, ist ohne die Identitätsphilosophie, deren Anhänger er selbst eine Zeitlang gewesen war, nicht verständlich zu machen. – Wenden wir uns noch einmal zurück auf die Geschichte des deutschen Idealismus, soweit wir sie bis jetzt zu verfolgen vermochten und merken wir dabei auf die großen weltanschaulichen, metaphysischen Wandlungen. Einer naiv-dogmatischen naturalistischen Weltansicht gegenüber, die das bewußt-

seinsunabhängige Sein einer an sich wirklichen, selbständig struk-
turierten Welt und als deren Spiegel und wesentlich passives Gegenüber unser Bewußtsein hinnimmt, stellt Kant entgegen die Lehre
von der Spontaneität, vom verarbeitenden Charakter des persönlichen Bewußtseins. Gewiß gibt es eine selbständige Welt, aber unsere Wissenschaft und ihr Geltungsanspruch haben auf *diese* Welt
keinen Bezug, sonst wären sie gar nicht zu begründen. Über die
echte und wahrhafte Existenz gibt es keine Naturwissenschaft. Vielmehr liefert unsere Berührung mit der Wirklichkeit an sich, das
heißt das Erleben, nur das Material, den letztlich aller Wissenschaft
zugrunde liegenden und undurchdringlichen Stoff. Einzig was als
Konsequenz aus der Hineinnahme des Stoffes in unseren Vernunft-
apparat sich dartun läßt, also das Subjektive, freilich uns allen *qua*
Erkennenden *gemeinsam* Subjektive, macht das Sichere, Apriori-
sche, Wissenschaftliche an der Wissenschaft aus. Deshalb sind wir
aber nach Kant ganz gewiß nicht in die Sphäre des Bewußtseins eingeschlossen: Nur die Naturwissenschaft reicht darüber nicht hinaus. Es steht vom Eingang der *Kritik der reinen Vernunft* an fest,
daß es eine Welt an sich, allerdings eine der Newtonschen Wissenschaft unzugängliche Welt an sich gibt. Der Mensch als Lebender,
Handelnder erfährt sie glaubend als ein Geisterreich intelligibler
Wesen, in dem eine gottgestiftete, ewig sich entwickelnde Ordnung
herrscht und in das auch wir als empirisch erkennende und praktische Wesen eingeordnet sind.

Aber die Denker zwischen Kant und Fichte zerschlagen diesen objektiven Halt, die ontologische Gewißheit. In ihrem Drange nach
systematischer Konsequenz entdecken sie die Widersprüche in der
Lehre vom Ding an sich und werfen diese Lehre – Anhänger und
Gegner [Kants] zugleich – aus der idealistischen Philosophie hinaus.
Fichte beginnt zu philosophieren ohne das Zugeständnis irgendeines Seins, selbst des subjektiven. Nun bedenken Sie, daß auch das,
was Fichte reines, absolutes Ich nennt, nicht etwa ein den Subjekten
übergeordnetes Sein darstellt, sondern lediglich den Inbegriff derjenigen Tathandlungen, ohne die Selbstbewußtsein überhaupt nicht
denkbar ist, so daß also daraus kein Argument dafür abzuleiten ist,
daß nicht nur meines, sondern mehrere individuelle Iche existieren
müssen. Bedenken Sie, daß es für Fichtes konsequente Philosophie
keinen theoretischen Rechtsgrund gibt, ein von unserem höchst-

eigenen Ego verschiedenes Sein überhaupt gelten zu lassen * – und es wird Ihnen der *horror vacui* verständlich werden, der den deutschen Idealismus überkam, als er diese Philosophie, die für das reformatorische Individuum Fichte in der gegebenen politischen Situation ein vollendeter Ausdruck gewesen war, rezipieren sollte.

Der junge Schelling in seiner nach vorwärts weisenden, aufsteigenden naturphilosophischen Periode war lediglich darauf gerichtet, den Mängeln und Lücken der Wissenschaftslehre abzuhelfen, und das hieß im wesentlichen, die phänomenalistische, solipsistische Eigenart des Fichteschen Idealismus zu beseitigen, das heißt die metaphysische Ausnahmestellung des persönlichen Ego aufzuheben, der Natur ein Wesen zu verleihen. Ursprünglich, in der Naturphilosophie, geschah dies noch echt idealistisch, die Natur war ebenso Subjekt wie das Bewußtsein. Die schöpferischen Tathandlungen der Wissenschaftslehre wurden bei Schelling zu zeugenden Mächten in der Natur, ähnlich dem Willen als der metaphysischen Wesenheit in Schopenhauers Konzeption. In der Epoche der Identitätsphilosophie aber soll das metaphysische Wesen gerade in der absoluten Indifferenz zwischen Ideellem und Reellem bestehen, in dem völligen Aufgehobensein und der Negation jeder Art von Bestimmtheit. An die Stelle der begrifflichen Erkenntnis tritt die mehr oder minder ästhetische Ineinsschau der differenzierten Welt, an die Stelle des Denkens tritt die vornehm tuende, nicht jedem verliehene Gabe der Intuition, die doch schließlich nichts zutage fördert als die unbedingte Wahrheit, daß alles eins sei. Die Fichtesche Isolierung und Vergottung des Ich ist nun freilich verschwunden, dieses hat kein Übergewicht mehr im Reiche der Wahrheit; dafür aber mündet der Idealismus Schellings in die romantische Gesinnung eines vor der feudalen Restauration resignierenden, in Mystik und schwärmerische Religiosität sich flüchtenden Bürgertums.

In der Vorrede zur *Phänomenologie des Geistes*, in der Hegel zum erstenmal sichtbar von Schelling abrückt und seine eigene philosophische Mission antritt, verkündet er nicht allein sein eigenes Programm, sondern gibt eine ironische Kritik der romantischen Identitätsphilosophie. Da heißt es: »Irgend ein Daseyn, wie es im

[* Handschriftlicher Vermerk von M.H.: »Goethe und Jean Paul«, der an die Fichte-Gegnerschaft dieser Autoren erinnert.]

*Absoluten* ist, betrachten, besteht hier« (das heißt in der Identitätsphilosophie [M. H.]) »in nichts anderem, als daß davon gesagt wird,
es sey zwar jetzt von ihm gesprochen worden, als von einem Etwas,
im Absoluten, dem A = A; jedoch gebe es dergleichen gar nicht,
sondern darin sey alles Eins. Dieß Eine Wissen, daß im Absoluten
Alles gleich ist, der unterscheidenden und erfüllten oder Erfüllung
suchenden und fordernden Erkenntniß entgegenzusetzen, – oder
sein *Absolutes* für die Nacht auszugeben, worin, wie man zu sagen
pflegt, alle Kühe schwarz sind, ist die Naivität der Leere an
Erkenntniß.«[40]
Wir kennen keine entschiednere Abkehr von aller mystisch-roman-
tischen Schwärmerei, von aller vornehmen Verachtung der verstandesmäßig aufklärenden Wissenschaft als Hegels Absage an Schellings und seiner Freunde Schau des einheitlichen Absoluten und an
jede Art von Dunkelheit, eine Absage, die sich in den folgenden
Sätzen ausspricht: »Wer nur Erbauung sucht, wer die irdische Mannigfaltigkeit seines Daseyns und des Gedankens in Nebel einzuhül-
len und nach dem unbestimmten Genusse dieser unbestimmten
Göttlichkeit verlangt, mag zusehen, wo er dieß findet; er wird leicht
selbst sich etwas vorzuschwärmen und damit sich aufzuspreizen die
Mittel finden. Die Philosophie aber muß sich hüten, erbaulich seyn
zu wollen.«[41]
Aber nun, fragen Sie, inwiefern fällt denn Hegels Philosophie diesen Vorwürfen nicht selbst anheim, inwiefern hat Hegel, der Schelling zu treffen vermeinte, sich nicht mitgetroffen, kurz, inwiefern
kann denn Hegels Philosophie zugleich idealistisch [und] unroman-
tisch heißen? Wir müssen Hegels Fortschritt über Schelling hinaus
bezeichnen. Wenn wir sie richtig verstehen, kann auch hierbei die
erwähnte *Phänomenologie des Geistes* uns zu einer prägnanten Antwort verhelfen.
Gewiß, Schelling hat recht, wenn er Kants und Fichtes Beschränkung der theoretischen Wahrheit auf den Bereich des reflektierenden Bewußtseins ablehnt. Der Besitz *bedingter* Wahrheit für sich
allein ist auch nicht einmal bedingte *Wahrheit*. Dies ist ein Grund-

---

40  [Hegel, *Sämtliche Werke*, hrsg. von Hermann Glockner, Zweiter Band, Stuttgart-
Bad Cannstatt 1964, S. 21 f.]
41  [Ibid., S. 17.]

motiv des Hegelschen Denkens. Wenn Kant behauptet, die Kategorien in Verbindung mit dem sinnlichen Stoff stiften Wahrheit über Erscheinungen, aber nicht über die Dinge an sich, das heißt, sie verleihen relative, aber keine absolute Wahrheit, so ist zu fragen: Was bürgt denn dafür, daß diese relative Wahrheit sich vor der unbedingten als existent erweist? Und wenn Fichte im Anschluß an Kant die vollendete Erkenntnis, spezieller die vollendete Selbsterkenntnis in die Unendlichkeit hinausverlegt, wenn er den aktuellen Besitz der unbedingten Wahrheit bloß zum prinzipiell unerfüllbaren Postulat macht, so wird nicht allein sein Ausgangsprinzip Ich = Ich im Gange des Systems zum Ich soll = Ich sein, also Ich nicht = Ich, sondern er verfällt demselben Einwand wie Kant: Was er faktisch gibt, ist immer nur relative Wahrheit. Da uns der faktische Besitz des Unbedingten prinzipiell verwehrt ist, läßt sich auch über das Fragment keine gültige Entscheidung treffen, sein Anspruch ist prinzipiell unerfüllbar. Schelling hat soweit recht, als er von der Philosophie unbedingte, absolute Wahrheit fordert, als er prätendiert, die *ganze* Wahrheit zu geben. Aber er *prätendiert* dies bloß. Dadurch, daß er das Absolute als *bloße* Identität, als *bloße* Indifferenz des Reellen und Ideellen ausgibt, also bloß abstrakte Einheit aller Gegensätze im Unterschied von der Vielheit der endlichen Dinge sein läßt (das heißt jene Nacht, in der alle Kühe schwarz sind), dadurch ist er vom idealistischen Prinzip abgewichen, und Hegel hat recht, wenn er lehrt, daß das Absolute gegenüber dem Gegensatz ideell–reell nicht indifferent, sondern wesentlich Subjekt sei. Als solches aber hat es die Welt der endlichen Dinge keineswegs sich äußerlich gegenüber, sondern schließt sie ein. Sonst wäre es ja nicht unbedingt und unendlich; denn es hätte etwas außer und neben sich und die ganzen mystischen Fragen nach dem Grunde des Entlassens der Endlichkeit aus der Unendlichkeit, in die auch Schelling später verfallen ist, bestünden zurecht. Nein, insofern das Absolute Subjekt ist und die Philosophie die Selbsterkenntnis dieses Subjektes darstellt, ist durch die bloße romantische Versicherung, daß dieses Absolute, an sich Seiende Eines und Alles sei, noch nichts getan. Denn eben dies ist nunmehr die Aufgabe der Philosophie, die Selbsterkenntnis des Absoluten zu realisieren, das heißt es als Eines und Alles dadurch zu erweisen, daß sie die Bestimmungen des Endlichen notwendig und selbständig entwickelt. Die ausgeführte Ge-

stalt der Wissenschaft muß Zeugnis [davon] ablegen, daß dieses, was hier sich selbst erkennt, auch in Wahrheit Eines und Alles ist. Das und nichts anderes meint Hegel, wenn er in unserer Vorrede so viel wert auf die Feststellung legt, daß »das Wahre nicht als *Substanz*, sondern ebenso sehr als *Subjekt* aufzufassen und auszudrükken«[42] sei. Jetzt werden Sie auch die berühmte Stelle verstehen, die den Inbegriff der Hegelschen Metaphysik ausdrückt und folgendermaßen lautet: »Daß das Wahre nur als System wirklich, oder daß die Substanz wesentlich Subjekt ist, ist in der Vorstellung ausgedrückt, welche das Absolute als *Geist* ausspricht, – der erhabenste Begriff, und der der neueren Zeit und ihrer Religion angehört. Das Geistige allein ist das *Wirkliche*; es ist das Wesen oder *Ansichseyende*, – das sich *Verhaltende* und *Bestimmte*, – das *Andersseyn* und *Fürsichseyn*« (das heißt Erkanntes und Erkennendes [M.H.]) »– und in dieser Bestimmtheit oder seinem Außersichseyn« (das heißt in der Vielheit aller endlichen Gestalten [M.H.]) »in sich selbst Bleibende; – oder es ist *an und für sich*.«[43]
Ich sehe davon ab, Ihnen den Aufbau des Systems zu skizzieren und benutze die wenigen Minuten, die uns noch bleiben, um einige Worte über die Dialektik zu sagen, die Methode dieses Systems, die – auch nach der Preisgabe nicht nur des Systems als eines Ganzen, sondern der meisten inhaltlichen Einzelheiten – die fruchtbarsten Wirkungen gezeitigt und die Aktualität des Idealismus weit überlebt hat. Worin liegt das Wesen dieser philosophischen Methode, durch deren Verspottung heutzutage jeder kleine Schreiber seine philosophische Kompetenz dokumentieren möchte, auch wenn er nicht zwei Seiten von Hegel zu lesen versteht, und die doch nicht nur zu jenen Zeiten einer Generation die schärfste Waffe des Denkens zu sein schien, sondern seither nicht den Schlechtesten eine solche Waffe geblieben ist?
Schon einmal in diesen Stunden hat uns die Dialektik beschäftigt: bei Erörterung der Methode der theoretischen Wissenschaftslehre. Ich erinnere kurz an das, was wir dort flüchtig berührten. – Wenn man den Gehalt des Bewußtseins auf seiner untersten Stufe als Empfindung ausspricht, so erscheint der Gegenstand, also die Empfin-

42  [Ibid., S. 22.]
43  [Ibid., S. 27f.]

dung selbst, als das schlechthin Gegebene, von außen Aufgezwungene, das Ich aber als bloß passiv, als völlig abstrakt und rezeptiv. Indem wir nun über diese Wahrheit reflektieren, entdecken wir, daß dieses Verhältnis: Gegebensein und passive Aufnahme nicht das Wahre sein kann, da ja dasselbe Ich, das bloß passiv sein soll, eben indem es über die Empfindung reflektiert, diese auf einen Gegenstand bezieht und sich so als mehr erweist, als das bloße Gegenüber der Empfindungen. In dieser Beziehung [des Ichs] auf einen Gegenstand erscheint nun dieser selbst als das Objektive, Ichfremde, die Empfindung aber als ein nach dessen Muster gefertigtes Abbild und also bereits als spontan und in gewissem Sinn konstitutiv. So wird bei Fichte kraft der Reflexion das Ich notwendig veranlaßt, seine Meinung über sich selbst zu revidieren. Es wird von einer Bewußtseinsstufe zur nächsthöheren fortgetrieben, und auf keiner Stufe sind die früheren vollständig ausgelöscht, sondern nur insofern aufgehoben, als das, was vorher noch als gegenständlich, als dem Ich gegenüberstehend erschienen war, auf der neuen Stufe als vom und im Ich gesetzt erkannt ist, so daß dieses nun in immer höherem Maß als Schöpfer der Welt, als spontan, selbsttätig, unbedingt sich erkennt. Die Natur, die auf den niederen Stufen nur »an sich« in ihrem Wesen Ich ist, wird auf den höheren auch »für sich«, das heißt für das Ich zu dem, was sie ist. Dabei sind schon bei Fichte drei Gesichtspunkte für diese Entwicklung, für diese »Geschichte des Bewußtseins«, wie er sich ausdrückt, auseinanderzuhalten. Erstens gilt sie logisch, das heißt: in jeder bestimmten Wissensgestalt stecken die ihr vorausgesetzten Bewußtseinsstufen notwendig als aufgehobene darin. Zweitens durchläuft jedes einzelne individuelle Bewußtsein auf seinem persönlichen Weg tatsächlich so viele Stufen als es eben in seinem Leben erreicht. Das philosophische [Bewußtsein], das heißt der Zustand adäquater theoretischer Selbsterkenntnis, muß, soweit er überhaupt aktuell erreichbar ist, alle hinter sich haben. Und drittens entsprechen einzelnen Etappen sowohl bestimmte historische Epochen in der Menschheitsgeschichte überhaupt als auch insbesondere bestimmte Philosophien – wie zum Beispiel der Stufe: gegenständliches Original – bewußtseinsmäßiges Nachbild die dogmatisch-naturalistische Lehre entspricht. Damit hört die Geschichte der Philosophie auf, eine sinnlose Folge willkürlicher Meinungen zu sein und wird zu einer Geschichte notwendiger, relativer, ihrer Stufe angemessener Ausdrücke, die zusammen die ganze Wahrheit ausmachen.

Diese Fichtesche Methode nun hat Hegel übernommen und gleich in seinem ersten großen Werk, der *Phänomenologie*, in unbeschreiblicher Vollendung geübt. Dieses Werk kann mit Hegels eigenen Worten und ganz im Einklang mit dem, was ich soeben bei Fichte ausführte, »als der Weg des natürlichen Bewußtseyns, das zum wahren Wissen dringt, genommen werden; oder als der Weg der Seele, welche die Reihe ihrer Gestaltungen, als durch ihre Natur ihr vorgesteckter Stationen, durchwandert, daß sie sich zum Geiste läutere, indem sie durch die vollständige Erfahrung ihrer selbst zur Kenntniß desjenigen gelangt, was sie an sich selbst ist«[44]. – Abgesehen von der Terminologie, die eine gewisse philosophische Bildung des Lesers voraussetzt, hat die *Phänomenologie* wohl nur deshalb für das schwierigste Werk der Literatur gelten können, weil sich in ihr die eben erwähnten drei Gesichtspunkte: der logische, der psychologische, der historische fortwährend kreuzen, weil soziale Verhältnisse plötzlich abstrakt-logische Exkurse erhellen und umgekehrt historische Situationen aus rein begrifflichen Bewegungen verstanden werden. Wer die Grundintention begriffen hat, wird sich daran nicht allein nicht stoßen, sondern den Reichtum und die Verschlingung der Gesichtspunkte bewundern.

Immer aber ist dabei das dialektische Prinzip dieses, daß jede einzelne Wahrheit insofern eine Unwahrheit ist, als sie das, was sie ist und damit ihre Geltung erst im vollendeten System gewinnen kann – erst wenn das Wissen sich zum absoluten Wissen erhoben hat. Dies bedeutet Hegels Satz in der Vorrede: »Es ist von dem Absoluten zu sagen, daß es wesentlich *Resultat*, daß es erst am *Ende* das ist, was es in Wahrheit ist; und hierin eben besteht seine Natur, Wirkliches, Subjekt, oder Sichselbstwerden zu seyn.«[45]

Aber um die Bedeutung der Dialektik ganz zu verstehen, müssen wir bedenken, daß der deutsche Idealismus, hier also Hegel, seit Fichte Schelling in sich aufgenommen hat. Der Geist, der in der *Phänomenologie* sich auf dem Wege zum absoluten Wissen findet, ist nicht nur nicht das individuelle Ich, sondern auch nicht mehr die

44  [Ibid., S. 71.]
45  [Ibid., S. 24.]

daraus gewonnene Fichtesche Abstraktion des reinen oder absoluten Ichs, dem die Natur und alle übrigen Sphären bloß wesenloser
Schein sind. Die Selbsterkenntnis endigt nicht beim »subjektiven«
Geist, beim erreichten Selbstbewußtsein des für sich betrachteten
Individuums, das von der Empfindung bis zum persönlichen Selbstbewußtsein alle Stufen durchlaufen hat; denn das Individuum selbst
ist eine Abstraktion. Es ist ein Irrtum zu glauben, daß ein Individuum allein aus sich heraus eine Philosophie, eine neue Kunstform,
politische Formen schaffe und daß diese daher aus dem Individuum als solchem zu begreifen wären. Es sind vielmehr alle Kulturformen, die die Menschheit auf ihrem Wege hervorgebracht hat, in
Wahrheit kollektive Formen der Selbsterkenntnis des Geistes:
Kunst, Religion – bis zur höchsten, adäquaten Form des Wissens,
bis zum absoluten Wissen: der Philosophie. Jede dieser Formen
spricht in ihrer Weise, an ihrer Stelle ihre Wahrheit aus: die Selbst-
kenntnis des Geistes [auf] dieser [Stufe] seiner Entwicklung. Es ist
sinnlos und zeugt von mangelhafter Bildung, irgendeine einzelne
Erscheinung, eine aufgetretene Lehre oder auch ein Ereignis als solches abzulehnen. Es in den lebendigen Zusammenhang hineinneh-
men, es *begreifen*, das heißt ihm philosophisch Gerechtigkeit wi-
derfahren zu lassen. Auf diese Weise ist alles Wirkliche vernünftig
und kann als solches eingesehen werden; denn die Vernunft ist die
Wirklichkeit – aber eben die *ganze* Wirklichkeit. Es ist, nach Hegels
Wort, »die Wahrheit nicht eine ausgeprägte Münze..., die fertig
gegeben und so eingestrichen werden kann«[46]. Die Dialektik besteht
im Grunde immer darin, daß ein einzelnes, als solches notwendig
abstraktes Urteil auf die Totalität der Wahrheit bezogen, also in seiner Einseitigkeit erkannt und eben damit begriffen wird. Da nun bei
Hegel nicht nur das persönliche Subjekt, sondern, wie wir nun wissen, in Wahrheit alles Geist ist, so besteht das philosophische System darin, zunächst bei den abstraktesten und ärmsten Begriffen zu
beginnen und, der dialektischen Bewegung folgend, zu den konkretesten Bestimmungen auf- oder vielmehr herabzusteigen. So entwickelt Hegel zuerst die geistigen Kategorien überhaupt in der
Logik; er gelangt hierauf zu der dialektischen Entfaltung der natürlichen Bestimmungen in der Naturphilosophie (dem Geist »in sei-

46 [Ibid., S. 38.]

nem Anderssein«, das heißt in seinem Gegebensein als dingliche Objektwelt) und schließlich zur Entfaltung der individualpsychologischen Bestimmungen des subjektiven und der Kulturformen des objektiven Geistes: der Kunst, der Religion, der Philosophie. Da letztere als eigentümliche Form des objektiven Geistes ihre systematische Darlegung in der Logik findet, so schließt das System in Wirklichkeit einen Kreis.

Zu jeder dieser von abstrakten Begriffen her konstruierten systematisch-philosophischen Disziplinen gehört eigentlich je eine andere, nämlich deren Geschichte. Was in der *Phänomenologie* durcheinander lief, darf in der entfalteten Philosophie nicht vermengt sein. Wie der Rechtsphilosophie die geschichtliche Entwicklung der Staatsformen in der Geschichtsphilosophie entspricht, so der Logik die Geschichte der Philosophie. Ja, man darf in Hegels Sinne sagen, daß die Idee einer dialektischen Geschichte der Natur und der Menschheit einschließlich aller ihrer Kulturformen als eigentliche Offenbarung des absoluten Geistes, als Selbsterkenntnis dieses Geistes, insofern er in allem die Vernunft und daher sich selbst begreift, zu betrachten sei.

Nun aber könnte – um wieder zum Thema zurückzukehren – der Einwand erhoben werden, daß, wenn unsere Charakteristik der dialektischen Methode richtig sei, diese ja gar nichts besonderes wäre. Es sei immer das Bestreben der Wissenschaft gewesen, die Bedingtheit jeder Einzelwahrheit und ihre Relativität zu sehen, nur pflege in der Regel nicht die Bewegung des Denkens, sondern einzig dessen Resultat kodifiziert zu werden. In Hegels Sinne müßte darauf geantwortet werden: Gewiß, soweit Wissenschaft echte Wissenschaft ist, verfährt sie dialektisch und ist in Wahrheit immer dialektisch verfahren – ob sie sich dessen bewußt war oder nicht. Die Dialektik ist so alt wie die Wissenschaft. Aber erstens hat die Bewußtlosigkeit ungeheure Hemmungen verschuldet und verschuldet sie noch; zweitens sind [wissenschaftliche] Resultate, soweit nur sie auch heute noch kodifiziert werden, vielleicht von praktischem Nutzen: Ein Wissen aber bedeuten sie nur, solange wir die Bewegungen selbst (also die unausgesprochenen Zusammenhänge mit der Wissenschaft als solcher und der Gesamtkultur überhaupt) wenigstens immanent, gleichsam als Selbstverständlichkeiten, mitvollziehen – ohne dies wäre jenes Wissen eben kein Wissen und wird einmal keines mehr sein. Drittens ist es noch herzlich wenig, was wir an dialektischen Untersuchungen in unserer Wissenschaft besitzen. Und dies hat seine guten Gründe. Denn die Dialektik ist eine Macht, die von den höchsten geistigen, von den ätherischsten Höhen der scheinbar isoliertesten Geistesinseln zu den konkretesten Gewalten des aktuellen historischen Lebens den Weg findet und aufzeigt; die das historische Werden der scheinbar allem Vergänglichen entzogenen Wesenheiten und Götterbilder enthüllt, aber auch die wirklichen Mächte ihres Vergehens an ihnen selbst entdeckt. Hegels Idealismus wird historisch nicht weitergeführt von reiner Philosophie, sondern übernommen von Bewegungen, deren Darstellung nicht mehr unsere Aufgabe ist.

# 3. Einführung in die Philosophie der Gegenwart
## (Vorlesung und Publikationstext)

# Einführung in die Philosophie der Gegenwart (Vorlesung)

# (1926)

## Editorische Vorbemerkung

Ts. m. e. Korr. u. Zusätzen / ohne Titel / ohne Datierung / MHA: VIII 2.1.

Im Sommersemester 1926 hielt Horkheimer einstündig (ergänzt durch ein ebenfalls einstündiges Colloquium) die im folgenden wiedergegebene Vorlesung, die im Vorlesungsverzeichnis unter dem hier verwendeten Titel angekündigt wurde. Das Skriptum der Vorlesung wurde von Horkheimer nachträglich erweitert und thematisch fortgeführt. Geplant war eine Publikation unter dem Titel *Zur Emanzipation der Philosophie von der Wissenschaft*. Dieser etwa 1928 fertiggestellte Publikationstext wird hier im Anschluß an den Text der Vorlesung abgedruckt.

Das vielfach handschriftlich korrigierte und ergänzte Vorlesungstyposkript bot, mehr noch als das der vorangegangenen Vorlesung über die *Geschichte der deutschen idealistischen Philosophie*, der Erstellung einer Druckvorlage erhebliche Schwierigkeiten. Stillschweigend zu korrigieren waren auch in diesem Fall archaische Schreibweisen, soweit sie nicht in Zitationen vorkommen, orthographische Fehler und stilistische Unebenheiten überall dort, wo dies syntaktisch unumgänglich war. Mit eigenen, durch eckige Klammern gekennzeichneten Einschüben hat der Herausgeber sich zurückgehalten; sie dienen durchweg besserer Verständlichkeit. Handschriftliche Zusätze Horkheimers wurden, soweit möglich, in den Haupttext aufgenommen, der nach Überprüfung der Zitate mit einem Anmerkungsapparat zu versehen war.

## [Die Wiedergeburt der Philosophie]

Wenn wir die gesellschaftliche Stellung der Philosophie in der unmittelbaren Gegenwart mit der Rolle vergleichen, die sie im Leben
der fünfziger Jahre des letzten Jahrhunderts gespielt hat, so zeigt
sich uns ein Gegensatz, der kaum größer gedacht werden kann. Damals, und in steigendem Maße noch in den folgenden Jahrzehnten,
nahm die Philosophie unter allen geistigen Bestrebungen einen ganz
besonders untergeordneten Rang ein. Der Name ›Philosoph‹ war
nicht bloß im breiten öffentlichen Leben, sondern insbesondere
auch auf den Universitäten gar kein Kompliment, sondern ein nega-
tives Werturteil in Beziehung auf die wissenschaftliche Potenz des
Betroffenen. Im Ausland war der Ausdruck *German metaphysics*
ein Schreckwort zur Bezeichnung unklarer, eitler und nutzloser intellektueller Bestrebungen geworden, und in Deutschland selbst
war man sehr geneigt, diesen Modus zu akzeptieren. Ein Mensch,
der sich weder mit einer empirischen Einzelwissenschaft beschäftigte noch auch künstlerisch tätig war, trotzdem aber den Anspruch
erhob, geistig produktiv zu sein, mit anderen Worten: ein ›Wissen-
schaftler‹, der keine anständige, exakte, positive Fachwissenschaft
betrieb, der über alle möglichen und unmöglichen Gegenstände da-
herredete, die keineswegs mit dem unmittelbaren, ausschließlich an
konkrete Interessen gebundenen Leben zusammenhingen – ein solcher Mensch konnte weder auf große Achtung im allgemeinen noch
auf besoldete Universitätsstellung im besonderen rechnen. *Savoir
pour prévoir* war das positivistische Motto der wissenschaftlichen
Arbeit jener Epoche. Man war gewiß, daß alle vernünftigen und
berechtigten Fragen, die sich der menschliche Geist stellen konnte,
mit den Mitteln der exakten Wissenschaft lösbar seien, und jeder
Versuch, irgendwelche Probleme auf andere Weise in Angriff zu
nehmen, als nach dem Idealbilde und mit der Intention auf physika-

lische Naturwissenschaft, erschien als das Unternehmen, vorläufige Lücken unseres wissenschaftlichen Wissens durch müßige Dichtung zu überdecken.

Die Stellung jener Zeit zu spezifisch philosophischen Bestrebungen hat viel gemeinsam mit ihrer Ansicht über fremde Kulturen. Der sogenannte ›primitive‹ Mensch erschien damals als ein Wesen, dessen Mentalität mit der unsrigen vollständig gleichgeartet ist, nur weniger entwickelt, minderen Grades, unvollkommener. Alle seine Vorstellungen, die von den unsrigen abwichen, insbesondere seine Ansichten von Natur und Welt, wurden nicht etwa als ein prinzipiell von dem unsrigen verschiedenes Verhalten gedeutet, aus dem mythologische und empirische Momente als aus einer primären Einheit erst nachträglich von uns abgelesen werden könnten; sondern sein intellektuelles Verhalten mit allen seinen Anschauungen sollte von der gleichen Absicht geleitet sein wie die eines modernen Naturforschers, nur eben mit einem kindlichen, armseligen, ganz unvollkommenen, ›primitiven‹ Resultat. Und geradeso wurden philosophische Versuche von jenen naturwissenschaftlichen Generationen einfach verstanden als naturwissenschaftliche Versuche mit veralteten, unentwickelten, untauglichen Mitteln. Es war selbstverständlich – darüber gab es gar keine Diskussion –: Das einzig mögliche intellektuelle Interesse, die einzige sinnvolle Frage, die man an die Welt stellen konnte, war diejenige der exakten Naturwissenschaft: nämlich die Frage nach der Regelmäßigkeit der Ereignisse. Die genaue Kenntnis der Regelmäßigkeiten in der Natur und damit die Möglichkeit exakter Berechnung des Eintrittes von Ereignissen, dasjenige Wissen also, durch das die Beherrschung der Natur im weitesten Maße möglich werden sollte, war das Ideal jener Zeit und zugleich die einzige Haltung, die ihr auf dem Gebiete des Denkens und Forschens möglich erschien. Daß es etwa dem Philosophen auf ganz andere Dinge ankommen könne als auf Kalkulation von Ereignissen, daß das Mitglied anderer Kulturen als der unsrigen eine von uns wesentlich verschiedene Beziehung zum Leben und zu allen Dingen haben könne, kam damals keinem Menschen in den Sinn. Die Geistesprodukte fremder Kulturen waren mehr oder weniger kindliche, mehr oder weniger gelungene Anfänge in derselben Richtung wie die fortgeschrittenen, modernen und mit Erfolg gekrönten wissenschaftlichen Bestrebungen. Die Philosophie aber, die zur selben Zeit und am selben Orte, wo die Naturwissenschaft ihre Triumphe feierte, angesichts all dieser großen Erfolge der exakten Wissenschaft immer noch mit anderen Mitteln als diese irgendwelche geistigen Probleme zu lösen trachtete, war im Gegensatz zu den fremden Kulturen nicht bloß mitleidig zu verstehen, sondern eben einfach als eitle Vergeudung von Energie abzuschaffen.

Diese Periode völliger Verachtung der Philosophie, von der ich soeben gesprochen habe, folgt unmittelbar auf ihr genaues Gegenteil, auf eine philosophische Glanzperiode in Deutschland sondergleichen. Die geistige Situation im Deutschland der ersten Hälfte des neunzehnten Jahrhunderts, mindestens aber bis tief in die dreißiger Jahre hinein, ist geradezu dadurch ausgezeichnet, daß die Philosophie die führende und repräsentativste aller kulturellen Bestrebungen darstellte. Gespeist von vitalen gesellschaftlichen Kräften hatte in den Jahren Fichtes, Schellings und Hegels der philosophische Gedanke den Zusammenhang mit dem wirklichen Leben nie verloren, ja man kann sagen, die philosophischen Dokumente aus jener Zeit seien der unmittelbare Ausdruck der entscheidendsten und folgenschwersten Bewegungen des damaligen gesellschaftlichen Lebens selbst. Will man sich einen Begriff von dieser Aktualität der Philosophie machen, so braucht man nur beliebige zeitgenössische Dokumente heranzuziehen. Als im Jahre 1841, also zehn Jahre nach dem Tode Hegels, Schelling seine Berliner Vorlesungen eröffnete, heißt es in dem Brief eines jungen Mannes aus Berlin: »Wenn Ihr jetzt in Berlin irgendeinen Menschen, der auch nur eine Ahnung von der Macht des Geistes über die Welt hat, nach dem Kampfplatze fragt, auf dem um die Herrschaft um die öffentliche Meinung Deutschlands in Politik und Religion, also über Deutschland selbst, gestritten wird, so wird er Euch antworten, dieser Kampfplatz sei in der Universität, und zwar das Auditorium Nr. 6, wo Schelling seine Vorlesung über die Philosophie der Offenbarung hält.«[1] Und Schelling hat in eben jener Vorlesung der gleichen Anschauung Ausdruck gegeben, indem er erklärte, daß in Deutschland die Philosophie eine allgemeine Angelegenheit, eine Sache der Nation sei.

---

1 [Engels, zitiert nach der Biographie von Gustav Mayer, *Friedrich Engels*, Band I, Berlin 1919, S. 71.]

Nach wenigen Jahren dann dieser ungeheure Umschlag. Von der hervorragendsten Stellung im öffentlichen Leben, von einer Machtposition, die es schließlich mit sich gebracht hatte, daß auch die Besetzung nicht-philosophischer Lehrstühle unter Umständen davon abhing, wie die Kandidaten sich zur Hegelschen Philosophie verhielten, wie weit sie mit der dialektischen Methode vertraut waren – von dieser Höhe stürzte die Philosophie als selbständige Forschung in jene radikale Verbannung aus den Stätten des aktuellen wissenschaftlichen Lebens der bürgerlichen Welt. Den Grund für diesen Sturz weiß kein gebräuchliches Lehrbuch der Philosophiegeschichte anzugeben. Man pflegt ihn als Tatsache hinzunehmen und je nach Geschmack des Autors als verdient oder unverdient zu bedauern oder zu billigen. Der Grund liegt auch gar nicht in der Philosophiegeschichte selbst, wenn man sie abstrakt und fiktiv als eine Geschichte von Ideen auffaßt, sondern in den Bewegungen des allgemeinen gesellschaftlichen, des wirtschaftlichen und politischen Lebens.

Unser Thema beginnt dort, wo die Philosophie sich aus ihrer totalen Niederlage innerhalb der offiziellen wissenschaftlichen Sphäre wieder zu erheben beginnt, bis sie schließlich dazu gelangt den gegenwärtigen Anblick zu bieten. Die Anfänge dazu liegen in den sechziger und siebziger Jahren. Dort haben wir die Darstellung aufzunehmen. Der Weg also, den wir in diesen Stunden gemeinsam zurücklegen wollen, wird aus gleichsam schüchternen Anfängen, eine selbständige Philosophie wieder zur Geltung zu bringen, herausführen bis zur philosophischen Blüte, bis zur philosophischen Renaissance unserer Tage. Dieser Aufstieg vollzieht sich zwar keineswegs so rapid wie der angedeutete Absturz, doch kann er, bei raschem Hinsehen, ebenso glänzend erscheinen wie der Sturz tief gewesen war. Es kann scheinen, als spiele die Philosophie heutzutage die gleiche eminente Rolle im gesellschaftlichen Leben wie in ihrer klassischen deutschen Epoche. Am deutlichsten erscheint die Wandlung im Verhältnis der Philosophie zur Naturwissenschaft. In den Zeiten, als die Philosophie weder salon- noch universitätsfähig war, damals – vor kaum mehr als fünfzig Jahren –, als Gedanken über philosophische Themen überhaupt erst mit einigem Respekt vernommen wurden, wenn ein fachwissenschaftlich anerkannter Forscher sie gleichsam als Aperçu und in den Mußestunden hinwarf, hatte die Naturwissenschaft selbst ganz andere Aspirationen als heutzutage. Sie war ihrer selbst völlig sicher und, wie schon erwähnt, war man gewiß, daß einzig von ihr die Lösung schlechthin aller berechtigten Fragen zu erwarten war. Heute ist das ganz anders geworden. Nicht nur bedeutet der Name ›Philosophie‹ kein Schimpfwort mehr, und sie bedarf keineswegs eines Naturforschers, um sich geltend zu machen, sondern im Gegenteil, es scheint, als ob die Naturwissenschaft selbst nunmehr nur so weit salonfähig sei, als sie philosophische Probleme enthalte, philosophisches Interesse beanspruchen könne. Der Naturforscher von ehemals, dem kein Gebiet möglicher Fragestellung unzugänglich vorgekommen war, der als einzig berechtigter und privilegierter Fachmann alle rein intellektuellen Angelegenheiten der Menschheit als seine eigenste Domäne betrachtete, hat mit vollem Bewußtsein die ›Bescheidenheit‹ zu seiner offiziellen Tugend gemacht. Wenn er sich uns vorstellt, möchte er am liebsten immer das Wörtchen ›nur‹ vor den Namen seines Faches stellen: »Ich bin *nur* ein Physiker, *nur* ein Mathematiker, ich löse ganz schlicht die Fragen meines eigenen Fachgebietes und auch da nur wieder auf einem kleinen, engbegrenzten Spezialgebiet und auch da wiederum nur in einer ganz bestimmten Richtung und Einstellung. Jedenfalls habe ich mit allgemeinen, letzten Fragestellungen überhaupt nichts zu tun, es wäre ganz sinnlos und geradezu eine Vermessenheit, wollte ich von meinem Spezialgebiet aus derartige Probleme zu lösen trachten.« Außerhalb der einzelnen Fachgebiete, deren Vertreter sich im Gegensatz zu früher heute so bescheiden benehmen und das Wort ›schlicht‹ geradezu zu ihrer Parole gemacht haben, spielt die Philosophie im kulturellen Leben aber die denkbar ausgedehnteste Rolle. Nicht etwa weil philosophische Fragen unberechtigt seien, betont der Fachwissenschaftler als solcher seine Inkompetenz – im Gegenteil, er macht sich unter Umständen neben seiner beruflichen Arbeit vielleicht unter Aufwendung einer gewissen Mühe mit den allermodernsten philosophischen Theoremen bekannt –, sondern weil ihre Behandlung zu schwierig ist, weil sie besonderer Schulung bedarf, weil sich andere, bedeutende und berufene Kräfte ihrer schon annehmen. Die Situation hat sich geradezu umgekehrt. Während früher ein Philosoph ohne naturwissenschaftliche Bildung eine Unmöglichkeit gewesen war, erscheint heute eine solche für den

Philosophen eher als eine Belastung und eine Gefahr. Im Gegensatz dazu aber ist es der Stolz der Einzelwissenschaften, daß sie sich von philosophischen Theorien her befruchten lassen, daß neue Gesichtspunkte von der Philosophie her richtungweisend in sie eindringen.

Phänomenologie ist die repräsentativste moderne Philosophie. Es gibt in einer ganzen Anzahl von Einzelwissenschaften ausgesprochen phänomenologische Richtungen: Jurisprudenz, Wirtschaftswissenschaft, Medizin, Mathematik haben entsprechende Anregungen bewußt aufgenommen. Ganz neue Wissenschaftszweige sind im Zusammenhang mit der modernen Philosophie ins Leben getreten, und ein prominenter Physiker weiß keine treffendere Charakteristik für das Neue an der aktuellsten physikalischen Theorie anzuführen, als daß sie aus erkenntnistheoretischen Überlegungen zu physikalischen Konsequenzen geführt habe, aus einer philosophischen zu einer physikalischen Theorie[2] geworden sei. Auf allen wissenschaftlichen und überhaupt kulturellen Gebieten behandelt man – unter Gefahr des Vorwurfes radikaler Rückständigkeit – die Philosophie mit der größten Achtung, und es ist eine geringere Schande, wenn ein Naturwissenschaftler im Gespräch oder gar in einem ganzen Buche mit modernsten philosophischen Ideen prunkt, als wenn er auf seinem eigenen Gebiet – vielleicht eben deshalb – eine nicht ganz einwandfreie Arbeit liefert.

Wir werden am Schlusse des Semesters diese Erscheinungen eingehend zu beschreiben haben, wir werden – so hoffe ich – manches schon vorher verstehen lernen. Dies Eine aber soll schon zu Beginn festgestellt werden. Die philosophische Renaissance der Gegenwart hat mit der Blüte der Philosophie in der ersten Hälfte des letzten Jahrhunderts nur die alleräußerlichsten Erscheinungen gemeinsam. Dort war die Philosophie Ausdruck zugleich und eben dadurch wesentliches Mittel großer sozialer Bewegungen. Zur Emanzipation des deutschen Bürgertums gehören notwendig die großartigen Kämpfe auf ideellem Gebiet, als deren Zeugnisse uns die klassischen philosophischen Dokumente hinterlassen worden sind. Der philosophische Kampfplatz war ein Teil – und keineswegs der unwichtig-

---

2  Vgl. dazu Hans Reichenbach, ›Der gegenwärtige Stand der Relativitätsdiskussion. Eine kritische Untersuchung‹, in: *Logos*, Band X, 1921/22, S. 351 ff.

ste – des wirklichen sozialen Schlachtfeldes, und es war nicht bloß in
der Illusion, sondern auch häufig in der Tat gefährlich, darauf zu
erscheinen. Wer ein Beispiel will, das auch dem sichtbar ist, der nur
die Oberfläche sieht, mag sich an das Leben Fichtes erinnern.
Heute sind es ganz andere Momente, durch die Philosophie aktuell
erscheint. Die Philosophie und die Wissenschaft überhaupt ist nicht
mehr der selbstbewußte Ausdruck von starken, ihrer Macht gewissen gesellschaftlichen Kräften, sondern das gerade Gegenteil ist
wahr: Man ist unsicher geworden, man weiß gesellschaftlich nicht
mehr aus und ein, man bedarf eines Haltes und sucht ihn in fieberhafter Hast überall dort, wo man meint, daß eine Aussicht sein könnte,
ihn zu finden. Dort stellte die Philosophie einer morschen traditionellen Ideologie neue, vielleicht in gewissem Sinn naive, jedenfalls
aber robuste und großartige Systeme gegenüber. Heute fehlt es gerade an einer durch die Tradition geheiligten, allgemein anerkannten
Weltanschauung, die das Bestehende schützen helfen könnte, und die
eminenten Gefahren, denen eben dieses Bestehende ausgesetzt ist,
motivieren das fortwährende Suchen nach weltanschaulich festem
Land. Es ist gerade die Brüchigkeit des gesamten ideellen Gutes,
welche die fortwährenden Versuche Neues zu produzieren hervorruft und erwünscht erscheinen läßt. Daher ist es angesichts der ungeheuren philosophischen und halbphilosophischen Produktion der
Gegenwart noch in keiner Zeit so vollständig gefahrlos gewesen,
irgendwelche weltanschaulichen Gedanken zu äußern, seien sie im
übrigen so ungewohnt wie sie nur immer sein mögen.
Die Fachwissenschaft vermag als solche eben dieses gesellschaftlich
fundierte Bedürfnis keineswegs zu befriedigen. Abgesehen von ihrer eminenten Zersplitterung haben dieselben Umstände, die jenes
Suchen, Finden und Verwerfen und die Tagesaktualität immer neuer
philosophischer Erscheinungen verursachen, in der Fachwissenschaft selbst die größte Unsicherheit über ihre eigenen Prinzipien
und Resultate herbeigeführt. Die Abkehr von dem sogenannten mechanistischen Prinzip in den Naturwissenschaften, die Auseinandersetzungen über den Totalitätsbegriff, ja im Grunde genommen
die gesamte mit der modernen Relativitäts- und Atomtheorie zusammenhängende Debatte zeigen, wie wenig die Einzelwissenschaften einen sicheren Boden abgeben können, auf dem sich die
ersehnte weltanschauliche Kathedrale aufbauen ließe. Derselbe

Physiker, den ich schon einmal zitiert habe, Reichenbach, sagt von seiner Wissenschaft selbst: »Die logischen Probleme liegen hier nur auf einem höheren Niveau – aber vorhanden sind sie gerade so, wie in der kulturellen Problemlage unserer Zeit. Es wäre ganz falsch, in der physikalischen Wissenschaft ein stilles Paradies zu sehen, in das man sich vor dem Kampf der Lebensprobleme zurückziehen kann – man wird in diesem Paradies die gleichen Probleme finden wie die, vor denen man geflohen ist.«* Also von der exakten Wissenschaft ist jene Leistung für die Produktion einer gültigen Weltanschauung nicht zu erwarten und man muß auf eigene Faust suchen und weitersuchen, das heißt, man muß ›philosophieren‹.

Dies Suchen und Weitersuchen, dieses Entdecken, Systematisieren und Verwerfen von Theorien, dieses ununterbrochene Sichbemühen, ein haltbares weltanschauliches Gerüst aufzuführen, dieses – wie man so schön sagt – Suchen nach »einem geistigen Lebensinhalt«** ist das Kennzeichen der gegenwärtigen philosophischen Situation. Soweit es einen ideellen Grund für diese Sachlage gibt, besteht er darin, daß die Aufklärung und alle mit der positiven Entwicklung der exakten Wissenschaften zusammenhängenden Tendenzen schließlich es dahin gebracht haben, nicht bloß die geheiligten traditionellen Gehalte, gegen die sie in ihrer heroischen Zeit vor der großen Revolution aufgetreten waren, ideell aufzulösen, sondern daß diese gleichen aufklärerischen Tendenzen ihre destruktive Gewalt schließlich auch gegen den unentbehrlichsten ideologischen Bestand gerichtet haben. Wenn man die philosophische Aktivität der Gegenwart und den Einbruch der Philosophie in schlechthin alle Kulturgebiete eingehend betrachtet, so nimmt man wahr, daß all diese philosophischen Bemühungen *einer* Richtung zuzustreben scheinen: der Fundierung und Geltendmachung irgendwelcher dem Meinungsstreite überhobener, schlechthin anzuerkennender Werte oder Wahrheiten. Die berühmte Wiederauferstehung der Metaphysik in unseren Tagen***, alle die verschiedenen Versuche positive

[* Die Quelle dieses Zitats ließ sich anhand der in Frage kommenden Schriften Reichenbachs nicht ermitteln.]

[** [M. H. spielt hier an auf Rudolf Euckens Buch *Der Kampf um einen geistigen Lebensinhalt. Neue Grundlegung einer Weltanschauung*, Leipzig 1896.]

[*** M. H. spielt hier an auf Peter Wusts Buch *Die Auferstehung der Metaphysik*, Leipzig 1920.]

Religionen zu erneuern, das große Interesse an außereuropäischen philosophischen, insbesondere religiösen Geistesprodukten, die Erweckung scholastischer Dogmatiker und vor allem ihres Vaters, des Aristoteles, die Apologetisierung von Begriffen wie Persönlichkeit, Totalität, Einheit und so fort, die gesamte Phänomenologie mit ihrer Prätention, absolute Wesenheiten und Wesensgesetze in ewig gültiger Form zu erschauen und auszusprechen, alle diese Strömungen sind im Grunde motiviert durch das Bedürfnis, mitten in der allgemeinen Destruktion alles Geglaubten und bisher Verehrten irgendetwas absolut Gültiges zu retten oder aufzurichten. Es ist die Konsequenz der von der Aufklärung herkommenden Wissenschaft gewesen, kein Dogma und keine Tradition gelten zu lassen, nichts [als] gültig hinzunehmen, sondern alles zu examinieren, aufzulösen, zu analysieren, bis in die kleinsten Elemente zu zerlegen und zu destruieren. Heute möchte man infolge der veränderten Situation gern auf vielen Gebieten manches wieder rückgängig machen. Allenthalben erhebt sich die Abneigung gegen mechanistische, rationale Methoden, man spricht von der Wendung zur Idee und sucht diese so ersehnten unangreifbaren ideellen Gehalte entweder in der mittelalterlichen oder antiken Vergangenheit oder bei anderen Kulturen (der Primitive gilt heute im Gegensatz zu früher gar nicht mehr als unentwickelt, sondern eher noch als komplizierter und höherwertiger als wir armen Europäer) – oder man konstruiert ideelle und achtungheischende Entitäten auf Grund einer neuen Schau, eines neuen Blicks, eines neuen Glaubens.

Dies ist in groben Zügen ein Kennzeichen der gegenwärtigen philosophischen Situation, und bis zu dieser Situation haben wir die moderne Philosophie von den bescheidenen Anfängen der sechziger und siebziger Jahre an zu verfolgen. Die Vorlesung soll eine Einführung und keineswegs eine ausführliche Darstellung der Philosophie der Gegenwart geben. Diesen Zweck glaube ich am besten dadurch zu erreichen, daß ich aus der Überfülle der neuesten philosophischen Erscheinungen der Reihenfolge nach möglichst repräsentative und wirksame Lehren herausgreife und sie – immer nur den für sie selbst besonders charakteristischen Zügen nach – erörtere. Dabei sind von vornherein einige Einschränkungen zu machen. Wenn wir hier von der Philosophie der Gegenwart reden, so sind dabei unter ›Philosophie‹ Bestrebungen zu verstehen, deren

Sphäre nach oben und unten prinzipiell deutlich abzugrenzen ist. Wir wollen hier reden von der offiziellen und als solche deutlich sich selbst darstellenden Philosophie, soweit sie dokumentarisch in ihren Schriften vorliegt. Es kommt uns nicht darauf an, irgendwelche Gestalten oder Bewegungen, soweit sie über diese Sphäre hinausragen, zu erfassen, und auch die Masse der seit der Mitte des letzten Jahrhunderts sich zeigenden Popularphilosophie und populären halbphilosophischen Strömungen soll uns nicht beschäftigen, abgesehen vielleicht von den letzten Stunden, da ja in der allerjüngsten Gegenwart die Grenzen nicht mehr eindeutig zu bestimmen sind und in einem einzigen Untergang des Abendlandes\* alles zusammenfließt.

Eine zweite Konsequenz des Charakters dieser Vorlesung als einer Einführung soll dadurch gezogen werden, daß jeweils unsere zweite Stunde der Woche nicht als Vorlesung, sondern als Aussprache eingerichtet wird. Während in der Vorlesung selbst irgendeine bestimmte moderne Theorie ihre Darstellung finden wird, soll im Colloquium, nachdem wir gemeinsam alle aus der Darstellung zurückgebliebenen Unklarheiten und Fragen erledigt haben, ein sachliches Problem, das sich systematisch an die betreffende Theorie anschließt, erörtert und diskutiert werden. Abgesehen davon, daß wir uns auf diese Weise dann gegenseitig überzeugen können, wie weit die einzelnen Theorien verstanden worden sind, wird auch die Form der Aussprache eine viel wirksamere Bekanntschaft mit den einzelnen Problemen ermöglichen als ein bloß passives Aufnehmen. Es wird uns so auch möglich sein, manches Problem, das im Zusammenhang der Vorlesung nicht oder nur ganz kurz angeschnitten worden ist, zu erwähnen oder auszuführen.

[\*  M. H. spielt hier an auf Oswald Spenglers zweibändiges Werk *Der Untergang des Abendlandes*, München 1918 und 1922.]

## [Skizze des Programms]

Ich gebe nun im groben einen Plan der Vorlesung, so daß Sie zugleich einen Überblick über den Verlauf der philosophischen Entwicklung gewinnen, soweit von dieser hier gesprochen werden wird. Gemäß dem, was wir vom Zustande der Philosophie am Beginn dieser Entwicklung bereits wissen, muß also zunächst dargestellt werden, wie philosophische Bestrebungen überhaupt wieder zu Achtung und Ansehen gelangen konnten. Soweit es überhaupt ausgesprochen systematische Philosophen gab, hatten diese in den akademischen Kreisen entweder nur eine sehr geringe Wirkung oder begnügten sich mit einer lediglich sichtenden und konservierenden Tätigkeit. Es war vielmehr die Form der Personalunion mit der Psychologie, in der die Philosophie wieder eine gewisse Aufmerksamkeit gewann. Alle Zweige der physischen Wissenschaften waren in guten, exakten Händen, und so meinte man, daß auch das geistige Geschehen ebenso wie das physische in der Manier einer Naturwissenschaft behandelt werden könne. Soweit man überhaupt annahm, daß es über geistige, ästhetische, ›philosophische‹ Probleme sinnvolle Fragestellungen und Lösungen gab, suchte man diese nach dem Muster der Naturwissenschaft neu in Angriff zu nehmen. Es entstand die moderne Psychologie, und sie trat als eine junge Schwesterwissenschaft in die Reihe der anerkannten wissenschaftlichen Bestrebungen ein. Ich habe das jetzt einseitig und roh schematisiert dargestellt, aber es kommt [zunächst] nur darauf an, daß Sie begreifen, inwiefern es nunmehr doch Forscher geben konnte, die sich in ihrer Eigenschaft als Akademiker, ohne sich zu kompromittieren, überhaupt wieder mit geistigen Problemen, mit Fragen des Bewußtseins, der ›Seele‹, des Verhältnisses von Körper und Geist, kurz mit Fragen beschäftigen konnten, die dem von alters her als philosophisch bezeichneten Umkreise angehörten. Der Grund liegt darin, daß es in der rein naturwissenschaftlichen Epoche denkbar schien, daß es eine spezielle Wissenschaft im geläufigen exakten Sinne geben könne, in der alle Probleme des Geistes exakt behandelt werden könnten. Diese Wissenschaft war die Psychologie, und in ihrem Schoße begannen sehr rasch sich Prozesse zu vollziehen, die zur Verselbständigung eines experimentellen und eines nicht-experimentellen Zweiges, das heißt zu einer Ablösung der eigentlich psychologischen von den philosophischen Bestrebungen führten. Die Entstehung der modernen Psychologie ist also mit derjenigen der Philosophie der Gegenwart untrennbar verknüpft, ja man kann sagen, daß bis in die neueste Zeit hinein die Verbindung von Philosophie und Psychologie, sei es in persönlicher oder in sachlicher Hinsicht, für die Entwicklung der neuesten Philosophie charakteristisch gewesen ist.

Der erste Punkt unseres Programms wird es also sein, in ganz kurzen Zügen etwas über die Entstehung der modernen Psychologie zu erfahren und dabei besonders diejenigen prinzipiellen Züge hervorzuheben, die für den dazugehörigen Zustand der modernen Philosophie bedeutsam geworden sind. Getreu unserem Vorsatz, als Beispiele besonders charakteristische Erscheinungen kennenzulernen, soll insbesondere von Gustav Theodor Fechner die Rede sein, einem Manne, der zu den Vätern der experimentellen Psychologie in hervorragendem Maße gerechnet werden muß und der auch philosophisch eingehendes Interesse verdient.

Der zweite Punkt ist uns durch den Umstand vorgezeichnet, daß die Philosophie, sobald sie auf eigenen Füßen stehen und sich als selbständige Wissenschaft präsentieren wollte, dies einzig im Sinne einer philosophischen Fundierung der exakten Wissenschaften wagen durfte. Metaphysik als Wissenschaft war nach Hegels Tode in totaler Verachtung versunken, kein Mensch wollte von ihr mehr etwas wissen, außerdem war das Reich der Wissenschaften selbst schon aufgeteilt. Die einzige Art, in der sich selbständige, nichtexperimentelle philosophische Unternehmungen nützlich erweisen konnten, war offenbar die einer Begründung und Methodologie der Naturwissenschaft. Als solche führte die Philosophie sich ein durch eine mit großer Energie sich vollziehende Erneuerung der Philosophie Kants, die nun ganz im Sinne einer Methodenlehre, einer Fundamentierung der Naturwissenschaft verstanden wurde. Die allgemeinsten Prinzipien des sogenannten Neukantianismus und einige Angaben über seinen Verlauf werden daher unseren zweiten Programmpunkt bilden.

Da im eigentlichen und orthodoxen Neukantianismus die Philosophie ausschließlich als Erkenntnislehre der Naturwissenschaft erscheint, so konnte es, insbesondere bei dem immer reger werdenden Interesse für die Geisteswissenschaften, nicht fehlen, daß das Verhältnis zwischen Natur- und Geisteswissenschaften zu einem philosophischen Zentralproblem gemacht wurde. Waren solche Wissenschaften wie Historie, Nationalökonomie, Soziologie und so fort, die aus triftigen Gründen in den letzten Jahrzehnten mit steigender Energie betrieben wurden, einfach auf gleicher Linie mit den Naturwissenschaften zu behandeln? Hatten sie dieselben Methoden, das gleiche logische Gerüst, war der Neukantianismus sozusagen mit einem Hiebe auch mit ihnen fertig geworden? Und eben damit war nicht bloß die wissenschaftstheoretische, sondern auch die sachliche Frage nach dem Verhältnis von Natur und Geist, das heißt von Natur und allen sogenannten kulturellen Gebilden gestellt. Mit all diesem zusammenhängende Probleme bilden den Hauptinhalt des Philosophierens der südwestdeutschen Schule. Zu ihren Begründern gehören namentlich Windelband und Rickert, und wir werden vor allem einige Theorien des letzteren hier behandeln. Der im Kriege gefallene Emil Lask überragt die beiden genannten bei weitem an philosophischer Bedeutung. Aber es scheint mir ebenso unrichtig, ihn einfach als Mitglied der südwestdeutschen Schule zu kennzeichnen, wie ihn im Rahmen einer orientierenden und einführenden Vorlesung ohne Mißverständnis charakterisieren zu wollen. Andere, noch lebende Anhänger dieser Schule finden sich zahlreich nicht nur in Deutschland; ihr erkannter und nicht erkannter Einfluß reicht weiter als diejenigen, die ihm unterliegen, oft ahnen.

Als vierten Punkt müssen wir einiges über die ›empiristische‹, ›positivistische‹ Philosophie Ernst Machs erfahren. Man pflegt, wie mir scheint, nicht ganz zu Recht, den Namen dieses Forschers, der gar kein Philosoph sein wollte, in Verbindung zu bringen mit demjenigen von Richard Avenarius und beide wiederum mit dem Philosophen, den ich selbst als meinen wissenschaftlichen Lehrer aufs höchste verehre: Hans Cornelius. Diese traditionellen Verbindungen sind zwar recht oberflächlich und zum Teil irreführend, aber wir wollen doch diese Stelle der Vorlesung benutzen, um nicht nur die Psychologie Ernst Machs kurz zu charakterisieren, sondern auch einige Lehren von Cornelius zu erörtern.

Unter Nummer fünf wenden wir uns zu einer philosophischen Strömung, die als Reaktion gegen den bis hierher geschilderten Gang der Philosophie aufzufassen ist. Während alles bisher erwähnte philosophische Denken in engstem Zusammenhang mit exakten wissen-

schaftlichen Bestrebungen gestanden hatte und zu einem sehr großen Teile lediglich als Befriedigung des Bedürfnisses aufzufassen ist,
die Einzelwissenschaften zu fundieren, ihre Methoden zu klären
und ihren Zusammenhang herzustellen, lehnen die jetzt zu behandelnden Philosophen diese Verbindung von Wissenschaft (vor allem
von physikalischer Wissenschaft) und Philosophie grundsätzlich
ab. Das Ganze des Lebens und nicht etwa die der Wissenschaft
immanenten Probleme sind nach ihnen der Vorwurf für die Philosophie, ja es ist geradezu eine Hauptaufgabe der letzteren, die
spezielle und von bestimmten Zwecken diktierte Form, in der innerhalb der Wissenschaft alle Gegenstände und Probleme gefaßt erscheinen, abzustreifen und sich unmittelbar dem Leben zuzuwenden, um es adäquat zu erfassen. Es wird also hier die ›Lebensphilosophie‹ unser Thema sein. Sie ist insbesondere – um gleich die
Größten [ihrer Vertreter] zu nennen – an die Namen Nietzsches,
Diltheys, Simmels und Henri Bergsons geknüpft. Von Friedrich
Nietzsche wollen wir hier nicht sprechen, weil ich mich nicht ver-
messe, irgendetwas so nebenbei über ihn auszusagen, das völlig
schief, ja verkehrt sein müßte. Von den drei anderen Genannten
sollen vornehmlich Lehren Henri Bergsons herangezogen werden.
Es gibt, soweit ich sehe, keinen zeitgenössischen Philosophen, der
auf der ganzen Welt mehr gelesen und mehr diskutiert würde als
eben Bergson. Gerade deshalb aber muß sogleich hinzugefügt werden, daß etwa Simmel ihm gegenüber der intellektuell viel Feinere
und Überlegenere ist.
Nach den Lebensphilosophen besprechen wir als Einleitung zu allem folgenden Edmund Husserls Kritik der zeitgenössischen Philosophie. Die Bedeutung dieser Kritik für die Entwicklung der modernsten Philosophie kann kaum überschätzt werden. Wir werden
sie eingehend studieren, ohne freilich dabei zu vergessen, daß die
kritischen Ansichten, die Husserl geäußert hat, zum großen Teile
nicht von ihm entdeckt worden sind, sondern eben zu jener Zeit,
das heißt um die Jahrhundertwende von vielen Gelehrten gehegt
und auch von einigen ausgesprochen worden sind. Diese Kritik lag
damals – wie man so sagt – in der Luft. Nichtdestoweniger oder
vielmehr gerade deshalb ist [ihr] vollendeter Ausdruck [in Husserls
Schriften] als ein klassischer anzusehen.
Mindestens ebenso wichtig für die Entwicklung der modernsten

Philosophie – wenn auch keineswegs sachlich ebenso bedeutsam –
ist der positive Teil der Husserlschen Philosophie, den wir als sieb-
ten Punkt besprechen wollen. Dabei denke ich vor allem an den
unter dem Titel der Lehre von der Wesensschau bekannt gewordenen Abschnitt. Diese Lehre bildet den sachlichen Anknüpfungspunkt und das erkenntnistheoretische Fundament für eine ganze
Reihe aktuellster philosophischer Richtungen, ja ganzer Disziplinen. Nicht nur innerhalb der eigentlichen Philosophie, sondern
auch dort, wo philosophische Strömungen in den Einzelwissenschaften, in Philologie, Medizin, Theologie und so fort sich finden,
pflegen sich diese nach dem Vorgange Husserls gern als ›phänome-
nologisch‹ zu bezeichnen und sich auf diesen Teil der Husserlschen
Philosophie zu berufen.

In der großen Mehrzahl der Fälle liegt jedoch solchen philosophischen Richtungen in den Einzelwissenschaften die Husserlsche Theorie nicht in derjenigen Form zu Grunde, die sie von ihrem
Urheber empfangen hat, sondern so, wie sie in der Philosophie eines
anderen modernen Philosophen enthalten ist, die zweifellos als
kennzeichnendster Titel der Philosophie der unmittelbaren Gegenwart voranzusetzen ist. Indem wir als achten Punkt daher die
unmittelbar an Husserl anschließende phänomenologische Schule
behandeln, werden wir hauptsächlich über die Philosophie Max
Schelers zu sprechen haben. Wer von Max Scheler nichts weiß, vermag die Herkunft eines sehr großen Teiles der neuesten philosophischen Literatur unmöglich zu begreifen – aber nicht nur der
Literatur, sondern auch anderer Erscheinungen, wie zum Beispiel
bestimmter Tendenzen der Jugendbewegung.

Eine summarische Charakteristik der modernsten philosophischen
Literatur und der Literatur der Grenzgebiete wird unser neuntes
Thema sein. Es soll da wenigstens ein kurzer Überblick über die
bedeutsamsten der aktuellen Bestrebungen gegeben werden, von
denen jede zu ihrem Teil und im kleinen das Bedürfnis nach einer
Weltanschauung, einem Lebensinhalt, einer partikularen Religion
bei ihren Jüngern befriedigt. Eine ganze Anzahl von ihnen trägt
Züge an sich, die ihre eingestandene oder uneingestandene Verwandtschaft mit der Phänomenologie erkennen lassen, und wenn
man auch keineswegs sagen darf, daß sie etwa genetisch aus ihr abgeleitet werden können, so haben sie doch mindestens mit ihr eine

gemeinsame, motivierende Situation, was vor allem in der großen
Abneigung gegen alles sogenannte Mechanistische, Positivistische,
Naturalistische, Aufklärerische zum Ausdruck kommt. Dabei wer-
den wir doch Erscheinungen zu erwähnen haben, die – wie zum
Beispiel die Psychoanalyse – in den Hauptzügen der Aufklärung
noch durchaus verwandt sind.

Eben dasselbe ist der Fall bei den bedeutsamsten der philosophischen Bestrebungen, deren Grundanschauung in irgendeiner
Weise mit der Historie zusammenhängt. Ich denke dabei viel weniger an solche Tagesliteratur wie die Erzeugnisse Spenglers, über die
wir in diesem letzten Programmpunkt freilich auch einiges zu sagen
haben werden, als zum Beispiel an eine bestimmte Art des wiederer-
wachenden Hegelianismus. Dies ist sehr merkwürdig; denn Hegel
war, wie Sie wissen, selbst ein erklärter Feind der Aufklärung. Die
Entwicklung jedoch, die sich an ihn anschloß, hat es mit sich gebracht, daß Hegel heute in einer dem Materialismus nahe verwandten Form seinen philosophischen Einfluß ausübt. Weitaus die meisten der historistischen Erzeugnisse der Gegenwart, allen voran
auch der italienische Neuhegelianismus eines Benedetto Croce, haben mit der Aufklärung jedoch nichts zu tun. Überhaupt ist die
Tatsache, daß irgendwelche Systeme oder Lehrmeinungen die Geschichte in ihren Mittelpunkt stellen, noch nicht der leiseste An-
haltspunkt für ihren eigentlichen Sinn. Nur freilich läßt sich aus der
Art, wie sie das tun, verhältnismäßig leicht ihr Charakter und ihre
Motivation ablesen.

Derartige Betrachtungen über den Charakter aktueller Philo-
spheme und die Möglichkeit, ihn zu erkennen, das heißt die
Grundlage unseres Verhaltens zu ihnen, soll – wenn wir überhaupt
so weit gelangen – die letzte Stunde dieser Vorlesung ausfüllen. Dieses letztere erscheint mir freilich noch zweifelhaft, doch hoffe ich,
daß Ihnen ein gewisser Maßstab zur Beurteilung schon bei der Erörterung der einzelnen Lehren selbst und insbesondere in den Collo-
quien gegeben werden wird. – Eine Bemerkung dazu möchte ich
freilich schon jetzt machen.

Die Situation hier wird uns dazu zwingen, dem Scheine nach so zu
verfahren, als sollte die Philosophie der Gegenwart ›ideengeschicht-
lich‹ behandelt werden. Darunter versteht man, daß die Folge, in
der die einzelnen Theorien dargestellt werden, in einem ähnlichen

Sinne ihre Geschichte ausmacht wie zum Beispiel die politische Geschichte aus einer Folge menschlicher Beziehungen und Handlungen besteht. Unausgesprochen pflegt sich dabei der Gedanke einzuschieben, daß die Ideen etwas für sich selbst Bestehendes seien, daß sie ganz unabhängig von allem übrigen Geschehen ihr eigenes Schicksal hätten. Das Schicksal einer bestimmten Theorie etwa über das Kausalitätsproblem, die Wandlungen dieser Theorie im Laufe der Zeit, ihre Abhängigkeit von früheren Theorien, ihre Ablösung durch andere – all dies, so meint man, könne man lediglich aus den betreffenden Theorien selbst heraus verstehen, so wie sie noch heute in Lehrbüchern wiederholt werden, also indem man durchaus in der philosophischen Sphäre verharrt. Höchstens pflegt man noch zu sagen, daß zum Verständnis der Ideen das Leben und die Persönlichkeit der betreffenden Philosophen herangezogen werden müßten. Aber abgesehen davon, daß die biographischen Angaben in der Regel ebenso abstrakt und ›ideell‹ sind wie die Ideengeschichte selbst, in der nämlich das Leben der Philosophen in weitem Maße geradeso als selbständig und von den wirklichen Beziehungen abgelöst behandelt wird wie dasjenige seiner Gedanken, ist diese ganze Ansicht von einer eigentlichen Ideengeschichte ganz unwahr. Freilich sind die Theorien irgendwelcher Philosophen inhaltlich keineswegs unabhängig davon, welche Theorien sie über dieselben Gegenstände vorfanden und an welche sie sich anschlossen. Aber derartige Zusammenhänge sind nur ein winziger Teil, oft vielleicht der am wenigsten bedeutsame der Beziehungen, die für das Verständnis in Betracht kommen.

Der Philosoph lebt in der wirklichen Welt. Sein Philosophieren ist ein Teil seiner Auseinandersetzung mit dieser, so wie sie in seiner Situation geartet ist, und außerdem erfüllt die Philosophie selbst jeweils eine objektive, von ihm großenteils ganz unabhängige Funktion. Die Ideen aus der wirklichen Geschichte herausheben und so tun, als könne man irgendwelche Sätze aus einer anderen, unter Umständen noch so nahen Epoche aufnehmen, wie sie da sind, [ist unstatthaft]. Die Meinung, daß es nicht nur eine der Zeit überhobene Wahrheit gebe, sondern daß wir diese Wahrheit auch in besonderen, ein für allemal geprägten Sätzen in unseren Besitz bringen könnten, wobei es nur darauf ankäme, sie zu entdecken – diese Meinung, die fast allen ideengeschichtlichen Darstellungen der Philosophie zugrunde liegt, dürfen wir nicht hinnehmen. Wir müssen um so mehr ein solches Mißverständnis ausschalten, als gerade diese Meinung selbst besonders kennzeichnend für die Philosophie der unmittelbaren Gegenwart ist, soweit wir sie im zweiten Teil dieser Vorlesung zu behandeln haben. Nicht nur das Suchen nach weltanschaulichen Gehalten in vergangenen Epochen und fremden Kulturen, sondern auch das fortwährende Produzieren neuer Systeme, das Entstehen immer neuer Schulen und so fort, das die Philosophie der unmittelbaren Gegenwart charakterisiert, ist ja gar nicht denkbar ohne diesen Glauben an selbständige, unabhängige Ideen und an die Möglichkeit, sie in absolut gültiger Form zu fassen und auszusprechen. Die Sicherheit, die man im persönlichen und gesellschaftlichen Leben nicht besitzt und als deren Reflex eine sichere Weltanschauung erscheint, glaubt man dadurch herbeiführen zu können, daß man irgendwoher die allein wahre Weltanschauung holt oder sie konstruiert. Immer wieder wird sie dann eben als die nicht wahre entlarvt und abgesetzt, vielleicht abgesehen von einer kleinen Anzahl [an ihr festhaltender,] sektenhaft vereinigter Jünger. Dabei ist aber zu bedenken, daß gerade wenn die Idee [oder] Theorie Selbständigkeit besäße, sie unter Umständen diese Selbständigkeit dadurch erweisen könnte, daß sie sich auf solche Weise nicht finden läßt.

## [Anfänge moderner Psychologie seit der Mitte des neunzehnten Jahrhunderts]

Das Erste, worüber wir uns gemäß dem nun entwickelten Programm unterhalten müssen, ist die Entstehung der modernen Psychologie. Es versteht sich von selbst, daß wir eigentlich nur einige wenige Daten dazu mitteilen und besprechen können; denn die Entstehung der modernen Psychologie wäre das Thema eines umfassenden Werkes, zu dem in der vorhandenen Literatur nur erst Vorarbeiten und – wenn auch bedeutsame – Ansätze gemacht worden sind. Biographisch Interessantes finden Sie in dem Buch des Amerikaners Stanley Hall über die Begründer der modernen Psychologie. Eduard von Hartmann hat eine kritische Geschichte der deutschen Psychologie in der zweiten Hälfte des neunzehnten

Jahrhunderts verfaßt, und es liegen von Siebeck, Klemm und anderen historische Arbeiten über das Thema vor. Dasjenige freilich, was uns hier vor allem angeht, ist, soweit ich [das] feststellen konnte, in keiner dieser Schriften distinkt hervorgehoben.

Will man die moderne, insbesondere seit der Mitte des letzten Jahrhunderts in Ansehen stehende Psychologie verstehen, so ist es unerläßlich, auf eine Lehre zurückzugehen, die fast allen psychologischen Unternehmungen bis in die jüngste Gegenwart hinein, gleichsam als eine Selbstverständlichkeit, zu Grunde liegt. Diese Lehre, deren historisch ersten, klassischen Ausdruck man an den Namen des Descartes zu knüpfen pflegt, hat seit dem siebzehnten Jahrhundert die gesamte europäische Philosophie beherrscht, und wir werden daher auf sie nicht allein hier, bei der Betrachtung der Psychologie, sondern wahrscheinlich noch an einigen anderen Stellen zurückgreifen müssen. Weder die Psychologie noch die Philosophie der Gegenwart ist ohne Besinnung auf diese Anschauung klar aufzunehmen, und gerade, weil sie heute nur in einigen Kreisen in ihrer Bedeutung wirklich erkannt und zur Diskussion gestellt wurde, vielfach aber als eine bündige Selbstverständlichkeit vorausgesetzt und hingenommen wird, müssen wir sie mit einiger Ausführlichkeit besprechen. [Es] gehört übrigens zur Eigentümlichkeit des Zustandes der Philosophie in der jüngsten Gegenwart, daß eine Lehre, die in weiten Kreisen, insbesondere auch auf akademischen Lehrstühlen, noch als lautere, undiskutable Wahrheit einfach akzeptiert wird, von anderen, besonders modernen Richtungen – die freilich auch schon ihre Vertreter auf den Lehrstühlen finden – als ein uraltes, längst abgetanes Dogma behandelt und verworfen wird. In unserem Falle ist es sicher, daß ohne diese Ansicht die moderne Psychologie sich keineswegs [so] hätte entwickeln können, wie sie es in der Tat getan hat – ebenso wie es verkehrt ist anzunehmen, daß sie dem Kopfe des Descartes oder irgendeines anderen sogenannten Vaters der neueren Philosophie im siebzehnten Jahrhundert entsprungen oder wenigstens allgemein akzeptiert worden wäre, wenn die konkrete historische Basis der neueren Epoche ihrer nicht als eines unentbehrlichen weltanschaulichen Zuges bedurft hätte.

Die Ansicht, von der ich rede, läßt sich ungefähr folgendermaßen so aussprechen: Alles in der Welt, das wir kennen und jemals noch

werden erkennen können, läßt sich in zwei voneinander prinzipiell
unterschiedene und nicht aufeinander zurückführbare Gebiete ein-
teilen. Ebenso wie wir gewiß sind, daß sich jeder mögliche Gegenstand innerhalb der Welt einem dieser beiden Gebiete zuteilen läßt,
ebenso sicher sind wir, daß die Zurückführung jedes Gegenstandes
auf Elemente des einen oder des anderen der beiden Gebiete die
einzig mögliche und erschöpfende Darstellung und Erklärung des
betreffenden Gegenstandes ausmacht. Die Erforschung dieser Elemente und die Ableitung alles Geschehens in der Welt aus ihnen ist
also die rechtmäßige Aufgabe der Wissenschaft. Man muß, um diese
Lehre, die als Anschauung nicht nur im Altertum, sondern auch im
Mittelalter auffindbar ist, ganz zu erfassen, sich darüber klar werden, daß zu ihr nicht allein die Aufteilung der Welt in die beiden,
nicht aufeinander zurückführbaren, in sich autonomen Gebiete gehört, sondern ebensosehr die derselben Einstellung entspringende
Ansicht, daß jedes dieser Gebiete selbst wiederum zusammengesetzt ist aus letzten, selbständigen Elementen, aus deren Kombina-
tion dann jedes Geschehen in ihrem Bezirke zu erklären ist. Man
kann diese Auffassung auch folgendermaßen charakterisieren: Es
gibt in der Welt zwei voneinander verschiedene Welten. Von diesen
besteht jede aus einer unendlichen Anzahl von Elementen, auf deren
Veränderung jedes Geschehen zurückzuführen ist. Dabei ist die
Verschiedenheit der beiden Teilwelten so augenfällig, daß es in
einem bestimmten Falle niemals einen Zweifel darüber geben kann,
welcher von ihnen ein zur Erklärung aufgegebenes Ereignis zugerechnet werden muß, das heißt, aus welcher Art von Elementen es
abzuleiten sei. Der Namen für das Gegensatzpaar der beiden Welten
(oder Substanzen, wie man sich ursprünglich ausdrückte) sind im
Laufe der Geschichte viele aufgetreten: Natur und Geist, Körper
und Seele, Geist und Materie und so fort. Bei Descartes hieß es *res
cogitans* und *res extensa*, Denken und Ausdehnung, da er alles Materielle als [aus] Raumanordnungen [bestehend] und jedes physische
Geschehen als eine Veränderung von Raumkonstellationen begreifen zu können glaubte. *Cogitatio* aber war bei ihm der Gattungs-
name für alle Bewußtseinselemente, Urteile, Gefühle, Strebungen
und so fort. Bevor wir nun die Bedeutung dieser Scheidung speziell
für die moderne Psychologie betrachten, wollen wir, wenigstens mit
einigen Worten, etwas aussagen über die Wichtigkeit einer solchen

Lehre für die Entstehung der modernen Gesellschaft überhaupt, eine Wichtigkeit, die es mit sich brachte, daß diese Anschauung eben seit Descartes, also mehr als zweihundert Jahre hindurch, bis zur Entstehung der modernen Psychologie in vollem Ansehen bleiben konnte.

Solange die Kirche auch nur noch einen Teil ihrer früheren Macht besaß, solange man bestimmte kirchliche Dogmen, etwa die Unsterblichkeit der Seele, die Freiheit des Willens, die Geltung einer Offenbarung nicht leugnen konnte oder wollte, ja solange irgendwelche ideologischen Gehalte unverletzlich bestehen bleiben oder auch erst in Geltung gesetzt werden sollten, war eine unbefangene Forschung, so wie die Entwicklung der modernen gesellschaftlichen Beziehungen sie mit sich brachte, nicht denkbar, ohne daß ihr ein genau umschriebenes Gebiet zugewiesen war, in das erstens die Kirche prinzipiell nichts hineinzureden hatte und das ihr zweitens die Möglichkeit bot, alle diejenigen Untersuchungen anzustellen, die die Aussicht trugen, die Natur in immer weiterem Maße dem menschlichen Verkehre dienstbar zu machen. Auf die Umgrenzung dieses Gebietes und die Forschungen auf seinem Boden kam es historisch zunächst im wesentlichen an. Die physische Natur war es, die einer vorurteilslosen und experimentellen Forschung freigegeben werden mußte, und es ist interessant zu sehen, daß Descartes selbst, der nach einer heute fast noch allgemein gültigen Ansicht die bahnbrechenden Untersuchungen zur Trennung der beiden Gebiete geliefert hat, zwar selbst sich im ausgedehntesten Maße mit Naturwissenschaften und deren Voraussetzung, der Mathematik, beschäftigt hat, während er in der Sphäre der *res cogitans*, vor allem in einer bedeutenden, stilistisch glänzenden Schrift über die Leidenschaften der Seele, sich noch sehr stark von scholastischen Gedanken beeinflußt zeigt.

Indem wir diesen Umstand, das heißt die Bedeutung dieser ursprünglichen Scheidung von Natur und Geist für die moderne Naturwissenschaft überhaupt so roh schematisch angedeutet haben, dürfen wir freilich nicht vergessen, daß – damit eine solche Trennung gedanklich überhaupt möglich war – bereits eine Entwicklung vorausgegangen sein mußte, in der sich Physisches und Psychisches überhaupt erst in dieser Weise objektiviert hatten, so daß man [ihre Sphären] als verschiedenartige Gegenständlichkeiten voneinander

trennen konnte. Mit anderen Worten, erst eine lange geistesgeschichtliche Entwicklung konnte es mit sich gebracht haben, daß
zum Beispiel der Mensch nicht mehr als eine ursprüngliche, totale
Einheit erschien, sondern als ein *compositum mixtum*, als ein Bei-
einander von Körper und Geist, prägnanter gesagt, von Körper und
Bewußtsein.

Auf den merkwürdigen Umstand übrigens, daß in der gesamten Geschichte der neueren Philosophie überall dort, wo es sich um Probleme des Verhältnisses der beiden Substanzen handelt, beinahe
überall unter dem Psychischen das Bewußtsein verstanden wird,
werden wir des öfteren zurückzukommen haben. Jedenfalls muß,
wer die Entstehung der modernen Psychologie im neunzehnten
Jahrhundert verstehen will, wissen, daß eben dasjenige Feld, das sie
unter dem Namen des Psychischen zu durchforschen unternahm,
historisch mehr als zweihundert Jahre früher von Descartes bei der
Scheidung der beiden Welten der *res cogitans* und der *res extensa*
abgesteckt worden war, derselben Scheidung, die für die Entstehung der modernen Naturwissenschaft so wesentlich ist. Wie unmittelbar diese Lehre des Descartes, ohne die die Entstehung der
neuen wissenschaftlichen Epoche überhaupt nicht denkbar ist, in
das wirkliche Leben eingegriffen hat, mag die Erinnerung an einen
ihrer Ruhmestitel illustrieren, die man nicht oft genug wachrufen
kann. Die orthodoxen Kirchengänger aller Richtungen waren trotz
aller ihrer gelehrten und ungelehrten Dispute darin einig, daß es
Hexen gebe und daß man sie verbrennen müsse. Ein Schüler des
Descartes aber, Balthasar Bekker, ist – zum Teil direkt unter Berufung auf die angeführte Lehre seines Meisters – in praktischer Arbeit
gegen diesen furchtbaren, von der Kirche geschürten Wahn des Mittelalters aufgetreten, desselben Mittelalters, das uns als Rettung zu
empfehlen das Kennzeichen einiger der modernsten philosophischen Schulen ist.

Nachdem die wissenschaftliche Arbeit der an die Zeit Descartes'
anschließenden Epoche sich zunächst vornehmlich der Durchforschung des physikalischen Arbeitsbereiches gewidmet hatte, um
dort zum Zwecke der Beherrschung der Natur die Regelmäßigkeiten der physischen Erscheinungen immer genauer zu studieren,
machte sich schließlich im Laufe der Zeit immer dringender das Bedürfnis geltend, eine der Physik ähnliche Arbeit auch auf dem ande-

ren bei der Scheidung herausgestellten Gebiet durchzuführen und
eine dem Geiste der neuen Naturwissenschaft entsprechende
Psychologie aufzubauen. Während die Probleme des Verhältnisses
zwischen Körper und Geist und insbesondere auch die Fragen, die
mit dem Wesen des letzteren selbst zusammenhingen, zunächst und
in unmittelbarem Anschluß an Descartes in ziemlich metaphysischer Weise behandelt wurden, war es wesentlich eine mit dem Leben in unmittelbarem Zusammenhang stehende Wissenschaft, die
Medizin, die den Zusammenhang von Körper und Geist und auch
die Ausbildung einer wissenschaftlichen Psychologie zu einem im
strengen Sinn empirisch-wissenschaftlichen Thema gemacht hat.
Französische Ärzte und Naturforscher, unter denen Cabanis, der
Arzt Mirabeaus, hervorragt, kommen hier besonders in Betracht.
Der englische Arzt David Hartley und sein Schüler Joseph Pristley
hatten bereits in England die assoziationspsychologische Schule begründet, die zur Zeit der Französischen Revolution, als Cabanis
und seine Freunde lehrten, in höchster Blüte stand. Gedanken dieser Schule, in denen philosophische und psychologische Probleme
gemeinsam und nach derselben Methode behandelt wurden
(Hume!), machten die Franzosen sich zu eigen und suchten im Anschluß daran eine für die wirklichen medizinischen und sonstigen
naturwissenschaftlichen Probleme brauchbare Psychologie auszubilden. Im Jahre 1796 schuf der französische Convent im Institut
national eine Abteilung für ›Analyse der Empfindungen und Ideen‹,
und die Stellung des Convents, die tief in der allgemeinen gesellschaftlichen Situation begründet war, brachte es mit sich, daß für
geraume Zeit in Frankreich überhaupt nur eine Behandlung geistiger Probleme im Sinn dieser Einrichtung als wissenschaftlich angesehen wurde. Da einer der Begründer dieser Richtung, Destutt de
Tracy, den Namen ›Ideologie‹ für sie gefunden hatte, so hat man
noch lange danach alle Philosophen in Frankreich – manchmal auch
in anderen Ländern – Ideologen genannt. Ich habe diesen ganzen
historischen Tatbestand erwähnt, um mitzuteilen, daß hier – freilich
nach dem Vorgang Englands – zum ersten Male systematisch die
analytische Erforschung der physischen und psychischen Beschaffenheit des Menschen betrieben wurde, und zwar mit dem ausgesprochenen Zweck, daraus praktische Leitsätze für Erziehung, Politik, Therapie zu gewinnen. Über die lebhaften Diskussionen und

über einige Auswüchse (Schädelmessungen), die die ideologischen Lehren bei ihrer Rückwirkung auf England hervorriefen, wollen wir uns nicht unterhalten. Sie müssen lediglich wissen, daß aus diesen Diskussionen schließlich John Stuart Mill (1806–1873) als der unbestrittene Sieger hervorging. Er erklärte, daß die exakte Wissenschaft sich um alle Streitigkeiten über die materialistische oder spiritualistische Natur der Welt im allgemeinen oder der Seele im besonderen, die sich anläßlich der ideologischen Lehren erhoben hatten, gar nicht zu kümmern brauche. Es müsse der letzte Rest von Metaphysik beiseite geworfen werden. Tatsache sei, daß es in unserer Erfahrung Erscheinungen gibt, die sich als Wahrnehmung von physischen Gegenständen und solche, die sich als Wahrnehmung innerer, das heißt psychischer Zustände präsentieren. Während die Physik die Regelmäßigkeiten der physischen Gegenstände, das heißt nach Mill der permanenten Wahrnehmungsmöglichkeiten zu untersuchen hat, bleibt für die Psychologie die Untersuchung der Gesetzmäßigkeiten aller Elemente, aus denen sich unser bewußtes Leben zusammensetzt, das heißt aller der Tatsachen, die wir als Bewußtseinserscheinungen zu bezeichnen pflegen. Freilich erscheint dabei ebenso wie bei Hume, als dessen Schüler Mill im wesentlichen anzusehen ist, das Ich einfach [als] eine Summe von einander folgenden und teilweise nebeneinander sich befindenden psychischen Elementen, so daß alle Gesetzmäßigkeiten, die die Psychologie angeben kann, lediglich in mechanischen Regeln der Folge solcher Elemente bestehen müssen. Eben das ist der Sinn der sogenannten exakten Assoziationspsychologie, die im unmittelbaren Anschluß an Mill von Alexander Bain ausgebildet wurde und deren Grundanschauungen heute noch an vielen Stellen in der offiziellen deutschen Psychologie sich als wirksam erweisen.

In Deutschland war um die Mitte des letzten Jahrhunderts, also zur Zeit, da Mills Hauptwerk erschien, von psychologischer Arbeit in dem Sinne, wie wir sie bis jetzt kennengelernt haben, noch wenig zu sehen. Die Träger der großen deutschen Spekulation hatten meist die auf Beobachtung gegründete Naturwissenschaft überhaupt ziemlich geringschätzig behandelt. Die Philosophie derjenigen Männer und Richtungen, an deren Namen sich bis dahin die Ausbildung einer wissenschaftlichen Psychologie geheftet hatte, also die Philosophie der englischen und französischen Aufklärung, die Phi-

losophie der Ideologen ebenso wie diejenige Lockes und Humes
war ihnen sogar aufs äußerste verhaßt. Die in Wirklichkeit auf Descartes zurückgehende Überzeugung, die bei den meisten von ihnen
eine Rolle spielte, daß nämlich eine psychologische Durchforschung des individuellen persönlichen Bewußtseins eine philosophisch fundamentale Angelegenheit sei, daß also Philosophie und
Psychologie im engsten systematischen Verhältnis stünden, ja unter
Umständen sich deckten, hatte schon Kant ausdrücklich abgelehnt,
für Schelling und Hegel aber war sie ein Greuel.

Nach dem Sturze der Spekulation und im Auflösungsprozesse der
Hegelschen Schule, mindestens seit den fünfziger Jahren, in denen
die Naturwissenschaften in immer steigendem Maße als einzig rechtmäßige Herrinnen im wissenschaftlichen Felde erschienen, kursierte
im aufsteigenden, bildungshungrigen Bürgertum die erwähnte halb-
populäre materialistische Literatur der Büchner, Vogt und Moleschott, deren Anschauungen aber auch von hervorragenden Trägern
der Einzelwissenschaften geteilt wurden. Es war gerade der Sinn
dieser Art von Materialismus, der als ideelle Reaktion gegen die klassische Spekulation aufzufassen ist, zu behaupten, daß die Philosophie kein eigenes Arbeitsgebiet besitze, daß die Naturwissenschaften alle berechtigten Fragen auch auf dem sogenannten psychischen
Gebiet zu lösen vermöchten, ja daß auch eben dieses letztere Gebiet
in Wahrheit derselben Art sei wie alle übrigen [Gebiete], nämlich
materieller, körperlicher Art.* Aber diese Fortschritte der Physiologie und der Naturwissenschaft überhaupt hatten das Selbstbewußtsein nicht nur der Wissenschaften selbst, sondern auch der
gesamten an dem industriellen Aufstieg jener Periode beteiligten
Schichten ungeheuer gesteigert. Alle Gedanken innerhalb der bürgerlichen Welt waren auf diese Entwicklung konzentriert. Die
Apologetisierung aller für die Industrie in Frage kommenden Wissenschaften und eine Hebung des allgemeinen Bewußtseins auf denjenigen Stand der Bildung, der einer aktiven Teilnahme an diesem

---

[* Handschriftlicher Vermerk von M. H.: »Dabei lag eine ganze Anzahl insbesondere physiologischer Untersuchungen vor, die später für die Entwicklung der experimentellen Psychologie sehr fruchtbar werden sollten. Beispiele: 1. Johannes Purkinje,
*Beobachtungen und Versuche zur Physiologie der Sinne*, Band I, Prag 1823; Band II,
Berlin 1825. 2. Johannes Peter Müller, *Zur vergleichenden Physiologie des Gesichts-
sinns*, Leipzig 1826 (Gesetz der spezifischen Sinnesenergie).«]

für absolut gehaltenen Aufschwung entsprach, war das innere
Motiv der Popularität des Materialismus eines Vogt, Büchner und
Moleschott, insbesondere bei der Jugend.*
Dieser ideell aus der Auflösung der Hegelschen Schule hervorge-
gangene Materialismus ist vor allen Dingen aus dem Grunde seiner
Vorfahren in der französischen und englischen Aufklärung sowie im
klassischen Altertum ganz unwürdig, weil es nach dem philosophischen Ereignis des dialektischen Idealismus Hegels und beim
Stande des damaligen Wissens nicht mehr erlaubt war, unter der
materiellen Wirklichkeit bloß die Wirklichkeit im Sinne der physikalischen Naturwissenschaften zu verstehen. Die historische Entwicklung der menschlichen Beziehungen und die dadurch mitge-
setzte Veränderung der Natur und aller zugehörigen Begriffe aus
dem philosophischen Bewußtsein weglassen, hieß weit hinter Hegel
zurückfallen. Man darf daher sagen, daß philosophische Lehrmeinungen, die bei einem Lamettrie und einem Cabanis Aktualität und
guten Sinn besaßen, in der Sprache eines Vogt dürftig, armselig und
reaktionär dastehen. Die Opposition gegen diese Art zu philosophieren oder vielmehr nicht zu philosophieren, sondern die Naturwissenschaft in dem gegebenen Zustande zu apologetisieren,
ging folgerichtig von dieser selbst aus.
Freilich erhoben sich auch einige Stimmen von Gelehrten, die geradeheraus sagten, daß dieser Materialismus doch den Bedürfnissen
des Gemütes nicht genügend Rechnung trage, weshalb man eine
Philosophie brauche, die wieder die Achtung und Anerkennung
heiliger und hehrer Dinge zu rechtfertigen imstande sei.** Im wesentlichen aber waren es doch konsequente, innerwissenschaftliche
Gesichtspunkte, die eine saubere und strenge Gelehrsamkeit gegen
den Materialismus erhob. Wenn das, was Vogt unter Übernahme
eines Ausspruchs von Cabanis erklärt hatte, zurecht bestünde, daß

[* Handschriftliche Vermerke von M. H., die sich auf die naturwissenschaftlich-in-
dustrielle Grundlage des deutschen Materialismus um die Mitte des neunzehnten Jahrhunderts beziehen, der sich darauf beschränkt, die gesellschaftlichen Tendenzen der
nach-idealistischen Epoche »in metaphysischer Verkleidung auszusprechen«. Er ist
die »Ewigkeitserklärung der Physik und Industrie«. – »Julius Robert v. Mayer: Gesetz
von der Erhaltung der Energie.« – »Ausmerzung der ›Lebenskraft‹ während der vierziger Jahre.«]
[** Handschriftlicher Vermerk von M. H.: »R. Wagner, Materialismusstreit, 1854,
Göttingen.«]

nämlich die Gedanken sich zum Gehirn verhalten, wie die Leber zur
Galle oder der Urin zu den Nieren, dann hätte niemals eine eigene
Fachwissenschaft unter dem Titel der Psychologie entstehen können, da die Gedanken und alles Psychische dann ebensosehr physio-
logisch zu erklären sein müßten wie die physischen Sekretionen
selbst. Aber eben hier setzt die produktive Kritik der Naturwissenschaft ein. In seinem berühmten Vortrag *Über die Grenzen des Naturerkennens*, den Emil du Bois-Reymond 1872 auf dem Naturfor-
schertag in Leipzig hielt, ist er in vielem mit den Materialisten einig
und nimmt sich sogar in einem gewissen Sinne des erwähnten Aus-
spruches Vogts an. Er erklärt: »Die Laien stießen sich an diesem
Vergleich, weil ihnen die Zusammenstellung der Gedanken mit der
Absonderung der Nieren entwürdigend schien. Die Physiologie
kennt indes solche aesthetischen Rangunterschiede nicht. Ihr ist die
Nierenabsonderung ein wissenschaftlicher Gegenstand von ganz
gleicher Würde mit der Erforschung des Auges oder Herzens oder
sonst eines der gewöhnlich sogenannten edleren Organe. Auch das
ist dem Vogtschen Ausspruch schwerlich zu tadeln, daß darin die
Seelenthätigkeit als Erzeugniss der materiellen Bedingungen im Gehirne hingestellt wird.«[3] Aber ein anderer Einwand ist es, den du
Bois-Reymond gegen den Materialismus anführt und durch den
dieser freilich ins Herz getroffen wird. Ich führe die treffende Stelle
aus der Rede hier wörtlich an; denn sie scheint mir für den Geist, aus
dem schließlich eine exakte Psychologie entstanden ist, besonders
kennzeichnend zu sein: »Es scheint zwar bei oberflächlicher Betrachtung, als könnten durch die Erkenntniss der materiellen Vorgänge im Gehirne gewisse geistige Vorgänge und Anlagen uns verständlich werden. Ich rechne dahin das Gedächtniss, den Fluss und
die Association der Vorstellung, die Folgen der Uebung, die specifi-
schen Talente u. d. m. Das geringste Nachdenken lehrt, dass dies
Täuschung ist. Nur über gewisse innere Bedingungen des Geisteslebens, welche mit den äusseren durch die Sinneseindrücke gesetzten
etwa gleichbedeutend sind, würden wir unterrichtet sein, nicht über
das Zustandekommen des Geisteslebens durch diese Bedingungen.
– Welche denkbare Verbindung besteht zwischen bestimmten Be-

3  [Emil du Bois-Reymond, *Über die Grenzen des Naturerkennens*, Leipzig ³1873,
S. 36 f.]

wegungen bestimmter Atome in meinem Gehirn einerseits, anderrerseits den für mich ursprünglichen, nicht weiter definirbaren, nicht wegzuläugnenden Thatsachen: ›Ich fühle Schmerz, fühle Lust; ich schmecke Süsses, rieche Rosenduft, höre Orgelton, sehe Roth, und der eben so unmittelbar daraus fliessenden Gewissheit: ›Also bin ich‹?‹ Es ist eben durchaus und für immer unbegreiflich, dass es einer Anzahl von Kohlenstoff-, Wasserstoff-, Stickstoff-, Sauerstoff- u. s. w. Atomen nicht sollte gleichgültig sein, wie sie liegen und sich bewegen, wie sie lagen und sich bewegten, wie sie liegen und sich bewegen werden. Es ist in keiner Weise einzusehen, wie aus ihrem Zusammenwirken Bewusstsein entstehen könne. Sollte ihre Lagerungs- und Bewegungsweise ihnen nicht gleichgültig sein, so müsste man sie sich nach Art der Monaden schon einzeln mit Bewusstsein ausgestattet denken. Weder wäre damit das Bewusstsein überhaupt erklärt, noch für die Erklärung des einheitlichen Bewusstseins des Individuums das Mindeste gewonnen.«[4]
In diesem Tone geht es in der Rede du Bois-Reymonds fort. Alles [läuft] darauf hinaus – soweit es sich um diesen Gegenstand dreht – darzutun, daß selbst die exakteste Erforschung des Gehirns uns in vollständiger Unwissenheit über das Zustandekommen auch der niedersten geistigen Vorgänge ließe. Mit der Enträtselung der höchsten Probleme der Körperwelt blieben uns die geistigen Vorgänge immer noch ebenso unbegreiflich wie vorher! »Bewegung kann nur Bewegung erzeugen, oder in potentielle Energie zurück sich verwandeln. Potentielle Energie kann nur Bewegung erzeugen, statisches Gleichgewicht erhalten, Druck oder Zug üben. Die Summe der Energie bleibt dabei stets dieselbe. ... Die neben den materiellen Vorgängen im Gehirn einhergehenden geistigen Vorgänge entbehren also für unseren Verstand des zureichenden Grundes.«[5]
Wenn wir uns vergegenwärtigen, welche Konsequenzen aus diesen Anschauungen für die Forschung selbst herfließen, dann ergeben sich zunächst die folgenden. Die geistigen Vorgänge selbst sind als solche dem Forschungsgebiet der Physik entzogen. Es ist die cartesianische Scheidung reinlich wiederhergestellt. Selbst die minutiö-

4 [Ibid., S. 28 ff.]
5 [Ibid., S. 28.]

seste und umfassendste Analyse der Körperwelt vermöchte über die andere, die geistige Welt, nichts auszumachen. Aber eben damit, daß nun der Materialismus, der notwendig an die These geknüpft ist, die physikalische Methode vermöchte eine erschöpfende und universale Welterklärung zu liefern, abgewiesen wird, entsteht das neue und nunmehr exakt gestellte Problem, in welchem Verhältnis denn die geistigen zu den körperlichen Vorgängen stehen. Und außerdem wird die Frage akut, ob sich denn innerhalb des psychischen Gebietes nicht ebensowohl bestimmte Gesetzmäßigkeiten auffinden lassen, wie innerhalb der Physik. In der englischen Assoziationspsychologie war, wie wir wissen, diese letztere Frage bereits in positivem Sinne beantwortet worden. In Beziehung auf das erste Problem, nämlich [des Verhältnisses] zwischen geistigen und körperlichen Vorgängen herrschte noch die größte Unsicherheit. Aber gerade hierauf mußten sich nun die wissenschaftlichen Bemühungen konzentrieren. Es [wäre] der Triumph der exakten Naturwissenschaft, wenn es ihr gelänge nachzuweisen, daß diese bestimmten Vorgänge in der dinglichen Welt insbesondere in einem gegebenen menschlichen Leib mit diesen bestimmten geistigen Erscheinungen im Bewußtsein des betreffenden Menschen verbunden wären. Würde eine umfassende Registratur derartiger Gesetze sich aufstellen lassen, dann wäre für eine ganze Anzahl von Bereichen, in denen die Naturwissenschaft bisher noch nicht vermocht hatte, sich das Wirkliche zu unterwerfen, die Herrschaft ihrer Betrachtungsweise gesichert. Nicht nur die physischen Ereignisse würden sich dann in einem ebenso umfassenden Maße bis ins kleinste berechnen, bewußt herbeiführen und den Zwecken der Gesellschaft dienstbar machen lassen, sondern auch die psychischen Vorkommnisse könnten sich in einem ungeahnten Umfang berechnen und mit Bewußtsein herbeiführen lassen.

Wenn wir uns die Gedanken des du Bois-Reymondschen Vortrages, der für den fortgeschrittensten und über den populären Materialismus hinaustreibenden Geistesstand jener wissenschaftlichen Periode so überaus charakteristisch ist, heute vor Augen führen, so ist es insbesondere ein Punkt, der uns als das historisch Neue und für die künftige Entwicklung Fruchtbare erscheint. Auch früher schon – wie wir gehört haben, seit Descartes – war das Verhältnis zwischen Körper und Geist als ein schwieriges erkannt und auf die verschie-

densten Weisen zu lösen versucht worden. In dieser Richtung
weist der du Bois-Reymondsche Vortrag eher auf Altes zurück als
nach vorwärts. Er enthält die Verwahrung dagegen, daß man, wie
der Materialismus es wollte, die Descartessche Scheidung zugunsten der einen Seite in metaphysischer Weise aufhob. Die ganze
metaphysische Frage nach dem Verhältnis der beiden Welten weist
er im Millschen Sinne ab als eine prinzipiell unbeantwortbare und
auch für die Wissenschaft selbst absolut irrelevante [Frage]. Doch
eben damit tut sich eine neue und ganz im Geiste der exakten Naturforschung gestellte Frage auf. Es heißt in dem Vortrag wörtlich:
»Und es wäre natürlich ein hoher Triumph, wenn wir zu sagen
wüssten, daß bei einem bestimmten geistigen Vorgang in bestimmten Ganglienkugeln und Nervenröhren eine bestimmte Bewegung
bestimmter Atome stattfinde. Es wäre grenzenlos interessant,
wenn wir so mit geistigem Auge in uns hineinblickend die zu
einem Rechenexempel gehörige Hirnmechanik sich abspielen
sähen wie die Mechanik einer Rechenmaschine; oder wenn wir
auch nur wüssten, welcher Tanz von Kohlenstoff-, Wasserstoff-,
Stickstoff-, Sauerstoff-, Phosphor- und anderen Atomen der Seligkeit musikalischen Empfindens, welcher Wirbel solcher Atome
dem Gipfel sinnlichen Geniessens, welcher Molecularsturm dem
wüthenden Schmerz beim Misshandeln des *nervus trigeminus* entspricht.«[6] Damit ist ein Gebiet für Forschungen bezeichnet, die
mit dem Mittel des Experimentes und gerichtet auf die Entdeckung
gesetzmäßiger Beziehungen zwischen Psychischem und Physischem ganz analog wie die Physik auf ihrem eigentlichen Gebiete
verfahren konnten.
Diese Ansicht, die sich darauf gründet, daß es, um mit du Bois-
Reymonds Worten zu reden, materielle Vorgänge gebe, »die mit
geistigen Vorgängen der Zeit nach stets, also wohl notwendig«[7] zusammenfallen und daher exakt erforscht werden könnten, war von
diesem selbst keineswegs als eine neue Sache ausgesprochen worden, sondern im Bewußtsein der Zeit deutlich lebendig, und es
hatte sich längst vor dem Jahre 1872, in dem jener Vortrag gehalten
wurde, nicht nur eine angeregte Diskussion über diesen Gegen-

6  [Ibid., S. 27.]
7  [Ibid.]

stand entwickelt, sondern es lag auch eine nicht unbeträchtliche Anzahl wissenschaftlicher psychologischer Untersuchungen vor, die in
diesem Geiste geführt waren.

## [Fechner, Lotze und die Psychophysik]

Der Name, an den sich eigentlich der bewußte Versuch der Ausbildung einer exakten psychophysischen Wissenschaft heftet, ist derjenige Gustav Theodor Fechners.* Seine eigentlich philosophischen
Versuche brauchen wir in einer Einführung in die Philosophie der
Gegenwart kaum zu erwähnen. Fechner ist in seiner Jugendzeit ein
Schüler der romantischen Naturphilosophie gewesen, hat den Sturz
der spekulativen Naturphilosophie miterlebt und an dem Herauf-
kommen der exakten Wissenschaften nicht nur passiven, sondern
aktiven Anteil genommen. Die persönliche Kenntnis dieser Wissenschaften hat ihm ebenso wie anderen philosophisch veranlagten Denkern der gleichen Generation wie zum Beispiel Lotze das Bewußtsein
gegeben, daß eine Philosophie, die von der naturwissenschaftlichen
Arbeit keine Notiz nehme oder ihr widerspreche, nicht haltbar sei.
Zugleich aber wollte Fechner ebensosehr wie Lotze das philosophische System, die idealistische These von der Vernünftigkeit des
Wirklichen, die persönliche Unsterblichkeit und was dergleichen
idealistische Konzeptionen mehr sind, nicht missen.
Während die vergangene spekulative Periode eine schlechte Wirklichkeit in der Phantasie, das heißt bloß in ihren Systemen zu einer
vernünftigen, sinnvollen umgestaltet hatte, ohne dabei in der Wirklichkeit unmittelbar etwas zu vermögen, machte sich die gegenwärtige bloß an die Arbeit an der unmittelbaren Wirklichkeit, indem sie
Sinn und Vernunft vergaß oder die vergängliche Wirklichkeit selbst
als das Ewige und Absolute proklamierte (Materialismus). Naturen
wie Fechner aber, die jetzt noch – freilich in Exemplaren von geringe-
rem Format – existieren und lehren, aber doch im Aussterben begriffen sind, ehrliche, naturwissenschaftlich gerichtete Forscher mit

[*  Handschriftlicher Vermerk von M. H.: »Gustav Theodor Fechner (1801–1887),
Rudolf Hermann Lotze (1817–1889), Wilhelm Wundt (1832–1920)«.]

einem idealistisch-philosophischen Bedürfnis, versuchen mit größ-
ter Mühe idealistisch-metaphysische Systeme aufzustellen, ohne dabei doch mit naturwissenschaftlichen Ergebnissen in Konflikt zu
kommen, ja sogar unter Verwendung, Idealisierung und Rechtfertigung derartiger Resultate. Diese Art Metaphysik, die von Fechner,
Lotze, aber auch von Männern wie Eduard von Hartmann und
Wundt betrieben wurde, ist von Fechner selbst folgendermaßen charakterisiert worden: »Es gilt, vom möglichst großen Kreise des Er-
fahrungsmäßigen im Gebiete der Existenz auszugehen, um durch
Verallgemeinerung, Erweiterung und Steigerung der Gesichtspunkte, die sich hier ergeben, zur Ansicht dessen zu gelangen, was
darüber hinaus in den andern, weiteren und höheren Gebieten der
Existenz gilt, an die wegen ihrer Ferne unsere Erfahrung nicht reicht,
oder deren Weite und Höhe unsere Erfahrung überreicht und über-
steigt, mit der Vorsicht, die Verallgemeinerung, Erweiterung und
Steigerung über das Gebiet des Erfahrbaren hinaus nur in dem Sinne
und der Richtung vorzunehmen, die schon innerhalb des Erfahrbaren selbst eingeschlagen ist, also nur das für die anderen, höheren,
weiteren Gebiete in Anspruch zu nehmen, als gültig zu erachten, was
sich um so mehr verallgemeinert, erweitert, steigert, je weiter und
höher wir den Blick ins erfahrbare Gebiet richten, und dem Gesichtspunkte des Unterschiedes, der durch die größere Ferne, Weite, Höhe
des Gebietes entsteht, volle Rechnung zu tragen.«[8] Was wir dann bei
dieser Art Philosophie in Wirklichkeit über diese »Ferne, Weite,
Höhe des Gebietes« zu hören bekommen, ist meistens nichts anderes
als eine Reihe von spießbürgerlichen Träumereien eines vielleicht
persönlich höchst sympathischen Menschen, wie es Fechner selbst
zweifellos gewesen ist. Da wird uns etwa versichert, daß man Pflanzen und Himmelskörper als beseelt zu denken habe, daß die Menschen sich zur Seele der Erde verhalten wie etwa unsere Sinnesorgane
zu uns selbst, daß die Seelen der Gestirne wiederum sich entsprechend verhalten zu einem Allgeist, der den gesamten Kosmos zu seinem Körper hat. Fechner spricht es ganz offen aus, daß ihm die bloße
Ansicht der Naturwissenschaft selbst nicht genüge, daß er zu seinem
philosophischen Trost, also klar gesagt zu seiner Erbauung, der

8 [Gustav Theodor Fechner, *Über die Seelenfrage*, Hamburg und Leipzig ²1907,
S. 116 f.]

nüchternen »Nachtansicht« der Naturwissenschaft, die ja von einer Allbeseelung nichts weiß, eine »Tagesansicht« gegenüberstellen müsse, die ihm deshalb als solche erscheint, weil darin in jedem Atom ein Bewußtsein tagt, weil selbst die Pflanzen von ihrem Duft etwas haben und weil der gute Mond in Wirklichkeit eine Seele hat. Lotze, aber auch Wundt, sind gegenüber Fechner wesentlich weniger dichterisch veranlagt, sie wissen keine so schönen und phantastischen Geschichten als Metaphysik zu erzählen. Nichtsdestoweniger unterscheiden sich ihre metaphysischen Konstruktionen, die die Ergebnisse der Naturwissenschaft als Religion idealistisch drapieren und in ein transzendentes Gebiet hineinstellen, prinzipiell keineswegs von dem, was Fechner gemacht hat. Sie sind nur ärmer, nüchterner und langweiliger. Wenn zum Beispiel Lotze, gewissermaßen als Hauptergebnis seiner metaphysischen Lehre, die uralte teleologische Ansicht neu auflegt, daß das Gute, das Seinsollende, der Grund alles Seienden sei, das heißt, daß aller Naturmechanismus ein Mittel darstelle, damit irgendwelche idealen Werte in der Welt realisiert würden, und wenn diese idealen Werte, so wie sie von Lotze überhaupt eruiert werden, sich als die Ideale einer soziologisch genau umgrenzbaren Situation erweisen, so zeigt sich Lotze damit in metaphysischer Hinsicht seinem etwas älteren Zeitgenossen Fechner durchaus verwandt.

Indem wir diese beiden Denker als Metaphysiker auf solche Weise charakterisiert haben, hieße es freilich ein falsches Bild von ihnen erwecken, wollte man [sich] nun im wesentlichen nichts anderes unter ihnen vorstellen als das, was meine letzten Worte aus ihnen zu machen schienen. Man muß, um solchen Naturen wie Fechner und Lotze gerecht zu werden, in Betracht ziehen, daß sie beide auf exakt-wissenschaftlichem Gebiete zu den bedeutendsten Gelehrten und Lehrenden ihrer Zeit gehörten. Beide umfaßten nicht nur im Sinne bloßen Fachwissens eine ganze Anzahl von Naturwissenschaften, sondern nahmen auch selbst einen hervorragenden Anteil an deren weiterem Fortschreiten. Dabei war zwar die Spekulation in Deutschland, das heißt die große konstruktive Philosophie, die ihre Systeme unbekümmert um die aktuelle empirische Forschung aufrichtete, seit dem Tode Hegels, wie wir wiederholt festgestellt haben, immer mehr in Mißkredit geraten – ohne daß doch die Impulse dazu gänzlich weggefallen wären. Wenn auch infolge des ungeheuren Aufschwunges der Gewerbetätigkeit seit den dreißiger Jahren das Interesse von jeder Art idealistischer Philosophie immer mehr sich abgewandt hatte, so lebte eben, ungeachtet dieser gesellschaftlichen Situation, in einzelnen Gelehrten das alte Bedürfnis fort – nur stand jetzt, im Gegensatz zu früher, die Sorge, daß eine idealistische Metaphysik mit den Ergebnissen der empirischen Naturwissenschaft im Einklang stehen müsse, bei der Ausbildung einer solchen im Vordergrund. Da nun, gerade unter tätiger Mitwirkung solcher Männer wie Lotze und Fechner, die exakte Naturwissenschaft immer weitere Gebiete eroberte, da, um den Ausdruck du Bois-Reymonds zu gebrauchen, die »Grenzen der Naturwissenschaft« immer weiter hinausgeschoben wurden, so war die notwendige Folge, daß die Metaphysik, so wie jene Zeit sie verstand, immer abstrakter, ärmer und zugleich phantastischer werden mußte.

Aber es ist Zeit, daß wir an den Ausgangspunkt dieses Exkurses zurückkehren. Er sollte Ihnen zeigen, daß Fechner als Metaphysiker eher ein Nachspiel der vergangenen als ein Inaugurator der gegenwärtigen philosophischen Periode genannt werden kann. Als einer der Begründer der modernen Psychologie aber gehört er durchaus der letzteren an. Im Zusammenhang mit seiner Allbeseelungslehre, an die heute kein Mensch mehr glaubt, und auf Grund seiner Anschauung, daß Physisches und Psychisches sich überall in gesetzmäßiger Weise entsprechen müßten, war nämlich Fechner darauf gekommen, die erste, wirklich experimentelle Methode auszubilden, [die es erlaubte herauszufinden,] wie derartige Beziehungen exakt festgestellt werden konnten. Wir wollen über diesen ersten Versuch einiges aussagen; denn er ist nicht allein charakteristisch für die moderne Psychologie, sondern von ihm aus können wir nachher auch besonders deutlich machen, wie diese sich als exakte Wissenschaft selbständig etabliert, von aller Verquickung mit philosophischen Interessen freigemacht und daher neben sich ein reinlich geschiedenes Feld für philosophische Fragen frei[gelassen hat]. Bei Fechner selbst war, wie gesagt, das psychologische und das philosophische Interesse noch völlig ungeschieden; denn seine *Elemente der Psychophysik*, die man als erstes Hauptwerk der deutschen experimentellen Psychologie bezeichnen kann, hatten, von ihm aus gesehen, noch eine durchaus metaphysisch-philosophische Intention, nämlich diejenige, darzutun, wie überall Seele und Körper, Geist und Materie notwendig miteinander verbunden wären.

Diese philosophische Intention aber hätte dem Werk freilich zu jener Zeit keinerlei Aufmerksamkeit gewinnen können, während es
als Dokument exakter Forschung die ausgedehntesten Diskussionen hervorrief und überschwängliche Bewunderung erfahren hat.
Der Physiologe Weber war im Zusammenhang seiner Untersuchungen dazu gekommen, ein Gesetz aufzustellen, das als »Gesetz der
eben merklichen Unterschiede« bezeichnet wird. Dieses Gesetz besagt, daß derjenige Reizzuwachs, der eben als solcher bemerkt
werde, stets ein gleicher Bruchteil des Reizes sei, zu dem er hinzu-
komme.[9] Als Beispiel pflegt man anzuführen, daß wenn in einem
Zimmer, das durch zwanzig Kerzen erleuchtet sei, eine weitere
Kerze genüge, um einen Zuwachs von Helligkeit zu bemerken, bei
vierzig Kerzen zwei neue Kerzen angezündet werden müssen, um
eine solche Zunahme von Helligkeit eben noch zu konstatieren, bei
achtzig vier und so fort. Diese von Weber konstatierte Gesetzmäßigkeit, die sich immer mehr als ein biologisches Grundgesetz
zwischen Reiz und Reaktion von ungeheurem Geltungsbereiche erwies, wurde von Fechner, der auf Grund seiner eigenen Beobachtungen Ähnliches festgestellt hatte, als Grundlage für ein viel
weitergehendes Gesetz über psychophysische Beziehungen benutzt. Der von Fechner als Grundlage seiner Psychophysik hinge-
stellte Satz begnügt sich nicht, wie die Webersche Behauptung, damit, etwas exakt Nachprüfbares über die Wahrnehmbarkeit von
Reizveränderungen in bestimmter Richtung auszusagen, sondern er
betrifft eine viel allgemeinere Korrelation zwischen dem psychischen und physischen Gebiet überhaupt. Er lautet: Die Empfindung wächst proportional dem Logarithmus des Reizes oder wie
wir uns im gleichen Sinne ausdrücken können: Wenn die Empfindungen in einer arithmetischen Reihe wachsen sollen, müssen die
Reize in geometrischer Reihe wachsen. Um auf unser Beispiel von
vorhin zurückzukommen, würde das bedeuten, daß wenn uns in
einem Saal, der von zehn Kerzen erleuchtet ist, die Hinzufügung von
weiteren zehn Kerzen den Eindruck der doppelten Helligkeit gibt,
nicht etwa noch weitere zehn genügen, um den Eindruck der dreifa-
chen Helligkeit hervorzuheben, sondern zwanzig Kerzen zu den

---

9 [Vgl. hierzu Gustav Theodor Fechner, *Elemente der Psychophysik*, Band I, Leipzig
[2]1889, S. 134 ff.]

zwanzig vorhandenen hinzukommen müssen. Der vierfache Helligkeitseindruck wäre erst bei achtzig, der fünffache bei einhundertzechzig erreicht. Also der Eindruck wächst arithmetisch, wenn die Reize geometrisch wachsen.

Wenn Sie mich nun fragen, inwiefern denn diese selbst für die Psychologie höchst speziellen Dinge in Beziehung auf unser Thema von Wichtigkeit sind, so ist zu antworten, daß die Intentionen der heutigen experimentellen Psychologie, soweit sie sich auch inhaltlich von den Formulierungen der Fechnerschen Psychophysik entfernt haben mag, nirgends so unverhüllt, so charakteristisch zutage treten wie in dem angeführten Gesetz, in dem gleichsam in einer frühen Siegesfreude den kühnsten Prätentionen der Naturwissenschaft auf psychophysischem Gebiet die Erfüllung versprochen ist. Dieses harmlos klingende Gesetz und das von Fechner auf seiner Grundlage errichtete wissenschaftliche Gebäude der Psychophysik wurden als ungeheure Entdeckung begrüßt, als die Eröffnung einer neuen Art von Wissenschaft, die mindestens ebenso bedeutende, ja noch bedeutendere Erfolge zu verzeichnen haben würde als die Physik und Chemie. Fechners Schrift, die 1860 erschien, rief eine Anzahl bedeutender Diskussionen hervor, an denen die ersten Gelehrten der jungen Psychologie und die bedeutendsten Fachleute der angrenzenden Gebiete teilnahmen. Wir können uns heute kaum mehr einen Begriff davon machen, welchen Sturm von Anerkennung, Erfolg und Diskussion jenes Werk hervorrief; wenigstens an deutschen Universitäten, aber auch im Ausland. Der Grund dafür liegt darin, daß nun mit einem Male Methoden gefunden schienen, exakte mathematische Methoden, durch die nicht allein die Beziehungen zwischen Körperlichem und Seelischem im allgemeinen, sondern im speziellen meßbar sein sollten. Man denke an das Idealbild der künftigen Wissenschaft, die sich aus den von Fechner festgelegten Anfängen erheben sollte: man würde einst – wir wollen einmal unsere Phantasie echt naturwissenschaftlich schweifen lassen – genau die Reizkonstellation berechnen können, die eine bestimmte psychische Wirkung, sei es eine Farbempfindung oder ein Haßgefühl, einen ästhetischen Zustand oder eine heldenhafte Stimmung notwendig auslösen müßte. Die Berechnung und exakte Feststellung für alle materiellen Bedingungen etwa einer gewünschten seelischen Einstellung würde durch die von Fechner angegebenen,

den physikalischen verwandten Meßmethoden möglich sein, und
einfach von dem raschen Wachstum und der Weiterbildung der
neuen experimentellen Wissenschaft würde es abhängen, ob in kurzer Zeit nicht auch eine bestimmte wünschenswerte Gesinnung,
wenn nicht hervorgerufen, so doch auf ihre allgemeinen physischen
Bedingungen hin untersucht werden können. Man denke, welches
ungeheure Interesse derartigen Bestrebungen sich zuwenden
mußte.

Man hat es einen »geschichtlichen Irrtum« genannt, daß Fechner
mit seiner Psychophysik die »erste Invasion experimenteller Methodik in das psychologische Gebiet bedeute«[10]. Er hätte vielmehr
seine Methoden zum großen Teil aus der Sinnesphysiologie, insbesondere von Ernst Heinrich Weber und Johannes Müller entnom-
men. Dies braucht uns hier nur insoweit zu bekümmern, als damit
schon gesagt ist, daß auch die Physiologie das größte Interesse an
den Fechnerschen Untersuchungen haben mußte und daß ihr, wenigstens soweit sie Sinnesphysiologie war, an der Ausbildung einer
experimentellen Psychophysik alles gelegen sein mußte. Das experimentelle Studium der Beziehungen zwischen körperlichen und geistigen Vorgängen setzte im größten Umfange ein, und im Jahre 1875
erfolgte die erste Gründung eines psychologischen Laboratoriums
in Leipzig durch Wilhelm Wundt. Andere deutsche und ausländi-
sche Universitäten folgten, und die experimentelle Psychologie
schuf sich immer mehr einen anerkannten Platz als strenge Wissenschaft innerhalb der alten, festgegründeten Naturwissenschaft. Dabei müssen wir nun freilich erwähnen, daß der Charakter dieser experimentellen Psychologie schon nach verhältnismäßig kurzer Zeit
nur noch gewisse allgemeine Züge mit der Fechnerschen Psychophysik gemein hatte und nicht mehr mit ihr identifiziert werden
darf. Sie hat viel von den ersten Illusionen abgelegt und ist sehr stolz
darauf. Der am meisten in die Augen springende Mangel der Anschauungen Fechners war es, daß er äußeren Reiz und sinnliche
Empfindung ohne weiteres miteinander in Beziehung setzte, ohne
dabei viel Sinn für die Probleme zu besitzen, die dadurch aufgege-

10 [Wilhelm Wundt, ›Psychologie‹, in: *Die Philosophie im Beginn des zwanzigsten
Jahrhunderts*. Festschrift für Kuno Fischer, hrsg. von Wilhelm Windelband, I. Band,
Heidelberg 1904, S. 39.]

ben waren, daß der äußere Reiz erst durch Vermittlung eines Nervenprozesses eine Empfindung hervorzurufen imstande sein konnte. Freilich hatte Helmholtz schon im Jahre 1850 die Fortpflanzungsgeschwindigkeit der Nervenerregung zum ersten Mal gemessen, aber das Resultat konnte in den Fechnerschen Rechnungen deshalb nicht ohne weiteres über die Probleme hinweghelfen, weil die »Nervenprozesse, wenn sie vom Sinnesorgan zum Gehirn verlaufen, einer Änderung in der Stärke unterworfen sind«[11]. Man bedurfte daher sehr rasch einer Reihe von Hilfshypothesen. Dazu kam, daß in kürzester Zeit die Problematik einer rein quantifizierenden Betrachtung psychischer Zustände hervortrat. Man begann sich zu fragen, ob denn ohne weiteres so von der fortlaufenden »Zunahme« einer Empfindung geredet werden könne wie von der Zunahme des Reizes. In dem Beispiel mit den Kerzen geht es ja noch. Man kann schließlich sinnvoll behaupten, daß mit der im Gesetz geforderten Vermehrung der Kerzen auch der Helligkeitseindruck »zunehme«. Ebenso geht es auf dem von Fechner selbst vornehmlich bearbeiteten Spezialgebiet: der Schätzung von Gewichten. Man kann noch sagen, daß bei geometrischem Wachsen der Gewichte die Empfindung der Schwere in arithmetischer Reihe wächst. Aber schon bei diesen Beispielen muß man Ausnahmen zugeben und Hilfstheorien bauen. Bei ganz großen und verschwindend kleinen Reizen stimmt die Sache nicht mehr, außerdem muß Ermüdung in Betracht gezogen werden und so fort. Vor allem anderen aber macht sich in dieser naturwissenschaftlichen Sphäre, in der das Zeugnis: ›er ist ein spekulativer Kopf‹ gleichbedeutend mit der Note ›ungenügend‹ in Wissenschaft überhaupt ist, der Hegelsche Satz der Dialektik sein Recht geltend, daß nämlich Quantität in Qualität umschlage. Schon bei Messungen von Farbqualitäten erweist sich die eklatante Unmöglichkeit einer quantifizierenden Betrachtung im Fechnerschen Sinn. Wenn etwa bei einem bestimmten Reiz, das heißt beim Auftreffen von Licht einer bestimmten Wellenlänge auf die Netzhaut ein bestimmter Graueindruck hervorgerufen wird, so zeigt sich, daß bei einer progressiven Veränderung des Reizes offenbar der Graueindruck sich in seiner Qualität verändert und zum Eindruck von weiß wird – ebenso beim Abnehmen des Reizes

11 [Stanley Hall, *Die Begründer der modernen Psychologie*, Leipzig 1914, S. 100.]

schließlich zu schwarz. Noch eklatanter ist das Beispiel bei anderen
Farben und noch viel augenfälliger auf anderen, weniger homogenen psychischen Gebieten.

Ich erwähne dies alles, um zu zeigen, welche Fülle von exakt zu
behandelnden Problemen an die Periode der Psychophysik sich anschließen mußte, und gleichzeitig, um anzudeuten, daß die experimentelle Psychologie, trotzdem sie sich in höchstem Maße durch
die Fechnerschen Bemühungen beeinflussen ließ, sehr rasch sich
deren eklatantester Dogmatismen entledigte. Eine Grundüberzeugung von Fechner ist freilich bei dem weitaus größten Teil der heutigen experimentellen Psychologen vorhanden, und man kann
sagen, daß die fundierte Rolle, die sie für die Entwicklung der theoretischen Experimentalpsychologie spielte, insbesondere auch für
die gesamte auf dieser sich aufbauende Psychotechnik maßgebend
ist. Ich meine die sogenannte Konstanzannahme, das ist die Überzeugung, daß zwischen einem gegebenen Reiz und der von ihm her-
vorgerufenen Empfindung ein eindeutiger, konstanter Zusammenhang bestehe. Ohne diese Annahme, so darf man ruhig sagen, wäre
nicht allein das Vertrauen in die Möglichkeit experimenteller Erforschung des Seelenlebens, sondern auch der Geist, in dem diese Forschungen zum großen Teil noch betrieben werden, ebensowenig
verständlich wie die Tatsache, daß nicht nur in Deutschland (freilich
nach langen Kämpfen), sondern besonders auch in Amerika so
große Mittel für die Errichtung von Laboratorien und Lehrstühlen
gewährt wurden. Erst in der allerjüngsten Zeit sind, insbesondere
von den sogenannten Gestaltpsychologen, schwere Bedenken gegen diese Grundüberzeugung erhoben worden, die eingestanden
oder uneingestanden, geradeheraus oder verklausuliert, dem weitaus größten Teil der experimentellen Arbeit zugrunde liegt. Wir
werden darauf, wenn nicht im Colloquium, so doch gegen Ende des
Semesters, zurückzukommen haben; denn die moderne Gestalttheorie spielt in der Philosophie der Gegenwart eine Rolle, die wir
hier keineswegs vernachlässigen dürfen.

Hier[mit] mag es mit den Bemerkungen über die Entstehung der
modernen Experimentalpsychologie als einer eigenen Fachwissenschaft sein Bewenden haben. Wenn wir ihnen noch hinzufügen, daß
[neben] dem von Deutschland über die Physiologie, Helmholtz und
Fechner ausgehenden neuen Gedanken, es müßten die Beziehungen

zwischen physischen und psychischen Prozessen exakt meßbar
sein, die Methoden und Theorien der englischen Assoziationspsychologie rezipiert wurden, nach denen innerhalb des Bewußtseins
zwischen den psychischen Elementen selbst ebenso streng gesetzmäßige Zusammenhänge walten wie zwischen den Elementen der
Physik, dann haben wir das Wenige über das Grundgerüst der neuen
Experimentalpsychologie ausgesagt, was wir uns vorgenommen
hatten. Gesetzmäßige Beziehungen zwischen Physischem und Psychischem, gesetzmäßige Beziehungen innerhalb des Psychischen
selbst nach dem Vorbilde der mechanischen Naturwissenschaft zu
erforschen, das war das Programm, mit dem sich diese Wissenschaft
in der zweiten Hälfte des letzten Jahrhunderts etablierte. Einer ihrer
Mitbegründer, Georg Elias Müller, ein unmittelbarer Schüler Lotzes und Korrespondent Fechners, lehrt heute als Senior der deutschen Psychologen noch in Göttingen. Wer einen Einblick in die
theoretische Haltung der Psychologie in diesem bezeichneten, für
die letzten Jahrzehnte sicher ausschlaggebenden Sinne erhalten will,
lese den 1924 erschienenen, von Müller verfaßten *Abriß der Psychologie*.
Nach alldem hoffe ich, daß Sie verstehen werden, wieso nach einer
solchen Präzisierung der Psychologie als einer genau begrenzten
Wissenschaft es nicht mehr angängig war, daß philosophische Fragen in völlig ungeschiedener Vermengung – so nebenbei – mit
psychologischen zusammen behandelt wurden. Freilich vereinigten
Leute wie Wilhelm Wundt, aber auch viele andere Forscher, die um
die Entstehung der neuen experimentellen Wissenschaft große Verdienste haben und von denen hier nicht gesprochen werden konnte,
wie vor allem der noch lebende Karl Stumpf, die Eigenschaft eines
Laboratoriumleiters mit derjenigen eines Dozenten der Philosophie. Aber es war klar, daß die Psychologie nicht, wie noch bei
Fechner, weiter als ein Teil der Philosophie behandelt werden
konnte. Die immerwährend sich verfeinernden und komplizieren-
den Methoden der ersteren zeigten, je mehr sie den speziellen
psychologischen Aufgaben angepaßt wurden, ihre Inadäquatheit in
Beziehung auf die Lösung der uralten philosophischen Probleme.
Die psychologische Arbeit schritt fort und nahm immer weitere
Kräfte für sich in Anspruch. Sie wurde immer mehr zu einem naturwissenschaftlichen Spezialfach, bis sie mit dem heutigen Tag sich so

sehr den übrigen Naturwissenschaften angenähert hat, daß auch sie
selbst wiederum in eine ganze Reihe von Spezialfächern zerfällt.

Mochte die Verachtung der Philosophie noch so groß sein, mochte
man noch so sehr an die Ausschließlichkeit der naturwissenschaftlichen Methode glauben, mochte das Interesse lange Jahrzehnte fast
ausschließlich den exakten Wissenschaften zugewandt sein, jedenfalls war es offenbar, daß auch die denkbar größte Vervollkomm-
nung der psychophysischen Maßmethoden, auch das eingehendste
Studium in den Laboratorien weder zur Lösung der Frage einer objektiven Wahrheit, der Gültigkeit der Wissenschaft, des Wertes
menschlicher Handlungen noch gar [hinsichtlich] der [Frage der]
Unsterblichkeit oder des Seins Gottes irgendetwas beitragen konnte.
Wenn die Psychologen von dem Prozesse dieser Grenzbestimmung
sprechen, pflegen sie zu sagen, die Psychologie hätte sich von der
Philosophie emanzipiert, die Philosophen behaupten umgekehrt,
daß die Philosophie sich durch Ablösung von der Union mit der
Psychologie erst langsam wieder ein eigenes Feld erobert hätte. Wir
dagegen glauben, daß in jener Gesellschaft der sechziger, siebziger
und achtziger Jahre, die in Deutschland jugendfroh alle intellektuellen Kräfte an die positiven Wissenschaften wandte, einzig daran interessiert, die Natur auf Regelmäßigkeiten zu untersuchen, um sie
so zu beherrschen und den gesellschaftlichen Zwecken dienstbar zu
machen, das Bedürfnis hervortreten mußte, diese Zwecke selbst als
ewige und berechtigte zu begreifen. Die Herausbildung der modernen experimentellen Psychologie als eigener Wissenschaft gehört
durchaus in die allgemeine Linie der Entwicklung der modernen,
von der Aufklärung herkommenden Naturwissenschaft, und diese
Entwicklung ist von der philosophischen gar nicht zu trennen. Eine
Haupttendenz der Bewegung läßt sich so aussprechen, daß die mit-
telalterliche Frage nach dem von oben gesetzten Sinn irgendeines
bestimmten Faktums immer mehr ersetzt wird durch die Frage nach
den dieses Faktum zusammensetzenden Teilfakten, ihren Beziehungen zu anderen Teilfakten und den zwischen ihnen obwaltenden Regelmäßigkeiten. Während aller Feudalismus sich dadurch charakterisiert, daß er bei nichts Irdischem stehen bleiben will, daß er der
bloßen Konstatierung von irdischen Vorgängen feindlich gegenübersteht, weil es ihm darauf ankommt, zum Himmlischen fortzuschreiten und die schlechte Wirklichkeit als eine von Gott gewollte

zu glorifizieren, ist das Kennzeichen aller Aufklärung das gerade
Gegenteil. Auch sie will bei nichts Irdischem stehen bleiben, aber
gerade deshalb, weil sie noch tiefer in es eindringen will, weil es ihr
noch zu sehr als ›von uns‹ Zusammengesetztes, gewissermaßen Ge-
dichtetes und Fingiertes, oder jedenfalls nur ›für uns‹ Seiendes erscheint, weil sie einen *horror* vor allem Anthropomorphisieren oder
gar Deifizieren mit sich führt. Das Mittelalter illusioniert und die
Aufklärung desillusioniert die Wirklichkeit, aber was [sie], insofern
sie mechanische Naturwissenschaft ist, als Produkt der Analyse in
den Händen behält, ist eben auf allen Gebieten, auch auf dem des
Bewußtseins, ein völlig sinnentleertes, eigentlich chaotisches Material von Elementen, die noch weiter aufzulösen und zurückzuführ-
ren die wissenschaftliche Aussicht der jeweils nächsten Zukunft ist.
So steht sie mit leeren Händen da.* Die Elemente des psychischen
Lebens, Empfindungen, Vorstellungen und so weiter und ihre Beziehungen zu analysieren, ferner das Verhältnis dieser Elemente zu
denjenigen der physischen Welt zu studieren, das war auch die Intention, mit der die experimentelle Psychologie groß geworden ist –
eine neue Naturwissenschaft, ein neues Mittel der Desillusionie-

[* Hierzu der handschriftliche Vermerk von M. H.: »Man ist ausgezogen, um mit
allen menschlichen Erkenntnismitteln die wahre Wirklichkeit zu finden – und sieht sie
reduziert auf ein Nichts; totale Sinnlosigkeit, kein Gehalt hat Bestand. Reaktion: Hypostasierung. Parallele: Impressionismus in der Kunst ist eine Generation, die das
bloße Hinnehmen des Gegebenen noch als zu anthropomorph empfindet. Man muß
seine elementare Zusammensetzung studieren, man muß ›Wissenschaft‹ treiben, um
richtig darzustellen. Kunst erhält Wissenschaft als Voraussetzung – und zwar exakte,
analysierende, erklärende Naturwissenschaft. ›Unpersönlichkeit‹, Wissenschaftlich-
keit der Kunst war die Devise des großen Flaubert, der er ein Leben gewidmet hat.
Zola hatte den brennenden Ehrgeiz, ein sozialer Naturforscher zu sein und den großen ›roman expérimental‹ zu schreiben, die ›vérité vraie‹, die wahre, reine, wissenschaftliche Wahrheit zu geben. Die Impressionisten der Malerei aber – und mehr noch
die Neoimpressionisten in Frankreich – wollten nur reine Farben auf der Palette haben
und auf Grund der wissenschaftlichen Kenntnis der psychologischen und physiologi-
schen Gesetze im Bilde selbst nur die wirklich notwendigen Elemente geben, aus denen im Auge des Beschauers dann der gewünschte Gesamteffekt sich ergeben müsse.
Entkleidung des Wahrgenommenen von aller ›Zutat‹, Rückgang auf die ›wirklichen‹
Elemente war die Devise der Aufklärung in Kunst und Wissenschaft. Da ist es unvermeidlich, schließlich in bloßer Technik zu entarten. Alles, was wirklicher Gehalt sein
soll, wird aus der Kunst verdrängt, in das Auge, die Einstellung, die Auffassung,
jedenfalls in das Subjekt des Beschauers, gleichsam in dessen private Sphäre abgescho-
ben. Aber auch da findet sich schließlich, da es in derselben Welt steht, die Leere. –
Expessionismus Reaktion, ›erfindet‹ die Gehalte, meistens anderen Zeiten entnom-
men und ist daher verlogen.«]

rung mehr, soweit es sich neben den übrigen als stichhaltig erweisen sollte. Denn es wäre kein Einwand zu sagen, daß die experimentelle Psychologie selbst eine Illusion sei. Soweit sie das ist, werden es die exakten Methoden selbst sein, die sie zu Fall bringen, und die außerordentlich schwierige Lage der Psychologie in der Gegenwart, insbesondere die Rolle der Gestalttheorie beweist, daß die exakten Methoden selbst die notwendige Korrektur vollziehen oder vielmehr die alten Resultate völlig aufheben.

Ziehen wir das Fazit, so läßt sich sagen, daß die Entstehung und Fortbildung der modernen Psychologie als ein Teil des alle ideellen Gehalte auflösenden Ganges der modernen Naturwissenschaften anzusehen ist, eines Prozesses, zu dem es bei der gegebenen Situation gehörte, daß sich das Bedürfnis nach einer Philosophie, nach einer systematischen Bemühung um einen Sinn, um ideelle Gehalte, um irgendeine Rechtfertigung des ganzen Tuns von höherer Instanz her alsbald geltend machte. Zunächst [ging es darum,] wenigstens die Naturwissenschaft als Wahrheit [zu fundieren].

Der populäre Materialismus, von dem wir schon gesprochen haben, vermochte hier natürlich auf die Dauer nichts. Abgesehen von den groben Unzulänglichkeiten, die daraus resultierten, daß er überhaupt nur von der physikalischen Welt in seinen Betrachtungen Notiz nahm, war der Widerspruch zwischen seiner metaphysikfeindlichen Rede und der voreiligen materialistischen Metaphysik, die er doch in Wirklichkeit darstellte, zu offenbar, als daß er sich bei der herrschenden intellektuellen Wachsamkeit hätte lange halten können. Naturforschern wie du Bois-Reymond gegenüber war er machtlos.

## [Der Marburger Neukantianismus]

Diejenige philosophische Richtung, von der wir nun einiges kennenlernen müssen, ist deshalb so schwer zu charakterisieren, weil sie tatsächlich ein doppeltes Gesicht hat. Einesteils dürfen wir sie, ganz ähnlich wie den Materialismus, als einen voreiligen Versuch auffassen, eine Weltanschauung zu schaffen, die – frei von irgendwelchen spekulativen Konstruktionen und von jeder Phantasie –

sich nicht nur mit den Naturwissenschaften vertragen, sondern auch deren Arbeit begründen und stützen sollte, andererseits aber enthält diese Philosophie, wenigstens in einzelnen Schriften ihrer frühesten Epoche, sicher eine Anzahl von Motiven, die durchaus in der Richtung der konsequenten Fortführung der Aufklärung liegen. Ich meine die Wiederbelebung der Philosophie Kants nach der Mitte des neunzehnten Jahrhunderts durch den sogenannten Neukantianismus.

Die erste für die Wiedererweckung der Philosophie Kants im Sinn der Neukantianer charakteristische Schrift ist das Buch *Kant und die Epigonen* von Otto Liebmann, das im Jahre 1865 erschien. In der Einleitung zu dieser Schrift werden Betrachtungen darüber angestellt, warum denn die Philosophie in jenen Tagen so darnieder läge. Der erste Grund, den der Verfasser anführt, ist der, daß die großen spekulativen Systeme, die mit einem so großen Pomp aufgetreten seien und von denen jedes für sich den Besitz der ganzen und reinen, absoluten Wahrheit in Anspruch genommen hätte, am Ende doch einen so wenig dauernden Erfolg hätten behaupten können. Eben dieser Anspruch auf den Besitz der ganzen Wahrheit, den jedes der Systeme für sich selbst behauptete, aber für das vorgehende ebenso energisch bestritt, hätte nicht nur sie selbst, sondern die Philosophie überhaupt in Mißkredit gebracht. »So unterscheidet sich«, schreibt Liebmann, »der babylonische Thurmbau der deutschen Philosophie unseres Jahrhunderts von dem biblischen leider nicht bloß dadurch, daß seine Baumeister wirklich bis in den Himmel gelangt zu sein glaubten, sondern auch dadurch, daß außer der *Sprach*verwirrung eine *Gedanken*verwirrung von ihm ausgegangen ist.«[12] Man wisse nicht mehr, wo die Wahrheit zu finden sei, das heißt, welches der widersprechenden Systeme sie enthalte und zugleich nicht mehr, was denn Wahrheit überhaupt sei und in welchem Maße und Sinne wir sie zu besitzen vermöchten. Liebmann schlägt daher vor, man müsse an den Punkt zurückkehren, den alle die widersprechenden Systeme der großen deutschen Spekulation als gemeinsamen Ausgangspunkt besäßen. Dies sei aber zweifellos die Philosophie Kants. »Wo nun dieser gemeinsame Anfangspunkt

---

12 [Otto Liebmann, *Kant und die Epigonen. Eine kritische Abhandlung*, hrsg. von Bruno Bauch, Berlin 1912, S. 4; Hervorhebungen von Liebmann.]

liege, darüber können wir uns lange Untersuchungen sparen; denn
dies ist längst festgestellt und allgemein anerkannt: Er liegt in der
*Kantischen Philosophie*. ›*Kant* beherrscht die Philosophie des *neunzehnten* Jahrhunderts, wie *Leibniz* die des *achtzehnten*‹, sagt einer
der geistreichsten Geschichtsschreiber der Philosophie. Und ›daß *er*
der philosophische Reformator unseres Zeitalters sei, daß in ihm
alle Systeme der Gegenwart wurzeln‹, ist auch von seinen Gegnern
geradezu und offen bekannt worden.«[13] Liebmann sieht es daher als
seine Aufgabe an, das Kantische System selbst in ganz groben Zügen
darzustellen und zu prüfen. Sollte es sich herausstellen, daß bei
Kant ein Grundirrtum sich findet, dann wären die auf Kant folgenden und auf Kant fußenden großen Systeme ebenfalls in groben Zügen darzustellen und daraufhin zu prüfen, ob in ihnen der Fehler
Kants überhaupt erkannt und – falls erkannt – gutgemacht worden
ist. Liebmann glaubt, einen solchen Hauptfehler Kants zu entdek-
ken. Er liegt nach ihm in der Lehre vom Ding an sich. Gemäß
seinem Programm untersucht er im Anschluß daran die Lehren
Fichtes, Schellings, Hegels, ferner diejenige Herbarts, Fries' und
Schopenhauers. Und überall gelangt er zu der Überzeugung, daß
der Grundirrtum Kants von ihnen nicht berichtigt worden sei, sondern seine verheerende Wirkung in diesen Systemen übt. Alle Kapitel des Liebmannschen Buches schließen daher mit dem gleichen, in
der Geschichte der Philosophie berühmt gewordenen Satz: »Also
muß auf Kant zurückgegangen werden.«
Auf doppelte Weise kann man Liebmanns Buch mit der Begründung
des Neukantianismus in sachlichen Zusammenhang bringen. Erstens insofern, [als] er in Kant nicht bloß den bedeutendsten Philosophen der Epoche erblickt, sondern auch in einer neuen Durcharbeitung der kritischen Philosophie die einzige Möglichkeit eines
Fortschritts der Philosophie überhaupt sieht; und zweitens insofern, [als] er Kants Lehre vom Ding an sich als den wichtigsten zu
korrigierenden Irrtum zu erkennen vermeint. In diesen beiden Zügen kann man, wenn man will, den Kern eines Programms der

---

13 [Ibid., S. 5. – Liebmann bezieht sich hier ohne nähere Quellenangaben auf Kuno
Fischers Buch *Immanuel Kant und seine Lehre* sowie auf J. U. Wirths Studie *Die
speculative Idee Gottes*; Hervorhebungen von Liebmann und den von ihm zitierten
Autoren.]

neukantischen Schule erblicken. Es setzte in den Jahren, die auf das Erscheinen von Liebmanns Buch folgten, allenthalben in der an diesen Dingen interessierten Welt ein neues Studium Kants ein. Dieses ist freilich, wenn wir von der gemeinsam motivierenden Situation einmal absehen, nicht allein auf die Anregung Liebmanns, sondern ebensosehr auf Kuno Fischers großes Werk über Kant zurückzuführen, das zum ersten Male 1860 erschienen ist und eine kaum zu überschätzende Wirkung hervorrief. Aber wie Kuno Fischer selbst in seinen philosophischen Ansichten von den Althegelianern abstammte, gehören natürlich viele der Schriften über Kant, die das Fischersche Werk veranlaßt haben mag, nicht zur Genesis der neukantischen Schule, noch weniger der eigentlichen Marburger Richtung. Hierfür sind die entscheidenden Schriften die folgenden: *Kants Theorie der reinen Erfahrung* von Hermann Cohen, 1871; *Kants Teleologie und ihre erkenntnistheoretische Bedeutung* von August Stadler, 1874; die *Grundsätze der reinen Erkenntnistheorie in der Kantischen Philosophie*, ebenfalls von Stadler, 1876; weiter die Darstellung der Kantischen Lehren in der umgearbeiteten, 1873 erschienenen zweiten Auflage von Friedrich Albert Langes *Geschichte des Materialismus*. Das sind darstellende Werke über die Kantische Philosophie, die alle in der Intention auf eine ganz bestimmte Art der Fortbildung – eben die neukantianische – abgefaßt sind. In ihrer eigentlichen Gestalt hat diese Lehre sich freilich erst in Schriften dokumentiert, die alle viel später erschienen sind. Ich nenne auch hier wiederum nur die allerwichtigsten: 1902 erschien Hermann Cohens *Logik der reinen Erkenntnis*; 1904 die *Ethik des reinen Willens*; erst 1912 die *Ästhetik des reinen Gefühls*. Von Paul Natorp erschien 1903 *Platos Ideenlehre als Einführung in den Idealismus*, die kurze *Logik* 1904 und die *Allgemeine Psychologie nach kritischer Methode* 1912, 1910 die *Logischen Grundlagen der exakten Wissenschaft*. Ferner gehört zu dieser Schule Ernst Cassirer, der unter anderem die hochbedeutsame historische Darstellung des Erkenntnisproblems gegeben hat und überhaupt als der vorzüglichste Historiker der Schule anzusehen ist. Ich habe nur die in allerengstem Sinn an der Ausbildung der betreffenden Gedanken beteiligten repräsentativsten Namen genannt.

Wir haben uns nun zu fragen, welches diese Gedanken sind, worin der Kern dieses Systems liegt; denn ein System, also eine völlig in

sich zusammenhängende, alles umfassende Philosophie haben die
Neukantianer immer liefern wollen. Die einzige Möglichkeit, auf
diese Fragen in Kürze Antwort zu geben, bietet der folgende Weg:
Wir müssen uns an die wichtigsten, hier in Frage kommenden Züge
der Kantischen Philosophie erinnern, dann [uns] die besonderen
Schwierigkeiten vor Augen stellen, die nach der neukantischen Auffassung daran haften, und schließlich diejenigen Lehren bezeichnen, in denen die neue philosophische Richtung von Kant abweicht
und ihn zu berichtigen oder zu verbessern glaubt. Dabei soll es uns
gleichgültig sein, inwiefern die Neukantianer ihre eigene Auffassung schon in Kant hineininterpretieren und inwiefern sie überhaupt historisch im Recht oder im Unrecht sind. Wir müssen hier
ausschließlich darauf bedacht sein zu erfahren, was diese Denker
positiv lehren und nicht, wie sie interpretieren.

Die wesentliche Frage, die angesichts der Erfolge und der Hochgeltung der Naturwissenschaften der Philosophie gestellt war, betraf
den Wahrheitsgehalt und den Sinn dieser Naturwissenschaften
selbst. Inwiefern konnte naturwissenschaftliche Erkenntnis behaupten, ›wahre‹ Erkenntnis zu sein, worauf begründete sie einen
solchen Anspruch und überhaupt, inwiefern konnte denn diese Naturwissenschaft, die da nahezu alle intellektuellen Kräfte in ihre
Dienste stellte, dies rechtfertigen? Gab es denn außer den Konsequenzen, die die Naturwissenschaften für den praktischen Aufstieg
der gegebenen Gesellschaft hatten, auch noch einen idealen Wert,
den sie realisierten? In jedem Laboratorium, an jeder Hochschule,
[ja in jeder] Versuchsanstalt einer chemischen Fabrik sprach man
davon, daß man ›Wissenschaft um der Wissenschaft willen‹, Forschung um reiner Erkenntnis willen treibe. Die höchsten intellektuellen Aspirationen der Menschheit sollte ja die Naturwissenschaft zu
erfüllen berufen sein. Der Materialismus hatte in den Augen der
einsichtigeren Naturforscher selbst einen solchen Anspruch keineswegs zu begründen vermocht. Es bedurfte eingehender, diszipliner-
ter, nicht mehr von Naturforschern im Nebenberuf ausgeführter
philosophischer Untersuchungen, um den Sinn des Wahrheitsanspruches der Wissenschaft, um die Bedeutung von Erkenntnis
überhaupt und die Reichweite ihrer Möglichkeit festzustellen. Da
war es kein Wunder, daß man auf Kant zurückging. Denn das ist
gerade das Zentralproblem der ganzen theoretischen Philosophie

Kants: Wie ist es möglich, daß wir allgemeingültige, nicht nur für einen Menschen, sondern für alle Menschen und nicht nur für den gegenwärtigen Fall, sondern für alle Zukunft gültige Urteile besitzen? Auch Kant selbst hatte nicht daran gezweifelt, daß es solche Urteile wirklich gebe; die Realität wissenschaftlicher Erkenntnis, insbesondere soweit sie in der mathematischen Naturwissenschaft vorlag, war ihm keineswegs zweifelhaft. Seine ganze Untersuchung in der *Kritik der reinen Vernunft* hatte den ausgesprochenen Zweck, nicht etwa die Frage zu beantworten, *ob* die Wissenschaft wahre Erkenntnis besitze, sondern wie ein solcher Besitz und seine Vermehrung überhaupt denkbar sei. Die berühmte Frage an der Spitze der *Kritik der reinen Vernunft*: Wie sind synthetische Urteile *a priori* möglich?, heißt nichts anderes als: Wie ist wahre wissenschaftliche Erkenntnis möglich; denn »synthetisch« – im Gegensatz zu analytisch – heißen bei Kant alle wissenschaftlich fruchtbaren Urteile, und »a priori« bedeutet eben allgemeingültig, für alle Zukunft gültig, durch keine künftige Erfahrung widerlegbar.

Den eigentlichen Sinn der Kantischen Fragen verstehen wir sogleich, wenn wir das Problem nur in derjenigen Form fassen, die jene Zeit ihm gegeben hatte. Gültige Urteile, wissenschaftliche Erkenntnis – das ist doch etwas, was das Subjekt, das Bewußtsein vollzieht, das gehört zur und spielt sich einzig ab in der einen der beiden Descartesschen Welten: in der Welt der *cogitationes*, in der subjektiven, geistigen Sphäre. Die wirkliche Welt der Dinge aber, über die jene Urteile etwas auszusagen beanspruchen, ist jener ersten, subjektiven Welt gegenüber transzendent, jedenfalls ist sie nicht selbst Bewußtsein, sondern eben die zweite der Descartesschen Welten und als solche nur Thema, Gegenstand, Objekt der wissenschaftlichen Urteile. Wie soll man es sich nun denken, daß diese Urteile ›wahr‹ sind? Wie soll das Subjekt, das doch eingeschlossen ist in die Sphäre der *cogitationes*, in die Welt seines Bewußtseins, wie soll dieses Subjekt dazu kommen, innerhalb dieser Welt etwas zu besitzen, das sich der objektiven Welt der Dinge gleichsam anpaßt, in dem diese sich widerspiegeln oder was dergleichen Ausdrücke mehr sein mögen, durch die man das Wesen der Wahrheit zu umschreiben pflegt? Daß wir sichere und für alle Zukunft gültige Sätze besitzen, ließe sich nach Kant von vornherein sehr wohl verstehen, wenn sich diese Sätze auf die Sphäre selbst bezögen, in der sie gefällt werden, aber, so heißt es bei ihm, wir können unsere Begriffe zergliedern und Denkoperationen anstellen, welche wir auch immer wollen, niemals können wir die Gewißheit haben, daß die Resultate mit den wirklichen Dingen draußen, so wie sie an sich selbst sind, jetzt oder in der Zukunft übereinstimmen. Also aus uns selbst kann die Wahrheit über die Dinge an sich nicht stammen. Aber auch wenn wir annehmen, daß die Dinge an sich, die Dinge, wie sie unabhängig von unserem Bewußtsein da sind, von uns erfahren werden, das heißt, auch wenn wir unsere Kenntnis von allgemeinen Gesetzen der Wirklichkeit nicht aus uns selbst, sondern aus der Erfahrung, also aus irgendeiner Einwirkung der Dinge auf uns schöpfen, auch dann läßt sich gar kein Kriterium denken, auf Grund dessen wir behaupten dürften, daß unsere Sätze für alle Zukunft gültig [seien]. Denn woher nähmen wir die Gewißheit zu behaupten, daß etwas, das wir heute als ein so und so Seiendes erfahren, sich auch in Zukunft nach den gleichen Gesetzen verhalten werde, die wir jetzt auf Grund dieser Wahrnehmung von ihm aussagen – woher nähmen wir diese Gewißheit, wenn doch die Wirklichkeit selbst, auf die sich unsere Aussage beziehen soll, in einem total anderen Reiche herrscht, wenn sie radikal von uns unabhängig ist?

So hat denn Kant die Möglichkeit der Wahrheit naturwissenschaftlicher Erkenntnis durch seine transzendentale Philosophie zu retten versucht. Es ist deren eigentlicher Sinn, daß naturwissenschaftliche Erkenntnis sich gar nicht auf die Dinge an sich selbst, so wie sie unabhängig von unserem Bewußtsein sein mögen, beziehe; [bezöge sie sich auf diese,] so wäre aus den genannten Gründen nach Kant die Gültigkeit der Naturwissenschaft auf keine Weise zu begründen. Gültige und wahre naturwissenschaftliche Erkenntnis betrifft vielmehr, was Kant im Gegensatz zu den Dingen an sich »Erscheinungen« genannt hat. Dinge an sich, Dinge, deren Sein vom erkennenden Subjekt unabhängig ist, gibt es freilich. Eine solche Welt absoluter Realität soll nach Kant keineswegs geleugnet werden, aber wir vermögen über sie durchaus nichts Positives auszusagen. Indem wir leben, stehen wir mit ihr in irgendeiner Beziehung, wir haben gewissermaßen Berührung mit der Realität, aber sobald wir versuchen, diese Realität in unseren Aussagen näher zu bestimmen, sobald wir glauben, mit unseren Begriffen irgendwelche [ihrer] Momente oder Gesetzmäßigkeiten herauszustellen, überschreiten wir die Grenzen der Kompetenz unserer Vernunft. Wir sind in die Welt unseres Bewußtseins eingeschlossen, das letzte Material, auf das sich alle unsere Urteile über Daseiendes beziehen müssen, sind unsere sinnlichen Empfindungen, und auch diese sind Teile des Bewußtseins. Wir können zwar sinnvoll aussagen, daß das Dasein der Empfindungen als Grundtatsache unseres bewußten Lebens auf die Berührung mit der absoluten Realität gegründet ist; wir können behaupten, hier sei gewissermaßen die Nahtstelle der beiden Welten oder, mit Kants Worten, man kann allgemein behaupten, das Dasein von Empfindungen im erkennenden Subjekt sei der Effekt einer Beziehung zwischen ihm und den Dingen an sich. Aber es bleibt dabei: Sobald wir auch nur irgendetwas Bestimmtes an diesen Empfindungen herausheben, sobald wir unterscheiden, uns erinnern, Begriffe bilden, urteilen, handelt es sich um Prozesse innerhalb der Sphäre des erkennenden Subjektes selbst, und es wäre eine durch nichts begründbare Prätention, wollten wir behaupten, daß unsere Urteile sich decken mit einem Sein jenseits unseres eigenen Bewußtseins. Daß sich alle denkbaren wahren Erkenntnisakte, so wie die Naturwissenschaft sie fortwährend [zu vollziehen] im Begriffe ist, nicht beziehen können auf Dinge an sich, sondern in letzter Linie immer nur auf Gebilde unseres Bewußtseins, in allerletzter Linie auf Empfindungen, das ist der Sinn des Satzes, daß die Naturwissenschaft sich nicht auf Dinge an sich, sondern auf Erscheinungen bezieht. Wenn dem aber so ist, dann freilich kann die Gültigkeit der naturwissenschaftlichen Urteile sicher begründet werden. Wir wollen das Prinzip dieser Begründung ganz summarisch angeben: Wir leben bewußt in einem einheitlichen Erfahrungszusammenhang, den wir als die eine Natur mit gewissen einheitlichen und sich stets gleichbleibenden Bestimmungen bezeichnen. Daß wir von dieser Natur als einer einheitlichen reden, ist nach Kant notwendig geknüpft daran, daß wir selbst – das erkennende Subjekt – [uns] als Einheit in allen vielfältigen Augenblicken und Bestimmungen, [das heißt] als ein mit sich Identisches [wissen]. Ohne diese Einheit des erkennenden Subjekts wäre weder Wissenschaft noch irgend Erfahrung überhaupt denkbar. Sie brauchen sich nur einen Augenblick zu vergegenwärtigen, was das Fehlen der Einheit bedeuten würde, um die Wahrheit dieses Prinzips einzusehen. Nun ist uns aber ursprünglich nur eine Mannigfaltigkeit von Erlebnissen, bei Kant: »Empfindungen«, jedenfalls aber etwas total Uneinheitliches, Gedankenloses, Disparates gegeben. Wenn es nun gelingt, diejenigen ursprünglichen Vernunfthandlungen, das heißt diejenigen Begriffe und Urteile aufzuweisen, ohne die es undenkbar ist, daß die Vernunft in diesem Chaos Einheit stiftet, wenn wir, mit anderen Worten, diejenigen notwendigen Gedanken angeben können, ohne die einheitliches Bewußtsein einer Mannigfaltigkeit logisch unmöglich ist, dann ist ein Bestand von Sätzen gewonnen, die für alle Zukunft notwendig Geltung haben müssen, weil ohne sie weder von Geltung [noch] von Erfahrung überhaupt die Rede sein kann. Aber nicht nur von Erfahrung kann ohne [diese Begriffe und Urteile] nicht die Rede sein, sondern auch nicht vom *Gegenstande* der Erfahrung, von der Natur. Denn was ist denn die Natur anderes als eben das, was durch unsere Vernunft die gedankliche Bearbeitung jenes uns ursprünglich gegebenen Empfindungsmaterials zustandebringt, eben dieses einheitlich geordnete Erfahrungssystem? Die Natur ist nach Kant intellektuelles Erzeugnis der Vernunft, das durch die Bearbeitung des chaotischen Sinnenmaterials mittels des Verstandes zustandekommt. Daher sind die Faktoren, ohne die einheitliches Selbstbewußtsein nicht gedacht werden kann, zugleich diejenigen, ohne die einheitliche Natur nicht gedacht werden kann. Das heißt aber: Die obersten Vernunftgesetze sind zugleich die obersten Naturgesetze. Oder mit Kantischen Worten: »Die Bedingungen der *Möglichkeit der Erfahrung* überhaupt sind zugleich Bedingungen der *Möglichkeit der Gegenstände der Erfahrung* und haben darum objektive Gültigkeit in einem synthetischen Urtheil a priori.«[14] Die Gültigkeit von Naturgesetzen kann insofern begründet werden, als sich erweisen läßt, daß diese Gesetze zugleich notwendige Bedingungen einheitlicher Erfahrung sind.

Kant hat die obersten Gesetze, ohne die es undenkbar wäre, daß aus dem Mannigfaltigen unseres Erlebens einheitliches Bewußtsein zustandekäme, aufgesucht und gemäß den soeben entwickelten Überlegungen nicht bloß als Gesetze, in denen sich die Einheit des Bewußtseins konstituiert, erkannt, sondern zugleich als die obersten Gesetze der Natur. Denn diejenige Ordnung, die wir als die Ordnung unserer Erfahrung, unseres Bewußtseins bezeichnen, ist ja nur

---

14 [Kant, *Kritik der reinen Vernunft*, B 197.]

ein anderer Ausdruck für die Naturordnung, und die allgemeinsten Gesetze der einen müssen sich decken mit denjenigen der anderen. Auf diese Weise gelangt Kant dazu, eine »reine« Naturwissenschaft aufzustellen. In ihr versucht er alle Sätze, die die allgemeine Newtonsche Physik als oberste Gesetze enthielt, »aus reiner Vernunft« zu begründen, das heißt, er zeigt, daß ohne sie einheitliches, geordnetes Bewußtsein, einheitliche Erfahrung nicht denkbar wäre; daß, mit anderen Worten, diese höchsten naturwissenschaftlichen Gesetze deshalb als notwendig gültig eingesehen werden können und für alle Zukunft gelten müssen, weil sie dieselben sind, die die Beziehungen des chaotischen Sinnenmateriales im Sinne einheitlichen Selbstbewußtseins ermöglichen.

Nun entsteht aber im Kantischen System eine fundamentale Schwierigkeit dadurch, daß es auf solche Weise nur die allerhöchsten Naturgesetze als notwendig zu begründen vermag. Alle speziellen Naturgesetze hängen von dem Erlebnismaterial ab, das uns zur Subsumtion unter die Kategorien unseres Verstandes geliefert wird. Soweit also Aussagen der Naturwissenschaft einen speziellen Inhalt haben, soweit sie eben nicht identisch sind mit jenen höchsten Gesetzen selbst, vermag Kant naturwissenschaftliche Urteile nicht zu begründen. Um ein Beispiel anzuführen: Der Satz, daß jede Wirkung eine Ursache hat, wird aus den obersten Verstandesgesetzen begründet, das heißt, ohne ihn wäre einheitliche Ordnung der Erfahrung nicht möglich. Sobald sich aber ein Urteil auf einen bestimmten Sachverhalt bezieht und es etwa heißt, daß diese so und so bestimmte Ursache (zum Beispiel ein bestimmter Wärmegrad) eine so und so bestimmte Wirkung (zum Beispiel das Verdampfen einer Flüssigkeit) haben muß, kann das Urteil durch die Kantische Argumentation nicht mehr begründet werden. Der Inhalt solcher »empirischer« Gesetze hängt davon ab, welche Erlebnisse durch die Berührung des Subjekts mit dem Ding an sich geliefert werden, und das ist nach Kant prinzipiell unmöglich vorherzusagen oder auf irgendeine Weise zu deduzieren. Wir können die Gültigkeit entsprechender Urteile also auch nicht für alle Zukunft, a priori, behaupten. Sie sind im letzten Grunde zufällig, sie sind nicht vernunftnotwendig, sie enthalten ein irrationales Moment. Daher ist Kant mit seinen rationalistischen Vorgängern darin einig, daß eigentlich nur jene »reine«, »rationale« Naturwissenschaft, die die höchsten Natursetze enthält, soweit sie deduziert werden können, *eigentliche* Wissenschaft sei, während alle besonderen Urteile empirische Urteile und daher solche minderen Geltungsgrades seien.

Wir können nun die Darstellung originaler Kantischer Gedankengänge schon verlassen und zu den neukantianischen übergehen. Ich glaube, die Geübteren unter Ihnen sehen bereits, was ich als Motiv der neukantianischen Weiterbildungen des Kantischen Systems bezeichnen möchte. Es handelt sich nämlich um die Tatsache, daß bei Kant weitaus die meisten derjenigen Urteile, die wir innerhalb der Naturwissenschaft als gewisse und fraglos gültige anerkennen müssen, als sogenannte empirische Urteile einer eigentlichen Begründung entbehren. Es war zu Kants Zeiten zwar noch möglich, als echte Wissenschaft nur die verhältnismäßig geringe Anzahl von Gesetzen der »reinen« Naturwissenschaft gelten zu lassen und alle übrigen wissenschaftlichen Resultate gewissermaßen als ›minder wahrheitshaltig‹ etwa der bloßen, damals sogenannten Natur*beschreibung* zuzuweisen. Zur Zeit des Neukantianismus aber war ein solches Verfahren keineswegs mehr angängig, wenn nicht die Naturwissenschaft selbst diese Philosophie radikal ablehnen sollte, was deren eigentlichem Sinn total zuwider gelaufen wäre. Sie wollte ja vielmehr eine Stütze und Begründerin der Naturwissenschaft sein und nicht etwa der von außen kommende Dritte, der besserwissend weitaus das Meiste, worauf die Naturwissenschaft mit Recht stolz war, ihr als sicheren Wahrheitsbesitz bestritt oder herabsetzte. Vielmehr ist es durchaus die Absicht des Neukantianismus, die Wahrheit der Naturwissenschaft und den Sinn ihrer Gültigkeit ein für allemal zu bestimmen.

Daß er sich hierbei im wesentlichen an Kant anschloß, habe ich bereits gesagt, und wir werden nun die Punkte bezeichnen, in denen er ohne weiteres mit dem Meister übereinstimmt. Ich will, um Ihnen das Verständnis der schwierigen Lehre, die wir ohnehin nur auf die gröbsten Züge untersuchen können, zu erleichtern, beim Zuletztgesagten anknüpfen und zunächst aussagen, daß der Neukantianismus vollständig mit Kant darin übereinstimmt, daß alle Erkenntnis nur insofern gültige Erkenntnis heißen kann, als sie durch die Faktoren unseres Verstandes erzeugt und aus diesen Faktoren deduzierbar ist. Kant hat nach dieser Theorie durchaus recht, wenn er behauptet, daß die Natur, das heißt diejenige Ordnung unserer Erfahrung, die wir so nennen, identisch ist mit der durch unser Denken gestifteten Einheitlichkeit. Das System der Wissenschaft von der Natur und die Natur selbst ist ein und dasselbe, und [das in dieser Identität zu Denkende] baut sich nach den unserer Vernunft inhärenten Prinzipien in der fortschreitenden Arbeit der Wissenschaft selbst auf. Soweit man also die Frage nach der Wahrheit so stellt, wie es der vorkantische Dogmatismus und im Grunde genommen auch der Materialismus der Gegenwart tut, das heißt, solange man nach der Übereinstimmung der wissenschaftlichen Urteile mit einer jenseits unseres Denkens liegenden Welt transzendenter Gegenstände fragt, hat man ein unmögliches, unsinniges, total schief gestelltes Problem aufgeworfen. Die Bildung wissenschaftlicher Begriffe ebenso wie der Urteile, die von ihnen gelten sollen, ist ein Produkt des Denkens, und es hat keinen Sinn zu fragen, inwiefern diese Begriffe und Urteile jenseits unseres Denkens ein Korrelat oder Substrat haben. Die Wirklichkeit eines Gegenstandes bedeutet nichts anderes als daß er in einem völlig bestimmten gesetzlichen Zusammenhange mit dem Gesamtsystem unserer wissenschaftlichen Begriffe und Urteile steht, daß alle seine Beziehungen zu unseren wissenschaftlichen Erkenntnissen eindeutig und widerspruchslos hergestellt sind. Wenn wir – um deutlich zu reden – sagen, daß dies ein Gegenstand von einer bestimmten uns bekannten Gattung sei, so bedeutet das nach dem Neukantianismus, daß er zu anderen Gegenständen unserer Erkenntnis in ganz bestimmten, gesetzmäßigen Beziehungen steht, sowohl im raumzeitlichen Stellensystem wie auch in anderen wissenschaftlich eindeutig festzulegenden Hinsichten. Der Gegenstand ist daher, soweit wir in wissenschaftlichem Sinn von ihm reden können, ein Denkgebilde, er ist durch das Denken erzeugt, und alles, was wir mit Recht mit absoluter Gewißheit von ihm aussagen dürfen, muß sich aus den Prinzipien des wissenschaftlichen Denkens oder, mit Kant zu reden, aus der Gesetzmäßigkeit des erkennenden Subjekts einsichtig machen lassen.

Nun aber, so haben wir eben gehört, war dies nach Kant doch nur für die obersten und allgemeinsten naturwissenschaftlichen Erkenntnisse möglich gewesen. Alle übrigen Naturgesetze konnten deshalb nicht deduziert werden, sie [galten] deshalb nicht *a priori*, weil ihr Gehalt keineswegs rein aus dem Denken erzeugt war, sondern ebensosehr aus der Anschauung, der Empfindung, kurz dem

denkfremden, dem Subjekt vom Ding an sich gelieferten Eindrucksmaterial stammte. In unserer gesamten Erfahrung waren bei Kant
eigentlich nur die formalsten Momente wirklich frei aus dem Denken des erkennenden Subjektes erzeugt; alles übrige, die sogenannte
»Materie« der Erkenntnis, war von etwas dem Subjekt Fremden
diesem geliefert, und die *a priori* feststehenden und deduzierbaren,
die rationalen Züge gab es überhaupt nur insofern, als feststellbar
war, daß bei der Durchorganisierung und Bearbeitung des von außen gelieferten Stoffes diesem gewisse in aller Zukunft notwendig
sich gleichbleibende Formen aufgeprägt werden müssen. Das Subjekt zerfällt daher bei Kant in Rezeptivität und Spontaneität, das
heißt, es ist passiv, indem es das denkfremde Material sinnlich aufnimmt, und nur insofern aktiv, spontan, »vernünftig«, als es dieses
Material in seine Einheitsformen aufnimmt und ihm den Charakter
des Systems gibt. Zu diesem Dualismus von Rezeptivität und Spontaneität gehört also notwendig derjenige von Form und Materie der
Erkenntnis ebenso wie derjenige des erkennenden, Eindrücke aufnehmenden und verarbeitenden Subjekts und [des] Eindrücke lie-
fernden Dings an sich. Die Überwindung dieser Dualismen war
schon das wesentliche Motiv in der unmittelbar an Kant anschließenden Entwicklung der deutschen idealistischen Philosophie
gewesen. Ihre Aufhebung darf als systematischer Leitgedanke
ebensowohl des Fichteschen wie in gewissem Sinn des Hegelschen
Systemes angesehen werden. Bei Hermann Cohen und seinen
Freunden ist es gleichfalls das wesentliche Korrekturmoment an der
Kantischen Philosophie, daß diese Gegensätze, die der Kantischen
Philosophie den dualistischen Charakter geben, beseitigt werden.
Aber dies geschieht hier nicht mehr wie bei Fichte und Schelling aus
einer positiv metaphysischen Argumentation heraus, sondern weil
der Anspruch des gesamten Bestandes an mathematisch-naturwissenschaftlicher Erkenntnis auf Geltung unmöglich zu begründen
war, solange man in dieser Erkenntnis einen irrationalen, bloß
schlechthin gegebenen, einfach hinzunehmenden und daher prinzipiell unerklärbaren Faktor annahm. Kant hatte nach dieser Anschauung mit seiner »Revolution der Denkungsart«, mit seiner
»kopernikanischen Wendung« völlig recht. Sofern man die Gültigkeit wissenschaftlicher Erkenntnis in ihrer Übereinstimmung mit
irgendwelchen transzendenten, außer ihr liegenden Gegenständen

sah, war diese Gültigkeit in keiner Weise zu begründen. Vielmehr ist
es allein der Nachweis des notwendigen Zusammenhangs der wissenschaftlichen Urteile mit den Prinzipien der Erfahrung, durch
den eine solche Begründung geleistet werden kann. Einzig wenn wir
zeigen, wie die wissenschaftlichen Urteile notwendige Konsequenzen der Bedingungen einheitlicher Erfahrung sind, wenn wir die
letzten Prinzipien aufdecken, ohne die einheitliche Erkenntnis
überhaupt nicht denkbar wäre, und dartun, daß die in Rede stehenden wissenschaftlichen Sätze in eindeutig logischem Zusammenhang mit jenen Prinzipien stehen, haben wir ihre Gültigkeit ein-
wandfrei erwiesen. Das aber ist unmöglich, soweit in den wissenschaftlichen Urteilen ein total irrationaler, gar nicht aus jenen
Prinzipien stammender und ableitbarer Teil steckt. Und es ist daher
ebenso folgerichtig wie unbefriedigend, daß Kants Begründung sich
eigentlich nur auf die wenigen formalen Sätze der historisch längst
überwundenen Disziplin einer rationalen Naturwissenschaft und
nicht auf die Fülle des positiven Bestandes dieser Wissenschaft bezog. Entweder hatte Kant in allen Punkten recht, dann entsprach
seine Philosophie nicht mehr den Bedürfnissen der aktuellen wissenschaftlichen Situation. Oder Kant hatte, insoweit seine Lehre die
erwähnten Dualismen enthält, unrecht, dann mußte er gerade an
diesem Punkt korrigiert werden – wenn er nicht etwa ganz verworfen und seine Methode überhaupt aufgegeben werden sollte. Aber
gerade an dieser Methode, gerade an diesem kopernikanischen Moment, daß man die Wahrheit eines wissenschaftlichen Satzes nicht
aus der Korrespondenz mit dem Gegenstand, sondern durch Rückgang auf seinen Ursprung in den Prinzipien der Erfahrung, auf die
Erkenntnisart begründen müsse, gerade daran hat der Neukantianismus überall als an demjenigen Moment festgehalten, das alle Mitglieder der Schule miteinander verband und noch verbindet.
So ist es der Kern der neukantianischen Doktrin, daß innerhalb der
Philosophie für die Kantischen Dualismen kein Platz sei. In den
wissenschaftlichen Urteilen ist schlechthin alles aus reinem Denken
erzeugt, nichts darin stammt von irgendeiner anderen Instanz,
heiße sie nun Anschauung, Wahrnehmung, Sinnlichkeit oder wie
sonst immer. In der Wissenschaft gibt es keine Rezeptivität. Soweit
sie von einem Gegenstand etwas aussagt (das heißt, soweit überhaupt wissenschaftliche Urteile vorliegen), handelt es sich immer

um eine Bestimmung, die das wissenschaftliche Denken selbst vorgenommen haben muß, die vor *seinen* Kriterien standhalten muß, kurz, um eine Bestimmung des reinen Denkens. Dies verliert seinen paradoxen Charakter, sobald wir uns darauf besinnen, daß zum Beispiel die Behauptung, daß irgendein Gegenstand sei, zunächst eben eine Setzung des Denkens ist. Es handelt sich dabei um einen logischen Sachverhalt. Sobald wir weitergehen und sagen, daß es sich nicht um einen beliebigen Gegenstand, sondern um einen Gegenstand dieser und jener Art handelt, so können ihm alle diese weiteren Bestimmungen eben immer nur auf Grund weiterer Urteile zugesprochen werden – solange, bis der Gegenstand mit dem System unserer übrigen Erkenntnisse völlig eindeutig verknüpft ist. Soweit diese Eindeutigkeit als restlos vollendet erst in dem Ideal des absoluten Abschlusses unser Erkenntnis anzusehen ist, soweit also auch Gegenstände der Wirklichkeit immer noch weiterer Bestimmung fähig sind, so weit bildet der Gegenstand erst noch ein X, ein Problem, einen Ansatzpunkt für neue Forschungen, soweit ist er Gegenstand im eigentlichen Sinn, nämlich Gegenstand wissenschaftlicher Bearbeitung. Jedes in der Wissenschaft auf einem gegebenen Standpunkt Erreichte wird so wieder neu zum Problem, so daß die Frage, was Problem, was »gegeben«, das heißt eigentlich (zu weiterer Bearbeitung) aufgegeben ist, niemals durch Rückgang auf ein außerhalb des Denkens Seiendes, sondern immer nur durch Reflexion auf den augenblicklichen Stand der Wissenschaft zu beantworten ist.

Die Wirklichkeit, die auf Grund des bisher Gesagten identisch ist mit dem von der Wissenschaft als wirklich Erkannten, verliert so total den Charakter eines starren und fixen Seins. Sie fällt zusammen mit dem unendlichen Progressus der Erkenntnis, mit dem nie abschließbaren Gange der Wissenschaft. Außer diesem gibt es nichts; denn alles, was Anspruch darauf machen könnte, etwas zu sein, erwiese sich gerade insofern als aufgehend in diesem Prozeß, als sein Anspruch seine eigene Berechtigung erweisen könnte. Alles, was wirklich sein soll, muß als solches vom Denken gesetzt, bestimmt und weiter bestimmt sein, und nur insofern können wir überhaupt von ihm reden. Wenn der Name »irrational« überhaupt etwas besagen soll, kann damit nichts anderes gemeint sein als der Grenzbegriff des »Problems«. Man kann sagen, es sei irgendetwas irrational, denkfremd, ›bloß‹ gegeben, [sofern es] *noch* nicht gedacht, als es erst Problem, erst *auf*gegeben ist. Soweit wir irgendetwas mehr von ihm sagen, ja schon soweit wir das Letztere von ihm ausgesagt haben, ist es bereits gedacht, handelt es sich um von der *ratio* gesetzte Bestimmungen.

Wenn wir nun fragen, inwiefern denn dieser große Prozeß, um den es sich da handelt und der die Wirklichkeit sein soll, überhaupt etwas ist, da doch irgendwelche Gehalte gar nicht in ihn eingehen, so ist im Sinne des Neukantianismus zunächst einmal eine solche Frage [als unberechtigt] abzuweisen. »Sein« in exakter Bedeutung gibt es ja nur innerhalb des Prozesses selbst als Setzung, und es hieße in ein vorkritisches Stadium, mindestens aber in einen ›Fehler‹ Kants verfallen, wollte man zur ›Erklärung‹ des wissenschaftlichen Ganges selbst ein außerhalb Liegendes in Anspruch nehmen. Erklärung, Begriffsbildung überhaupt gibt es ja nur innerhalb des in Frage stehenden Prozesses, und eine Frage, die solche Antwort heischte, würde auf den Unsinn hinauslaufen, man solle ein Wirkliches angeben, das der Grund, die Bedingung oder Voraussetzung dafür sei, daß es etwas Wirkliches geben könne. Denn Wirklichkeit bedeutet in dieser Lehre, wie wir nun wissen, nichts anderes als eine gesetzmäßige Verknüpfung von Denkbestimmungen; es wäre also offenbarer Widersinn, wollte man neben oder außerhalb des Denkens ein Wirkliches ansetzen. Es versteht sich daher von selbst, daß der Neukantianismus sowohl ein Ding an sich, das heißt einen selbständigen, vom Denken unabhängigen Gegenstand ebenso verwirft wie die Behauptung eines Subjekts an sich, insofern es vom Denken unabhängigen Bestand haben soll. Es gibt nichts als das freie, an kein Substrat gebundenes Denken mit seinen Methoden. Dieses Denken ist als das freie und selbständige Erzeugen alles Seins und jeder Art von Wirklichkeit anzusehen, oder mit anderen Worten: jede Art von Wirklichkeit ist gedachte logische Wirklichkeit, ist Relation von Denkbestimmungen. Es gibt innerhalb dieser Sphäre von Denkbeziehungen Beziehung auf ein Subjekt und Beziehung auf Objekte; es gibt »Subjektivierung« und »Objektivierung« als mögliche Denkrichtungen, aber es gibt kein Subjekt an sich, es gibt kein Ding an sich: das wäre schlechte Metaphysik.

Doch nachdem nunmehr ein falscher Sinn der soeben gestellten Frage nach der Natur des wissenschaftlichen Prozesses, in dem die

Wirklichkeit erzeugt wird, abgewiesen worden ist, bleiben einige andere Bedeutungen übrig, die der Neukantianismus keineswegs ebenso konsequent ablehnen kann. Die erste lautet: Wenn in den Prozeß, um den es sich da handelt, denkfremde, von außen herangebrachte Inhalte nicht eingehen sollen und können, inwiefern gibt es denn dann überhaupt qualitative Bestimmtheit in der Welt? Bei Kant war die Aufgabe des Denkens klar bestimmt: Es hatte das chaotische, total unverbundene Material zu ordnen und zur Einsicht der Erfahrung zu verbinden, seine Aufgabe war, um den bekannten Kantischen Terminus zu gebrauchen, Synthesis, Verbindung. Der eigentliche Gehalt, das Was der Welt der Erfahrung, war ohne weiteres durch das fortwährende Eingehen neuer stofflicher Elemente in die Erkenntnis theoretisch ausgewiesen. In der neukantianischen Theorie aber handelte es sich beim Denken ja nicht um Ordnung eines Vorgefundenen; [in ihr] steht statt des Wortes »Synthesis« der Ausdruck »Erzeugung«, und diese Erzeugung ist notwendig eine Erzeugung aus dem Nichts. Hermann Cohen hat die [grundlegende] philosophische Disziplin eine »Logik des Ursprungs«* genannt. Mit Recht; denn es ist bei dieser Position die wesentliche Frage, wie es das Denken macht, aus dem reinen Nichts das Etwas zu erzeugen. Die Welt ist voll der verschiedensten Gestaltungen, sie ist unendlich reich an Gehalten; wie macht es das reine Denken, sie aus sich mit wissenschaftlichem Bewußtsein zu erzeugen, da es sie nicht (wie alle Philosophie außer derjenigen Fichtes und Hegels in der neueren Zeit geglaubt hatte) sei es durch die Vermittlung Gottes oder diejenige der Wahrnehmung empfängt. Man darf nicht glauben, daß etwa Cohen es sich so leicht gemacht hätte, die Buntheit aus der wirklichen Welt einfach hinwegzuinterpretieren mit dem Hinweis darauf, daß die mathematische Physik sie in reine Quantitäten aufzulösen suche. Es heißt schon in Cohens großem Kantwerk: »Angenommen, das Ideal der mathematischen Naturwissenschaft sei gänzlich verwirklicht, und wir vermöchten alle Naturformen in statischen Bewegungsgleichungen auszudrücken, so hätte die Mechanik darum doch nicht das Interesse der Naturbeschreibung absorbiert. Denn die Naturformen wollen nicht nur als

[* M. H. spielt hier an auf Cohens Werk *Kants Theorie der Erfahrung*, Berlin ³1918 (Reprint: Hildesheim/Zürich/New York 1987); vgl. S. 790 und S. 796.]

Gleichgewichtsverhältnisse unter den Bewegungsvorgängen, sie wollen vielmehr in der Qualität ihrer Struktur bestimmt sein. Es genügt nicht, die Sonne als Gravitationszentrum zu fixieren, sie soll auch nach der Art der Stoffe beschrieben werden, die in ihr verbrennen. Und wenn nun gar die pflanzlichen und tierischen Körper, die von ihr gespeist werden, in Frage kommen, so wird es augenscheinlich, daß dabei Gestaltungen und Objektivierungen Probleme werden, welche zwar auf die mechanischen Abstraktionen der Bewegungspunkte zurückgehen, aber in denselben keineswegs ohne Rest aufgehen.«[15] Cohen war sich also sehr wohl über das hier vorliegende Problem im klaren. Die Antwort seiner Philosophie aber ist so kühn und konsequent, daß wir hier in der Einführung uns keineswegs die dankbare und überhebliche Aufgabe anmaßen wollen, die auf der Hand liegenden Einwände dagegen vorzubringen: Nach dem strengen Neukantianismus läßt sich der ganze wissenschaftliche Kosmos restlos auflösen in reine Relationen ohne jedes Substrat. Soweit wir auch die in der Wissenschaft vorliegenden logisch-begrifflichen Gebilde analysieren mögen, wir stoßen prinzipiell nur auf Beziehungen. Einzig Beziehungen sind mitteilbar, einzig Beziehungen machen den Inhalt der Wissenschaft aus, unser wissenschaftlicher Besitz erschöpft sich im Wissen von Beziehungen. Wo wir in der philosophischen Untersuchung auf etwas zu stoßen glauben, das sich nicht selbst wiederum in Beziehungen auflösen läßt, da ist es eben noch nicht unser wissenschaftlicher Besitz, sondern da steckt noch ein Problem, eine bloße Aufgabe. In einer Philosophie, nach der es in Wahrheit nichts gibt als wissenschaftliche Urteile, nach der im Ernst der Gegenstand der Erkenntnis zusammenfällt mit dem Inbegriff der durch das Denken gesetzten Beziehungen, sind eben diese Beziehungen ausschließlich die seiende Wirklichkeit. Es ist die Aufgabe der transzendentalen Logik oder vielmehr der Logik des Ursprungs, die elementarste dieser Beziehungen, die Grundrelation aufzufinden und darzustellen und die übrigen logisch daraus abzuleiten. Es gibt in der neukantischen Schule verschiedene Lehren darüber, wie diese Grundrelation darzustellen sei; Cohen und Natorp weichen hier voneinander ab. Uns würde es zu weit führen, diese speziellen Theorien zu erörtern.

15 [Ibid., S. 649.]

Nachdem wir nun auf den ersten berechtigten Sinn der Frage, worin der Gesamtprozeß des wissenschaftlichen Denkens bestehe, eine Antwort gegeben haben, nämlich daß es sich um reine logische Relationen handle, erwähnen wir eine zweite und ebenso wenig abzuweisende Bedeutung der gleichen Frage. Wo ist, da es sich doch um einen Prozeß handeln soll, um wissenschaftliche ›Entwicklung‹, dasjenige Moment zu suchen, das dieser Entwicklung die Richtung gibt? Wir haben gesehen, daß die Wissenschaft allenthalben auf »Gegebenes« stößt, und haben auch die Antwort des Neukantianismus vernommen, daß – insoweit es sich um bloß Gegebenes handelt – eben noch kein wissenschaftlicher Besitz, sondern erst Auf-Gegebenes, erst ein Problem vorliege. Aber nun fragen wir: In welchem Sinne ist es auf-gegeben? Gewiß mag es nach dieser Auffassung keinen fixen wissenschaftlichen Gegenstand geben, da sich das Problem mit dem Fortschreiten der Wissenschaft fortwährend verändert, gewiß ist der Gegenstand ebensowenig wie die Wissenschaft ein starres Faktum, sondern, um den Ausdruck der Schule zu gebrauchen, ein ewiges »fieri«, ein Werden – aber in welchem *Sinne* ein *fieri*? Die Wissenschaft tritt doch an jedes Problem heran mit einer ganz bestimmten Intention auf eine bestimmte Richtung der Bewältigung, um deutlich zu reden, mit der Richtung, die ›Wahrheit‹ zu erforschen. Der wissenschaftliche Prozeß hat eine Richtung, die wir als Richtung auf die Wahrheit kennen. Nicht bloß in dem negativen Sinn darf das Wort »aufgegeben« bei einem wissenschaftlichen Problem verstanden werden, daß wir noch nichts darüber wissen, sondern daß wir die Wahrheit erfahren wollen. Wenn also der Neukantianismus vom wissenschaftlichen Prozeß und seinem ewigen *fieri* redet, von diesem Prozeß, der in lauter gedachten Relationen besteht und keinen Träger besitzt, so hat er uns Antwort darauf zu geben, woher es kommt, daß dieser Prozeß eine einheitliche Richtung hat, das heißt, was ihn in eindeutigem Sinn überhaupt bewegt. Der Neukantianismus bleibt auch hierauf die Antwort nicht schuldig, und auch sie müssen wir kennenlernen, wenn wir dieses komplizierte philosophische Gebilde verstehen wollen.

Es ist die absolute Einheit des Systems, das vollkommene Beherrschtsein aller und jeder Mannigfaltigkeit [durch das] logische Gesetz, das dem Erkenntnisprozeß [innewohnt und ihm] die Richtung weist. Überall, wo wissenschaftliche Forschung einsetzt, hat sie als Problem ein noch nicht restlos in das System der Erfahrung eingegliedertes Gegebenes. Und überall besteht ihre Aufgabe gerade darin, es in die einheitliche Ordnung des Denkens aufzunehmen. Wenn [es] die Aufgabe der Philosophie ist, diejenigen Prinzipien, diejenigen Gesetzlichkeiten des Denkens aufzuweisen, die bei der Konstruktion der wirklichen Welt, der Welt der Wissenschaft bestimmend sind, wenn sie also, mit anderen Worten, die konstitutiven Methoden der Wissenschaft, die den Gegenstand in einem System erzeugen, darzustellen hat, dann muß sie uns sagen können, wohin diese Methoden tendieren, wohin diese Wege führen sollen. Wenn wir darauf, wie soeben geschehen, antworten: zum radikal abgeschlossenen, total durchsichtigen, unproblematischen System, dann dürfen wir im Hinblick auf alles bisher über diese Philosophie Ausgeführte fortfahren und sagen: Dieses System selbst, im Idealbild seiner prinzipiell unrealisierbaren Vollendung, kann nichts anderes darstellen als die vollendete Selbsterkenntnis des reinen Denkens. Es gibt nichts außer dem Denken.* Nun ist aber das Denken selbst nichts anderes als Methode, als Erzeugen des wissenschaftlichen Gegenstandes. Nur soweit kann [daher] überhaupt etwas Problem sein, als es noch nicht konstruierbar, das heißt noch nicht als aus reinem Denken erzeugbar begriffen ist (wie etwa die wirkliche Bewegung durch den Begriff des Infinitesimalen). Was also kann das letzte leitende Ziel der unabschließbaren Erkenntnis anderes sein als die Idee der Vernunft selbst, mit Natorp zu reden: jenes »Urgesetzes«, als des schöpferischen Grundes aller Tat der Objektgestaltung, das man, noch immer verständlich genug, als das des Logos, der Ratio, der Vernunft bezeichnet.[16]

Die Idee dieser Einheit ist es, die den Gang der Wissenschaft überall bestimmt und nicht nur den Gang der Wissenschaft, sondern eben damit auch das philosophische Denken. Denn in der Fassung des

---

[* Handschriftlicher Vermerk von M. H.: »Cohen (*Logik der reinen Erkenntnis*, Berlin 1902, S. 29): Das ›Denken selbst ist das Ziel und der Gegenstand seiner Tätigkeit. Diese Tätigkeit geht nicht in ein Ding über; sie kommt nicht außerhalb ihrer selbst. Sofern sie zu Ende kommt, ist sie fertig, und hört auf, Problem zu sein. Sie selbst ist der Gedanke, und der Gedanke ist nichts außer dem Denken‹.«]
16 [Paul Natorp, *Die logischen Grundlagen der exakten Wissenschaften*, Leipzig und Berlin 1910, vgl. S. 15 f.]

Neukantianismus ist Philosophie ja im wesentlichen nichts anderes
als das Selbstbewußtsein der Wissenschaft, die systematische Reflexion der Wissenschaft auf ihre eigenen Methoden. Das Wort »kritisch«, der Ausdruck kritische Philosophie, den sie sich selbst überall beizulegen pflegt, soll in ihrem eigenen Sinne nichts anderes
besagen als daß ihr Objekt nicht ein fertiger, ein für allemal gegebener Gegenstand sei, sondern das ewig sich wandelnde Faktum der
Wissenschaft, die konstitutiven Prinzipien der Gegenstandserzeugung, das heißt die Methoden der Wissenschaft.[17] Nun haben wir
gesehen, daß die Tendenz auf vollendete Einheit, daß die Idee des
radikal mit sich identischen, eigentlich völlig gehaltlosen und daher
dem Nichts verwandten Einen den Gang der Wissenschaft, den
prinzipiell nie abschließbaren Gang bestimmt. Die Form, in der
diese Idee die Wissenschaft über jeden ihrer faktischen Zustände
hinaustreibt, hat Cohen in dem sogenannten »Prinzip des Ursprungs« formuliert. Dieses Prinzip ist nach ihm die erste Forderung, ohne die Wissenschaft undenkbar ist und die gleichzeitig deren eindeutige Richtung garantiert. Sie besagt, daß die Wissenschaft
nirgends eine bloß gegebene Voraussetzung, nirgends irgendein
Prinzip als schlechthin Erstes hinnehmen und gelten lassen darf,
sondern immer nach seiner Legitimation fragen, immer auch dieses
scheinbar erste Prinzip noch in einem weiter zurückliegenden Prinzip aus sich selbst begründen und legitimieren muß. Als Beispiel
pflegt man in neukantischen Kreisen etwa die Mathematik heranzuziehen. In der euklidischen Geometrie wurde unter anderem das
Parallelaxiom als ein erstes Prinzip ohne weitere Begründung hingestellt. Später wurde es in einer Metageometrie als Spezialfall einer
allgemeineren Gesetzlichkeit begriffen. Und dieser Gang von der
euklidischen zur nicht-euklidischen Geometrie ebenso wie etwa die
physikalische Entwicklung von der Absolutsetzung unserer Zeit bis
zu ihrem Begreifen als eines Spezialfalles in der Relativitätstheorie
sind Musterbeispiele für den auf absolute Einheit gerichteten wissenschaftlichen Prozeß.[18] – Doch nun genug von diesen spezielleren
Ausführungen, ohne die freilich ein prägnanter Begriff des Neukan-

17 [Ibid., vgl. S. 29f.]
18 [Vgl. dazu Albert Görland, *Ethik als Kritik der Weltgeschichte*, Leipzig u. Berlin
1914, S. 230.]

tianismus überhaupt nicht zustandekommt. Sie haben jetzt wenigstens eine Ahnung davon, inwiefern der Neukantianismus von einem eindeutig gerichteten »Gange« desjenigen Denkens sprechen kann, das mit der schöpferischen Gestaltung der wirklichen Welt eines und dasselbe ist.

Wir haben, indem wir diesen Prozeß näher betrachteten und auf die Frage Antwort zu geben suchten, wie er exakt zu denken sei, schwerwiegende Abweichungen des Neukantianismus von der Lehre Kants feststellen können. Es ergibt sich aus dem, was wir bis jetzt erfahren haben, nicht allein die Ablehnung der Kantischen Dualismen, sondern auch eine positiv bestimmte Theorie in Beziehung auf die durch die Verwerfung der Dualismen entstehenden Probleme. Ich fasse noch einmal in wenigen Sätzen den Unterschied dieser Theorie von Kant zusammen. Es ist nach ihr dogmatische Philosophie, davon zu reden, daß ein bewußtseinstranszendentes Ding an sich dem erkennenden Subjekt an sich Eindrücke liefere, die dieses passiv empfange und mittels seiner Formen zur Welt der Erfahrung verarbeite. Das Thema der wahrhaft kritischen Philosophie ist vielmehr einzig die Welt der Erfahrung selbst, und zwar in derjenigen Form, die ihr die Wissenschaft jeweils verleiht. Jede Art von Wirklichkeit ist dieser Welt immanent, hat sich in ihr und vor ihren Kriterien auszuweisen, und die Philosophie hat die notwendigen Konstituentien dieser Wirklichkeit, mit anderen Worten, die Methoden, durch die sie im wissenschaftlichen Denken zustandekommen, zu untersuchen. So ist es nicht nur unsinnig von einer Wirklichkeit zu reden, die jenseits oder neben dieser Sphäre und unabhängig vom wissenschaftlichen Denken Bestand hätte, also von Dingen oder Subjekten *an sich*; sondern es ist auch die Spaltung der Erkenntnis in Rezeptivität und Spontaneität, das heißt in einen aufnehmenden und einen erzeugenden Teil hinfällig. Es gibt nur das (wissenschaftliche) Denken, und dieses ist durchaus spontan. Es erzeugt schlechthin seinen Gegenstand aus sich selbst. Soweit Ausdrücke wie Empfindung, Wahrnehmung, Subjekt, psychische Organisation und so fort einen prägnanten Sinn haben, gehören sie in das begriffliche System der Wissenschaft hinein, sind [sie] von ihr entworfen worden und haben sich vor ihren Kriterien zu rechtfertigen wie andere Begriffe auch. Soweit aber in den Begriffen und Urteilen der Wissenschaft selbst bloß empfindungsmäßige, bloß gegebene Elemente nachweisbar sind, bedeuten sie Grenzpunkte der wissenschaftlichen Durchdringung, Probleme der Forschung, so weit haben sie exakt die gleiche Bedeutung wie das Zeichen x in einer mathematischen Aufgabe, insofern es nicht bloß Unbestimmtheit, sondern Bestimm*barkeit* besagt. Wenn es überhaupt erlaubt sein soll, dem [Terminus] *an sich* den Kantischen Sinn des schlechthin unabhängig Seienden zu geben, so könnte man [ihn] höchstens noch [auf die] freischaffenden, in unendlichem Prozeß den Gegenstand, die Welt der Erfahrung erzeugenden wissenschaftlichen Methoden [anwenden]. Diese Methoden aber haben nur logisches Sein, sie sind an keinen irgendwie gearteten Träger gebunden und daher befinden sie sich in ständiger Wandlung. Es ist wiederholt bemerkt worden, daß [diese] Philosophie ebensosehr mit derjenigen Fichtes und Hegels [wie] mit derjenigen Kants verwandt sei. Auch bei Fichte entsteht die Welt aus Tathandlungen, die schlechthin an keinen Träger gebunden sind, und auch bei Hegel ist der Prozeß des sich selbst bewegenden Denkens in Wahrheit das einzig Seiende. Beide Denker haben, wie ich schon andeutete, ihre Systeme in der Polemik gegen die Kantischen Dualismen entwickelt.

Aber es gibt noch eine charakteristischere Übereinstimmung zwischen dem Neukantianismus und den genannten Denkern, und zwar betrifft diese Übereinstimmung eine Lehre, von der es schwer zu sagen ist, ob wir sie als vom Kantischen Standpunkte abweichend oder [als] mit ihm übereinstimmend anzusehen haben. Der Neukantianismus glaubt sich dabei jedenfalls wesentlich in Übereinstimmung mit Kant, und es ist vielleicht das hervorstechendste Kennzeichen der Kant kommentierenden Werke dieser Schule, daß sie alle Kant in dieser Hinsicht übereinstimmend verstehen. Es handelt sich um die Lehre vom »Bewußtsein überhaupt« oder vom transzendentalen Bewußtsein. Nach dem bisher Gesagten versteht sich diese Lehre eigentlich von selbst, und wir brauchten sie gar nicht mehr besonders zu erwähnen; doch mag es gut sein, sie gegenüber anderen Lehrmeinungen, von denen wir zu reden haben werden, hier noch einmal deutlich herauszustellen. Nach dieser Lehre vom »Bewußtsein überhaupt«, ohne die alle übrigen Theorien des Neukantianismus total unverständlich und widersprechend wären, ist nicht das individuelle, das persönliche Bewußtsein der Schöpfer der Welt der Erfahrung, es entstehen die Gegenständlichkeiten keineswegs in deinem oder meinem persönlichen Ego, sondern die Gegenstände werden erzeugt durch die Methoden des wissenschaftlichen Denkens oder, mit dem Kantischen Ausdruck, durch das transzendentale Subjekt der Wissenschaft. Dieses ist in Beziehung auf jedes persönliche Bewußtsein in doppelter Weise übersubjektiv: Erstens ist der Stand der Wissenschaft, das wissenschaftliche Bewußtsein eines einzigen bestimmten Zeitpunkts schon prinzipiell unabhängig von irgendeinem Einzelsubjekt, und zweitens gibt es, abgesehen von dieser gleichsam statischen Übersubjektivität, doch auch den historischen Gang, die dauernde Entwicklung der Wissenschaft, in welcher sie jedes persönliche Subjekt transzendiert. Einzig aber auf die Wissenschaft und keineswegs auf die mehr oder minder zufälligen Erkenntnisse irgendeines Individuums ist der Idealismus dieser Schule bezogen. In Beziehung auf ein bestimmtes Einzelsubjekt haben ihre idealistischen Lehren der Gegenstandserzeugung aus reiner Spontaneität freilich keine Anwendung. Das Einzelsubjekt erzeugt die Welt der Dinge nicht frei aus sich heraus, sondern ihm treten die Dinge als fertige gegenüber. Für das Einzelsubjekt gibt es Wahrnehmungen im Sinne einer gewissen Passivität, im Sinne des Aufnehmens eines Gegebenen und im Gegensatz dazu Begriffsbildung im Sinn der Verarbeitung und Ordnung eines von außen Gelieferten. Für das Einzelsubjekt sind die Dinge selbst Bedingungen ihrer Wahrnehmung, es gibt die Probleme des Einflusses der psychophysischen Organisation [und] des Zustandekommens allgemeiner Begriffe. Aber dies alles gehört nach dem Neukantianismus keineswegs in die transzendentale Logik als solche, sondern es handelt sich da um Probleme vorwiegend der Psychologie, aber auch teilweise der Physiologie. Die Voraussetzungen und Methoden eben dieser Wissenschaften dagegen, die Arten, wie sie ihre Gegenstände konstruieren, die Legitimation ihrer Begriffe und darunter desjenigen des Einzelsubjekts selbst sind als solche natürlich Themen der Philosophie, aber eben keineswegs Voraussetzungen der Philosophie, wie der subjektive Idealismus vom Einzelsubjekte es behaupten mag. Sicher ist, daß der rechtmäßige Ort für alle Probleme, die das Zustandekommen der Erkenntnisse im Individuum betreffen, die Psychologie und nicht die Philosophie ist. Es gehört, wie wir schon zu Beginn hervorhoben, wesentlich zum Neukantianismus, daß er die Trennung der beiden Disziplinen streng vollzog und der Philo-

sophie ein von demjenigen der Psychologie prinzipiell verschiedenes Gebiet [zuwies]. Dieses Gebiet ist bezeichnet durch das Faktum
der exakten Wissenschaft und die Aufgabe der Erforschung ihrer
konstituierenden Faktoren.

Aber nun erwarte ich die Frage nach dem übrigen weltanschaulichen Gehalt des Neukantianismus. Wir wissen, daß Kant selbst
keineswegs nur das theoretische Problem der Philosophie in seinem
engeren Sinn ergriffen hat, es blieb vielmehr keine der uralten philosophischen Fragen jenseits des Bereiches seines Denkens. Es versteht sich ohne weiteres, daß die moderne historische Situation, die
den Neukantianismus ins Dasein rief, zwar zunächst und vor allem
eine philosophisch strenge Begründung und Rechtfertigung der Naturwissenschaft im Sinne der einzig rechtmäßigen und allein möglichen Wahrheit forderte; ebensosehr aber standen ethische und in
gewissem Sinn auch religiöse Probleme zur Debatte. Je mehr die
allgemein gesellschaftliche Entwicklung und mit ihr die der exakten
Naturwissenschaften kritisch geworden ist, haben diese Fragen in
der Philosophie der Gegenwart an aktueller Bedeutung zugenom-
men. Auch in der Geschichte der neukantischen Schule läßt sich
eine entsprechende Verschiebung des philosophischen Interesses
nachweisen. Zu Beginn jedoch, als die entscheidendsten Schriften
erschienen, stand, im Gegensatz zum historischen Kant, die eigentlich theoretische Frage im Mittelpunkt des Denkens. Insbesondere
die praktische Philosophie Hermann Cohens, aber auch diejenige
Natorps, hat ihre Gestalt in Abhängigkeit von derjenigen der theoretischen Philosophie erhalten. Wir wollen auch hier nur einige
Sätze über deren Prinzipien [aussprechen].

Wenn es die Aufgabe der transzendentalen Logik gewesen ist, die
Konstituentien der wirklichen Welt der Erfahrung zu untersuchen
und den wissenschaftlichen Prozeß der Gegenstandserzeugung an
dem Faktum der Wissenschaft selbst darzustellen, so ist es die Aufgabe der praktischen Philosophie, die entsprechende Arbeit an dem
gültigen moralischen Gesetze auszuüben. In der *Logik der reinen
Erkenntnis* war nicht gefragt worden, ob es überhaupt Wissenschaft
gebe, und es war gänzlich außerhalb der Betrachtung geblieben, inwiefern irgendein konkretes Individuum sich diese Wissenschaft zu
eigen mache oder an ihr teilhabe; vielmehr bestand dort die Aufgabe
lediglich darin, die der Wissenschaft selbst einwohnenden Bestim-

mungen zu entwickeln. Dies Verhalten war nach der Ansicht des Neukantianismus schon dadurch gefordert, [daß] eine philosophische Untersuchung, die das Wesen der Wirklichkeit und die Bedingungen ihrer Möglichkeit zu erforschen trachtet, nicht ausgehen darf von der mehr oder minder zufälligen Ansicht, die der einzelne von dieser Wirklichkeit sich [bildet], sondern einzig die wissenschaftliche Konzeption der Wirklichkeit zugrundelegen muß. Entsprechend hat die Ethik, im Sinn der kritischen Philosophie, nicht zu fragen, ob es überhaupt ethisches Verhalten gebe und inwiefern irgendein konkretes Individuum jetzt und dort sich so verhalte oder nicht. Vielmehr bestimmt sich ihre Aufgabe dadurch, daß sie die notwendigen Bedingungen aufzuweisen hat, ohne die ethisches Handeln überhaupt nicht denkbar ist. Auch diese Bedingungen gewinnt sie konsequenterweise keineswegs durch die Analyse ethischer Vorstellungen und Maximen eines gegebenen Individuums, sondern aus einem überindividuellen Faktum. Sie sucht und findet das dokumentarische Faktum der Rechtswissenschaft. In einer Zergliederung und transzendentalen Durchforschung der Begriffe des geltenden Rechts suchen die orthodoxen Neukantianer ganz analog wie in der transzendentalen Logik in einer Durchforschung der Naturwissenschaft diejenigen Urbestimmungen zu entdecken, ohne die ethisches Handeln überhaupt nicht gedacht werden kann. Ebensowenig aber wie wir uns bei Erörterung der theoretischen Philosophie mit den besonderen inhaltlichen Untersuchungen, sei es über die Infinitesimalmethode, sei es über den Zusammenhang der einzelnen Kategorien und Grundurteile aufgehalten haben, ebensowenig wollen wir jetzt in die Erörterung irgendwelcher spezieller (und übrigens bei den einzelnen Mitgliedern der Schule sehr verschieden gerichteter) Untersuchungen eintreten. Ich begnüge mich mit der Angabe der allgemeinsten Resultate und einiger weltanschaulicher Konsequenzen.

Die [vom geltenden Recht ausgehenden] Neukantianer stimmen im wesentlichen mit Kant darin überein, daß ethisches Handeln nur ein solches genannt werden könne, das rein der Achtung vor dem Gesetz, rein der Pflicht entspringe und nicht irgendwelchen anderen, insbesondere nicht irgendwelchen im übrigen noch so edlen Trieben. Sie bleiben auch in allen wesentlichen Momenten ihrer ethischen Konzeption den Kantischen Gedanken treu. Mehr noch als in der Logik erweist sich ihre Arbeit hier als ein Beziehen der gereinigten kritischen Prinzipien auf die aktuelle Lage der Probleme. Alle bei Kant noch auftretenden metaphysischen Rücksichten, insbesondere das Problem einer ursachlosen Kausalität, werden abgewiesen. »Nicht darum«, heißt es bei Cohen, »dreht sich das Interesse an dem Begriffe der Handlung, ob sie in dem Handelnden einen absolut anfangenden Urheber hat; das ist die metaphysische Frage, die Buridans Esel beantworten mag. Aber dafür schlägt dem modernen Menschen das Herz, ob die Handlung einen *absoluten Zweck* hat; einen Zweck, für welchen der Mensch nicht nur als Mittel und Werkzeug sich aufreibt; sondern in welchem er, als Mensch, Selbstzweck der Menschheit bleibt.«[19] Das Gesetz, auf das aus Achtung bezogen zu sein ebensowohl bei Kant als auch bei den Neukantianern den Charakter der ethischen Handlung ausmacht, gewinnt einen bestimmten Inhalt gerade durch den Charakter der absoluten Allgemeinheit, durch die Negation aller empirischen Zwecke und aller Rücksichten auf die zufällige Besonderheit des Individuums. Der kategorische Imperativ wird in der entscheidenden Kantischen Formulierung akzeptiert: »Handle so, dass du die Menschheit in Deiner Person, wie in der Person eines jeden andern jederzeit zugleich als Zweck, niemals bloss als Mittel brauchst.« – »In diesen Worten«, so fährt Cohen fort, »ist der tiefste und mächtigste Sinn des kategorischen Imperativs ausgesprochen; *sie enthalten das sittliche Programm der neuen Zeit und aller Zukunft der Weltgeschichte.*«[20] Die »Menschheit«, die hier als absolutes Ziel des Handelns erscheint, ist ein logisch ganz ähnlich strukturierter Begriff wie die Idee des absolut einheitlichen, zu Ende geführten Systems, auf das der Prozeß der Wissenschaft sich in unendlicher Annäherung hinbewegen soll. Wir haben uns unter der Menschheit hier nicht etwa den Inbegriff der Vielheit aller wirklichen Personen oder gar eine Abstraktion aus diesen wirklichen Individuen vorzustellen, ebensowenig wie etwa die mit sich selbst identische Einheit des Systems der *ratio*, die als leitende Idee den Gang der Wissenschaft bestimmt, einen Inbegriff oder eine Abstraktion aus einer Menge

19 [Hermann Cohen, *Ethik des reinen Willens*, Berlin ²1907, S. 304; Hervorhebungen von Cohen.]
20 [Ibid., S. 303; 304; Hervorhebungen von Cohen.]

von einzelnen wissenschaftlichen Urteilen darstellt. Um den Begriff der Menschheit in diesem Sinne zu verdeutlichen, ist es gut, ihn auf das Ideal zu beziehen, das durch ihn von dem absoluten Ziele der Geschichte der konkreten Menschheit entworfen wird. Es ist nämlich nach der Kantischen wie nach der neukantischen Auffassung das eigentümliche Gebot, das der politisch handelnden Menschheit durch die Vernunft auferlegt ist, einen Zustand zu verwirklichen, in dem nicht nur eine absolute Rechtsordnung in allen einzelnen Staaten durchgeführt ist, sondern in der auch die gesamte Menschheit ihrem Begriffe entsprechend sich als einheitlicher Rechtsstaat organisiert hat. Den Sinn findet aber eine solche im großen wie im kleinen vollendete Ordnung keineswegs in irgendwelchen empirischen Belangen, sei es einer Nation, Klasse oder Rasse, sondern einzig in der sittlichen Vollendung des Individuums, das allem irdischen Tun, also auch dem politischen [Tun] und [daher auch] dem vollkommensten Staate aufgegeben ist. Nur im Hinblick darauf, Cohen sagt, nur um des »Geistes« willen, ist auch jener politische Endzustand gefordert. Die Geschichte selbst kann durchaus kausal-naturwissenschaftlich erklärt werden. Alles in ihr ist streng verursacht und unterliegt den Kriterien der exakten Forschung (Physik, Biologie, Psychologie) ebensosehr wie zum Beispiel irgendein Entwicklungsvorgang in der organischen Natur. Aber durch die Erkenntnis des ethisch geforderten Endzustandes wird es uns möglich, die einzelnen Momente und Epochen der Weltgeschichte zu [beurteilen hinsichtlich] ihrer Nähe oder Ferne an das Ideal und so eine andere als naturwissenschaftliche, nämlich philosophische Geschichtsbetrachtung zu üben oder wenigstens den Anteil einzelner Strömungen und Epochen an der allgemeinen Kulturentwicklung zu untersuchen. Daß die Neukantianer und insbesondere Cohen diese weltanschaulichen Gedanken vorzugsweise mit dem Messianismus, das heißt mit den Propheten des alten Bundes in Verbindung gebracht haben, scheint mir auf schweren historischen, wenn nicht gar konfessionellen Vorurteilen zu beruhen, zudem aber auf dem völligen Mangel an soziologischer Einsicht. Nimmt man derartige utopische Begriffe isoliert-theoretisch und abgelöst von aller wirklichen Bedingtheit des Begreifenden, dann kann man sie ebensowohl in der Stoa wie bei Dante und Kant als bei den alten Propheten finden. Reflektiert man aber auf eben diese Bedingtheit, dann sind es nicht sowohl die [Positionen der] Aufklärung des bürgerlichen Zeitalters als die vitalen Probleme der sie fundierenden Gesellschaft selbst, in denen solche Ideale ihre Wurzeln haben und mit denen sie vergehen werden.

Über dieses eigentümliche und gleichsam negative Verhältnis des Neukantianismus zur Geschichte müssen wir aus doppeltem Grunde noch einige Bemerkungen anfügen, bevor wir diesen Abschnitt verlassen. Erstens um des Abschlusses der Charakteristik selbst willen und zweitens als Einführung zu unserem nächsten Kapitel, das eine kurze Darstellung der Hauptlehren der südwestdeutschen, der sogenannten Heidelberger Schule zum Thema haben soll. – Nicht nur Hermann Cohen selbst und Natorp haben, abgesehen von den Arbeiten über Kant, Beiträge zur Geschichte der Philosophie, insbesondere über Platon gegeben, [auch] der heute in Hamburg lehrende Ernst Cassirer, der – wenigstens seiner philosophischen Herkunft nach – vollständig der Schule angehört, rechnet zu den bedeutendsten Historikern der Philosophie. Seine dreibändige *Geschichte des Erkenntnisproblems*, aber auch seine Werke über Leibniz und die deutsche klassische Literatur sind Beispiele für die Beziehung dieser Richtung, wenn nicht zur Historie überhaupt, so wenigstens zu deren philosophischem Zweige. Nun haben wir vor allem anzuerkennen, daß in sämtlichen [hier] genannten Arbeiten nicht bloß eine Fülle wertvollsten Materials zutage gebracht worden ist, sondern auch neue Deutungen alter Philosopheme vorliegen, die den durchschnittlichen Betrieb der Philosophiegeschichte in unseren Tagen an Fruchtbarkeit und Kraft der Anregung unendlich überragen. Aber kaum irgendwo findet man den Glauben an die Möglichkeit des Unmöglichen, von dem wir gleich in der ersten Stunde hier gesprochen haben, mit solcher Hingabe und Geschicklichkeit verwirklicht wie in diesen Werken: den Glauben an die Möglichkeit einer reinen Ideengeschichte. So geistreich die einzelnen Passagen etwa in der *Geschichte des Erkenntnisproblems* auch sein mögen, so belehrend in vielen Hinsichten das Studium dieses Werkes auch sein mag – die Welt erscheint darin im Grunde unter der verengernden Perspektive eines Systematikers, der sie als Vorspiel zu dem von ihm persönlich als absolut gesetzten Gedankengebäude begreift. Es ist in allen diesen Veröffentlichungen nicht allein so, daß die Gedanken der behandelten Philosophen völlig losgelöst erscheinen vom Zusammenhang mit dem wirklichen gesellschaftlichen Leben, von dem aus allein sie im wesentlichen zu fassen sind, ganz herausgerissen aus aller motivierenden Konstellation, sondern es kommt noch hinzu, daß hier das neukantische System als die einzig mögliche und echte Philosophie erscheint, so daß die ohnehin schon unzuverlässig verengerte Darstellung noch einseitiger wird. Nicht nur, daß die Geschichte der Philosophie als eine vom wirklichen Gang der Geschichte total isolierte und selbständige, logisch kontinuierliche Ideenfolge entwickelt wird, sondern sie wird auch noch gegeben als bloße Vorgeschichte der Kantischen oder vielmehr neukantischen Philosophie. In doppelter Weise stehen hier die Philosophen nicht an ihrer Stelle: einmal weil die Fundierung in ihrer eigenen Epoche nicht gesehen wird, zweitens weil ihre Gedanken bezogen werden auf ein [ihnen] ganz fremdes theoretisches Gebilde: die Kantische Philosophie. Letzteres ist in der *Geschichte des Erkenntnisproblems* noch eher als anderswo zu erklären; denn dieses [Werk] betrifft wenigstens nur die neuere Zeit, und man kann immerhin noch die These aufrechterhalten, daß seit Descartes und Malebranche bis zu Kant gemeinsame Intentionen in Beziehung auf dieses Thema bestanden hätten und heute noch bestünden. Aber die gleiche Behandlung findet sich geradesosehr in den Werken über Platon, und wenn es noch angeht, zu meinen, platonisches Philosophieren sei ohne historische, soziologische, phänomenologische Analysen unmittelbar philologischer Interpretation zugänglich, so ist doch [Natorps] Auslegung [Platons] im Sinne eines Vorgängers Kants eine rein apologetische Angelegenheit.

## [Die südwestdeutsche Schule des Neukantianismus]

Nun habe ich gesagt, daß die Beziehungen der Neukantianer zur Geschichte uns auch den Übergang zur Doktrin der badischen Schule vermitteln [können]. Dies soll [keineswegs] so verstanden werden, als ob dort in Beziehung auf die soeben kritisierte Art der Geschichtsschreibung es irgend besser bestellt sei. Es ist bei diesen Philosophen auf Schritt und Tritt von der Geschichte die Rede – und wir werden nun rasch erfahren, in welchem Sinn. Soweit aber von ihren Begründern eigene philosophiehistorische Darstellungen vorliegen, unterscheiden sie sich von den eben erwähnten im wesentlichen dadurch, daß nicht der Cohensche, sondern ein im Sinne Lotzes umgestalteter kritischer Idealismus den Blickpunkt abgibt. Das große *Lehrbuch der Geschichte der Philosophie* von Windelband ist eine Ideengeschichte reinsten Stils, so sehr, daß nicht einmal die Philosophen selbst das äußere Einteilungsprinzip abgeben, sondern deren Ideen, so daß also ein einziger Philosoph unter Umständen an vier verschiedenen Stellen, in vier verschiedenen Zusammenhängen vorkommt: im Abschnitt über [die] Entwicklung der religiösen, der ethischen, der erkenntnistheoretischen und der ästhetischen Ideen. Hier also liegt keinesfalls die sachliche Differenz. Und doch ist es der immer mehr sich steigernde Anspruch mit der Historie zusammenhängender Probleme, der dieser Philosophie den Anstoß gab – vor allem die unmittelbare Gefahr des historischen Materialismus und der mit ihm zusammenhängenden Bewegung.

Wilhelm Windelband (1848–1915) und Heinrich Rickert (geb. 1863) also sind die Gründer. Die wichtigsten Werke zur Orientierung über die systematischen Ansichten sind Windelbands *Präludien*, ferner Rickerts Hauptwerk *Die Grenzen der naturwissenschaftlichen Begriffsbildung*, dessen wesentlicher Inhalt ebensogut aus dem kleineren Buche *Kulturwissenschaft und Naturwissenschaft* zu entnehmen ist. Ferner ist wichtig Rickerts Schrift *Der Gegenstand der Erkenntnis*, der jüngst erschienene erste Band seines *Systems der Philosophie* und eine ganze Reihe von Aufsätzen, die insbesondere in der Zeitschrift *Logos* erschienen sind.

Der Neukantianismus hatte, wie wir gesehen haben, zwischen der logischen Struktur der Geschichtswissenschaft und derjenigen aller übrigen Wissenschaften keinen prinzipiellen Unterschied anerkannt. Wie der Physiker jede Bewegung in der Natur zu begreifen hat als zusammengesetzt aus unendlich vielen kleinsten Teilen, von denen jeder durch den vorhergehenden streng kausal bestimmt ist, so sind alle geschichtlichen Ereignisse aufzulösen und zu konstruieren als streng psychische, psychophysische und eventuell anderweitige Kausalreihen. Der Vergleich einer bestimmten Periode mit dem messianischen Endzustand hat mit der Historie, insofern sie reine Wissenschaft sein will, nur mittelbar zu tun, ihrem Wesen nach ist sie Wissenschaft wie jede andere auch. Sie hat kein anderes Apriori als die exakt mathematische Naturwissenschaft überhaupt,

und mit bewußtem Anschluß an Immanuel Kant haben die Neukantianer ihre – wenn auch im einzelnen noch so verschiedenen – Kate-
gorienlehren in reiner Orientierung an der mathematischen Naturwissenschaft entwickelt. In der Polemik gegen diese Auffassung der
mathematischen Naturwissenschaft als Prototyp der Wissenschaft
überhaupt sind die philosophisch wirksamen Theorien der badischen Schule entstanden. Biographisch lassen sich recht vielfältige
Einflüsse dabei nachweisen. Windelband hat von seinem Lehrer
Lotze die große metaphysische Sehnsucht und den Glauben an das
ideale Sein absoluter Werte mit auf seinen Weg bekommen. Das
Interesse an der Historie aber, das seit dem Untergang der großen
deutschen Spekulation innerhalb der offiziellen Philosophie und repräsentativen Wissenschaft fast erloschen war, erhielt er von seinem
Lehrer Kuno Fischer, der selbst mit Fug und Recht als ein Jünger der
Althegelianer angesehen werden kann. Allgemein betrachtet aber
beruht die bis ins letzte Jahrzehnt hinein zunehmende Wirksamkeit
dieser Schule darauf, daß mit der fortwährenden Steigerung der gesellschaftlichen Widersprüche nicht nur der absolute Wert und die
Alleinherrschaft der bloßen Naturwissenschaften mitsamt dem
Zweck, dem sie dienten, immer mehr [zum] Problem werden mußten, sondern auch Gang und Sinn der Geschichte, Gang und Sinn
des gesellschaftlichen Schicksals steigende Beunruhigung hervorriefen, steigende gedankliche Energien beanspruchten. Die rasche
Entwicklung und die Zunahme an aktueller Bedeutung der Nationalökonomie, der Soziologie, der Kulturgeschichte, der Wirt-
schaftsgeschichte und so fort hatten die gleiche Wurzel in der allgemeinen Situation und bekräftigten den philosophischen Anspruch
der ihnen immanenten Probleme mit jeder neuen Leistung, die auf
ihrem Gebiet entstand. Dazu kam, wie schon bemerkt, daß der von
der Hegelschen Linken über Feuerbach herkommende historisch-
dialektische Materialismus, der entschieden politische Intentionen
hatte, mangels jeder wirksamen Gegenaktion auf dem ideellen Felde
schließlich auch weite Kreise der Jugend ergriff.
Daß die mathematische Naturwissenschaft nicht Vorbild aller Wissenschaft überhaupt sei und daß eine Philosophie, die das Apriori,
die immanenten Prinzipien der Naturwissenschaft herausarbeite,
eine unzulängliche Philosophie sein müsse, hebt die Arbeit der badischen Schule von allem Marburger Neukantianismus ab. Es wird

also hier unsere erste Aufgabe sein müssen darzustellen, worin Rik-
kert (wir nehmen seine Arbeiten als Beispiel) den Unterschied in der
logischen Struktur der beiden Wissenschaftszweige sehen zu müssen glaubt. Sein großes Werk *Die Grenzen der naturwissenschaftlichen Begriffsbildung* hat im wesentlichen nur diesen Gegenstand
zum Thema. Rickert ist soweit mit den Kantianern einverstanden
und fühlt sich soweit durchaus als Kantianer, als er den Unterschied
der beiden Arten von Wissenschaften keineswegs durch ihren Gegenstand zu bestimmen unternimmt, sondern durch ihre Methode.
Die Methode, der Weg aber ist charakterisiert durch das Ziel, und es
ist kein Zweifel, so meint Rickert, daß die naturwissenschaftliche
Begriffsbildung ein völlig anderes Ziel verfolgt als jede Art von Geschichte. Das leitende Prinzip der Naturwissenschaft ist und soll
überall die Gewinnung von Begriffen sein, in denen wir das Gemeinsame von Einzelfällen eindeutig zusammenfassen: oder, mit
anderen Worten, die »Bildung *allgemeiner* Begriffe…, unter welche die verschiedenen Einzelgestaltungen sich als ›Exemplare‹ un-
terordnen lassen. Das Wesentliche in den Dingen und Vorgängen ist
dann das, was sie mit dem unter denselben Begriff fallenden Objekten gemeinsam haben, und alles rein *Individuelle* geht als ›unwesentlich‹ nicht mit in die Wissenschaft ein. Schon die vorwissen-
schaftlichen Wortbedeutungen, mit denen wir arbeiten, sind ja, von
Eigennamen abgesehen, alle mehr oder weniger allgemein, und die
Wissenschaft kann gewissermaßen als eine Art Fortsetzung und bewußte Ausbildung eines ohne unser Zutun begonnenen Begreifens
der Wirklichkeit angesehen werden. Die Begriffe werden dann entweder durch Vergleichung *empirisch gegebener* Objekte gewonnen,
oder sie können auch eine so umfassende Allgemeinheit erreichen,
daß sie weit über das unmittelbar Erfahrbare *hinausgehen*. …Es
genügt zu sagen, daß in diesem Falle der Begriffsinhalt aus sogenannten *Gesetzen* besteht, d. h. *unbedingt* allgemeinen Urteilen
über mehr oder minder umfassende Gebiete der Wirklichkeit, die
niemand in ihrer Totalität beobachtet hat. Die Begriffe sind also
zwar bald von größerer, bald von geringerer Allgemeinheit, stehen
daher auch dem Besonderen und Individuellen *mehr* oder *weniger*
fern und können ihm bisweilen so nahe kommen, daß nur ein kleiner Kreis von Objekten unter sie fällt, aber *allgemein* in dem Sinne,
daß sie alles, was eine Wirklichkeit zu *dieser* einen einmaligen und

besonderen Wirklichkeit macht, fortlassen, sind sie immer. Die Wissenschaft steht dann nicht nur durch ihre Begrifflichkeit zur *Anschaulichkeit*, sondern auch durch ihre Allgemeinheit zur *Individualität* oder Wirklichkeit in *Kontrast*.«[21]

Ich habe Ihnen diese Charakteristik der naturwissenschaftlichen Methode in Rickertschen Ausdrücken gegeben, und ich glaube, daß Sie fürs erste verstanden haben, worauf es ankommen soll. Die Naturwissenschaft geht auf Allgemeinbegriffe, insbesondere auf Gesetzmäßigkeiten, es interessiert sie dieser und jener Einzelfall niemals um seiner selbst willen, jedes Experiment hat nur die Bedeutung, daß an ihm ein allgemeines, für alle Zukunft gültiges Gesetz studiert werden soll. Nur als ›Exemplar‹, nur als ›Beispiele‹, als ›Fälle‹ von Gesetzen sind Besonderheiten für die exakte Naturwissenschaft relevant. Es ist daher auch ein Ziel aller exakten Naturforschung, immer höhere und umfassendere Gesetze zu finden, unter denen wir möglichst viele wirkliche Einzelfälle begreifen können und die daher notwendig gegenüber den besonderen [Fällen] immer neutraler werden müssen. So hat etwa die physikalische Atomtheorie, nach der irgendwelche sinnlich wahrnehmbaren Effekte auf Bewegungen kleinster Teile beruhen, eben diese mannigfaltigen und mit einer Fülle sinnlicher Qualitäten ausgestatteten Vorkommnisse ›zurückgeführt‹ auf Bewegungen sinnlich überhaupt nicht mehr wahrnehmbarer, an Qualitäten armer Gegenstände, wie sie die Atome darstellen. Die ›quantifizierende‹ Richtung des Weges der Naturwissenschaft ist es, die Rickert vornehmlich im Auge hat: Das fortwährende Erklären eines Komplizierteren durch Einfacheres, das Auflösen verschiedener Qualitäten in Unterschiede der Quantität eines einfachen Dritten, die Erklärung der bunten, mannigfaltigen, lebendigen Wirklichkeit durch eine gleichsam hinter ihr konstruierte farblose, tonlose, mathematisch faßbare Formelwelt. Daß der Gang der Naturwissenschaft sinnmäßig hindeute auf ein System allgemeiner Gesetze, dem möglichst viel Besonderes soll eingeordnet werden können, während das Besondere, Individuelle selbst als solches, als Einmaliges, jetzt und hier Seiendes, nie sich Wiederholendes in dem System nicht vorkomme – das ist die schon von Windel-

---

21 [Heinrich Rickert, *Kulturwissenschaft und Naturwissenschaft*, Tübingen [7]1926, S. 38f.; Hervorhebungen von Rickert.]

band ausgesprochene, von Rickert weiter ausgebaute Theorie der
naturwissenschaftlichen Begriffsbildung, auf deren Einzelheiten
wir aber nicht eingehen wollen.

Sie erraten nun schon, wie die Geschichtswissenschaft sich abheben
soll von der eben skizzierten Methode. Die Geschichte interessiert
nicht das Allgemeine, sondern gerade das Besondere in seinem
eigentümlichen, einmaligen, unwiederbringlichen Charakter, in seiner Individualität. Die Geschichte hat uns mitzuteilen, was an diesem Ort, zu dieser bestimmten Zeit sich ereignet hat und so, wie es
sich da ereignet hat, niemals wieder ereignen wird. Die »*historischen*
Wissenschaften«, ich zitiere wieder eine entscheidende Stelle bei
Rickert, »*wollen* nicht nur ›Konfektionskleider‹ machen, die Paul
ebensogut wie Peter passen, d. h. sie wollen die Wirklichkeit, die
niemals allgemein, sondern stets individuell ist, in ihrer *Individuali-*
*tät* darstellen, und sobald diese in Betracht kommt, muß der naturwissenschaftliche Begriff *versagen*, weil seine Bedeutung gerade
darauf beruht, daß das Individuelle durch ihn als ›unwesentlich‹
*ausgeschieden wird.*«[22]

Nach dem, was über die naturwissenschaftliche Methode gesagt
worden ist, kann kein Zweifel darüber stattfinden, wo sie versagen
muß und wo die Aufgabe anderer, der historischen Wissenschaften
einsetzen muß. Das grundlegende Werk der Richtung heißt, wie ich
Ihnen mitgeteilt habe, *Die Grenzen der naturwissenschaftlichen Be-*
*griffsbildung*, und es trägt den Untertitel: ›Eine logische Einleitung
in die historischen Wissenschaften.‹ An der entscheidendsten Stelle
in diesem Buch wird auf das im Titel angezeigte Problem dieser
Grenze eine klare und gültige Antwort gegeben: »Das, was der naturwissenschaftlichen Begriffsbildung die Grenze setzt, über die sie
niemals hinwegzukommen vermag, ist nichts anderes, als die einmalige empirische Wirklichkeit selbst, so wie wir sie in ihrer Anschaulichkeit und Individualität unmittelbar erleben.«[23] Sowohl
von der Anschaulichkeit als auch – eben damit – von der Individualität führen die Naturwissenschaften in ihrer Arbeit weg. Die historischen Wissenschaften sollen uns dagegen beides möglichst getreu

---

22 [Ibid., S. 53 f.; Hervorhebungen von Rickert.]
23 [Heinrich Rickert, *Die Grenzen der naturwissenschaftlichen Begriffsbildung*,
Tübingen ²1913, S. 197.]

vermitteln. Aber es erhebt sich sogleich die Frage, inwiefern dies überhaupt möglich sei. Bei Rickert heißt es: »Die empirische Wirklichkeit nämlich erweist sich als eine für uns *unübersehbare Mannigfaltigkeit*, die immer größer zu werden scheint, je mehr wir uns in sie vertiefen und sie in ihre Einzelheiten aufzulösen beginnen, denn auch das ›kleinste‹ Stück enthält mehr, als irgendein endlicher Mensch zu beschreiben vermag, ja, was er davon in seine Begriffe und damit in seine Erkenntnis aufnehmen kann, ist geradezu verschwindend gering gegen das, was er beiseite lassen muß.«[24] Wie soll es also der Historiker anfangen, um das, was der Naturforscher nicht kann, aber auch seiner Aufgabe gemäß gar nicht will, zustandezubringen: Begriffe von der Wirklichkeit zu bilden, die ihr Besonderes, ihre Individualität der Erkenntnis darbieten. Rickert sieht die Lösung darin, daß auch die historischen Wissenschaften nirgends die erlebte Wirklichkeit erschöpfen, daß sie in ihre Begriffe nirgendwo ein Wirkliches oder, sagen wir besser, ein Stück Wirklichkeit in absoluter Fülle aufnehmen und gleichsam abbilden, sondern daß auch sie überall ein Vereinfachen, ein Auswählen aus dem unerschöpflichen Gehalte des Wirklichen vorzunehmen haben. Aber während die Naturwissenschaften [stets] nur dasjenige auswählen und als für ihren Zweck dem Gegenstande ›wesentlich‹ ansehen, was er mit anderen gemeinsam hat, ist dem Historiker etwas total Anderes das ›Wesentliche‹. Es ist die Beziehung auf einen Wert, die der Auswahl des Historikers aus der unübersehbaren Fülle der Wirklichkeit und seiner Begriffsbildung die Richtung weist. Während der Naturwissenschaftler ganz unbekümmert um irgendwelche Werte an den Gegenständen das ihnen Allgemeine auswählte und in seine Begriffe aufnahm, also, um den Ausdruck der Schule zu gebrauchen, »generalisierend« verfährt, hebt der Historiker in seiner Darstellung denjenigen bestimmten Teil der Wirklichkeit aus ihrer Fülle heraus, der Bezug hat auf einen bestimmten Wert. Er »individualisiert« also, er geht auf Besonderes und Einmaliges, aber er individualisiert nicht willkürlich, sondern es geht nur dasjenige als ein Besonderes in seine Darstellung ein, was in einer ganz bestimmten Richtung ›relevant‹, ›wesentlich‹ für ihn ist, und dabei handelt es sich vorzugsweise nirgends um Allgemeines, son-

---

24 [Heinrich Rickert, *Kulturwissenschaft und Naturwissenschaft*, l.c., S. 30 f.]

dern um etwas, wodurch sich der betreffende Gegenstand von allen
übrigen als ein einmaliger abhebt.

Was ist nun dieses Etwas, worin besteht das Auswahlprinzip des
Historikers? Rickert antwortet, so haben wir gehört, in der Beziehung auf einen *Wert*. Wir können ganz allgemein sagen, daß »Wert«
überall eine solche Rücksicht bedeutet, auf Grund deren wir irgendeinen Gegenstand hervorbringen oder pflegen, jedenfalls aber
schätzen und als ein Gut betrachten. Die Tatsache, daß es »Güter«
gibt, daß also in der Welt sich allenthalben von den Menschen geschätzte Gegenstände finden, setzt nach Rickert voraus, daß es
»wertende« Akte gibt, durch die die betreffenden, an sich wertfreien wirklichen Gegenstände auf einen »Wert« bezogen werden,
und wir können dieses letztere Wort daher im Rickertschen Sinn so
bestimmen, daß es allgemein dasjenige bezeichnen soll, auf Grund
dessen wir einen Gegenstand schätzen. Aber es erhebt sich sofort
der Einwand, daß bei dieser Bedeutung des Wertbegriffes doch unmöglich die Beziehung auf einen Wert irgendeine Sache als historisch bedeutsam charakterisieren könnte. Denn der Wertungen gibt
es unzählige und grundverschiedene. Jeder einzelne Mensch hat
gewissermaßen seine eigene Wertwelt, die mit derjenigen seines
Mitmenschen sich zwar regelmäßig in gewissen allgemeinen Zügen,
aber keineswegs vollständig zu decken braucht. Was mir ein Gut ist,
braucht einem anderen noch lange kein Gut darzustellen. Jedenfalls
gibt es unzählige Wertungen der einzelnen Persönlichkeiten, die
weder intersubjektiv dieselben sein müssen noch bei der gleichen
Person zeit ihres Lebens notwendig konstant bleiben. Jedenfalls ist
nicht abzusehen, inwiefern der Bezug auf Werte ohne nähere Bestimmung ein eindeutiges Kriterium für den Historiker bilden soll,
auf Grund dessen sich sein Gegenstand bestimmt.

Die Lehre Rickerts nimmt von dieser Schwierigkeit Notiz und sucht
sie dadurch zu überwinden, daß nicht der willkürliche Bezug auf
beliebige Wertungen einzelner Personen, sondern der Bezug auf
Kulturwerte den historischen Gegenstand charakterisiert. Kulturwerte sind *allgemein anerkannte* Werte, ebenso wie wir als Kulturgüter solche Gegenstände bezeichnen, die in einer Gemeinschaft
allgemein gepflegt werden, an denen allgemein anerkannte Werte
haften. Solche Werte sind in unserer »Kulturgemeinschaft« die Reli-

gion, der Staat, das Recht, die Sitten, die Kunst, die Wissenschaft.[25]
Rickert will nun nicht etwa behaupten, daß jedes Individuum innerhalb unserer Kulturgemeinschaft, die als solche ja wiederum nur
durch die Pflege der durch diese Werte ausgezeichneten Güter konstituiert wird, sie in gleichem Maße anerkennen müsse. Trotzdem
wird sie jeder wenigstens als Werte verstehen, und gerade darauf
kommt es bei der historischen Darstellung an. Für die ›Objektivität‹
der Werte und für den Sinn einer historischen Darstellung kommt es
nicht darauf an, ob die Werte, auf die sie sich beziehen, unbedingt
oder in gleichem Sinne anerkannt werden, sondern nur darauf, daß
sie alle, an die sich die Darstellung wendet, als Werte gelten lassen.
Und vollends ist es gleichgültig, ob ein bestimmter wirklicher Vor-
fall in Beziehung auf die Kultur positiv oder negativ gewertet wird,
das heißt, es ist gleichgültig, ob man annimmt, daß ein bestimmtes
Ereignis der Wirklichkeit in Beziehung auf diesen oder jenen Wert
förderlich oder hindernd gewesen sei: es kommt nur darauf an, daß
es für ihn wichtig, daß es in seinem Sinn ›bedeutsam‹ gewesen ist.
Für den Historiker ist das, was die Realisierung von Kulturgütern
hemmt, ebenso wichtig, wie das, was sie fördert; nur das, was für sie
indifferent ist, fällt aus seiner Darstellung heraus. Und so ist ihm ein
Auswahlprinzip, ein Prinzip für seine Begriffsbildung gegeben, das
ihn ebenso sicher leiten kann und faktisch, wenn auch unbewußt,
immer geleitet hat wie den Naturforscher die Intention auf das Allgemeine überhaupt und das Gesetz. Dem Naturforscher ist ein
Stück Wirklichkeit immer nur interessant als Exemplar, als Fall
eines übergreifenden Generellen, dem [Historiker ist es] einzig bedeutsam [unter dem Aspekt der] Realisierung eines Kulturguts. –
Damit ist nun die ursprüngliche Aufgabe gelöst. Der Naturwissenschaft stehen die Kulturwissenschaften gegenüber, und es [wurde]
in der Methode selbst ein Prinzip gefunden, das die letzteren eindeutig von der ersteren abhebt. Die Teilung ist charakterisiert durch
das Begriffspaar der »generalisierenden« und der »individualisieren-
den« Methode, mit Windelbandschen Ausdrücken: des »nomothe-
tischen« und des »idiographischen« Verfahrens.
Indem wir nun diese Windelband-Rickertsche Lösung des durch die
Situation gestellten Problems kennengelernt haben, das darin be-

25 [Vgl. ibid., S. 95.]

stand, die Eigentümlichkeit der historischen Wissenschaften anzuerkennen und gegen die Naturwissenschaft abzugrenzen, ist es
offenbar geworden, daß diese Lösung keineswegs mit einer Erkenntnistheorie, wie sie der Neukantianismus der Marburger besaß, vereinbar war. Die Windelbandsche Schule mußte eine eigene
Erkenntnistheorie besitzen, und wir wollen, von der Lösung der
wissenschaftstheoretischen Frage ausgehend, die erkenntnistheoretischen Grundsätze dieser Richtung kurz darstellen. Sie sind im übrigen mit dem Kantianismus in vieler Hinsicht verwandt, und wir
brauchen uns daher nicht allzulange aufzuhalten.

In einem Punkt ist die Heidelberger Schule fraglos mit Kant und
allen Kantianern einig: Die wissenschaftlichen Gegenstände, die
Gestaltungen, mit denen es auf der einen Seite die Naturwissenschaft, auf der anderen die Geschichte zu tun hat, sind von diesen
Wissenschaften selbst spontan erzeugt und keineswegs in irgendeinem Sinne Abbild eines jenseits von ihnen sich befindenden Gegenstandes. Durch die wissenschaftliche Methode kommt auch ihr
Gegenstand zustande, und Kant hat mit seiner kopernikanischen
Wendung, nach der nicht eine Betrachtung der Gegenstände, sondern eine solche der *Erkenntnisart* der Gegenstände überall die Fundamentalaufgabe der Philosophie ist, völlig recht. Aber während im
Neukantianismus Marburgscher Richtung das wissenschaftliche
Denken den Gegenstand völlig frei aus sich heraus erzeugt hatte,
kann [von] solcher Schöpfung aus [dem] Nichts nach allem, was wir
bisher von der Rickertschen Lehre erfahren haben, nach dieser keineswegs [die Rede] sein. Denn es ist ja die naturwissenschaftliche
Methode dadurch charakterisiert worden, daß sie »generalisierend«
vorgehe, die historische Methode dadurch, daß sie »das Besondere«
der Wirklichkeit in einer bestimmten Richtung zur Darstellung
bringt. Beide Methoden also setzen eine Wirklichkeit als Ausgangsmaterial voraus, und es ist nur die Aufgabe der Wissenschaften,
dieses Ausgangsmaterial nach verschiedenen Richtungen hin zu formen. Ohne die Voraussetzung eines solchen ursprünglichen Materials wäre die Lehre von den Natur- und Kulturwissenschaften, wie
wir sie dargestellt haben, schlechterdings unverständlich. Die wis-
senschaftslogische Doktrin lautet in Rickerts eigenen Worten: »Die
Wirklichkeit wird Natur, wenn wir sie betrachten mit Rücksicht auf
das Allgemeine, sie wird Geschichte, wenn wir sie betrachten mit

Rücksicht auf das Besondere und Individuelle.«[26] Natur und Geschichte also sind Formungen des wissenschaftlichen Denkens, aber
Formungen der »Wirklichkeit«. Die Wirklichkeit in ihrer unübersehbaren Fülle ist das Material, das wir nach verschiedenen Richtungen hin begrifflich bearbeiten können, jedoch so, daß keines ihrer Stücke restlos in unseren Begriffen aufgeht. Der Naturforscher
läßt das Besondere beiseite, und auch der Historiker nimmt immer
nur solche besonderen Züge in seine Begriffe auf, die in Beziehung
auf einen Kulturwert relevant sind. Die Wirklichkeit selbst, das Material, das den Wissenschaften und der Erfahrung überhaupt zur
Bearbeitung vorliegt, entzieht sich in seiner konkreten Fülle einer
adäquaten begrifflichen Fassung prinzipiell. Nach Rickert läßt sich
dies leicht durch folgende Betrachtung charakterisieren: Erstens
stellt die Wirklichkeit ein Kontinuum dar, in dem nirgends absolute
Grenzen sich finden. Bei jeder näheren Betrachtung irgendeiner
scheinbar absoluten Grenze erweist sich diese als eine Reihe von
Übergängen. Jede Grenzsetzung, die für unsere Begriffsbildung unerläßlich ist, jedes Herausheben eines besonderen Stückes aus der
kontinuierlichen Wirklichkeit stellt daher schon eine Formung
durch das Denken, eine Rationalisierung dar. Aber die Wirklichkeit
ist nicht nur überall kontinuierlich, sondern zweitens gleichzeitig
überall andersartig. Es gibt kein Stück in der Wirklichkeit, das dem
anderen in allen Punkten gleicht, sondern es kann ihm nur mehr
oder weniger ähnlich sein. Aber diese Heterogeneität, diese
Andersartigkeit der Wirklichkeit selbst läßt sich als solche nirgends
ohne Bearbeitung fassen, da sich in dem prinzipiell grenzenlosen
Kontinuum der Wirklichkeit kein Stück vom anderen abhebt, um
mit diesem verglichen werden [zu können], wenn wir nicht selbst
eine isolierende Abstraktion vornehmen. So ist das Material, das
uns überall anschaulich gegeben ist und dem Denken zur Bearbeitung vorliegt, nach dem Rickertschen Ausdruck ein »heterogenes
Kontinuum«[27], eine stetige, fließende Andersartigkeit, die als solche an keiner Stelle vollständig in Begriffe eingehen kann und daher
überall »irrational« ist. – Damit ist in dieser Lehre die Kantische
Trennung von Form und Materie der Erkenntnis wieder hergestellt.

26  [Ibid., S. 55.]
27  [Ibid., vgl. S. 33.]

Überall, wo Ihnen Anhänger dieser Schule begegnen werden – mögen diese im übrigen in speziellen Meinungen noch so sehr voneinander abweichen –, können Sie sicher sein, daß diese Grundüberzeugung der Weltanschauung jener Anhänger zu Grunde liegt: Das, was wir Natur und das, was wir Geschichte nennen, kurzum die ganze Welt unserer Erfahrung ist ein Produkt der begrifflichen Ordnung eines selbst völlig irrationalen wirklichen Materials.

Freilich erhebt sich dieser philosophischen Position gegenüber die Frage nach dem Kriterium der Wahrheit. Wenn die Begriffe und Urteile in der Naturwissenschaft ebensowohl wie in der Geschichte freie Bearbeitungen der Wirklichkeit durch das Denken sind – wie sollen wir dann zu entscheiden vermögen, ob ein Urteil wahr oder falsch ist? Nirgendwo sind ja unsere Urteile Abbildungen der Wirklichkeit, nirgendwo vermögen wir sie auch nur mit der Wirklichkeit selbst zu vergleichen; denn diese ist ja als solche total irrational und unfaßbar. Wenn die Wissenschaft und unsere Urteile überhaupt aber spontane Formungen, also doch wohl Veränderungen der Wirklichkeit darstellen: Was unterscheidet dann ›wahre‹ von ›falschen‹ Veränderungen, oder mit anderen Worten: wann ist ein Urteil wahr oder falsch, worauf beruht unsere berechtigte Zustimmung oder Verneinung? Auf dem Vergleich mit einem an sich seienden Gegenstand kann sie nach allem Gesagten nicht gegründet sein. Die Antwort, die Rickert uns erteilt, macht den zentralen Inhalt seiner ersten Arbeiten aus, und es scheint, als ob von diesem Problem aus seine ganze Philosophie, subjektiv gesehen, sich fortbewegt hätte. Bejahen und Verneinen ist immer Anerkennen und Verwerfen. Anerkennen und Verwerfen aber können wir nur mit Rücksicht auf einen Wert. Daß wir ein [uns] vorgelegtes oder von uns selbst formuliertes Urteil bejahen, bedeutet nach Rickert nichts anderes, als daß wir es in Beziehung auf den »logischen Wert«, in Beziehung auf den theoretischen Wert, den wir Wahrheit nennen, billigen. Dieses Billigen oder Mißbilligen darf ebensowenig als ein willkürliches, bloß psychologisches, individuelles Billigen aufgefaßt werden, wie das Billigen oder Mißbilligen auf anderen Wertgebieten, wie denen der Kunst oder der Sittlichkeit, von unserem persönlichen Belieben abhängt. Wir können zwar beim Anblicke irgendeines besonders häßlichen Gegenstandes leugnen, daß er uns mißfalle, aber es wird ein bloßes Leugnen mit dem Munde sein: der

Akt der Wertung vollzieht sich unabhängig von dieser bloß äußerlichen Leugnung mit innerer Notwendigkeit. Auch in unserem Handeln sind wir zwar frei, uns selbst jeweils das beste Zeugnis auszustellen, aber der Akt der sittlichen Bewertung hängt nicht von unserem Belieben ab, sondern vollzieht sich unabhängig davon. Diese Unabhängigkeit, die der Objektivität des Wertes entspricht, hat die Sprache des Volkes in der unpersönlichen Stimme des Gewissens personifiziert. Und wie es ein ästhetisches und [ein] sittliches Gewissen gibt, [so] gibt es auch ein logisches Gewissen. Unter letzterem ist nichts anderes zu verstehen als der Inbegriff jener Akte der Wertung, durch die ein Urteil (selbstverständlich nach Untersuchung aller hierzu gehörigen Erkenntnisgründe und Kriterien) von uns notwendig abgelehnt oder angenommen wird. Die Möglichkeit, dem, was nach genügender Einsichtnahme sich uns als ›wahr‹, das heißt in Beziehung auf den logischen Wert als wertbetont charakterisiert, zu widersprechen, besagt gar nichts gegen diese Lehre. Denn trotz der Leugnung, trotz dem Widerspruch mit dem Munde, wenn uns das Urteil ›zwei mal zwei ist vier‹ vorgelegt wird, besteht der innere Zwang, das »Sollen«, es positiv zu bewerten. So verhält es sich mit jedem wahren Urteil, sofern wir es nur in seiner Bedeutung voll verstanden haben und Einsicht in die notwendigen Zusammenhänge gewinnen konnten. Ohne den Akt der Bewertung würde, selbst wenn wir von noch so vielen Urteilen Kenntnis genommen hätten, niemals ein Teil dieser Urteile sich als wahre von dem Rest, den ›falschen‹, unterscheiden. Dieser Akt aber stellt nichts anderes dar als die Beziehung einer vorgelegten Sache auf einen Wert – eine Beziehung, die, wenn sie positiv ist, die Sache zum Gut macht. Die wahren Urteile sind Sachen, an denen der Wert der Wahrheit haftet, ebenso wie künstlerische Gegenstände Sachen sind, an denen ästhetischer, wirtschaftliche Güter solche, an denen ökonomischer Wert haftet. Diesen Wert erhalten die betreffenden Sachen durch die Akte der Wertung des erkennenden Subjekts. Die Wissenschaft, die Kunst, die Wirtschaft sind in den genannten Beispielen Bestrebungen, durch die möglichst viele der betreffenden Güter verwirklicht werden sollen. An sich selbst betrachtet ist die Wirklichkeit sinnlos. Erst dadurch, daß wir einen Teil von ihr wertschätzen, erst durch Sinn-gebung, das heißt dadurch, daß wir sie auf objektiv gültige Werte beziehen, machen wir die Wirklichkeit und damit unser Leben sinnvoll. Es ist die Aufgabe der Philosophie, diejenigen Werte zu erforschen, durch die das Leben objektiven Sinn erhält, und bereits Windelband hatte das System Kants dahin gedeutet, daß es als die Lehre von den allgemeingültigen Werten zu fassen sei. Der Einteilung der drei Kantischen Kritiken entsprechend [habe] die Kantische Philosophie davon gehandelt, inwieweit sich der theoretische, der ethische und der ästhetische Wert als objektiv gültig begründen lassen. Die Philosophie wird zur kritischen Werttheorie.

Dabei bleibt sie idealistisch. Es gibt drei Seinsbereiche: die Wirklichkeit selbst (also das »heterogene Kontinuum«), das unwirkliche Reich der gültigen Werte, ferner das beide verbindende Reich der sinngebenden Akte, in denen die Wirklichkeit auf Werte bezogen wird. Dabei sind nicht nur die beiden letztgenannten Sphären idealistisch gefaßt, sondern auch die Wirklichkeit selbst ist nach Rickert keineswegs im Sinne eines bewußtseinsunabhängigen Dinges an sich zu verstehen, sondern sie ist einem überpersönlichen Bewußtsein, einem überindividuellen Ich immanent. Alles Sein ist Sein im Bewußtsein. Die Lehre Kants vom Bewußtsein überhaupt, die vom Neukantianismus der Marburger, wenn auch in problematischer Weise, so doch jedenfalls konsequent und tiefsinnig, ausgestaltet worden ist, erscheint bei Rickert vergröbert und mit so vielen Fragwürdigkeiten behaftet, daß wir uns hier nicht weiter mit [ihr] abgeben wollen. Gegen diese Art der Lehre vom Bewußtsein überhaupt ist mit Recht geltend gemacht worden, ein solches »sogenanntes ›überindividuelles Ich‹, das weder eine Außenwelt, noch ein Du, noch einen Leib sich gegenüber hat, anzunehmen«, sei ein offenbarer »Widersinn«[28].

Dagegen müssen wir, bevor wir diese Richtung verlassen, noch einiges erwähnen über die Versuche Rickerts, ein System der Werte aufzustellen. Insofern die Philosophie überhaupt ein System darstellen soll, insofern sie ein Ganzes der Weltanschauung mitteilen will, kann dies nach den Gedankengängen Rickerts einzig durch die Errichtung eines Systems der objektiven Werte geleistet werden, die unserem Leben Sinn verleihen. Die Bemühungen um ein solches

---

28  [Max Scheler, *Die deutsche Philosophie der Gegenwart*, zitiert nach: *Gesammelte Werke*, Band 7, hrsg. von Manfred S. Frings, Berlin / München ²1973, S. 289.]

Wertsystem, insbesondere bei Rickert selbst, aber auch bei vielen seiner Schüler – ich nenne vor allem Hugo Münsterberg – sind zahlreich. Ich möchte Sie hier nur über Rickerts eigenen Versuch im groben orientieren. – Die Hauptschwierigkeit besteht natürlich für den Philosophen gerade an der Stelle, die für den Historiker die beruhigendste ist. Dieser bezieht ja, wie wir gesehen haben, die Wirklichkeit überall auf solche Werte, die innerhalb der kulturellen Gemeinschaft, der seine Forschung angehört, allgemein anerkannt sind. Er macht sich keine Gedanken darüber, ob diese Anerkennung berechtigt ist; er läßt es dahingestellt, inwiefern sie absolut ist, er begnügt sich damit, die für die betreffenden Werte bedeutsamen Sachen zu erforschen. Wie aber soll der Philosoph ein System der Werte aufstellen, da doch die allgemein anerkannten Wertungen nicht nur in jedem Kulturkreis differieren können, sondern [sich] auch in unserem eigenen Kreise, wenn nicht verändern, so doch vermehren können? Es wäre eine schlechte Philosophie, wollten wir von einer bestimmten Stelle der Geschichte, also der Gegenwart aus, ein für allemal die objektiven, das heißt allgemein anerkannten Werte festlegen. Wie aber soll, wenn dies prinzipiell unmöglich ist, ein System gegeben werden, wie soll unsere Theorie sich zum Ganzen einer Weltanschauung runden, wenn wir gerade in Beziehung auf die Werte, dem einzig sinnverleihenden Seinsbereich, beim bloß Fragmentarischen, bei der bruchstückhaften, prinzipienlosen Aufzählung uns begnügen müssen? Rickert hat, um über diese Fragen hinwegzukommen, den Begriff des »offenen Systems« entwickelt. Ein solches ist zu denken als eine einheitlich bestimmte Ordnung, die jedoch Platz hat für Neues und Unbekanntes. [Das bedeutet für] das hier vorliegende Problem: Ob die historische Entwicklung in Zukunft andere als die bisher bekannten Werte hervorbringt, das heißt, was in Zukunft einmal für Werte die allgemein anerkannten sein werden, können wir heute abschließend nicht ausmachen. Aber wir können mit Bestimmtheit sagen, daß einzig in der ferneren Entwicklung des Kulturlebens jede Veränderung und Vermehrung der objektiven Werte sich darstellen muß. Wenn wir also ein System zu konstruieren vermögen, in dem zwar über die materialen Inhalte der kulturellen Entwicklung, über Anzahl und Art der Werte selbst nichts Abschließendes ausgesagt ist, jedoch die *Formen* aller Entwicklung der Kultur, das heißt alle diejenigen Momente, ohne die objektiv gültige Werte selbst gar nicht denkbar sind, angegeben werden können, dann ist ein systematisches Ordnungsprinzip gefunden. Denn dann vermögen wir den systematischen Ort eines Wertes für alle Zukunft festzulegen. An den Werten der Wahrheit, Sittlichkeit, Schönheit und Religion versucht Rickert die wesentlichen Züge, die den Werten als solchen notwendig zukommen müssen, zu bestimmen. Er erhält Begriffspaare wie etwa die folgenden: Werte müssen entweder an Personen oder Nichtpersonen, das heißt »Sachen« haften. Werte sind entweder soziale, [mithin] nicht nur wie alle Werte in der Gemeinschaft entstehende, sondern auch prinzipiell auf eine Mehrheit von Personen *bezogene* [Werte]; oder sie sind asoziale, von der Gemeinschaft ablösbare Werte. Es gibt ferner Werte, zu denen wir uns prinzipiell aktiv verhalten, wie diejenigen der Sittlichkeit, oder solche, die kontemplativ erfaßt werden, wie zum Beispiel der ästhetische Wert der Kunst. Solche Gesichtspunkte bringt Rickert miteinander in Beziehung und gewinnt so einen Schematismus, in den sich schließlich alle Werte einordnen lassen. Dazu kommen weitere allgemeine Züge, wie etwa derjenige, daß alles Streben nach Wertverwirklichung auf Vollendung gerichtet ist, ferner eine Einteilung der von den Werten betroffenen Sachen in Zukunfts-, Gegenwarts- und Ewigkeitsgüter. Ich brauche nicht fortzufahren, um noch weiter deutlich zu machen, daß diese ganze Wertsystematik ein unfruchtbares Hantieren mit rein formalen Begriffen ist, das nicht nur dem real Werte verwirklichenden Subjekt nichts bedeutet, sondern ganz und gar nicht das bietet, was das Wort »Weltanschauungslehre« zu versprechen scheint. Wir dürfen freilich nicht vergessen, daß die Bescheidung in Beziehung auf alle materialen Wertfragen geradezu der Kernpunkt des Programms der Schule ist. Daß der Philosoph sich in diesen entscheidenden Fragen lediglich auf die Statuierung formaler Ordnungsprinzipien beschränken müsse, hat nicht nur ihre negativen, sondern auch – wie bei Max Weber – ihre positiven Wirkungen bestimmt. Wenn ein Mann von der überragenden Bedeutung Max Webers sich Windelband-Rickertschen Gedankengängen anschließen konnte, so ist wesentlich an dieser Stelle der Anknüpfungspunkt zu suchen. Wir werden im Colloquium wenigstens das Notwendigste über die philosophische Position dieses bedeutenden Denkers zu erörtern haben.

Außer Max Weber schließen sich an Windelband und Rickert eine ganze Anzahl philosophischer und einzelwissenschaftlicher Forscher an. In Betracht kommt vorzüglich der schon erwähnte Hugo Münsterberg, der eine Philosophie der Werte zu geben versucht hat und hierbei Fichtesche, Rickertsche und vulgärpsychologische Gedankengänge miteinander verschmolz. Von dem tiefsinnigen Emil Lask habe ich bereits in der Einleitung erklärt, daß wir in einer Einführung unmöglich die philosophischen Motive, die insbesondere seine Kategorienlehre enthält, explizieren können. Jedenfalls tendiert das Philosophieren von Lask, trotz seines Ausgangs von Windelband, weit über den Horizont der Schule hinaus. Das Motiv der Bedingtheit der Kategorien und einer Logik der Philosophie hätte ihn zweifellos schließlich die Bedingtheit der Heidelberger Gedankengänge in vollem Maße erkennen lassen, wenn der Tod im Kriege ihn nicht allzufrüh der Philosophie entrissen hätte.

## [Machs Lehre von den Weltelementen]

Unserem Programm gemäß haben wir jetzt die großen, weitgehend an die Kantische Tradition anschließenden Schulrichtungen zu verlassen und uns einem Denker zuzuwenden, der nicht allein keine Schule gemacht hat, sondern es zeitlebens abgelehnt hat, für einen Philosophen zu gelten, obwohl er – oder vielmehr weil er – die tiefste Achtung vor echter Philosophie empfand. Er selbst, der wichtige Beiträge zur Philosophie und Psychologie geliefert hat, empfand sich durchaus als Physiker oder Geschichtsschreiber der Physik, der in der Zeit, die ihm seine fachlichen Arbeiten und die anstrengende Tätigkeit an der Universität Wien übrigließen, sich mit erkenntnistheoretischen Problemen abgab. Wenn wir uns trotzdem mit Ernst Mach hier beschäftigen wollen oder vielmehr wenigstens einige seiner Gedanken kurz erwähnen, so müssen wir dies vornehmlich aus dem Grunde tun, weil die bedeutende Persönlichkeit dieses Mannes besonders im Auslande zu den besten deutschen Namen zählt und mit Recht an vielen Orten als für die erkenntnistheoretische Position vom Ende des letzten Jahrhunderts besonders kennzeichnend angesehen wird. Ernst Mach ist fünfundzwanzig Jahre früher als

Rickert (1838) in Mähren geboren und 1916 gestorben, nachdem er sich bereits im Jahre 1901 von seiner Stelle an der Universität Wien aus Gesundheitsrücksichten zurückgezogen hatte.

Über die allgemeine historische Motivation seiner Philosophie brauchen wir nichts Neues zu sagen. Sie fällt noch in die Zeit vor dem Akutwerden der historischen Probleme, die der badischen Schule den Anstoß gegeben und ihre Wirkung bestimmt haben. Wie die Notwendigkeit einer philosophischen Rechtfertigung der Naturwissenschaften die Arbeit der Marburger Neukantianer bestimmt hat, so ist die Fundierung der exakten Naturwissenschaft das wesentliche Ziel der Machschen Gedanken. Während aber die ersteren ausschließlich philosophierend in einem mächtigen System einem am Sinn der Naturwissenschaften und der sie anwendenden Gesellschaft zweifelnden Bewußtsein die endgültige Antwort zu geben versuchten, trägt das Philosophieren des Physikers Mach überall den Stempel des Einzelforschers, der sich über die erkenntnistheoretischen Probleme und Nöte, die ihm bei seiner eigenen Arbeit aufstoßen, klar zu werden bemüht. Hier wie in unzähligen Fällen geschieht es, daß die großen geschichtlichen Fragestellungen als ganz persönliche Probleme in der Arbeit des einzelnen auftauchen und ihn bestimmen. Während die Neukantianer sich an die Philosophie Kants wandten, um sie für ihre Zwecke zu beleben, führt Ernst Mach überall in großartiger Konsequenz und Klarheit Gedankengänge zu Ende, die uns ebenfalls hier schon beschäftigt haben, nämlich solche des englischen Positivismus. Da wir die wesentlichen Voraussetzungen der Machschen Philosophie aus unseren Besprechungen über die englische Psychologie bereits besitzen, können wir uns kurz fassen, und ich hoffe, daß Sie [Mach] ohne weiteres verstehen werden.

Die ganze Welt ist zusammengesetzt aus Elementen. Soweit wir diese Elemente heute kennen, sind sie unsere Empfindungen in allen ihren Arten. Woher die Empfindungen kommen, das wissen wir nicht, und es ist auch eine müßige und sinnlose Angelegenheit, darüber zu diskutieren. Die Annahme von hinter den Empfindungen stehenden und sie verursachenden transzendenten Dingen an sich ist unsinnig, unwissenschaftlich, metaphysisch – und Metaphysik ist für Mach immer gleichbedeutend mit Unwissenschaftlichkeit. Was wir in unserer Erfahrung als Dinge bezeichnen, erweist sich bei

näherer Betrachtung überall als ein relativ konstanter Komplex von
Empfindungen, zu denen nach Mach auch Raum- und Zeitempfin-
dungen rechnen. Es ist die Aufgabe der Wissenschaft, diese Elemente und alle ihre gegenseitigen Beziehungen darzustellen, und
zwar in möglichst einfacher Form. Das primitivste Mittel ist das
Belegen einer einzelnen, für sich aus dem Strome unserer Erfahrungen herausgehobenen Elementensumme mit einem Zeichen, das
heißt [mit einem] Eigennamen. So verwendet das Kind oder der Primitive zunächst vorwiegend Worte zur Bezeichnung einzelner Gegenstände, die dann ›so heißen‹. Sehr rasch aber – oder vielmehr
sogleich – werden diese Namen nicht nur dort angewandt, wo sich
dieser einzige individuelle Gegenstand findet, sondern überall, wo
solche Elemente aus dem ursprünglich bezeichneten Komplex wieder auftreten, die biologisch relevant sind. So wird ein Kind,
schreibt Mach, »das zuerst einen schwarzen Hund gesehen und
nennen gehört hat, ... z. B. alsbald einen großen schwarzen, rasch
dahin laufenden Käfer ebenfalls ›Hund‹« nennen, »bald darauf ein
Schwein oder Schaf ebenfalls Hund«[29]. Die Worte gelangen so
dazu, von Eigennamen für einen relativ konstanten, singulären Elementenkomplex zu Bezeichnungen für alle Gegenstände mit her-
vorstechenden Ähnlichkeiten zu werden. Schließlich bedeutet die
Bezeichnung eines Gegenstandes durch ein begriffliches Prädikat
nichts anderes als den Hinweis, das angezeigte Merkmal an ihm aufzusuchen. Sie sehen bereits aus diesen Andeutungen, wie Begriffe
und Urteile hier zu bloßen Mitteln werden, uns in der Mannigfaltigkeit der Empfindungselemente und ihrer Beziehungen zurechtzufinden. Indem wir nämlich durch die Begriffsbildung dazu gelangen, überall die für uns maßgebenden Elemente aus den Komplexen
herauszuheben, so daß sich die mannigfaltigsten Tatsachen jeweils
nur in ganz bestimmten Richtungen voneinander unterscheiden und
einander gleichen, können wir auch die relativ beständigen Beziehungen der betreffenden Elemente erforschen. Eine möglichst vollständige, möglichst exakte Darstellung der Beziehungen zwischen
den Elementen ist das einzige Ziel der Wissenschaft.
Diese Elemente fallen im großen und ganzen – wie wir hörten –

---

29 [Ernst Mach, *Die Analyse der Empfindungen und das Verhältnis des Physischen
zum Psychischen*, Jena ⁹1922, S. 262.]

zusammen mit dem, was wir als Sinnesempfindungen zu bezeichnen gewohnt sind. Nun könnte man mit Recht fragen, ob denn dann
nach Mach nicht alle Wissenschaft überhaupt mit Psychologie zusammenfalle. Darauf ist zu sagen, daß die Trennung in Psyche und
Physis nach Mach eine sekundäre Sache, gewissermaßen eine begriffliche Angelegenheit ist. Wirklich sind nur die Elemente selbst,
ihre Derivate und ihre funktionalen (nicht etwa kausalen!) Beziehungen. Die Elemente aber, als solche, gehören ebensowohl der
physischen wie der psychischen Sphäre an. Je nachdem ich sie in
Beziehung auf denjenigen Elementenkomplex betrachte, der ›mein
Leib‹ heißt, oder abgesehen davon, entsteht Psychologie oder Physiologie auf der einen und Physik auf der anderen Seite. Die letztere
ist also nur dadurch von der Psychologie unterschieden, daß sie die
Empfindungen vollständig unabhängig von ihrer Beziehung auf
meinen Leib untersucht. Aber zusammenfassende Beschreibung
von Empfindungen und ihren Beziehungen ist ebenso wie die Aufgabe der Psychologie auch die ihrige. So gelangt Mach zu einer
Konzeption der Physik, die unter dem Beinamen einer phänomenologischen Physik sowohl von physikalischer als auch von philosophischer Seite heftig bekämpft worden ist. Insbesondere steht
Machs Auffassung der materialistisch-mechanistischen Ansicht der
Physik gegenüber, die da behauptet, daß letztere überall auszugehen
habe von den Bewegungen letzter Atomteile, aus denen alle Erscheinungen notwendig abgeleitet werden müßten. Diese mechanistische Theorie hat für Mach gemäß seiner Ansicht natürlich nur den
Wert einer Hypothese, nach der gewisse Gleichförmigkeiten in den
wahrgenommenen Elementen beschrieben werden können mittels
jener abstrakt gedachten Bewegungen. Von einer Wirklichkeitsset-
zung der Atome, wie sie auch immer nach dem jeweiligen Stand der
Forschung beschaffen sein möge, kann bei ihm keine Rede sein.
Wirklich sind einzig die sinnlichen Elemente, und zu ihrer Erforschung und Beherrschung, zu ihrer Ordnung und ökonomischen
Darstellung sind alle theoretischen Veranstaltungen da.
Nach dem bisher Gesagten können Sie sich unmöglich ein Bild von
den Leistungen dieses Denkers machen. Es könnte so scheinen, als
ob es sich [hier] um nichts weiter handele als um eine Neuauflage
Berkeleyscher oder Stuart Millscher Gedankengänge. Aber es ist
abgesehen von der ungeheuren Fülle an wichtigen Einzelzügen, be-

deutsamen philosophischen Aperçus und konkreten Beobachtungen die Radikalität, mit der sich hier eine moderne Doktrin einmaligen Ausdruck in einer Denkerpersönlichkeit schuf, was Mach
hier für uns wichtig macht. Es gibt vielleicht keinen einzigen modernen Philosophen, der in seiner ganzen Haltung so sehr die weltanschaulichen Konsequenzen des theoretischen Positivismus gezogen
hätte, wie eben Mach. [Bedenken] Sie, daß hier nicht wie bei den
Engländern die sinnlichen Elemente einem Bewußtsein zugeschrieben werden, das für sich Bestand hätte, das sie unter sich befaßt und
trägt, so daß gleichsam das metaphysische Bedürfnis wenigstens insoweit auf seine Rechnung kommt, als es doch wenigstens eine einzige Wesenheit – und sei es auch nur diejenige des lieben Ich – als
absolut unabhängig und selbständig anerkannt findet. Bei Mach ist
auch mit diesem letzten Rest von Ontologie gebrochen. In unserer
Analyse der Welt stoßen wir auf sinnliche Momente, auf die Empfindung. »Sie ist etwas so Einfaches und Fundamentales, daß ihre
Zurückführung auf noch Einfacheres, wenigstens heute, nicht gelingen kann.«[30] Es wäre ganz verkehrt, wollte man dieses Urelement
bloß in Beziehung auf uns selbst, auf ein Bewußtsein betrachten.
Ob dieses Grün dem Blatte des Baumes, den ich eben betrachte,
zugerechnet wird und so ›objektiv‹ heißt, oder dem anderen Komplexe, der da ›mein Ich‹ heißt, hängt ganz vom jeweiligen Zusammenhang ab, und eine Betrachtungsart verdient vor der anderen keinen Vorzug. Übrigens sind alle Komplexe, die wir als einheitliche
Dinge bezeichnen, nur relativ konstant, sie verändern sich fortwährend und nur soweit sie noch dieselben Eigenschaften haben, dürfen
wir überhaupt von ihnen als »denselben« sprechen. Ganz ebenso
verhält es sich mit unserem Ich, das heißt, mit demjenigen »Komplex von Erinnerungen, Stimmungen, Gefühlen«[31], der an einen besonderen Körper (den Leib) gebunden ist. »Das Ich ist so wenig
absolut beständig als die Körper. Was wir am Tode so sehr fürchten,
die Vernichtung der Beständigkeit, das tritt im Leben schon in reichlichem Maße ein. Was uns das Wertvollste ist, bleibt in unzähligen
Exemplaren erhalten, oder erhält sich bei hervorragender Besonder-

30 [Ernst Mach, *Erkenntnis und Irrtum. Skizzen zur Psychologie der Forschung*,
Leipzig ³1917, S. 44.]
31 [Ernst Mach, *Die Analyse der Empfindungen*, l. c., S. 2.]

heit in der Regel von selbst. Im besten Menschen liegen aber individuelle Züge, um die er und andere nicht zu trauern brauchen.«[32] An
einer anderen Stelle schreibt Mach: »Nicht das Ich ist das Primäre,
sondern die Elemente (Empfindungen). ... Die Elemente *bilden* das
Ich. *Ich* empfinde Grün, will sagen, daß das Element Grün in einem
gewissen Komplex von anderen Elementen (Empfindungen, Erinnerungen) vorkommt. Wenn *ich* aufhöre Grün zu empfinden, wenn
*ich* sterbe, so kommen die Elemente nicht mehr in der gewohnten
geläufigen Gesellschaft vor. Damit ist alles gesagt. Nur eine ideelle
denkökonomische, keine reelle Einheit hat aufgehört zu bestehen.
Das Ich ist keine unveränderliche, bestimmte, scharfbegrenzte Einheit«.[33] Mach führt dann aus, daß das individuelle Ich eigentlich
weder zur Bezeichnung von etwas Unveränderlichem noch von
etwas scharf Begrenztem diene, sondern lediglich zur Bezeichnung
einer gewissen Kontinuität von Inhalten. Diese Inhalte selbst aber,
das heißt die Elemente, sind als solche keineswegs auf das Individuum beschränkt. »Bis auf geringfügige wertlose persönliche
Erinnerungen«, heißt es weiter, »bleibt der gesamte Bestand an Elementen eines Ichs auch nach dem Tode des Individuums in *andern*
erhalten. Die Bewußtseinselemente *eines* Individuums hängen unter
einander stark, mit jenen eines andern Individuums aber schwach
und nur gelegentlich merklich zusammen. Daher meint jeder nur
von sich zu wissen, indem er sich für eine untrennbare, von anderen
unabhängige *Einheit* hält. Bewußtseinsinhalte von allgemeiner Bedeutung durchbrechen aber diese Schranken des Individuums und
führen, natürlich wieder an Individuen gebunden, unabhängig von
der Person, durch die sie sich entwickelt haben, ein allgemeineres,
*unpersönliches, überpersönliches* Leben fort. Zu diesem beizutra-
gen, gehört zu dem größten Glück des Künstlers, Forschers, Erfin-
ders, Sozialreformators u. s. w.. – Das Ich ist unrettbar. Teils diese
Einsicht, teils die Furcht vor derselben führen zu den absonderlichsten pessimistischen und optimistischen, religiösen, asketischen
und philosophischen Verkehrtheiten. Der einfachen Wahrheit, welche sich aus der psychologischen Analyse ergibt, wird man sich auf
die Dauer nicht verschließen können. Man wird dann auf das Ich,

32  [Ibid., S. 3 f.]
33  [Ibid., S. 19.]

welches schon während des individuellen Lebens vielfach variiert, ja
im Schlaf und bei Versunkenheit in eine Anschauung, in einen Gedanken, gerade in den glücklichsten Augenblicken, teilweise oder
ganz fehlen kann, nicht mehr den hohen Wert legen. Man wird dann
auf *individuelle* Unsterblichkeit gern verzichten und nicht auf das
Nebensächliche mehr Wert legen als auf die Hauptsache. Man wird
hierdurch zu einer freieren und *verklärten* Lebensauffassung gelangen, welche Mißachtung des fremden Ich und Überschätzung des
eigenen ausschließt. Das ethische Ideal, welches sich auf dieselbe
gründet, wird gleich weit entfernt sein von jenem des Asketen, welches für diesen biologisch nicht haltbar ist, und zugleich mit seinem
Untergang erlischt, wie auch von jenem des Nietzsche'schen fre-
chen ›Übermenschen‹, welches die Mitmenschen nicht dulden können, und hoffentlich nicht dulden werden. – Genügt uns die Kenntnis des Zusammenhanges der Elemente (Empfindungen) nicht, und
fragen wir, ›wer hat diesen Zusammenhang der Empfindungen, *wer*
empfindet?‹, so unterliegen wir der alten Gewohnheit, jedes Element (jede Empfindung) einem unanalysierten Komplex einzuordnen, wir sinken hiermit unvermerkt auf einen ältern, tieferen und
beschränkteren Standpunkt zurück.«[34]
Ich habe Ihnen diese Stellen in Machs eigenen Worten zitiert, weil
erstens der weltanschauliche Zug von Machs Denken darin besonders kennzeichnenden Ausdruck findet; zweitens aber auch, weil
Sie daraus ersehen können, daß positivistische Theorien keineswegs
notwendig zum Solipsismus und zu schlechten Analogieschluß-
theorien in bezug auf das Problem des fremden Ich führen müssen,
wie es heute wohl zuweilen behauptet wird. Gewiß mögen sich bei
Mach selbst derartige Theorien finden, doch bestehen für ihn – und
das ist jedenfalls wichtig zu merken – entsprechende Probleme wie
für die Erkenntnis des fremden Ichs auch für die Erkenntnis des
eigenen.
Daß in Beziehung auf das Problem des Ichs, auf das Problem der
Persönlichkeit Machs Gedanken ungenügend sind, unterliegt keinem Zweifel. Der skeptischen Bescheidung Machs, die als Bedeutung des Begriffs eines persönlichen Bewußtseins nichts gelten
lassen will als eine gewisse Kontinuierlichkeit von Elementen, ent-

34 [Ibid., S. 19 ff.]

spricht auf der anderen Seite der seltsame Dogmatismus, daß diese
Elemente »unabhängig von der Person, durch die sie sich entwickelt
haben, ein allgemeineres, unpersönliches, überpersönliches Leben«
hätten – ein Dogmatismus, der offenbar als Ersatz einer echten intellektuellen Fundierung dem unausrottbaren metaphysischen Bedürfnisse vorgehalten wird. Aber Mach, dieser große Denker, hätte
selbst niemals für sich in Anspruch genommen, mit seinen Gedanken eine abschließende philosophische Leistung gegeben zu haben.
Er hat vielmehr immer das Fragmentarische seiner eigenen Leistung
betont und im Vorwort zu seiner Schrift *Erkenntnis und Irrtum* ausdrücklich erklärt, daß er »gar kein Philosoph, sondern nur Naturforscher« sei. [Und er fügt dem hinzu:] »Wenn man mich trotzdem
zuweilen, und in etwas lauter Weise, zu den ersten gezählt hat, so
bin *ich* hierfür nicht verantwortlich.«[35] Er hat einmal anläßlich der
Erörterung eines speziellen Problems erklärt, daß – soweit es sich
um systematisch-philosophische Arbeiten handle in Beziehung auf
die in Rede stehende Frage – ihm eine Darstellung entsprochen haben würde, »wie sie etwa H. Cornelius«[36] gegeben hätte. Nicht nur
soweit der von mir soeben erwähnte Mangel in der Lehre Machs
vom Ich in Betracht kommt, sondern ebensosehr im Hinblick auf
viele andere Punkte kann die Philosophie von Hans Cornelius als
dasjenige philosophische System angesehen werden, das in derselben Richtung liegt, in die Machs fragmentarische Äußerungen als
philosophische Gedanken eines bedeutenden Naturforschers weisen. Die Intentionen sind sicher einander ähnlich, und auch die
Corneliussche Philosophie trägt überall den Stempel der Herkunft
aus den erkenntnistheoretischen Problemen, die bei konkreter naturwissenschaftlicher Arbeit erwachsen sind. Aber eben indem wir
dies erkennen, müssen wir den traditionellen Irrtum berichtigen, als
ob die Lehre von Cornelius auf Grund gewisser Begriffe, die sich bei
beiden Denkern finden, man pflegt gewöhnlich den Begriff der
»Denkökonomie« anzuführen, miteinander zu verkoppeln seien.
Dieser Begriff bezeichnet – wie wir hörten – bei Ernst Mach die
Behauptung, daß der Sinn aller Begriffe und Urteilsbildung, alles
Denkens biologisch so zu verstehen sei, daß wir mit möglichst ein-

35  [Ernst Mach, *Erkenntnis und Irrtum*, l. c., S. VII.]
36  [Ernst Mach, *Die Analyse der Empfindungen*, l. c., S. 296.]

fachen Mitteln uns in der Mannigfaltigkeit der Elemente zurechtzufinden vermöchten. Dieser Begriff, der also bei Mach und Avenarius nichts weiter als den zwar interessanten, aber philosophisch
völlig inkonsequenten Versuch bezeichnet, eine Erkenntnistheorie
biologisch zu begründen, spielt – in einem davon total verschiedenen Sinn – auch eine gewisse Rolle in den ersten Schriften von Cornelius. Hier wie in fast allen entsprechenden Fällen ist es eben so,
daß nicht auf Grund einzelner Begriffe, nicht aus ›ideengeschichtlichen‹ Motiven die Verwandtschaft von philosophischen Gedanken
aufzuweisen ist, sondern einzig daraus, daß sie aus Intentionen erwachsen sind, die in derselben geistigen Situation ihre Wurzeln haben. Hier ist der erkenntnistheoretische Anspruch der Begründung
und Klärung der Naturwissenschaft, der in der persönlichen Arbeit
von konsequenten Naturforschern akut geworden ist, die bezeich-
nende unmittelbare Grundlage der Verwandtschaft.
So ist auch die Bestimmung, die Cornelius der Philosophie gegeben
hat, daß sie »Streben nach letzter Klarheit«[37] sei. Das Wort »letzte«
in diesem Ausdruck besagt eben wesentlich, daß die Philosophie
sich nicht ebenso wie die Einzelwissenschaften, die ja auch Streben
nach Klarheit sind, bei gewissen Voraussetzungen beruhigen dürfe,
sondern auch über diese Voraussetzung noch ins reine kommen
müsse. Das Nachdenken über die Voraussetzungen der Einzelwissenschaften, insbesondere der Naturwissenschaften, ist der eigentümlichste Problemkreis der Philosophie. Die Einzelwissenschaften in Beziehung auf ihre Resultate [zu] kritisieren, von außen in
[ihre] Arbeit hinein[zu]reden, kann nicht die Aufgabe des Philosophen sein. Vielmehr hat er – darin stimmt Cornelius mit den Marburger Neukantianern ganz überein – die von den Wissenschaften
geleistete Arbeit, soweit sie wirklich Klarheit gibt, hinzunehmen
und die weitere Forschung ihnen selbst zu überlassen. Nur soweit
diese Wissenschaften Probleme enthalten, die prinzipiell von ihnen
nicht gelöst werden können, bedürfen sie notwendig der Philosophie. Dies ist der Fall, soweit zu den notwendigen Voraussetzungen der Einzelwissenschaften Begriffe gehören und daher in ihren
Erklärungen eine Rolle spielen, die selbst problematisch und unklar
ist. Abgesehen vom Begriff der Wahrheit und den damit zusammen-

---

37 [Hans Cornelius, *Einleitung in die Philosophie*, Leipzig 1903, S. 7.]

hängenden Fragen sind es hauptsächlich drei Begriffe, die in den Wissenschaften als solche Voraussetzungen hingenommen werden: derjenige des beharrlichen, von unserer Wahrnehmung unabhängigen Dinges, des objektiven Raumes und der objektiven Zeit, der Begriff von Ursache und Wirkung (also der Kausalität) und derjenige der selbständigen Persönlichkeit. Die Frage nach der Bedeutung dieser Begriffe bildet ein wesentliches Stück in der Philosophie von Cornelius.

Wie aber ist die Bedeutung von Begriffen überhaupt zu erweisen? Inwiefern sind Begriffe nicht selbst schon unmittelbar einsichtig, inwiefern können sie nicht wenigstens durch andere Begriffe, also durch Definitionen restlos klar gemacht werden? Die Forderung nach radikaler Klärung jedes irgendwie gearteten begrifflichen Wissens, die in der Bestimmung der Philosophie als eines Strebens nach »letzter Klarheit« zum Ausdruck kommt, setzt die Überzeugung voraus, daß begriffliches Wissen prinzipiell vermitteltes Wissen, prinzipiell weiterer Aufhellung bedürftiges und fähiges Wissen sei. – Und hier liegt nun tatsächlich eine innere Verwandtschaft der Corneliusschen Ansicht mit dem Standpunkte Ernst Machs.

Auch für Cornelius ist das unmittelbar Gegebene, dasjenige Wissen, zu dessen Wissen es nicht irgendeines anderen Wissens bedarf, einzig der Gesamtbestand unserer Erlebnisse. Alles dasjenige, was wir nicht vermittels irgendwelcher Zeichen besitzen, wie unsere Empfindungen, Erinnerungen, Vorstellungen, Gefühle und so fort – eben das, was man gewöhnlich mit dem Ausdruck ›Bewußtseinserlebnisse‹ bezeichnet, ist letztgegebenes, ursprüngliches Wissen. Einzig dieses darf der Philosoph als gegeben hinnehmen und voraussetzen, einzig dieses ist keiner weiteren Erklärung fähig und bedürftig; denn jede Erklärung müßte ja selbst wiederum von ihm Gebrauch machen. Wenn wir irgendeinen Begriff durch andere Begriffe definieren, so können wir noch immer sinnvoll nach der Deutung derjenigen Begriffe fragen, mit denen der erste definiert worden ist. Erst wenn nicht mehr bloß andere Begriffe als Erklärung angegeben, sondern die Sachen selbst aufgewiesen werden, die durch einen Begriff vermeint sind, muß unser Fragen notwendig zur Ruhe kommen. Weil aber nur unsere Erlebnisse selbst unvermitteltes, ursprüngliches Wissen sind, so hat alle Begriffserklärung letztlich bei ihnen ihr Ende zu finden. Erst wenn wir für alle unsere

Begriffe die unmittelbar gegebenen Sachen aufzuweisen vermögen,
zu deren Bezeichnung sie dienen, denken wir nicht mehr dogmatisch, das heißt unklar.


*[Lebensphilosophie: Bergson, Simmel, Dilthey]*


Alle philosophischen Richtungen, von denen bis jetzt die Rede gewesen ist, haben wesentliche Züge gemeinsam. Sie geben sich als
Versuche, die Arbeit der Einzelwissenschaften, vor allem der exakten Naturwissenschaften, bei den Heidelbergern auch der Geschichte, durch ein logisches Fundament zu sichern. Die seit der
Mitte des letzten Jahrhunderts bis in die jüngste Gegenwart hinein
geleistete einzelwissenschaftliche Forschung soll als entscheidende
und den gesellschaftlichen Fortschritt wesentlich mitbedingende
Arbeit nicht nur aus immanenten Gründen geklärt, sondern auch als
einzig berechtigte Form rein intellektuellen Strebens erwiesen werden. Daß alle Erkenntnis [nur] bestehen könne in der Form begrifflicher Urteile, wie die einzelnen Wissenschaften sie zutagefördern
– das ist die gemeinsame Voraussetzung und das Resultat der philosophischen Arbeit dieser Richtung. Insofern bewahren sie alle das
Erbe Kants, dessen Sinn sich in dieser Hinsicht so aussprechen läßt,
daß einzig begriffliches Urteilen echte Erkenntnis sei, daß einzig
durch das Denken, durch den Verstand, durch wissenschaftliche
Arbeit Einsicht zu gewinnen sei, daß Verstand, Vernunft oder wie
immer man sonst den Inbegriff unserer gedanklichen Operationen
nennen mag, das Organon der Wahrheit sei. Insofern auch erweisen
sich diese Schulen – wie die Wissenschaften selbst – als Nachfahren
der Aufklärung (der »Verstandes«-Aufklärung) die, wie ich schon
einmal hier ausgeführt habe, die begriffliche Anlayse, die Klärung
und Erklärung der jeweils gegebenen Gehalte als das einzig mögliche intellektuelle Verhalten [betrachtet] hatte. Daß wir Erkenntnis
[allein] in der Form des Begriffs zu besitzen vermögen [und] daß
richtig gebildete Begriffe oder vielmehr Urteile echte Erkenntnis
[wirklich liefern] – darüber kann nach dieser Anschauung kein
Zweifel sein. Nicht daß es außer dem Begriff kein Sein gebe, ist die
gemeinsame Überzeugung – das gilt einzig für die konsequenten

Marburger –, sondern daß wir kein anderes Mittel besitzen, um zu bleibender Erkenntnis zu gelangen, als begriffliches Denken, wird von ihnen behauptet. Sowohl die englischen Positivisten als [auch] die Heidelberger, Mach und insbesondere Cornelius sprechen von einem Wirklichen, das ein Sein habe auch abgesehen von jeder begrifflichen Form, heiße es nun Empfindungen, heterogenes Kontinuum, Elemente oder unmittelbar Gegebenes. Erkenntnis aber ist das Sein dieses Nichtgedachten noch keineswegs, sondern [dazu] vermag es erst in begrifflicher Fassung oder Formung zu werden. Nicht nur die Physik, die Chemie, die Mathematik, die Geschichte, jede Art von Einzelwissenschaft, sondern auch die Philosophie selbst, die Besinnung über das wissenschaftliche Tun, ist nach ihnen begriffliche Formung, Denken, rationales Verhalten. Wissenschaft ist systematische Theorie, Streben nach einheitlichem Zusammenhang, ordnendes Denken.

Wenn Ihnen dieser Grundzug der behandelten philosophischen Richtungen einleuchtend klar geworden ist, dann werden Sie jetzt nach wenigen Sätzen den sachlichen Impuls der Lebensphilosophie verstanden haben. Sosehr die einzelnen Denker, die man durch den Namen der Lebensphilosophie (sicher in einseitiger Weise) zu charakterisieren pflegt, in ihren Anschauungen sich widersprechen mögen, dieses eine haben sie gemeinsam: die Reaktion gegen die soeben bezeichnete Grundstimmung der erkenntnistheoretischen Philosophie. Philosophie als Theorie der begrifflichen Erkenntnis im Sinne Kants, Erkenntnis als begriffliche Formung irgendeines Gegebenen – das ist die Position, gegen die sich die Lebensphilosophie polemisch entwickelt hat. Was bedeuten Formung, Fassung, gedankliche Bearbeitung, begriffliche Ordnung anderes als Umänderung, Destruktion, Verfälschung? Ist es nicht offenbar, daß eine wie immer geartete Bearbeitung das Ursprüngliche defigurieren muß, und ist nicht in der Tat sowohl das undisziplinierte wie das wissenschaftliche Denken ein Sich-Entfernen, ein Abrücken vom Ursprünglichen, unmittelbar Gegebenen? Man vergleiche irgendeinen beliebigen Gedankenzusammenhang, und gar eine wissenschaftliche abstrakte Formel, mit dem, woraus sie ist und zu dessen Kennzeichnung sie dienen soll. Und was ist dieses ›Ursprüngliche‹, ›Unmittelbare‹, Natürliche und Vertraute, dieses Etwas, auf das alle Beziehungen und Beschreibungen und Gedanken hinweisen sollen und zu dessen Bearbeitung und Beherrschung sie gebildet sind, anderes als – das Leben! Das Leben, das ganz und gar nicht durch die magere Kennzeichnung als heterogenes Kontinuum zu treffen ist, aber auch keineswegs sich als zusammengesetzt aus Empfindungselementen und ihren Beziehungen erweist. Alle diese Versuche, das unmittelbare Leben als ein aus Elementen Zusammengesetztes, als einen Komplex von Beziehungspunkten und Beziehungen darzustellen, entspringen dem unzulänglichen Bemühen, die gleiche Ansicht, wie sie die mechanistische Physik von der Welt der Dinge sich gebildet hat, auf ein Gebiet zu übertragen, vor dem sie versagen muß. Und doch gehen alle Gedanken und alle Wissenschaften zurück auf das Leben und sind einzig in ihm gegründet. Denn die Wirklichkeit, die da gedacht und erforscht werden soll, das Seiende, das man begrifflich beherrschen und erkennen will, die Vorgänge, die wir messend, wägend, experimentierend zu umfassen bemüht sind – alles das ist nichts als Leben, die einzig wahre, unverfälschte, echte Wirklichkeit. Das Leben ist nicht bloß der Urgrund, sondern schlechthin das Sein an sich selbst. Außer ihm ist nichts.

Nach diesen wenigen Sätzen, in denen ich den Grundsinn der Lebensphilosophie in zugespitzter Weise ausgesprochen habe, werden Sie verstehen können, daß die verschiedenartigsten Philosopheme unter dem gleichen Titel hier Platz zu finden vermögen. Es ist durch diese Sätze eine wesentliche Seite nicht allein der späteren Philosophie Nietzsches, sondern auch der Philosophie Diltheys, Georg Simmels und Henri Bergsons bezeichnet. Aber eben deshalb müssen wir ausdrücklich sagen, daß es sich hier nur um einen, wenn auch besonders charakteristischen, so doch isolierten Zug an der Philosophie jedes dieser Denker handelt. Derjenige Denker, mit dem wir uns hier vorzüglich beschäftigen wollen, nämlich Bergson, ist freilich schon in einem weiten Stücke seiner Arbeit, insbesondere aber seiner Wirkung, dadurch angezeigt.

Doch bevor wir zu einer speziellen Analyse Bergsonscher Gedanken [über]gehen, können wir noch einige Folgerungen aus dem schon Gesagten ziehen, die nicht bloß für Bergson, sondern ebensosehr auch für die letzten Epochen anderer Lebensphilosophen gelten, wenn sie auch keiner in so bewußter Weise ausgesprochen und durchgeführt hat wie Bergson selbst. Es geht nämlich aus der polemischen Haltung gegen die erkenntnistheoretische Philosophie hervor, daß der Akzent, der hier auf das Wort ›Leben‹ gelegt wird, einen doppelten Sinn haben muß. Erstens liegt darin eine bestimmte weltanschauliche Realität, es ist die einzige Wirklichkeit, es ist gleichzeitig der eigentliche, jedenfalls der höchste Wert, jede Individual-Ethik, aber auch die Politik, ebenso wie die Ästhetik sind biologisch zu begründen. Soweit etwas nicht lebendig ist, hat es kein eigentliches Sein. Das Leben zu fördern ist die Aufgabe des einzelnen wie der Politik, ebenso wie die Kunst Offenbarung des Lebens, vollendete Äußerung zugleich und Darstellung des Lebens ist. Wie dabei das Wesen des Lebens gefaßt ist, ob etwa als bloßes Leben im Sinne einer naturalistischen Biologie oder als aristokratischer Wille zur Macht, tut hier nichts zur Sache. Der zweite Sinn, den die Betonung des Lebens gegenüber der erkenntnistheoretischen Philosophie besitzt, ist gewissermaßen selbst ein erkenntnistheoretischer: Wenn das begriffliche Denken ein Umformen und Destruieren aller Gehalte bedeutet, dann müssen wir doch, wenn anders die Lebensphilosophie nicht schon in ihren ersten Ansätzen etwas total Uneinsichtiges vorbringen soll, auf eine andere Art und Weise Kenntnis haben von diesen Gehalten, von dem, was ist, kurz vom Leben selbst. Es muß außer dem Denken oder vielmehr [ihm] entgegen-[gesetzt] ein anderes Organ der Wahrheit geben. Begriffliche Einsicht, urteilende Erkenntnis darf nicht die einzige Art von Einsicht sein. So ist die Lebensphilosophie überall dort, wo ihre Träger sich konsequent und ausführlich über diese Dinge geäußert haben, verbunden mit der Lehre von der Intuition als einzig adäquater Erkenntnis. Wir werden bei unserer Erörterung der Bergsonschen Ansichten sogleich von einem bestimmten Sinn dieses Wortes reden können. Solange wir es in der schematischen Skizzierung des gemeinsamen Kerns jeder Art von Lebensphilosophie verwenden, ist es fast [nur] negativ zu bestimmen. Intuition ist in so allgemeiner Fassung nichts anderes als der Gegensatz zu jedem begrifflichen und verstandesmäßigen Denken. Intuition ist ein Wissen, das in keiner Weise begrifflich geformt ist, aber doch im höchsten Sinne ›Einsicht‹ gibt, und vielleicht ist es am deutlichsten, wenn wir den Ausdruck, daß wir eine Sache durch Intuition erfassen, [so] übersetzen, daß sie uns ›zum Erlebnis‹ werde. Es gehört notwendig zur Lebensphilosophie, daß sie nicht allein das Leben selbst als einzige Realität, als höchsten Wert sieht, sondern auch das ›Erleben‹ (intuitive Einsicht) als die einzig wahre und adäquate Art der Erkenntnis behauptet. Die begriffliche Formung verändere und töte gewissermaßen den Gegenstand; das unmittelbare Sich-Hineinversetzen, das Verstehen – das Erleben allein gebe uns die Sache in unverfälschter Weise. Intuition ist in der modernsten Philosophie vielleicht der charakteristischste Ausdruck geworden, und erst in allerjüngster Zeit hat man sich von nicht-lebensphilosophischer Seite her bemüht, den Sinn dieses Ausdrucks rein sachlich und historisch zu analysieren. Eines müssen wir aber trotz der Allgemeinheit der soeben gegebenen Anzeige hinzufügen: Wenn auch zur konsequenten Lebensphilosophie überall die Lehre von der Intuition, explizit oder implizit, hinzugehört, soweit sie konsequent ist, so darf [daraus] noch nicht geschlossen werden, daß überall, wo in einer modernen philosophischen Richtung von Intuition die Rede ist, es sich auch notwendig um Lebensphilosophie handeln müsse. In der Husserlschen Phänomenologie, von der wir bald zu reden haben werden, spielt intuitive Erkenntnis eine wesentliche Rolle, ohne daß doch Husserl irgendwie den Lebensphilosophen zugerechnet werden dürfte.

Ich gebe Ihnen nun die für die Entwicklung der Lebensphilosophie grundlegenden Schriften Bergsons an. Sie sind in sehr anständigen deutschen Übersetzungen bei Diederichs in Jena erschienen. Am besten [beginnen] Sie die Lektüre mit dem kleinen Büchlein *Einführung in die Metaphysik*. Das Hauptwerk Bergsons [heißt] *Evolution créatrice, Schöpferische Entwicklung*. Zwei wichtige Schriften Bergsons sind ferner unter den Titeln *Zeit und Freiheit* und *Materie und Gedächtnis* erschienen.

»Die Metaphysik ist... die Wissenschaft, die ohne Symbole auskommen will«[38], heißt es bei Bergson, und dies verstehen wir nun ohne weiteres; denn Symbole, das heißt Namen und Begriffe, gehören dem Denken an, und das Denken verfälscht die Wirklichkeit. Wie dies desnäheren gemeint ist, werden wir bald erfahren. Aber wozu soll die Metaphysik ohne Symbole auskommen, was ist ihr Thema, was hat sie zu leisten? Das Wirkliche soll sie uns zeigen, sie soll die echte Wirklichkeit aufschließen; sie soll, wie Bergson erklärt, nicht beim »Relativen« Halt machen, wie es alle übrigen Wis-

---

38 [Henri Bergson, *Einführung in die Metaphysik*, in: *Materie und Gedächtnis und andere Schriften*, Frankfurt am Main 1964, S. 10.]

senschaften tun, sondern das »Absolute« erreichen. Das Absolute ist unbedingtes, von gar keinem anderen in irgendeiner Weise abhängiges Sein, es ist das schlechthin Selbständige. Wenn man nun unter den Gegenständen in der Welt umherblickt und nach einem solchen Selbständigen, nach dem Absoluten sucht, so wird man – durch unsere rationalistische Bildung behindert – ein solches nirgends entdecken können. Denn wir sind gewohnt, alles schon unter den begrifflichen Kategorien des Verstandes wahrzunehmen, wir können uns nicht freimachen von den Symbolen des begrifflichen Denkens und uns unmittelbar hineinversetzen in die Realität, wie es eine metaphysische Erkenntnis verlangt. Aber es gibt eine Realität, die wir auch auf eine andere Weise als durch bloßes begriffliches Denken kennen, die wir ganz abgesehen von aller wissenschaftlichen und außerwissenschaftlichen Analyse ergreifen, so wie sie an sich selbst ist, ganz unmittelbar und ohne jede Deformierung: ganz so, wie es die Metaphysik für alle ihre Gegenstände verlangt. Diese Realität »ist unsere eigene Person in ihrem Verlauf durch die Zeit. Es ist unser Ich, das dauert. Wir können kein anderes Ding intellektuell miterleben. Sicherlich aber erleben wir uns selbst.«[39]
Wenn wir versuchen zu beschreiben, was uns die Intuition bei der Versenkung in unsere eigene Person lehrt, so müssen wir [uns] klar darüber sein, daß alle Begriffe, die wir zur Beschreibung verwenden, natürlich nur als Analogien und in bildlichem, übertragenem Sinn zu verstehen sind. Denn Begriffe selbst geben ja nie das Wesen einer Sache, sondern können immer nur dazu dienen, uns auf sie selbst hinzuleiten und zum Akte der Intuition anzuregen. Was jeder wahrnimmt, wenn er seine eigene Person im Flusse ihres Seins erfaßt, kann ihm keine Beschreibung ersetzen. – Nur die Oberfläche unseres Ichs stellt sich als eine Mannigfaltigkeit von Wahrnehmungen, Erinnerungen, Strebungen, Gewohnheiten und dergleichen dar. Das ist nicht unser wahres Sein. Dringen wir [jedoch] von der Peripherie aus tiefer, dann finden wir, mit Bergsons Worten, »eine Kontinuität des Verfließens, die mit nichts Fließendem, das ich je gesehen habe, zu vergleichen ist. Es ist eine Folge von Zuständen, deren jeder anzeigt, was folgt, und deren jeder enthält, was ihm vorangeht. Tatsächlich bilden sie erst verschiedene Zustände, wenn

39 [Ibid.]

ich sie schon hinter mir habe und wenn ich mich zurückwende, um ihre Spur zu beobachten. Während ich sie empfand, waren sie von einem gemeinsamen Leben so fest organisiert, so tief beseelt, daß ich nicht hätte sagen können, wo der eine endet, wo der andere beginnt. Tatsächlich hat keiner von ihnen Anfang oder Ende, sondern alle setzen sich ineinander fort.«[40]

Bergson gibt der Beschreibungen viele, durch die wir veranlaßt werden sollen, in den Kern unseres eigenen Wesens hinabzutauchen und ohne Vermittlung irgendwelcher Begriffe eins zu werden mit unserem Ich selbst. Was wir dort finden, das ist nach seinem eigenen berühmten Ausdruck reine »Dauer«, *la durée*. Jede Art der Beschreibung der *durée* ist notwendig inadäquat. Das Wichtigste, was sich in annäherndem Sinne aussagen läßt, ist die absolute Neuheit und Unvergleichbarkeit aller Momente. Sobald wir vergleichen, Ähnlichkeiten feststellen, hat sich bereits der Intellekt, das begriffliche Denken zwischen uns und die *durée* geschoben. Wir haben vor allem eine spezifische Form des Intellekts zu jeder Vergleichung nötig: Räumliche Beziehung, der sich die *durée* selbst entzieht. Eben darum aber kann man in Beziehung auf die *durée* nirgends von Notwendigkeit sprechen; denn Kausalität herrscht nur in der durch den Intellekt, durch das Denken gegründeten räumlichen, dinglichen Ordnung der Natur. Gelingt es uns, die gewohnten Schranken unserer begrifflichen Betrachtungsweise zu durchbrechen, dann erfassen wir uns als völlig frei, kein neuer Augenblick ist durch den vorhergehenden notwendig gemacht, sondern jeder ist gleichsam eine radikale Schöpfung aus Freiheit. Wir erfassen uns als ein handelndes, wollendes, freies Dahinströmen, in dem fortwährend neue Qualitäten geschaffen werden, deren keine den anderen völlig gleicht. »Im Tiefsten unserer selbst« [, heißt es bei Bergson,] »suchen wir den Punkt, wo wir uns unserem eigenen Leben innerlichst nahe fühlen. Es ist die reine Dauer, in welche wir so zurücktauchen; eine Dauer, in der die ewig vorrückende Vergangenheit unablässig um eine absolut neue Gegenwart anschwillt. Zugleich aber fühlen wir, wie das Reich unseres Willens sich ins Unendliche spannt. In gewaltsamer Zusammenballung unserer Persönlichkeit müssen wir unsere sich fortstehende Vergangenheit aufraffen, um sie kompakt

und ungeteilt in eine Gegenwart hineinzustoßen, die sie in eben diesem Eindringen erschafft. Sehr selten sind die Momente, wo wir uns
selbst in solchem Grade ergreifen: sie sind nur eins mit unseren
wahrhaft freien Handlungen. Selbst aber in ihnen besitzen wir uns
nicht ganz und gar. Unser Gefühl der Dauer, ich meine das Zusammenfallen unseres Ich mit sich selbst, läßt Grade zu. Je tiefer indes
dieses Gefühl und je lückenloser dieses Zusammenfallen, desto restloser saugt das Leben, worein wir so zurücksinken, den Intellekt
auf, in dem es ihn überschwillt. Denn die Wesensfunktion des Intellekts ist es, Gleiches mit Gleichem zu verknüpfen; und nur diejenigen Tatsachen sind völlig einpaßbar in den Rahmen des Verstandes,
die sich wiederholen.«[41]
Der Irrtum, daß unser Wesen, wie es etwa die Assoziationspsychologie, aber im Grunde auch aller Kantianismus geglaubt hatte, aus
einer Menge von Elementen zusammengesetzt sei und daß sich jeder
Zustand analysieren lasse als ein Komplex von psychischen Atomen
nebst einer Anzahl von Beziehungen, die diese psychischen Elemente untereinander haben sollen, rührt daher, daß wir nachträglich, nach dem Ablauf der Dauer, in das Geschehene künstlich
Grenzen zu setzen vermögen und die lebendige Bewegung auflösen
und nachkonstruieren können durch eine Anzahl statisch gefaßter
Momente. Aber dabei wird vergessen, daß dies alles ein nachträgliches Hineindenken in das ursprüngliche Erleben darstellt, das
selbst keine solche Grenzen, keine solche Diskontinuierlichkeit
kennt. Es ist nach Bergson der größte Irrtum aller traditionellen
Psychologie und der von dieser Psychologie herkommenden Philosophie, [anzunehmen], daß die nachträglich in unserem Bewußtsein
festgestellten Teile und ihre Grenzen ebenso in der reinen Dauer
selbst vorhanden gewesen seien. Wollte man einwenden, daß es
doch zweifellos in unserem Leben abgehobene Momente, unterschiedene Einzelheiten und dergleichen gebe, so müßte man mit
Bergson wie folgt antworten: »Gewiß ist unser psychologisches Leben voll von Unvorhergesehenem. Tausend Zwischenfälle brechen
herein, die, was ihnen vorangeht, abzuschneiden scheinen, und sich
dem nicht verknüpfen, was ihnen folgt. Aber diese Diskontinuität
ihres Auftauchens hebt sich von der Kontinuität eines Grundes ab,

41  [Henri Bergson, *Schöpferische Entwicklung*, Jena 1921, S. 204 f.]

dem sie eingezeichnet sind, und dem sie die Intervalle selbst, die sie trennen, verdanken: sie sind die Paukenschläge, die je und je in der Symphonie aufdröhnen. An sie, als den stärksten Eindruck, heftet sich unsere Aufmerksamkeit; getragen aber wird jeder von ihnen durch die flüssige Masse unseres gesamten psychologischen Daseins. Jeder von ihnen ist nur der bestbeleuchtete Punkt einer wogenden Zone, die alles umfaßt, was wir fühlen, denken, wollen, kurz alles, was wir in einem gegebenen Augenblick *sind*. Und diese Gesamtzone ist es, die in Wirklichkeit unseren Zustand ausmacht. Von so definierten Zuständen also darf gesagt werden, daß sie keine gesonderten Elemente sind. Sie setzen einander fort in einem Fließen ohne Ende. – Da aber unsere Aufmerksamkeit sie künstlich unterschieden und getrennt hat, ist sie nun auch gezwungen, sie durch ein künstliches Band neu zu verknüpfen. So ersinnt sie ein gestaltloses, gleichgültiges, unbewegliches *Ich*, von dem sich die zu Einheiten erhobenen psychologischen Zustände abfädeln oder auch zu dem sie sich auffädeln. Wo ein Fließen flüchtiger Nuancen ist, die ineinander spielen, sieht sie schreiende, gleichsam starre Farben, nebeneinander gereiht wie verschiedene Perlen eines Halsbandes: was die Annahme eines nicht weniger starren Fadens unvermeidlich macht, der die Perlen zusammenhält.«[42] Nach Bergson also darf man weder sagen, daß es in der absoluten Realität unseres Wesens eine Anzahl von Elementen gibt noch daß diese Elemente durch ein wie immer geartetes geistiges Band zusammengehalten seien; vielmehr sind alle solche Reden nachträgliche, durch das Denken, den Intellekt, die Aufmerksamkeit (oder wie sonst man verstandesmäßige Aktionen bezeichnen mag) gesetzte Bestimmungen.

Nun ist aber wohl zu beachten, daß Bergson erklärt, wir vermöchten in der intuitiven Versenkung uns nur in gradweiser Annäherung unseres eigentlichen Wesens zu bemächtigen. Im gewöhnlichen bewußten Leben haben wir von uns selbst eine durch den Verstand bedingte Ansicht ähnlich wie von den natürlichen Dingen in der Welt. Es sind auch nur besondere Augenblicke, in denen uns eine echte und möglichst adäquate Intuition gelingt. Und da ist es überaus charakteristisch, daß wir uns in solchen Momenten stets als handelnde, als wollende Wesen erfassen. Die Realität, die *durée* ist nicht

---

42 [Ibid., S. 9f.]

ein bloßes passives Dahinfließen – man wird Bergson gerade im entscheidenden Punkt mißverstehen, wenn man die *durée* bloß in diesem theoretischen Sinne nimmt –, vielmehr ist sie ebensosehr fortwährend Aktivität, Schaffen, Wollen, Streben, ein fortwährendes
Hervorbringen von Neuem ebensosehr wie ein Fließen. Wir müssen in der Intuition sehen, wie wir in jedem Augenblicke unseres
Lebens in den nächstfolgenden hineinwachsen als aktive Unruhe,
die das, was sie jeweils ist und durch alle vergangenen Momente des
bisherigen Lebens von Jugend an war, stets hineinträgt in die Zukunft. So bestimmt Bergson das Gedächtnis nicht im Sinn der Bewußtseinspsychologie als ein ordnendes, klassifizierendes Vermögen, das da frühere Einzelerlebnisse in Fächer und Schubladen
schiebt; sondern insoweit das Gedächtnis eine biologische und metaphysische Realität besitzt und daher der *durée* anhaftet, ist es eben
die Eigentümlichkeit, durch die kein Augenblick unserer lebendigen Entwicklung verloren geht, sondern jeder in einer gewissen
Weise erhalten bleibt und [worin], »was wir von früher Kindheit an
gefühlt, gedacht, gewollt haben«[43], *da* ist und den nächsten Augenblick *mit*will und *mit*schafft. Vom Standpunkte der bewußten Erinnerung aus ist das alles freilich ›unbewußt‹, wir schleppen es mit
uns, ohne daß wir explizit darum wissen, aber – heißt es bei Bergson
– »was in der Tat sind wir, und was ist unser *Charakter*, wenn nicht
die Verdichtung jener Geschichte, die wir seit unserer Geburt, ja –
da wir angeborene Anlagen mitbringen – vor unserer Geburt gelebt
haben? Gewiß zwar, wir denken nur mit einem kleinen Teil unserer
Vergangenheit; mit ihrer Totalität aber – die Eigenart unserer seelischen Kurve mit inbegriffen – wünschen, wollen, handeln wir.
Restlos also tut sich unsere Vergangenheit in ihrem Vorstoß und in
der Form der Strebung kund, obgleich nur ihr geringster Teil Vorstellung wird.«[44] Wille also, fließender, schaffender, immer neuer
Wille sind wir selbst, und die Realität unseres Wesens, die wir durch
Intuition erfassen, gibt sich als die Geschichte unseres Werdens, das
weder in irgendeinem Raume noch in der vom Intellekt gesetzten,
nach gleichen Einheiten abgeteilten objektiven Zeit verläuft.
Man kann von der Bergsonschen Metaphysik nicht reden, ohne an

43  [Ibid., S. 11.]
44  [Ibid., S. 12.]

Schopenhauers Philosophie zu denken, in der die Realität ohne weiteres als Wille gefaßt ist. Aber während bei Bergson dieser Ausdruck kennzeichnenderweise mit dem der *durée* und des Lebens
wechselt, während bei ihm die Realität als schöpferischer Urgrund
durchaus in positivem Sinne, im Sinne der *évolution créatrice* gefaßt
wird, bedeutet bei Schopenhauer der Wille als schaffende Kraft
schlechthin das Böse, Blinde und ewig Vergebliche; denn alles, was
er meint, aus sich herausstellen zu können als bleibende, selbständige Welt, ist eitel; denn es gibt ja nichts außer ihm selbst, und er
selbst ist blind. Blindheit aber ist hier schlechthin das Übel. Schopenhauer hebt trotz seiner metaphysischen Position den Verstand,
die Erkenntnis auf den höchsten philosophischen Ort – er ist ein
alter Nachfahre der Aufklärung. Bergson aber ist nicht nur der
Theoretiker, sondern auch der Prophet des Lebens und der Verächter des Intellekts. Wie sehr seine Philosophie mit den allgemeinen
Tendenzen der Vorkriegsentwicklung zusammenstimmte, hat sich
daran gezeigt, daß der *élan vital*, das Prinzip des von intellektueller
Reflexion unbehinderten Lebens, zur literarischen Ideologie des
französischen Imperialismus geworden ist. Bergsons großer Erfolg
ist sicher zum Teil darauf begründet, daß kritische Analyse und der
Geist verstandesmäßiger Aufklärung [mit] jenen Mächten sich verbündeten, gegen die eine allgemeine Reaktion im Gange war. Damit
soll keineswegs etwas gegen den sachlichen Gehalt von Bergsons
Philosophie gesagt sein, wohl aber über die Gründe seiner Wirkung.

Kehren wir zu Bergsons Philosophie zurück! Es ist nun schon von
schöpferischer Entwicklung und von Bergsonscher Metaphysik im
allgemeinen die Rede gewesen, und doch haben wir erst diejenige
Intuition erwähnt, die uns Einblicke in unser eigenes Wesen gewährt. Aber: Ich selbst bin doch nicht die Realität schlechthin. Ich
bin nur ein Teil der großen Schöpfung. Wenn ich mich umsehe in der
wirklichen Welt, dann finde ich zunächst eine Unmenge von Wesen
und Dingen, die sich meiner von begrifflichem Denken durchsetzten Wahrnehmung zunächst in ebenso äußerlicher Weise darstellen,
wie ich selbst meinem Intellekt vor der metaphysischen Intuition
erschienen war. Daß die das Wesen gebende Intuition nicht nur auf
mich selbst, sondern ebensosehr auf jeden anderen Gegenstand anwendbar ist, steht für Bergson über allem Zweifel fest. Ebenso wie

ich durch eine philosophische Anstrengung in mein eigenes Sein
oder vielmehr Werden mich hineinversetzen muß, wenn ich dieses
Wesens inne werden will, so kann ich mich schauend in das Wesen
einer anderen Individualität versetzen. Zwischen der ersten und der
zweiten Aufgabe besteht kein prinzipieller Unterschied an Schwierigkeit; denn in beiden Fällen haben wir uns der hergebrachten Gewohnheiten unseres Denkens zu entledigen und durch einen spezifisch metaphysischen Impuls eins zu werden mit dem Gegenstand.
Intuition ist Sich-Versenken, Sich-Angleichen und Identifizieren
mit dem Geschauten. Intuition in Beziehung auf andere Wesen ist so
im eigentlichen Sinne Sympathie, durch die wir des Gegenstandes
unseres liebenden Versenkens inne werden. Was wir aber als letzten
Kern aller Wesen zu erblicken vermögen, das ist dieselbe schöpferische Kraft, dasselbe unablässige Wachstum, das aktiv die Vergangenheit durch die Gegenwart in eine neue Zukunft hineinträgt: »une
création qui se poursuit sans fin« [45]: unablässige, endlose Schöpfung.
Diese lebendige Schöpferkraft, aus der alles immerwährend hervorgeht und die das Wesen, die absolute Realität darstellt, ist völlig frei,
und es läßt sich in gar keiner Weise vorhersagen, was sie produzieren
wird.
Der Einwand, daß doch in der Natur alles Geschehen kausal notwendig, das heißt determiniert erfolge und deshalb vorhersehbar
sei, liegt nahe. Aber Bergson erwidert etwa durch den Hinweis auf
die künstlerische Schöpfung des Genies, die den Charakter der produktiven durée vielleicht am besten repräsentiert. Wenn das Kunstwerk vollendet ist, wenn die eigentlich schöpferische Tat stillsteht
und ein Fertiges, eine feste Gestalt hinterläßt, dann kann das begriffliche Denken einsetzen und sich betätigen, indem es mit seinen
Begriffen den Vorgang in lauter einzelne statische Momente zerglie-
dert und zwischen diesen gesetzmäßige Abhängigkeitsverhältnisse
durch Vergleichung mit anderen solchen Vorgängen statuiert. Aber
dazu ist der Verstand gezwungen, vorher zu tun, was seinem Wesen
entspricht: Nämlich den kontinuierlichen Fluß der schöpferischen
Bewegung umzuformen in etwas von diesem Flusse selbst grundsätzlich Verschiedenes: in eine Reihe voneinander abgehobener,
gleichsam räumlich nebeneinander stehender Teiltatsachen, von de-

45 [Henri Bergson, L'évolution créatrice, Paris [10]1912, S. 114.]

nen jede die nächstfolgende mechanisch zu bedingen scheint. So kann nachträglich der Schein entstehen, man hätte unter Voraussetzung der vollständigen Kenntnis der vordersten Glieder der Reihe die nachfolgenden, wenn auch nicht tatsächlich, so doch dem Prinzip nach vorhersagen können. All dies aber beruht auf dem folgenschweren Irrtum, die durch Analyse gewonnenen Teile seien ebenso als Elemente in dem Vorgange selbst enthalten gewesen. Diesen vermögen wir – soweit es im Beispiele der künstlerischen Produktion überhaupt möglich ist – durch Intuition zu erfassen: Sei es, daß der Künstler selbst diese philosophische Schau übt oder daß wir uns metaphysisch durch Sympathie in sein Tun versenken. Die Analyse setzt erst nachträglich und auf Grund der Intuition ein. Wir vermögen keineswegs mit den begrifflichen Elementen und Schematen, die wir durch sie gewonnen haben, den ursprünglichen Vorgang zu rekonstruieren: »Von der Intuition kann man zur Analyse gelangen, aber nicht von der Analyse zur Intuition.«[46] – Und wie wir den Vorgang des künstlerischen Schaffens (als eines Spezialfalls) in gewissem Grade intuitiv erfassen können, erfassen wir [auch] die allem Seienden zu Grunde liegende lebendige, unruhige, immerfort veränderliche Kraft der Schöpfung überhaupt. Und wie bei unserem Beispiel ist auch für das Gesamtobjekt der Metaphysik der Einwand hinfällig, daß in der Realität nicht völlige Freiheit herrsche.

Wie aber ist dann der Intellekt, das begriffliche Denken, die rationale Wissenschaft (*science*) überhaupt möglich? Wenn Intuition, [also] Metaphysik die einzig adäquate Erkenntnis ist, wenn es im Grunde nur Lebendiges gibt, wo liegt dann überhaupt eine Berechtigung rationalen Verhaltens und der ihm besonders zugeordneten theoretischen Gebilde wie Mathematik und Physik? Wie kommt es überhaupt zur Ausbildung des Intellekts? Es ist die biologische Zweckmäßigkeit, die Nützlichkeit in Beziehung auf unser Fortkommen als Lebewesen, die das begriffliche Denken, die Begriffsbildung begründet. Während das Tier sich für sein Fortkommen überall wesentlich nur eines Teiles seines Körpers bedient und daher wenigstens der Tendenz nach nur natürliche »Fähigkeiten zur Ausnützung angeborener Mechanismen«[47] besitzt, wozu als Korrelat

46 [Henri Bergson, *Einführung in die Metaphysik*, l. c., S. 25.]
47 [Henri Bergson, *Schöpferische Entwicklung*, l. c., S. 144.]

Instinkt, das heißt nach Bergson »das Vermögen der Anwendung, ja des Aufbaus *organischer* Werkzeuge«[48], gehört, ist der Mensch vornehmlich dasjenige Wesen, das selbstverfertigte, anorganische Werkzeuge benutzt. Dazu aber gehört die Möglichkeit, »seine Verfertigungen je nach den Umständen zu wandeln«[49]. Während das Tier in jeder Situation ohne weiteres die richtige Reaktion (wenigstens in der Regel) ausführt, während es daher vollständig in dieser Situation aufgeht und ihr in der ganzen Fülle seines Seins gehört, ist der Mensch, da ihm nicht eine unmittelbare, organische Reaktion mitgegeben ist, gezwungen, das gemäße Werkzeug erst zu schaffen. Aber dies gemäße Werkzeug darf nicht bloß für eine einzige Situation passen, sondern es soll in möglichst vielen Fällen nützlich sein. Überall wird der Mensch daher das Gemeinsame an den Situationen zu unterscheiden und wiederzuerkennen gezwungen sein. Er wird Vergleiche stiften und Beziehungen herstellen. Er wird überall dasjenige heraussuchen, was zu seinen Zwecken paßt, ganz abgesehen von dem ursprünglichen Zusammenhang, in dem es auftritt. Er wird überall die konkrete Situation zerstören, er wird, kraft biologischer Notwendigkeit, Einzelnes aus dem strömenden Leben herauspicken, festhalten, in einen sachfremden und nur von seinen Zwecken her bestimmten Zusammenhang bringen, er wird analysieren, mit Zeichen behaften – kurz, er wird anfangen begrifflich zu denken. Das Organ, das Korrelat zu diesem Verhalten ist der Intellekt, ebenso wie das Korrelat zur Reaktionsweise des Tieres der Instinkt ist. Der letztere ist zwar an Umfang begrenzt, aber sachlich erfüllt. Das Tier lebt und geht auf in der natürlichen Situation, der Intellekt geht anstatt auf Sachen auf Beziehungen, er ist an Umfang unendlich weiter, aber auf seinem Wege verliert er, je weiter er seiner Bestimmung gerecht wird, den lebendigen Inhalt.[50]

So wird verständlich, wie das begriffliche Denken seinen notwendigen Ursprung in der biologischen Entwicklung hat, und zugleich erkennen wir den Grund, warum Begriffe niemals die Realität selbst zu geben vermögen, sondern immer nur einen praktisch motivierten Aspekt. Es ist für unser Fortkommen eminent wichtig, die Realität

---

48  [Ibid., S. 145.]
49  [Ibid, S. 155.]
50  [Vgl. ibid., S. 154.]

überall zu destruieren, in Elemente zu zerlegen und diese Elemente aufeinander zu beziehen; denn für unser Handeln kommen wir mit dem Wissen um diese Beziehungen, das am vollendetsten in der mathematischen Physik vorliegt, meistens trefflich aus. Nur dürfen wir nützliche Operationen nicht mit dem Haben der Wahrheit verwechseln. Wissenschaft (*science*) ist keine Metaphysik, und alle Streitigkeiten sowohl zwischen den einzelnen philosophischen Schulen als auch zwischen der Philosophie und der Wissenschaft rühren nach Bergson daher, daß man die Rolle der Philosophie in einer Zusammenfassung oder irgendwie gearteten Bearbeitung der [Wissenschaft] hat sehen wollen, während sie in Wahrheit eine andere, prinzipiell [von dieser] verschiedene Erkenntnisart darstellt, der im übrigen auch nichts entspricht, was sich einem philosophischen System vergleichen ließe.

Doch es bleibt uns noch eine Frage übrig, die jede Philosophie des Lebens notwendig als besonders schwieriges Problem vorfindet, auf das auch Bergson in eigentümlicher Weise reagiert hat. Wir wollen nur kurz Bergsons spezifische Lösung erwähnen; [denn sie betrifft] eben [jenen] Punkt, der für die Philosophie Georg Simmels besonders kennzeichnend ist, von dem aus [sie] wohl am leichtesten zu verstehen sein wird. Daher werden wir [mit] Bergsons Antwort auch diejenige Georg Simmels kennenlernen.

Die Frage, um die es sich handelt, lautet, inwiefern denn der Wissenschaft im Gegensatz zur Philosophie nicht nur Nützlichkeit, sondern überhaupt noch ein Minimum von Erkenntnis sollte zugesprochen werden können, nach alldem, was wir nun von ihrer Ohnmacht, die Realität selbst zu begreifen, gehört haben. Wie ist es möglich, zum Beispiel der Physik etwas wie Nützlichkeitscharakter zuzusprechen, da sie doch ihren Gegenstand in radikalster Weise verdinglicht und mechanisiert, da sie nirgends unmittelbar von dem fließenden Werden selbst handelt, sondern dieses überall künstlich in diskontinuierliche Elementreihen verwandelt, da sie jede Bewegung zu konstruieren versucht als die Aufeinanderfolge unendlich kleiner, voneinander abgehobener Zustände, deren jeder selbst gar nicht dynamisch, sondern statisch aufzufassen ist. Inwiefern überhaupt kommt den Gegenständen, von denen sie redet, das heißt den Gegenständen des mechanisierenden Intellekts Realität zu, da doch diese Gegenstände, vor allem die materiellen Dinge, gerade solche

Eigenschaften aufweisen, von denen in der Metaphysik ausdrücklich festgestellt worden war, daß sie der *durée*, der Realität nicht zukommen? Zu diesen Eigenschaften der Materie und überhaupt der Gegenstände des Intellekts gehört es ja, daß sie ihren Ort in einem homogenen Raume haben, daß sie sich miteinander vergleichen lassen, daß zwischen ihnen kausale Beziehungen bestehen, das heißt, daß jede Veränderung durch Angabe bestimmter Bedingungen notwendig herbeigeführt und daher vorausgesagt werden kann. Im Reich der Materie, unter den Objekten der Physik, gibt es gerade immer und überall das genaue Gegenteil derjenigen Momente, die philosophische Intuition an der absoluten Realität zu erschauen vermocht hatte: Die Realität ist frei, raumlos, fließend, stets qualitativ total Neues schaffend – in der physikalischen Natur herrscht überall Notwendigkeit; sie ist eingeordnet in das Stellensystem eines homogenen Raumes, sie ist diskontinuierlich, und alles läßt sich miteinander vergleichen, alle Vorgänge sind Beispiele, Fälle allgemeiner Gesetze. Wie soll in Anbetracht dieser radikalen Differenz der Welt der Wissenschaft von der eigentlichen, wahren, metaphysischen Welt nicht in der Philosophie Bergsons ein unüberbrückbarer Dualismus walten, wie soll zwischen diesen beiden Welten überhaupt noch ein Zusammenhang bestehen, inwiefern kann der Materie, also dem total Mechanischen, dem Toten Existenz zugesprochen werden? Wir müssen [sogar] fragen, wie denn überhaupt gesagt werden könne, daß das begriffliche Denken, der Intellekt für unsere Handlungen nützlich sei, wenn er sich doch auf ein so vollständig irreales Gebiet beziehe, wie es die tote, anorganische Natur darstellt, mit der sich dieser Intellekt beschäftigt und die er entwirft. Dies ist, auf die Bergsonsche Philosophie zugespitzt, das Problem, das jede Lebensphilosophie in sich trägt. Wenn die einzige Realität das Leben ist, dann wird die feste, geordnete natürliche Dingwelt zum Rätsel und mit ihr der Anspruch auf Wahrheit aller Wissenschaften, die sich mit ihr beschäftigen. Alle Philosophien, die von der Naturwissenschaft ausgehen, also wesentlich auch diejenigen Systeme, von denen früher hier die Rede gewesen ist, haben als besondere Schwierigkeit, als peinlichstes Thema die Genesis des Lebens. Es läßt sich aus ihren Gedankengängen wohl verstehen, wie wir zu den naturwissenschaftlichen, den dinglichen Begriffen kommen. Aber je mehr sie sich den biologischen Fragen nähern, desto problematischer wird alles, und es ist nur eine spezielle Form dieser Schwierigkeit, wenn das Problem des fremdens Ichs in keinem dieser Systeme bis heute eine befriedigende Lösung hat finden können. Bei den Lebensphilosophen aber ist es umgekehrt: Die Existenz einer dinglichen Welt scheint zunächst für sie ein unauflösbares Rätsel, und eine Antwort wie diejenige Bergsons, daß der diese Welt konstruierende Intellekt für unser biologisches Fortkommen notwendig [sei], wird unverständlich, wenn seinen Begriffen keinerlei Dignität realer Erkenntnis zukommen soll.

Bergson antwortet, wie überall an den entscheidenden Stellen seiner Philosophie (und seinen Überzeugungen entsprechend durchaus konsequent), mit einem Gleichnis.[51] Wenn ein Dichter ein Gedicht im lebendigen Schöpfungsakt produziert und wenn wir in sympathetischer Intuition dieses Gedicht nacherleben, dann gehört dieser Akt zur *durée*, zur Realität. Hier ist vollständig Neues, Freiheit der Schöpfung, lebendige Wirklichkeit. Sobald aber die Schöpferkraft innehält, sobald eine Pause in der Produktion eintritt und die eigentlich produktive, dichterische Situation zu Ende geht, erscheint das Gedicht als eine Ansammlung, eine Aneinanderreihung von Sätzen nach bestimmten Regeln. Diese Sätze bestehen aus Worten und diese wieder aus Buchstaben, deren es im Ganzen nur eine beschränkte Anzahl gibt, die sich in allen Worten und allen Gedichten der Welt als gleiche wieder finden. Während also im lebendigen Vollzug der Dichtung das Kunstwerk als organische Einheit der Produktion etwas Neues und aus Freiheit Hervorgehendes war, steht es im Augenblick des Nachlassens, im Augenblick des Abbruchs des schöpferischen Aktes als ein Glied der Dingwelt vor uns, das aus Elementen und nach bestimmten Gesetzen zusammengesetzt ist wie unzählige andere solche dinglichen Gegenstände. Freilich dürfen wir nicht in den Fehler des dogmatischen Philosophen verfallen und meinen, daß diese Elemente, wie wir sie außerhalb des Vollzuges der Schöpfung und der sie verstehenden Intuition durch Analyse zu gewinnen vermögen, ebenso in der ursprünglichen Realität vorhanden gewesen seien. Das wäre jener rationalistische Irrtum, den Bergson so sehr bekämpft, weil er behauptet, daß die Produkte unseres begrifflichen Denkens die Realität selbst seien. Wir

---

51 [Ibid., vgl. S. 244.]

vermögen in diesem Fall den Irrtum leicht zu durchschauen; denn trotz der Kenntnis aller vierundzwanzig Buchstaben des Alphabets und sämtlicher in dem Gedicht vorkommenden Regeln hätten wir es vor der tatsächlichen Schöpfung aus diesen Elementen keineswegs zu konstruieren vermocht, und wir dürfen also auch nicht behaupten, daß es sich aus solchen Teilen ›re-konstruieren‹ lasse.

Aber dies ist der Sinn und die Absicht des Gleichnisses: Daß die Schöpfung im Augenblicke des Nachlassens und der Entspannung zerfällt in ein räumlich-materielles, dingliches Nebeneinander von Elementen, beweist, daß der schöpferischen und eigentlich realen Bewegung in der Welt eine andere, von ihr abhängige, unselbständige, aber doch auch vorhandene Bewegung entspricht: die Entspannung, Erstarrung, das Erkalten, der Tod. Diese Bewegung ist das genaue Gegenteil, die Umkehrung der schaffenden Lebenskraft, die Kehrseite des *élan vital*, der Lebensschwungkraft, und es ist vielmehr das Zusammenspiel der beiden Bewegungen, durch die entsteht, was wir die dinglich-räumliche anorganische, aber auch organische Welt nennen. Man darf nicht glauben, daß durch diese Annahme zweier Arten von Bewegung der positive Teil der Bergsonschen Metaphysik, nach dem es nur eine einzige Realität gibt, hinfällig geworden sei. Vielmehr war von vornherein gelehrt worden, daß wir uns selbst nur in wenigen Augenblicken als freie, schöpferische Wesen zu erfassen vermögen. Die zwei verschiedenen Arten der Bewegung gehören beide der Realität an, und es ist wohl nach Bergson das beste Bild dieser Realität, wenn wir sie vergleichen mit einem fortwährenden Zustrom und Abschwellen lebendiger Kraft. Auch die Materie ist noch ein Produkt der Realität, wenn auch ein Erstarrungs- und Auflösungsprodukt; keinesfalls wird sie völlig ohne Rest in den Kategorien des geometrischen Verstandes aufgehen. Aber es ist durch das angeführte Gleichnis wenigstens das relative Recht dieses Verstandes verdeutlicht: Er ist nicht etwa bloß negativ, eine Fälschung der Realität, sondern positiv als Korrelat zur absteigenden Richtung, zur fortwährenden Zersetzung und Aufklärung der Weltbewegung – so, wie die Intuition der schöpferischen Bewegung zugeordnet ist. [Wäre die Funktion des Intellekts nur negativ, dann] hätte es auch keinen Sinn zu behaupten, daß es Materie gebe und [er] biologisch nützlich sei.

Mit einem anderen Gleichnis können wir sagen, daß ohne die dem *élan vital* entgegengesetzte Bewegung es überhaupt in der Welt nirgends zu festen und dauernden Gestalten käme. Die *durée* würde sich in unendlichem Ergusse vorwärtsstürzen, ohne daß irgendwelche eigentlichen Produkte, die sie hinter sich ließe, ihren Weg markierten. Nicht einmal wir selbst als psychophysische Organismen hätten in einer Welt Bestand, wenn sich der Strom der *durée* nicht, gehemmt von einer der Lebensschwungkraft entgegengesetzten Bewegung, in festen Gebilden staute.

Auch das kleinste solcher festen Gebilde, selbst das Atom ist noch hervorgegangen aus der Schöpferkraft und enthält noch ein Fünkchen Individualität, da es – wie wir gesehen haben – nicht restlos in den mathematischen Kategorien des Verstandes aufgeht. Aber doch ist das eigentliche Leben in ihm fast ohne Rest erstarrt, und die Reihe der natürlichen Wesen bis zum Menschen stellt eine Stufenfolge dar, in der die nächsthöheren Gebilde immer weniger in die abstrakt-mechanistischen Kategorien des mathematischen Verstandes einzufangen sind, in der die Physik und die ihr zugehörige Ordnung immer weniger zulangen und die Intuition immer deutlicher als die einzige und adäquate Einsicht sich erweist. Bergson wirft Kant vor, er habe in seiner Kritik nicht klargestellt, daß die Physik (im Französischen schlechthin die *science*) immer weniger objektiv, immer mehr bloß symbolisch werde, »je weiter sie vom Physikalischen zum Lebendigen, vom Lebendigen zum Seelischen vorschreitet«[52]. Darum habe Kant geglaubt, von einem einheitlichen System der Erfahrung reden zu können, das durch die Kategorien des wissenschaftlichen Verstandes eindeutig zu umschreiben wäre. Aber dabei hat Kant eben nur die Momente im Auge, die in jener der Schöpferkraft entgegengesetzten Richtung der Weltbewegung gründen. Sobald wir uns mit diesen Kategorien an die Lebensvorgänge im allgemeinen oder gar speziell an unser eigenes psychisches Leben wenden, erfahren wir in steigendem Maße ihre Ohnmacht. Was schon Hegel gegen Kant geltend gemacht hat, daß nämlich »abstrakte Verstandesbestimmungen für die Seele zu schlecht sind«, weil sie in ausschließlicher Anwendung nur »das Todte«[53] betreffen

---

52 [Ibid., S. 361.]
53 [Hegel, *Encyclopädie der philosophischen Wissenschaften im Grundrisse*, in: *Werke*, Sechster Band, Berlin 1840, S. 101.]

– das führt auch am Schluß seines Hauptwerks Bergson gegen die Transzendentalphilosophie ins Feld. Nach ihm liegt der Grund darin, daß es zwei Ordnungen gibt, nämlich diejenige des mathematischen Intellekts, die der absteigenden Bewegung, dem Erstarrungsprozesse, dem Toten, der Materie entspricht, und die Lebensordnung, die einzig durch das Organ der Intuition dem schauenden Metaphysiker sich offenbart. Und eben dies ist der größte Mangel der Kantischen Philosophie und macht ihre ungeheuerliche Einseitigkeit aus, daß sie jede Art von Sein und alle Gegebenheit, insofern sie nicht in die mechanistisch-mathematischen Formen des Verstandes, also wesentlich der anorganischen Naturwissenschaft, so wie Kant und die Kantianer sie vorzeichnen, aufgegangen sind – daß Kant, sage ich, alles Sein, das in *diesem* Sinne ungeordnet ist, gleichsetzt mit Unordnung überhaupt, mit Chaos schlechthin. So gelangt er dazu, alles Leben, so wie es sich unmittelbar der Intuition erschließt, das heißt die ganze unmittelbare Realität als bloßes Material, als bloßen, sinnlosen Stoff für die Bearbeitung durch den Verstand zu verstehen und damit gerade diejenige Ordnung, die der aufsteigenden Bewegung, der schöpferischen Kraft in ihrer Unmittelbarkeit zugehört, zugunsten der entgegengesetzten Bewegung hinwegzuinterpretieren. Mit anderen Worten: Alles, was sich dem unmittelbaren Verständnis aufschließt, alles intuitive Eindringen in das eigene Wesen des Gegenstandes, die großen und entscheidenden Einsichten, durch die uns nicht nur etwa der Charakter eines Menschen, sondern auch die Eigentümlichkeit lebendiger Beziehungen, sogar gewisse Strukturzusammenhänge in der anorganischen Welt aufgehen – das Verstehen eines Kunstwerkes – kurz, alle jene unmittelbar aufschlußhaften Wahrheiten, an denen das wache Leben und der Verkehr des Tages reicher ist als der durchschnittliche Wissenschaftsbetrieb, fallen aus der Kantischen Philosophie heraus. Sie sind nach ihr keine Erkenntnisse, sie kann mit ihnen nichts anfangen. Und dies einzig deshalb, weil sie die Rolle der Intuition nicht kennt und daher nur jene Ordnung für die absolute hält, die der Intellekt entwirft. Sie setzt Wirklichkeit gleich mit der vom Verstande gedachten Wirklichkeit und verfehlt daher die Realität. Wahrhafte Philosophie aber, so lehrt Bergson, hat die Rolle und den Ursprung beider Ordnungen aufzusuchen, und erst dadurch erweist sie sich als einheitliche Weltanschauung, daß sie den Sinn beider Prinzipien, ihre Berechtigung und ihr Zueinander in ausreichendem Maße bestimmt. Diese Bestimmung darf freilich nicht verstanden werden als eine adäquate und exakte begriffliche Formulierung. Vielmehr ist auch die Bergsonsche Metaphysik, dieses Gemälde des lebendigen Universums, dessen ewige Aktivität überall von einer rückläufigen, der Schöpferkraft entgegengesetzten Bewegung unterbrochen wird und im Antagonismus dieser beiden Bewegungen die Welt des anorganischen und organischen Reiches zustandebringt, eher als ein künstlerisches Bild denn als wissenschaftliche Behauptung aufzufassen. Aber es lohnt sich, dieses Kunstwerk nicht allein um der hinreißenden Sprache willen zu genießen, die [selbst] für den, der das Original nicht ohne weiteres aufnehmen kann, noch in der Übersetzung fühlbar ist; sondern auch um der großen philosophischen Anregung willen, die es zweifellos zu geben vermag.

Nun habe ich angekündigt, es solle das Problem, inwiefern die wissenschaftliche Betrachtung, die es ja mit einer materiellen Welt zu tun hat, berechtigt und sinnvoll sei, trotzdem das Leben als einzige Realität angesehen wird, nicht bloß bei Bergson, sondern auch bei Georg Simmel, einem anderen Lebensphilosophen, hier betrachtet werden. Wir werden also aus dem Werke Simmels einen kleinen Abschnitt entwickeln; aber ich möchte doch wenigstens einige Worte zur allgemeinen Charakteristik dieses deutschen Philosophen im Gegensatz zu Bergsons Wesen sagen. Wenn Bergson von Leben redet, dann denkt er dabei vornehmlich im Sinne der Biologie. Das Universum, von dem er spricht, ist wesentlich der natürliche Kosmos, und der Ausdruck »schöpferische Entwicklung« bezieht sich vornehmlich auf die Entwicklung der Gattungen und Arten oder auch auf die Entwicklung der einzelnen Individuen. Die Schriften Bergsons nehmen ihre Beispiele vornehmlich aus den Gebieten der Biologie und Psychologie; sie rekurrieren etwa auf das individuelle Schaffen des Künstlers oder auf das Werden von Pflanzen und Tieren. – Georg Simmel, der in seiner letzten Periode durchaus solche Anschauungen vertritt, wie ich sie in den allgemeinen Vorbemerkungen zur Lebensphilosophie als deren Charakteristik angedeutet habe, hat [dagegen] ganz und gar nichts vom philosophierenden Biologen. Er ist erst gegen Ende seines Lebens zu einer präzisen Formulierung und überhaupt zur entscheidenden

Konzeption einer Lebensphilosophie gelangt. Vorher hat er eine
Reihe von philosophischen Ansichten durchlaufen, die alle – mehr
oder minder – mit herrschenden philosophischen Richtungen Verwandtschaft zeigten (zum Beispiel mit Rickert), trotzdem Simmel
überall höchst originale Prägungen für sie gefunden hat. Das Wichtigste aber [an] Simmels [literarischer Produktion ist] eine Reihe von
Darstellungen, die sich auf bestimmte Persönlichkeiten der Geschichte der Kunst und der Philosophie beziehen, Darstellungen, in
denen weder das Leben noch die Werke dieser Personen im Zentrum
stehen, sondern nach seinen eigenen Worten »ein Drittes...: der
reine Sinn, die Rhythmik und Bedeutsamkeit des Wesens, die sich
einerseits an dem zeitlich gelebten persönlichen Leben, andererseits
an den objektiven Leistungen ausformen«[54]. Wir besitzen aus Simmels Hand derartige Werke über Goethe, Kant, Schopenhauer,
Nietzsche und Rembrandt. Aber nicht allein mit solchen Problemen, sondern auch mit der Errichtung einer modernen Soziologie
hat sich Simmel produktiv beschäftigt, und seine *Philosophie des
Geldes* sowie seine große Darstellung der Soziologie gehören zu den
geistreichsten Leistungen auf diesem Gebiete. Wir können auf den
eigentlichen Charakter und den philosophischen Gehalt dieser Arbeiten hier leider nicht eingehen. Aber ich darf vermuten, daß Sie
nun bereits erkennen, was ich behaupten wollte, als ich sagte, daß
bei Simmel das Wort ›Leben‹ gewissermaßen einen anderen Klang
hat als bei Bergson. Leben ist absolute Realität – auch bei ihm. Wenn
da aber vom Strom des Lebens die Rede ist, der durch uns als Individuen hindurchgeht, so wird nicht, wie bei Bergson, vornehmlich an
*Entwicklungs*geschichte gedacht, sondern an die menschliche Geschichte selbst. Ein Moment, das in Bergsons Philosophie so gut wie
gar nicht den Begriff des Lebens tangiert hatte: die Geschichte ist
der zentrale Blickpunkt in Simmels Philosophie, die darum aber
doch nicht etwa als eine wesentlich historische anzusehen ist. Denn
das Leben selbst ist auch bei Simmel ein der Historie enthobener
Begriff, die Realität schlechthin, aus der alles stammt, auf die sich
alles bezieht und der es angehört, die aber selbst keine Geschichte
hat, sondern sie nur macht, ohne daß es von ihr entscheidend verändert wird. – Nun dürfen Sie freilich diesen Begriff des Lebens bei

54  [Georg Simmel, *Goethe*, Leipzig [5] 1923, S. V f.]

Simmel im Gegensatz zu Bergson nicht zu eng fassen, so als ob irgendeiner der Bereiche, die dort als Objektivationen der Schöpferkraft der *durée* erschienen, bei Simmel nicht als Funktionen des Lebens betrachtet würde.

Das Werk, in dem Simmel seine Lebensphilosophie, die bereits vorher in einzelnen Abhandlungen ausgesprochen [worden] war, zusammengefaßt hat, ist das letzte größere Buch, das zu seinen Lebzeiten von ihm erschienen ist: *Lebensanschauung. Vier metaphysische Kapitel*[55]. Ich stehe nicht an zu sagen, daß dieses Werk eine der bedeutendsten Erscheinungen des neuen Jahrhunderts darstellt. Hier liegt eine Philosophie des Lebens vor, die nicht nur wegen ihrer Fülle an philosophischen Motiven bedeutendste Anregung gewährt, sondern auch aus einem anderen Grunde unter den übrigen Schriften, die ähnlichen Richtungen angehören, eine Ausnahme bildet. Wenn es nämlich im allgemeinen der Vorzug der Lebensphilosophie ist, daß sie die Einseitigkeit des bloß formalistischen Philosophierens überwindet und uns wieder an die Beschäftigung mit Fragen gewöhnt hat, die uns als philosophische Themen unmittelbar wichtig sind, so verbindet sie [in Simmels Schriften] damit nicht den offenbaren Charakter einer Reaktion gegen jede Art verstandesmäßiger Aufklärung, der sonst lebensphilosophischen Gedanken anzuhaften pflegt. Ich erinnere kurz daran, daß die ganze rein erkenntnistheoretische Philosophie als Fundierung und Rechtfertigung der exakten modernen Wissenschaft immerhin noch gewisse Züge mit den Tendenzen der Aufklärung objektiv gemeinsam hatte. Die Lebensphilosophie oder, sagen wir besser, die Wirkung der Lebensphilosophie, die sie etwa seit dem Kriege besitzt, beruht aber zum größten Teil auf denselben Gründen wie die zahllosen Versuche der Gegenwart, in der allgemeinen kulturellen Krisis aus dem großen Auflösungsprozeß, deren intellektuelles Mittel die Wissenschaften gewesen sind, wenigstens einige feste Gehalte zu retten. Es ist bei der Lebensphilosophie noch nicht so weit, daß sie uns durch philosophische Überredung gegenwärtige oder gar primitive oder gar zukünftige absolute Weltanschauungen oder Religionen empfiehlt, aber sie gibt doch wenigstens einen obersten Wert, eine handfeste Metaphysik, und das zeitgenössische Lob der ›Ursprünglich-

---

55 [München / Leipzig 1922.]

keit‹, der ›Anschauungsfülle‹, der ›geöffneten Hingabe an die Phänomene‹ ebenso wie die Abneigung gegen alle Kritik der Erkenntnis
ist auch ihr schon durchaus eigen. Wenn dies alles bei Simmel objektiv genommen und ansatzmäßig vorhanden ist, insofern der Begriff
des Lebens, und zwar des naturhaften, fließenden Lebens als absoluter Realität und Schöpfer jeder Gestalt bei ihm entscheidend ist, so
nimmt er doch subjektiv eine Mittelstellung ein; denn er weiß nicht
nur um die logische, sondern auch um die absolut philosophische
Problematik seiner eigenen Philosophie.

Wir wollen hier nur von einer kleinen Teilfrage dieser Philosophie
sprechen. Trotzdem können wir dies nicht tun, ohne diejenige Bestimmung, diejenige Beschreibung des Lebens anzugeben, die Simmel als die entscheidende Fassung des Begriffes ›Leben‹ gibt. Die
unendliche schöpferische Produktivität des Lebens, seine Kraft sich
selbst über jeden Augenblick hinaus fortzusetzen, die besonders
deutlich in Wachstum und Zeugung zum Ausdruck kommt, faßt
Simmel in den Satz, daß das Leben nie »bloß Leben«, sondern in
jedem Augenblick schon »Mehr-Leben« sei. Leben kann nur dadurch existieren, daß es fortwährend Lebendiges erzeugt und sich
so immer über sich hinauspflanzt. Aber Leben ist nicht bloß »Mehr-
Leben«, sondern zugleich »Mehr-als-Leben«[56], und dies kommt
vornehmlich darin zum Ausdruck, daß das Leben zum Geist wird
und damit nicht bloß Leben *ist*, sondern sich zugleich als Leben
weiß. Daß wir über uns selbst nicht nur denken können, sondern
auch uns achten oder verachten, uns schön oder häßlich finden können, kurz, daß das Leben in uns als den Individuen über sich selbst
hinaustritt und so sich gleichsam als ein Anderes und Drittes behandelt, das ist der Sinn des Satzes, daß Leben nicht bloß »Mehr-Leben«, sondern immer auch »Mehr-als-Leben« ist. Die Funktionen,
die das Leben so im Transzendieren seiner selbst ausbildet und zu
denen natürlich in erster Linie das Erkennen gehört, sind zunächst
ganz im Bergsonschen Sinne als rein biologische Äußerungen aufzufassen. Alle Formen des Erkennens, die das Leben ausbildet,
spielen die Rolle, vital zweckmäßig zu sein. Aber die vital bestimmten, isolierten Erkenntnisakte sind noch keine Wissenschaft. Wissenschaft entsteht erst dann, wenn sich bestimmte Normen als feste

56  [Ibid., S. 23.]

Prinzipien verselbständigt haben, so daß alle weiteren Inhalte ihnen gemäß geordnet, in sie aufgenommen und einzig in Beziehung auf sie betrachtet werden. Ursprünglich ist nur das wahr, was nützlich ist – es gibt noch keine Wissenschaft. Schließlich aber wird dasjenige wahr, was bestimmten Normen der Erkenntnis entspricht. Damit hat sich dann Wissenschaft konstituiert, aber gerade in [diesem] Moment ist nur noch die Frage nach der Wahrheit für einzelne Urteile beantwortbar und nicht mehr für den Komplex der Wissenschaft als eines Ganzen. Was uns bei der Kritik des Neukantianismus zum ersten Male aufgefallen war, daß man nämlich in Beziehung auf die Wissenschaft als Ganzes nicht nach ihrer Wahrheit fragen dürfe, weil sowohl eine negative als auch eine positive Auskunft die Frage bereits als gelöst vorauszusetzen habe – das hat Simmel ins hellste Licht gestellt. Einzelne, vorwissenschaftliche Erkenntnisakte haben Nützlichkeit. Durch ihre Ausübung kommen wir biologisch vorwärts. Die Ablösung formaler Elemente aus solchen Erkenntnisakten und ihre Erhöhung zu Prinzipien, denen nun alle zukünftigen Erkenntnisakte entsprechen müssen, so daß Wissenschaft als System möglich ist und alle künftigen Gehalte in sie aufgenommen werden, ist ein typischer sozialer Prozeß. Er vollzieht sich analog wie bei allen anderen Kulturformen. Auch die sozialen Verfassungen, die Kunstwerke, die Religionen und so fort gehen zurück auf einzelne unsystematische, vital notwendige Akte, aus denen schließlich feste Formen hervorgegangen sind, die ein für allemal alle weiteren Gehalte des Lebens aufnehmen sollen.

Hier nun tritt ein fundamentaler Unterschied der Simmelschen von der Bergsonschen Auffassung zutage, der auf Simmels Historismus zurückzuführen ist. Während Bergson nämlich die mathematisch-mechanische Wissenschaft in gewisser Weise als deren einzig mögliche Form annimmt, da sie ewig der absteigenden Bewegung des Lebens entspricht, während [er] also die Formen und Kategorien des wissenschaftlichen Verstandes in der Kantischen Weise ein für allemal für feststellbar zu halten scheint, sind für Simmel alle Formen wandelbar. Nicht nur die übrigen Kulturgebilde, sondern auch die Wissenschaft geht bei ihm in die Geschichte ein. Denn die [kategorialen] Formen, die sich aus Erkenntnisakten verfestigt haben und nun Anspruch auf Ewigkeit [erheben], haben eben, insofern sie verfestigt sind, keinen unmittelbaren Zusammenhang mehr mit dem

unruhigen, schöpferischen Leben, aus dem sie hervorgegangen
sind. Eine Zeitlang vermögen sie in einer Hinsicht sein ›Gehäuse‹ zu
sein, aber schließlich kommt es in ihnen nicht mehr unter. In der
Wissenschaft läßt sich dies vielleicht am besten an dem Beispiel der
Kantischen Kategorienlehre erläutern. Kant hatte die neue Naturwissenschaft, die aus einzelnen Unternehmungen etwa in der
Renaissance ihren Anfang genommen hat, untersucht. Die ersten
Anfänge dieser Wissenschaft gehören als solche durchaus dem produktiven Fluß des Lebens selbst an, sie sind durchaus vital bestimmt, oder – wie Simmel sich ausdrückt – »ein Pulsschlag oder
eine Vermittlung des bewußten praktischen Lebens«[57]. Sie sind aufzufassen als besondere Äußerungen des Lebens als eines zeugenden,
ebenso wie andere Äußerungen, Liebe und Haß, einzelne Akte
künstlerischer Gestaltung, ökonomische Handlungen und so fort.
Dabei ist es bei Simmel gar nicht wie bei Bergson eine besondere
Schwierigkeit, die Nützlichkeit selbst erst zu begründen; denn als
Wellenschlägen des Lebens selbst kommt ihnen ohne weiteres nach
dessen Bestimmung die Eigenschaft zu, Mehr-Leben zu sein, das
heißt an der Dynamik, der Produktivität des Lebens selbst unmittelbar teilzunehmen. Aber indem jene zunächst vereinzelten Unternehmungen der neuen Wissenschaft in der gegebenen historischen
Situation ihre Nützlichkeit bekundeten und immer zahlreicher und
bewußter betrieben wurden, verfestigten sich gewisse Momente,
die nun als Prinzipien der Wissenschaft überhaupt auftraten und die
Totalität möglicher Erkenntnis zu umschreiben beanspruchten. Als
Kant in einem sehr hoch entwickelten Stadium die Naturforschung
untersuchte, sprach er nur aus, was sich in der Entwicklung längst
etabliert hatte, nämlich daß jene Formen, die ursprünglich »bloße
Werkzeuge innerhalb des vitalen Zusammenhanges«[58] waren, nunmehr als ewige Kategorien und Konstituentien, ohne die Wissenschaft nicht gedacht werden könne, aufzufassen seien. Während
ursprünglich »die geistigen Inhalte, die sich als Förderungen der
Lebensentfaltung« bewährten, wahr, »die zerstörenden, lebenhem-
menden«[59] irrig hießen, waren nunmehr diejenigen wahr, die sich

---

57  [Ibid., S. 59.]
58  [Ibid., S. 52.]
59  [Ibid., S. 53.]

jenen Formen einfügen, alles übrige aber galt mindestens nicht als ein Erkennen. War ursprünglich das Erkennen, die Wahrheit um des Lebens willen da und wurde [sie] unmittelbar um seinetwillen aufgesucht, [so] gab es jetzt Wahrheit um der Wahrheit willen, das heißt, jene Formen erschienen als selbständige Schöpfer der Erkenntnis, und Gemäßheit mit ihnen galt als einziges Kriterium. Erst in der allerjüngsten Zeit, da es offenbar wird, daß nicht alle wesentlichen Inhalte des Lebens in jenen Formen aufgehen, beginnt die mechanische Konzeption der Wissenschaft zu zerfallen, und zwar wesentlich unter dem Druck der wissenschaftlichen Forschung selbst, an die das Leben andere Anforderungen stellt als in jener Ausgangssituation. So befinden wir uns in einer Krisis, in der die bisherige Form der Wissenschaft selbst und alle ihre Prinzipien in Frage stehen und einer Revolution unterworfen sind. Der Sinn des ganzen Prozesses aber ist dieser, daß die organischen Prozesse, die zur Bildung der Formen selbst geführt haben, vergessen werden; daß die Formen sich verselbständigen und als Gehäuse aller künftigen Erkenntnisakte dastehen, bis sie durch die Lebendigkeit dieser Akte selbst zerbrochen werden und neue an ihre Stelle treten, denen es ebenso ergehen wird. Es ist das fortwährende Vergessen des historischen Ursprungs und der Anspruch zeitlich bedingter Gehalte [auf Ewigkeit], die den Kern der ganzen Bewegung ausmachen.

Aber die Wissenschaft ist nur eine Kulturform, und es gibt deren viele. Wirtschaft, Recht, Staat, Kunst [und] Sitten sind solche Formen, die das Leben aus sich herausstellt und die doch ihrer Natur nach dem Leben zugehören, da eben dies seine Definition ist, nicht bloß »Mehr-Leben«, sondern »Mehr-als-Leben« zu sein. In der Eigenschaft als Schöpfer dieser Formen erscheint es als »Geist« in dem prägnanten Hegelschen Sinn. Daß sich das Leben in diesen Formen als verselbständigten Gehäusen vollzieht, heißt nichts anderes, als daß es durch die Individuen hindurch[geht]; daß die Geschlechterfolgen der Individuen selbst den Beziehungen der Wirtschaft, des Rechts, des Staates und so fort sich einordnen und ihnen gemäß verhalten, ebenso wie der Künstler sich in seiner Arbeit jeweils bestimmten Normen unterwirft. Daß das Leben grundsätzlich nur in solchen Formen seine Verwirklichung finden kann, gehört zu seinem Wesen. Daß sie sich verselbständigen, ›verdinglichen‹ (wie der moderne Ausdruck lautet) und schließlich zur Fessel des Lebens werden, ist eine durch die Historie zu gewinnende Einsicht. Das Vergessen und Verhüllen der historischen Entstehung macht ihren Fetischcharakter aus, und fast sämtliche Institutionen der Kulturgebiete haben heute derartigen Fetischcharakter. Ihn zu enthüllen, ist eine wesentliche Aufgabe philosophischer Kritik. Damit aber wird sie zu einem Hebel desjenigen Prozesses, den wir soeben für die Wissenschaft kennengelernt haben, daß nämlich das Leben die zu Fesseln gewordenen Formen seiner Verwirklichung sprengt und neue schafft, die ihm jetzt entsprechen. »Als Gegenstand der Geschichte«, heißt es bei Simmel, »in ihrem größten Sinn erscheint der Wandel der Kulturformen. Dies ist die äußere Erscheinung, mit der die Geschichte als empirische Wissenschaft sich begnügt, indem sie in jedem einzelnen Fall die konkreten Träger und Ursachen jenes Wandels herausstellt. Der Tiefenvorgang dürfte aber der sein, daß das Leben, vermöge seines Wesens als Unruhe, Entwicklung, Weiterströmen, gegen seine eigenen festgewordenen Erzeugnisse, die mit ihm nicht mitkommen, dauernd ankämpft; da es aber seine eigene Außenexistenz nicht anders finden kann, als eben in irgendwelchen Formen, so stellt sich dieser Prozeß sichtbar und benennbar als Verdrängung der alten Form durch eine neue dar. Der fortwährende Wandel der Kulturinhalte, schließlich der ganzen Kulturstile, ist das Zeichen oder vielmehr der Erfolg der unendlichen Fruchtbarkeit des Lebens, aber auch des tiefen Widerspruchs, in dem sein ewiges Werden und Sich-Wandeln gegen die objektive Gültigkeit und Selbstbehauptung seiner Darbietungen und Formen steht, an denen oder in denen es lebt.«[60]

Indem ich so versucht habe, Ihnen eine Ahnung davon zu geben, wie Simmel in seiner Philosophie die exakte Wissenschaft auffaßt, und indem wir auf seine Philosophie der Kultur, mit deren übrigen Formen er die exakte Wissenschaft in eine Reihe stellt, eingegangen sind, möchte ich wenigstens den ungeheuren Niveauunterschied zwischen Simmels Betrachtung und der gegenwärtig bekanntesten historistischen Kulturphilosophie feststellen. Wir können hier unmöglich auf Spenglers *Untergang des Abendlandes* näher eingehen;

---

60 [Georg Simmel, ›Der Konflikt der modernen Kultur‹, in: ders., *Das individuelle Gesetz. Philosophische Exkurse*, hrsg. von Michael Landmann, Frankfurt am Main 1968, S. 149.]

denn dieses Buch hat mit Philosophie gar nichts zu tun. Aber daß die dort angeschlagenen Themen, wie Sie bei Simmel nun erfahren haben, wenigstens Gegenstände philosophischen Denkens werden können, unterliegt keinem Zweifel. Nach dem wenigen, was wir über Simmel hörten, ist aber schon offenbar, daß mit dem billigen und ganz und gar nicht aufklärenden Vergleiche der Kulturen mit dem Leben von Pflanzen, der im Spenglerschen Buche den systematischen Kern ausmacht, nichts geleistet ist. Die Metaphern aus dem biologischen Gebiet wie Wachstum, Blütezeit und Altern, die Spengler auf die Kulturen anwendet und die man freilich auch früher schon in lässiger Redeweise [auf sie] anzuwenden pflegte, sind in einem unbeschreiblichen Maße inadäquat. Daß in der Geschichte nicht bloßes Leben, sondern der Geist auftritt, ja, daß eigentlich nur der Geist eine Geschichte hat und mit naturhaften Kategorien ganz und gar nicht zu fassen ist – das macht die innere Armseligkeit dieses Buches offenbar. Die selbstverständliche Unterordnung alles Geistigen unter naturalistische Begriffe (dazu noch einer dilettantisch konzipierten Biologie), die naive Aufstellung und Anwendung richtiger oder unrichtiger Naturgesetze in Beziehung auf Geistiges ohne irgendeine Ahnung von der eigentlichen Problematik solchen Tuns ist das Kennzeichen dieses Unterganges. Nichts wird dadurch gebessert, daß zwei lange Bände hindurch wissenschaftliche Tatsachen vergewaltigt und entstellt werden, damit sie in die Konstruktion hineinpassen oder diese gar noch beweisen sollen. Insofern man Spengler eben um seiner biologischen Vergleiche willen einen Lebensphilosophen genannt hat, ist er jedenfalls von den hier erwähnten Denkern durch denjenigen Abgrund geschieden, der den Philosophen vom schlechten wissenschaftlichen Popularisator trennt. Während Bergson und in noch viel höherem Grade Simmel sehr wohl um die innerliche Schwierigkeit jeder Art von Lebensphilosophie wissen, die darin besteht, daß hier die absolute Gültigkeit des Denkens und der Wissenschaft in Frage gestellt ist, während doch der Anspruch auf Wahrheit in den eigenen Gedankengängen der Lebensphilosophie akut wird – während also diese beiden Denker das logische Problem voll auf sich nehmen, trägt Spengler völlig ahnungslos breit und pathetisch eine Lehre vor, die die Relativität und Vergänglichkeit jeder Art von Wissenschaft, ja von Kultur überhaupt predigt und dabei auf jeder Seite von Behauptungen Ge-

brauch macht, die Spengler – freilich nur aus zweiter oder dritter
Hand – von dieser Wissenschaft bezieht. Es ist, grob gesprochen,
so, als ob einer uns im gleichen Augenblick empfehlen wollte, uns in
entscheidenden Dingen einem Menschen anzuvertrauen, von dem
er im gleichen Atemzug behauptet, daß er so unzuverlässig wie
möglich sei. Es sind besondere Fälle denkbar, in denen ein derartiges
Verhalten der einzige Ausweg ist. Auf die Sache selbst übertragen:
Unsere metaphysische Position könnte das logische Paradoxon er-
zwingen, keineswegs aber die Naivität, mit der hier das Abenteuer
begonnen und durchgeführt wird. Daß die Ansicht von der Vergänglichkeit der Wissenschaft [es] Spengler offenbar gestattet, deren
Forschungsergebnisse dort, wo er sie als Beispiele und Beweise her-
anzieht, häufig in halbverstandener, schiefer, jedenfalls irreführen-
der Weise zu übermitteln oder gar – gelinde gesagt – vorwegzuneh-
men, werden diejenigen unter Ihnen, die exaktes wissenschaftliches
Arbeiten irgendwo einmal geübt haben, schon wissen.

Man hat unter Berufung auf die schriftstellerische Gewandtheit
Spenglers und darauf, daß er doch alle möglichen Wissensgebiete
miteinander in Verbindung bringe und durch eine umfassende
Grundanschauung zusammenfasse und belebe, Spenglers Werk verteidigt. In Ansehung der Spezialisierung der Wissenschaften tue
eine Synthese dringend not, um so sehr als eben die Spezialisierung
der Wissenschaften den Zugang zu ihren Resultaten für den Außen-
stehenden nahezu unmöglich macht. Ich gestehe, daß ich den Wert
einer Synthese auf Kosten des Sinnes und der Wahrheit dessen, was
in die Synthese eingeht, schwer einzusehen vermag und jedenfalls
der Überzeugung bin, daß in *philosophischer* Hinsicht das gründliche Studium einer einzigen, wenn auch noch so speziellen Fachwissenschaft ergiebiger ist (wenn auch freilich nicht ebenso bequem) als
das Aufnehmen einer Synthese halbwissenschaftlicher Exkurse aus
allen möglichen Wissensgebieten. Das Auseinanderfallen, der chaotische Zustand in den Wissenschaften, das Spezialistentum, der
Alexandrinismus ist keineswegs durch eine Verflachung zu überwinden. Das Spenglersche Unternehmen ist ein Musterbeispiel für
die zahlreichen Versuche der Gegenwart, jetzt, da alle festen Werte
wanken, rasch Ersatz und Zuflucht zu offerieren. Was Simmel die
Krisis der Gegenwart genannt hat, nämlich der Moment des Wandels kultureller Formen, wird hier zur Ursache hoher Auflagezif-

fern und der Tagesaktualität immer neuer quasi-philosophischer Produkte.

Bevor wir die Lebensphilosophie verlassen und zur Erörterung der Phänomenologie übergehen, wenigstens noch einige Sätze über Wilhelm Dilthey. Wenn man diesen großen Denker zu den Lebensphilosophen rechnet, so trifft man dabei nur eine Seite seines Wesens. Am bedeutendsten ist er als Schriftsteller der Geistesgeschichte. Er ist ein Historiker der Philosophie ebenso wohl wie der angrenzenden Gebiete, der in der neuesten Zeit nicht seinesgleichen hat. Es gibt fast kein Gebiet der jüngeren Geistesgeschichte, das wir in Angriff nehmen könnten, ohne an den Forschungen Diltheys ein wertvolles Mittel zum Verständnis zu besitzen. Als Lebensphilosoph hat er in noch höherem Maße als Simmel die Bedeutung der Geschichte für die Besinnung auf das Leben erkannt. Es läßt sich als Diltheys eigentümliche Position bezeichnen, daß er der Überzeugung gewesen sei, die Selbstbesinnung auf die absolute Realität, das heißt auf das Leben könne nur durch das Medium der Geschichte in radikaler Weise geschehen. Wenn das Leben erfahren will, was es selbst sei, wenn wir also Selbstbesinnung, Besinnung auf unser eigenes Wesen üben, so haben wir wesentlich die Äußerungen des Lebens, die geistigen Gestaltungen, die es im Laufe der Geschichte hervorgebracht hat, zu studieren. Nur aus der Betrachtung der verschiedenen Strukturen und Typen der geschichtlichen Gehalte werden wir endgültigen Aufschluß erlangen. Wenn wir bereits im Colloquium erwähnt haben, daß Dilthey als Erster die Forderung einer »verstehenden« Psychologie erhoben habe, die als Grundlage der historischen Geisteswissenschaften dienen könne, so erfassen wir nun die systematische Intention dieser Forderung. Historie, Geistesgeschichte ist wesentliches Organ der philosophischen Selbstbesinnung.* Die Fragen ihrer Methodik haben daher im Zentrum der philosophischen Lehre von der Erkenntnis zu stehen. Die geistigen Ausdrucksformen des Lebens in der Geschichte aufzusuchen, ihre verschiedenen Typen und insbesondere diejenigen der Weltanschauungen selbst zu durchforschen, also eine historische Weltanschauungstypologie zu liefern und so die Relativität jeder geschichtlichen Lebensform zu erkennen, ist die eigentliche Aufgabe des

[* M. H. fügt dem handschriftlich hinzu: »Gegensatz zur Intuition«.]

Philosophen. Jede einzelne der in der Entwicklung aufgetretenen Philosophien, welche geglaubt hatten, in ihrem festen System von Begriffen den Weltzusammenhang endgültig auszudrücken, erscheint so in ihrer Bedingtheit, und es wird offenbar, daß allein die schauende Haltung des Geisteshistorikers, der das Leben selbst in seinem geschichtlichen Flusse erfährt, die adäquate philosophische Einstellung ist. So ist Dilthey auch in der Hinsicht mit Recht zu den Lebensphilosophen gerechnet worden, daß er alle philosophischen Systeme, welche die Wirklichkeit ein für allemal in gedanklicher Fixierung für [er]faßbar hielten, für relativ und einseitig hält; und dies nicht nur in dem Sinne, daß die Wirklichkeit nie restlos in Begriffen aufgeht, was ja durchaus nicht nur die Lebensphilosophen behaupten (da es ja außer ihnen nicht nur Spinozisten und Hegelianer gibt), sondern daß der absolute Anspruch jedes von ihnen, endgültige Form der Wahrheit zu sein, prinzipiell unberechtigt sei. Wie bei Bergson an die Stelle begrifflich-systematischer Philosophie eine intuitionistische Lebenserfassung zu treten hat, so bei Dilthey »verstehende« Erfahrung des Lebens vorzüglich in der Form historischer Selbstbesinnung. Leider gestattet es die Zeit nicht, auf die Philosophie Diltheys näher einzugehen. Wer sich für sie interessiert, findet, abgesehen von den historischen Arbeiten, die überall von philosophischen Betrachtungen durchzogen sind, die entscheidenden Stellen vornehmlich im ersten Buch der *Einleitung in die Geisteswissenschaften*, ferner in der Abhandlung *Das Wesen der Philosophie* und [in] der [Arbeit] über die *Typen der Weltanschauung*.

Wenn wir es nun unterlassen, eine Kritik der erkenntnistheoretischen Anschauungen der Lebensphilosophie zu geben, so hat das seinen guten Grund. In der prägnanten Form, die diese Anschauungen bei Bergson erhalten haben, lassen sie sich auf folgende Grundformeln bringen: Alle Begriffsbildung ist handlungsrelativ, das heißt unsere begrifflichen Urteile fassen nirgends die Realität, sondern haben wesentlich biologischen Zweckmäßigkeitscharakter. Das eigentliche Organ der Philosophie ist die Intuition, alle Beschreibungen in der Philosophie haben nirgend[wo] den Sinn ein für allemal gültiger Fixierungen wie in den Wissenschaften, sondern sind lediglich Mittel, die Intuition beim Leser zu wecken und in die entscheidende Richtung zu lenken. Eine Philosophie als Wissenschaft – gar als strenge Wissenschaft wie etwa die Mathematik – ist daher unmöglich; denn keine ihrer Urteile hat und darf haben wollen den Charakter der Ewigkeit, der ja vielmehr identisch ist mit der Beziehung auf das Starre, Tote, von der Realität Verlassene. Alles wissenschaftliche Urteilen trifft nur vermeintlich die absolute Realität, und seine Wahrheit ist daher immer nur eine relative. Sie wird um so relativer, bezieht sich um so weniger auf die Realität selbst und enthält um so weniger von ihr, je allgemeingültiger, starrer, unveränderlicher, zeitlich unbeschränkter sie ist. Bergsons Ansicht ist daher Relativismus, das heißt, er bestreitet die Möglichkeit unbedingt wahrer philosophischer Erkenntnis, wenigstens soweit sie in begrifflicher Form niedergelegt und gelehrt werden kann. Er bestreitet eben damit auch den absoluten Charakter der logischen Gesetze als höchster theoretischer Urteile überhaupt und charakterisiert seine Philosophie eben dadurch als eine derjenigen Lehren, gegen die sich allgemein die Kritik richtet, die Edmund Husserl im ersten Bande der *Logischen Untersuchungen* und in dem Aufsatz *Philosophie als strenge Wissenschaft* im ersten Bande der Zeitschrift *Logos* an der zeitgenössischen Philosophie geübt hat.

## [Husserls Logische Untersuchungen]

Zu dieser Kritik aber haben wir nunmehr überzugehen. Sie bildet historisch den Ausgangspunkt der phänomenologischen Bewegung in der Philosophie der Gegenwart, die bis in die letzten Jahre hinein fast unbestritten als die kennzeichnendste und erfolgreichste der modernen deutschen philosophischen Schulen gegolten hat. Wir werden noch manches über den historischen Sinn und die Gründe dieser Wirkung im Verlauf und gegen Schluß der Darstellung zu sagen haben. Jetzt wollen wir nur feststellen, daß mit der Phänomenologie die Philosophie sich wiederum in vollem Bewußtsein als selbständige und ganz abgelöste Disziplin etabliert. Sie behauptete von sich – gewissermaßen schon beim ersten Auftreten –, daß sie die berufene Wissenschaft sei, »die geistige Not unserer Zeit...«, die radikalste *Lebens*not, an der wir leiden«, dadurch zu [be]heben, daß sie philosophische Wahrheit in strenger, allgemeingültiger Form ein für allemal feststelle. »Unsere Zeit will nur an ›Realitäten‹ glauben.

Nun, ihre stärkste Realität ist die Wissenschaft, und so ist die philosophische Wissenschaft das, was unserer Zeit am meisten not tut.«[61] Was diese Wissenschaft zu gewinnen hofft, ist von anderer Bedeutung als das, was uns die Einzelwissenschaften geben; es ist ein »Schatz ewiger Gültigkeiten«[62], durch den eine Rechtsprechung möglich sein soll über alles Stellungnehmen im Leben[63]. Machen wir uns klar, was das bedeutet: Alle Themen philosophischer Fragestellung, die uns unter dem Titel weltanschaulicher Probleme in nicht streng wissenschaftlicher Form beschäftigen und quälen und von denen unsere großen Entscheidungen abhängen, sollen einer Lösung zugeführt werden, die sich in ebenso unpersönlicher und allgemeingültiger Weise vortragen läßt wie die Mathematik.[64] Denn darin stimmt Husserl mit Bergson völlig überein, daß Philosophie die absolute Realität zu erforschen habe. Aber für Husserl ist eben diese Philosophie nicht eine letztlich persönliche, metaphysische Anstrengung, sondern Wissenschaft, das heißt, sie muß in einem begrifflichen Gebäude, in einer »Theorie« faßbar und lehrbar sein. Da aber von dem Wissen um die absolute Realität unser Handeln in allen wesentlichen Punkten abhängt, so bedeutet die Zielsetzung dieser Wissenschaft nicht nur den Glauben an die Möglichkeit einer allgemeingültigen Darstellung des Sinnes der Welt, sondern auch der Aufstellung bindender Normen – kurz, diese Zielsetzung geht gerade auf das, was uns fehlt und not zu tun scheint, nämlich die Errichtung einer für alle Ewigkeit gesicherten kulturellen Ordnung. Freilich verlegt Husserl die Erreichung dieses Zieles in eine weite Ferne, so etwa wie die Mathematik ja auch lange Jahrhunderte gebraucht habe, um ihre Blüte zu erreichen; nichtsdestoweniger geht seine Intention bewußt darauf hin, heute Philosophie als strenge Wissenschaft zu begründen, und zwar als die Wissenschaft, die, nach seinen eigenen Worten, »den höchsten theoretischen Bedürfnissen Genüge leiste und in ethisch-religiöser Hinsicht ein von reinen Vernunftnormen geregeltes Leben ermögliche«[65]. Hier ist nicht

---

61  [Edmund Husserl, *Philosophie als strenge Wissenschaft*, in: *Logos*, Band I, 1910/11, S. 336; 340.]
62  [Ibid., S. 339.]
63  [Ibid., vgl. S. 336.]
64  [Vgl. ibid.]
65  [Ibid., S. 289.]

mehr die Rede davon, daß Philosophie als Methodenlehre der Naturwissenschaft als einzig möglicher positiver Wissenschaft zu dienen und deren Ansprüche als rechtmäßige zu begründen habe. Und wie weit sind die Zeiten entschwunden, in denen die philosophischen Probleme einzig sofern sie als Themen der experimentellen Psychologie sich darboten, also im Rahmen einer Naturwissenschaft selbst, ein gewisses Interesse in Anspruch nehmen konnten.

Was bei Husserl noch in bedingter Weise und mit gewissen Reserven gilt, wird von seinen Schülern in aller Breite und Entschiedenheit verkündet. Die einzelnen Wissenschaften vermögen in Beziehung auf die entscheidenden Probleme, von denen die Gestaltung unseres Lebens ebensowohl wie Beurteilung und Wert der Wissenschaften selbst abhängen, keine Auskunft zu geben. Den Naturwissenschaften in Sonderheit, die – wie wir wiederholt gesehen haben – auf die Auflösung und kritische Zersetzung aller Gehalte gerichtet sind, dürfen wir uns in philosophischen Dingen nirgends anvertrauen; ihnen und ihrer Methode dürfen wir keinen Einfluß auf philosophische Fragestellungen einräumen. Ihre Erklärungen haben nicht den leisesten Einfluß auf den eigentlichen Sinn des Erklärten, das wäre – grob gesprochen – so, als ob eine historisch-soziologische Erklärung der Entstehung des Gottesbegriffs etwas über den Sinn und die Wahrheit des Gottesglaubens ausmachen könnte. Der [phänomenologisch gerichtete] Philosoph hat überall, ganz unbekümmert um tatsächliche Erklärungen, dem reinen Sinn der Gehalte nachzugehen, er hat das Sein ganz unbekümmert um das Gewordensein zu untersuchen; er hat den Sinn der Gegenstände zu verstehen, zu interpretieren – nicht zu erklären. Eben deshalb ist er imstande, unbeschadet der seit der Aufklärung progressiven Zersetzung aller religiösen und metaphysischen Anschauungen gegebenenfalls alte Gegenstände dieser Anschauungen wieder in ihre Rechte einzusetzen, zu rehabilitieren. Die kulturelle Situation der unmittelbaren Vorkriegszeit zeichnete sich wesentlich dadurch aus, daß die drückende materielle Lage eines großen Teiles der Menschheit in den führenden Ländern sich verband mit einer fortschreitenden Armut an Vorstellungen, die jene drückende Wirklichkeit vergoldet hätten. Im selben Maße, in dem die Fortschrittsideologie von der Mitte des letzten Jahrhunderts im Schwinden begriffen war,

hatte das Medium eben dieser Ideologie, nämlich die Naturwissenschaften, die Welt entzaubert, und so war selbst dieser letzte und
armselige Rest eines bindenden Glaubens, der sich auf die Verbesse-
rung der banalsten materiellen Wirklichkeit in der Zukunft bezog,
auf dem Wege sich aufzulösen oder vielmehr umzuschlagen in die
praktische Beschäftigung mit den Bedingungen unmittelbarer Umgestaltung dieser materiellen Wirklichkeit selbst. Nach dem Kriege
war diese Situation keineswegs verbessert, sondern die materielle
Not, verbunden mit der Abwesenheit allgemeingültiger, bindender
Normen und einer befriedigenden Weltanschauung, war eher noch
akuter geworden. – Nun denke man sich, daß hier eine Philosophie
war, die behauptete, eine absolute und für alle gültige Wissenschaft
– nicht etwa von der materiellen Wirklichkeit, sondern von jener
absoluten Realität zu inaugurieren, die frühere Epochen in ihren
Religionen zu fassen geglaubt hatten, die von der Naturwissenschaft totgesagt und von Bergson bloß durch Intuition und bloß als
Leben und jedenfalls in unwissenschaftlicher Weise wiedereinge-
führt worden war. – Mit [dem] Erweis der Möglichkeit eines Seins,
das nicht in den erforschbaren Tatsachen der natürlichen Wirklichkeit besteht, sondern überzeitliches, unbedingtes Sein ist, beginnt
daher sinngemäß die phänomenologische Philosophie.
Sie beginnt (gewissermaßen unverfänglich) mit dem Erweis eines
solchen Seins für die logischen Gegenstände. Das erste bedeutende,
wirkungsvolle Werk Husserls, die 1900 erschienenen *Logischen Untersuchungen*, haben wesentlich das Ziel, die eigentümliche und gegenüber allen vorfindbaren Tatsachen unabhängige, ewige Geltung
der logischen Gegenstände zu sichern. Der erste Band enthält, wie
ich bereits andeutete, in der Hauptsache kritische, polemische Ausführungen, und zwar steht diese Polemik ganz im Dienste der eben
bezeichneten Aufgabe. Der Gegner, gegen den sie sich richtet, ist
vornehmlich der Positivismus in allen seinen Arten, das heißt diejenige Anschauung, die – wie insbesondere die Engländer und ihre
Schüler – die Geltung der logischen Gesetze in irgendeiner Weise
aus Tatsachen (in diesem Fall aus den psychischen Tatsachen des
Bewußtseins) begründen zu können geglaubt hatte. Aber nicht nur
die Engländer und Philosophen wie Mach und Avenarius, sondern
fast alle neueren Darstellungen der Logik, insbesondere diejenigen
von Wilhelm Wundt, Benno Erdmann und die bekannte Logik von

Christoph Sigwart finden sich um ihrer Grundanschauung willen von Husserl kritisiert. Diese Grundanschauung, die Ihnen nach allem, was wir nun in diesen Stunden besprochen haben, durchaus vertraut sein kann, läßt sich in dem Satze bezeichnen, daß die Tatsachen unseres Bewußtseins alle Erkenntnis begründen, daß die Gültigkeit aller Erkenntnis sich herleiten muß aus den unmittelbar gegebenen Bewußtseinstatsachen, die als letztes Material der philosophischen Untersuchung zugrunde liegen. Hören wir nun, wie Husserl gegen alle derartigen Überzeugungen argumentiert. Der Beweisgang beruht im wesentlichen darauf, daß [er] zu zeigen versucht, daß alle derartigen Anschauungen notwendig zu relativistischen Konsequenzen führen müssen und daß er den Relativismus allgemein widerlegt.

Wenn ich den Gedankengang nun in wenigen Sätzen skizziere, so bin ich mir einer Schematisierung und Vergröberung sehr wohl bewußt. Überdies wird meine Darstellung schon deshalb ungenau sein, weil sie aus den zahlreichen Argumenten Husserls nur dasjenige herauslöst, was mir selbst am treffendsten zu sein scheint. – Alles, was wir über irgendwelche Tatsachen feststellen können, handle es sich nun um Tatsachen des Bewußtseins oder um dingliche Tatsachen, kann immer nur eine relative Gültigkeit haben. Alle Regelmäßigkeiten, die wir aufgrund unserer Beobachtung von Tatsachen vorfinden, sind insofern eben nur Regelmäßigkeiten und keine unbedingt gültigen Gesetze, als wir niemals voraussagen können, daß sich die Tatsachen auch in der Zukunft entsprechend diesen Regelmäßigkeiten verhalten werden. Es ist Husserls feste Überzeugung, daß sowohl in der psychischen wie in der physischen Natur, sowohl an Tatsachen des Bewußtseins wie an den Dingen im Raume, immer nur Sätze gewonnen werden können, die jeweils durch Tatsachen revidierbar sind. Das heißt, wenn wir zum Beispiel ein Naturgesetz festgestellt haben, so ist es immer noch möglich, ja es gehört geradezu zum Sinn dieses Naturgesetzes, daß wir durch künftige Erfahrung gezwungen werden, es in irgendeiner Weise umzuformen, das heißt uns einen neuen Begriff zu bilden. Die Erweiterung des Erfahrungskreises kann bei allen Sätzen, die anhand der Erfahrung formuliert sind, künftige Veränderungen ihres Bestandes und ihres Verhältnisses zueinander bedingen. Damit ist notwendig zugleich eine andere Eigentümlichkeit der Tatsachengesetze gegeben. Diese besteht darin, daß die Wahrheit dieser Gesetze niemals unmittelbar einsichtig ist oder aus anderen Gesetzen unmittelbar einleuchtend gemacht werden kann. Was bloß den Charakter der Wahrscheinlichkeit hat, ist nirgends notwendig, sondern wir können uns immer auch denken, daß es sich anders verhielte. Daß Wasser bei null Grad Celsius gefriert, das heißt, daß ein Stoff, der alle übrigen Eigenschaften des Wassers hat, auch noch diejenige des Gefrierpunktes null Grad haben müßte, ist keineswegs einsichtig und notwendig. Wir könnten uns sehr wohl das Gegenteil denken – wenn nur nicht eben die ›Tatsachen‹ dagegen sprächen, und wie lange sie das noch tun, können wir nicht wissen.

Schon aus diesen kurzen Betrachtungen ergibt sich, daß – wären die logischen Gesetze nur aus Tatsachen zu begründen – die unbedingte Gültigkeit dieser Gesetze nicht zu retten wäre. Aller Positivismus, oder wie Husserl in dieser Hinsicht fast gleichbedeutend sagt, aller Psychologismus und Empirismus ist Relativismus, das heißt, er relativiert die Gültigkeit der logischen Gesetze, ob er es zugesteht oder nicht; denn er vermag ihnen nur die Bedeutung von Wahrscheinlichkeiten zu verleihen. Das aber ist dem Sinn dieser Gesetze selbst zuwider. Sie beanspruchen überall absolute Ausnahmslosigkeit und Unveränderlichkeit ebenso wie sie selbst unmittelbar einsichtig sind. Wählen wir ein möglichst sinnfälliges Beispiel! Der Satz vom Widerspruch besagt: »Zwei kontradiktorische Sätze sind nicht beide wahr.« Alle Versuche der Begründung dieses Satzes aus Tatsachen müssen, so meint Husserl, darauf hinauslaufen nachzuweisen, daß »zwei als ja und nein entgegengesetzte«[66] Urteilsakte unter bestimmten Umständen tatsächlich in einem Bewußtsein nicht zusammen bestehen können, oder sie müssen wenigstens irgendwelche einzelnen Tatsachen angeben und unter Hinweis auf diese Tatsachen behaupten, daß in ihnen der Grund für die Wahrheit des Satzes vom Widerspruch liege. Nun haben wir nach Husserl vor allem zwei verschiedene Motive zu unterscheiden, die eine solche empiristische Begründung des Satzes vom Widerspruch, das heißt seine Begründung aus Tatsachen, ein für allemal unmöglich macht. Erstens ist eine solche Begründung unmöglich, weil Erfahrung anhand von Tatsachen immer nur Wahrscheinlichkeit im soeben be-

---

66	[Edmund Husserl, *Logische Untersuchungen*, Erster Theil: Prolegomena zur reinen Logik, Halle 1900, S. 83.]

zeichneten Sinne begründen kann. Daß zwei Urteile, die kontradiktorisch entgegengesetzt sind, tatsächlich in einem Bewußtsein nicht
beide zugleich für wahr gehalten werden können oder auch irgendwelche sonstigen psychischen Tatbestände, auf die der Empirist zur
Begründung des Satzes vom Widerspruch hinweist – das alles mag
ganz richtig sein und sich so, wie er es behauptet, im Bewußtsein
finden. Aber er wird keineswegs mit unbedingter Sicherheit behaupten dürfen, daß sich die entsprechenden Tatbestände ebenso in
aller Zukunft wiederfinden müssen; denn niemals können wir den
Eintritt von Tatsachen und Tatsachenkonstellationen unbedingt sicher prophezeien. Der Satz vom Widerspruch aber hat eben diesen
Charakter unbedingter Gültigkeit, ganz abgesehen davon, ob es irgendwelche Tatsachen gibt, die ihn bestätigen oder nicht, abgesehen
[auch] von irgendeinem Individuum, das ihn erkennen und aussprechen würde. Vielmehr ist er ein Prinzip, dessen Gültigkeit wir bei
jeder Aussage über Tatsachen schon voraussetzen, und ohne Voraussetzung dieser absoluten Gültigkeit würde der Hinweis auf
Tatsachen nicht bloß keine Wahrheit, sondern nicht einmal Wahrscheinlichkeit begründen können. Damit sind wir schon zum zweiten wesentlichen Motiv gelangt, aus dem Husserl die Möglichkeit
einer Begründung der logischen Sätze aus Tatsachen bestreitet. Jede
Art der Begründung, also auch die Begründung durch Tatsachen,
beruht auf irgendwelchen Prinzipien. Auch der Empirist setzt das
Bestehen solcher Prinzipien voraus, wenn er die Gültigkeit der logischen Gesetze aus irgendwelchen Tatsachen herleiten will. Setzte er
es nicht voraus, so hätte die Herleitung keinen eindeutigen und begründenden Sinn und ebensowenig die Feststellung der Tatsachen
selbst, aus denen die Herleitung geschehen soll. Wenn nun diese
Begründungsprinzipien, unter denen ja [lediglich] die logischen Gesetze selbst zu verstehen sind, immer wieder [der] Begründung
durch Tatsachen, ja überhaupt der Begründung bedürfen sollen, so
geraten wir entweder in einen *regressus ad infinitum* oder, im vorliegenden Fall, [eher noch] in einen Zirkel; denn alle Begründung aus
Tatsachen setzt die Gültigkeit der Begründungsprinzipien schon
voraus. – Damit ist gezeigt, daß die Herleitung und Begründung der
logischen Gesetze aus Tatsachen nicht nur insofern unmöglich ist,
[als] sie bloß Wahrscheinlichkeit zu begründen vermöchte, was dem
Sinne dieser Gesetze selbst zuwiderläuft, sondern auch deshalb hin-

fällig ist, weil sie einen logischen Verstoß enthält. Jede Art von Erfahrungswissenschaft setzt die Gültigkeit der Logik voraus und wäre ohne sie unmöglich, sie kann auf keinen Fall ihre Begründung leisten.

Diese Begründung gehört in die Logik selbst. Wie aber muß diese beschaffen sein, damit wir nicht in ihrem Bereiche denselben Schwierigkeiten anheim fallen, denen wir im Gebiet der Erfahrungswissenschaft nicht entgehen konnten? Was versteht Husserl unter einer reinen Logik, insofern sie allen empiristischen und psychologistischen Vorurteilen gegenüber frei ist? Nach dem bisher Gesagten kann eine solche Bestimmung nicht allzu schwer sein. – Die logischen Gesetze sind die Prinzipien aller Begründung und die Konstituentien aller Theorie überhaupt. Daher dürfen sie nicht irgend etwas Anderes (auch keine »Bewußtseinstatsachen«) voraussetzen, das ihre Gültigkeit begründet. Die Logik muß sich als absolut selbständige Disziplin konstituieren, die in sich selbst völlig geschlossen ist. Und dies ist nur auf folgende Weise denkbar: Ihre höchsten Sätze müssen absolut durch sich selbst einsichtig sein, »evident«, wie der Ausdruck lautet. Zu diesen obersten und unmittelbar einsichtigen Sätzen müssen die Prinzipien gehören, durch die wir von ihnen zu anderen Sätzen mit dem Charakter der Notwendigkeit fortschreiten können, das heißt die Prinzipien der Deduktion. Dadurch ist die Möglichkeit gegeben, in absolut einsichtiger Weise von den obersten Sätzen zu weiteren Sätzen zu gelangen, die eben durch ihre einsichtige Begründung, das heißt dadurch, daß sowohl die Sätze, von denen ausgegangen wurde, als auch die einzelnen Schritte der Begründung evident waren, einsichtig sind. So wird die Logik in genauer Analogie zu den streng mathematischen Wissenschaften zum Inbegriff einer definiten Mannigfaltigkeit, das heißt, sie besteht aus einer endlichen Anzahl von Sätzen, die alle mit Notwendigkeit aus einigen obersten Prinzipien, zu denen die Prinzipien der Deduktion selbst gehören, abzuleiten sind. Die Idee einer derartigen Logik hat Husserl am Schlusse des ersten Bandes seiner *Untersuchungen* ausführlich erörtert und als spezifisch philosophische Aufgabe der Gegenwart bezeichnet.

Gehen wir dem Sinne dieser Wissenschaft nach, so ist gegenüber allen früheren logischen Versuchen (soweit es sich um Versuche der letzten Jahrzehnte handelt) das Folgende festzustellen. Es ist ge-

rade umgekehrt, wie der erkenntnistheoretische Positivismus geglaubt hatte: Die Logik kann durch keine Art von Erfahrungswissenschaft begründet werden. Erfahrungswissenschaft bezieht sich
auf Tatsachen, Tatsachen kommen und gehen, und alle Sätze, die
sich auf sie beziehen, haben nur bedingte Anwendungsmöglichkeit
und Gültigkeit. Aber selbst diese bedingte Gültigkeit vermöchte
ohne Voraussetzung einer absoluten Logik nicht zu bestehen. Nicht
nur die Erfahrungswissenschaften befinden sich der Logik gegenüber in einem Abhängigkeitsverhältnis, sondern auch jede Art von
exakter, strenger Wissenschaft. Denn auch zum Beispiel die mathematischen Disziplinen setzen die Gültigkeit der logischen Gesetze
in ihren Begründungen voraus. Mehr noch: Ihre Konstitution als
deduktive Wissenschaften, ganz so, wie wir es soeben bei der Logik
selbst kennengelernt haben, ihr Bestehen als in sich geschlossene
theoretische Einheiten, die logische Gültigkeit ihrer Verknüpfungsformen zu dieser Einheit – all das gründet keineswegs in ihnen
selbst, sondern eben in der Logik, die in ihren Deduktionen jene
Begriffe zu entwickeln und eindeutig zu bestimmen hat, in denen
einheitliche Theorie, theoretischer Zusammenhang gründet. Die
Begriffe von Begriffen, Sätzen, Wahrheit und so fort werden nicht in
der Mathematik entwickelt, die es vielmehr mit Begriffen wie Kreis,
Dreieck, Gerade und so fort zu tun hat, und doch setzen die letzteren Begriffe, setzt die einheitliche Form der Wissenschaft, in der sie
ihren Platz haben, die ersteren und daher die Logik voraus. Aber
auch Begriffe wie Einheit, Gegenstand, Sachverhalt, Beziehung und
so fort werden in allen Theorien vorausgesetzt und machen sie erst
möglich; nur in der Logik finden sie ihre einsichtige Bestimmung.
In jedem der angeführten Begriffe gründen selbst wieder logische
Gesetze, die in der Logik zu entwickeln sind, wie [etwa der] Begriff
des Schlusses die Theorie der Syllogistik [impliziert]. Alle diese Gesetze und Theorien hat reine Logik streng deduktiv zu begründen.
Indem sie dies aber tut, erwächst ihr die Möglichkeit, an die Realisierung einer Aufgabe zu gehen, die Husserl, indem er einen Leibnizschen Gedanken wieder aufnimmt, als höchstes Ideal der Logik
hinstellt: nämlich eine Theorie aller möglichen Theorieformen.
Eine solche Theorie, eine solche *mathesis universalis* würde die
Formklassen der möglichen Theorien entwickeln und so in Wahrheit das gesamte Apriori aller Wissenschaft enthalten.

Damit habe ich schon hingewiesen auf die allgemeine philosophische Bedeutung der von Husserl inaugurierten Logik. Sie soll, schon in ihren primitiven Teilen und abgesehen von der Realisierung der *mathesis universalis*, eine der Kantischen Philosophie analoge Aufgabe erfüllen: das Apriori der Wissenschaft zu entwickeln. Sie soll dasjenige, ohne dessen Gültigkeit Wissenschaft nicht möglich ist, das heißt nicht gedacht werden kann, in streng exakter Form entwickeln, als eine Wissenschaft von mathematischer Strenge, die die Gründe der Möglichkeit der Wissenschaft überhaupt in voller Allgemeinheit enthält. Die Aufgabe, die Husserl der Logik stellt, ist [freilich] umfassender als diejenige, die Kant sich gesetzt hatte. Kant suchte das Apriori der Naturwissenschaften, das heißt die notwendigen Voraussetzungen, die Gründe der Möglichkeit einheitlicher Erfahrung der gegenständlichen Welt. Es war also das Eigentümliche der Kantischen Philosophie, daß sie nicht das Apriori der Wissenschaft überhaupt, jeder denkbaren Wissenschaft sich aufzusuchen vornahm, sondern das Apriori der Wissenschaft vom Wirklichen, das heißt wesentlich der mathematischen Naturwissenschaft. Er also suchte in seiner transzendentalen Philosophie nur die Komponenten derjenigen gesetzlichen Einheit, die wir Einheit der Erfahrung nennen, und wenn er von Wissenschaft redet, so ist darunter im Grunde immer die auf das Wirkliche bezogene Wissenschaft zu verstehen. Auch die Mathematik wird von ihm wesentlich in Beziehung auf ihre Funktion für die Erkenntnis der Wirklichkeit systematisch betrachtet.

Was für Kant das ausschließliche Thema der Untersuchung ist, bedeutet in der Husserlschen Logik nur einen Spezialfall. Indem Husserl die Konstituentien der Einheit der Theorie überhaupt und im Anschluß daran die Vorzeichnung aller aufgrund dieser Konstituentien möglichen Theorieformen der Logik als Aufgabe vorsetzt, erhält sie einen weit allgemeineren Gegenstand. Unter allen denkbaren einheitlichen Theorien ist ja diejenige, die auf die wirkliche Welt Anwendung finden kann, nur eine unter vielen. Der Logiker hat sich um sie als eine besondere [Theorie], wenigstens zunächst, gar nicht zu bekümmern. Er zeichnet die Formen theoretischer Einheit überhaupt und gewinnt schließlich in durchaus einsichtigen Denkschritten aus dieser Idee einheitlicher Theorie überhaupt eine Theorie der möglichen Theorieformen, das heißt der möglichen theoreti-

schen Formen von strengen Wissenschaften. Daß und inwiefern
darunter sich eine befindet, die auf unsere Wirklichkeit paßt, geht
ihn gar nichts an. Ob sie im logischen Gebiete selbst, also für den
Logiker als solchen in irgendeiner Weise ausgezeichnet ist, muß jedenfalls völlig unausgemacht bleiben. In bewußter Analogie zum
modernen Mathematiker, der in der reinen Mannigfaltigkeitslehre
ebenfalls Theorien entwirft, von denen es völlig unausgemacht
bleibt, inwiefern es nicht nur mögliche, sondern wirkliche durch
diese Theorien zu beherrschende Erkenntnisgebiete gibt, vollzieht
sich auch die Arbeit des Logikers völlig ohne Rücksicht auf wirkliche Fälle der Anwendung. Denken wir uns, daß er sein Ideal, eine
vollständige Theorie der möglichen Theorieformen verwirklicht
hätte, so wäre darin sicher auch die Struktur derjenigen Einheitsform vorgezeichnet, die wir als die gesetzliche Einheit unserer
Erfahrung kennen und die Kant sich ausschließlich zum Problem
gemacht hat. Aber das ist eben der Unterschied zwischen dem Unternehmen Kants und der reinen Logik, die im ersten Bande der
*Untersuchungen* inauguriert ist, daß die letztere nicht bloß transzendentale Untersuchung ist, das heißt nicht bloß die »Gründe der
Möglichkeit wirklicher Erfahrung«, sondern Gründe der Möglichkeit von Wahrheit überhaupt aufsucht und – da Wahrheit immer
nur in Form einheitlicher Theorie möglich ist – Gründe der Möglichkeit von Theorie überhaupt.
Bei ihrer Aufgabe hat es die Logik, wie wir gehört haben, zunächst
mit den eigentlich logischen Gegenständen zu tun, ohne die theoretische Einheit, das heißt Wissenschaft, das heißt Wahrheit nicht gedacht werden kann, also mit Begriffen wie Begriff, Satz, Urteil und
so fort. Alle logischen Verknüpfungsformen, und was damit zusammenhängt, hat sie vor allem zu erforschen. Indem wir unser Augenmerk auf diese Sachen richten, finden wir, daß alle diese Begriffe
eine ganz eigentümliche Natur haben, und die Herausstellung, die
Erörterung dieser ihrer Natur macht neben der Forderung einer reinen und von aller Erfahrungswissenschaft unabhängigen, überhaupt nicht auf Erfahrung bezogenen Logik die zweite positive
Lehre aus, die Husserl im ersten Band in kritischer Auseinander-
zung mit den empiristischen Theorien gewinnt.
Nehmen wir als Beispiel irgendein beliebiges Urteil, etwa den pythagoreischen Lehrsatz. Dieser pythagoreische Lehrsatz wird in

zahllosen Erkenntnisakten einzelner Personen erfaßt. Er wird von diesem und jenem zu dieser bestimmten Zeit gedacht, und es ist die Psychologie, welche die Bedingungen und den regelmäßigen Verlauf dieser wirklichen und sich wiederholenden Erkenntnisakte zu erforschen hat. Den Logiker interessieren diese realen psychischen Tatsachen keineswegs. Diese Tatsachen sind ja auch keineswegs identisch mit ›dem pythagoreischen Lehrsatz‹ selbst: Der Denkakte gibt es viele, sie kommen und gehen und haben ihre Zeitstelle – dagegen ist der Lehrsatz nur einer, er hat durch keine Vermittlung selbst eine Stelle in der Zeit, er wird nur in den zahllosen Erkenntnisakten auf gewisse Weise verwirklicht. Dieser Satz ist also nicht dasselbe wie die psychischen Tatsachen, in denen er gedacht wird. Er ist aber auch nicht dasselbe wie der Sachverhalt, den er bezeichnet. Dieser Sachverhalt besteht vielmehr in einem bestimmten mathematischen Verhältnis zwischen der Summe der Quadrate über den Katheten und dem Quadrat über der Hypotenuse. Aber dieses Verhältnis ist doch keineswegs der Satz, sondern der Satz sagt etwas über das Verhältnis aus. Die Behauptung, daß der Satz identisch [sei] mit dem, was er meint, ist in diesem Fall so absurd wie in jedem anderen. Man kann doch nicht sagen, daß das Urteil, Cäsar habe an einem bestimmten Tag den Rubikon überschritten, mit diesem Sachverhalt identisch [sei]. Also haben wir jeden Satz nicht bloß von den psychischen Akten zu unterscheiden, in denen er vollzogen wird, sondern ebensosehr von den Sachen, auf die er hinweist.

Dies gilt aber nicht allein vom Satz und damit vom Urteil, sondern selbstverständlich ebensosehr von jedem Begriff, von allen Arten von Schlüssen und Kategorien. Es grenzt sich auf diese Weise von der Sphäre der psychischen Wirklichkeit nach der einen [Seite] und der Sphäre aller Arten von Sachverhalten [nach der anderen], zu denen freilich psychische Sachverhalte ebenfalls gehören können, das Gebiet der »Bedeutungen« ab als ein eigener Gegenstandsbereich. [Er bildet] das Forschungsgebiet der Logik im engeren Sinn, nämlich sofern sie es nur mit Bedeutungskategorien zu tun hat. Die Gegenstände dieses Gebietes, Begriffe, Urteile, Wahrheiten, Schlüsse haben keine Wirklichkeit; sie sind nicht empirische Einzelheiten, haben keine Stelle in Raum und Zeit, sondern sie sind ideale Einheiten, die wir – um den Husserlschen Ausdruck hier schon zu gebrauchen – »ideierend« erfassen. Husserl nimmt hier in der Lehre vom Sein der reinen Bedeutung die Theorie eines tiefsinnigen Denkers wieder auf, der abseits von der großen spekulativen Philosophie in der ersten Hälfte des neunzehnten Jahrhunderts gedacht hatte: Bernard Bolzano. Dieser vor der Wiederentdeckung durch Husserl fast ganz in Vergessenheit geratene Philosoph hatte eben das An-sich-Sein von Sätzen, Vorstellungen und Schlüssen insbesondere in seiner großen *Wissenschaftslehre* behauptet.

Indem einmal das Sein der reinen Bedeutungen von Husserl als dasjenige idealer Einheiten erkannt war, war es offenbar, daß nicht nur den reinen Bedeutungen ein solches Sein zugeschrieben werden mußte, sondern ebensosehr allen übrigen Kategorien, mit denen es die Logik und fernerhin auch die Mathematik zu tun hatte. Nicht nur Begriffe, Sätze, Urteile, sondern ebensosehr Begriffe wie Gegenstand, Sachverhalt, Einheit, Vielheit, Anzahl, ferner Kreis, Dreieck und so fort, also mindestens alle logischen und mathematischen Objekte haben kein wirkliches Dasein, sondern »ideales Sein«, wenn freilich auch nur den eigentlichen Bedeutungen jene merkwürdige Mittelstellung zwischen psychischem Gebilde und vermeintem Sachverhalt zukommt [sowie] nur den echten logischen Kategorien der Charakter des strengen Apriori, den wir erörtert haben.

Jetzt erst vermögen wir vollständig zu verstehen, [weshalb] Husserl erklärt, daß alle empiristischen, das heißt alle von Tatsachen ausgehenden Begründungen der Logik deren Sinn völlig verfehlten. Die Gegenstände der Logik und die Gesetze, die zwischen ihnen [gelten], von denen der Satz des Widerspruchs ein Beispiel ist, beziehen sich ihrem Sinne nach überhaupt nicht auf irgendwelche Tatsachen. Der Satz des Widerspruchs meint ursprünglich keineswegs, daß zwei reale Urteilsakte in einem bestimmten Subjekt, die entgegengesetzten Sinn haben, unverträglich seien, sondern er bezieht sich auf Urteile in jenem idealen Sinn als Bedeutungseinheiten. Diese Urteile werden in der Logik ganz abgesehen von allem materialen Inhalt genommen, so daß der Satz vom Widerspruch sich prägnant so formulieren läßt: Die Urteile S ist P und S ist nicht P können nicht beide wahr sein. Das Verhältnis, das hier zwischen zwei kontradiktorischen Urteilen besteht (daß sie nämlich nicht beide wahr sein können), gilt ganz unabhängig von irgendwelchen Tatsachen, ja, es ist völlig gleichgültig für die Wahrheit des Satzes vom Widerspruch,

ob er überhaupt von irgendeinem individuellen Subjekt jemals erkannt wird. Es ist der Sinn der logischen Gegenstandssphäre, daß
die Beziehungen in ihrem Bereiche nicht nur unabhängig von der
Existenz irgendwelcher Tatsachen gelten, sondern auch unabhängig
von der Erkenntnis irgendwelcher realer Subjekte.

Umgekehrt freilich ist dies keineswegs der Fall. Richten sich die
logischen Gesetze keineswegs nach irgendwelchen Tatsachen, so
müssen sich doch die Tatsachen überall streng nach den logischen
Gesetzen richten. Die letzteren sind, wie wir gehört haben, streng
apriorisch, und dies bedeutet, daß keine Tatsache ihnen je widersprechen kann, sondern daß sie vielmehr für alle Tatsachen in aller
Zukunft gelten müssen. Auf unser Beispiel angewandt, bedeutet
dies, daß der Satz vom Widerspruch nicht nur für alle Urteile des
Typus S ist P und S ist nicht P gilt, sondern auch für alle realen
Urteilsakte, in denen solche Urteile vollzogen werden. Es ist also
keineswegs so, wie es zum Beispiel bei Sigwart noch scheinen
konnte, daß der Satz vom Widerspruch deswegen gilt, weil [kontra-
diktorisch] entgegengesetzte Urteile in einem Subjekt nicht verträg-
lich seien – dies ist leider allzu häufig der Fall –, sondern: Wenn ein
reales Subjekt [zwei] kontradiktorische Urteile vollzieht, so können
sie nicht beide wahr sein, *weil* der Satz vom Widerspruch gilt. Ja, es
ist dabei sogar gleichgültig, ob diese Urteile beide in einem und
demselben Subjekt oder in zwei verschiedenen Subjekten vollzogen
werden; denn die Gesetze *a priori* richten sich eben nicht nach den
Tatsachen, sondern die Tatsachen nach den Gesetzen *a priori*.

Ich habe diese sehr abstrakten Gedankengänge des ersten Bandes
der *Logischen Untersuchungen* deshalb so breit hier ausgeführt,
weil sonst nicht hätte verständlich werden können, inwiefern eine
kritische Auseinandersetzung mit den neueren Begründungen der
Logik und der Versuch, selbst eine derartige Begründung zu geben –
also eine scheinbar so spezielle wissenschaftsphilosophische Angelegenheit –, eine so nachhaltige Wirkung hat ausüben und ein so
breites Interesse [hat] in Anspruch nehmen können. Nach allem,
was Sie bisher gehört haben, werden Sie aber nun verstehen, inwiefern dieser erste Band einen derartigen Erfolg bedeuten konnte.
Wenn wir einmal von Bolzano absehen, so darf gesagt werden, daß
hier zum ersten Mal wieder seit den großen Rationalisten des siebzehnten Jahrhunderts ein ontologisches Unternehmen großen Stils

inauguriert [worden] war. Ontologisch war der Ausgangspunkt
Husserls insofern, als hier die Begründung der Logik rein aus dem
Sinne ihrer Gegenstände gefordert wurde, also als eine Lehre vom
Sein als Ontologie dieser begrifflichen Gegenstände, als formale
Ontologie im strengen Sinn des Wortes. Während die Gegenwart
bisher alle Begriffe und daher auch alle urteilsmäßige Wahrheit als
ein weiter Aufzulösendes und zu Begründendes behandelt hatte,
war hier plötzlich ein Gebiet idealer Einheiten, ein ideales Gegen-
standsreich als Forschungsgebiet aufgetan, das keiner weiteren Auflösung und Erklärung fähig und bedürftig sein sollte und in dem wir,
rein dem Sinn der Gegenstände hingegeben, Wahrheiten zwar nur
formalen, aber dafür entscheidenden Charakters gewinnen konnten. Die Möglichkeit ewiger, absoluter Wahrheit (zunächst freilich
nur innerhalb der Logik, also der Wahrheit über die Wahrheit) war
mit glänzenden Argumenten, mit dem ganzen Apparat eines kulti-
vierten logischen und mathematischen Wissens verteidigt worden.
Hatten jene Richtungen, die von einem unmittelbar gegebenen Material von ›Erlebnissen‹ als einzigem echten Sein geredet hatten, die
Wahrheit in Beziehung auf diese Erlebnisse relativiert, insofern sie
der Begründung aus diesen Erlebnissen bedürftig sein und sich
überdies letztlich noch auf diese Erlebnisse beziehen sollte, so hatte
die Lebensphilosophie die Wahrheit in Beziehung auf die biologische Zweckmäßigkeit relativiert und, soweit wir überhaupt echte
Einsicht sollten besitzen können, diese als urteilsmäßig unfaßbar
bezeichnet. Beide – sowohl der Positivismus als [auch] die Lebensphilosophie – waren als Relativismus gebrandmarkt, und [es wurde
gezeigt,] daß der Relativismus notwendig in sich widersprechend
sei, da er im gleichen Atemzuge sinngemäß voraussetzen müsse,
was er allgemein bestreite, nämlich die unbedingte und ewige und
durch nichts zu begründende Geltung der logischen Gesetze. Aber
auch der Neukantianismus war in zwei Hinsichten – wenn auch
nicht ausdrücklich, so doch immanent – bestritten: Erstens als zu
eng, da seine Untersuchung sich gar nicht auf Wahrheit überhaupt,
sondern auf eine Teilfrage, nämlich das System der Erfahrung bezieht – und zweitens als gewissermaßen voreilig, da er ohne weiteres
alle Gegenstände als vom Denken erzeugt behandelt und an transzendentale Konstitutionsprobleme herangeht, ohne zunächst einmal, rein dem Sinn der Gegenstände selbst nachgehend, deren onto-

logischem Anspruche gerecht zu werden. Daß es in Beziehung auf
die logischen Gegenstände eine Wissenschaft gebe von derselben
Objektivität wie die Mathematik, ja, daß zwischen diesen beiden
Wissenschaften Verwandtschaften bestünden, wie man sie vorher
nicht geahnt hatte, das war nun im ersten Bande der *Logischen Untersuchungen* klar hervorgetreten. Und damit war zugleich als philosophische Fundamentalaufgabe proklamiert, vor allen Dingen
derartige gegenständliche Untersuchungen in strenger Form durchzuführen. Erst in zweiter Linie und in ganz anderer Richtung
konnte man dann das Problem in Angriff nehmen, wie die betreffenden Gegenstände sich im Bewußtsein konstituierten. Es ist
bezeichnend, daß Husserl im ersten Bande der *Logischen Untersuchungen* dieses ganze Unterfangen noch leicht ironisch zu behandeln scheint. Psychologie bleibe Psychologie auch unter dem Titel
der Transzendentalpsychologie. Späterhin (in den *Ideen zu einer
reinen Phänomenologie*) hat Husserl, wie wir noch sehen werden,
freilich selbst sich derartigen transzendentalpsychologischen Untersuchungen in großem Umfange gewidmet, was vielen seiner
Schüler als ein Abfall von seinen eigenen Anschauungen erschienen
ist. Trotzdem hat er die Priorität ontologischer Forschungen immer
anerkannt und diese Überzeugung in der für das Verständnis der
Husserlschen Philosophie äußerst wichtigen Lehre ausgesprochen,
daß der Gegenstand im ontologischen Sinn überall den »Leitfaden«
für transzendentale Untersuchungen abzugeben habe. Wir können
hier auf diese Lehre auch später nicht mehr eingehen, aber ich erwähne sie deshalb besonders nachdrücklich, weil bei dem Vorwurf,
daß Husserl in seiner späteren Entwicklung selbst zum Transzendentalphilosophen geworden sei, in der Regel eben die Funktion
dieser Lehre bei Husserl übersehen wird. Die Voraussetzung für
transzendentale Untersuchungen ist bei Husserl keineswegs das
Faktum der Wissenschaft oder gar der Naturwissenschaft, sondern
[ihn interessieren zunächst] die verschiedenen Arten von Gegenständlichkeit mit allen ihren wesentlichen Eigentümlichkeiten. Erst
wenn eine vorurteilslose Beschreibung der Gegenständlichkeit gegeben ist, kann die transzendentale Untersuchung einsetzen, das
heißt mit der Beantwortung der Frage begonnen werden, wie sich
das Wissen von dieser besonderen Gegenstandsart in unserem Bewußtsein konstituiert.

Wir haben schon von der letzten Periode der Husserlschen Philosophie gesprochen und stehen doch erst am Ende der Erörterung über den ersten Band der *Logischen Untersuchungen*. Als eines seiner wesentlichen Resultate haben wir die Behauptung des Seins der logischen Bedeutung als idealer Gegenstände im Gegensatz zu allen Tatsachen erkannt. Um nun zur Philosophie des zweiten Bandes und ferner der *Ideen zu einer reinen Phänomenologie* und [zur] phänomenologischen Philosophie oder vielmehr [zu] ihrem besonders wirksamen Bestandstück, der Lehre von der Wesensschau, überzugehen, brauchen wir nur die folgenden Betrachtungen im Anschluß an das erwähnte Resultat anzustellen. – Ich habe schon erwähnt, daß nicht nur die in engerem Sinn logischen Gegenstände, das heißt die Bedeutungen solche ideale Einheiten im Gegensatz zu Tatsachen seien, sondern ebensosehr zum Beispiel die mathematischen Gegenstände, die Zahlen und so fort. Aber das Gebiet dieser idealen Einheiten läßt sich noch sehr erweitern, und zwar in ganz prägnantem Sinn. Wenn wir uns noch einmal einen Augenblick darauf besinnen, wie sich die Bedeutungen, also zum Beispiel der Sinn eines Aussagesatzes, sagen wir zwei mal zwei ist vier, zu den Tatsachen, also in diesem Fall zu den einzelnen psychischen Urteilsakten verhält, in denen er zum Ausdruck kommt, so läßt er sich genau als das *Identische* bestimmen, das allen Urteilsakten dieser Bedeutung sowohl im einzelnen Subjekt als auch in mehreren Subjekten als auch in den Urteilsakten desselben Sinnes verschiedener Sprachen gemeinsam ist. Und zwar ist er nicht bloß das Identische der realen, das heißt tatsächlich vollzogenen Urteilsakte dieses Sinnes, sondern auch der prinzipiell unendlichen Anzahl möglicher Urteilsakte, die wir uns in der Phantasie vorzuzeichnen vermögen. Damit erscheint die Bedeutung als das Identische einer unbegrenzten Reihe möglicher Exemplare, als Gattung, als Species im exakten Verstande des Wortes. Wenn auch Husserl diese Anschauung in der allerjüngsten Zeit und in gewissen unveröffentlichten Schriften geändert haben mag, historisch bildet sie jedenfalls den Übergang vom ersten Bande der *Logischen Untersuchungen* zur Lehre von der Wesenserschauung, durch die er in eminentem Sinn Schule gemacht hat. Denn mit dieser Auffassung standen nun die Bedeutungen plötzlich als Spezialfall des großen Gebietes spezifischer Gegenstände, das heißt der Gattungen überhaupt da, und was für die ersteren gilt, kann in weitem Umfang auf die letzteren angewandt werden.

Alle Gattungen sind ideale Gegenstände, ganz gleichgültig, ob es sich um Gattungen von Tatsachen oder um Gattungen von Gattungen handelt. Jeder Gattung entspricht eine unendliche Anzahl möglicher Exemplare, die, insofern es sich dabei um Tatsachen handelt, ihre Stelle in Raum und Zeit haben, das heißt Individuen sind. Die Gattungen selbst aber haben keine Stelle in Raum und Zeit, und das Sein, das wir ihnen zusprechen müssen, ist prinzipiell gleichgültig dagegen, ob irgendein Exemplar tatsächlich realisiert ist oder ob irgendein Bewußtsein sie erkennt. Was mit einer solchen Lehre, die das Sein an sich der Gegenstände allgemeiner Begriffe in einer Zeit behauptete, in der noch auf weite Strecken als einziges Sein entweder die materiellen Atome der Naturwissenschaft oder der nichtssagende Brei sinnlicher Empfindungen galt, läßt sich denken. Wir müssen ausdrücklich betonen, daß bei Husserl dieses Sein der allgemeinen Gegenstände, der idealen Einheiten durchaus noch nicht metaphysisch gemeint war, aber doch ist durch seine Lehre die Möglichkeit metaphysischer Hypostasierung gegeben. Wir werden bald davon sprechen müssen, wie Husserl dieses »Sein an sich« verstanden hatte und wie es im Gegensatz zu später, das heißt vielfach heute noch ausgelegt wird. – Zunächst müssen wir untersuchen, wie Husserl die Frage beantwortet, auf welche Weise diese idealen Gegenstände zur Gegebenheit kommen; denn die Antwort auf diese Frage stellt eben die Lehre von der »Ideation« oder »Wesenserschauung« dar, da »Wesen« bei Husserl selbst in der Regel synonym mit idealer Einheit gebraucht wird: Das Wesen ist bei ihm nichts anderes als das Identische, das sich in allen Exemplaren einer Gattung verkörpert. Sie sehen, wie hier zunächst die ganz spezielle logische Frage nach der Art, wie logische Gegenstände zur Erfassung kommen, weittragende philosophische Bedeutung gewinnt dadurch, daß diese als Spezialfall der Gattung überhaupt gefaßt werden.

Wie also kommt ein allgemeiner Gegenstand, eine ideale Einheit, ein Wesen (im Husserlschen Sinn) zur Gegebenheit? [...]*

[* Die sich hieran anschließende Seite des Ts. fehlt.]

# [Tendenzen der unmittelbaren Gegenwart: Historismus, Scheler, Klages]

Wir haben zu Beginn dieser Stunden von den Anfängen der neuen Wissenschaft und insbesondere von der Philosophie Descartes' gesprochen. Wir sahen damals eine der Hauptintentionen der mit Descartes zusammenhängenden philosophischen Bewegung darin, alle Einflüsse außerwissenschaftlicher Mächte, insbesondere der Theologie, von der reinen naturwissenschaftlichen Forschung fernzuhalten. Die Scheidung der beiden Seinsgebiete, die Descartes selbst unter dem Titel der *res extensa* und der *res cogitans* vollzogen hatte, galt in erster Linie der radikalen Verselbständigung aller Forschungen im Felde der natürlich-räumlichen Dingwelt, der *res extensa*. Aber im Laufe unserer Besprechungen über die Entwicklung der experimentellen Psychologie haben wir gesehen, wie auch auf dem zweiten der beiden Gebiete immer mehr die gleiche Tendenz, ausschließlich naturwissenschaftliche Methoden anzuwenden, sich durchsetzte. Während Descartes selbst und die bekanntesten unter seinen Nachfolgern über die *res cogitans* sowie über ihr Verhältnis zur *res extensa* und über das Verhältnis beider zu Gott metaphysische Untersuchungen im alten Sinn [durch]geführt hatten, gelangte hauptsächlich mittels der Bedürfnisse der Medizin in England und Frankreich diejenige Richtung zur Herrschaft, die sowohl die Psyche selbst unter dem Titel des Bewußtseins als auch dessen Beziehungen zu materiellen Vorgängen in durchaus empirischer Einstellung zum Gegenstande machte. Die Metaphysik als Lehre vom wahren Sein und den letzten Gründen der Welt wurde immer weiter aus der eigentlichen Wissenschaft verdrängt, je mehr die Bedürfnisse der rasch sich entwickelnden bürgerlichen Gesellschaft die Konzentration aller Kräfte auf die Beherrschung der Natur bedingten. Die Metaphysik wurde nicht nur quantitativ eingeengt, sondern, was bei dem angedeuteten Prozeß unvermeidbar war, sie wurde diskreditiert: Entweder unter dem Motto, daß ihr Unterfangen vergeblich sei, da wir niemals bis zum wahren Sein vorzudringen vermöchten, sondern uns mit den Erscheinungen zufrieden geben müßten, was zwar bescheiden, aber desto nützlicher sei – oder mit der direkten Affirmation, daß es gar kein anderes Sein geben könne als dasjenige, was der empirischen Beobachtung zugänglich sei. Die Tatsachen und ihre gesetzmäßigen Beziehungen wurden immer mehr als die einzige Wirklichkeit, jedenfalls als der einzig erforschbare Gegenstand anerkannt. – Daß dieser Prozeß zunächst insbesondere in den Ländern sich vollzog, in denen die bürgerliche Gesellschaft sich am raschesten und entschiedensten entwickelte, also in England und Frankreich, ist ohne weiteres verständlich. Um so plötzlicher und mit um so größerer Wucht griff die entsprechende Stimmung in Deutschland Platz, als die großen idealistischen Systeme der klassischen Spekulation zusammengebrochen waren und [in den nachachtundvierziger] Jahren die Hindernisse der industriellen Entwicklung immer mehr hinwegfielen. Der Respekt vor den Tatsachen als dem einzig Wirklichen und Seienden überhaupt war das kennzeichnende Merkmal der Gesinnung, ein Zug, der sich bis zur Feindschaft, jedenfalls bis zum Mißtrauen gegen Theorie überhaupt erhob. »Theorien kommen und gehen, Tatsachen aber bleiben wie Felsen bestehen«, ist eine Wendung, die Sie heute noch von Gelehrten, die unter jener Generation groß geworden sind, hören können.

Wir haben gesehen, wie sich die Philosophie zunächst in Union mit der naturwissenschaftlichen Psychologie, dann als Methodenlehre der Naturwissenschaft, schließlich der Geschichte wenigstens als eigene Disziplin wieder aus ihrer totalen Verachtung emporarbeitete. Schon bei der Lebensphilosophie, in eminentem Maße aber durch die Husserlschen *Untersuchungen*, hatte sie die Funktion übernommen, ein der ursprünglichen Stimmung gegenüber durchaus verschiedenes Bedürfnis zu erfüllen, nämlich darzutun, daß die naturwissenschaftlich erforschbaren Tatsachen oder vielmehr das, was die Naturwissenschaft als solche Tatsachen, als Wirklichkeit herausgestellt hatte, doch nicht das einzige und wahre Sein darstellen, sondern daß es andere, wichtigere, gewissermaßen eigentlichere Seinsbereiche gebe.

Auch die Naturwissenschaft einschließlich der Psychologie hatte freilich die im alltäglichen Leben als wahrnehmbare Tatsachen geltenden Bestände nicht als die Wirklichkeit im prägnanten Sinn hingenommen. Vielmehr hatte sie diese Tatsachen durch andere erklärt. Auf physischem Gebiet figurierten als letzte Konstituentien hypothetisch angenommene und nur in mathematischen Formeln faßbare Atomstrukturen, und das Bewußtsein wurde begriffen als zusammengesetzt aus Empfindungselementen und ihren Relationen. Aber alle diese Elementarvorgänge waren ebenfalls Tatsachen und dazu noch solche eines komplizierten Abstraktionsprozesses, einer langwierigen wissenschaftlichen Analyse.

Ausgegangen war also die neue Wissenschaft in ihrer heroischen Epoche, um das Wirkliche zu erforschen. Zu diesem Zweck hatte sie – oder vielmehr die sich mit ihr identifizierende Philosophie – aller Theologie und schließlich sogar der Metaphysik den Krieg erklärt. Auf jedem Schritt hatte ihr durch die unerhörten Erfolge in der Beherrschung der Natur die Praxis Recht gegeben; und die Gesellschaft, der sie diente und die unter ihrer Devise zur Macht gelangt war, schien sich einzig auf sie, auf die positive Wissenschaft verlassen zu können. – Aber es ist nun einer der Widersprüche in der Entwicklung dieser Epoche, daß im Fortschreiten der intellektuellen Anstrengung, die das Wirkliche ohne jede Zutat (frei von Theologie und Metaphysik) zum Ziele hatte, ein sinnleeres, abstraktes Elementenmaterial als Residuum übrigblieb; daß alle Wissenschaften die so groß begonnene Unternehmung mit dem Aufweis einer schlechten mechanischen Pseudorealität zu beschließen tendierten. Nicht nur Gott und seine Ordnung, die noch in der Leibnizschen Theodicee in dieser Welt verwirklicht sein sollte, sondern jede sinnvolle Einheit überhaupt war durch die Kategorien der modernen Wissenschaft als eine Funktion sinnloser Elemente erklärt: der Mensch selbst nicht einmal bloß als ein Nebeneinander von Körper und Bewußtsein, sondern jedes dieser beiden selbst wiederum als zusammengesetzt aus zahllosen Teilen und ihren Beziehungen (woran – wie ich beiläufig für die Biologen unter Ihnen bemerke – keineswegs durch die Hinzufügung einer das Ganze zusammenhaltenden sogenannten Entelechie prinzipiell etwas geändert wird).*

Dieser Widerspruch macht sich in der ungeheuren Unruhe bemerkbar, die nicht allein in der Philosophie, sondern fast ebensosehr in den Einzelwissenschaften zu spüren ist. Daß hierbei nicht nur sachliche und innerwissenschaftliche Motive mitspielen, sondern viel allgemeinere und wesentlichere, erfassen wir sofort, wenn wir daran denken, daß von diesem Destruktionsprozeß nicht allein die natürlichen Einheiten betroffen werden, sondern ebensosehr die Ideale,

[* M. H. fügt hier handschriftlich den Namen »Driesch« ein.]

unter denen die neue Gesellschaft die Herrschaft angetreten hatte.
Bestanden jenseits der Welt der Physik und Psychologie keine anderweitigen Realitäten, dann waren die Ideale, unter denen die Gesellschaft groß geworden und für die der einzelne zu arbeiten
meinte, sei es Menschenwürde oder Sittlichkeit oder Freiheit oder
dergleichen, im besten Falle Vorstellungen oder gar Fiktionen, was
kein Philosoph freilich ebenso prägnant wie naiv ausgesprochen hat
wie der in dieser Hinsicht äußerst lehrreiche Vaihinger. Die Unruhe
also hat die verschiedenartigsten Motive, deren Kern wir vielleicht
nicht besser treffen können, als daß wir sagen, daß zu keiner Zeit das
Bewußtsein von der Sinnlosigkeit der natürlichen Realität so stark
zu werden drohte wie in der Gegenwart, in der diese natürliche Realität als die einzige gilt.
Blicken wir nach dem technisch fortgeschrittensten, nach dem im
Sinne der angedeuteten Entwicklung avanciertesten Lande: Amerika, so finden wir, daß dort dem Gefühl dieser Sinnlosigkeit von
seiten der leitenden Kreise bewußt nicht allein durch eine Hypertrophie des Sports, schlechter Filme und der Christian Science begegnet wird, sondern ebensosehr durch die Möglichkeit des Erwerbs
eines Ford-Autos für jedermann. In der alten Welt aber ist der
Triumphzug dieser ablenkenden Mächte vielleicht weniger noch
durch geistige Widerstände als durch wirtschaftliche Schwierigkeiten gehemmt worden. Doch scheint mir die kulturelle und insbesondere die philosophische Lage der letzten Jahre (oder sogar Jahrzehnte) durch kein anderes Bild so sehr zu treffen zu sein als durch
dasjenige eines Menschen, der in irgendeiner Not fortwährend eine
Zuflucht sucht, sofort aber wieder daraus vertrieben wird, dann
eine neue zu finden meint und auch diese wiederum als allzu unsicher verlassen muß. Das fortwährende Entwerfen neuer Systeme,
das fieberhafte Entstehen und Verbrauchen wissenschaftlicher, me-
dizinischer, religiöser, philosophischer Moden, das tägliche Verkünden neuer Allheilmittel und Lebenshaltungen, der ebenso gro-
teske wie ernsthaft unternommene Versuch, aus irgendeinem ganz
kleinen Aspekt heraus – und wäre es nur die Atemgymnastik – eine
Religion machen zu wollen, die mit alldem zusammenhängende
Sektenbildung von solchen, die nicht genügende Elastizität besitzen, um aus einem veralteten Sanatorium in ein schon wieder mo-
derneres überzusiedeln, da sie ja wie Pilze aus der Erde schießen – all

das hängt zusammen mit der Destruktion der alten Kulturgehalte durch den modernen gesellschaftlichen Lebensprozeß.

Es ist in diesem Zusammenhang unmöglich, die Phänomene der Reaktion auf diese Entkleidung des gesellschaftlichen Daseins von allen geistigen Gehalten auch nur andeutend zu umreißen. Ich werde hier nur versuchen, einige große Tendenzen in der Philosophie der unmittelbaren Gegenwart zu charakterisieren, die aus dieser Situation verständlich sind oder wenigstens in ihrer Wirkung von ihr getragen werden.

Der Tatbestand, von dem wir auszugehen haben, ist also die Zersetzung und Auflösung aller derjenigen Gehalte, sei es religiöser, ethischer oder politischer Natur, die bis vor nicht allzulanger Zeit noch in normativer Wendung als bindende Forderung und als eine höhere Wirklichkeit nahezu allgemein gegolten hatten. Die einzige Wirklichkeit, die noch unberührt dazustehen schien, war diejenige der Physik oder, insofern eine idealistische Philosophie auch diese noch auf das Bewußtsein zurückführte, dieses Bewußtsein selbst. Der ganze Prozeß dieser Reduzierung des Wirklichen auf ein so problematisches, ja unwirkliches Sein und die Vernichtung aller festen und jenseits stehenden Normen hatte sich in der Geschichte der – grob gesprochen – letzten hundert Jahre vollendet. Die Geschichte hatte das Ephemere alles dessen, was als unbezweifelbar Wirkliches und Gültiges im Laufe der Zeiten anerkannt worden war, herausgestellt, und niemand konnte vorhersagen, was durch die Zeit hindurch sich noch als Wirkliches bewähren werde. Wie also konnte anders eine haltbare Betrachtung des Wesentlichen, der entscheidenden und übergreifenden Wirklichkeit gewährleistet werden als in der Hingabe an die Geschichte selbst, in ihrer Anerkennung als der einzigen, selbständigen, übergreifenden, allein unvergänglichen Macht. Wenn nichts, kein Wissen, kein Wert, keine Wirklichkeit sich bewährt, wenn alles dem ewigen Widerruf und Werden anheimfällt, wenn kein Begriff – nicht einmal der mathematische – ewige und identische Bedeutung hat, dann wird die Geschichte zum einzig Bleibenden, zum Urgrund dessen, was da ist oder, besser gesagt, was vergeht. So erscheint der ›Historismus‹ als ein entscheidender Zug in der Philosophie der Gegenwart. Es gibt zahllose Richtungen des Historismus; er tritt auf im Zusammenhang mit anderen Theorien, offen und versteckt, mit Pathos verkündet und halb unbewußt. Das außerordentlich aufschlußreiche Buch von Ernst Troeltsch *Der Historismus und seine Probleme*, das freilich leider Fragment geblieben ist, untersucht fast alle neueren und neuesten Philosopheme in Beziehung auf ihr Verhältnis zum geschichtlichen Problem.

Nur in der allerreinsten und zugespitztesten Form läßt sich der Historismus auf die Formel bringen, daß alle Wahrheit und alle Geltung irgendwelcher Normen geschichtlich bedingt sei und daß es also prinzipiell keine absolute Philosophie, die für alle Zeiten Geltung hätte, geben könne. Fast überall ist er verbunden, sei es mit einer Philosophie des Lebens wie bei Georg Simmel und Dilthey oder mit anderen Elementen, die eben doch darauf hinauslaufen, einen übergreifenden Sinn des Geschehens zu statuieren. Sei es in der Weise, daß der Geschichte geradlinige oder dialektische Entwicklung im Sinne des Ganges von wertloseren zu wertvolleren Zuständen oder auch des geraden Gegenteils: eines Herabsinkens und Sichentfernens von einem höheren Ursprung zugeschrieben wird. Sei es, daß ihr sonst irgendeine nur von einem jenseitigen Bezugspunkte her verständliche Bedeutung beigemessen wird. Doch ist immer das Entscheidende dort, wo historistische Elemente auftreten, daß die Geltung einer greifbaren absoluten Wahrheit, vor allem so, wie sie in den einzelnen Wissenschaften vorliegt, in Beziehung auf die Geschichte relativiert wird. Die feinsten Denker berühren sich hier oft mit Schriftstellern wesentlich minderen Ranges. Es ist eben überall die Tendenz vorhanden, aus der Erfahrung von der Vergänglichkeit alles Anerkannten, aus der Beunruhigung über die Zeit heraus sich derjenigen Gewalt bewußt hinzugeben, die sich als die Vollstreckerin des Destruktionsprozesses erwies.

Indem ich diese andeutenden Sätze über den Historismus aussprach, ist Ihnen zweifellos bereits zum Bewußtsein gekommen, daß der Historismus, zum mindesten in seinen prägnanten Formen, am relativistischen Widerspruche krankt. Sein Gedanke gibt sich als prinzipielle Lehre, und zum Inhalt dieser Lehre gehört es, die Möglichkeit von Prinzipien zu bestreiten, und so verfällt er der von Husserl gegen jede Art von Relativismus geführten Kritik. In dem Aufsatz, den Husserl im ersten Bande der Zeitschrift *Logos* hat erscheinen lassen, heißt ein Kapitel ›Historizismus und Weltanschauungslehre‹, und in diesem Kapitel findet sich eine glänzende, den

Historismus treffende Polemik, die den Relativismus in dieser besonderen Form zum Gegenstande hat. Daß die in der Husserlschen Philosophie enthaltenen Argumente schlagend waren, kann der äußere Umstand belegen, daß Wilhelm Dilthey nach dem Erscheinen der *Logischen Untersuchungen* ein Jahr lang seine Vorlesungen in Berlin eingestellt hat, um das Werk zu studieren.

Aber nicht nur Polemik gegen die Zeit schließt Husserls Leistung ein, sondern – wie wir bereits in den einleitenden Betrachtungen bei Besprechung seiner Philosophie erwähnten – es nimmt von ihm die mächtigste philosophische Bewegung ihren Ausgangspunkt, die der durch die Zeit gestellten Probleme auf eine andere Art Herr zu werden sucht als der Historismus: die phänomenologische Richtung. – Während Husserl selbst, wie Sie gehört haben, sich nach den Arbeiten zur Umgrenzung des rein logischen Gegenstandsgebietes der reinen Phänomenologie einer eidetischen Lehre von den Erlebnissen, ja sogar transzendentalen Untersuchungen zuwandte, hatte auf seine Schüler die Lehre von der Wesensschau in einem vollständig verschiedenen Sinne gewirkt. Daß es außer den empirischen Tatsachen noch andere Gegenstände der Forschung geben könne, denen sogar ein überzeitliches und irreduzibles Sein zukomme, daß von diesen Gegenständen sogar die Tatsachen abhängig seien und wir uns ihrer (das heißt der idealen Gegenstände) in schauender Haltung versichern könnten, das war die mächtige Anregung, die von Husserl ausging. Husserl selbst hatte wesentlich bloß von den logischen Einheiten gehandelt, aber er hatte gleichzeitig die Möglichkeit eidetischer Forschungen überhaupt unterstrichen und ihre Unerläßlichkeit, die Unerläßlichkeit und Priorität eidetischer Beschreibungen auf den verschiedensten Gebieten nachdrücklich dargetan. Es gab also Wahrheit, die in Urteilen faßbar war, nicht allein über die Wahrheit in der Logik und über die Gegenstände der Mathematik, sondern ebenso über andere Wesenheiten, über Farben, Töne, über das Recht, den Staat, die Werte und über Gott. Ebenso wie es, abgesehen von den einzelnen individuellen roten Farbqualitäten, die Farbe Rot als eigenen Gegenstand gab, der seine gegenständlichen Beziehungen zur Farbe Gelb hatte, so gab es als eigene, selbständige Gegenstände die Werte, das Wesen des Guten und Bösen, das Wesen des Heiligen und zwischen den Werten gegenständliche Beziehungen, ganz abgesehen davon, ob in der Welt der Tatsachen irgend etwas von diesen Wesenheiten sich gerade realisiert fand oder nicht. So war es die Einstellung der Husserlschen Schüler, daß durch den Positivismus und überhaupt die frühere Philosophie die Welt in einer ungeheuren Weise vereinfacht und verärmlicht worden sei. Durch das Bedürfnis, alles aus einem Grunde zu erklären, hatte man die ganze Wirklichkeit zusammenschrumpfen lassen zu der Masse von Elementen, die man jeweils als Erklärungsmaterial annahm. Aber Erklärung vermag gar nichts über den Sinn und das Sein der Gegenstände auszusagen, und es ist daher die philosophische Aufgabe der Gegenwart, einmal erst wieder die verschiedenen Gegenstandssphären in ihrer ganzen Buntheit und ihren Beziehungen herauszustellen, Beschreibungen in ihnen zu vollziehen, sich in schauender Haltung der Fülle des Seins, so wie es *ist*, und nicht so wie man es zu erklären versucht, wieder zu bemächtigen. Die Gesinnung der Schüler Husserls spricht sich sehr gut in den folgenden Worten Max Schelers aus, in denen er im Jahr 1915 einen Blick auf die von den Phänomenologen inaugurierte »Umbildung« der Weltanschauung vorauswirft: »Das eine aber wissen wir: Sie« (diese Umbildung [M. H.]) »wird sein wie der erste Tritt eines jahrelang in einem dunklen Gefängnis Hausenden in einen blühenden Garten. Und dieses Gefängnis wird unser durch einen auf das bloß Mechanische und Mechanisierbare gerichteten Verstand umgrenztes Menschenmilieu mit seiner ›Zivilisation‹ sein. Und jener Garten wird sein – die bunte Welt Gottes, die wir – wenn auch noch in der Ferne – sich uns auftun und hell uns grüßen sehen. Und jener Gefangene wird sein – der europäische Mensch von heute und gestern, der seufzend und stöhnend unter den Lasten seiner eigenen Mechanismen einherschreitet und, nur die Erde im Blick und Schwere in den Gliedern, seines Gottes und seiner Welt vergaß.«[67]

Sie sehen bereits den Unterschied zwischen der phänomenologischen Richtung auf Überwindung der Problematik der Gegenwart im Unterschiede von derjenigen des Historismus. Während dieser das Heil in der theoretischen (und schließlich auch praktischen) Hingabe an den Prozeß selbst erblickt, der die Reduzierung und

---

67 [Max Scheler, ›Versuche einer Philosophie des Lebens‹, in: *Gesammelte Werke*, hrsg. von Maria Scheler, Band 3, Bern ⁴1955, S. 339.]

Entzauberung der Welt*, die Mechanisierung und Analyse herbeigeführt hatte und daher als die übergeordnete Entität erscheinen kann, bestreitet die Phänomenologie die Legitimität der Analysen des wissenschaftlichen Verstandes selbst, soweit sie nicht bloß zur kausalen Erklärung, sondern zur Sinndeutung etwas beitragen sollen. Der Prozeß soll gewissermaßen wieder aufgehoben werden, es soll wenigstens die Sphäre des Wirklichen in ungeheurem Maße über das durch die erklärende Wissenschaft faßbare Reich hinaus erweitert werden. Dies geschieht zunächst freilich nur in der Richtung auf Statuierung und Durchforschung der von Husserl aufgeschlossenen eidetischen Sphäre. Daß wir alle Sachen betrachten können, abgesehen von ihrer Stelle in Zeit und Raum und von ihrer Beziehung zu anderen individuellen Dingen, also rein ihrem »Wesen«, rein ihrer »Essenz« nach im Gegensatz zur Existenz und daß wir – indem wir dies tun – keine müßige Arbeit verrichten, sondern etwas mindestens ebenso Sinnvolles tun wie die Mathematik, dieser Gedanke schien geradezu erlösend.

Und ganz unvermerkt hatte sich die Husserlsche, höchst vorsichtige und exakte Lehre von der Wesensschau, in der über die Seinsart des Wesens nur als eines logischen Gegenstandes etwas ausgesprochen war, bei seinen Schülern (ich nenne Max Scheler, Adolf Reinach, Hedwig Conrad-Martius, Alexander Pfänder) verschoben. Bei Husserl bedeutet das Wesen nichts anderes als die Spezies, das Identische irgendwelcher Reihen wirklicher oder eingebildeter, das heißt phantasierter Exemplare, bei ihm hatte also (wenigstens in den *Logischen Untersuchungen*) irgendein lächerlicher Gegenstand, sagen wir ein Dromedar mit einem Nilpferdkopf oder ein tausend Meter hoher Berg aus schlechter Literatur, ebensowohl sein Wesen wie ein Mensch oder ein wirkliches Buch. Danach war es also gar nicht von vornherein auszumachen, [ob] alle Wesensuntersuchungen, wenn sie nur richtig seien, auch einen Wert hätten. Im Reiche der Wesenheiten selbst, als bloßem logischem Gegenstandsbereich, standen die Gattungen verrückter Imaginationen neben den Wesenheiten von Gegenständen, die sich in der tatsächlichen Wirklichkeit fan-

[* Der Terminus »Entzauberung der Welt« entstammt Max Webers Aufsatz ›Wissenschaft als Beruf‹, in: *Gesammelte Aufsätze zur Wissenschaftslehre* (1919), hrsg. von Johannes Winckelmann, Tübingen ³1968.]

den. Daher schoß auch im unmittelbaren Anschluß an Husserls Arbeiten eine ganze Anzahl von Wesensbeschreibungen in wahlloser Weise über alle möglichen Themen hervor. Es war gewissermaßen die erste Jugend der phänomenologischen Bewegung, die Jahre der von Scheler selbst als »Bilderbuch-Phänomenologie« ironisierten Zeit. Hier schon findet sich die Überschreitung der logischen Haltung Husserls, indem die das Wesen erfassende Intuition, das heißt die Wesensschau, als Erfassung eines Seienden im platonischen Sinn erscheint. Während das »Sein« der Ideen bei Husserl, wie wir ausgeführt haben, rein im logischen Sinn des Vermeintseins zu verstehen war, wird es jetzt zum Sein schlechthin mit metaphysischem Beigeschmack.

Bald aber – bei manchem Phänomenologen freilich überhaupt von Anfang an – war das Gedränge in der Sphäre der Wesenheiten durchaus unverträglich mit der Intention und der Würde der phänomenologischen Untersuchung. Die Zahl der Wesenheiten (der *wahren* Wesenheiten) mußte begrenzt sein und eine Rangordnung aufweisen, wenn die philosophische Arbeit tatsächlich einem über der raumzeitlichen Wirklichkeit sich erhebenden oder jenseits seiner sich befindenden wahren Seinsreiche gelten sollte. Die Phänomenologie wurde eindeutig zu dem, als was Scheler sie in einer neuen Darstellung charakterisiert: zur »Erneuerung eines intuitiven Platonismus«[68]. In ihm (und das gilt für fast alle Darstellungen aus den späteren Bänden des *Jahrbuches für Phänomenologie*) sind Gattung und Wesen streng zu unterscheiden. Nicht jedes Ding, nicht jedes Produkt einer verrückten Einbildung hat sein Wesen, sondern es wird jeweils zu einer schwierigen Frage, inwiefern in irgendeinem faktischen Gegenstand diese oder jene aus der begrenzten Anzahl von Wesenheiten sich verkörpert oder inwiefern er gar ein individuelles Wesen für sich allein besitzt, wie wir etwa vom Wesen einer historischen Persönlichkeit sprechen.

Ich will Sie nicht in den Wald von Schwierigkeiten führen, in die modernsten Streitfragen der Phänomenologen, sondern nur kurz den heutigen Aspekt der Richtung andeuten. Wenn es nur eine begrenzte Anzahl wahrer Wesenheiten gibt, an denen die endlichen

---

68  [Max Scheler, *Die deutsche Philosophie der Gegenwart*, in: *Gesammelte Werke*, Band 7, hrsg. von Manfred S. Frings, Bern / München ²1973, S. 310.]

Dinge teilhaben und deren Verkörperungen diese endlichen Dinge darstellen, dann lassen sich diese endlichen Dinge in einer eigentümlichen Weise *sub specie* der ewigen Wesenheiten beurteilen. Je nachdem, [wie] sie nämlich auf das, was wir im Gebiete der Wesenheiten und völlig unabhängig von der empirischen Beobachtung ihrer selbst ausgesagt haben, bezogen werden, ergibt sich dann, daß sie einem bestimmten Wesen entsprechen oder nicht. Ferner können sie das Wesen mehr oder weniger gut ausdrücken, sie können schlechte oder gute Verkörperungen des Wesens sein. So wie irgendein empirisches Dreieck in der Wirklichkeit oder eine tatsächliche Kreislinie ein mehr oder weniger ›gutes‹ Dreieck, ein mehr oder weniger guter Kreis ist, so gibt es – bezogen auf andere Ideen – einen mehr oder weniger guten Staat, einen mehr oder minder ›echten‹ Krieg, einen mehr oder weniger echten Schmerz, eine echte Gemeinschaft, einen echten Menschen und so fort. Aber während in der Geometrie der genaue Kreis nur in Beziehung auf bestimmte Rechenziele einen Vorzug vor allen den Vielecken hat, von denen unsere tatsächlichen Kreislinien Spezialfälle sein mögen, während in der Mathematik und von rein mathematischen Gesichtspunkten aus eine dem Kreis ähnliche Linie mit einigen Beulen und Ecken eine sehr komplizierte Figur darstellt, ohne daß wir sie in irgendeiner Weise für ›schlecht‹ halten dürfen, während sie dort ihr Wesen ebensogut hat wie die Kreislinie selbst, liegt in der modernen Phänomenologie die Sache anders. Denn hier gibt es eben nur die Idee des Staates, des Menschen, des Heiligen, des Vaterlandes und so fort, und das, was in der natürlichen Welt diese Namen trägt, ist eine mehr oder minder gute Verwirklichung dessen, was es sein soll oder ein Abfall, ein Fehlwurf. Das Wesen wird zum wertakzentuierten Typus, nach dem die empirische Wirklichkeit beurteilt wird.

Indem also der Phänomenologe schauend hingegeben ist an die reinen Wesenheiten, indem er ganz unbekümmert um das, was sich in der gemeinen Wirklichkeit vorfindet, das Reich der Ideen durchforscht, zeichnet er doch dieser gemeinen Wirklichkeit Normen vor, nach denen sie sich in Wahrheit zu richten hat. Er setzt sich und uns in den Stand, über diese Tatsachenwelt mit letzter Autorität zu urteilen. Er ist eigentlich (im Gegensatz zum Naturforscher, Historiker, Soziologen, Psychologen und so fort) derjenige, der das wahre und eigentliche Sein erforscht, der zur absoluten Wahrheit

vordringt, zu dem Reich, das unserer banalen Welt eigentlich Sinn
verleiht. Er ist in höherer Bedeutung an *die* Wirklichkeit hingegeben, an das Wesenhafte, an die Ideen – und so ist die Not und Sinnlosigkeit, in die uns die peinliche Erklärungs- und Destruktionswut
der aufklärerischen Wissenschaften gebracht hatte, aufgehoben.
Mit dem Bewußtsein strengste Wissenschaft zu treiben, die nur der
Mathematik vergleichbar ist, vermögen wir endgültige und absolute
Aussagen zu machen, ein exaktes Wissen zu besitzen über die letzten Fragen des Lebens. Es sind uns eben nicht bloß Empfindungen
und flüchtige Fakta gegeben, sondern ebensosehr die Essenzen, die
Ideen und Wesenheiten. Das Gebiet des Gegebenen, das sich dem
Phänomenologen erschließt, ist unendlich weiter als die lächerlich
mißtrauische Kritik der Positivisten hatte zulassen wollen.
Daher vermag Scheler mit Recht zu formulieren: »Die Phänomenologie ist weniger eine abgegrenzte Wissenschaft als eine neue philosophische *Einstellung*, mehr eine neue *Techne des schauenden Bewußtseins* als eine bestimmte Methode des Denkens. Nur so wird
verständlich«, heißt es [hier] weiter, »daß die phänomenologische
Bewegung nicht im selben Sinne die Einheit einer *Schule* hervorgebracht hat, wie etwa die... Kantschulen solche darstellen. Aus dem
gleichen Grunde kann Phänomenologie nicht im selben Sinne als
objektiver Wissensgehalt *gelehrt* werden, wie die Gedanken dieser
Schulen. Nur durch fortgesetzte *Übung* dieser Bewußtseinshaltung
ist es möglich, in die Ergebnisse der Phänomenologie tiefer einzudringen und selbst in ihr fortzuschreiten.«[69] Es wird in dieser neuen
Einstellung geradewegs die wahre Wirklichkeit, das wahre Sein unmittelbar erschaut, so wie es die alte, von Kant angegriffene Metaphysik durch ihre mühsamen Begriffsspekulationen nicht hatte
explizieren können. Kriterien gibt es da keine anderen als die unmittelbare Erfüllung der schauenden Intention und ihre adäquate Beschreibung. Die Beschreibung der geschauten Wesenheiten ist die
Aufgabe des Philosophen. Findet sich ein Zweifler, der entweder
anderer Meinung über das Geschaute ist oder gar die Möglichkeit
des ganzen Unternehmens in Frage stellt und dieser Schau der wahren Wesenheiten (die also nicht mit der Husserlschen Wesensschau,
mit der »ideierenden Abstraktion« der *Logischen Untersuchungen*

---

69 [Max Scheler, *Die deutsche Philosophie der Gegenwart*, l. c., S. 309.]

identisch ist) nicht traut, so wird ihm bedeutet, daß ihm eben das
Organ, der spezifische Sinn dafür mangle, daß er nicht begnadigt sei
oder was dergleichen mehr ist.

Man pflegt sich in phänomenologischen Kreisen in ähnlicher Weise
mit den Skeptikern abzufinden wie einst der ihnen in dieser Hinsicht sehr verwandte große romantische Philosoph Schelling, [der]
ähnliche Einwände gegen die Möglichkeit der »intellektuellen Anschauung« [folgendermaßen] abgewiesen hatte: »Warum unter dieser Anschauung etwas Mysteriöses – ein besonderer nur von einigen
vorgegebener Sinn verstanden worden, davon ist kein Grund anzugeben, als daß manche desselben wirklich entbehren, welches aber
ohne Zweifel ebensowenig befremdend ist, als daß sie noch manches
andern Sinns entbehren, dessen Realität ebensowenig in Zweifel gezogen werden kann.«[70] Wer des Organs, das Schelling wie Scheler
ebenso wie Frau Conrad-Martius für sich in Anspruch nehmen,
entbehrt, des Organs, durch das uns die wahre, eigentlich unveränderliche, ewige Wirklichkeit sich offenbart, der ist eben in dieser
Hinsicht blind.

Auf die Frage, welche Verfassung es denn eigentlich sei, durch die
sich der Schauende, der zum Philosophen Taugliche auszeichne, erfahren wir von Scheler, »daß es eine moralische Haltung sei, die für
die besondere Art der Erkenntnis, die philosophisch heißt, wesensnotwendige Vorbedingung«[71] ist. Zu dieser moralischen Haltung
gehört es vor allem, daß wir den prinzipiellen Zweifel, der die kritische Philosophie und die Naturwissenschaften auszuzeichnen
pflegt, beiseite lassen und uns voll hingeben an alle Gehalte, die sich
uns darbieten. Liebe zum absoluten Wert und Sein, Demut und
Selbstbeherrschung[72] sind Charakteristika der Verfassung, die wir
erfragen. Daß diese moralische Haltung nicht jedem zuteil wird,
verrät uns Scheler freilich in einem seiner neuesten Werke, wo er
davon spricht, daß »Metaphysik... unter den übrigen Wissensformen, soziologisch gesehen, stets diejenige *geistiger* Eliten« sei, »die,
losgelöst von den religiösen und sonstigen Traditionen ihrer Le-

---

70 [*System des transscendentalen Idealismus*, in: *Schellings Werke*, hrsg. von Manfred Schröter, Band III, München 1927, S. 370.]
71 [Max Scheler, *Vom Ewigen im Menschen*, in: *Gesammelte Werke*, Band 5, hrsg.
von Maria Scheler, Bern ⁴1954, S. 78.]
72 [Ibid., vgl. S. 89.]

bensgemeinschaft und frei von wirtschaftlicher Arbeit, Muße haben, die Welt nach ihren ideellen Wesensstrukturen in rein theoretischer Einstellung zu betrachten«. Ausdrücklich heißt es dort, daß die Metaphysik an »erster Stelle das Werk gebildeter Oberschichten ist, die Muße zur Wesenskontemplation und zur ›Bildung‹ ihres Geistes besitzen«[73], während bei den positiven Wissenschaften diese Voraussetzungen fehlen.

Scheler ist unter den repräsentativen Philosophen der phänomenologischen Schule vielleicht die Persönlichkeit von größtem Format, sicher aber derjenige, dessen Anregung am mächtigsten gewirkt und die weitesten Kreise gezogen hat. Eben deshalb ist es bedeutsam, festzustellen, daß er selbst als einzelne Figur allein [schon] biographisch dasjenige Bild darbietet, das wir von der heutigen Philosophie im allgemeinen gezeichnet haben. Eine weltanschauliche Position löst die andere in erstaunlich raschem Tempo ab. Alle sind zwar bei ihm auf Schauungen gegründet, alle beanspruchen an das absolute Sein zu rühren und es in Worten zu fassen, aber er ist vielleicht gerade insofern der kennzeichnendste Denker der Zeit, als der Wandel seiner Lehren so anmutet, als ob ein Mensch in Not fortwährend eine Zuflucht suche, sofort aber wieder daraus vertrieben werde, dann aber eine neue zu finden scheint und auch diese wiederum als allzu unsicher verlassen muß. Das Buch *Der Genius des Krieges* [aus dem] Jahre 1915, die katholisierende Schrift *Vom Ewigen im Menschen* und der neueste industrialistische Standpunkt, in dem die Kirche bereits als Offenbarungs-Massenheilanstalt behandelt wird, sind nur einige besonders markante Wegzeichen. Der Standpunkte Schelers gibt es weit mehr.

Aber wir wollen hier nicht in billiger Weise absprechen. Es ist eine Tatsache, daß die Macht dieses Schriftstellers auf jeder einzelnen Etappe ganze Bewegungen in Gang gebracht hat – mögen wir uns darüber freuen oder nicht. Es ist ebensosehr Tatsache, daß diese Unrast immer noch einen größeren Geist verrät als jene naive Befriedigung einiger anderer Philosophen, die bei ihrem System oder bei ihren Schauungen von ehedem sich ein für allemal beruhigen. Dann dies scheint mir keinen Zweifel zu dulden: Auch die phänome-

---

73 [Max Scheler, *Probleme einer Soziologie des Wissens*, in: *Gesammelte Werke*, Band 8, hrsg. von Maria Scheler, Bern/München ²1960, S. 85; 92.]

nologische Methode der Schau absoluter, ein für allemal feststehender Wesenheiten führt ebensowenig wie der Historismus aus der Situation, in der wir uns befinden, heraus. Die Meinung, als seien die wahren Wesen, als sei die Wahrheit schlechthin von jedem beliebigen historischen Zeitpunkt aus ein für allemal zu erfassen und in kategorischen Urteilen explizit festzuhalten, der Gedanke, daß diese Wesenheiten selbst der Geschichte völlig enthoben seien [und] ihre Interpretation ohne weiteres dem Bevorzugten jetzt und hier und unter Überspringung jeder historischen Betrachtung möglich sei – diese Meinung, dieser Gedanke ist ein Schein. Es ist kein Wunder, daß man das Ergebnis der gestrigen Schau immer wieder durch das der heutigen korrigieren muß, daß eine nach der anderen all dieser Positionen fallen muß. Ebensowenig aber ist es ein Wunder, daß die meisten nicht allein der Schelerschen material-phänomenologischen Wesensdeskriptionen sich auf Kulturgehalte beziehen, die jeweils einer soziologisch begründeten Sehnsucht entsprechen. Die Wirklichkeit wird eben nicht beliebig erweitert, sondern man wendet sich an vergangene Zeiten und andere Zonen, denen der mechanisierende Verstand noch nicht die Fülle des Gegebenen, den Zugang zum konkreten Sein versperrt hat.

Hier mündet die Phänomenologie ein in die große Zeitströmung, die unter dem Motto: zur wahren Wirklichkeit, zum Konkreten, zum Ursprünglichen, weg vom dekadenten, westeuropäisch intellektualisierten Menschen, als eine neue Romantik sich für die primitiven Kulturen, für fremde Kulturen überhaupt, für die Antike, für das Mittelalter begeistert. Die modernsten Ausläufer des Neukantianismus treffen hier in gewisser Weise zusammen mit den Phänomenologen, und Denker bedeutenden Rangs wie die genannten stehen da in einer Reihe, deren Ende etwa beim Grafen Keyserling verläuft. Es ist zweifellos, daß einzelne, nicht unbedeutende Leistungen in dieser Richtung bereits geschaffen worden sind, und wir wissen nicht, welche Anregungen noch zu erwarten sind. Nichtsdestoweniger ist es ein ungeheurer Irrtum zu glauben, daß auf diese Weise, durch romantischen Rückschritt und die konstruktive Rehabilitierung abgegriffener Gehalte die Wirklichkeit sich offenbaren und ein Sinn sich uns entschleiern werde.

Es gehören [zu solchem Rückschritt] auch moderne philosophische Versuche, die scheinbar mit der Phänomenologie deswegen gar

keine Verwandtschaft aufweisen, weil sie, anstattt auf eine ganze
Anzahl von entschwundenen Kulturgehalten gerichtet [zu sein],
nur einen einzigen Begriff, der eine unauflösbare Einheit bedeuten
soll, als *die* Wesenheit [ins] Zentrum stellen. Überall, wo solche Begriffe wie »Person« (zum Beispiel bei William Stern), »Totalität«
und so fort der Destruktion [enthoben sein sollen] und als *die wahre*
Entität proklamiert werden, überall, wo die Verabsolutierung und
Hypostasierung von Ausdrücken wie »Rasse«, »Kultur«, »Volks-
geist« und dergleichen mehr aus der Relativität herausführen und
den wahren Sinn eröffnen soll, überall endlich, wo an Stelle von
Resultaten einzelner Wissenschaften und über sie hinweg vergangene Anschauungen gesetzt werden, wie vor allem bei dem außerordentlich bedeutenden Ludwig Klages, der dem Verstande, für den
»schwebender Wasserdampf... mechanisch seellos« die Luft erfüllt, den Mythos und die Naturvölker vorzieht, bei denen »Dämo-
nenheere im Sturm auf den Wolken«[74] reiten – überall dort, sage ich,
liegt das Unternehmen vor, gewaltsam, unerlaubt und vorschnell,
vielleicht auch in radikal verkehrter Intention Beruhigung zu suchen.

Ich möchte nicht gerne mit dieser unmittelbaren Negation schließen. Auf die Frage, wo nach meiner Überzeugung die Züge zu finden sind, die über den gegenwärtigen Stand, über die gegenwärtige
Situation hinausweisen, ist vor allem zu antworten: Überall dort,
wo geistige Arbeit in redlicher Einstellung sich vollzieht – ganz
gleichgültig, ob wir mit den vorliegenden Resultaten gerade einverstanden sind oder nicht; denn die Bewegung vollzieht sich nicht in
einer geraden Linie, die Verneinung gehört mit zu den positiven
Momenten. Ich habe Ihnen von der aktuellen Bewegung in diesem
Semester einiges mitgeteilt und hoffe, Sie zum eigenen Studium an-
geregt zu haben. Vor allem aber glaube ich, daß die bedeutendsten
Motive nicht von der reinen Philosophie, sondern von den Wissenschaften selbst ausgehen, die in unmittelbarem Zusammenhang mit
dem Leben stehen und in denen sich eine allgemeine Revolution
vollzieht. Im Gegensatz zu einer ganzen Anzahl der zuletzt erwähnten Philosophen glaube ich immer noch, daß der wissenschaftliche Verstand und seine Arbeit mehr dazu beitragen werden, intel-

---

74 [Ludwig Klages, *Vom kosmogonischen Eros*, Bonn ⁹1988, S. 202.]

lektuell weiter zu kommen als diejenigen Richtungen, die glauben, auf ihn verzichten zu sollen. Freilich denke ich nicht daran, daß die Naturwissenschaft alten Stils heute noch aktuell sei oder gar eine Psychologie aus dem letzten Jahrhundert. Aber es gibt eine moderne Physik, es gibt neue und aktuelle psychologische Richtungen, es gibt Soziologie und verwandte Bestrebungen, die man alle nur vom Aberglauben und von der verabsolutierenden und sich übernehmenden Selbstüberhebung befreien muß, um sie als brauchbare Werkzeuge zu verwenden. – Daß in ihnen allerdings *die Wahrheit* enthalten wäre, daß man überhaupt durch Wissenschaft Wahrheit bekommen könnte – »so bar, so blank, als ob die Wahrheit Münze wäre!«*, wie es bei Lessing heißt, das glaube ich nicht. Diese Sicherheit wird dem Leben nicht gegeben werden, so sehr es auch nach ihr verlangen mag.

[* Lessing, *Nathan der Weise*, III. Aufzug, 6. Auftritt.]

# Zur Emanzipation der Philosophie von der Wissenschaft

## (Etwa 1928)

### Editorische Vorbemerkung

Ts. m. e. Korr. / ohne Datierung / MHA: VIII 31.

Die stofflich weithin auf Horkheimers Vorlesung von 1926 fußende, sachlich-philosophisch jedoch anders akzentuierte Abhandlung dürfte um 1928 entstanden sein. Dafür spricht nicht nur, daß Horkheimer aus Heideggers – 1927 erschienenem – Werk *Sein und Zeit* zitiert, sondern auch der Umstand, daß er spätestens seit 1930 die akademischen Themen einer sich autonom verstehenden Philosophie zugunsten jener Konzeption von ›Sozialforschung‹ verlassen hat, die in seinen grundlegenden Beiträgen zur Zeitschrift des Instituts entfaltet wird. Vielleicht hat Horkheimer eben deshalb darauf verzichtet, den vorliegenden, von ihm mit Zwischentiteln versehenen, stilistisch geglätteten Text, den er ursprünglich fraglos hatte publizieren wollen, in einen druckreifen Zustand zu überführen. – Auch dieses Typoskript erforderte die Überprüfung der Zitate und die Erstellung eines Anmerkungsapparats. Dabei wurden die im Typoskript enthaltenen Literaturnachweise in Fußnoten verwandelt. Textliche Eingriffe konnten unterbleiben.

## Das Problem

Die Bewertung der Wissenschaft als Mittel wahrer Erkenntnis hat
sich seit der Mitte des letzten Jahrhunderts radikal verändert. Damals war man gewiß, daß alle vernünftigen Fragen mit den Mitteln
der Wissenschaft lösbar seien. Jeder Versuch, Probleme auf andere
Weise zu behandeln, erschien als das Unternehmen, vorläufige Lük-
ken unseres wissenschaftlichen Wissens durch bloße Dichtung aus-
zufüllen.

Anstelle der Philosophie begann sich die Bewußtseinspsychologie
auf den Universitäten einzurichten. Die cartesianische Scheidung
der Welt in eine Welt der Dinge und [in eine Welt] des Bewußtseins
gehörte zu den selbstverständlichen Voraussetzungen der Forschung, sie wurde im Ernst nicht in Frage gezogen, sondern
höchstens verschieden interpretiert und überbaut. Soweit es noch
Fragen gab, die von den schon ausgebildeten Naturwissenschaften
keine Lösung erwarten durften, verwies man sie an die im Werden
begriffene Naturwissenschaft vom Bewußtsein, die neben der Logik als einzig ernstzunehmende philosophische Disziplin erschien.
Ihr fiel nicht nur die Aufstellung von Gesetzmäßigkeiten im psychischen Leben zu, sondern auch die Entdeckung gesetzmäßiger Beziehungen zwischen den beiden von Descartes getrennten Sphären:
der räumlichen Dingwelt und der Welt unseres Bewußtseins. Als
Gustav Theodor Fechner im Anschluß an den Physiologen Weber
um 1860 das Gesetz formulierte, daß die Empfindung (also eine Tatsache des Bewußtseins) proportional dem Logarithmus des Reizes
(also eines physikalischen Tatbestandes) wachse, und damit die
»Psychophysik« begründete, schien er den Weg eröffnet zu haben,
auch die letzten Fragen über den Zusammenhang von Körper und
Geist und somit über das Weltganze mit den bewährten Mitteln des
Experiments und der Mathematik zu lösen.

Der naive Glaube an die Allmacht der naturwissenschaftlichen Erkenntnis ist geschwunden. Der Widerstand hat unter den Naturforschern selbst mit Reflexionen über die »Grenzen des Naturerkennens« (du Bois-Reymond, 1872) begonnen*, wobei man zunächst freilich daran festhielt, daß »jenseits« dieser Grenzen keine Erkenntnis möglich sei. In der Bescheidenheit des Naturforschers, der sich zum Vorhandensein solcher Grenzen bekannte, lag gleichzeitig sein Stolz, daß nur er sie festzustellen berufen war und daß jenseits *seines* Gebietes für die ganze Menschheit die völlige Nacht begann. Seine »Unwissenheit« war die notwendige Unwissenheit des Menschen überhaupt, und sein Wissen war zugleich die ganze Wahrheit der Menschen. Wirklichkeitserkenntnis mit anderen als exakten naturwissenschaftlichen Mitteln galt als der Traum von Dilettanten.

In der Gegenwart möchte das Verhältnis zwischen Philosophie und Wissenschaft fast umgekehrt erscheinen. Soweit die Wissenschaft noch als Mittel wahrer Erkenntnis erscheint, gilt sie nur auf besonderen Gebieten als brauchbares Mittel.[1] Wer in der Philosophie selbst und unabhängig von den positiven Wissenschaften erfahren hat, was wirkliche Einsicht ist, der mag solche Einsicht auch in der Naturwissenschaft wiederfinden, meist freilich an anderen Stellen

[* M. H. spielt hier an auf den berühmten Vortrag *Über die Grenzen des Naturerkennens*, den der Physiologe Emil du Bois-Reymond in der zweiten allgemeinen Sitzung der 45. Versammlung Deutscher Naturforscher und Ärzte zu Leipzig am 14. August 1872 hielt. Philosophisch bezeichnet du Bois-Reymonds Position Ende und Ausklang des ›naturwissenschaftlichen‹, rein mechanisch begründeten Materialismus, wie er in Deutschland seit der Mitte des vorigen Jahrhunderts von Büchner, Vogt und Moleschott propagiert worden war. Es charakterisiert die veränderte Situation, wenn du Bois-Reymonds Vortrag mit den seinerzeit vielbeachteten Worten schließt: »Gegenüber den Räthseln der Körperwelt ist der Naturforscher längst gewöhnt, mit männlicher Entsagung sein ›*Ignoramus*‹ auszusprechen. Im Rückblick auf die durchlaufene siegreiche Bahn trägt ihn dabei das stille Bewusstsein, dass, wo er jetzt nicht weiss, er wenigstens unter Umständen wissen könnte, und dereinst vielleicht wissen wird. Gegenüber dem Räthsel aber, was Materie und Kraft seien, und wie sie zu denken vermögen, muss er ein für allemal zu dem viel schwerer abzugebenden Wahrspruch sich entschliessen: ›*Ignorabimus*‹«. (Leipzig [9] 1903, S. 41)]

1   Scheler hat es »strengstens« ausgeschlossen, »daß die Philosophie als Königin der Wissenschaften selbst *unter sie* gehöre, oder ›eine Wissenschaft‹ sei« oder sogar »›wissenschaftliche Philosophie‹ sein müßte« [*Vom Ewigen im Menschen*, hrsg. von Maria Scheler, in: *Gesammelte Schriften*, Band 5, Bern [4] 1954, S. 74]. »Die positive Wissenschaft bezahlt… ihre Allgemeingültigkeit und Allbeweisbarkeit mit der ›Daseinsrelativität‹ ihres… Spezialgegenstandes auf den *Menschen*« [*Probleme einer Soziologie des Wissens*, in: *Gesammelte Werke*, Band 8, hrsg. von Maria Scheler, Bern / München [2] 1960, S. 86 f.].

und in anderer Weise, als der Naturforscher selbst zu denken geneigt ist. Man hat längst entdeckt, daß die metaphysikfeindliche Ansicht der zweiten Hälfte des neunzehnten Jahrhunderts selbst auf einer Reihe grober metaphysischer Voraussetzungen beruhte. Nicht bloß die cartesianische Grundscheidung selbst, sondern auch die damit zusammenhängende dualistische Lehre vom Menschen, die Hypostasierung des isolierten Individuums, die Verabsolutierung eines bestimmten Begriffs von Naturgesetzlichkeit und viele andere darin eingeschlossene metaphysische Setzungen lagen stillschweigend der scheinbar voraussetzungslosen Wissenschaft zu Grunde. War die Hoffnung auf die Triumphe der Psychophysik rasch in ihrem eigenen Fach zuschanden geworden, so hat längst ein siegreicher Kampf gegen die experimentelle Psychologie überhaupt als philosophische Grundwissenschaft eingesetzt. Der »Psychologismus« in allen seinen Formen hat dem Angriff auf die cartesianischen Grundlagen der positivistischen Weltansicht nicht standzuhalten vermocht.

Die stolze Bescheidenheit des Naturforschers ist der selbstbewußten Demut des Philosophen gewichen und damit aus einer *docta ignorantia* zu bloßer Inkompetenz geworden. Bestand die kritische Haltung des Forschers darin, nur das gelten zu lassen, woran man nicht mehr zweifeln konnte, so besteht die Demut des Metaphysikers darin, daß er für alle Gehalte »geöffnet« ist. Man ist weit davon entfernt, die Grundkategorien der Naturwissenschaften mit den Ordnungsprinzipien der Welt gleichzusetzen. Die an sich notwendigen Erklärungen der Wissenschaft erscheinen vor dem Weltbilde, dessen Umrisse der Philosoph zu entwerfen sich vorgenommmem hat, armselig und unwahr. Einsicht in das Wesen der Wirklichkeit und damit auch das letzte Verständnis für den Sinn der wissenschaftlichen Erkenntnis haben wir nach dem heute herrschenden Bewußtsein von einer neuen philosophischen Lehre über Mensch und Welt zu erwarten und nicht von den Einzelwissenschaften.

Aber dieser Widerspruch zwischen der intellektuellen Situation in der zweiten Hälfte des neunzehnten Jahrhunderts und der Gegenwart ist nicht endgültig. Ja, er ist in dieser starren Form gegenwärtig bereits im Begriff, überwunden zu werden. Bergson und Scheler, die beiden bedeutendsten Vertreter der die Wissenschaft philosophisch relativierenden Strömung, hatten zwar immer schon die

Behauptung der logischen Unabhängigkeit der Metaphysik mit jener der Notwendigkeit genauester einzelwissenschaftlicher Kenntnisse des Metaphysikers verbunden. Das Schaffen dieser beiden repräsentativen Denker schließt nicht bloß die souveräne Beherrschung der früheren Ergebnisse der Wissenschaften, sondern auch eine intime Anteilnahme an jedem ihrer Fortschritte in der Gegenwart ein. Aber sie halten doch innerhalb der Philosophie selbst an einer relativ starren Trennung von Wissenschaft und Metaphysik fest – und sind hierin dem von ihnen so radikal bekämpften Positivismus durchaus verwandt. Sie nehmen seine Trennung mit umgekehrtem Vorzeichen an. Das sachliche Motiv liegt darin, daß sie die Auffassung, die eine vergangene Zeit von der Struktur der Wissenschaft geprägt hat, gelten lassen. Es ist im Grunde das Bild der mathematisch-mechanistischen Naturwissenschaft, wie es in der Kritik Kants entworfen ist, das auch in dieser modernen Philosophie unter dem Titel der Wissenschaft überhaupt allein vorkommt. Alles, was aus diesem Rahmen der »Wissenschaft« herausfällt, erscheint als Philosophie oder wenigstens als der Wissenschaft gegenüber selbständige Erkenntnis. Deshalb vollzieht sich die Verwertung der fruchtbaren philosophischen Ansätze in der wissenschaftlichen Forschungsarbeit sowie die allmähliche Überwindung der ausschließlichen Herrschaft mechanistischer Methoden in der Wissenschaft aus ihr selbst heraus gleichsam hinter dem Rücken der Philosophie und im Gegensatz zu ihrem veralteten Begriff der »science«.

Aber es steht nicht auf der einen Seite die praktisch wichtige, im Leben brauchbare »science« und auf der anderen Seite die philosophische Einsicht in die Wahrheit. Wissenschaftliche »Richtigkeit« und philosophische »Wahrheit« verhalten sich nicht als Gegensätze. Soweit sich in der Philosophie neue Erkenntnismöglichkeiten gezeigt haben – und dies ist in der Tat der Fall –, bedürfen sie der Anwendung, Bewährung und dauernden Verifizierung in der konkreten Forschungsarbeit, das heißt im Umgang mit den stofflichen Problemen der Wissenschaft. Soweit die Wissenschaft dagegen metaphysische Vorurteile enthält, soweit das Feld der Wirklichkeit, das sich ihr mit den alten Methoden allein zugänglich erweist, bloß einen kleinen Ausschnitt vorstellt, bedarf sie des philosophischen Horizonts, um ihre dogmatische Enge zu erkennen und fortschrei-

tend aufzuheben. Dabei ist nicht der Gegensatz von Metaphysik
und Wissenschaft in irgendeinem neuen Denksystem zu »überbrük-
ken«, wobei dann die Gegensätze doch erhalten blieben, sondern
wir sehen in der wirklichen Arbeit den alten mechanistischen Begriff der Wissenschaft, die innere und äußere Struktur der Einzeldisziplinen, die Methoden der Forschung [so]wie die Interpretation
der Ergebnisse einer Revolution unterworfen.

Der Unterschied zwischen wissenschaftlicher Richtigkeit und philosophischer Wahrheit und damit der Unterschied zwischen Philosophie und Wissenschaft ist nicht selbst wieder durch philosophische Lehren zu sanktionieren oder für ungültig zu erklären,
vielmehr wird er im Lebensprozeß der menschlichen Gesellschaft
real verändert. Als ein wichtiger theoretischer Faktor erscheint dabei in der Gegenwart die Lehre von der Gesellschaft selbst. Sie hat
nicht nur den Vorzug, dank ihres Themas [jenen] Prozeß aufmerk-
sam verfolgen zu müssen, sondern ihre Tradition hat es auch mit-
sichgebracht, daß sie in der Wahl der Methoden von dogmatischer
Einengung freier geblieben ist als andere Disziplinen. Sie hat etwas
vom Erbe des dialektischen Idealismus bewahrt. Aber was sich von
diesem Erbe wieder [als] fruchtbar erweisen wird, hängt ebensosehr
von Bewegungen auf anderen Gebieten ab wie von ihren eigenen
Fortschritten. Die neu sich ausbildende einheitliche Biologie hat vor
der Soziologie die strengere Prüfbarkeit der theoretischen Ansätze
voraus. Die bei der Umbildung der Grundlagen und Revolutionie-
rung der Methoden erfolgreichste biologische Richtung, die Gestalttheorie, hat es bewirkt, daß wenigstens auf dem Gebiet der
Psychologie der alte Begriff der *»science«* unzutreffend geworden
ist. Sie hat es offenbar gemacht, daß Forschungen, deren Form und
Inhalt mit dem hergebrachten Begriff der Wissenschaft nicht mehr
harmonieren, doch den höchsten Anforderungen nach Strenge genügen können. Und im Rahmen dieser Bewegung ist zugleich der
Beweis erbracht worden, daß gerade in dieser Hinsicht zwischen
der Psychologie und der Physik kein grundsätzlicher Unterschied
besteht.[2]

Es beginnt allmählich das Bewußtsein allgemein zu werden, daß der

---

2  Vgl. hierzu besonders Wolfgang Köhler, *Die physischen Gestalten in Ruhe und im
stationären Zustand*, Braunschweig 1920.

zukünftige Fortschritt in der Erkenntnis der Wirklichkeit weder
von einer rein philosophischen Lehre, die sich selbst im Gegensatz
zur *science* bestimmt, geleistet werden wird, noch von einer Naturwissenschaft mit den Prinzipien des neunzehnten Jahrhunderts. In
der Erkenntnisarbeit selbst wird vielmehr dieser Gegensatz in seiner
alten Form verschwinden. Im folgenden sollen nun aber nicht die
Ansätze dieser neuen Entwicklung beschrieben werden, es soll
nicht versucht werden, über die noch kaum sichtbare Struktur der
zukünftigen Forschungsarbeit etwas vorauszusagen, sondern es
werden einige Beiträge zur Vorgeschichte dieser Wandlung gegeben. Sie beziehen sich gerade auf solche philosophischen Lehren, in
denen der Widerspruch gegen die *science* entstanden und schließlich
so entschieden ausgebildet worden ist, daß seine Aufhebung in
einem neuen und einheitlichen Erkenntnisbegriff unmittelbar vorbereitet erscheint. Sie sind gleichsam Stadien auf dem Wege zur
Überspannung des Gegensatzes zwischen Philosophie und Wissenschaft.

Im Hinblick auf dieses Moment werden einige repräsentative Philosophen hier betrachtet. Es handelt sich also weder um eine auch nur
einigermaßen vollständige Darstellung ihrer Lehren noch um ihre
Differenzierung gegenüber den anderen Philosophen, die jeweils
mit ihnen der gleichen Richtung angehören. Es stehen Ernst Mach
für den Empiriokritizismus, Hermann Cohen für den Marburger
Neukantianismus, Husserl und Scheler für die Phänomenologie,
Bergson für die Lebensphilosophie. Jeder dieser Namen bezeichnet
einen logischen Schritt weiter in der Entfernung von der bedin-
gungslosen Identifikation der mathematisch-mechanischen Naturwissenschaft mit der Erkenntnis überhaupt. Und nur so weit sind
sie hier von Interesse. Es sind einige höchst unvollständige Beiträge
zur philosophischen Vorgeschichte der gegenwärtigen Veränderung
des Erkenntnisbegriffs.

## *Empiriokritizismus (Mach)*

Dem naiven naturwissenschaftlichen Materialismus um die Mitte
des neunzehnten Jahrhunderts entspricht die Tendenz zum Historismus. Der Materialismus verabsolutiert die Ergebnisse einer

höchst beschränkten wissenschaftlichen Theorie, nämlich der zeitgenössischen Atomtheorie, und macht sich aus ihr ein »Weltbild« zurecht, in dem die ganze Wirklichkeit aus Atomen und ihren Bewegungen besteht. Der Historismus ist die Folge der Erkenntnis von der Bedingtheit und Vergänglichkeit derartiger Weltbilder, zu einer Zeit, da die Naturwissenschaft sich als allein gültige Form der Erkenntnis einer bleibenden Wirklichkeit behauptet. Einerseits liefert die Wissenschaft, auf die wir uns doch einzig verlassen dürfen, selbst keine auf die Dauer stichhaltigen Resultate, andererseits vermag scheinbar vor ihr kein religiöser oder ethischer Gehalt als selbständig und dauernd gültig zu bestehen, sondern alles wird auf das sinnlose Getriebe blinder Elemente »reduziert«. So wird schließlich der bloße geschichtliche Prozeß, in dem sich die Wandlungen der Weltansichten und die Auflösung aller Normen vollziehen, zur einzigen andauernden Macht, zur höchsten philosophischen Kategorie. Wurde anfangs dieser Prozeß selbst noch als dieselbe universale Weltgeschichte verstanden, die in den verschiedenen historischen Disziplinen im einzelnen studiert werden konnte, so mußten endlich alle festen Bestimmungen, alle Kategorien, deren sich die Historie bei ihren Forschungen und Darstellungen bediente, als vergängliche, selbst einem historisch bedingten Erkenntnisstandpunkt angehörige Bestimmungen »der« Geschichte gegenüber relativiert werden, so daß diese – das ist die äußerste Konsequenz des Historismus – mit der Leerform der Zeit zusammenfällt. So ist der Historismus in seiner Vollendung die allzu kritische Reaktion auf den allzu unkritischen Wissenschaftsglauben, sie ist seine »Kompensation«. Der Materialismus erklärt die beschränkten Ergebnisse einer beschränkten Gegenwart für universal und hat keine Ahnung von seiner eigenen Bedingtheit, der Historismus bestreitet die Möglichkeit wahrer Erkenntnis auf dem Standpunkte irgendeiner Gegenwart überhaupt und mündet notwendig in relativistische Skepsis.[3] Beide aber haben es gemein, das Vertrauen zur Existenz einer verbindlichen, sinnvol-

---

3 In Wirklichkeit pflegen seine Systeme selbst auf sehr bedingten ontologischen Grundlagen zu ruhen, die dem Materialismus gegenüber nur scheinbar den Vorzug der »Konkretheit« haben. Man denke etwa an Diltheys Konzeption »des« Menschen als metaphysischen Kerns der Geschichte!

len, geordneten Wirklichkeit zu zerstören und die Restbestände
transzendenter Gehalte vollends zu vernichten. Ob die Welt ein
Gewirr sinnloser Elemente darstellen soll, aus denen sich völlig
blind, »zufällig«, organisierte Gestalten und das Leben der Menschen entwickelt haben, oder ob es in Wirklichkeit nichts gibt als
einen endlosen, sinnlosen Prozeß, dessen Eigenschaften wir auf
keine Weise endgültig zu bestimmen vermögen – das ist in Beziehung auf das metaphysische Bedürfnis der Gesellschaft nahezu
gleichgültig.

Dieses metaphysische Bedürfnis aber hat sich seit der Mitte des
neunzehnten Jahrhunderts dauernd gesteigert. Es wäre leichtfertig,
einen einzigen Grund für den höchst komplizierten Tatbestand,
um den es sich hier handelt, als *den* maßgebenden zu nennen. Gewiß hängt diese geistige Entwicklung mit der Entfaltung der Widersprüche innerhalb der gegenwärtigen Gesellschaft zusammen,
und wir werden im folgenden gerade auf diesen Zusammenhang
des öfteren hinzuweisen haben. Dieser Tatbestand ist unter anderem durch das Aufsteigen grundsätzlicher Probleme in den Einzelwissenschaften vermittelt. Es entstanden Zweifel in bezug auf die
Festigkeit der begrifflichen Voraussetzungen und der Methoden,
Zweifel, die sich durch das Fortschreiten der Arbeiten in den Einzelwissenschaften selbst ergaben und zur Auseinandersetzung mit
den alten philosophischen Prinzipien drängten. Man braucht dabei
nicht etwa bloß an die Paradoxien der Mengenlehre zu denken, die
zu einer neuen Durchforschung der Grundlagen der Mathematik
und – im Zusammenhang damit – der Logik geführt haben, sondern in der Physik, Biologie, Psychologie haben sich fortwährend,
motiviert durch den Gang der konkreten Forschungsarbeit selbst,
Bewegungen vollzogen, die über das Fachgebiet hinaus zu einer
Kritik der traditionellen methodologischen und allgemein-philo-
sophischen Anschauungen drängten. Erst in unseren Tagen streben
diese aus den Einzelwissenschaften stammenden Bewegungen [da-
nach], die auf Grund der traditionellen Philosophie gezogenen
Grenzen der Fachgebiete selbst zu verändern, und kehren einer abgelösten Metaphysik wieder den Rücken, indem sie die Organisation der wirklichen Forschungsarbeit zu erneuern suchen. Ursprünglich äußerte sich dieses Ungenügen [an] einer auf den alten
Gleisen sich vollziehenden naturwissenschaftlichen Erkenntnis-

arbeit in der Ausbildung philosophischer, von der rein fachmäßigen Leistung abgetrennter Theorien der Naturforscher selbst. Der physikalische Materialismus seit der Mitte des neunzehnten Jahrhunderts war – auch vom Standpunkt der damaligen Naturforschung – eine dilettantische Lehrmeinung; sie erscheint als die Verabsolutierung von Hypothesen ohne jede Bekümmerung um die logische Rechtfertigung und Durchleuchtung der bei der Aufstellung dieser Weltanschauung fungierenden Begriffe. Die größeren Naturforscher haben sich bei der Metaphysik, die den Stempel der Vergänglichkeit im Gegensatz zu ihrem naiven Selbstvertrauen für alle Kundigen an der Stirn trug, nicht beruhigt, ohne sich dabei dem Historismus zu ergeben. So verschieden etwa die philosophischen Ansichten von Männern wie Fechner, Lotze, Mach [und] Wundt sein mögen, so sind sie alle doch Versuche, den in gleicher Weise destruktiven und sich gegenseitig bedingenden Anschauungen eines atomistischen Materialismus und eines zu relativistischer Skepsis treibenden Historismus durch den Aufweis einer nicht materiellen, aber doch bleibenden Wirklichkeit zu entgehen.

Der *Empiriokritizismus* Ernst Machs ist ein Zeugnis mangelnder Zufriedenheit mit dem Glauben an die Resultate der Physik. Zwar denkt dieser Empiriokritizismus keineswegs daran, die positiven Wissenschaften korrigieren, einschränken oder gar als Wege zur echten Wahrheitsfindung ablehnen zu wollen; er errichtet auch nicht, wie der Neukantianismus, ein eigenes philosophisches System, durch das die Einzelwissenschaften erst Sinn und Grund gewinnen sollten. Es liegt im Zuge der Machschen Gedanken durchaus die Neigung zur Ablehnung einer selbständigen Philosophie. »Reine« Philosophen, und gar solche, die nicht ihre wesentliche Bildung in der Ausübung einer Einzelwissenschaft (speziell der Physik) gewonnen haben, verdienen im Sinne seiner Gedanken wenig Beachtung. Er wollte ursprünglich nur mit den Mitteln der herrschenden Naturwissenschaft und nach dem Prinzip, daß in allen Fragen die einfachsten Erklärungen auch die wahren seien, einige für die Naturforschung selbst wichtige Probleme bearbeiten, vor allem das Problem einer Psychologie der Forschung. Hieraus ist schließlich eine biologisch begründete Darstellung des wissenschaftlichen Erkenntnisprozesses und vor allem eine

psychologistische Wirklichkeitslehre entstanden, die dem philosophischen Materialismus entgegengesetzt war und eine eigene
weltanschauliche Bedeutung beanspruchte. Der Positivismus im
Sinne Machs besteht eben nicht in der einfachen Identifikation aller
Erkenntnis mit den Resultaten der Wissenschaft. Er enthält vielmehr die Interpretation dieser Resultate und der Art, wie sie
gewonnen sind, auf Grund eines eigentümlichen Wirklichkeitsbegriffs. Der energischen Versicherung Machs, daß er »*gar kein Philosoph, sondern nur Naturforscher*« sei, fügt er im Vorwort zu
*Erkenntnis und Irrtum* den folgenden Satz hinzu: »Selbstverständlich will ich aber auch kein Naturforscher sein, der sich blind
der Führung eines einzelnen Philosophen anvertraut, so wie
dies etwa ein Molièrescher Arzt von seinem Patienten erwartet und
fordert.«[4] Aber das »sondern«, das diesem Satze folgen müßte,
bleibt dem Leser zur Ergänzung überlassen, und wir dürften gewiß in Machs Sinne nicht fortfahren: »sondern ich will mich,
anstatt bloß einem einzelnen Philosophen, allen Philosophen miteinander blind anvertrauen«; vielmehr ist gemeint, daß eben Mach
selbst auf Grund eigener Erwägungen die Philosophie bestimmen
will, der er zustimmt, und das heißt nichts anderes, als daß ihm die
Naturwissenschaft allein nicht Genüge tut und daß er über sie philosophiert. Der Empiriokritizismus stellt trotz aller Versicherungen, daß er selbst zur Naturwissenschaft gehöre, einen Übergang
zu jenen Bestrebungen dar, welche die Philosophie wieder als eigene, der Naturwissenschaft gegenüber selbständige Disziplin begründet haben. Zur Illustration dieses Tatbestands versuchen wir,
hier einen kurzen Überblick über diese philosophische Ansicht zu
geben.

Mach stimmt mit dem atomistischen Materialismus insofern völlig
überein, als auch nach ihm das einzig wahrhaft Reale auf der Welt
letzte Elemente sind, aus denen sie zusammengesetzt ist. Soweit
wir diese Elemente heute kennen, sind es aber in keiner Weise die
Atome der Physik. Diese sind vielmehr selbst nur hypothetische
Konstruktionen zur begrifflichen Ordnung der wahren Elemente
der Welt, auf die sich alle unsere Gedanken und Erklärungen in
letzter Linie beziehen. Soweit wir diese Elemente heute kennen,

---

4 [Ernst Mach, *Erkenntnis und Irrtum. Skizzen zur Psychologie der Forschung*,
Leipzig [4]1920, S. VII; VII f.]

sind es unsere Empfindungen. Nach ihrer Herkunft zu fragen ist
sinnlos; denn jeder Begriff, durch den wir ihren Ursprung bezeichneten, könnte selbst wieder nur durch den Hinweis auf Empfindungen Bedeutung gewinnen und müßte daher in letzter Linie die
Gegenstände selbst bezeichnen, deren Ursache er doch treffen
sollte. Die Annahme von Dingen an sich, die als Ursache den
Empfindungen vorhergehen, ist nach Mach unwissenschaftlich
und metaphysisch, und Metaphysik ist aber bei ihm stets im tiefsten Grunde gleichbedeutend mit Sinnlosigkeit. Was wir in unseren Erfahrungen als Dinge oder Substanzen bezeichnen, erweist
sich bei näherer Betrachtung überall als ein relativ konstanter
Komplex von Empfindungen. Es ist die Aufgabe der Wissenschaft,
diese Elemente und alle ihre gegenseitigen Beziehungen darzustellen – und zwar in möglichst einfacher Form.

Das erste und primitivste Mittel hierzu ist, einen einzelnen, für
sich aus dem Strome der Empfindungen herausgehobenen Elementenkomplex mit einem Zeichen: dem Eigennamen zu belegen. Sehr
rasch aber, man darf sagen sogleich, werden diese Namen nicht nur
dort angewandt, wo sich dieser individuelle Gegenstand in allen Einzelheiten wiederfindet, sondern überall, wo Elemente aus
dem ursprünglich bezeichneten Komplex wieder auftreten, die
biologisch besonders wichtig sind. »Ein Kind«, schreibt Mach,
»das zuerst einen schwarzen Hund gesehen und nennen gehört
hat, nennt z. B. alsbald einen großen schwarzen, rasch dahin laufenden Käfer ebenfalls ›Hund‹, bald darauf ein Schwein oder Schaf
ebenfalls Hund. *Irgend* eine an die früher benannte Vorstellung
erinnernde *Ähnlichkeit* führt zum naheliegenden Gebrauch desselben Namens.«[5] Die Worte gelangen so dazu, aus Eigennamen
eines relativ konstanten einzelnen Elementenkomplexes zu Bezeichnungen für Gegenstände zu werden, sofern sie durch eine bestimmte Ähnlichkeit miteinander verbunden sind. Schließlich gewinnt die Bezeichnung eines Gegenstandes durch ein bestimmtes
Prädikat die Funktion, auf das im Namen angezeigte Merkmal an
ihm hinzuweisen oder dazu aufzufordern, daß man es an ihm auf-
suche.

5 [Ernst Mach, *Die Analyse der Empfindungen und das Verhältnis des Physischen
zum Psychischen*, Jena [5]1906, S. 262.]

Begriffe und Urteile erscheinen in dieser Philosophie als bloße Mittel, uns in der Mannigfaltigkeit der Empfindungselemente und ihrer Beziehungen zurechtzufinden. Indem wir durch die Begriffsbildung dazu gelangen, überall die für uns maßgebenden Elemente aus den Komplexen herauszuheben, können wir die relativ beständigen Beziehungen erforschen. Eine möglichst vollständige und exakte Darstellung der Beziehungen zwischen den Elementen ist das Ziel der Wissenschaft.

Weil die Elemente mit dem zusammenfallen, was wir als Sinnesempfindungen zu bezeichnen gewohnt sind, kann man mit Recht fragen, ob denn nach Mach alle Wissenschaft Psychologie sei. Diese Frage wäre vom Standpunkt Machs aus zu verneinen. Denn nach ihm ist die Trennung zwischen Psyche und Physis eine begriffliche Angelegenheit, die das Vorhandensein der ursprünglich neutralen Elemente schon voraussetzt. Sofern ich die Elemente in Beziehung auf denjenigen Komplex betrachte, der mein Leib heißt, entsteht Psychologie; sofern ihre Beziehungen von dieser Rücksicht unabhängig betrachtet werden, entsteht Physik. Zusammenfassende Beschreibung von Empfindungen und ihren Beziehungen ist die Aufgabe aller Wissenschaft. Das System der Naturwissenschaft hat keinen anderen Sinn als den einer solchen Ordnung, und die Realität, die geordnet wird, besteht aus Elementen und ihren funktionalen Beziehungen.

Machs »phänomenologische Physik« ist zumal der materialistischen Ansicht der Physik entgegengesetzt, die heute besonders noch von Max Planck vertreten wird. Nach dieser sind unsere Begriffe des physikalischen Mikrokosmos keineswegs bloße begriffliche Konstruktionen zur Ordnung der wahrnehmbaren Empfindungen, sondern Abbilder einer transzendenten Realität, die mit dem Fortschritt der Wissenschaft immer exakter werden. Sie bestreitet entschieden, daß die physikalischen Begriffe und Urteile, wie Mach meint, geistige Ordnungsprodukte auf Grund des »Ökonomieprinzips« des Denkens, das heißt möglichst einfache Darstellungsmethoden von Empfindungszusammenhängen seien. Planck hebt gegen Mach hervor, »daß die Angriffe, welche von jener Seite her gegen die atomistischen Hypothesen und gegen die Elektronentheorie gerichtet werden, unberechtigt und unhaltbar sind. Ja, ich möchte ihnen geradezu die Behauptung entgegenset-

zen – und ich weiß, daß ich damit nicht alleinstehe –: die Atome,
so wenig wir von ihren näheren Eigenschaften wissen, sind nicht
mehr und nicht weniger real als die Himmelskörper oder als die
uns umgebenden irdischen Objekte; und wenn ich sage: ein Was-
serstoffatom wiegt $1,6 \cdot 10^{-24}$ g, so enthält der Satz keine geringere
Art von Erkenntnis wie der, daß der Mond $7 \cdot 10^{25}$ g wiegt... Als
die großen Meister der exakten Naturforschung ihre Ideen in die
Wissenschaft warfen: als *Nikolaus Kopernikus* die Erde aus dem
Zentrum der Welt entfernte, als *Johannes Kepler* die nach ihm be-
nannten Gesetze formulierte, als... *Christian Huygens* seine Un-
dulationstheorie des Lichtes aufstellte,... da waren ökonomische
Gesichtspunkte sicherlich die allerletzten, welche diese Männer in
ihrem Kampfe gegen überlieferte Anschauungen und gegen überragende Autoritäten stählten. Nein – es war ihr felsenfester, sei es
auf künstlerischer, sei es auf religiöser Basis ruhender Glaube an
die Realität ihres Weltbildes.«[6]
In Wahrheit besteht zwischen Machs Anschauung und dem atomistischen Materialismus philosophisch kein sehr wesentlicher Unterschied. Für beide besteht die Realität aus einer Summe an sich
seiender sinnloser Elemente, nur daß bei Mach diese Elemente Emp-
findungsatome und bei Planck die von der Physik jeweils als letzte
natürliche Realität erkannten Einheiten sind. Nach beiden bleiben
in allem wirklichen Geschehen die letzten Elemente als die gleichen
erhalten, und es ist das Ziel der Wissenschaft, Regeln der Verbindung und Trennung der statisch gedachten Elemente aufzufinden.
Der Glaube an die restlose Auflösbarkeit alles Geschehens in solche
Elementarvorgänge ist ihrem Wirklichkeitsbegriff gemeinsam. Der
Empiriokritizismus hat zwar vor dem atomistischen Materialismus
voraus, daß er das Wissen um die physikalischen Atome wenigstens
nicht radikal unabhängig von dem Weg faßt, auf dem wir zu ihnen
gekommen sind. In den Begriffen des »Bildes« und der »Hypothese« ist wenigstens an dieser Stelle der Zusammenhang mit der
jeweiligen geschichtlichen Realität dürftig hergestellt. In Beziehung
auf seinen eigenen Begriff der Empfindungselemente ist er freilich
nicht weniger naiv als sein materialistischer Gegner. Tatsächlich

6  [Max Planck, ‹Die Einheit des physikalischen Weltbildes›, in: *Vorträge und Erin-*
*nerungen*, Darmstadt [11]1979, S. 48; 50.]

glaubt er, in der bloßen, isolierten Empfindung den Abstraktionsprozeß, durch den er sie gewonnen hat, beiseite lassen zu können
und unmittelbar im Besitze der absoluten Wirklichkeit zu sein.
Diese ist in der Wissenschaft ein für allemal feststellbar. Von der
Geschichte der Menschen wird das Dasein dieser wahren Wirklichkeit nicht berührt, vielmehr ist die Geschichte selbst auflösbar in
selbständige Elementarvorgänge, sei es von Empfindungen, sei es
von materiellen Atomen. Beide hypostasieren die Produkte der in
einer bestimmten geschichtlichen Situation vollzogenen Analyse als
*die* wahre Wirklichkeit, in der freilich der Vorgang der Analyse
selbst und überhaupt das geschichtliche Tun der Menschen verschwunden ist.
Die Machsche Philosophie ist vielfach als bloße Erneuerung Berkeleyscher Gedankengänge verstanden worden. Aber Mach ist viel radikaler als der englische Bischof. Bei ihm werden die sinnlichen Elemente nicht wie bei Berkeley einem Bewußtsein zugeschrieben, das
für sich Bestand hätte. Es gibt keine »Seele«, die als Träger der Empfindungen dem metaphysischen Bedürfnis nach einer wertbetonten
Substanz entgegenkäme. Das Ich ist bei Mach ebenso ein Komplex
von Elementen und daher ein begriffliches Ordnungsprodukt wie
die Dinge in der Natur. Ob ein bestimmtes Element, etwa eine
Grün-Empfindung, dem Blatt eines Baums zugerechnet wird und
so »objektiv« heißt, oder jenem anderen Komplex, der mein Ich
heißt, hängt ganz vom jeweiligen Zusammenhang ab, und eine Betrachtungsart verdient vor der anderen keinen Vorzug. Und ebenso
wie die Komplexe, die wir als einheitliche Dinge bezeichnen, nur
relativ konstant sind, ebenso wie diese sich fortwährend verändern
und jeweils nur soweit als »dieselben« anzusprechen sind, als sich
noch die gleichen Elemente an ihnen finden, so verhält es sich mit
unserem Ich. »Das Ich ist so wenig absolut beständig als die Körper.
Was wir am Tode so sehr fürchten, die Vernichtung der Beständigkeit, das tritt im Leben schon in reichlichem Maße ein. Was uns das
Wertvollste ist, bleibt in unzähligen Exemplaren erhalten, oder erhält sich bei hervorragender Besonderheit in der Regel von selbst.
Im besten Menschen liegen aber individuelle Züge, um die er und
andere nicht zu trauern brauchen.«[7] – »Nicht das Ich ist das Pri-

---

7 [Ernst Mach, *Die Analyse der Empfindungen*, l. c., S. 3 f.]

märe, sondern die Elemente (Empfindungen)... Die Elemente *bilden* das Ich. *Ich* empfinde Grün, will sagen, daß das Element Grün in einem gewissen Komplex von anderen Elementen (Empfindungen, Erinnerungen) vorkommt. Wenn *ich* aufhöre, Grün zu empfinden, wenn *ich* sterbe, so kommen die Elemente nicht mehr in der gewohnten geläufigen Gesellschaft vor. Damit ist alles gesagt. Nur eine ideelle denkökonomische, keine reelle Einheit, hat aufgehört zu bestehen. Das Ich ist keine unveränderliche, bestimmte, scharf begrenzte Einheit.«[8] – »Das Ich ist unrettbar. Teils diese Einsicht, teils die Furcht vor derselben führen zu den absonderlichsten pessimistischen und optimistischen, religiösen, asketischen und philosophischen Verkehrtheiten... Genügt uns die Kenntnis des Zusammenhanges der Elemente (Empfindungen) nicht, und fragen wir, ›wer hat diesen Zusammenhang der Empfindungen, *wer* empfindet?‹, so unterliegen wir der alten Gewohnheit, jedes Element (jede Empfindung) einem *unanalysierten* Komplex einzuordnen, wir sinken hiermit unvermerkt auf einen älteren, tieferen und beschränkteren Standpunkt zurück.«[9] – »*Ding* und *Ich* sind provisorische Fiktionen gleicher Art.«[10]

Der Vorwurf, daß Machs Philosophie notwendig zum Solipsismus führe, ist daher ebensowenig berechtigt wie der andere, daß der Empiriokritizismus im Gegensatz zur Naturwissenschaft folgerichtig das Dasein der Realität vor der Entstehung des Menschen leugnen müsse. Wie auch die philosophische Entscheidung über Machs Lehre ausfallen mag: Infolge der Neutralität seines Realitätsbegriffes gegenüber der Scheidung von Bewußtsein und Natur ist es nicht inkonsequent, wenn Mach »den Anregungen der *Darwin*schen Theorie folgend, das ganze psychische Leben – die Wissenschaft eingeschlossen – als *biologische* Erscheinung«[11] aufgefaßt hat.

Mach hat die Naturwissenschaft insofern philosophisch interpretiert, als er einen eigenen Wirklichkeitsbegriff aufgestellt und von ihm aus den Sinn der Arbeit der Naturwissenschaft verstanden hat.

---

8  [Ibid., S. 19.]
9  [Ibid., S. 20 f.]
10  [Ernst Mach, *Erkenntnis und Irrtum*, l. c., S. 15.]
11  [Ernst Mach, *Die Analyse der Empfindungen*, l. c., S. 41.]

Aber im Gegensatz zum Neukantianismus kommt es ihm gar nicht in den Sinn, die Naturwissenschaft philosophisch »begründen«, das heißt rechtfertigen zu wollen. Einer solchen Begründung aus irgendwelchen »geistigen«, der Naturwissenschaft gegenüber transzendenten Gesichtspunkten bedarf es nach ihm nicht. Man kann freilich das naturwissenschaftliche Tun der Menschen, das heißt ihre Forschungsarbeit, selbst mit naturwissenschaftlichen Mitteln »erklären«. Dies geschieht, wie erwähnt, bei Mach in biologisch-pragmatischem Sinn. Die Naturgesetze sind ihrem Ursprung nach möglichst zweckmäßige (ökonomische) »*Einschränkungen, die wir unter Leitung der Erfahrung unserer Erwartung vorschreiben*« [12], um uns mit ihrer Hilfe leichter zurechtfinden und entsprechend verhalten zu können. Machs Philosophie ist der Ausdruck einer gesellschaftlichen Situation, in der die Naturwissenschaft noch unmittelbar als der Weg zum allgemeinen, geradlinigen Fortschritt der Menschheit erscheint. Sie braucht gar nicht »logisch« gerechtfertigt zu werden; denn es kommt für sie vornehmlich auf die »praktische« Rechtfertigung in der Wirklichkeit an. Dazu gehört freilich nicht bloß die Bewährung der einzelnen Sätze in der Natur, das heißt ihre »Richtigkeit«, sondern auch ihre Rolle in der Gesellschaft. Zum Verständnis des Umstands, daß bei Mach (und ähnlich gesinnten zeitgenössischen Naturforschern) eine philosophische Begründung der Wissenschaft als überflüssig erscheint, ja, daß die Philosophie der Naturwissenschaft gegenüber einigermaßen verächtlich behandelt wird, muß man auf die damalige gesellschaftliche Gesamtstruktur hinweisen. Sie konnte in sehr großen Schichten der Bevölkerung, des Bürgertums ebenso wie der Arbeiter, die Überzeugung in Kraft erhalten, daß mit dem Wachsen der wissenschaftlichen und technischen Hilfsmittel das Wachsen des allgemeinen Wohles schließlich Hand in Hand gehen müsse. Es war noch nicht, wie in der gegenwärtigen Phase der Trustwirtschaft, offenbar geworden, daß die Zunahme der wissenschaftlichen Produktivkräfte der Menschheit im gegebenen gesellschaftlichen Rahmen ganz und gar nicht auch das Wachstum des gesellschaftlichen Wohles der Gesamtheit bedingen muß. Beides steht in keinem unmittelbaren Zusammenhang, sondern die Beziehungen zwischen beiden Faktoren hän-

12  [Ernst Mach, *Erkenntnis und Irrtum*, l. c., S. 449.]

gen ab von der jeweiligen gesellschaftlichen Gesamtgestalt. Das
Wachsen der naturwissenschaftlichen Kenntnisse kann durchaus die
bestehenden Gegensätze steigern und das gegenwärtige Elend vermehren. Ja, die Geschichte der letzten Jahrzehnte hat diese in der
gegenwärtigen Gesellschaftsform angelegte Tendenz in steigendem
Maße verdeutlicht. Max Scheler hat diesem Tatbestand Ausdruck
verliehen und von einem »Optimum« möglicher Naturbeherrschung, von einer notwendigen und wesensmäßigen Verbindung
zwischen dem Fortschritt der aktiven Naturbeherrschung durch die
abendländische Technik und unserer Abhängigkeit von den Dingen,
ja von einem »›Aufstand der Dinge‹ selbst gegen den Menschen«[13]
gesprochen. Er riet dazu, die abendländische »Kunst der Herstellung von Sachgütern und des aktiven Kampfes gegen das Übel«
durch die asiatische »Kunst der reinsten ›Duldung‹«[14] zu ergänzen.
Aber er verabsolutiert philosophisch die Beziehung zwischen Wissenschaft, Technik und menschlichem Wohl genau so wie Mach, nur
daß er seine Beobachtung isolierter Oberflächenerscheinungen gemäß der späteren Phase, der seine Philosophie angehört, in *negati-
vem* Sinn verewigt, während Mach noch das naive Vertrauen zur
Positivität dieser Beziehung besitzt. Beide haben es nicht vermocht,
dem die Strukturwandlungen der Gesamtgesellschaft beherrschenden Gesetz nachzuspüren und aus ihm das jeweilige Verhältnis von
Wissenschaft und Leiden zu begreifen. Sie haben vielmehr – Mach
im Sinne stillschweigender Voraussetzung, Scheler im Sinne einer
explizierten Lehrmeinung – darüber philosophische Überzeugungen gehegt, und diese Überzeugungen kommen auch in der undialektischen Fassung des Verhältnisses von Philosophie und Naturwissenschaft zum Ausdruck. Es verhält sich mit der Theorie über
die Beziehung von Philosophie und Wissenschaft ähnlich wie mit
vielen anderen philosophischen Anschauungen: Sie sind im Geiste
ihrer Träger rein sachlich fundiert, aber die »Sachen«, die ihnen zur
Verfügung stehen, hängen von ihrer eigenen Stellung in der gesamt-
gesellschaftlichen Entwicklung ab. Der Entwurf einer Theorie

13 [Max Scheler, ›Probleme einer Soziologie des Wissens‹, in: *Versuche zu einer Soziologie des Wissens,* hrsg. von Max Scheler, München und Leipzig 1924, S. 113,
Anm. 108.]
14 [Ibid., S. 112 f.]

ebenso wie die »Feststellung« von sogenannten schlichten Sachverhalten geschieht jeweils in einer historischen Situation, in der die
Philosophen und ihre Gegenstände einbegriffen sind. Die Theorie
kann sich als ein sehr wichtiges Moment in der Dynamik dieser Situation erweisen. Ihre »Bewährung« oder praktische Fruchtlosigkeit ist nur eine bestimmte Art, in der diese Bedeutsamkeit sich
zeigt, wobei freilich zu bemerken ist, daß sich der Wert, die
»Fruchtbarkeit« eines Gedankens, unter Umständen in ganz anderen historischen Momenten erweisen kann als in dem seines Ursprungs; auch besteht keine prästabilierte Harmonie zwischen der
Bedeutung einer Einsicht für die Entwicklung ihres individuellen
Trägers und derjenigen der Kollektivität, der er angehört, obgleich
das Maß der Vereinzelung, der »Grad«, in dem eine Entwicklung
»individuell« verläuft, die Differenz zwischen ihr und der Entwicklung der Gesamtgesellschaft, nicht zufällig ist. Jedenfalls führt
die radikale Ablösung irgendeines Urteils aus jedem geschichtlichen Zusammenhang überhaupt, also seine Verewigung, Verabsolutierung, seine Übersteigerung in ein »Apriori« notwendig
dazu, es aus einer Wahrheit zur Unwahrheit zu machen – nichts
anderes als das Wissen darum ist das Geheimnis der dialektischen
Methode bei Hegel, soweit er sie nicht als Kunst der empirischen
Forschung und Darstellung, sondern als metaphysische Universal-
methode benutzt.
Es ist nicht so, als ob Mach den Widerspruch in der Entwicklung
von Wissenschaft und Technik einerseits und menschlichem Glück
andererseits in der gegebenen Gesellschaft nicht gesehen hätte.
Dazu war dieser auch in seinen Jahren schon allzu kraß. Er hat ihn
ausdrücklich und wiederholt festgestellt. »Der Traum des *Aristoteles* von einem zukünftigen maschinen-technischen Zeitalter *ohne*
Sklaverei hat sich nicht erfüllt. …Die kolossale Leistung der Ma-
schinen wird nämlich nicht sowohl zur Erleichterung des Unter-
halts der Menschen, als vielmehr größtenteils zur Befriedigung der
Luxusbedürfnisse des herrschenden Teiles der Menschheit aufge-
wendet.«[15] Aber er ist eben davon überzeugt, daß gerade die Entwicklung der geistigen Kultur, das heißt vor allem der Wissenschaft,
diesem Fehler abhelfen wird. »Die Wissenschaft ist anscheinend als

15  [Ernst Mach, *Erkenntnis und Irrtum*, l. c., S. 80.]

der überflüssigste Seitenzweig aus der biologischen und kulturellen Entwicklung hervorgewachsen. Wir können aber heute nicht mehr zweifeln, daß dieselbe sich zum biologisch und kulturell förderlichsten Faktor entwickelt hat. Sie hat die Aufgabe übernommen, an die Stelle der tastenden, unbewußten Anpassung die raschere, klar *bewußte, methodische* zu setzen.«[16] Soweit die Früchte dieser Anpassung anhand der physikalischen Naturwissenschaft nicht unmittelbar der Allgemeinheit zugute kommen, muß man sie durch die Einsichten der psychologischen und soziologischen Naturwissenschaft, die der logischen Art nach denen der Physik durchaus entsprechen, ergänzen. Eine *»billigere, zweckmäßigere* Verwendung des *gemeinsamen* Besitzes«[17] wird die Folge der allgemeinen Verbreitung und Anwendung wissenschaftlicher Erkenntnis sein. Es mögen auf dem Wege dazu auch gesellschaftliche Kämpfe liegen, in Anbetracht des Siegeszugs der Wissenschaft ist ihr Ausgang nicht zweifelhaft, und Mach hat sich bei diesem Problem daher nicht allzu lange aufgehalten. Er hat ungetrübt an die Macht der Wissenschaft geglaubt und weder an der Existenz einer von ihr erkannten Realität, noch an ihrem Wahrheitsgehalt, noch an ihrer universalen Bedeutung für die Menschheit gezweifelt. Der Neukantianismus hingegen sah in alldem entscheidende Probleme und entspricht daher – trotz der Gleichzeitigkeit seines Ursprungs mit der Philosophie Machs – in dieser Beziehung einer fortgeschritteneren Periode als der Empiriokritizismus.

## *Neukantianismus (Cohen)*

Die wesentliche Frage, die angesichts der Erfolge und der Hochgeltung der Naturwissenschaften für die Philosophie gestellt war, betraf nicht die Existenz und Beschaffenheit seiender Gegenstände, sondern Wahrheitsgehalt und Sinn der Naturwissenschaft selbst. Inwiefern konnte naturwissenschaftliche Erkenntnis behaupten, »wahre« Erkenntnis zu sein, worauf begründete sie diesen An-

16  [Ibid., S. 81.]
17  [Ibid., S. 462.]

spruch und wie konnte sie denn überhaupt die Inanspruchnahme nahezu aller intellektueller Kräfte theoretisch rechtfertigen? Der Aufstieg aller Schichten der Gesellschaft hielt durchaus nicht gleichen Schritt mit der Entwicklung der Naturwissenschaft und Technik. Je problematischer die Verknüpfung des Fortschrittes der Naturwissenschaft mit einer widerspruchslosen Entwicklung der bestehenden Gesellschaft wurde, desto mehr war die Naturwissenschaft hinsichtlich ihrer weltanschaulichen Bedeutung auf philosophische Rechtfertigung angewiesen, bis schließlich – wie in unseren Tagen – sich die Philosophie selbst wieder als Erkenntnis der wahren Wirklichkeit im Gegensatz zu den bloß abgeleiteten Erkenntnisfunktionen der Naturwissenschaft fühlen konnte. Vor fünfzig Jahren sprach man in den Laboratorien davon, daß man Wissenschaft um der Wissenschaft willen, Forschung um reiner Erkenntnis willen treibe, und man war davon überzeugt, daß die Naturwissenschaft in ihrer mathematisch-mechanischen Gestalt dazu berufen sei, die höchsten intellektuellen Ansprüche der Menschheit zu erfüllen. Zur Begründung dieses Selbstbewußtseins bedurfte es immer mehr eingehender, disziplinierter, nicht mehr von Naturforschern im Nebenberuf ausgeführter philosophischer Untersuchungen. Es galt, den Sinn des Wahrheitsanspruches der Wissenschaft, die Bedeutung und Reichweite von Erkenntnis überhaupt festzustellen. Indem das allgemeine Bewußtsein immer mehr schwand, nach welchem Naturwissenschaft und Technik unmittelbar die sicheren Bürgen für das allgemeine Glück waren, indem der ungebrochene Glaube an die Erlöserrolle der bloßen Wissenschaft dahinging, gewann das Nachdenken über ihre Beschaffenheit und ihren Sinn – wenn auch zunächst durchaus in der Form einer apologetischen Begründung – gesellschaftliches Ansehen.

Es ist nicht erstaunlich, daß man dabei auf Kant zurückging; denn die Begründung der mechanisch-mathematischen Naturwissenschaft erschien als das Zentralproblem seiner ganzen theoretischen Philosophie. Auch Kant hatte nicht daran gezweifelt, daß die Urteile der mathematisch-mechanischen Naturwissenschaft das Muster wahrer Erkenntnisse darstellten. Auch er hatte nicht gefragt, *ob*, sondern nur *wie* sie möglich seien, und diese Frage war für ihn identisch mit derjenigen, wie es überhaupt möglich sei, daß wir allgemeingültige, nicht nur für *einen* Menschen, sondern für *alle* Menschen und nicht nur für den gegenwärtigen Fall, sondern für alle Zukunft gültige Einsichten besitzen. Die *Kritik der reinen Vernunft* enthält nach der Auffassung jener Zeit den Nachweis, daß die Vermehrung unseres Besitzes an mathematisch-naturwissenschaftlicher Erkenntnis mit dem Fortschritt an wahrer Einsicht identisch sei. Und in der Tat bedeutet die berühmte Frage an der Spitze der *Kritik der reinen Vernunft*: wie sind synthetische Urteile *a priori* möglich? nichts anderes als: wie ist mathematisch-mechanische Naturwissenschaft möglich? Denn synthetisch – im Gegensatz zu analytisch – heißen bei Kant alle im Sinn dieser Wissenschaft fruchtbaren Urteile, und *a priori* bedeutet dabei »wahr« im Sinne von allgemeingültig, für alle Zukunft gültig, durch keine künftige Erfahrung widerlegbar. Die Wiedereinführung der Philosophie in den Kreis der angesehenen Wissenschaften konnte sich also als eine Belebung der theoretischen Philosophie Kants vollziehen.

Um den Kern der Theorie des *Neukantianismus* zu verstehen, soll hier weder eine philologische Darlegung der wirklichen Meinung Kants noch eine geschichtliche Auslegung seiner Anschauungen gegeben werden. Wir wollen vielmehr das Problem Kants gerade in derjenigen Form fassen, die der Auffassung des Neukantianismus möglichst angemessen ist. – Gültige Urteile, wissenschaftliche Erkenntnis, so kann man dann etwa formulieren, werden vom Subjekt, von einem erkennenden Bewußtsein vollzogen. Scheidet man mit Descartes die Welt in zwei Substanzen, in die *res cogitans* und die *res extensa* (eine Zerspellung, die zu den notwendigen Voraussetzungen der Kantschen Philosophie gehört), dann spielt sich Wissenschaft einzig im Bereich der subjektiven, geistigen Sphäre, der *res cogitans* ab. Die wirkliche Welt der Dinge aber ist von dieser subjektiven Welt völlig abgelöst, sie ist ihr »transzendent«. Die Behauptung irgendeines wirklichen Zusammenhangs zwischen beiden erscheint bei dieser grundsätzlichen Trennung schließlich als folgewidrig, ja als unverständlich. Dabei beanspruchen aber doch die wissenschaftlichen Urteile, etwas über die zweite, die natürliche Welt, auszusagen, diese ist ihr »Thema«, »Gegenstand«, »Objekt«. Wie soll man es sich nun denken, daß ihre Urteile »wahr« sein können? Wie soll das Subjekt, dieses von vornherein in die Sphäre der *cogitationes*, in die Welt des isolierten Bewußtseins eingeschlossene Erkenntnissubjekt zu wahrer Erkenntnis kommen? Kant meint, wir können unsere Begriffe zergliedern, wir können Denkoperationen anstellen, welche wir immer wollen: Niemals wird sich daraus die Gewißheit ergeben, daß die Resultate mit den realen, von uns unabhängigen Dingen draußen, so wie sie an sich selbst sind, übereinstimmen. Wie sollen unsere Urteile mit der transzendenten Realität übereinstimmen, wie sollen sie »wahr« sein können? Bezögen sie sich lediglich auf ihre eigene Sphäre, auf die Sphäre, in der sie gefällt werden, dann ließe sich ihre Gültigkeit ohne weiteres verstehen.

Nun gibt es unter Voraussetzung der Zweiwelten-Theorie zwei Möglichkeiten des ontischen Ursprungs einer Erkenntnis der Außenwelt. Entweder stammt diese Erkenntnis aus dem Subjekt selbst oder sie wird ihm – sei es durch die Vermittlung Gottes, sei es auf irgendeine andere Weise – »gegeben«. Stammen unsere Urteile über die Dinge an sich aus uns selbst, dann dürfen wir ihrer Wahrheit eben infolge der radikalen Trennung beider Welten nie versichert sein. Weil das Subjekt in seine Phänomenwelt gebannt ist, wäre nicht einzusehen, warum Ansichten, die es selbst für wahr hielte, einer jenseitigen Realität entsprechen sollten, zu der es überhaupt keinen Zugang hat. Diese Ansichten – welcher Art sie auch seien – gelten ja als in ihm selbst erzeugt, sie gehören ebenso wie das Bewußtsein von ihrer Richtigkeit in den abgeschlossenen Kreis der Subjektivität; ihre reale Gültigkeit bliebe logisch und psychologisch absolut unbegreiflich. – Oder die Erkenntnis des unabhängig Seienden stammt nicht aus uns selbst, sondern sie gelangt von außen ins Bewußtsein. Die Elemente, denen man in der neueren Philosophie einen solchen äußeren Ursprung zuschrieb, sind die Tatsachen der Erfahrung, vor allem die sinnlichen Empfindungen und ihre Derivate. Auf äußeren Ursprung aber läßt sich die von der neueren Naturwissenschaft in Anspruch genommene apodiktische, für alle Zukunft gültige Gewißheit deshalb nicht begründen, weil es keine Gewähr dafür gibt, daß ein nicht von uns selbst, sondern auf Grund äußerer Vorgänge hervorgerufenes Wissen dauernde Gültigkeit besitzen sollte, wie sie die Sätze der exakten Naturwissenschaft beanspruchen.

Auf der Grundlage der Scheidung der Subjektivität von der realen

Welt hatten sich seit Descartes zwei entgegengesetzte philosophische Richtungen ausgebildet und je eine der beiden Quellen der Erkenntnis als den einzig legitimen Ursprung der Wahrheit behauptet. Der Rationalismus war dazu gelangt, nur die aus reiner Innerlichkeit fließenden Wahrheiten als echte Einsichten anzuerkennen und alle Erfahrungserkenntnis als verworren abzulehnen. Der Sensualismus hingegen bekämpfte den Glauben an eine innerlich erzeugte Wahrheit und wollte nur das Wissen gelten lassen, das uns schlicht »gegeben« wird. Beide großen Theorien wurden in ihrer Geschichte freilich noch von anderen Rücksichten beeinflußt als von den in der cartesianischen Philosophie gründenden Fragen. Sachlich aber lassen sie sich großenteils aus dem Bestreben ableiten, an der prinzipiellen Scheidung von Sein und Bewußtsein festzuhalten und zugleich die Möglichkeit einer über allen Zweifel erhabenen Erkenntnis darzutun. »Über allen Zweifel erhaben« heißt dabei, daß jedes individuelle Subjekt aus eigener Machtvollkommenheit über die Wahrheit sollte richten können, ohne einem Irrtum ausgesetzt zu sein. Das Kriterium der *clara et distincta perceptio*, das Empiristen wie mathematische Rationalisten auf so verschiedene Weise für sich in Anspruch nahmen, hat in ihrem Munde wenigstens das Gemeinsame, daß das Individuum nur das gelten lassen soll, was ihm selbst völlig einsichtig und gewiß sei.

Kant lehnt die Begründung der Erkenntnis der an sich seienden Realität auf rationalistische wie auf sensualistische Weise entschieden ab. Indem er am Ideal der unbedingten Gewißheit echter Erkenntnis festhält, erscheint ihm die spontan erzeugte, rationale Erkenntnis als unfähig, ihre reale Gültigkeit, und die Erfahrung als unfähig, ihre Allgemeingültigkeit für die Zukunft zu erweisen. Gäbe es keinen anderen Weg, dann hätte Hume recht, und die Wissenschaft wäre zwar eine äußerst nützliche Sache für das Fortkommen der Menschheit, aber ohne inneren, aus ihr selbst zu begründenden Wert. Es fehlte der Adel, den ihr nur die Eigenschaft der dauernden Wahrheit verleihen kann. Gerade um den Nachweis eines solchen Wertes handelte es sich auch in der Periode des Neukantianismus. Die bloß pragmatische Begründung wurde in steigendem Maße durch die gesellschaftliche Entwicklung in Verruf gebracht.

Die Transzendentalphilosophie enthielt für den Neukantianismus wesentlich den gelungenen Versuch, die Wahrheit naturwissenschaftlicher Erkenntnis einsichtig zu machen. Sie erreichte dies auf einem dem Rationalismus und Sensualismus gegenüber völlig neuen Weg. Naturwissenschaftliche Erkenntnis bezieht sich nach ihr gar nicht auf die Dinge, wie sie an sich selbst, das heißt unabhängig von unserem Bewußtsein, sein mögen – täte sie dies, dann wäre ihre Gültigkeit nicht zu retten. Sie betrifft vielmehr das, was Kant im Gegensatz zu den Dingen an sich »Erscheinungen« genannt hat. Dinge an sich, Dinge also, deren Sein vom erkennenden Subjekt unabhängig ist, gibt es freilich. Eine solche Welt absoluter Realität soll nach Kant keineswegs geleugnet werden. Aber wir vermögen über sie durchaus nichts Positives auszusagen. Indem wir leben, stehen wir zu ihr in irgendeiner Beziehung. Wir haben gewissermaßen Berührung mit der Realität, wir gehören ihr auch selbst an, aber sobald wir versuchen, diese Realität in unseren Aussagen näher zu bestimmen, sobald wir glauben, mit unseren Begriffen irgendwelche Momente oder Gesetzmäßigkeiten an ihr zu treffen, überschreiten wir die Grenzen der Zuständigkeit unserer Vernunft. Denn all unser Wissen um die Realität ist immer nur ein Wissen unter dem Gesichtswinkel der Subjektivität, ein Wissen unter Voraussetzung unserer keineswegs restlos zu durchschauenden Organisation, die Reaktion eines mannigfach bedingten Aktzentrums auf Situationen, die wir eben deshalb nie absolut bestimmen können, weil wir selbst in einer nicht restlos aufzuhellenden Weise bedingte Wesen sind. Daher ist alle unsere Erkenntnis nicht Erkenntnis von Dingen »an sich«, nicht »unbedingte« Erkenntnis, sondern endliche Erkenntnis endlicher Wesen. Schon die Aussage, daß die absolute Realität ewig identisch sei oder die, daß sie sich verändere, wäre danach eine ausschweifende Behauptung. An der Schwelle der Kantischen Philosophie steht zwar die Lehre, daß das Dasein der Empfindungen als Grundtatsache unseres bewußten Lebens auf die Berührung mit der absoluten Realität gegründet sei; die Empfindungen bilden gewissermaßen die Nahtstelle der beiden Welten, ihr Dasein ist nach Kants Ansicht der Effekt einer Beziehung zwischen dem erkennenden Subjekt und den Dingen an sich. Aber sobald wir etwas an dem gegebenen Material bestimmend herausheben, sobald durch Abhebung von Figuren auf einem Hintergrund eigentliches Bewußtsein vorhanden ist und wir demnach uns erinnern, Begriffe bilden, urteilen, handelt es sich zwar keineswegs um Willkür, aber doch um Prozesse innerhalb der Sphäre des erkennenden Subjekts selbst, und wir dürfen nicht behaupten, daß sich unsere Urteile mit einem Sein deckten, wie es unabhängig von unserer Beziehung zu ihm ist. Der Satz, daß sich alle denkbaren wahren Erkenntnisakte, so wie die Naturwissenschaft sie fortwährend zu fällen im Begriffe ist, nicht auf Dinge an sich, sondern auf Erscheinungen beziehen, also auf Konstellationen, an deren Beschaffenheit wir selbst wesentlich mitbeteiligt sind, gibt daher die Bedingung an, unter der Wissenschaft überhaupt gedacht werden kann.

Aus diesem Grundsatz leitet Kant die Möglichkeit einer reinen Naturwissenschaft her. Diese, die auch den Titel einer Metaphysik der Natur führt, soll alle die Sätze enthalten, die im strengen Sinn *a priori*, allgemeingültig sind. Denn er hat sich nicht damit begnügt, die Möglichkeit wahrer Naturwissenschaft formal darzutun, indem er sie in der eben dargestellten Weise als eine Erkenntnis von »Erscheinungen« erwies, sondern es kam ihm darauf an, die wichtigsten Sätze der mathematisch-mechanischen Naturwissenschaft inhaltlich aus seinem erkenntnistheoretischen Grundprinzip als unbedingt wahr abzuleiten. Es soll hier kurz an die Art und Weise erinnert werden, wie dies geschieht. Wir leben bewußt in einem einheitlichen Erfahrungszusammenhang, den wir als die einheitliche natürliche Welt mit einheitlichen, sich stets gleich bleibenden allgemeinen Bestimmungen sicher zu kennen meinen. Auf diese einheitliche Welt, die natürliche Dingwelt, bezieht sich die Wissenschaft. Daß wir aber von einer solchen Einheit überhaupt reden können, ist nach Kant notwendig an eine Voraussetzung geknüpft: Wir, das erkennende Subjekt, müssen uns selbst in den vielfältigen Bestimmungen und Zeitmomenten als identisch wissen. Ohne die Identität des erkennenden Subjekts wäre weder Wissenschaft noch überhaupt einheitliche Erfahrung denkbar. Nun soll uns nach Kant ursprünglich nur eine ungeordnete Mannigfaltigkeit von Empfindungen, jedenfalls etwas total Uneinheitliches, Ungeordnetes, Disparates gegeben sein; das objektive, durch die lebendige Berührung mit der Realität gelieferte Material ist nach ihm total chaotisch. Wenn es jetzt gelingt, diejenigen Begriffe und Urteile aufzu-

weisen, ohne die es undenkbar ist, daß die Vernunft in diesem
Chaos Einheit stiftet, dann ist ein Bestand von Erkenntnissen gewonnen, die für alle Zukunft notwendig Geltung haben müssen;
denn ohne sie kann nicht von Geltung, nicht einmal vom gering-
sten prägnanten Wissen die Rede sein. Das subjektive Leben wäre
nach Kant ohne die Tätigkeit der ordnenden Vernunft eine völlige
Wirrnis von Empfindungen. Der Aufweis derjenigen begrifflichen
Momente, durch die sich das einheitliche Bewußtsein des wissenschaftlichen Subjekts von einem solchen Chaos unterscheidet, ist
daher gleichzeitig die Angabe derjenigen Ordnungsfunktionen der
Vernunft, die in aller künftigen Wissenschaft enthalten sein müssen
– ohne die sie nicht möglich ist. Dieser Aufweis ist zugleich identisch mit einer Bestimmung der allgemeinsten, ewigen Züge des
*Gegenstandes* der Erfahrung. Denn eben weil die Wissenschaft es
nicht mit dem »An-sich«, sondern mit den Erscheinungen zu tun
hat, sind die konstitutiven Momente der Einheit des Bewußtseins
auch diejenigen der Natur. Die Natur ist das, was unsere Vernunft
durch die gedankliche Bearbeitung des ursprünglich gegebenen
Empfindungsmaterials als einheitliches Gedankensystem zustande
bringt, sie ist ein intellektuelles Erzeugnis der Vernunft (freilich kein willkürliches, sondern ein durch die Anwendung der
subjektiven Faktoren auf ein objektives Material zustandegekom-
menes). Die Erkenntnisse *a priori*, die Sätze der reinen Naturwissenschaft, die Metaphysik der Natur, sind diejenigen logischen
Momente, durch die sich das Gebäude der mathematisch-mechanischen Naturwissenschaft von dem vorausgesetzten Chaos der
Empfindungen sachlich unterscheidet. Die Gültigkeit der Naturwissenschaft als eines sich auf Erscheinungen beziehenden Wissens
läßt sich daher nach Kant im einzelnen soweit erweisen, als ihre
Gesetze zugleich notwendige Bedingungen einheitlicher Erfahrung
sind.

Eine der folgenreichsten Schwierigkeiten, die sich im neunzehnten
Jahrhundert am Kantischen System gezeigt haben, ergibt sich daraus, daß nach seinen Grundsätzen nur die allerhöchsten Naturgesetze als gültig zu erweisen sind. Alle speziellen Sätze hängen von
der Beschaffenheit des Erlebnismaterials ab, das den Kategorien
des Verstandes zur Einordnung geliefert wird. Soweit naturwissenschaftliche Aussagen nicht identisch mit den höchsten Gesetzen

selbst sind, haben sie nicht die Bedeutung echter Erkenntnis. So wird zum Beispiel der Satz, daß jede Wirkung eine Ursache hat, aus den obersten Verstandesgesetzen begründet und gerechtfertigt. Er gehört zum fundamentalen Bestand der mathematisch-mechanischen Naturwissenschaft jener Zeit und wird von Kant in seine Metaphysik übernommen. Aber die wirklichen kausalen Aussagen, also daß eine bestimmte Ursache, zum Beispiel ein bestimmter Wärmegrad, eine bestimmte Wirkung, zum Beispiel das Verdampfen einer Flüssigkeit, haben muß, also die konkreten wissenschaftlichen Aussagen selbst, können durch die Kantische Argumentation keine Rechtfertigung finden, ja, sie fallen, streng genommen, nach ihr aus dem Rahmen wahrer Wissenschaft heraus. Der Inhalt solcher »empirischer« Gesetze hängt davon ab, welche Erlebnisse uns gegeben werden, und das ist nach Kant prinzipiell nicht vorherzusagen. Streng genommen gäbe es daher zwischen der Scharlatanerie und dem Vertrauen auf die zukünftige Geltung exakt gewonnener empirischer Einsichten keinen wesentlichen Unterschied. Diese Einsichten sind im letzten Grunde zufällig, mindestens philosophisch belanglos. Kants Begründung der Naturwissenschaft erscheint daher als außerordentlich eng, sie erstreckt sich gar nicht auf ihre wirklichen Einzeluntersuchungen, sondern bloß auf ein paar allgemeine Sätze. Die zukünftigen Arbeiten der Naturforschung selbst können nach ihm folgerichtig zu keiner Erweiterung des wahren, philosophisch relevanten Wissens führen.

Nun konnte zwar zu Kants Zeiten die Philosophie noch in dem stolzen Bewußtsein leben, von sich aus eine inhaltliche Scheidung unter den naturwissenschaftlichen Sätzen treffen zu dürfen und eine Anzahl ihrer Gesetze als echte, »reine« Naturwissenschaft gelten zu lassen, die anderen aber als minder wahrheitshaltig einer bloßen sogenannten »Naturbeschreibung« zuzuweisen. Dieser Glaube war in der rationalistischen Richtung traditionell, und Kant hatte ihn von seinem Lehrer Christian Wolff übernommen. Zur Zeit des Neukantianismus aber war dieses Selbstvertrauen der Philosophie längst geschwunden. Sie wollte bloß als eine Stütze und Begründerin der tatsächlich vorhandenen Wissenschaft von dieser anerkannt werden und hätte sich entschieden dagegen gewehrt, das Meiste, worauf die Naturwissenschaft mit Recht stolz

war, ihr als sicheren Wahrheitsbesitz bestreiten oder herabsetzen
zu wollen. Es war vielmehr die Absicht des Neukantianismus, die
Wahrheit der Naturwissenschaft und den Sinn ihrer Gültigkeit in
vollem Ausmaß darzutun.

Dabei stimmt er in wichtigen Punkten Kant völlig zu. Nicht bloß
gilt ihm alle Erkenntnis als durch Vernunftfunktionen erzeugt,
sondern er fordert von ihr dasselbe wie Kant von den Sätzen der
reinen Naturwissenschaft, daß sie nämlich aus bloßem Denken deduzierbar seien. Kant hat nach dem Neukantianismus durchaus
recht, wenn er behauptet, die Natur, das heißt diejenige Ordnung
unserer Erfahrung, die wir so nennen, sei identisch mit einer durch
das Denken gestifteten Einheit. Das System der Wissenschaft von
der Natur und die Natur selbst ist ein und dasselbe und baut sich
nach den unserer Vernunft inhärenten Prinzipien in der fortschreitenden Arbeit der Wissenschaft auf. Es ist daher verkehrt, die
Frage nach der Wahrheit mit dem vorkantischen Dogmatismus und
mit dem physikalischen Materialismus als Frage nach der Übereinstimmung wissenschaftlicher Urteile mit jenseits unseres Denkens
liegenden Gegenständen aufzufassen. Die so gefaßte Frage nach
der Wahrheit wäre ein unmögliches Problem. Die wissenschaftlichen Urteile beziehen sich immer auf Gegenstände, die vom Denken konstituiert sind, und die Frage, inwiefern sie jenseits unseres
Denkens ein Korrelat oder ein Substrat haben, ist sinnlos. Die
Wirklichkeit eines Gegenstandes bedeutet nichts anderes, als daß
er in einem völlig bestimmten gesetzlichen Zusammenhang mit
dem Gesamtsystem unserer wissenschaftlichen Begriffe und Urteile steht, daß alle seine Beziehungen zu dem wissenschaftlich Erkannten eindeutig und widerspruchslos hergestellt sind. Er muß
zum Beispiel im raum-zeitlichen Stellensystem ebenso wie in bestimmten Kausalreihen eindeutig eingeordnet sein. Erst insofern
diese Einordnungen vollzogen sind, können wir in prägnantem
Sinn von seiner Wirklichkeit sprechen. Diese Bestimmungen werden aber durch logische Akte vollzogen: Soweit wir in wissenschaftlichem Sinn vom Gegenstand reden können, ist er ein Denkgebilde, alles, was wir mit Recht von ihm aussagen dürfen, muß
sich aus den Prinzipien des wissenschaftlichen Denkens oder, mit
Kant zu reden, aus der Gesetzmäßigkeit des erkennenden Subjekts, einsichtig machen lassen. Der alte, aus den Anfängen der

neueren Philosophie stammende Gedanke, daß wir nur das, was wir in Gedanken erzeugen, auch wirklich erkennen können (zum ersten Mal klar formuliert bei Hobbes), hatte stets bei der philosophischen Begründung der mathematischen Naturwissenschaft eine Rolle gespielt und ist im Neukantianismus bis zur äußersten Konsequenz geführt worden.

Aber bei Kant ist durchaus nicht alles, was wir wissen, in Gedanken erzeugt. Die oben erwähnte Schwierigkeit seiner Philosophie, daß nur die obersten, ganz allgemeinen Naturgesetze in ihr einer strengen Begründung fähig sind, rührt gerade daher, daß der Gehalt aller speziellen naturwissenschaftlichen Sätze aus der Anschauung, der Empfindung, das heißt aus dem denkfremden, dem Subjekt vom Ding an sich gelieferten Eindrucksmaterial stammen soll. In unserer gesamten Erfahrung sind für Kant nur die formalsten Momente frei aus dem Denken erzeugt; alles Übrige, die sogenannte Materie der Erkenntnis, wird dem Subjekt von außen geliefert. Als vom Denken erzeugt, *a priori* und daher als für alle Zukunft gültig wurde von Kant ein Wissen nur insofern anerkannt, als sich nachweisen ließ, daß es zu den Formen gehörte, die dem Erkenntnismaterial bei seiner Durchorganisierung und Bearbeitung notwendig aufgeprägt werden müssen. Als schwerwiegende Folge der cartesianischen Zwei-Welten-Theorie war bei Kant ja auch der innersubjektive Dualismus von Rezeptivität und Spontaneität aufgetreten. Das Subjekt zerfiel in einen passiven, sinnlichen Aufnahmeapparat und ein aktives, spontanes, vernünftiges Aktzentrum, das gewissermaßen von oben her das Material durcharbeitet und ihm den Charakter des Systems gibt. Die Überwindung des dualistischen Zuges der Kantischen Philosophie, die schon ein wesentliches Motiv im Fichteschen und Hegelschen Idealismus gewesen war, bildete für den Neukantianismus nun vor allem deswegen eine Notwendigkeit, weil ohne sie auch die Naturwissenschaft als Ganzes nicht einheitlich zu begründen war. Die Trennung einer reinen von einer bloß empirischen Naturwissenschaft hing zusammen mit der Trennung von Spontaneität und Rezeptivität der Erkenntnis, von Verstand und Sinnlichkeit, von Form und Inhalt und in letzter Linie von einer subjektiven und einer an sich seienden Welt.

Cohen und seine Schule vollzogen die Vereinheitlichung der Kanti-

schen Philosophie durch die theoretische Verneinung eines irrationalen, bloß schlechthin gegebenen, einfach hinzunehmenden Fak-
tors in der Erkenntnis und damit durch die Verneinung der Existenz
einer transzendenten Realität überhaupt. Sie beseitigten die Lehre in
der Kantischen Philosophie, aus der ihr viele Schwierigkeiten erwachsen waren, und die eine ganze Anzahl von ungelösten Wider-
sprüchen im ursprünglichen System der Transzendentalphilosophie
verschuldet hatte, aber zugleich zu ihren tiefsten Gedanken gehört:
die mangelnde Deckung von Sein und Bewußtsein. Was Kant bei
allem Vertrauen auf die Macht der Subjektivität, der erzeugenden
Kraft des transzendentalen Bewußtseins, immer festgehalten hatte:
die Differenz zwischen dem wahren Sein und der endlichen Erkenntnis, diese Einsicht ist in dem neukantianischen Systementwurf
nicht mehr enthalten.

Es ist der Kern der neukantianischen Doktrin, daß innerhalb der
Philosophie für die Kantischen Dualismen kein Platz sei. In den
wissenschaftlichen Urteilen sei schlechthin alles aus reinem Denken erzeugt, nichts darin stamme aus irgendeinem anderen Ursprung, aus irgendeiner anderen Quelle, heiße sie nun Anschauung, Wahrnehmung, Empfindung oder wie sonst immer. In der
Wissenschaft gibt es keine Rezeptivität. Soweit sie von einem Gegenstand etwas aussagt, das heißt soweit überhaupt wissenschaftliche Urteile über ihn vorliegen, handelt es sich immer um Bestimmungen, die das wissenschaftliche Denken selbst vorgenommen
haben muß, die – bildlich gesprochen – aus seinem eigenen und
nicht aus einem fremden Stoffe gewebt sind. So ist die Behauptung, daß irgendein Gegenstand existiere, eine Setzung des Denkens. Es handelt sich dabei um einen logischen Sachverhalt. Sagen
wir weiter, daß es sich dabei nicht um einen beliebigen Gegenstand, sondern um einen solchen dieser und jener Art handelt, so
können ihm diese weiteren Bestimmungen jeweils immer nur auf
Grund weiterer Urteile zugesprochen werden, solange, bis der
Gegenstand mit dem System unserer übrigen Erkenntnisse völlig
eindeutig verknüpft ist. Soweit diese Eindeutigkeit erst in dem
Ideal des vollständigen Abschlusses der Erkenntnis erreicht ist, soweit also die Gegenstände unseres Wissens immer noch weiterer
Bestimmung fähig sind, enthält jeder noch ein X, ein Problem,
einen Ansatzpunkt für neue Forschungen, insoweit ist er Gegen-

stand im eigentlichen Sinn, nämlich Gegenstand wissenschaftlicher Bearbeitung. Jedes in der Wissenschaft auf einem gegebenen Standpunkt Erreichte wird auf diese Weise immer neu zum Problem, und im Hinblick darauf kann man auch sagen, daß etwas am Gegenstand zunächst erst »gegeben«, das heißt zu weiterer Bearbeitung aufgegeben sei. Aber die Frage, was in einem bestimmten Zeitpunkt »gegeben« sei, läßt sich niemals durch Rückgang auf ein Sein außerhalb des Denkens beantworten, sondern immer nur durch Reflexion auf den augenblicklichen Stand der Wissenschaft.

Nach dem Neukantianismus ist also die Wirklichkeit mit dem von der Wissenschaft als wirklich Erkannten jeweils identisch. Sie verliert damit völlig den Charakter eines starren Seins und fällt zusammen mit dem unendlichen Fortschritt der Erkenntnis, mit dem Gange der Wissenschaft. Außer diesem gibt es nichts; denn alles, was Anspruch darauf machen könnte, etwas zu sein, erwiese sich gerade insoweit als diesem Prozesse angehörig, wie sich die Berechtigung seines Anspruches herausstellte. Der Prozeß selbst vollzieht sich gewissermaßen im luftleeren Raum. Alles, was wirklich sein soll, muß als solches vom Denken gesetzt, bestimmt und weiterbestimmt werden, und nur insofern dürfen wir überhaupt von ihm reden. Wenn mit den Ausdrücken »gegeben« oder »irrational« etwas Sinnvolles gemeint sein soll, dann kann mit ihnen nichts anderes getroffen werden als der Grenzbegriff des »Problems«.

Über diesen großen Prozeß, der die Wirklichkeit sein soll, erheben sich verschiedene Fragen, zunächst die nach seinem Sein. Inwiefern kann man überhaupt sagen, daß der Prozeß »ist«? Dieses Problem muß der Neukantianismus folgerichtig als Schein verwerfen. In der Bedeutung von Existenz gibt es ja »Sein« nur innerhalb des Prozesses selbst als eine Setzung der Vernunft, und es hieße in ein vorkritisches Stadium, mindestens aber in einen »Fehler« Kants verfallen, wollte man Sein und gesetztes Sein, Sein an sich und Sein im Denken, voneinander trennen. Wirklichkeit bedeutet in dieser Lehre eben nichts anderes als eine nach Regeln vollzogene Verknüpfung von Denkbestimmungen; es wäre offenbarer Widersinn, wollte man von der »Wirklichkeit« oder vom Sein des Denkens in einem transzendenten Sinne sprechen. Selbst der Bescheid, daß es unabhängig vom Denken »nichts« gäbe, ist unexakt. Weder von einem Ding an sich als von einem selbständigen, vom Denken unabhängigen Gegenstand noch von einem Subjekt an sich läßt sich verständig reden. Es wäre ganz falsch, den logischen Prozeß der Wissenschaft, in dem sich die Wirklichkeit aufbaut, einem unabhängig davon wirklichen Ich als seine Funktion zuschreiben zu wollen. Das hieße, Begriffe, die nur innerhalb der Wissenschaft Sinn haben, in verkehrter Weise auf sie selbst anwenden. Es gibt innerhalb der vom Denken erzeugten Welt Beziehungen zwischen Subjekten und Objekten, es gibt auch in einem besonderen Sinn »Subjektivierung« und »Objektivierung« als mögliche Denkrichtungen, aber gleichsam über das Denken hinwegspringen und »unabhängig« von ihm, also von Subjekten und Objekten »an sich« reden wollen, das wäre schlechte Metaphysik.

Bei dieser Abweisung der metaphysischen Frage nach dem Sein des die Wirklichkeit konstituierenden Prozesses ist freilich zu bedenken, daß sie von anderem Gewicht ist als die Abweisung der transzendenten Metaphysik bei Kant selbst. Am Anfang der Kantischen Philosophie steht die ontologische Anerkennung eines vom Denken unabhängigen Seins. Die Unmöglichkeit inhaltlicher Aussagen darüber, die sich im Fortgang der kritischen Philosophie herausstellt, erscheint als Unzulänglichkeit des Menschen, an ihr wird unsere Bedingtheit und Endlichkeit offenbar, ja, sie ist nur ein anderer Ausdruck dafür. Das Problem des Verhältnisses der bedingten Erkenntnis zum unendlichen Sein bleibt bei Kant immer offen, und die Unmöglichkeit einer zureichenden Antwort ist bei ihm nicht gleichbedeutend mit der Sinnlosigkeit der Frage. Bei Cohen dagegen enthält die Lehre der Unmöglichkeit der Metaphysik nicht zugleich den Ansatz zu Entwürfen über den Sinn der Bedingtheit und Endlichkeit. Diese Lehre stellt bei ihm nicht die Behauptung der Differenz zweier Sphären dar, sondern sie gibt sich als die Zerstörung eines lästigen Vorurteils. Gewiß spricht auch er davon, daß jeder bestimmte Erkenntnisstand bloß vorläufig und daher dem Ideal der Erkenntnis als dem vollendeten einheitlichen System notwendig unangemessen sei. Aber dieses Ideal selbst und der Gedanke an den unendlichen Fortschritt, der hierbei im Spiele ist, gilt selbst bloß als eine Idee der Vernunft. Die unerhörten Schwierigkeiten, mit denen sich Kant besonders in den zwei späte-

ren Kritiken und noch bis in die allerletzten Jahre hinein gequält
hat, existieren für den Neukantianismus nicht; denn sie erwachsen
wesentlich aus dem Problem des Verhältnisses zwischen der Welt
bedingter Erkenntnis und der in den Vernunftideen angezeigten
unendlichen Realität.

Zur Frage [nach dem] Sein des logischen Prozesses gesellt sich die
nach seinem Inhalt. Nach der neukantianischen Theorie gehen ja
in diesen Prozeß unmittelbar gegebene, dem Denken äußerliche
Inhalte überhaupt nicht ein. Inwiefern kann dann überhaupt die
Welt der Wissenschaft qualitative Bestimmtheit haben? Bei Kant
ist die Aufgabe des Denkens klar bestimmt: Es hat das chaotische,
unverbundene Material zu einheitlicher Erfahrung zu verbinden,
seine Aufgabe ist »Synthesis«. Die Bedeutung aller Sätze *a priori*
ist identisch mit der logischen Formulierung von Ordnungsprinzipien, die notwendig auf ein Material bezogen sind. Ohne Bezug
auf das Material haben die Urteile *a priori* keinen Wert und keinen Sinn. »Erzeugung« der Erfahrungsgegenstände heißt bei Kant
wesentlich ihre Bearbeitung im Sinn der mathematisch-mechanischen Wissenschaft. Bei Cohen ist die Erzeugung eine Erzeugung
aus dem Nichts. Die mathematisch-mechanische Naturwissenschaft erzeugt sich mitsamt ihrem Inhalt aus reinem Denken, und
ihre Methodenlehre ist daher wahrhaft eine »Logik des Ursprungs«.

Hermann Cohen hat es sich nicht so leicht gemacht, die Qualitäten
aus der wirklichen Welt einfach hinwegzuinterpretieren und das
Problem des Reichtums der Gestalten damit abzutun, daß der
Wirklichkeitsbegriff der mathematischen Physik nur Quantitäten
kennt. Diese kurzentschlossene Leugnung der Wirklichkeit aller
sinnlichen Qualitäten, die sie als bloßen »Schein« bezeichnet, um
sich dann über die Existenz dieses Scheins nicht mehr den Kopf zu
zerbrechen, entspricht dem Jugendalter der neuen Physik und seinem philosophischen Ausdruck: dem Rationalismus eines Descartes und Hobbes. Cohen hat zunächst das Problem selbst deutlich
gesehen und es keineswegs leicht genommen. »Angenommen, das
Ideal der mathematischen Naturwissenschaft sei gänzlich verwirklicht«, heißt es in seinem großen Kantwerk, »und wir vermöchten
alle Naturformen in statischen Bewegungsgleichungen auszudrükken, so hätte die Mechanik darum doch nicht das Interesse der Na-

turbeschreibung absorbiert. Denn die Naturformen wollen nicht nur als Gleichgewichtsverhältnisse unter den Bewegungsvorgängen, sie wollen vielmehr in der Qualität ihrer Struktur bestimmt sein. Es genügt nicht, die Sonne als Gravitationszentrum zu fixieren, sie soll auch nach der Art der Stoffe beschrieben werden, die in ihr verbrennen. Und wenn nun gar die pflanzlichen und tierischen Körper, die von ihr gespeist werden, in Frage kommen, so wird es augenscheinlich, daß dabei Gestaltungen und Objektivierungen Probleme werden, welche zwar auf die mechanischen Abstraktionen der Bewegungspunkte zurückgehen, aber in denselben keineswegs ohne Rest aufgehen.«[18]

Cohen hat also die Qualitäten nicht einfach für Schein erklärt. Er hat, wenigstens zu der Zeit, als er sein großes Kantwerk schrieb, einen Rest anerkannt, der nicht in Mechanik aufgeht. Freilich spielt dieser Rest in seiner Philosophie keine wesentliche und systematische Rolle. Denn unser wissenschaftlicher Besitz erschöpft sich nach Cohen in dem Wissen bloßer Beziehungen. Was es auch mit dem »Rest« für eine Bewandtnis haben mag: Das Wesen aller Gestaltungen, das, was sich aus ihrer wissenschaftlichen Analyse als ihr Kern ergibt, sind immer nur reine, substratlose Relationen. Wo wir in einer Untersuchung auf ein Gebilde stoßen, das sich nicht in Beziehungen rein begrifflicher Elemente auflösen läßt, da ist es insofern noch nicht unser wissenschaftlicher Besitz, sondern enthält noch ein Problem, ist noch nicht erkannt. Sind auch die Gestaltungen der anschaulichen Welt nicht bloßer Schein, so hat ihnen gegenüber die Wissenschaft doch stets und einzig die Aufgabe der Konstruktion, das heißt der mathematischen Ableitung aus dem je einfachsten Axiomensystem. Cohen ist insofern mit den alten Rationalisten einig, als er die Überzeugung hat, daß nichts der Macht des Denkens widerstehen kann, und daher jeder Gegenstand grundsätzlich begrifflich zu konstruieren sei. Soweit Dinge und Vorgänge in der Welt wirklich begriffen sind, stellen sie sich als Systeme von Beziehungen innerhalb des großen Systems der

---

18  [Hermann Cohen, *Kants Theorie der Erfahrung*, Hildesheim/Zürich/New York [5]1987, S. 649; M. H. führt hierzu handschriftlich einen weiteren Beleg aus Cohen an: »Naturformen gehen nimmermehr ohne Rest in den Zahlen und Punkten auf, aus denen die mechanischen Gleichungen sich zusammenfügen.« (Ibid., S. 730).]

mathematischen Naturwissenschaften dar. Es gehört dann zur
Aufgabe der transzendentalen Logik oder vielmehr der »Logik des
Ursprungs«, die elementarste der in der Wissenschaft konstitutiven begrifflichen Beziehungen, die »Grundrelation«, aufzufinden
und die übrigen logisch daraus abzuleiten. Die verschiedenen und
komplizierten Theorien, die der Lösung dieser Aufgabe von Cohen und Natorp gewidmet worden sind, sollen hier nicht im einzelnen erörtert werden.

Zu den Fragen über das Sein und den Inhalt des weltkonstituieren-
den logischen Prozesses der Wissenschaft tritt die nach seiner
Richtung. Wir haben gesehen, daß die Wissenschaft allenthalben
auf »Gegebenes« stößt, und die Auskunft des Neukantianismus
darüber hatte gelautet, daß, soweit es sich um bloß Gegebenes
handelt, noch kein wissenschaftlicher Besitz, sondern erst Aufgegebenes, ein Problem, vorliege. Aber in welchem Sinne sind die
wissenschaftlichen Probleme aufgegeben? Die Wissenschaft tritt
doch an jedes Problem mit der Absicht heran, es in einer bestimmten Weise zu bewältigen, nämlich »die Wahrheit« darüber zu erforschen. Der wissenschaftliche Prozeß ist auf die Wahrheit gerichtet.
Auch im Sinne Cohens darf das Wort »aufgegeben« bei einem wissenschaftlichen Problem gar nicht bloß negativ verstanden werden,
so, daß wir noch nichts darüber wissen: Wir wollen vielmehr positiv die Wahrheit erfahren. Wenn also der Neukantianismus davon
redet, daß sich die Probleme mit dem Fortschreiten der Wissenschaft fortwährend verändern, daß der Gegenstand ebenso wie die
Wissenschaft selbst in einem ewigen Werden begriffen sei, dann
muß er auch darauf Antwort geben, inwiefern dieses »fieri« eine
einheitliche Richtung habe, das heißt wohin sich der Prozeß bewege.

Die Antwort lautet, daß als Ziel des Prozesses die Idee des absolut
einheitlichen Systems, die Idee der vollkommenen Befassung alles
Wissens in einem logisch restlos durchsichtigen Ganzen die Richtung bestimme. »Erzeugen« des Gegenstandes heißt im Neukantianismus, ihn völlig eindeutig mittels logisch-mathematischer
Methode konstruieren. Die Idee des vollendeten Systems ist der
Gedanke des aus *einem* Grund logisch abzuleitenden Inbegriffs
von Sätzen, mittels derer alle wirklichen Vorgänge ausreichend zu
konstruieren sind. Es ist die alte rationalistische Ansicht, daß alles

in der Welt gedanklich, aus Begriffen, abzuleiten sei und daß diese Begriffe selbst in einem einheitlich logischen System ihre Stelle hätten. Diese Begriffe sind im Neukantianismus vor allem die der modernen mathematischen Wissenschaft, mittels derer man das wirkliche Geschehen gedanklich beherrscht. Aber es sollen alle mathematischen Theorien wiederum aus einem einheitlichen Axiomensystem und dieses wieder aus einfachen logischen Begriffen abgeleitet werden können. Cohen hat die alten rationalistischen Versuche vor allem dadurch weitergeführt, daß er dem Begriff des Infinitesimalen eine grundlegende Bedeutung beigemessen hat. Er war in der Tat davon überzeugt, daß mittels der Infinitesimalmethode aus dem unendlich Kleinen die endlichen Größen wirklich zu konstituieren seien, und er glaubte, daß unter Berücksichtigung der fundamentalen Rolle der Infinitesimalmethode für die Konstruktion des wirklichen Geschehens die logisch einwandfreie Darstellung der realen Vorgänge aus begrifflichen Elementen völlig einsichtig zu leisten sei. Somit enthielte das radikal vollendete System nichts anderes als alle Denkmethoden, mittels deren die wirkliche Welt erschöpfend zu erfassen oder vielmehr zu »erzeugen« ist, selbst in der Form einer logisch deduzierbaren Mannigfaltigkeit.

Das vollendet gedachte System ist daher nichts als der Inbegriff der Denkmethoden selbst, die Vollendung der Wissenschaft erweist sich als die vollendete Selbsterkenntnis des reinen Denkens, die Idee der Vernunft selbst. Das fertige und einheitlich abgeleitete Ganze der Methoden der vollendeten universalen mathematischen Naturwissenschaft gilt in dieser Philosophie zugleich als das Ziel der Wissenschaft wie als Ziel der philosophischen Selbsterkenntnis der transzendentalen Vernunft. »...das Denken selbst ist das Ziel und der Gegenstand seiner Tätigkeit«, heißt es bei Cohen. – »Diese Tätigkeit geht nicht in ein Ding über; sie kommt nicht außerhalb ihrer selbst. Sofern sie zu Ende kommt, ist sie fertig, und hört auf, Problem zu sein. Sie selbst ist der Gedanke, und der Gedanke ist nichts außer dem Denken.«[19] Die vollendete Idee der Vernunft, das einheitliche System aller Denkmethoden, weist der

---

19 [Hermann Cohen, *Logik der reinen Erkenntnis*, Hildesheim/New York [4]1977, S. 29.]

wissenschaftlichen Objektgestaltung überall die Richtung und bestimmt ihren Gang.

Die Form, in der diese Idee des Ziels die Wissenschaft über jeden ihrer historischen Zustände hinaustreibt, hat Cohen in seinem »Prinzip des Ursprungs« formuliert. Dieses Prinzip ist nach ihm die erste Forderung, ohne die jede Wissenschaft undenkbar ist, und deren Erfüllung gleichzeitig die eindeutige Richtung sichert. Es besagt, daß die Wissenschaft nirgends eine bloß gegebene Voraussetzung, nirgends einen Grundsatz als schlechthin ersten hinnehmen und gelten lassen darf, sondern immer nach seiner Legitimation fragen, immer auch dieses scheinbar erste Prinzip noch in einem weiter zurückliegenden begründen muß. Als Beispiel läßt sich die euklidische Geometrie heranziehen. Ihr Parallelenaxiom war unter anderem als ein erstes Prinzip ohne weitere Begründung hingestellt worden. Später wurde es aber in einer Metageometrie als Spezialfall einer allgemeineren Gesetzlichkeit begriffen. Der Gang von der euklidischen zur nichteuklidischen Geometrie, ebenso wie etwa die physikalische Entwicklung von der Absolutsetzung der Zeit bis zu ihrem Begreifen als einem Spezialfalle durch die Relativitätstheorie sind Musterbeispiele für den auf absolute Einheit gerichteten wissenschaftlichen Prozeß. Die Frage nach der »Richtung«, nach der Eindeutigkeit des wissenschaftlichen Denkens, das mit der schöpferischen Gestalt der wirklichen Welt zusammenfällt, findet durch die Idee der vollendeten Vernunft ihre Beantwortung.

Wir heben aus der Theorie, die sich durch den Aufschluß über das Wesen des logischen Prozesses ergibt, noch einmal die wichtigsten Punkte hervor. Im Gegensatz zu Kant ist es nach dem Neukantianismus nicht bloß schlechter Dogmatismus, wenn man der Erkenntnis transzendente Gültigkeit zuschreibt, sondern Dogmatismus ist schon die Anerkennung von Transzendenz überhaupt. Soweit von Unangemessenheit und Vorläufigkeit der Erkenntnis gesprochen werden kann, bezieht sie sich nicht auf ein Mißverhältnis zwischen subjektiver Endlichkeit und absoluter Realität, sondern zwischen einem gegebenen Stand der Wissenschaft und der von der wissenschaftlichen Vernunft selbst entworfenen Idee ihrer selbst, das heißt des einheitlichen Systems aller ihrer Methoden. Es wäre unsinnig, von einer Wirklichkeit zu reden, die jenseits oder neben dem wissenschaftlichen Denken Bestand hätte. Die Spaltung der Erkenntnis in Rezeptivität und Spontaneität, in einen aufnehmenden und einen erzeugenden Teil, ist im Hinblick auf die Vernunft hinfällig. Diese ist vielmehr durchaus spontan und erzeugt ihren Gegenstand schlechthin aus sich selbst. Es wäre ein »Irrtum« zu glauben, »daß man dem Denken Etwas geben dürfe, oder geben könne, was nicht aus ihm selbst gewachsen ist«[20]. Soweit Ausdrücke wie Empfindung, Wahrnehmung, psychische Organisation und so fort einen prägnanten Sinn haben, gehören sie in das begriffliche System der Wissenschaft hinein und sind vor ihren Kriterien zu rechtfertigen wie andere auch. Soweit aber in den Begriffen und Urteilen der Wissenschaft selbst bloß empfindungsmäßige, »gegebene« Elemente nachweisbar sind, bedeuten sie Grenzpunkte der wissenschaftlichen Durchdringung, Probleme der Forschung, soweit haben sie die gleiche Bedeutung wie das Zeichen X in einer mathematischen Aufgabe, das nicht bloß Unbestimmtheit, sondern auch Bestimm*barkeit* besagt. Wenn es überhaupt erlaubt sein soll, dem Ausdruck »an sich« den Sinn des schlechthin unabhängigen Seins zu geben, so könnte man ihn höchstens auf die frei schaffenden, in unendlichem Prozeß die Welt der Erfahrung erzeugenden wissenschaftlichen Methoden anwenden. Diese Methoden aber haben nur »logisches Sein« und sind an keinen Träger gebunden.

Im Hinblick auf die Lehre der substanzlosen schöpferischen Vernunftfunktionen hat man den Neukantianismus mit Fichtes Philosophie der Tathandlungen verglichen. Auch sie sind an keinen Träger gebunden, und auch sie sollen den »Ursprung« der Welt bilden. Auch Fichtes System ist im Anschluß an Kants Kritiken und mit dem Motiv der Überwindung ihres Dualismus entstanden. Jedenfalls ist der Gedanke, daß die Welt aus der autonomen Vernunft heraus erschöpfend konstruierbar sei, dieser Grundgedanke alles Idealismus, in beiden Systemen im Gegensatz zu Kant besonders rein durchgeführt. Ihnen gegenüber hat Hegel, den man in derselben Reihe anzuführen versucht sein könnte, mit viel größerem Nachdruck die unkonstruierbaren Momente des Daseins anerkannt. Seine Lehre, daß nicht alles, was da ist, auch vernünftig sei,

20  [Ibid., S. 81.]

enthält gegenüber Cohen, der in solchen Fällen rasch auf die Zukunft verweist, immerhin die Einsicht von der prinzipiellen Unmöglichkeit, die Totalität je auszukonstruieren. Hegels gegen Fichte gerichtetes Wort, daß die Philosophie über die »unendliche Menge von Gegenständen gerade am liberalsten sich zeigen soll«[21], darf besonders deshalb als ein Ansatz betrachtet werden, der über den Idealismus hinausweist, weil Hegel sich mit dieser Menge von Gegenständen in der Ausführung seiner Philosophie selbst im einzelnen konkret abgegeben hat.

Aber zwischen Fichte und Hegel einerseits und dem Neukantianismus andererseits gibt es eine Übereinstimmung, von der es schwer zu sagen ist, ob sie vom Kantischen Standpunkt abweicht oder, wie der Neukantianismus glaubt, mit ihm übereinstimmt. Es handelt sich um die Lehre vom »Bewußtsein überhaupt« oder vom transzendentalen Bewußtsein. Nach ihr ist nicht das individuelle, das persönliche Bewußtsein Schöpfer der Welt der Erfahrung, die Gegenstände entstehen keineswegs in deinem oder meinem Ich, sondern werden durch das »transzendentale Subjekt« der Wissenschaft erzeugt. Dieses ist in Beziehung auf jedes persönliche Bewußtsein in doppelter Weise übergreifend: Erstens ist der Stand der Wissenschaft, das wissenschaftliche Bewußtsein, zu jedem einzelnen Zeitpunkt nicht identisch mit dem Bewußtsein eines Einzelsubjekts; zweitens gibt es, abgesehen von dieser gleichsam statischen Übersubjektivität der Wissenschaft, ihren historischen Gang, ihre dauernde Entwicklung, die ebenfalls über jedes Individuum hinausreicht. Nur in Beziehung auf diese überpersönliche Wissenschaft (diese Sphäre des »objektiven Geistes« im Hegelschen Sinn) soll die »Logik des Ursprungs« gelten, keineswegs [in Beziehung] auf die zufälligen Erkenntnisse irgendeines Individuums. Die idealistische Lehre von der Gegenstandserzeugung aus reiner Spontaneität betrifft das logische Transzendentalsubjekt. Das empirische Einzelsubjekt erzeugt die Welt der Dinge nicht frei aus sich heraus, sondern ihm tritt sie als fertige gegenüber. Für das Einzelsubjekt gibt es Wahrnehmung im Sinne einer Passivität, im Sinn des Aufnehmens eines Gegebenen, und theoretische Aktivität

---

21 [Hegel, *Grundlinien der Philosophie des Rechts, oder Naturrecht und Staatswissenschaft im Grundrisse*, in: *Werke*, Band 8, Berlin ³1854, S. 18.]

im Sinn von Begriffsbildung, Verarbeitung und Ordnung eines von
außen Gelieferten. Für das Einzelsubjekt sind die Dinge nicht Produkte der Verdinglichung, Objektivierungen, sondern sie werden
als fertige wahrgenommen. Hier haben die Probleme des Einflusses
der psychophysischen Organisation, der Bildung allgemeiner Begriffe und so fort ihren Ort. Aber alle diese Probleme gehören in die
empirische Psychologie und nicht in die transzendentale Logik als
solche. Dagegen bilden die Voraussetzungen und Methoden der empirischen Psychologie und Physiologie, die Arten, wie sie ihre
Gegenstände bestimmen, die Legitimation ihrer grundlegenden Begriffe, darunter auch des Begriffs eines Einzelsubjekts, selbstverständlich Themen, aber eben nicht Voraussetzungen der Philosophie.

Der Neukantianismus versteht also die Kantische Lehre als Analyse
eines überindividuellen Prozesses, über dessen Seinsart nicht viel
mehr auszusagen ist, als daß sie nicht metaphysisch, sondern »logisch« sei. Das Gebiet der theoretischen Philosophie wird durch das
Faktum der exakten Wissenschaft und die Erforschung ihrer konstituierenden Faktoren bestimmt. Cohen erreicht dabei sein Ziel einer
nicht-pragmatischen Begründung der Wissenschaft auf die radikalste Weise, indem die Methode der mathematischen Naturwissenschaft als schöpferische Zeugung der Wahrheit und als Wirklichkeit
zugleich behauptet wird. Indem aber das philosophische Gebiet auf
diese Weise sauber von allen Einzeldisziplinen unterschieden, oder
sachlich gewandt: Indem der wissenschaftlich-logische Prozeß von
allen real-psychologischen (und erst recht gesellschaftlichen) Vorgängen, die ja in ihm erst konstituiert sein sollen, getrennt wird,
vermag die Kritik an den Kantischen Dualismen, vor allem am Dualismus von Sinnlichkeit und Verstand und [an] dem, was damit zusammenhängt, eine praktische Bedeutung für die wirkliche Wissenschaft nicht zu gewinnen. Der berechtigte Gegensatz gegen den
zeitgenössischen Psychologismus hat den Neukantianismus dagegen blind gemacht, daß die Durchdringung von psychologischen
und transzendentalen Betrachtungsweisen bei Kant zwar logisch
vielfach anfechtbar ist, aber doch in den Sachen ihre Gründe hat.
Die Wissenschaft wird nicht von Einzelsubjekten, [sondern] von
einer bestimmt gearteten menschlichen Gesellschaft hervorgebracht. Die Untersuchung der wirklichen Denkprozesse, die Er-

gebnisse der Anthropologie und Soziologie können daher für philosophische Forschungen, die sich die Erkenntnis der wissenschaftlichen Methoden zum Ziel gemacht haben, nicht belanglos sein. Das Prius im Verhältnis von Mensch und Idee ist (so wie bei Geist und Leben, Denken und Sein, Subjekt und Objekt) in allgemeiner Fassung der Begriffe nicht auszumachen; es gibt zwischen ihnen vielmehr eine Dialektik, und das will heißen, daß sie unabhängig voneinander überhaupt nicht zu bestimmen sind. So lassen sich die Begriffe der Denkmethode, der wissenschaftlichen Aufgabe, des Ergebnisses und so weiter unabhängig von jedem Rückblick auf reale Vorgänge gar nicht verstehen. Alle Versicherung, daß es sich in der Philosophie nur um den rein *logischen* Ursprung solcher Begriffe handle, hilft nicht über die Tatsache hinweg, daß bei ihrer völligen Reinigung von dem *empirischen* Ursprung auch ihre Bedeutung verloren ginge. Indem der Neukantianismus die Denkprozesse der Wissenschaft rein spekulativ von aller Wirklichkeit ablöst, hat er sich der inhaltlichen Kontrolle durch die Wissenschaft und eben damit auch des Einflusses auf ihren Fortschritt begeben. Der Vorwurf, den Hegel gegen Kants Lehre erhebt, kann auch auf die ihrer modernen Nachfolger angewandt werden: »Sie läßt die Kategorien und die Methode des gewöhnlichen Erkennens ganz unangefochten. Wenn in wissenschaftlichen Schriften damaliger Zeit zuweilen der Anlauf mit Sätzen der kantischen Philosophie genommen ist, so zeigt sich im Verfolge der Abhandlung selbst, daß jene Sätze nur ein überflüssiger Zierrath waren und derselbe empirische Inhalt aufgetreten wäre, wenn jene etlichen ersten Blätter weggelassen worden wären.«[22] Mit der Philosophie des Neukantianismus verträgt sich sowohl eine gute wie eine schlechte empirische Psychologie. Sie lehrt, wenn wir sie selbst nur ganz beim Wort nehmen, weder etwas über den Menschen noch überhaupt etwas über die wirkliche Welt. Sie gibt bloß eine »Weltanschauung«, ein System.

In diesem Bestreben, eine abschließende Weltanschauung zu vermitteln, ist ein Bruch mit der eigenen Erkenntnis zu erblicken. Seinen eigenen Voraussetzungen nach kann der Neukantianismus

22 [Hegel, *Encyklopädie der philosophischen Wissenschaften im Grundrisse*, Erster Theil: Die Logik, in: *Werke*, 6. Band, Berlin ²1843, S. 121 f.]

nichts anderes vorstellen als die Systematisierung der wissenschaftlichen Methoden zu einem gegebenen geschichtlichen Zeitpunkt. Daß diese Methoden selbst in ständiger Wandlung begriffen sind, ist eine Einsicht, die besonders bei Cohen immer wieder verkündet wird. Trotzdem ist er sowohl in Beziehung auf die grundlegenden Prinzipien der mathematisch-mechanischen Naturwissenschaft wie in Beziehung auf seine eigenen logischen Ordnungsprinzipien naiv. Sie werden unbedenklich für universal und ewig genommen. Daß ferner die Idee der Vernunft als einer systematischen Einheit in dem oben bezeichneten Sinn um ihrer selbst willen ein für allemal der gesamten intellektuellen Bestrebung notwendig das Ziel vorschreiben müsse – diese Dogmen ermöglichen es zwar dieser Philosophie, als dauernd gültiges System aufzutreten, aber es wird damit sowohl eine radikale Erkenntnis des Wesens der Wissenschaft wie besonders eine Erkenntnis der Geschichte verhindert. Als Begründung und zugleich als Verklärung der mathematischen Naturwissenschaft wird der idealistische Begriff des großen Erkenntnisprozesses gefaßt. Er erinnert an das Bild des mit sich selbst spielenden Gottes. Nicht weil der Fortschritt der Wissenschaft im Sinn des idealen Erkenntniszieles sich als praktisch fruchtbar erweist, nicht weil die Wissenschaft, gemessen an irgendeinem Gegenstand, »wahr« ist, handelt sie nach ihren Grundsätzen, sondern die Grundsätze stammen aus ihr selbst, und alles, woran ihre Fruchtbarkeit gemessen werden könnte, ist von ihnen erst erzeugt. Die Wissenschaft geht hier der Welt, das Urteil dem Gegenstand vorher, und wenn auch immer versichert wird, daß dies bloß »logisch« gemeint sei, so gewinnt doch eben dieses logische Vorhergehen infolge der weltanschaulichen Bedeutsamkeit, die der Philosophie zugeschrieben wird, einen Vorzug vor jedem anderen Rangverhältnis. War der Zusammenhang des Fortschritts der Naturwissenschaft mit einer allgemeinen Hebung der Lebensverhältnisse in der bestehenden Gesellschaft problematisch geworden, so hob der Neukantianismus die Naturwissenschaft dafür theoretisch in den Himmel; begann der Glaube an sie als an das ausschließliche Mittel gegen alle irdischen Nöte zu schwinden, so wurde sie anstelle dessen zum höchsten geistigen Zweck gemacht, der einer Begründung überhaupt nicht fähig war.

## Phänomenologie (Husserl, Scheler)

In der neukantianischen Bewegung hatte sich die Philosophie insofern als abhängig von den geltenden Einzelwissenschaften gefühlt, als ihre Aufgabe wesentlich bloß die Begründung dieser Wissenschaften darstellen sollte. Die *Phänomenologie* behauptete fast schon bei ihrem ersten Auftreten, sie sei die berufene Unternehmung, um die »geistige Not unserer Zeit... die radikalste *Lebensnot*, an der wir leiden«[23], dadurch zu beheben, daß sie philosophische Wahrheit in strenger, allgemeingültiger Form ein für allemal feststelle. »Unsere Zeit will nur an ›Realitäten‹ glauben. Nun, ihre stärkste Realität ist die Wissenschaft, und so ist die philosophische Wissenschaft das, was unserer Zeit am meisten nottut.«[24] Sie soll uns einen »Schatz ewiger Gültigkeiten«[25] vermitteln und mit seiner Hilfe eine Rechtsprechung möglich machen über alles »Stellungnehmen« im Leben. Dies bedeutet: alle Themen philosophischer Fragestellung, die unter dem Titel weltanschaulicher Probleme die Menschen in einer nicht streng wissenschaftlichen Form beschäftigen, sollen einer Lösung zugeführt werden, die sich in ebenso unpersönlicher und allgemeingültiger Weise vortragen läßt wie die Mathematik. Husserl geht ursprünglich davon aus, daß echte Philosophie in einem begrifflich geschlossenen Gebäude, in einer strengen »Theorie« faßbar und lehrbar sein müsse. Weil aber alle weltanschaulichen Fragen in dieser Theorie ihre letzte Beantwortung finden müssen, so bedeutet für Husserl der Glaube an die Möglichkeit der philosophischen Wissenschaft unmittelbar auch den Glauben an die Möglichkeit einer allgemeingültigen Darstellung des Sinnes der Welt und zugleich an die Möglichkeit, bindende Normen für das Handeln aufzustellen. Freilich verlegt Husserl die Erreichung dieses Zieles in weite Ferne. Die Mathematik habe ja auch lange Jahrhunderte dazu gebraucht, um ihre Blüte zu erreichen. Aber endlich sei es an der Zeit, auch die Philosophie als strenge Wissenschaft zu begründen als die Wissenschaft, die zu-

---

23  [Edmund Husserl, *Philosophie als strenge Wissenschaft*, in: *Logos*, Band I, Tübingen 1910/11, S. 336.]
24  [Ibid., S. 340.]
25  [Ibid., S. 339.]

gleich »den höchsten theoretischen Bedürfnissen Genüge leiste und in ethisch-religiöser Hinsicht ein von reinen Vernunftnormen geregeltes Leben ermögliche«[26].

Man sieht, es ist für die ersten Schritte der Phänomenologie durchaus der Glaube an die Form des rationalen Systems maßgebend gewesen, für das die Mathematik vorbildlich ist. Aber es besteht dabei von vornherein ein ganz anderes Verhältnis zur Naturwissenschaft als bei den Neukantianern. Hatten diese die Naturwissenschaft selbst als legitime Baumeisterin des Systems angesehen und die Philosophie dabei wesentlich als das bloße Begreifen ihrer Methoden gefaßt, so sieht Husserl die für eine strenge Wissenschaft geforderte Systemform bloß in der reinen Mathematik erfüllt, während er die Naturwissenschaft um ihrer empirischen Begriffsbildung willen als »vage« und daher als unphilosophisch behandelt. Was wirkliche Naturwissenschaft sei, hatte weder Cohen noch Husserl in eigener Praxis gelernt, sondern ihre Auffassung darüber stammte wesentlich aus philosophischer Tradition. Cohen verstand sie im Sinn des von Descartes herstammenden Rationalismus als mathematisches System, Husserl im Sinn des englischen Sensualismus als Tatsachenforschung. Innerphilosophisch mag der Unterschied insofern belanglos sein, als Husserl und Cohen beide die mathematische Form des deduktiven Systems als die einzig streng wissenschaftliche anerkennen. Für die Entwicklung des Verhältnisses der beiden Richtungen zu den positiven Einzeldisziplinen aber ist der Unterschied bestimmend gewesen, weil in ihm der sachliche Grund für Cohens philosophische Apologetik eines zeitlich bedingten Wissenschaftsideals und Husserls philosophische Entwertung der realen Forschungsergebnisse zu suchen ist.

Die Einzelwissenschaften vermögen nach Husserl über die entscheidenden Probleme, von denen die Gestaltung unseres Lebens ebenso wie die Beurteilung der Wissenschaften selbst abhängt, keine Auskunft zu geben. Wir dürfen uns ihnen in grundsätzlichen Fragen nicht anvertrauen, ihrer Methode keinen Einfluß auf die Philosophie einräumen. In den Naturwissenschaften vornehmlich geht es hauptsächlich um Erklärung von Tatsachen aus anderen Tatsachen; sie fragen nicht nach dem »Sinn« eines Gegenstandes, son-

26 [Ibid., S. 289.]

dern nach der Art, wie er geworden ist, nach seinem Zustandekommen. Sein und Gewordensein haben nach der Phänomenologie – wenigstens in ihren ersten Perioden – nichts miteinander zu
tun. Daher besagen auch die Auskünfte der Naturwissenschaft
nichts über den Gehalt einer Sache, sie tragen nichts zu ihrem Verständnis bei. Der Philosoph hat überall, unbekümmert um tatsächliche Erklärungen, dem reinen Sinn der Gehalte nachzugehen, er
hat die Gegenstände zu verstehen, zu interpretieren, nicht zu erklären. War der Mangel an Dialektik im Neukantianismus vor allem in der äußerlichen Fassung des Verhältnisses von Wissenschaft
und empirischer Realität, von *überindividueller* Idee und den
wirklichen Menschen zum Vorschein gekommen, so ist es von
Husserl bis zu Scheler für die Phänomenologie kennzeichnend,
Einsicht in das Sein der Gegenstände ohne Rücksicht auf ihr Gewordensein für möglich zu halten. Zum Verständnis einer Sache
soll die Kenntnis ihrer Geschichte ebenso wenig beitragen können
wie das Wissen um die Bedingungen eines Glaubens für die Beurteilung seiner Wahrheit.
Aber die Philosophie unterscheidet sich von der Naturwissenschaft
nicht nur dadurch, daß es ihr statt um die Entstehungsbedingungen
um den Gehalt einer Sache zu tun ist, sondern auch in bezug auf die
Seinsart ihrer Gegenstände selbst. Während nach der Phänomenologie (im Gegensatz zum Neukantianismus) die Naturwissenschaft
es wesentlich mit den ephemeren Tatsachen, also mit dem vergänglichen Dasein zu tun hat, geht die Philosophie auf ein ewiges, unver-
gängliches und insofern absolutes Sein. Der fehlende Glaube daran,
daß von einem solchen Sein mit gutem Recht gesprochen werden
dürfe, erschien der Phänomenologie als eine intellektuelle Wurzel
der inneren Not der Gegenwart. Die Beschäftigung mit diesem
eigentlichen und echten Sein erscheint ihr als die höchste Aufgabe
der Menschheit, und das dazu berufene Organ war nach ihr von
jeher die Philosophie. Es kommt darauf an, den Sinn für dieses
überzeitliche Sein überhaupt wieder zu wecken und seine Möglichkeit gegenüber den durch Beobachtung zugänglichen Tatsachen
der natürlichen Wirklichkeit aufs neue zu begründen. Im Fortgang
der Phänomenologie erweist es sich, daß der innere Sinn, der Gehalt, um den es der Philosophie im Gegensatz zur Entstehung der
Gegenstände zu tun ist, zusammenfällt mit diesem unvergänglichen

Sein; der Begriff, in dem beide als identisch vereinigt sind, ist das
Wesen.

Die Phänomenologie beginnt den Erweis eines nicht bloß tatsächlichen Seins – man könnte sagen, unverfänglich – bei den logischen
Gegenständen. Das erste wirkungsvolle Werk Husserls, die *Logischen Untersuchungen*, hat vor allem das Ziel, das eigentümliche
und von allen vorfindbaren Tatsachen unabhängige Sein der logischen Gegenstände und zugleich ihren autonomen Sinn zu begründen. Der Gegner, gegen den die *Untersuchungen* sich richten, ist
vornehmlich der Positivismus innerhalb der Logik. Dieser hat – besonders in der englischen Prägung – geglaubt, die Geltung der logischen Gesetze aus psychologischen Tatsachen des Bewußtseins ableiten zu können. Die meisten neueren Darstellungen der Logik,
vor allem die von Wilhelm Wundt, Benno Erdmann und Christoph
Sigwart, gehören in diesem Sinn zum Positivismus. Sie sind der
Überzeugung, daß nicht bloß der Glaube an die Wahrheit der logischen Gesetze, sondern ihre Wahrheit selbst auf tatsächliche
psychologische Verhältnisse zurückzuführen sei. So besagt zum
Beispiel der Satz vom Widerspruch: »Zwei kontradiktorische Sätze
sind nicht beide wahr.« Die positivistische Begründung dieses Satzes läuft auf den Nachweis hinaus, daß »zwei wie ja und nein entgegengesetzte Glaubensakte« in demselben Bewußtsein nicht zusammen bestehen können. In dieser oder ähnlicher Weise werden alle
logischen Gesetze aus realen Verhältnissen des Bewußtseins hergeleitet.

Der positivistischen Logik gegenüber tut Husserl dar, daß alle Fest-
stellungen über Tatsachen, handle es sich nun um Tatsachen des Bewußtseins oder um Dinge, immer nur relative Gültigkeit haben
können. Alle Regelmäßigkeiten, die wir auf Grund unserer Beobachtung von Tatsachen vorfinden, sind keine unbedingt gültigen
Gesetze; denn wir können niemals voraussagen, daß sich die Tatsachen auch in der Zukunft entsprechend diesen Regelmäßigkeiten
verhalten werden. Nach Husserls Lehre kann sowohl die Wissenschaft von der psychischen wie die von der physischen Natur immer
nur Sätze gewinnen, die jederzeit durch Tatsachen revidierbar sind.
Wenn wir ein Naturgesetz festgestellt haben, sei es immer noch
möglich, ja, es gehöre zum Sinn jedes Naturgesetzes, daß wir durch
künftige Erfahrungen gezwungen werden, es in irgendeiner Weise

umzuformen, es zu verändern. Die Erweiterung des Erfahrungskreises kann bei allen Sätzen über Erfahrungen nicht bloß Veränderungen ihres Verhältnisses untereinander, sondern damit auch ihres
Inhalts bedingen. Dazu gehört, daß die Wahrheit dieser Gesetze
niemals unmittelbar einsichtig ist oder aus anderen einsichtigen Gesetzen unmittelbar einleuchtend gemacht werden kann. Was bloß
den Charakter der Wahrscheinlichkeit hat, ist nicht notwendig, sondern wir können uns immer auch denken, daß es sich anders damit
verhielte. Daß ein Körper mit bestimmten Eigenschaften gerade
dieses bestimmte spezifische Gewicht haben müsse, ist keineswegs
denknotwendig, es könnte auch anders sein, wenn nur nicht eben
die Tatsachen dagegen sprächen. Wie lange sie das aber noch tun,
können wir nicht wissen.

Diesen Betrachtungen liegt eine sehr anfechtbare Auffassung von
der Naturforschung zugrunde, aber sie machen Husserls Polemik
gegen den Positivismus ohne weiteres klar: Wären die logischen Gesetze nur aus Tatsachen zu begründen, dann wäre ihre unbedingte
Gültigkeit nicht zu retten. Der Positivismus oder (wie Husserl im
Hinblick auf die Begründung der Logik aus *psychischen* Tatsachen
sagt) der Psychologismus läuft auf eine relativistische Skepsis hinaus, denn – ob er es zugesteht oder nicht – er relativiert die Gültigkeit der logischen Gesetze, er vermag ihnen nur die Bedeutung von
Wahrscheinlichkeiten zu verleihen. Das ist aber dem Sinn dieser Gesetze selbst zuwider. Sie beanspruchen absolute Ausnahmslosigkeit
und Unveränderlichkeit. So vermag zum Beispiel die oben angeführte Herleitung des Satzes vom Widerspruch aus der tatsächlichen
Unvereinbarkeit zweier entgegengesetzter Glaubensakte in einem
Bewußtsein keineswegs diesen Satz wirklich zu begründen. Denn
selbst wenn bis jetzt noch niemals in einem Bewußtsein zwei entgegengesetzte Behauptungen nebeneinander für wahr gehalten worden wären, was sicher nicht einmal richtig ist, so könnte sich dieser
Tatbestand doch vielleicht in der Zukunft ändern. Die absolute Ausnahmslosigkeit, die der logische Satz verlangt, die Notwendigkeit,
die er an sich hat, kann daher gewiß nicht aus so problematischen
Beobachtungen hergeleitet werden.

Die Herleitung der logischen Gesetze aus Tatsachen ist auch deshalb
unmöglich, weil Herleitung, Begründung, Rechtfertigung überall
schon auf den logischen Prinzipien beruhen und sie daher vor-

aussetzen. Die Begründung der Gültigkeit logischer Gesetze aus dem Bestehen von Tatsachenverhältnissen ist also nicht bloß unmöglich, weil diese nur Wahrscheinlichkeit zu begründen vermögen, sondern sie enthält selbst einen logischen Verstoß. Es bedarf einer »reinen«, von den positivistischen Vorurteilen freien Logik, in der die logischen Sätze ohne Rückgang auf »Tatsachen« begründet werden. Die Logik muß als völlig selbständige Disziplin aufgebaut werden und in sich selbst völlig geschlossen sein; denn alle Theorie setzt den wesentlichen Inhalt der Logik schon voraus, und diese darf daher keine theoretische Fundierung außerhalb ihrer selbst erwarten.

Eine solche »reine« Logik ist nur auf die folgende Weise denkbar: Ihre höchsten Sätze müssen völlig durch sich selbst einsichtig, »evident« sein. Zu diesen obersten und unmittelbar einsichtigen Sätzen müssen auch die Prinzipien gehören, durch die wir von ihnen zu anderen Sätzen mit dem Charakter der Notwendigkeit fortschreiten können: das heißt die Prinzipien der Deduktion. Mit ihnen ist dann die Möglichkeit gegeben, in völlig einsichtiger, notwendiger Weise das ganze System der Logik zu entwickeln. Sie wird zum Inbegriff einer definiten Mannigfaltigkeit, das heißt, sie besteht aus einer endlichen Anzahl von Sätzen, die alle mit Notwendigkeit aus einigen obersten Prinzipien, zu denen auch die der Deduktion selbst gehören, abzuleiten sind. Eine solche Logik wirklich zu leisten, hat Husserl ursprünglich als die wichtigste philosophische Aufgabe der Gegenwart angesehen. Nicht bloß die Erfahrungswissenschaften, sofern sie überhaupt auf Gültigkeit Anspruch machen, sondern auch jede Art von exakter, strenger Wissenschaft, wie zum Beispiel die mathematischen Disziplinen, befinden sich in einem Abhängigkeitsverhältnis zu dieser Logik; denn ihr ganzes theoretisches Gerüst setzt die Gültigkeit der logischen Gesetze voraus. Die Gültigkeit jeder ihrer Verknüpfungsformen zu systematischen Einheiten, der Sinn und das Recht von systematischer Einheit selbst gründet in der Logik und nur in ihr. Die Begriffe von Begriffen, Sätzen, Wahrheit, theoretischem Zusammenhang und so fort werden nicht in der Mathematik entwickelt, die es vielmehr mit Begriffen wie Kreis, Dreieck und dergleichen zu tun hat. Dagegen setzen die Begriffe und Sätze der Mathematik ebenso wie die einheitliche wissenschaftliche Form, in der sie ihren

Platz haben, die erstgenannten Begriffe und mit ihnen also die Logik voraus. Aber auch Begriffe wie Einheit, Gegenstand, Sachverhalt, Beziehung und so fort werden in allen Theorien vorausgesetzt und machen sie erst möglich; nur in der Logik finden sie ihre einsichtige Bestimmung. In jedem solchen Begriff gründen logische Gesetze, die innerhalb der Logik zu entwickeln sind, wie etwa im Begriff des Schlusses die Theorie der Syllogistik. Indem Husserl an die streng deduktive Begründung aller dieser Gesetze und Theorien denkt, nimmt er einen Gedanken wieder auf, den Leibniz als höchstes wissenschaftliches Ideal gefaßt hatte: nämlich eine Theorie aller möglichen Formen von Theorien auszubilden. Diese, die »mathesis universalis«, hätte die Formklassen der möglichen Theorien zu entwickeln und damit in Wahrheit das gesamte Apriori aller Wissenschaft zu enthalten.

Die Husserlsche Logik hat schon in ihrer ersten Anlage eine der Kantischen Transzendentalphilosophie nicht unähnliche Aufgabe: das Apriori der Wissenschaft zu entwickeln. Sie soll alle Sätze, ohne deren Gültigkeit Wissenschaft nicht gedacht werden kann, in strenger Form entwickeln, also selbst eine Wissenschaft sein, die die Gründe für die Möglichkeit der Wissenschaft enthält. Freilich ist die Aufgabe, die Husserl der Logik stellt, umfassender als die der Transzendentalphilosophie. Kant sucht nur das Apriori der Naturwissenschaften, das heißt die Gründe der Möglichkeit einheitlicher Erfahrung der gegenständlichen Welt, nicht der Wissenschaft überhaupt. Ihm kam es wesentlich auf das Apriori der Wissenschaft vom Wirklichen an. Auch die Mathematik wird in seinem System in Beziehung auf ihre Leistung für die Erkenntnis der Wirklichkeit betrachtet. Was aber für Kant das ausschließliche Thema der Untersuchung ist, bildet in der Husserlschen Logik nur einen Spezialfall. Unter allen denkbaren Theorien sind ja diejenigen, die auf die wirkliche Welt Anwendung finden, nur einige unter vielen. Der Logiker hat sich um sie als besondere grundsätzlich gar nicht zu bekümmern. Er zeichnet die Formen theoretischer Einheit überhaupt und gewinnt aus dieser Idee der einheitlichen Theorie eine Theorie der möglichen Formen von Wissenschaften überhaupt. Welche darunter unsere Wirklichkeit treffen, ist dabei nicht zu untersuchen. Jedenfalls ist es eine ganz spezielle und nicht rein logische Frage, ob diese sich etwa durch ihre Struktur innerhalb der Logik selbst von anderen Theorien unterscheiden. Auch der moderne Mathematiker entwirft ja Theorien, von denen es völlig unausgemacht bleibt, ob es wirkliche, durch sie beherrschbare Erkenntnisgebiete gibt, und in bewußter Analogie soll sich nach Husserl die Arbeit des Logikers völlig ohne Rücksicht auf wirkliche Anwendung vollziehen. Denkt man sich Husserls Ideal, eine vollständige Theorie der möglichen Theorieformen, verwirklicht, so wäre darin sicher auch die Struktur derjenigen Einheitsform vorgezeichnet, die Kant als die gesetzliche Einheit unserer Erfahrung zum Gegenstand seiner Untersuchungen gemacht hat, aber sie enthielte nicht bloß wie die Transzendentalphilosophie diese »Gründe der Möglichkeit wirklicher Erfahrung«, sondern die Gründe der Möglichkeit von Theorie und damit von Wahrheit überhaupt. (Daß in der Transzendentalphilosophie die theoretischen Formen von Anfang an als Funktionen gefaßt sind, daß sie nur ein dynamisches Apriori kennt, während das Husserlsche Apriori reinen Gegebenheitscharakter aufweist, hängt mit diesem Unterschied zusammen.)

Die Begriffe, mit denen es die Logik nach den obigen Ausführungen zu tun hat (also zum Beispiel Begriff, Satz, Urteil, Schluß), weisen nun eine eigentümliche Natur auf. Um diese darzulegen, nehmen wir ein Urteil wie: »Caesar hat den Rubikon überschritten.« Sofern dieser Satz von verschiedenen Menschen zu verschiedenen Zeiten gedacht wird, ist es die Psychologie, welche sich mit ihm zu beschäftigen hat. Es ist ihre Aufgabe, Bedingungen und Verlauf der realen Erkenntnisakte zu erforschen. Den Logiker interessieren nach Husserl diese realen psychischen Tatsachen nicht. Sie sind hier auch keineswegs identisch mit *dem* Satz aus der Geschichte. Der Denkakte gibt es viele, sie kommen und gehen, sie haben eine bestimmte Stelle in der Zeit. Dagegen ist der Satz selbst nur ein einziger, er wird zwar in den vielen Erkenntnisakten auf gewisse Weise verwirklicht, hat aber selbst keine Stelle in der Zeit. Daher ist dieser Satz nicht derselbe wie die psychischen Tatsachen, in denen er gedacht wird. Die Natur dieser Tatsachen ist eine andere als die der Gegenstände des Logikers. Der Satz ist aber auch nicht dasselbe wie der Sachverhalt, den er bezeichnet. Von diesem lassen sich ja ganz andere Eigenschaften aussagen, als vom Satz: zum Beispiel, daß [sein Inhalt] sich im Jahre 49 v. Chr. zugetragen hat, daß er den zweiten römischen Bürgerkrieg einleitet und dergleichen mehr. Das alles gilt bloß vom Sachverhalt und nicht vom Satz. Dieser muß daher nicht [nur] von den psychischen Akten, von denen er vollzogen wird, unterschieden werden, sondern ebenso von den Sachen, auf die er hinweist.

Dies alles gilt nicht allein von Urteilssätzen, sondern auch von jedem Begriff wie von den Schlüssen, kurz, es gilt gerade von den Gegenständen, mit denen es der Logiker zu tun hat. Auf diese Weise wird ein besonderes Gebiet, das der »Bedeutungen«, als eigener Gegenstandsbereich sowohl von der Sphäre der psychischen Wirklichkeit als [auch] von den Sachverhalten abgegrenzt. Es ist das Forschungsgebiet der Logik im engeren Sinn. Seine Gegenstände: Begriffe, Urteile, Wahrheiten, Schlüsse und so fort haben keine Wirklichkeit; sie sind nicht empirische Einzelheiten, haben keine Stelle in Raum und Zeit, sondern sind ideale Einheiten, seiend, aber nicht daseiend. Husserl hat hier die Lehre eines tiefsinnigen Denkers wieder aufgenommen, der abseits von den Richtungen der großen spekulativen Philosophie in der ersten Hälfte des neunzehnten Jahrhunderts eine Wissenschaftslehre entworfen hat: Bernard Bolzano. Der vor der Wiederentdeckung durch Husserl fast in Vergessenheit geratene Philosoph hatte das Ansich-Sein der Vorstellungen, Sätze, Wahrheiten behauptet und dieses Sein der logischen Gehalte, der Bedeutungen, von dem der Tatsachen grundsätzlich geschieden.

Es wird weiter unten noch näher über Umfang und Art dieses Gebietes eines nicht tatsächlichen Seins gesprochen werden. Zunächst läßt sich hier besonders deutlich zeigen, wie verkehrt nach Husserl aller Positivismus in der Logik sein muß. Es ist nicht bloß, wie schon oben erwiesen, unmöglich, die Geltung der logischen Gesetze aus dem Hinweis auf Tatsachenverhältnisse zu begründen, sondern die logischen Gesetze beziehen sich auch nicht einmal unmittelbar auf Tatsachen. Der Satz des Widerspruchs zum Beispiel besagt unmittelbar keineswegs, daß zwei reale Urteilsvorgänge mit entgegengesetztem Sinn in einem bestimmten Subjekt unverträglich seien, sondern er bezieht sich ursprünglich auf ein Verhältnis von Urteilen in dem erörterten idealen Sinn von Bedeutungseinheiten. Es ist für seine Wahrheit daher auch völlig gleichgültig, wie sich die realen Denkvorgänge abspielen. Die Beziehungen von Tatsachen sind etwas anderes als die Beziehungen innerhalb der logischen Gegenstandssphäre. Auf diese aber beziehen sich sinngemäß die Sätze der Logik.

Mittelbar freilich werden die Denkvorgänge von den logischen Gesetzen betroffen. Richten sich diese auch keineswegs nach den Tatsachen, so richten sich doch die Tatsachen nach den Gesetzen. Die Sätze der Logik sind streng *a priori*, dies bedeutet, daß keine Tatsache ihnen je widersprechen kann. Auf den Satz vom Widerspruch angewandt, heißt das freilich nicht, wie es nach der Sigwartschen Logik scheinen könnte, daß kontradiktorisch entgegengesetzte Urteile real unverträglich sein müßten, sondern daß sie nie und nimmer richtig sein können; daß alle solche Urteilspaare in der Zukunft falsch sind und keines kommen kann, das dieser Einsicht widerspräche. Aber nicht, weil solche Sätze bis jetzt tatsächlich falsch waren, gilt der Satz vom Widerspruch (das wäre eine Begründung *a posteriori*), sondern sie waren falsch und werden falsch sein, weil er gilt (das ist die Begründung *a priori*).

Die Schwäche im Kern dieser Logik ist wiederum ihr Mangel an Dialektik. Nach dieser ist es unmöglich, irgendeine Erkenntnis unmittelbar als absolut zu nehmen und mechanisch auf alles und jedes zu übertragen. Jede Erkenntnis – und mag sie noch so abstrakt sein – gehört zu einer konkreten Situation, deren eigentümliche Züge wegen ihrer »Selbstverständlichkeit« für die Mitglieder eines bestimmten Kulturkreises oder einer geschichtlichen Epoche nicht sichtbar sein mögen. Die Entdeckung der Besonderheit einer solchen bisher für schlechthin allgemein gehaltenen Situation, das heißt neue Einsichten in unsere Bedingtheit, bedeuten zwar keineswegs die Vernichtung der früheren Erkenntnis, aber eine Relativierung, eine Einschränkung. Streng gewonnene Erkenntnisse kommen auf diese Weise nicht um ihre Wahrheit, sondern um ihre prätendierte Absolutheit. Bei Husserl wird aber die konkrete Situation als grundsätzlich belanglos für die Erkenntnis angesehen, die in ihr vollzogen wird. Seine Lehre, unmittelbare Einsichtigkeit, »Evidenz«, begründe die absolute Gültigkeit, die Apriorität, ist geradezu ein Mittel, eine bestimmte historische Erkenntnislage zu verabsolutieren; denn die Evidenz bedarf bei ihm niemals eines zeitlichen Index. Er reißt Sinn und Inhalt eines Wissensaktes von allen Voraussetzungen los und denkt sich ihn unabhängig von aller Realität (nicht etwa –

wozu er berechtigt wäre – unabhängig von subjektiver Willkür). Die gleiche Unfähigkeit zur Vorstellung, daß auch die »Evidenz« ein bedingtes Faktum sei, erscheint dann noch einmal in der Behauptung, daß die evidenten Sätze keine Ausnahme dulden. Die Dialektik aber fordert, die Bedingungen überall aufzusuchen und mit dem Wissen um die Besonderheit der bedingenden Konstellation, zu der ebensowohl das Subjekt wie der Gegenstand gehört, Sinn und Wert einer Erkenntnis immer wieder zum Problem zu machen.

Auf Husserls Lehre von der durch Einsichtigkeit verbürgten Apriorität der logischen Gesetze angewandt, besagt dieser Einwand der Dialektik das Folgende: In der Behauptung, daß zum Beispiel der Satz vom Widerspruch *a priori* gelte, das heißt also unter anderem, daß alle realen Denkakte, die ihm zuwiderlaufen, unwahr seien, steckt ein Begriff der Wahrheit, der zu einem bestimmten Stande der Erkenntnis gehört. In ihm ist gewiß der Unterschied, der unter anderem mit Hilfe des Satzes vom Widerspruch zu bestimmen ist, logisch der einzig wesentliche. Aber es könnte sein – und wir haben die Pflicht, in dieser Richtung Forschungen anzustellen –, daß dieser Erkenntnisstand und die ihm angemessene Erkenntnisweise auf Bedingungen beruht, die wir heute in ihrer Besonderheit noch nicht zu erkennen vermögen. Es könnte sich herausstellen, daß diese Erkenntnisweise nicht die einzig mögliche ist. Dazu genügt es freilich ganz und gar nicht, zu behaupten, daß alles und somit auch unsere gegenwärtige Intellektualität in der Geschichte geworden und daher auch vergänglich sei. Mit solchen Reden ist eine positive Einschränkung eines bestimmten Satzes, geschweige denn eines logischen Gesetzes, nicht zu gewinnen, sondern es bedarf des wirklichen Nachweises von Situationen, unter denen eine andere Erkenntnis als die nach dem Satz vom Widerspruch stattfindet. Damit wäre zugleich die Eigenart der Bedingungen für den früher maßgebenden Wahrheitsbegriff und damit auch die Bedingtheit der logischen Gesetze erwiesen, und es könnte weiter ihr Zusammenhang mit psychischen und gesellschaftlichen Totalitäten untersucht werden. Es sind also nicht die logischen Gesetze selbst, die ein dialektisches Denken anzugreifen hätte, dieser Gesetze bedient es sich ja in jedem Augenblicke selbst. Undialektisch ist vielmehr Husserls Begriff der auf Evidenz begründeten Apriorität, der die Einschränkung oder Ver-

änderung von Einsichten durch Erkenntnis der vermittelnden Bedingungen ausschließt und den unmittelbaren Zugang zur absoluten
Wahrheit, den Zugang durch »Intuition« verkündet. Dieser Begriff
der Apriorität ist zwar einer der Gründe für die breite Wirkung von
Husserls Lehre gewesen. Aber schon in der Logik bedeutet er gegenüber Cohens Lehre von der fortschreitenden Relativierung der
Axiome und der möglichen Veränderung der Erkenntnismethoden
einen Rückschritt, und in der weiteren Entwicklung der phäno-
nologischen Philosophie hat er zu einer unhaltbaren statischen Ontologie geführt.

In gewissem Sinn ist schon Husserls Begründung der Logik selbst
ontologisch, insofern sie eine Lehre vom Sein der begrifflichen Gegenstände enthält. Die Aufdeckung oder besser die Wiederentdek-
kung des Gebiets der ideellen Gegenstände und seine Beschreibung
ist ja in der ersten Periode der phänomenologischen Schule eines der
ausschlaggebenden philosophischen Themen gewesen. Auch hierbei stand sie wiederum in polemischem Gegensatz zum psychologistischen Positivismus. Die von der Phänomenologie bekämpfte positivistische Begründung der Logik, von der oben die Rede war,
hatte ihren Grund in der ontologischen Voraussetzung des Positivismus, daß nur den »Tatsachen des Bewußtseins« ein Sein im wahren Sinn sollte zugesprochen werden dürfen. Daraus folgte, daß
nicht bloß die Begriffe, sondern auch die in den Begriffen gemeinten
Gegenstände als ein von der Erkenntnis Aufzulösendes und weiter
Zurückführbares angesehen wurden. Alles, wovon wir wissen, mathematische Gegenstände ebensowohl wie Menschen und Dinge,
sollen gar nicht das sein, als was sie von uns gemeint werden, sondern in Wahrheit nur Gebilde aus einzelnen psychischen Tatsachen.
Erkennen galt dieser positivistischen Lehre als gleichbedeutend mit
dem Zurückführen auf Bewußtseinstatsachen oder vielmehr mit
dem Nachweis, wie ein bestimmter Gegenstand in unserem Bewußtsein aus psychischen Einzeltatsachen entstanden sei. Wie nach
dem physikalischen Atomismus die ganze Welt auf Bewegungen
einzelner Stoffteile zurückgehen und das wahre Sein alles Seienden
in den physischen Elementen bestehen soll, die sich als Produkte der
wissenschaftlichen Analyse herausstellen, so wurden im psychologistischen Positivismus die hypothetischen Elemente des Bewußtseins, die Produkte einer bestimmten psychologischen Analyse als

universale Realität hypostasiert. Diese Lehre führt notwendig zur grundsätzlichen Ablehnung des Glaubens an das Sein übergeordneter Einheiten auf allen Gebieten, zu einer grundsätzlich kritischen Haltung gegen das Hinnehmen und Geltenlassen von Ganzheiten und Gestalten jeder Art. Sie ist ihrem Wesen nach extrem individualistisch. Auch von der Lebensphilosophie ist diese Ansicht angegriffen worden. Die Phänomenologie hat sich geradezu im Kampf gegen sie entwickelt.

Vor allem hat Husserl der alten Scheidung von Essenz und Existenz, von Sosein und Dasein in der zeitgenössischen Philosophie wieder einen zentralen Platz angewiesen. Die Beantwortung der Frage nach der Existenz eines Gegenstandes mag durchaus nach den Kriterien der Einzelwissenschaften geschehen. Sie haben darüber zu befinden, was jeweils wirklich ist, und mögen vielleicht ganz mit Recht zu atomistischen Überzeugungen kommen. Husserls Philosophie verträgt sich wie der Neukantianismus ausgezeichnet mit einer bloß mechanistischen Psychologie und Physik. Infolge der undialektischen Scheidung von Philosophie und Realwissenschaften hat es Husserl ebensowenig wie Cohen vermocht, seine zum Teil höchst zeitgemäßen Theorien selbst noch auf konkreten Gebieten fruchtbar zu machen und zu prüfen. (Doch haben sich sogleich manche fortschrittliche Bewegungen innerhalb der Einzelwissenschaften Husserlscher Argumente bedient.) Aber der Philosophie geht es – so ist es schon bei der Darlegung der Idee einer *mathesis universalis* ausgeführt worden – nicht um den Spezialfall der Wirklichkeit, sondern um den Gehalt, das Was, den Sinn des Seienden. Dieser Gehalt hat gewiß ein Sein; denn wir können an ihn denken, von ihm sprechen, ihn untersuchen. Aber er muß nicht notwendig irgendwo realisiert sein, er braucht nicht in einem wirklichen Gegenstand verkörpert zu sein. Die logischen Gegenstände sind das erste in der Phänomenologie wirksame Beispiel für diese Seinsart gewesen. Ein Begriff und ein Urteil werden, wie wir gesehen haben, in vielen realen Bewußtseinsakten gedacht, sie werden in ihnen »verleiblicht«, gewinnen durch sie Wirklichkeit. Aber das Sein der Bedeutungen selbst ist nicht abhängig von solchem Geschehen. Daher gelten nach Husserl auch die Sätze über solche Gehalte, wie wir es bei den logischen Gesetzen gesehen haben, unabhängig von der Realität, das heißt für alle Zukunft.

Für die Beschreibung des mit den Bedeutungseinheiten der Logik erschlossenen Gegenstandsgebietes ist eine Überzeugung wichtig geworden, die Husserl selbst später preisgegeben hat. Sie besagt, daß das Verhältnis von logischer Bedeutung, also zum Beispiel von Begriff und Urteil, zu den realen psychischen Vorgängen, in denen sie gedacht werden, wesentlich dasselbe sei wie das Verhältnis von Allgemeinem und Besonderem. Die Bedeutung gilt als das »Identische« der wirklichen und möglichen Denkakte. Die logischen Bedeutungseinheiten (Begriffe, Urteile und so weiter) erschienen somit als Beispiele von Gattungseinheiten, als »spezifische« Gegenstände. Damit gewann Husserls Kampf dafür, daß es die Logik mit prinzipiell anderen als mit realen Gegenständen zu tun habe und daß eine Auflösung der logischen Gegenstände in reale Elemente nicht bloß unmöglich, sondern unsinnig sei, gleich zu Beginn eine viel allgemeinere philosophische Bedeutung. In den als eigentümlich nachgewiesenen Bereich fielen nicht bloß die mathematischen Gegenstände wie Gerade, Kreis, Menge und so fort, sondern überhaupt alle Sinngehalte. Freilich war der Unterschied zwischen idealer Gattung und realer Einzelheit auch schon vor Husserl allgemein bekannt, aber der Nachdruck lag bei ihm auf der Unreduzierbarkeit der beiden Sphären, vor allem auf der Ursprünglichkeit der ideellen. Er befreite die Philosophie davon, bei allen Inhalten, durch die wir die Realität beschreiben, sogleich an ihre Erklärung aus den gerade von der herrschenden Wissenschaft als wirklich angesetzten Elementen zu denken, und er verschaffte der bloßen Beschreibung, die »schlicht« dem Inhalt des Gegebenen nachgeht, das Selbstbewußtsein, nicht bloß Material für spätere »Erklärungen« beizuschaffen, sondern auf ein eigenes Seinsgebiet, das Gebiet der Qualitäten, der Washeiten, der Wesenheiten sich zu beziehen. Eben deshalb sind auch Sätze, die über Gegenstände dieses Gebiets einmal einsichtig gefällt worden sind, das heißt Sätze über Beziehungen von Wesen, Wesensgesetze, durch Erfahrungen über Einzeltatsachen nicht zu widerlegen, sondern streng *a priori*. In dieser Hinsicht gleichen alle Wesenswissenschaften, formale und materiale, der Mathematik. Wie die mathematischen Aussagen über irgendwelche Figuren oder Mengen Gültigkeit haben, ganz gleichgültig, ob diese sich so in der Wirklichkeit finden lassen, so gelten auch die Sätze über andere artmäßige Gegenstände wie

Form, Farbe, Ding, Tier, Mensch, Staat und so fort schlechthin allgemein; sie beziehen sich ursprünglich gar nicht auf einzelnes, sondern bloß auf die Ideen, die im einzelnen verkörpert sind. Die Wahrheit, die auf diese Weise zu gewinnen war, betraf zunächst nicht das Wirkliche, sondern bloß Möglichkeiten, aber da das Wirkliche überall nichts ist als Realisierung von Möglichkeiten, so gewannen die Untersuchungen auf den einzelnen »eidetischen« Gebieten doch die Bedeutung, die wesentliche Wahrheit auch über das Einzelne zu Tage zu fördern, um so mehr als diese Forschungen nicht ganz unbekümmert um die Wirklichkeit sich zu vollziehen brauchen, sondern an Hand des »Leitfadens« der wirklichen Gegenstände erfolgen können.[27]

Zu dieser Lehre von der Selbständigkeit der Essenz gehört bei Husserl notwendig die Lehre von der Selbständigkeit der Bewußtseinsakte, in denen die Essenz zur Gegebenheit kommt. Die Begründung der Logik durch den Nachweis der Eigentümlichkeit artmäßigen Seins erfordert die Widerlegung der alten Abstraktionstheorien. Nach ihnen ist das Allgemeine nichts als das Besondere, vermindert um eine Reihe von Bestimmungsstücken. Das Wissen um die Art ist das Wissen um das bestimmungsarme Besondere. Der Abstraktionsprozeß, der vom Besonderen zum Allgemeinen führt, gibt daher nirgends einen wirklich neuen Gegenstand, er enthält nirgends einen qualitativen Sprung, sondern stellt einfach ein fortschreitendes Weglassen von Merkmalen dar. Der Nachdruck in der phänomenologischen Lehre des Wissens um Allgemeines liegt in dem Aufweis, daß dieses Wissen keineswegs aus

---

27 In der Philosophie Heideggers ist der Gegensatz von Allgemeinem und Besonderem im Sinne der alten Phänomenologie aufgehoben, ebenso wie der zwischen Wesen und Wirklichkeit. Der Philosoph hat es nach ihm nicht mit dem bloß Möglichen, sondern mit dem wahren Wirklichen zu tun. Aber auch ihm zufolge ist die Aufgabe der Philosophie keineswegs die Feststellung von Tatsachen und ihren Zusammenhängen oder die Untersuchung der die natürliche Wirklichkeit beherrschenden Gesetze. Die Natur ist vielmehr nach ihm etwas Sekundäres und Abgeleitetes. Das wahre Sein ist ihm identisch mit dem Dasein. Freilich hebt er es als Dasein aus der Fülle des Wirklichen einen ganz kleinen Teil, nämlich die isolierte und karge Innerlichkeit eines gedachten menschlichen Individuums heraus. Was er so über das Dasein als über das Sein aussagt, soll dann als Ontologie, das heißt für alles und jedes Sein, unabhängig von der Zeit, die vielmehr selber monadologisch gefaßt wird, gelten können. Als echter Phänomenologe beruft er sich dabei auf die »Idee der ›originären‹ und ›intuitiven‹ Erfassung und Explikation der Phänomene« [*Sein und Zeit*, Tübingen [9]1960, S. 36f.].

dem Wissen um Besonderes »abgeleitet«, sondern ebenso ursprünglich sei wie dieses. Zwar bedürfen wir, um von einer Art zu wissen, zunächst einmal der Gegebenheit eines ihrer Exemplare: Ohne daß ein einzelnes Dreieck einmal gegeben war (sei es auch bloß in der Phantasie), haben wir kein Wissen um die mathematische Gattung. Dieses ist vielmehr in dem Wissen um einzelne Dreiecke »fundiert«. Aber Fundiertsein ist nicht gleichbedeutend mit Abgeleitetsein. Auf der Wahrnehmung des wirklichen Dreiecks baut sich ein neuer eigentümlicher Wissensakt auf, in dem die Idee des Dreiecks in den Blick kommt. Diese Schau der Idee, die »Wesenserschauung«, ist der »originär« gebende Akt für Gegenstände aus der eidetischen Sphäre, ebenso wie die sinnliche Wahrnehmung der Akt für die ursprüngliche »originäre« Gegebenheit von Daseiendem ist.

Die Art des Zugangs zu den Bereichen überindividuellen Seins, die Frage der Wesenserschauung, der Intuition und so fort sind das Thema wichtiger und subtiler Untersuchungen aus der ersten Zeit der phänomenologischen Schule. Von ihnen kann hier ebensowenig die Rede sein wie von den feinen Unterscheidungen, die im Zusammenhang mit ihnen zwischen Wesen, Wesenheit, Idee, konkretem und abstraktem Wesen und so fort getroffen worden sind. Doch verdient festgehalten zu werden, daß die neue Erkenntnisart, die als Intuition der Beobachtung des Naturforschers übergeordnet wurde, in Deutschland ursprünglich an dem strengen Wissen um logische und mathematische Gegenstände, in Frankreich dagegen an der lebendigen Versenkung ins eigene Innere illustriert worden ist. Die Meinungen über den positiven Inhalt dessen, was als ewige Wahrheit in der Wesensschau erschlossen wird, haben sich auch in der Entwicklung der Phänomenologie häufig gewandelt, der Gegensatz gegen die naturwissenschaftliche Betrachtungsart mit ihrem Suchen nach bloßen Tatsachengesetzen ist ihr geblieben.

Daß es außer den empirischen Tatsachen noch andere Gegenstände der Forschung gebe, denen sogar ein überzeitliches und irreduzibles Sein zukomme, und daß wir uns dieser Gegenstände in schauender Haltung versichern könnten – diese Lehre war grundlegend für die Entwicklung der Phänomenologie. Husserl selbst hatte wesentlich bloß von den logischen Einheiten gehandelt, aber dabei gleichzeitig die Möglichkeit eidetischer Forschungen in allen Richtungen unterstrichen und ihre Unerläßlichkeit als Voraussetzung für die Exaktheit der empirischen Wissenschaften behauptet. Wie die Mathematik als Wesenswissenschaft der Physik vorhergehe, so müßten allen Tatsachenwissenschaften Wesenswissenschaften vorgeordnet werden – etwa eine Wissenschaft vom Staat den empirischen Lehren über die einzelnen politischen Verfassungen. Es gibt absolut gültige, in Urteilen faßbare Wahrheit, nicht allein in der Logik, also über die Wahrheit selbst, nicht allein in der Mathematik, sondern über Farben, Töne, Recht, Staat, Tier, Mensch und so fort. Und wie zum Beispiel die Farbe Rot als eigener Gegenstand besteht, der seine Beziehungen zur Farbe Gelb hat, ganz unabhängig davon, was von diesen Beziehungen realisiert wird, so sind auch die Werte, zum Beispiel das Wesen von Gut und Böse, das Wesen der Gesundheit und des Heiligen eigene Gegenstände, die ihre ewigen Beziehungen haben, unabhängig davon, ob jemand da ist, der ein Gefühl für solche Werte hat oder nicht. Es war das Grundgefühl der ersten Epoche der Phänomenologie, daß der Positivismus, wie überhaupt die Philosophie der zweiten Hälfte des neunzehnten Jahrhunderts, die Totalität der erforschbaren Gegenstände in weitem Ausmaß vereinfacht und verärmlicht hatte. Infolge des Bedürfnisses, alles aus einem Grunde zu erklären, sei die ganze Welt zu der Masse von Elementen zusammengeschrumpft, die man jeweils als Erklärungsmaterial angenommen habe. Aber es sei die philosophische Aufgabe der Gegenwart, einmal erst wieder die verschiedenen Gegenstandssphären herauszustellen, sich in schauender Haltung der Fülle des Seins wieder zu bemächtigen. Diese Gesinnung spricht sich sehr deutlich in den folgenden Worten Max Schelers aus dem Jahre 1915 aus: »Das eine aber wissen wir: Sie« (die von den Phänomenologen inaugurierte Umbildung der Weltanschauung [M. H.]) »wird sein wie der erste Tritt eines jahrelang in einem dunklen Gefängnis Hausenden in einen blühenden Garten. Und dieses Gefängnis wird unser durch einen auf das bloß Mechanische und Mechanisierbare gerichteten Verstand umgrenztes Menschenmilieu mit seiner ›Zivilisation‹ sein. Und jener Garten wird sein – die bunte Welt Gottes, die wir – wenn auch noch in der Ferne – sich uns auftun und hell uns grüßen sehen. Und jener Gefangene wird sein – der europäische Mensch von heute und gestern, der seufzend und stöh-

nend unter den Lasten seiner eigenen Mechanismen einherschreitet und, nur Erde im Blick und Schwere in den Gliedern, seines Gottes und seiner Welt vergaß.«[28]
Im Neukantianismus war das Recht der Philosophie gegen die mathematisch-mechanische Naturwissenschaft noch damit begründet worden, daß jene die Analyse ihres Sinns und ihre Rechtfertigung enthalte. Die Phänomenologie hilft der mangelnden Befriedigung an der bloß naturwissenschaftlichen Betrachtung dadurch ab, daß sie diese als einen ganz engen, untergeordneten Zweig des intellektuellen Tuns, nämlich des auf Beherrschung gerichteten, darstellt. Sehr beschränkt war in der Tat der Genuß dieser fortschreitenden Beherrschung für die großen Schichten der Gesellschaft geworden. Daß die Naturwissenschaften allein die Erde nicht zu wandeln vermöchten, wurde immer selbstverständlicher. Darum setzt die Philosophie als Ziel der Erkenntnisarbeit auch nicht die Verwandlung der Realität, also eine bessere irdische Zukunft; der Garten, von dem Scheler spricht, ist vielmehr »die bunte Welt Gottes«, und man gelangt in sie durch Kontemplation. In dem gleichen Maße, in dem der Kampf der Phänomenologie gegen den Positivismus aus dem rein logischen Gebiet auf metaphysische und allgemein-weltanschauliche Fragen ausgedehnt wurde, setzte man dem Wirklichkeitsbegriff der Wissenschaft wie der »natürlichen« Weltanschauung einen eigenen Begriff von Realität entgegen. Husserl selbst wandte sich zwar in seinen Forschungen über »reine Phänomenologie« der Ausbildung einer eidetischen Wissenschaft über das Bewußtsein zu, in der er Konstitutionsprobleme, nicht unähnlich wie die Transzendentalphilosophie, in strenger Unabhängigkeit von der Tatsachenforschung (nichts anderes bedeutet seine berühmte »Einklammerung« der wirklichen Welt) in Angriff nahm. Aber seine Schüler (vor allem Max Scheler, Adolf Reinach, Hedwig Conrad-Martius, Alexander Pfänder) schufen eine neue Wirklichkeitslehre, nach der die Welt, in die uns die Wesensschau Zugang verschafft, nicht bloß eine Welt von reinen Möglichkeiten, sondern auch die echte Realität selbst oder wenigstens das Modell der echten Realität ausmache. Es ist von einigem Interesse, den logisch entscheidenden Punkt in dieser

---

28  [Max Scheler, ›Versuche einer Philosophie des Lebens‹, in: *Gesammelte Werke*, hrsg. von Maria Scheler, Band 3, Bern [4]1955, S. 339.]

Verwandlung aufzuweisen, weil sie selbst nichts anderes darstellt als den Sprung der Philosophie von der Wissenschaft in die bewußte Metaphysik.

Bei Husserl bedeutete das Wesen, wie wir gesehen haben, ursprünglich nichts anderes als die Spezies, das »Identische« von Reihen wirklicher oder eingebildeter Exemplare. Daher hatte bei ihm (wenigstens gemäß den *Logischen Untersuchungen*) irgendein phantasierter Gegenstand, etwa der »goldene Berg« oder ein Dromedar, das als Kopf einen Fußball hat, ebensowohl ein Wesen wie ein Haus oder ein wirkliches Dreieck. In der eidetischen Sphäre als bloß logischem Gegenstandsbereich fanden die Gattungen verrückter Imaginationen ebensowohl ihren Platz wie die Wesenheiten wirklicher Gegenstände. »Wesen« hieß eben nichts anderes als das Identische in einer prinzipiell unabgeschlossenen Reihe von Individuen. Das »Sein« des Wesens war bloß das vom Bewußtsein her »Gemeint-Sein«, das Sein als Subjekt möglicher Aussagen, also bloß logisches Sein. Husserls Lehre von der »Intentionalität« besagt, daß das Bewußtsein die Eigentümlichkeit hat, etwas meinen zu können, was nicht selbst wieder Bewußtsein ist, und sie bezog sich vor allem auf das Meinen der Ideen. Nach Husserl war also wenigstens unmittelbar keine Metaphysik auf die Lehre von den Ideen zu gründen; denn das Gedränge in der Sphäre der Wesenheiten war allzu groß, sie enthielt allzu viele faktische Unmöglichkeiten, die bloß »logische« Möglichkeiten waren.

Wenn die philosophische Arbeit es bei ihrer Beschäftigung mit dem Ideenreiche in Wahrheit mit einem über der raum-zeitlichen Wirklichkeit sich erhebenden echten Seinsreiche zu tun haben sollte, dann mußte die Zahl der »wahren« Wesenheiten begrenzt sein und eine Rangordnung aufweisen. Diese Überzeugung, daß die Wesenheiten wohlgegliedert und von endlicher Anzahl seien, wurde in der Phänomenologie rasch allgemein und ließ sie, nach einem Worte Schelers, als die »Erneuerung eines *intuitiven Platonismus*«[29] erscheinen. Danach sind Gattung und Wesen (im Gegensatz zu Husserls ursprünglicher Konzeption) streng zu unterscheiden. Nicht jedes Ding, nicht jedes Produkt einer verrückten

---

29 [Max Scheler, *Die deutsche Philosophie der Gegenwart*, in: *Gesammelte Werke*, Band 7, hrsg. von Manfred S. Frings, Bern/München ²1973, S. 310.]

Einbildung hat sein Wesen, sondern es wird jeweils zu einer schwierigen Frage, inwiefern sich in irgendeinem faktischen Gegenstand diese oder jene aus der begrenzten Anzahl von Wesenheiten verkörpert oder ob es gar ein individuelles Wesen für sich allein besitzt, wie wir etwa vom »Wesen« einer bestimmten historischen Persönlichkeit sprechen.

Die Teilhabe der endlichen Dinge an den Wesenheiten ist jetzt keine bloß logische Beziehung mehr, sondern ein Seinsverhältnis. Im Hinblick auf dieses Seinsverhältnis werden auch die wirklichen Dinge der natürlichen Welt beurteilt. Es kommt philosophisch darauf an, ob die Dinge gute oder schlechte Verkörperungen eines Wesens sind. So wie irgendein empirisches Dreieck oder eine tatsächliche Kreislinie ein mehr oder weniger »gutes« Dreieck, ein mehr oder weniger »guter« Kreis ist, so gibt es auch einen mehr oder weniger »guten« Staat, einen mehr oder weniger »echten« Schmerz, einen »echten« Krieg, eine »echte« Gemeinschaft, einen »echten« Menschen und so fort. Dieses »gut« und »schlecht«, »echt« und »unecht« bezeichnet also nicht etwa – wie es nach den alten nominalistischen Theorien einzig der Fall sein könnte – die mehr oder minder große Übereinstimmung mit einer anhand früherer Erfahrungen gewonnenen Definition, sondern die Beziehung zu einem eigenen unabhängigen Gegenstand, der an der Welt der Ideen teilnimmt und durch Schau zur Gegebenheit kommt. Es gibt nur eine einzige wahre Idee des Staates, des Menschen, des Tieres und so fort, und diese Idee soll nicht bloß frei von aller willkürlichen Konstruktion, sondern auch ganz unabhängig von Anzahl und Art der Erfahrungen sein, anhand deren wir sie gewonnen haben mögen. Sie trägt kein geschichtliches Zeichen an sich. Die Beziehung des Menschen zur ewig gleichbleibenden Welt der Ideen kann zwar in der Geschichte erweitert und eingeengt oder gar unterbrochen sein, aber sie ist ihrer Art nach die gleiche zu allen Zeiten; der Inhalt dessen, was der Philosoph in der Sphäre der Ideen zu schauen bekommt, ist nicht vom Gange der Menschheit selbst berührt.[30] Eben daher be-

---

30  Bei Heidegger hat sich die wahre Wirklichkeit zwar auf die einzige Idee des Daseins reduziert. Aber auch für seine Lehre gilt dasselbe wie für die Phänomenologie überhaupt. Die »Existenzialien«, das heißt die bestimmten Züge, die »Seinscharaktere« des Daseins, werden unabhängig von jeder geschichtlichen Situation angegeben. Es ist in dieser Ontologie viel von Geschichte die Rede, aber in Wahrheit nur, um zu

deutet die Feststellung der Übereinstimmung oder Nichtübereinstimmung eines Dinges mit einer Idee auch seine Beurteilung *sub specie* der ewigen Wahrheit, es ist ein Werturteil. Aus dem gleichen Grund wurde in der Phänomenologie auch immer der Gedanke einer »*philosophia perennis*« gehegt. Die großen Philosophen können deswegen über die Jahrhunderte hinweg von der wahren Wirklichkeit miteinander Zwiesprache pflegen, weil die wahre Wirklichkeit, die Welt der Ideen, von der Geschichte ganz unbeeinflußt ist. Soweit die geschichtliche Tat der Menschen an das Ewige rührt, ist sie wesentlich der geistige »Aufschwung«, die Erkenntnis der Ideen. Es gibt keinen schärferen Gegensatz zu allen Theorien, in denen die Erkenntnis wesentlich auf die irdische Praxis bezogen ist, als dieser neue Platonismus. In ihm ist die Abkehr von dem Wissenschaftsglauben, der in Wahrheit ein Glaube an den undialektischen gesellschaftlichen Aufstieg war, radikal vollzogen. Dem neuen philosophischen Selbstbewußtsein der Phänomenologie entspricht ein gesellschaftlicher Pessimismus, ja, die Verachtung gegen das bloß auf geschichtliche Veränderungen abzielende Leben. Da sie sicher ist, auf ihre Frage nach dem Sinn des Seins jetzt schon eine positive Antwort zu erhalten, mindestens aber die Beschäftigung mit dieser Frage nach dem Sinn des Seins nicht bloß philosophisch, sondern überhaupt für das wesenhafteste Tun hält, so begründet sie bewußt oder unbewußt die Abkehr von der aktiven Teilnahme an der praktischen Gestaltung der Welt. Aus einer Magd der Wissenschaften hat sich die Philosophie – wenigstens ihrer eigenen Überzeugung nach – zur Königin aller menschlichen Unternehmungen gemacht.

Indem der Phänomenologe schauend an die reinen Wesenheiten hingegeben ist, indem er unbekümmert um die gemeine Wirklichkeit das Reich der Ideen durchforscht, zeichnet er doch dieser gemeinen Wirklichkeit Normen vor, nach denen sie sich zu richten

zeigen, daß das Dasein nicht »in der Geschichte steht«, sondern alle Geschichtlichkeit aus dem »Dasein« selbst stammt. Auch hier wird versucht, die Struktur des wahren Seins ein für allemal in einer Philosophie auszusprechen, und so sehr dieses wahre Sein dabei als »zeitlich« gefaßt wird, gibt sich doch seine Beschreibung selbst als überzeitlich, als echte Ontologie. Ganz konsequent erscheint dann auch nicht das Tun der Menschen in ihren gesellschaftlichen Verbänden als wirkliches Tun, vielmehr ist das wahre Existieren das Philosophieren selbst.

hat, soweit sie »gut« ist. Er setzt uns in den Stand, über die Tatsachenwelt zu urteilen. Im Gegensatz zum Naturforscher, Historiker, Soziologen, Psychologen und so fort erforscht *er* das echte Sein, nur er dringt zu jenem Reiche vor, das unserer Welt erst Sinn verleiht. Soweit auch die verschiedenen Phänomenologen sich in den konkreten Beschreibungen des Sinnes unterscheiden mögen, darin sind sie alle einig: daß es möglich ist, hinter oder in den Tatsachen durch besondere philosophische »Übung« einen solchen Sinn ein für allemal zu entdecken. »Die Phänomenologie«, sagt einmal Scheler, »ist weniger eine abgegrenzte Wissenschaft als eine neue philosophische *Einstellung*, mehr eine neue *Techne des schauenden Bewußtseins* als eine bestimmte Methode des Denkens... Nur durch fortgesetzte *Übung* dieser Bewußtseinshaltung ist es möglich, in die Ergebnisse der Phänomenologie tiefer einzudringen und selbst in ihr fortzuschreiten.«[31]

Mit dem Zweifel an der Möglichkeit einer solchen zum ewigen Gehalt der Welt vordringenden Schau pflegte man sich, wenigstens im Anfangsstadium der Phänomenologie, in ähnlicher Weise wie Schelling abzufinden. Dieser hatte den Einwänden gegen die Möglichkeit der »intellektuellen Anschauung« einmal das folgende entgegengehalten: »Warum unter dieser Anschauung etwas Mysteriöses – ein besonderer nur von einigen vorgegebener Sinn verstanden worden, davon ist kein Grund anzugeben, als daß manche desselben wirklich entbehren, welches aber ohne Zweifel ebensowenig befremdend ist, als daß sie noch manches andern Sinns entbehren, dessen Realität ebensowenig in Zweifel gezogen werden kann.«[32] Der Wesenserschauung entsprechend gibt es eine Wesensblindheit, und eben daher ist auch der Zugang zum Gegenstand der Philosophie im Gegensatz zur Möglichkeit, Naturwissenschaft zu treiben, an persönliche Voraussetzungen geknüpft, die durchaus nicht allgemein sind. Scheler war davon überzeugt, »daß es eine *moralische* Haltung sei, die für die besondere Art der Erkenntnis, die philosophisch heißt, wesensnotwendige Vorbedingung«[33] ist. Zu dieser moralischen

31  [Max Scheler, *Die deutsche Philosophie der Gegenwart*, l. c., S. 309.]
32  [*System des transscendentalen Idealismus*, in: *Schellings Werke*, hrsg. von Manfred Schröter, Band III, München 1927, S. 370.]
33  [Max Scheler, *Vom Ewigen im Menschen*, in: *Gesammelte Werke*, Band 5, hrsg. von Maria Scheler, Bern ⁴1954, S. 78.]

Haltung gehört es vor allem, daß wir den grundsätzlichen Zweifel der kritischen Philosophie und der Naturwissenschaften ablegen und uns für alle sich darbietenden Gehalte der Welt aufschließen. Die Liebe der ganzen geistigen Person zum absoluten Wert und Sein, Verdemütigung des *natürlichen* Ich und die Selbstbeherrschung[34] sind Voraussetzungen der Phänomenologie dieser metaphysischen Richtung. Scheler selbst hat gesehen, daß solche Philosophie »unter den übrigen Wissensformen, soziologisch gesehen, stets diejenige *geistiger Eliten*« war, »die, losgelöst von den religiösen und sonstigen Traditionen ihrer Lebensgemeinschaft und frei von wirtschaftlicher Arbeit, Muße haben, die Welt nach ihren ideellen *Wesensstrukturen* in rein theoretischer Einstellung zu betrachten«[35]. Was Scheler hier ausgesprochen hat, bezeichnet in der Tat den direkten Gegensatz nicht bloß etwa zu Max Webers Ansicht von Erkenntnis, sondern auch zu Husserls ursprünglicher Überzeugung, daß Philosophie als »strenge Wissenschaft« lehrbar und lernbar sein müsse. Das Ideal des »wissenschaftsgläubigen« Zeitalters, das die Erkenntnis nach dem Vorbild der Naturwissenschaft als ein allgemein brauchbares Mittel zur Umbildung der natürlichen Welt gefaßt hat, ist ganz erloschen, an seine Stelle ist der Gedanke an die Aufdeckung eines »Sinnes« dieser Welt getreten, der sich nur wenigen Berufenen erschließt. Jenes Ideal erscheint als bloßer Traum, der nicht einmal schön ist, und es hat nicht den Anschein, als ob in der Philosophie starke Kräfte vorhanden wären, ihm weiter nachzuhängen und die philosophisch anerkannte Hierarchie der Disziplinen zum eigenen Nachteil wieder zu verändern.

## *Lebensphilosophie (Bergson)*

Nach Kant gibt es nur eine Form, in der Erkenntnis bestehen kann: die Form begrifflicher Urteile. Die Wissenschaft als Inbegriff solcher Urteile, soweit sie berechtigten Anspruch auf Allgemeingültigkeit haben, ist das Vorbild für alles intellektuelle Streben. Nur durch

---

34 [Vgl. hierzu auch ibid., S. 89.]
35 [Max Scheler, *Probleme einer Soziologie des Wissens*, l. c., S. 85.]

das Denken, durch den Verstand, durch begriffliche Operationen soll echte Einsicht zu gewinnen sein. Das wahre Wissen ist demnach nie unmittelbar gegeben, sondern immer durch ein gedankliches Tun, durch die »Theorie« vermittelt. Was wir ohne Vermittlung der Theorie erleben, erscheint somit als trübes und unordentliches Wissen; es ist ganz unzuverlässig.

Aber in Kants Philosophie ist gleichzeitig der Gedanke enthalten, daß Formung, begriffliche Verarbeitung, kurz, die Arbeit des Verstandes, eine Veränderung des Erkenntnismaterials bedeute und daher begriffliche Erkenntnis nicht Erkenntnis der wahren Wirklichkeit, so wie sie »an sich« ist, vermittle. Zu dem Satz, daß die gültigen wissenschaftlichen Urteile die einzige Gestalt einer Erkenntnis von Wirklichkeit seien, gehört bei ihm notwendig die Lehre von der Unmöglichkeit absoluter Erkenntnis: die Lehre von ihren Grenzen.

Die *Lebensphilosophie* stimmt dieser zweiten Lehre zu und verneint die erste. Begriffliche Erkenntnis nach dem Vorbilde der mathematisch-mechanischen Naturwissenschaften, ja, wissenschaftliche Analyse überhaupt, gilt ihr ebenso wie der kritischen Philosophie Kants als Veränderung, Umformung eines ursprünglich Gegebenen. Aber weit entfernt davon, daß die begrifflichen Urteile der Wissenschaft die einzig mögliche Form der Erkenntnis wären, trennt sich nach der Lebensphilosophie in ihnen vielmehr der Mensch von der ihm unmittelbar zugänglichen echten Wahrheit. Begriffliche Ordnung, Formung überhaupt ist nicht bloß Veränderung, sondern Verfälschung, Destruktion. Es gibt absolute Erkenntnis, aber sie ist nicht die der Wissenschaft. Kant hatte die Wissenschaft in der Gestalt, die zu seiner Zeit die fortgeschrittenste war, auch als die fortgeschrittenste Form der Wirklichkeitserkenntnis ganz ernst genommen, und die Kritik ihrer Absolutheit war ihm mit der Kritik abschließender Erkenntnis überhaupt identisch. Die Lebensphilosophie dagegen erblickt in der Wissenschaft zwar eine praktisch höchst wichtige Verhaltungsweise, aber sie verwirft sie als echte Erkenntnis.

Dabei übernimmt Bergson ebenso wie Cohen und Husserl eine traditionelle Auffassung vom Wesen der Wissenschaft, von ihren Methoden und Zielen. Die im Sinn der herkömmlichen Theorien verstandene wissenschaftliche Erkenntnis wird vom Neukantianismus begründet, von der Phänomenologie als untergeordneter Spezialfall des Wissens philosophisch degradiert, von der Lebensphilosophie Bergsons als Organ der Wahrheit überhaupt verworfen. Wahrheit erschließe sich uns nur, wenn wir uns von der wissenschaftlichen Haltung und der Wirksamkeit der verstandesmäßigen Faktoren überhaupt freimachen zur unmittelbaren Hingabe und an das echte Sein gelangen, was freilich für den Angehörigen der Zivilisation nur auf Grund einer ungewohnten und schmerzlichen Anstrengung möglich ist.

Das »Ursprüngliche«, das »Unmittelbare«, das sich dem von der wissenschaftlichen Einstellung befreiten Blick als echte Wirklichkeit erschließt, ist nichts anderes als – das Leben, und die Gestalt, in der wir es zu allererst zu Gesicht bekommen, »ist unsere eigene Person in ihrem Verlauf durch die Zeit. Es ist unser Ich, das dauert. Wir können kein anderes Ding intellektuell miterleben. Sicherlich aber erleben wir uns selbst«[36]. Die der Wissenschaft entgegengesetzte Form der Erkenntnis, durch die wir nicht bloß in uns, sondern überall das Leben als das einzige wahre Sein erfassen, ist die »Intuition«. Intuition im Bergsonschen Sinn ist ein Wissen, das im höchsten Sinne »Einsicht« gibt, ohne doch begrifflich geformt zu sein. Die begriffliche Formung tötet gewissermaßen den Gegenstand, während das unmittelbare Sichhineinversetzen, das Verstehen, das »Erleben« allein uns die Sache in unverfälschter Weise gibt.

Intuition ist das Organ der Metaphysik, und diese selbst »die Wissenschaft, die ohne Symbole auskommen will«. Symbole (Namen, Begriffe) gehören dem Denken an, das Denken aber verfälscht die Wirklichkeit. Alle Begriffe, welche die Metaphysik bei ihren Beschreibungen verwendet, sind nur in bildlichem, übertragenem Sinn zu verstehen. Sie sollen nur dazu dienen, uns auf die Sache selbst hinzuleiten und dazu anzuregen, jeweils den gleichen Akt der Intuition zu vollziehen wie der Metaphysiker. Was zum Beispiel jeder wahrnimmt, wenn er seine eigene Person im Flusse ihres Seins erfaßt, kann ihm keine Beschreibung ersetzen.

Da wir zunächst nur unsere eigene Person in der Intuition erfassen,

---

36 [Henri Bergson, *Einführung in die Metaphysik*, in: *Materie und Gedächtnis und andere Schriften*, Frankfurt am Main 1964, S. 10.]

so bildet die Beschreibung dessen, was wir bei der Versenkung in sie erfahren, einen wichtigen Teil der Bergsonschen Philosophie. In seiner Ausführung hat er auch eine positive Kritik der traditionellen Psychologie gegeben, die an Fruchtbarkeit weit über die spekulative Verwerfung der Naturwissenschaft als echter Erkenntnis hinausgeht und an konkretem Material dogmatische Vorurteile der herrschenden Wissenschaft zu Gesicht bringt. Wir versuchen, das durch Intuition zu gewinnende Bild des eigenen Seins im Bergsonschen Sinn wiederzugeben.

Die Ansicht, die die alte, nach dem Vorbild der atomistischen Physik gebaute Psychologie von unserem Ich gegeben hat, betrifft nur die Oberfläche. Bloß einer schlechten, nicht intuitiv eindringenden Betrachtung stellt sich die innere Realität, das eigene Leben, als eine Mannigfaltigkeit von Wahrnehmungen, Erinnerungen, Strebungen und dergleichen dar. Dringen wir von der Peripherie aus tiefer, dann finden wir nicht voneinander abgehobene Elemente vor, sondern »eine Kontinuität des Verfließens, die mit nichts Fließendem, das ich je gesehen habe, zu vergleichen ist. Es ist eine Folge von Zuständen, deren jeder anzeigt, was folgt, und deren jeder enthält, was ihm vorangeht. Tatsächlich bilden sie erst verschiedene Zustände, wenn ich sie schon hinter mir habe und wenn ich mich zurückwende, um ihre Spur zu beobachten. Während ich sie empfand, waren sie von einem gemeinsamen Leben so fest organisiert, so tief beseelt, daß ich nicht hätte sagen können, wo der eine endet, wo der andere beginnt. Tatsächlich hat keiner von ihnen Anfang oder Ende, sondern alle setzen sich ineinander fort.«[37] Bergson gibt solcher Beschreibungen viele. Wir sollen durch sie veranlaßt werden, in den Kern unseres eigenen Wesens hinabzutauchen und ohne Vermittlung irgendwelcher Begriffe mit unserem Ich selbst eins zu werden. Was wir in ihm finden, das ist kein Nebeneinander von gegenwärtigen Eindrücken, von Erinnerungen, Gefühlen und so fort. Eine solche Ansicht unseres Ichs ist ihm nicht adäquat, sondern erst Produkt einer verstandesmäßigen Konstruktion, welche die Fülle jedes lebendigen Augenblicks in die unangemessene Form eines räumlichen Nebeneinander umdeutet. Unser lebendiges Ich enthält vielmehr stets die Vergangenheit

37 [Ibid., S. 10 f.]

unmittelbar in der Gegenwart selbst, es ist, nach Bergsons Ausdruck, die reine Dauer, *la durée*.

Das Wichtigste, das sich – in freilich inadäquater Weise – über die *durée* aussagen läßt, ist die absolute Neuheit und Unvergleichbarkeit aller Momente. Sobald wir vergleichen, Ähnlichkeiten feststellen, hat sich bereits der Intellekt, das begriffliche Denken, zwischen uns und die *durée* geschoben. Ähnlichkeit ergibt sich überall nur auf Grund eines geistigen Nebeneinanderhaltens, es setzt die Form des Raums voraus und damit den Verstand, zu dessen Formen der Raum gehört. Eben deshalb gibt es in unserem wahren Ich auch keine kausale Notwendigkeit; denn diese besteht nur in der durch das Denken gegründeten räumlich-dinglichen Ordnung der Natur. Gelingt es uns, die Schranken der gewohnten begrifflichen Betrachtungsweise zu durchbrechen, dann erfassen wir uns als völlig frei. Kein neuer Augenblick ist durch den vorhergehenden kausal bedingt, wir sind immer eine Schöpfung aus Freiheit. Wir erfassen uns als ein freies, wollendes, handelndes Dahinströmen, in dem fortwährend neue Qualitäten geschaffen werden. »Es ist die reine Dauer, in welche wir so zurücktauchen; eine Dauer, in der die ewig vorrückende Vergangenheit unablässig um eine absolut neue Gegenwart anschwillt. ... In gewaltsamer Zusammenballung unserer Persönlichkeit müssen wir unsere sich fortstehende Vergangenheit aufraffen, um sie kompakt und ungeteilt in eine Gegenwart hineinzustoßen, die sie in eben diesem Eindringen erschafft. Sehr selten sind die Momente, wo wir uns selbst in solchem Grade ergreifen: sie sind nur eins mit unseren wahrhaft freien Handlungen. Selbst aber in ihnen besitzen wir uns nicht ganz und gar. Unser Gefühl der Dauer, ich meine das Zusammenfallen unseres Ichs mit sich selbst, läßt Grade zu. Je tiefer indes dieses Gefühl und je lückenloser dieses Zusammenfallen desto restloser saugt das Leben, worein wir so zurücksinken, den Intellekt auf, indem es ihn überschwillt. Denn die Wesensfunktion des Intellekts« (des verstandesmäßigen Denkens [M. H.]) »ist es, Gleiches mit Gleichem zu verknüpfen; und nur diejenigen Tatsachen sind völlig einpaßbar in den Rahmen des Verstandes, die sich wiederholen.«[38]

Die Ansicht, daß unser wahres Wesen aus Elementen zusammenge-

---

38 [Henri Bergson, *Schöpferische Entwicklung*, Jena 1921, S. 204.]

setzt sei und jeder psychische Zustand sich erweisen lasse als ein
Komplex von psychischen Elementen nebst einer Anzahl von Beziehungen, ist ein Irrtum; die Abstraktionen des Verstandes werden hier für die Realität selbst gehalten. Der Grund für die Möglichkeit, solche Abstraktionen am Gegenstande des Bewußtseins
überhaupt zu vollziehen, liegt in unserer Fähigkeit, nachträglich,
nach dem Ablauf der Dauer, das Geschehene künstlich zu begren-
zen, die lebendige Bewegung aufzulösen und mittels einer Anzahl
als fest gedachter Elemente nachzukonstruieren. Aber all dies ist
ein nachträgliches Hineindenken verstandesmäßiger Strukturen in
das ursprüngliche Erleben. Es selbst stellt keinen Bau aus solchen
isolierten Teilen dar, kennt überhaupt keine Diskontinuierlichkeit.
Es ist nach Bergson der größte Irrtum der traditionellen Psychologie ebenso wie der mit ihr verbündeten Philosophie, daß die nachträglich in unserem Bewußtsein festgestellten Teile und ihre Grenzen ebenso in der reinen Dauer selbst vorhanden gewesen seien.
Die verstandesmäßige Analyse verändert die Realität des Ichs
ebenso, wie die Einführung eines Meßinstruments physische
Strukturen verändern kann. Die Produkte der Analyse eines lebendigen Augenblicks haben wir zwar aus seiner intellektuellen Bearbeitung gewonnen, aber das, was wir dann mit ihnen wieder
zusammensetzen, ist nicht identisch mit der ursprünglichen lebendigen Einheit.

Es liegt der Einwand nahe, Bergsons Behauptung von der verstandesmäßigen Künstlichkeit aller Abgrenzungen und Isolierungen innerhalb der psychischen Realität sei übertrieben. Es gebe doch im
Bewußtsein unterschiedene Momente und Zustände, die man mit
Recht voneinander trenne. Die Antwort müßte lauten: »Gewiß ist
unser psychologisches Leben voll von Unvorhergesehenem. Tausend Zwischenfälle brechen herein, die, was ihnen vorangeht, abzuschneiden scheinen, und sich dem nicht verknüpfen, was ihnen
folgt. Aber diese Diskontinuität ihres Auftauchens hebt sich von
der Kontinuität eines Grundes ab, dem sie eingezeichnet sind, und
dem sie die Intervalle selbst, die sie trennen, verdanken: sie sind die
Paukenschläge, die je und je in der Symphonie aufdröhnen. An sie,
als den stärksten Eindruck, heftet sich unsere Aufmerksamkeit. Getragen aber wird jeder von ihnen durch die flüssige Masse unseres
gesamten psychologischen Daseins. Jeder von ihnen ist nur der

bestbeleuchtete Punkt einer wogenden Zone, die alles umfaßt, was wir fühlen, denken, wollen, kurz alles was wir in einem gegebenen Augenblick *sind*. Und diese Gesamtzone ist es, die in Wirklichkeit unseren Zustand ausmacht. Von so definierten Zuständen also darf gesagt werden, daß sie keine gesonderten Elemente sind. Sie setzen einander fort in einem Fließen ohne Ende. – Da aber unsere Aufmerksamkeit sie künstlich unterschieden und getrennt hat, ist sie nun auch gezwungen, sie durch ein künstliches Band neu zu verknüpfen. So ersinnt sie ein gestaltloses, gleichgültiges, unbewegliches Ich, von dem sich die zu Einheiten erhobenen psychologischen Zustände abfädeln oder auch zu dem sie sich auffädeln. – Wo ein Fließen flüchtiger Nuancen ist, die ineinander spielen, sieht sie schreiende, gleichsam starre Farben nebeneinander gereiht wie verschiedene Perlen eines Halsbandes: was die Annahme eines nicht weniger starren Fadens unvermeidlich macht, der die Perlen zusammenhält.«[39] Nach Bergson gibt es also weder in der absoluten Realität unseres Wesens eine Anzahl von Elementen noch sind Elemente in ihm durch ein wie immer geartetes geistiges Band zusammengehalten. Alle solche Reden sind nachträgliche, durch das Denken, den Intellekt, die Aufmerksamkeit zustandegekommene Bestimmungen.

Nicht jede Selbstbeobachtung ist Intuition. Es sind im Gegenteil nur besondere Augenblicke, in denen sie wirklich ganz gelingt. Im gewöhnlichen bewußten Leben haben wir von uns selbst eine durch den Verstand bedingte Ansicht, ähnlich wie von den natürlichen Dingen in der Welt. So ist die durchschnittliche Selbstbeobachtung auch keine Instanz gegen das Zeugnis der Intuition. In dieser erfassen wir uns stets als handelnde, wollende Wesen. Die *durée* ist nicht ein bloßes passives Dahinfließen von Wissensmomenten, sie ist vielmehr Aktivität, Streben, Schaffen, ein fortwährendes Hervorbringen von Neuem. Als aktive Unruhe trägt die *durée* in jedem Augenblick das, was sie jeweils ist und durch alle vergangenen Momente des bisherigen Lebens war, in die Zukunft. Soweit der *durée* selbst Gedächtnis anhaftet, muß es daher anders bestimmt werden als in der früheren Bewußtseinspsychologie. Dort erschien es als ein ordnendes, klassifizierendes Vermögen,

39 [Ibid., S. 9f.]

das frühere Einzelerlebnisse in seinen Fächern aufbewahrte: als
eine Funktion des Verstandes. Bei Bergson dagegen bezeichnet *Gedächtnis* ursprünglich die Eigentümlichkeit der *durée*, nach der
kein Augenblick unserer lebendigen Entwicklung verlorengeht,
sondern jeder in einer gewissen Weise erhalten bleibt. In der *durée*
folgt uns das ganze frühere Leben nach, »was wir von frühester
Kindheit an gefühlt, gedacht, gewollt haben, ist da; hingesenkt zur
Gegenwart, die ihm zuwächst, angestemmt gegen das Tor des Bewußtseins, das es aussperren möchte. Denn eben darauf ist der
Mechanismus des Gehirns eingerichtet, beinah all dieses ins Unbewußte zurückzustauen; nur das ins Bewußtsein hebend, was ange-
tan ist, unsere augenblickliche Lage zu klären, unsere werdende
Tat zu fördern, kurz dazu, *nützliche* Arbeit zu leisten. Ein paar
überschüssigen Erinnerungen höchstens gelingt es, als Konter-
bande durch die angelehnte Türe zu schlüpfen. Sie, die Boten des
Unbewußten, machen uns kund, was wir unwissentlich hinter uns
herschleifen.«[40] Der Charakter erscheint als Verdichtung unserer in
der *durée* bewahrten Geschichte, und er kommt in der *durée* zum
Ausdruck, soweit sie Wille, Strebung ist. »Gewiß zwar, wir denken nur mit einem kleinen Teil unserer Vergangenheit; mit ihrer
Totalität aber – die Eigenart unserer seelischen Kurve mitinbegriff-
fen – wünschen, wollen, handeln wir.«[41] Die *durée* ist ein durch
Anlage und individuelle Geschichte eigentümliches Streben, von
dem nur wenige Momente ins Licht der bewußten Vorstellung gelangen.
Die Realität ist schöpferischer Wille: Sie enthält jeweils die Geschichte eines individuellen Werdens, aber sie hat keinen Ort. Sie
verläuft weder in einem Raum noch in der vom Intellekt gesetzten,
nach gleichen Einheiten abgeteilten objektiven Zeit. Sie selbst hat
eine ursprüngliche Zeit; sie ist ja nichts als »konkrete schöpferische
Dauer«, aber diese ist ganz und gar nicht identisch mit der verräum-
lichten, vergegenständlichten Zeit der Physiker. Nicht in den Begriffen der Wissenschaft besitzen wir die Wirklichkeit, sondern in
der Intuition, und daher ist jeder Zeit*begriff* vom Standpunkt des
Metaphysikers zwar unter Umständen ein nützliches Mittel für das

40  [Ibid., S. 11 f.]
41  [Ibid., S. 12.]

gesellschaftliche Fortkommen – aber er gewährt keinen Blick auf die Realität.

Insofern die *durée* wesentlich Wille ist, erinnert Bergsons Philosophie notwendig an die Schopenhauers. Aber die Ähnlichkeit betrifft nur die Oberfläche der beiden Weltansichten, man kann sie eben beide unter dem ideengeschichtlichen Schlagwort »Voluntarismus« befassen. Bergson wertet die willensmäßige Realität als »schöpferischen Urgrund« durchaus positiv. Bei Schopenhauer bedeutet der Wille ebenfalls die schaffende Kraft, aber sie ist böse. Der Wille, als das wahre Wesen aller Dinge, ist nach Schopenhauer nichts als ein blindes, nie befriedigtes Streben, und daher ist die Welt, die er aus sich hervortreibt, eine furchtbare Welt. Bringt man, wie es naheliegt, die spät eintretende Wirkung dieser pessimistischen Philosophie mit der steigenden Enttäuschung weiter Volksschichten über die widerspruchsvolle Entwicklung der Gesellschaft zusammen, so enthält die Enttäuschung, soweit sie in dieser Philosophie ihren Ausdruck findet, immer noch das Bekenntnis zum Intellekt. Der Intellekt und mit ihm Wissenschaft und Technik sind leider ohnmächtig, die Welt auf die Dauer für alle zu einem erträglichen Aufenthalt zu machen; denn der Intellekt ist nicht ebenso ursprünglich wie der Wille. Aber diese Ohnmacht des Intellekts erscheint bei Schopenhauer als ein Verhängnis, die »Blindheit« des Willens ist identisch mit seiner Schlechtigkeit. Die Herrschaft des Verstandes, die Herrschaft der Wissenschaft würde die Welt erträglich machen, nur ist sie leider unmöglich. Schopenhauer ist kein echter Romantiker, sondern ein enttäuschter Nachfahre der Aufklärung. Sein Pessimismus ist insgeheim an der Utopie einer verstandesmäßig eingerichteten Welt orientiert. Weil der Grundsatz eines erträglichen Daseins für alle sich in der individualistischen Gesellschaft nicht erfüllt, ist er überhaupt nie zu erfüllen, und das Elend wird zum Kennzeichen jeder Realität. – Auch Bergson ist von der Unmöglichkeit, jenen Grundsatz zu erfüllen, überzeugt, auch er verewigt in Gedanken die gegenwärtige Form des gesellschaftlichen Lebens, in der diese Unmöglichkeit statthat. Aber er sagt im Gegensatz zu Schopenhauer ja zu dieser Realität. Er ist nicht bloß der Theoretiker, sondern auch der Prophet des Willens und der metaphysische Verächter des Intellekts. Den Widerspruch zwischen der Ewigkeit der willensmäßigen Realität und dem Leiden der Individuen, in denen sie sich verkörpert, vermag einzig die geschichtliche Praxis zu überwinden, und ihr haben beide Philosophen in ihren Systemen nur einen sehr untergeordneten Rang eingeräumt. Aber während der Widerspruch bei Schopenhauer klar zutage tritt, wird er bei Bergson eher verdeckt; denn die *durée* ist zugleich individuell und allgemein. Die Lebensphilosophie hat die Tendenz, zum Beweis der Konkretheit ihres Realitätsbegriffes auf die individuelle Existenz des Lebens, vor der Todesfurcht des Individuums aber auf die Allgemeinheit dieser Realität zurückzugreifen. Sie ist zugleich optimistisch und antiutopistisch, verwirft das aufklärerische Ideal einer von der *ratio* beherrschten Gesellschaft und kritisiert den Intellekt zugunsten einer kritiklos [gefeierten] Vitalität. In der Praxis entspricht dieser Philosophie die allgemeine Ausbildung der vitalen Funktionen an sich, während die möglichen Arten ihrer Anwendung nur vage bestimmt sind. Die Propaganda des »élan vital« und die damit verbundene Bekämpfung der intellektuellen Reflexion hat dem französischen Imperialismus weitgehend als literarische Ideologie gedient.

Es ist bisher nur von derjenigen Intuition die Rede gewesen, die uns Einblick in das eigene Wesen gewährt. Aber ich selbst bin nicht die Realität schlechthin, sondern nur ein Teil der großen Schöpfung. Es besteht für Bergson kein Zweifel darüber, daß die Intuition nicht nur auf mich selbst, sondern ebenso auf jeden anderen Gegenstand anwendbar ist. Wie ich durch philosophische Anstrengung mich in mein eigenes Sein oder vielmehr Werden versetzen kann, so vermag ich schauend in das Wesen einer anderen Individualität einzudringen. Zwischen beiden Arten der Intuition besteht nach Bergson kein grundsätzlicher Unterschied der Schwierigkeit. In beiden Fällen müssen wir uns der hergebrachten Gewohnheiten unseres Denkens entledigen und durch einen besonderen metaphysischen Akt eins werden mit dem Gegenstand. In der Intuition werden wir mit dem Geschauten eins, daher ist sie, auf andere Wesen angewandt, Sympathie. Wir erblicken als letzten Kern anderer Wesen in der Tat die gleiche schöpferische Kraft, dasselbe unablässige Wachstum wie in den ausgezeichneten Momenten, wo wir unseres eigenen Wesens innewerden. Wo Realität sich findet, erfahren wir sie intuitiv als »*une création qui se poursuit sans fin*«[42], endlose Schöpfung. Sie ist der wahre Urgrund des Seins und dabei völlig frei. Es läßt sich nicht vorhersagen, was sie produzieren wird.

Bergsons Lehre von der Freiheit der Realität ist ebensowohl der Kausalität wie der Teleologie entgegengesetzt. Im Sinn der Teleologie kann sich das Geschehen nach ihr schon deshalb nicht vollziehen, weil die Teleologie das auf Grund verstandesmäßiger Zielsetzung rational sich abspielende menschliche Verhalten als Vorbild ansieht. Die weitgehende Möglichkeit ursächlicher Erklärbarkeit der Natur aber ist ebenso wenig ein Einwand gegen die intuitive Einsicht in die Freiheit ihres wahren Wesens wie die Möglichkeit assoziationspsychologischer Regeln gegen die intuitive Erkenntnis von der lebendigen Einheit der Person. Es ist mit der dauernden universalen Schöpfung ähnlich wie mit der einmaligen Schöpfung des Genies. Wenn das geniale Kunstwerk vollendet, wenn die echte schöpferische Tat des Künstlers abgeschlossen ist und eine feste Gestalt hinterlassen hat, dann kann das Denken einsetzen und mit seinen Begriffen den Vorgang in eine Reihe einzelner statischer Momente zergliedern, sie mit einzelnen Momenten anderer bekannter Vorgänge vergleichen und schließlich gesetzmäßige Abhängigkeiten zwischen ihnen feststellen. Aber dazu muß der Verstand, wie es seiner Bestimmung gemäß ist, den kontinuierlichen Fluß der schöpferischen Bewegung umdenken in eine Reihe voneinander abgehobener Teiltatsachen, er muß ihn »verräumlichen«. So kann nachträglich der Schein entstehen, man hätte unter Voraussetzung der vollständigen Kenntnis der ersten Glieder der Reihe die nachfolgenden mit einer gewissen Bestimmtheit vorhersagen können, man hätte den Prozeß ursprünglich konstruieren können, wie man ihn jetzt nachträglich aus den Produkten seiner analytischen Zergliederung wiederaufbaut. Aber dieser gedankliche Aufbau aus Elementen, diese Konstruktion ist nicht wesensgleich mit dem ursprünglichen Schöpfungsakt. Dieser ist nur durch Intuition zu erfassen – sei es, daß der Künstler selbst sie übt, sei es, daß wir uns durch metaphysische Sympathie in sein Tun versetzen. »Von der Intuition kann man zur Analyse gelangen, aber nicht von der Analyse zur Intuition.«[43]

---

42  [Henri Bergson, *L'évolution créatrice*, Paris [10] 1912, S. 114.]
43  [Ibid., S. 25.]

So mag zwar die Aufstellung kausaler Abhängigkeiten zwischen Elementen eine notwendige Pflicht unseres Verstandes sein, aber sie betrifft nicht das Wesen der Realität. Wie für den echten und ursprünglichen Vorgang des künstlerischen Schaffens die Kausalität eine schlechte Kategorie ist, so verhält es sich auch für die Schöpfung im großen. Die Realität ist weder kausal noch teleologisch determiniert, sie ist schlechthin Schöpfung aus Freiheit.

Da der Intellekt und die auf ihm beruhende Wissenschaft, die »science«, keine adäquate Erkenntnis vermitteln, so erhebt sich die Frage nach ihrer relativen Berechtigung. Es war schon davon die Rede, daß der Intellekt von Bergson als biologische Waffe aufgefaßt wird. Während das Tier das Vermögen zur Anwendung, ja, zum Aufbau *organischer* Werkzeuge besitzt, ist der Mensch vornehmlich auf selbstverfertigte, anorganische Werkzeuge angewiesen. Das Tier ist imstande – dies liegt im Begriff des organischen Werkzeugs –, in jeder Situation unmittelbar richtig zu reagieren. Es kann daher in der Situation selbst aufgehen und braucht nicht über sie »hinauszudenken«. Der Mensch ist nicht ebenso gut wie das Tier mit unmittelbaren, organischen Reaktionen ausgestattet. Er muß sich die gemäßen Werkzeuge erst schaffen, und diese müssen jeweils nicht bloß für eine einzige Situation, sondern für möglichst viele Fälle nützlich sein. Überall ist er somit darauf angewiesen, unbekümmert um die ursprünglichen Strukturen dasjenige aus den einzelnen Situationen herauszugreifen, was für seine persönlichen Zwecke wichtig ist. Deshalb muß der Mensch Vergleiche stiften und überhaupt Beziehungen herstellen. Er wird daher die lebendige Einheit überall gedanklich zerstören, Einzelnes aus dem strömenden Leben herausgreifen und in einen sachfremden, nur von seinen Zwecken her bestimmten Zusammenhang bringen. Er muß analysieren, die Produkte der Analyse durch Zeichen festhalten, kurz, begrifflich denken. Das innere Korrelat zur organischen Reaktionsweise des Tieres ist der Instinkt, zu dem eben beschriebenen Verhalten des Menschen der Intellekt. Der Instinkt geht auf Sachen, ja, er *ist* in Wirklichkeit jeweils die Erkenntnis einer Sache; der Intellekt geht bloß auf Beziehungen, er ist an Umfang unendlich weiter als der Instinkt, aber je weiter er seiner Bestimmung gerecht wird, desto mehr verliert er auf seinem Wege den lebendigen Inhalt.

Aber diese biologische Ableitung der *science* setzt ihre Nützlichkeit und daher relative Berechtigung schon voraus, anstatt sie zu begründen. In der Art, wie sie die Worte »Mensch«, »Tier«, »Werkzeug« und so weiter gebraucht, steckt bereits die verräumlichte Auffassung der Natur. Bergson darf sich nicht mit einer solchen »wissenschaftlichen« Erklärung des Intellekts begnügen, er muß vielmehr in der metaphysischen Realität selbst den Grund angeben, aus dem die Abstraktionen des Verstandes denn überhaupt »nützlich« sein können. Nach dem bisher Gesagten bestünde zwischen der wahren Realität und der in Raum und Zeit ausgebreiteten Natur, von der in der Physik die Rede ist, nur eine radikale Verschiedenheit, eine »unüberbrückbare Kluft«. Auf der einen Seite steht die von der Intuition getroffene wahre Realität, auf der anderen die völlig illusionäre Welt des Verstandes, auf der einen das Leben, der Wille, die Schöpfung, auf der anderen die Körper, die Materie, die starren und toten Dinge. Nach der Metaphysik ist das unräumliche Leben die einzige Realität; die natürliche Dingwelt und damit eben auch die »Nützlichkeit« des auf sie bezogenen Verstandes erscheint als Rätsel. Die Lebensphilosophie erwartet wenig Großes von der Naturwissenschaft, und sie ist der Überzeugung, daß man sich in keiner entscheidenden weltanschaulichen Frage an sie wenden dürfe. Aber sie könnte unmöglich in der industrialistischen Gegenwart zu einer herrschenden Überzeugung geworden sein, wenn sie sich überhaupt bloß negativ zur wissenschaftlichen Grundlage der Technik verhielte. Es liegt vielmehr in ihrem Sinn, daß sich die Menschen bei ihrer berufsmäßigen Arbeit ruhig der Kategorien des Verstandes bedienen mögen, im übrigen aber der verstandesmäßigen Aufklärung entsagen und sich zum irrationalistischen Kult des schöpferischen Lebens bekennen sollen.

Die Existenz der Dingwelt und mit ihr die Anwendbarkeit des Verstandes ist in der Bewegung der Realität selbst begründet. Das schöpferische Leben ist nämlich nicht eine absolut gleichmäßige, stetige Bewegung, sondern es ereignet sich in immer neuen Anstößen, Sprüngen, Unterbrechungen. Und gerade das relative Aussetzen, das Nachlassen, die Entspannung der schöpferischen Kraft drückt sich im Dasein der Dingwelt aus. Wie im obigen Beispiel vom Kunstwerk der Moment der Vollendung zwar das Aufhören der schöpferischen Tat bedeutet, aber eben damit eine feste Gestalt hinterließ, an der sich das Denken versuchen konnte, so zeugen überhaupt die festen Dinge vom Nachlassen und Abbrechen der Schöpferkraft. Erfassen wir intuitiv etwa den Schöpfungsakt eines Gedichtes, so erfahren wir ihn als ein völlig Neues, als das Hervorgehen einer Wirklichkeit aus Freiheit. Sobald aber die Produktion innehält und die eigentlich dichterische Situation zu Ende geht, erscheint das Gedicht als eine Ansammlung, eine Aneinanderreihung von Sätzen nach bestimmten Regeln, die Sätze bestehen aus Wörtern und diese wieder aus den gleichen Buchstaben wie andere Gedichte. Im Augenblick, wo der schöpferische Akt nachläßt, steht ein aus Elementen und ihren Beziehungen erklärbares Ding vor uns, das mit vielen anderen Dingen Ähnlichkeit hat und überhaupt den Kategorien des Verstandes adäquat ist.

Die rückläufige Bewegung, das Nachlassen der schöpferischen Kraft gehört selbst auch der Realität an, ist nichts anderes als der Ausdruck ihrer Ungleichmäßigkeit. Das beste Bild der Realität ist das fortwährende Zuströmen und Abschwellen lebendiger Kraft. Daher ist auch die Materie noch ihr Produkt, wenn auch ein Erstarrungs- und Auflösungsprodukt. Die Materie ist die Erstarrung, das Erkalten, der Tod in der Realität. Die Nützlichkeit des Verstandes beruht auf der Zersetzung und Auflösung der Weltbewegung. Aber auch diesen Grund wird niemals der Verstand selbst zu erkennen vermögen. Wir erfassen ihn selbst nur in der Intuition. Sobald der Verstand zu philosophieren beginnt, gibt es eine armselige Konstruktion. Die Verstandesphilosophie ist ohnmächtig. Der Verstand hat es bloß mit der Materie, mit dem erstarrten Sein zu tun, und soweit auch in diesem noch Realität vorhanden ist, muß er sogar auf seinem eigenen Gebiet versagen: Niemals wird selbst die Materie ganz ohne Rest in den Kategorien des geometrischen Verstandes aufgehen. Auch das Kleinste der festen Gebilde, das Atom, ist noch hervorgegangen aus der Schöpferkraft, enthält noch ein Fünkchen Individualität, die dem Zugriff des Verstandes sich entzieht, und je weiter wir in der Stufenfolge der natürlichen Wesen emporsteigen, [als] um so weniger zulänglich erweisen sich die Kategorien des mathematischen Verstandes und mit ihnen die Ordnung der Physik. In der *Kritik der reinen Vernunft*, wirft Bergson Kant vor, sei nicht klargestellt worden, daß die »*science*« immer weniger objektiv, immer mehr bloß symbolisch wird, »je weiter sie vom Physikalischen

zum Lebendigen, vom Lebendigen zum Seelischen vorschreitet«[44].

Bergson entwirft auf Grund dieser metaphysischen Ansichten ein
Gesamtgemälde der Welt. Er zeigt, wie das Leben, so wie es sich
heute in den zahllosen Organismen darstellt, ursprünglich die Fortsetzung eines einzigen, ungeteilten Antriebes, des »élan vital« war,
der sich auf verschiedene Entwicklungsreihen verteilt hat. Dieses
eine ursprüngliche Leben hat sich gespalten und seine Entwicklung
»par l'intermédiaire de millions d'individus«, durch die Vermittlung
von Millionen Individuen auf auseinandergehenden Linien vollzogen.[45] Diese »Lebensschwungkraft« würde sich in unendlichem Ergusse vorwärtsstürzen, sie würde keine ihren Weg markierenden
Gestalten hinter sich zurücklassen, wäre sie nicht durch die in ihr
selbst stattfindende rückläufige Bewegung gehemmt. Ohne diese
hätten auch wir selbst als psychophysische Organismen keinen Bestand. Ohne das Zusammenspiel beider Bewegungen gäbe es keine
Kultur.

Bergson hat ausführlich gegen Kant polemisiert. Der größte Mangel
der Kantischen Philosophie, ihre ungeheuerliche Einseitigkeit besteht nach ihm darin, daß sie jede Art von Sein, alle Gegebenheit,
sofern sie nicht in den Formen des mathematisch-mechanischen
Verstandes, also der anorganischen Naturwissenschaft aufgehe, mit
Unordnung überhaupt, mit dem Chaos gleichsetze. Deshalb muß
Kant alles Leben, so wie es sich unmittelbar der Intuition erschließt,
als bloßen sinnlosen Stoff für die Bearbeitung durch den Verstand
ansehen. Gerade die in der Intuition sich offenbarende Lebensordnung, die Entwicklung der Lebensschwungkraft durch die Millionen verschiedenartiger organischer Wesen hindurch, also die Ordnung, die der aufsteigenden Bewegung entspricht, interpretiert er
zugunsten der rückläufigen Bewegung hinweg. Alles, was sich dem
unmittelbaren Verständnis aufschließt, was wir vom inneren Wesen
eines Gegenstandes erfassen, die großen und entscheidenden Einsichten nicht bloß etwa über den Charakter eines Menschen, sondern auch über die Wesensunterschiede zwischen Mensch und Tier,
die *Wesensgleichheit* zwischen Tier und Pflanze, das Verstehen eines

---

44  [Henri Bergson, *Schöpferische Entwicklung*, l. c., S. 361.]
45  [Vgl. ibid., S. 60; französische Ausgabe: *L'évolution créatrice*, l. c., S. 58.]

Kunstwerks – kurz, alle jene unmittelbar aufschließenden Wahrheiten, an denen das gewöhnliche Leben, von der echten Metaphysik ganz zu schweigen, reicher ist als der durchschnittliche Wissenschaftsbetrieb, fallen aus der Kantischen Philosophie heraus. Sie sind nach ihr keine Erkenntnisse, sie kann nichts mit ihnen anfangen; denn sie kennt nicht die Rolle der Intuition und weiß nur von jener Ordnung, die der Intellekt entwirft. Wahrhafte Philosophie aber, lehrt Bergson, hat die Rolle und den Ursprung beider Ordnungen aufzusuchen und erweist sich gerade dadurch als einheitliche Weltanschauung, daß sie den Sinn beider Prinzipien, ihre Berechtigung und ihr Verhältnis in ausreichendem Maße bestimmt.

Nach allem, was über die Philosophie Bergsons ausgeführt worden ist, muß seine Einschätzung der verstandesmäßigen Erkenntnis im Sinne der herkömmlichen Physik als ebenso schwankend erscheinen wie sie wirklich ist. Wir haben oben (S. 399f.) gehört, daß er die Wissenschaft als echte Erkenntnis überhaupt verwerfe. Nun heißt es, sofern sie »einen bestimmten Aspekt der toten Materie« betreffe, müsse uns »die intellektuelle Erkenntnis deren getreuen Abdruck liefern«. Relativ werde sie erst, »wenn sie, so wie sie ist, den Anspruch erhebt, das Leben darzustellen: d. h. den Drucker selbst, der den Abdruck genommen hat«[46]. Aber der Drucker *ist* doch die Realität, außer ihm, dem »Leben«, gibt es keine! Also doch wohl auch keine echte Erkenntnis, die sich auf ein anderes als das Leben bezieht!

Die Schwierigkeiten, die der erkenntnistheoretische Teil von Bergsons Philosophie in dieser Hinsicht enthält, wären konsequent bloß durch Intuitionen über den Sinn der Erstarrung in der Realität aufzuhellen. Soweit die Erstarrung noch nicht völliger Tod, sondern ein Sterben ist, soweit noch eine Spur von Leben da ist und somit »Realität«, sind jedenfalls die wissenschaftlichen Kategorien nach Bergson unzureichend. Weil bei Bergson nur die mechanistische Wissenschaft und nicht die philosophische Einsicht auf die Praxis bezogen wird, so kann die Lösung dieses Problems nicht durch den Hinweis auf die jeweilige Fruchtbarkeit der Erkenntnismethoden dem realen Forschungsprozeß anheimgegeben werden, sondern ist

---

46 [Henri Bergson, *Schöpferische Entwicklung*, l. c., S. 3.]

an die höhere Ausführung des Mythos vom *élan vital* geknüpft. Die
Intuition gilt in der Lebensphilosophie ebenso wie in der Phänomenologie als ein aus allen Zusammenhängen gelöster, unbedingter
Akt, seine Ergebnisse unterstehen keinen außer ihr selbst liegenden
Kriterien. –
Trotz ihres Festhaltens am prinzipiellen Gegensatz zwischen philosophischer und wissenschaftlicher Erkenntnis hat die Lebensphilosophie Bergsons in doppelter Hinsicht für die Arbeit der Wissenschaften praktische Bedeutung gewonnen. Ihre metaphysische
Behauptung vom Leben als der einzigen Realität hat es mitsichge-
bracht, daß sie nicht wie die Phänomenologie ihre Forschungen auf
das isolierte Gebiet reiner Essenzen bezog, sondern sich mit denselben Gegenständen beschäftigte wie die Psychologie und weiterhin
auch die Biologie überhaupt. Bergson hat als einer der ersten die
Übertragung der Methoden auf diese Gebiete in Verruf gebracht,
die sich die herrschende Philosophie und Psychologie als Verfah-
rungsweisen der Physik vorzustellen pflegten. Er hat dabei nicht
bloß den Fehler dargetan, die Elemente der psychologischen Abstraktion nach dem Vorbild einer selbst problematischen physikalischen Atomistik als reale Teile der seelischen Einheit zu denken, aus
der sie gewonnen worden sind, sondern seine glänzenden Beschreibungen haben selbst gezeigt, daß man sich nicht bloß in dilletanti-
scher Weise mit den gleichen Gegenständen auch anders abgeben
könne. Freilich ist dieses Verdienst in noch viel höherem Maße
schon der Hegelschen Dialektik zuzusprechen. Von ihr kann man
sagen, daß sie die Lebensphilosophie in sich enthalte und ihrem Gesichtspunkt den rechten Platz anweise; ihr gegenüber erscheint die
Lebensphilosophie daher auch wie die Verabsolutierung einer relativ berechtigten Ansicht. »Vom Standpunkt des Verstandes aus«,
heißt es im Zusatz zu Paragraph 216 der *Encyklopädie*, »pflegt das
Leben als ein Geheimnis und überhaupt als *unbegreiflich* betrachtet
zu werden. Der Verstand bekennt indeß hiermit nur seine Endlichkeit und Nichtigkeit. Das Leben ist in der That so wenig ein Unbe-
greifliches, daß wir an demselben vielmehr den Begriff selbst und
näher die als Begriff existierende, *unmittelbare* Idee vor uns haben.«[47] Vorher schon hat die *Encyklopädie* (Zusatz zu Paragraph

---

47  [Hegel, *Werke*, Band 6, l. c., S. 392.]

195) das folgende ausgeführt: »Es muß... als ein sehr wesentlicher, ja als der Hauptmangel der neuern Naturforschung angesehen werden, daß dieselbe auch da, wo es sich um ganz andere
und höhere Kategorien als die des bloßen Mechanismus handelt,
gleichwohl diese letztere, im Widerspruch mit demjenigen, was
sich einer unbefangenen Anschauung darbietet, so hartnäckig
festhält und sich dadurch den Weg zu einer adäquaten Erkenntnis
der Natur versperrt. – Was hiernächst die Gestaltung der geistigen
Welt anbetrifft, so wird auch bei deren Betrachtung die mechanische Ansicht vielfältig zur Ungebühr geltend gemacht. Dies ist
z. B. der Fall, wenn es heißt: der Mensch *bestehe* aus Leib und
Seele. Diese beiden gelten hierbei als für sich ihren Bestand ha-
bend und als nur äußerlich mit einander verbunden. Ebenso
geschieht es dann auch, daß die Seele als ein bloßer Komplex
selbständig neben einander bestehender Kräfte und Vermögen angesehen wird.«[48] Über die Unmöglichkeit, in der Biologie und
Psychologie isoliert betrachtete Teile für Elemente zu halten, die
ebenso im Ganzen seien, hat Hegel sehr oft gesprochen. »Das
Verhältniß des Ganzen und der Theile, als das unmittelbare Verhältniß, ist überhaupt ein solches, welches dem reflektirenden
Verstand sehr naheliegt und mit welchem sich derselbe um des-
willen häufig auch da begnügt, wo es sich in der That um tiefere
Verhältnisse handelt. So sind z. B. die Glieder und Organe eines
lebendigen Leibes nicht bloß als dessen Theile zu betrachten, da
dieselben das was sie sind, nur in ihrer Einheit sind und sich gegen dieselbe keineswegs als gleichgültig verhalten. Zu bloßen
Theilen werden diese Glieder und Organe erst unter den Händen
des Anatomen, welcher es dann aber auch nicht mehr mit leben-
den Körpern, sondern mit Cadavern zu thun hat. Es ist damit
nicht gesagt, daß solche Zerlegung überhaupt nicht stattfinden
sollte, wohl aber daß das äußerliche und mechanische Verhältnis
des Ganzen und der Theile nicht hinreicht, um das organische
Leben in seiner Wahrheit zu erkennen.«[49]
Ist der Nachweis der Unzulänglichkeit einer bloß mechanistischen

---

48 [Ibid., S. 369.]
49 [Ibid., S. 267; vgl. hierzu vor allem auch Hegels *Vorlesungen über die Geschichte
der Philosophie*, in: *Werke*, Band 13, Berlin ²1840, S. 344 ff.]

Betrachtung für die konkrete Forschung bedeutsam geworden, so hat die Lebensphilosophie dieser noch einen weiteren Dienst erwiesen, indem sie den Prozeß, durch den die Welt verstandesmäßig vergegenständlicht wird, als realen, in einzelnen Phasen zu beobachtenden Vorgang gefaßt und damit ein Thema fruchtbarer psychologischer und soziologischer Untersuchungen gestellt hat. Der Neukantianismus hatte die Methoden der Naturwissenschaft noch in den reinen Äther der logischen Sphäre verlegt. Die Abneigung des formalen Idealismus gegen die »Mythologie der Bewußtseinstätigkeiten«[50] hatte den Begriff des transzendentalen Bewußtseins so gut vor dem Vergleich mit dem wirklichen Bewußtsein der Menschen bewahrt, daß anthropologische oder soziologische Untersuchungen über die reale Bedingtheit und Wirksamkeit bestimmter Verstandeskategorien von vornherein als »naturalistisch« gebrandmarkt waren. In der Tat hat der Neukantianismus gegen die Lebensphilosophie insofern recht, als diese bei ihrer biologischen Erklärung der Anwendung von Verstandeskategorien diese selbst schon voraussetzt. Aber die Lebensphilosophie hat wiederum recht, die Kategorien im Zusammenhang mit bestimmten biologischen und soziologischen Vorgängen zu betrachten. Eben diese realen Untersuchungen mögen dann neben anderem dazu führen, daß jenes Kategoriensystem, das auch noch den bestimmten Ausführungen der Lebensphilosophie zu Grunde lag, sich wandelt oder vielmehr, daß wir es nicht mehr als einzig mögliches, absolutes Formensystem ansehen müssen, daß wir aufhören, unter allen übrigen Gegenständen gerade ihm gegenüber naiv zu sein.

Die alte Frage, ob »das« Denken »dem« Sein vorhergehe oder umgekehrt, hat ebenso wie die philosophischen Probleme des Verhältnisses von Geist und Leben, Verstand und Natur die Fruchtlosigkeit undialektischer Fragestellungen an sich, die in dem Beispiel von dem Huhn und dem Ei verspottet wird. Der Neukantianismus hat »das« Denken in einem so allgemeinen und abgelösten Sinn gefaßt, daß sich auf seinem Boden sehr wohl der alte philosophische Prinzipienstreit zwischen Idealismus und Materialismus in ganz frucht-

---

50 [Paul Natorp, *Allgemeine Psychologie nach kritischer Methode*, Tübingen 1912, S. 53.]

loser Weise erneuern könnte. Aber es ist heute die Aufgabe, keinen Begriff als absoluten und damit als unmittelbare Erkenntnis eines Ersten und Unbedingten hinzunehmen, wie es der Neukantianismus mit dem System der Denkmethoden tut, sondern wir haben gerade die Verstrickung solcher Begriffe mit der Realität zu beachten, wir müssen alle Begriffe in ihren wirklichen Zusammenhängen sehen. Der Neukantianismus hat recht, wenn er es unternimmt, die transzendentalen Faktoren aufzuweisen, die dem gegenwärtigen Naturbild zu Grunde liegen. Er hat mit Beziehung hierauf recht, »das« Denken »dem« Sein vorhergehen zu lassen oder sogar das wissenschaftlich erkannte Sein als Erzeugnis des Denkens zu begreifen. Aber er hat unrecht, mittels der Charakterisierung unserer kategorialen Voraussetzungen als bloß »logischer« die Untersuchung ihrer faktischen Wirksamkeit auszusetzen und sie damit aus transzendentalen Voraussetzungen zu transzendentalen Wesenheiten zu machen. Insofern die vom Neukantianismus aufgewiesenen Erkenntnismethoden auch zu bestimmter Zeit von bestimmten Menschen geübte sind, geht »dem« so gefaßten Denken ganz gewiß »das« Sein vorher, obgleich auch bei der erkenntnismäßigen Fassung dieses Seins dieselben oder andere transzendentale Faktoren im Spiel sein müssen. Die Inangriffnahme dieser Seite des Problems durch die Lebensphilosophie, die Einbeziehung der Erkenntnismethoden in empirische Forschungen, die Aufdeckung ihres Zusammenhangs mit bestimmten Verhaltensweisen des Menschen hat nicht bloß auf die Entwicklung der zeitgenössischen Philosophie, sondern auch auf die Einzelwissenschaften anregend und in mancher Hinsicht befreiend gewirkt.

Freilich: Die beiden Punkte, die wir an der Lebensphilosophie als praktisch bedeutsam besonders hervorgehoben haben, liegen viel mehr in ihrer objektiven Rolle begründet, als daß sie etwa von Bergson selbst erkannt und ausgesprochen worden wären. Das Bedeutsame an einer Theorie, das Wesentliche ihres Inhalts, ihr Verdienst um den Fortschritt der Erkenntnis, ihre Größe läßt sich nur im Zusammenhang mit der konkreten Situation bestimmen, der sie angehört. Weder was der Autor noch was seine speziellen Schüler von ihr denken, ist darüber entscheidend. Im Gegensatz zu dem oben Hervorgehobenen hat Bergson seine Leistung weit eher im Sinne einer radikalen Trennung der wissenschaftlichen und philosophischen

Betrachtung gesehen. Trotz seines Versuchs, Monismus und Dualismus zu vereinigen, hat er überall die wichtigsten Gegensätze in starrer Weise festgehalten: Intuition und Analyse, Instinkt und Intellekt, organisches und anorganisches Reich, die Welt der Zeit und die Welt der Materie, vor allem aber philosophische und wissenschaftliche Arbeit. Wie der Neukantianismus verewigt er einen bestimmten Stand der Wissenschaft und der Wissenschaftstheorie, schätzt er die Bedeutung dieses Standes für die wahre Erkenntnis im Gegensatz zu jenem höchst gering. Hätte er begriffen, daß die Kluft zwischen Intuition und Intellekt, zwischen Philosophie und Wissenschaft nicht durch die Ausbildung eines Mythos von den Pausen der *durée*, sondern gerade durch solche historischen Prozesse überwunden wird wie jener, an dem seine eigene Philosophie einen hervorragenden Anteil hat, nämlich die Überwindung des positivistischen Dogmatismus, dann wäre er statt eines Philosophen des bloßen Lebens ein dialektischer Denker gewesen. In solchen »schöpferischen« Prozessen werden die gegensätzlichen Begriffe nicht durch Hilfstheorien verknüpft und eingeordnet, sondern mit dem Wandel der Fragestellung erhalten sie selbst, ebenso wie ihre Beziehung, einen anderen Sinn.

# Editorischer Anhang

# Nachwort des Herausgebers

## Horkheimer als Historiker des deutschen Idealismus und der philosophischen Renaissance der zwanziger Jahre

Wie die in Band 9 abgedruckte Vorlesung von 1927 über die neuzeitliche Philosophie reihen sich auch die Materialien des vorliegenden Bandes ein in die zwischen 1926 und 1932 entstandenen Arbeiten, die Horkheimers allmählichen Übergang zum Marxismus charakterisieren.[1] Bereits in seiner Kants *Kritik der Urteilskraft* gewidmeten, 1925 veröffentlichten Habilitationsschrift bezweifelt Horkheimer »das Hegelsche Resultat, daß Vernunft [...] zusammenfalle mit der Wirklichkeit«[2]. Früh schon – das belegt ein Gedenkartikel über Eucken aus dem Jahre 1926 – distanziert sich Horkheimer von der nachkantischen Spekulation. Er weiß sich als Nachfahre jener »späten radikalen Aufklärung in Deutschland«, die beim Zerfall der Hegelschen Schule auf den Plan tritt: »Hier wendet sich die Theorie vom Idealismus ab, sie beginnt, mit der Gleichsetzung von selbständiger Vernunft und Wirklichkeit zu brechen und unternimmt es, den Idealismus selbst historisch zu erklären.«[3] Wohl bezieht die Hegelsche Philosophie »auch die untersten Schichten des gesellschaftlichen Lebens, Wirtschaft und Verkehr, als für die Idee bedeutsam, in deren historische Entfaltung« ein. Aber sie fungieren hier bloß als Mittel, »deren sich die absolute Vernunft zur Erreichung ihrer Zwecke«[4] bedient. Die linkshegelianische, in den Sozialismus einmündende »Aufklärung«, so wiederum Horkheimer, »kehrte das Verhältnis um, suchte in der materiellen Wirklichkeit Bedingungen und Inhalt der ›überzeitlichen Ideen‹ und machte diese Wirklichkeit und ihre Veränderung zum zentralen Thema der Wissenschaft«[5].

Marx und Engels – darauf kommt es Horkheimer an – nehmen Ökonomie und Politik in die Philosophie auf, wodurch diese – wie es in der *Deutschen Ideologie* heißt – ihr bisheriges »Existenzmedium«[6] einbüßt. Der historische Materialismus bricht mit dem Glauben an eine immanente, rein aus sich erklärbare Geistes- und Kulturentwicklung: »Die Moral, Religion, Metaphysik und sonstige Ideologie und die ihnen entsprechenden Bewußtseinsformen behalten [...] nicht länger den Schein der Selbständigkeit. Sie haben keine Geschichte [...], sondern die ihre materielle Produktion und ihren materiellen Verkehr entwickelnden

---

1 Vgl. dazu das ›Nachwort des Herausgebers‹ zu: Horkheimer, *Gesammelte Schriften*, Band 9, Frankfurt am Main 1987, S. 483 ff.
2 Horkheimer, *Gesammelte Schriften*, Band 2, Frankfurt am Main 1987, S. 148.
3 Ibid., S. 154.
4 Ibid.
5 Ibid., S. 154 f.
6 Marx / Engels, *Werke*, Band 3, Berlin 1962, S. 27.

Menschen ändern mit dieser ihrer Wirklichkeit auch ihr Denken und die Produkte ihres Denkens.«[7] Wenn Horkheimer diese These grundsätzlich akzeptiert und sie gleichwohl in den geschichtlichen Darstellungen des vorliegenden Bandes nur zögernd und behutsam anwendet, so deshalb, weil ihm daran liegt, das Eigenrecht philosophischer Sachfragen nicht der neugewonnenen Einsicht in ihre gesellschaftliche Genesis und Funktion aufzuopfern.[8] Horkheimer tastet nach einer dialektischen Position jenseits von Soziologismus und bloßer Ideengeschichte. Arbeiten aus dem Jahre 1930 wie der gegen Mannheims Wissenssoziologie gerichtete Aufsatz *Ein neuer Ideologiebegriff?* und die Studie *Anfänge der bürgerlichen Geschichtsphilosophie* belegen, daß es Horkheimer später immer besser gelungen ist, in die komplizierte Dialektik von sozialer Entsprungenheit und Wahrheitsanspruch der Phänomene des kulturellen Überbaus einzutreten.

I

Der denkgeschichtliche Weg von Kant zu Hegel, den die Vorlesung von 1925/26 eindringlich, präzise und mit didaktischem Geschick nachzeichnet, gehört zu den großen Themen, auf die Horkheimer in Lehrveranstaltungen stets aufs neue zurückgekommen ist; denn er repräsentiert nicht nur – als deutsch-spekulative Antwort auf das epochale Ereignis der Französischen Revolution und ihre Folgen – einen nie wieder erreichten Höhenzug idealistischen Philosophierens, sondern bildet (eben deshalb) auch eine der theoretischen Quellen des dialektischen Materialismus. »Daß aber«, schreibt Horkheimer in der Vorlesung von 1927 im Hinblick auf Kant, »in der Arbeit dieses genialen Mannes mehr steckte als unmittelbar zu erkennen war und als er selbst vielleicht gewußt hat, das hat die spätere Entwicklung dieser idealistischen Philosophie bewiesen, die [...] in Hegel zu Methoden und Resultaten gelangt ist, die ihr selbst« – aber auch dem naturwissenschaftlich beschränkten Materialismus – »den Boden entzogen haben.«[9] Horkheimer spielt hier an auf die Marxschen *Thesen über Feuerbach*, deren erste an allem bisherigen Materialismus kritisiert, er habe den »Gegenstand, die Wirklichkeit [...] nur unter der Form des *Objekts* oder der *Anschauung* gefaßt [...]; nicht aber als *menschliche sinnliche Tätigkeit, Praxis*, nicht subjektiv«[10]. Kant und seine spekulativen Nachfolger lieferten, so Marx, den Anstoß dazu, daß »die *tätige* Seite, im Gegensatz zum Materialismus, vom Idealismus entwickelt wurde – aber nur abstrakt, da der Idealismus natürlich die wirkliche sinnliche Tätigkeit als solche nicht kennt«[11]. Immerhin hat Kant – dies der Tenor der Horkheimer-

---

7 Ibid., S. 26 f.
8 Vgl. dazu das ›Nachwort des Herausgebers‹ zu: Horkheimer, *Gesammelte Schriften*, Band 9, l. c., S. 488 f.
9 Ibid., S. 479.
10 Marx/Engels, *Werke*, Band 3, l. c., S. 533 (Hervorhebungen von Marx).
11 Ibid. (Hervorhebung von Marx).

schen Vorlesung – eine für den Materialismus »*gegenständliche[r]* Tätigkeit«[12]
insofern bedeutsame Entwicklung eingeleitet, als er – erstmals folgerichtig – Erkenntnis nicht mehr als »Abbilden« eines an sich Seienden, sondern als »Prozeß«, als »Produktion« bestimmt hat, wenn auch zunächst nur als die eines abstrakt bleibenden, überindividuellen Subjekts der Erkenntnis. Marx wird die
idealistischen Begriffe in ökonomische Wirklichkeit überführen.

## II

Mit dem Zerfall des Hegelschen Systems und der ihm verpflichteten Schule
schien die Tradition des metaphysischen Idealismus abgebrochen. »Dem neuen
Selbstbewußtsein der Industrie«, heißt es in Horkheimers bereits erwähntem
Gedenkartikel über Eucken, »entsprach das unbegrenzte Vertrauen in das exakte
Naturwissenschaft als einzig legitime sachhaltige Erkenntnis. Die Ausbildung
einer Systematik der Formen und Methoden dieser Erkenntnis wurde zur anerkannten Funktion der Philosophie. Sie schien sich in erkenntnistheoretischen
Spezialuntersuchungen zu verlieren und von aller Metaphysik abzuwenden.«[13]
An diese Situation, wie sie sich seit den fünfziger Jahren des vorigen Jahrhunderts herausgebildet hatte, knüpft die zweite Vorlesung dieses Bandes an. Eine
Zeit gänzlicher Verachtung aller Philosophie, die als Resultat eigenständiger Forschung auftrat, folgte in Deutschland auf eine Periode, in der Fichte, Schelling
und Hegel enthusiastisch gefeiert worden waren. Den Grund für diesen Nieder-
gang der Philosophie erblickt Horkheimer – auf den Spuren von Marx – nicht in
der Philosophiegeschichte, sondern »in den Bewegungen des allgemeinen gesellschaftlichen, des wirtschaftlichen und politischen Lebens«[14]. Die Vorlesung beginnt mit den bescheidenen Versuchen während der sechziger und siebziger
Jahre des neunzehnten Jahrhunderts, der Philosophie erneut zur Geltung zu verhelfen, und verfolgt ihre schrittweise Wiedergeburt, die in den zwanziger Jahren
unübersehbar wird. Freilich steht Horkheimer der veränderten Situation eher
skeptisch gegenüber. »Die philosophische Renaissance der Gegenwart«, schreibt
er, »hat mit der Blüte der Philosophie in der ersten Hälfte des letzten Jahrhunderts nur die alleräußerlichsten Erscheinungen gemeinsam. Dort war die Philosophie Ausdruck zugleich und eben dadurch wesentliches Mittel großer sozialer
Bewegungen. Zur Emanzipation des deutschen Bürgertums gehören notwendig
die großartigen Kämpfe auf ideellem Gebiet, als deren Zeugnisse uns die klassischen philosophischen Dokumente hinterlassen worden sind. Der philosophische Kampfplatz war ein Teil – und keineswegs der unwichtigste – des
wirklichen sozialen Schlachtfeldes, und es war [...] häufig in der Tat gefährlich,
darauf zu erscheinen. [...] Heute sind es ganz andere Momente, durch die Phi-

12  Ibid. (Hervorhebung von Marx).
13  Horkheimer, *Gesammelte Schriften*, Band 2, l. c., S. 155.
14  *Einführung in die Philosophie der Gegenwart*, hier S. 173.

losophie aktuell erscheint. Die Philosophie und die Wissenschaft überhaupt ist nicht mehr der selbstbewußte Ausdruck von starken, ihrer Macht gewissen gesellschaftlichen Kräften, sondern das gerade Gegenteil ist wahr: Man ist unsicher geworden, man weiß gesellschaftlich nicht mehr aus und ein, man bedarf eines Haltes und sucht ihn in fieberhafter Hast überall dort, wo man meint, daß eine Aussicht sein könnte, ihn zu finden. Dort stellte die Philosophie einer morschen traditionellen Ideologie neue, vielleicht in gewissem Sinn naive, jedenfalls aber robuste und großartige Systeme gegenüber. Heute fehlt es gerade an einer durch die Tradition geheiligten, allgemein anerkannten Weltanschauung, die das Bestehende schützen helfen könnte. [...] Es ist gerade die Brüchigkeit des gesamten ideellen Gutes, welche die fortwährenden Versuche Neues zu produzieren hervorruft und erwünscht erscheinen läßt. Daher ist es angesichts der ungeheuren philosophischen und halbphilosophischen Produktion der Gegenwart noch in keiner Zeit so vollständig gefahrlos gewesen, irgendwelche weltanschaulichen Gedanken zu äußern, seien sie im übrigen so ungewohnt wie sie nur immer sein mögen.«[15]

Horkheimers – soziologischer – Vergleich der philosophischen Schulrichtungen der zwanziger Jahre mit den Systemen des deutschen Idealismus fällt sehr zuungunsten der ersteren aus. Daraus folgt jedoch für ihn keineswegs eine ausschließlich zeit- und ideologiekritische Betrachtungsweise des Gegenstands seiner Vorlesung. Diese zielt vielmehr darauf ab, den Gründen, soweit sie in der Denkentwicklung selbst liegen, nachzugehen, aus denen das Wiedererstarken spezifisch philosophischer Interessen während der zwanziger Jahre sich erklären läßt. – Horkheimer zeigt, daß Philosophie zunächst nur in »Personalunion«[16] mit der in den sechziger Jahren des vorigen Jahrhunderts entstehenden, naturwissenschaftlich orientierten Psychologie neue Aufmerksamkeit beanspruchen konnte. Es wurde wieder möglich, sich mit Fragen des Bewußtseins, der ›Seele‹ oder des Verhältnisses von Körper und Geist zu beschäftigen, ohne sich schon durch diese Gegenstände zu kompromittieren. An Autoren wie Fechner und Lotze, die einerseits epigonale Idealismen verfechten, andererseits zu den Pionieren einer experimentellen Psychologie gehören, verdeutlicht Horkheimer diesen Zusammenhang. – Soweit Philosophie überhaupt selbständig auftrat, tat sie dies in neukantianischem Gewand: als »Begründung und Methodologie«[17] der Natur- wie der Geisteswissenschaften. Beide Seiten des Neukantianismus werden von Horkheimer in höchst instruktiver Weise dargestellt. – Im folgenden Kapitel erörtert Horkheimer den Empiriokritizismus des Physikers Mach sowie einige Aspekte der Erkenntnistheorie seines Lehrers Cornelius. Besonderes Augenmerk richtet Horkheimer auf die Lebensphilosophie, die sich zumal in ihrer Bergsonschen Version von allen quantifizierender Wissenschaft innewohnenden

15  Ibid., hier S. 175 f.
16  Ibid., hier S. 180.
17  Ibid., hier S. 181.

Fragestellungen entfernt und eine intuitionistische Metaphysik verkündet.[18] –
Weitere Kapitel behandeln Husserls Phänomenologie, vor allem seine auch ein-
zelwissenschaftlich bedeutsame Lehre von der »Wesensschau«, sowie charakteristische Zeiterscheinungen, unter denen Scheler hervorragt. Von ihm sagt
Horkheimer, er biete schon biographisch dasjenige Bild, das von diesem Jahrzehnt entworfen werden müsse: »Eine weltanschauliche Position löst die andere
in erstaunlich raschem Tempo ab. Alle sind zwar bei ihm auf Schauungen gegründet, alle beanspruchen an das absolute Sein zu rühren und es in Worte zu
fassen, aber er ist vielleicht gerade insofern der kennzeichnendste Denker der
Zeit, als der Wandel seiner Lehren so anmutet, als ob ein Mensch in Not fortwährend eine Zuflucht suche, sofort aber wieder daraus vertrieben werde, dann aber
eine neue zu finden scheint und auch diese wiederum als allzu unsicher verlassen
muß.«[19]
Die Vorlesung liefert ein lebendiges und vielfarbiges Panorama des philosophischen Denkens der zwanziger Jahre aus der Sicht eines hellwachen, enga-
gierten Beobachters. Sie resümiert den Weg hin zu der von ihr beschriebenen
Gegenwart wie folgt: »Wir haben gesehen, wie sich die Philosophie zunächst in
Union mit der naturwissenschaftlichen Psychologie, dann als Methodenlehre
der Naturwissenschaft, schließlich der Geschichte wenigstens als eigene Disziplin wieder aus ihrer totalen Verachtung emporarbeitete. Schon bei der Lebensphilosophie, in eminentem Maße aber durch die Husserlschen *Untersuchungen*,
hatte sie die Funktion übernommen, ein der ursprünglichen Stimmung gegenüber durchaus verschiedenes Bedürfnis zu erfüllen, nämlich darzutun, daß die
naturwissenschaftlich erforschbaren Tatsachen oder vielmehr das, was die Naturwissenschaft als [...] Wirklichkeit herausgestellt hatte, doch nicht das einzige
und wahre Sein darstellen, sondern daß es andere, wichtigere, gewissermaßen
eigentlichere Seinsbereiche gebe.«[20]
Horkheimer - darauf sei ausdrücklich verwiesen – führt das in den wiederbeleb-
ten Metaphysiken und Ontologien sich ausdrückende Bedürfnis nach Zuflucht

18 Bei allen Vorbehalten Horkheimers gegenüber der Lebensphilosophie ist es evident, daß er ihr wichtige Impulse verdankt. – Darauf weist Herbert Schnädelbach mit
Recht hin: »Sogar der Neomarxismus seit Lukács und die Frankfurter Kritische Theorie transportieren die gängigen kultur-kritischen lebensphilosophischen Topoi, obwohl sie sich immer deutlich von der ›irrationalistischen‹ Lebensphilosophie abzugrenzen suchen. Die metaphysische Parteinahme *für das Dynamische* und *gegen das
Statische*, hinter der sich die Entgegensetzung von Totem und Lebendigem nur unvoll-
kommen verbirgt, fließt hier zusammen mit einer Rezeption der Marxschen Kritik des
Warenfetischismus, die ›Verdinglichung‹ zum grundlegenden Begriff der Kulturkritik
werden läßt. Der Eindruck des lebensphilosophisch gestimmten Neuhegelianismus
auf Lukács kommt hier mit der Aufnahme Schopenhauers, Nietzsches, Bergsons und
Freuds durch Horkheimer und seinen Kreis [...] zusammen und bewirkt, daß *Dialektik* überhaupt als das *Dynamische schlechthin* erscheint und vertreten wird« (*Philosophie in Deutschland 1831–1933*, Frankfurt am Main 1983, S. 172f.).
19 *Einführung in die Philosophie der Gegenwart*, hier S. 330.
20 Ibid., hier S. 318.

und Verbindlichkeit auf die »Destruktion der alten Kulturgehalte durch den modernen gesellschaftlichen Lebensprozeß«[21] zurück. Den »Kern« der allerorts spürbaren »Unruhe« erblickt Horkheimer in der »Sinnlosigkeit der natürlichen Realität«, die den Menschen »als die einzige gilt«[22]. In Amerika, dem technisch fortgeschrittensten Lande, wird »dem Gefühl dieser Sinnlosigkeit von seiten der leitenden Kreise bewußt nicht allein durch eine Hypertrophie des Sports, schlechter Filme und der Christian Science begegnet, sondern ebensosehr durch die Möglichkeit des Erwerbs eines Ford-Autos für jedermann. In der alten Welt aber ist der Triumphzug dieser ablenkenden Mächte vielleicht weniger noch durch geistige Widerstände als durch wirtschaftliche Schwierigkeiten gehemmt worden.«[23] Hier spricht Horkheimer die Sprache des künftigen Sozialforschers, für den ein utopischer Blick über das Bestehende hinweg »geistige Arbeit in redlicher Einstellung«[24] voraussetzt. Das Credo, mit dem er die Vorlesung beschließt, lautet, der »wissenschaftliche Verstand« werde »mehr dazu beitragen [...], intellektuell weiter zu kommen als diejenigen Richtungen, die glauben, auf ihn verzichten zu sollen«[25].

Eine Perspektive, die auch verdeutlicht, weshalb Horkheimer seinen unter dem Titel *Zur Emanzipation der Philosophie von der Wissenschaft* ausgearbeiteten Extrakt der Vorlesung von 1926 – er bildet den dritten Teil dieses Bandes – nicht veröffentlicht hat. Es lag ihm zu dieser Zeit bereits weniger an einer »Emanzipation der Philosophie von der Wissenschaft« als vielmehr daran, empirische Detailforschung sinnvoll mit theoretischer Konstruktion zu verbinden. Der interdisziplinäre, einige Jahre später in der *Zeitschrift für Sozialforschung* entwickelte Materialismus war denn auch über die abstrakte Alternative von Philosophie und Wissenschaft hinaus.

Dezember 1989                                     Alfred Schmidt

21  Ibid., hier S. 321.
22  Ibid., hier S. 320.
23  Ibid.
24  Ibid., hier S. 332.
25  Ibid., hier S. 332f.

# Verzeichnis der Abkürzungen

| | |
|---|---|
| e. | eigenhändig (vom Autor) |
| Erg. | Ergänzung |
| Hrsg. | Herausgeber |
| hs. | handschriftlich (nicht vom Autor) |
| Korr. | Korrektur(en) |
| m. | mit |
| M. H. | Max Horkheimer |
| MHA | Max-Horkheimer-Archiv |
| Ms. | Manuskript |
| Ts. | Typoskript (Schreibmaschinenfassung) |